आर॰ गुप्ता® कृत

पॉपुलर मास्टर गाइड

DSSSB–शिक्षक

PGT

गृह विज्ञान

भर्ती परीक्षा

RPH संपादक मंडल द्वारा सम्पादित

रमेश पब्लिशिंग हाउस, नई दिल्ली

प्रकाशक
ओ॰पी॰ गुप्ता, रमेश पब्लिशिंग हाउस
प्रशासनिक कार्यालय
12-H, न्यू दरियागंज रोड, ऑफिसर्स मेस के सामने,
नई दिल्ली-110002 ℗ 23261567, 23275224, 23275124

E-mail: info@rameshpublishinghouse.com
Website: www.rameshpublishinghouse.com

विक्रय केन्द्र
● बालाजी मार्किट, नई सड़क, दिल्ली-6 ℗ 23253720, 23282525
● 4457, नई सड़क, दिल्ली-6, ℗ 23918938

Book Code: R-1320
ISBN: 978-93-5012-019-4
HSN Code: 49011010

13. इसके पहले 'कपड़ा' इसकी देख-रेख में था
A. वाणिज्य मंत्रालय
B. वित्त मंत्रालय
C. गृह मंत्रालय
D. कोई नहीं

14. हस्तशिल्प विकास आयुक्त का कार्यलय यहाँ स्थित है
A. कलकत्ता
B. मद्रास
C. मुंबई
D. नई दिल्ली

15. प्राच्य शब्द 'कार्बासिना' का संस्कृत में मतलब है
A. छालटी
B. सन
C. करपासा
D. कोई नहीं

16. 'ऐसीटेट' का व्यापारिक नाम है
A. टफेटा
B. ऑरगैंडी
C. होयजरी
D. विसकोस

17. फैंसी तागों में इनका सम्मिश्रण होता है
A. काउण्ट
B. रंग
C. सामग्री
D. सभी

18. एक निश्चित लम्बाई का कपड़ा बुनने के लिए जितना तागा लगता है, उसे क्या कहते हैं?
A. तागा नंबर
B. तागा भार
C. तागा काउण्ट
D. तागा लम्बाई

19. सल्फर रंगों का मूलतः उपयोग इसके लिए होता है
A. स्टोन और एसिड वाश
B. वायु का ऑक्सिकरण
C. रेशम
D. इनमें से कोई नहीं

20. कपड़ा पहले रंग से संसाधित होता है और फिर इस रंगबंधक से संसाधित किया जाता है
A. क्रोम रंगबंधक
B. मेटा क्रोम
C. आफ्टर क्रोम
D. पानी बहाकर साफ करना

21. एक मायक्रोग्राम रेटिनोल यह .... मायक्रोग्राम केरोटिन के बराबर है।

22. कन्जक्टीवल जेरोसिस का मतलब है कन्जक्टीवा की
A. कठोरता
B. अंधापन
C. कोमलता
D. शुष्कता

23. वृद्धि का अभाव, चिड़चिड़ापन, त्वचा परिवर्तन और बालों में परिवर्तन यह सारे इसके लक्षण है
A. सूखारोग
B. क्वशियोरकोर
C. PEM की कमी
D. फ्यूरोसिस

24. 20 ग्राम की एक चपाती .... चावल के बराबर है जो .... K.cals ऊर्जा और .... ग्राम प्रोटिन उत्पन्न करता है
A. $\frac{1}{2}$ कप, 70, 2
B. $\frac{1}{3}$ कप, 70, 3
C. 1 कप, 100, 4
D. $\frac{1}{2}$ कप, 50, 2

25. दालों में .... नहीं होता लेकिन .... बड़ी मात्रा में होता है।
A. लायसिन, वेलिन
B. लायसिन, ट्रिप्टोफॅन
C. ट्रिप्टोफॅन, बेलिन
D. ट्रिप्टोफॅन, लायसिन

26. पीएफए (PFA) का मतलब है
A. प्यूरिफाइड फैटी ऑसिड्स
B. प्रिवेंशन ऑफ फुड ऍडल्टरेशन
C. प्रिवेंशन ऑफ फॉर्टीफाइड ऍडल्टरन्ट्स
D. प्योर फैटी ऑसिड्स

27. पृथ्वी का क्षेत्र जहाँ जीवन होता है, उसे कहते हैं
A. वायुमण्डल
B. जीव-मण्डल
C. स्थल-मण्डल
D. कोई नहीं

28. 10 ग्राम आयोडीनयुक्त नमक .... μg आयोडीन देता है।
A. 80
B. 100
C. 120
D. 150

दिल्ली अधीनस्थ सेवा चयन बोर्ड
DSSSB–PGT (गृह विज्ञान) भर्ती परीक्षा, 2015

SECTION-II

पोस्ट स्पेसिफिक विषय-संबंधी प्रश्न

1. 'टेक्सटाइल्स' यह शब्द लैटिन शब्द टेक्सटाइल से आया है जिसका मतलब है
   A. बुनना
   B. कपड़ा (टेक्सटाइल)
   C. वस्त्र
   D. कोई नहीं

2. निम्न सघनता वाले कपड़े का
   A. भार कम होता है
   B. आवरण कम होता है
   C. बेहतर हस्त होता है
   D. लचीलापन होता है

3. अलसी (फ्लैक्स) और कपास का ढेर नहीं बनता क्योंकि
   A. स्टैटिक शून्य होता है
   B. उनका रेशा जलस्नेही होता है
   C. उनके रेशे की लम्बाई कम होती है
   D. ऊपरी कोई नहीं

4. कृत्रिम रेशम होता है
   A. पॉलिस्टर
   B. रेयॉन
   C. एक्रिलिक
   D. एसेटेट

5. टी.पी.आई. (TPI) यह शब्द इसके सम्बन्ध में उपयोग होता है
   A. सूत
   B. कपड़े
   C. बुनना
   D. बुनावट

6. मुख्य रेशा लघु रेशा होता है, लम्बाई की पहुँच होती है
   A. $\frac{1}{2}$ – 10 सेमी.
   B. 1 – 20 सेमी.
   C. 1 – 30 सेमी.
   D. 1 – 40 सेमी.

7. एस.पी.आई. (SPI) का मतलब है
   A. सीम पर इंच
   B. सालवेज पर इंच
   C. स्टिचेस पर इंच
   D. कोई नहीं

8. फैशन को प्रभावित करने वाले घटकों में आता है
   A. मुद्रास्फीति और मंदी
   B. जनसंख्या
   C. आय
   D. उपरोक्त सभी

9. .... यह फान के आकार का कोई भी पैटर्न में पूर्ण भाग की ओर निर्दिष्ट करता है और समाप्त होता है।
   A. शर
   B. जेब
   C. सीवन
   D. प्लेंकेट

10. .... यह वह रेखा है जिसके बगल मे कॉलर का उलटा, पीछे, मुड़ता है।
    A. सीधी रेखा
    B. वक्र रेखा
    C. आधा वृत्त
    D. रोल रेखा

11. 200 श्रेणी श्रृंखला में सभी .... टाँके शामिल हैं।
    A. मशीन
    B. हस्त
    C. मूल
    D. सजावटी

12. पार्श्व रूपरेखा इस शब्द का मतलब है
    A. बाहरी सिलाई
    B. अंदरूनी सिलाई
    C. किसी भी कपड़े का बाहरी आकार
    D. किसी भी कपड़े का भीतरी आकार

अनुक्रमणिका

———————

Scheme of Examination

TIER-I EXAM

Section-I

S.No.	Subject	Questions	Marks
1.	Mental Ability and Reasoning Ability	20	20
2.	General Awareness	20	20
3.	English Language & Comprehension	20	20
4.	Hindi Language & Comprehension	20	20
5.	Numerical Aptitude & Data Interpretation	20	20
	Total	**100**	**100**

Section-II

S.No.	Subject	Questions	Marks
1.	MCQs pertaining to Post-Graduation qualification and teaching methodology required for the post.	200	200

Note :

1. Applicants must have to qualify in Section-I & II separately as per their category (UR/OBC/SC/ST/PH/ExSm) minimum qualifying marks. However, final merit will be prepared on the basis of aggregate marks of both the section I & II.
2. Negative Marking will be applicable and deduction of 0.25 marks will be made for each wrong MCQ answer.
3. The Board reserves its right to prescribe a minimum cut off mark for any post as per availability of candidates.

29. .... यह नायसिन का अग्रदूत बनके आता है।
A. लायसिन   B. हिस्टीडाइन
C. ट्रिप्टोफॅन   D. वेलिन

30. विषम को पहचानिए
A. NPU   B. BV
C. डग्लस बॅग   D. NPR

31. प्याज काटते वक्त हमें इस कारण रोना आता है
A. सल्फर यौगिक से
B. एंजाइम की क्रिया से
C. बाष्पशील सल्फर के उत्पन्न से
D. सभी से

32. अण्डे में शरीर के विकास के लिए सभी पुष्टिकारक है सिवाय इसके
A. कैल्शियम   B. नायसिन
C. विटामिन C   D. विटामिन E

33. कसना (क्लिंचिंग) है
A. जानबुझकर खुले ढक्कन से हवा को निकलते देना
B. डिब्बे की मुहरबंदी
C. लवण-जल की चाशनी डिब्बे में मिलाना
D. कोई नहीं

34. फ्रायनोडर्मा (भेक त्वचा) का कारण है
A. आवश्यक वसामयी अम्लों का अभाव
B. विटामिन A का अभाव
C. लौह का अभाव
D. एमिनो अम्ल का अभाव

35. जननिक कूट .... से परिवहन किये जाते हैं जो प्रोटीन से बनते हैं।
A. DNA   B. RNA
C. A और B दोनों   D. कोई नहीं

36. स्तनपान नहीं किया जा सकता जब
A. माता पुरानी बीमारी से ग्रसित है
B. शिशु कमजोर है
C. माता को तीव्र संक्रमण है
D. उपरोक्त सभी

37. जब मतली, उल्टी, गैस और दस्त की पीड़ा हो तब यह देना चाहिए
A. द्रव आहार
B. पूरा तरल आहार
C. हलका आहार
D. पारदर्शक तरल आहार

38. ORS में ग्लूकोज इसके लिए मिलाया जाता है
A. सोडियम का अवशोषण
B. ऊर्जा का स्रोत
C. स्वाद
D. कोई नहीं

39. मौखिक तरल आहार में इनका समावेश नहीं होता
A. दही का पानी   B. जौ का पानी
C. फलों का रस   D. उपरोक्त सभी

40. बच्चे को पाँचवे या छठे महिने से खस्त आहार इसके लिए दिया जाता है
A. आहार का पूरक   B. दन्तोद्भवन
C. दूध छुड़ाना   D. कोई नहीं

41. रक्त कोशिकाओं में प्रोटीन होता है
A. Rh घटक   B. pH घटक
C. Aa घटक   D. कोई नहीं

42. माता की रक्त धारा से गर्भ को अलग करने वाला अंग होता है
A. खेड़ी   B. गर्भाशय
C. अण्डाणु   D. नाभि-नाड़ी

43. .... प्रक्रिया के द्वारा हड्डियों को अधिक सख्त बनाने के लिए उपास्थि में खनिज और दूसरे द्रव्यों को मिलाया जाता है।
A. वर्गीकरण   B. परिपाचन
C. अस्थिकरण   D. वर्णिक

44. .... परीक्षण है जहाँ उच्च फ्रिक्वेन्सी की ध्वनि लहरें गर्भाशय पर विकर्ण की जाती हैं।
A. फोटोस्कोपी   B. अल्ट्रा साउंड
C. X - रे   D. एलिजा परीक्षण

45. ''शिशु विकास अध्ययन का वह क्षेत्र है जो मानव वर्धन और विकास के सभी पहलुओं को समझने में समर्पित किया गया है'' यह परिभाषा इसने दी है

A. बर्क   B. हेरीज

C. हरलोक   D. पेपिवा और ओल्डस्

46. 'Vernix Caseos'

A. भ्रूण को संपूर्ण शरीर को झरकों से बचाये रखने के लिए ढकना है

B. एक कारक है जो क्षति का कारण है

C. त्वचा को फटने से बचाता है

D. भ्रूण की अवधि है

47. प्रारंभिक सामाजिकरण यहाँ होता है

A. बचपन

B. बालकपन

C. किशोरावस्था

D. उपरोक्त सभी अवस्थाएँ

48. आदमी की विशेष मानसिक योग्यताएँ इस उमर में पता लगाई जा सकती है

A. 5   B. 7

C. 11   D. 15

49. भय का कारण हो सकता है

A. सामाजिक

B. भावात्मक अनुबन्धन

C. शास्त्रीय स्थिति

D. कोई नहीं

50. सीखने की असमर्थता वाले बालक को इसके सीखने में कठिनाइयाँ आने की संभावना अधिक है

A. गणित   B. पढ़ना

C. अस्पष्ट लिखावट   D. अंग्रेजी

51. परिवर्तन की प्रक्रिया जो अनुभव से अपेक्षाकृत स्वतन्त्र है

A. अधिगम   B. परिपक्वता

C. वृद्धि   D. विकास

52. .... यह एक प्रक्रिया है जिसमें नवजात बच्चे को संस्कृति में ढाला जाता है जिससे वह समाज में स्वीकृत किया जाता है।

A. अन्योन्य क्रिया   B. परिफ्क्वता

C. समाजीकरण   D. विकास

53. जीन पिगेट के अनुसार संज्ञानात्मक विकास के निम्न चरण हैं

A. संवेदी प्रेरक अवधि चरण

B. क्रियाशील चरण

C. उत्तर-परिचालन चरण

D. उपरोक्त सभी

54. मनोवैश्लेषिक सिद्धान्त इसने प्रस्तुत किया

A. मेरी एनूसवर्क्स्   B. पिगेट

C. बौलबी   D. फ्रॉइड

55. .... में यौन परिपक्वता प्राप्त होती है

A. किशोरावस्था

B. तारुण्य

C. लैंगिक चरण

D. उपरोक्त में से कोई नहीं

56. शीर्ष पुच्छीय (सेफेंलोकौडल) सिद्धान्त हमें विकास इस तरह बताता है

A. अन्दरूनी तह   B. बाहरी तह

C. अन्दर से बाहर   D. ऊपर से तल

57. स्वाद का संवेदन जन्म के समय बहुत कमजोर होता है

A. सही   B. गलत

C. असंगत   D. सम्बन्धित नहीं

58. .... यह व्यक्तित्व विकास का तीसरा भाग है।

A. Id   B. अहम्

C. पराहम्   D. विश्वास

59. सिखने में असमर्थतावाले बालक को उसकी असमर्थता के कारण यह समस्या आ सकती है

A. समय का आयोजन

B. Prioritise गतिविधियाँ

C. मौखिक और अमौखिक विचारों को समझना

D. प्रभावी संचारण

60. कुछ आचरण असामान्यताएँ जो 'समस्या बालक' की ओर सूचित करता है, वह है

A. चोरी   B. झूठ बोलना

C. परेशान करना   D. भागना

61. .... मूल्य ऐसे मूल्य हैं जो लाजवाब होते हैं और महत्वपूर्ण और केवल उनके खातिर इष्ट होते हैं।

A. सहायक मूल्य

B. तात्त्विक मूल्य

C. बाहरी मूल्य

D. इनमें से कोई नहीं

62. ''मूल्य हमेशा उनके लिए महत्त्वपूर्ण होते हैं जो उन्हें धारण करते हैं'' ऐसा किसने कहा?

A. क्लाइड क्लूक होहीम

B. पिगेट

C. फ्रॉइड

D. ग्रॉस और क्रेंडेल

63. .... को नापना कठिन है

A. मूल्य   B. लक्ष्य

C. मानदण्ड   D. यह सभी

64. पुलिस संरक्षण, सस्ते और मंदिर इत्यादि सब इसके उदाहरण हैं

A. ऐहिक साधन   B. राष्ट्रीय साधन

C. समाज साधन   D. विश्व संघ साधन

65. साधन की विशेषताओं में से विषम को चुनिए

A. उपयोगी   B. सुगम

C. असीमित   D. विनिमेय

66. व्यस्त अवधि में जो गतिविधियाँ एक दूसरे पर ढेर लगाती है, उन्हें कहते हैं

A. कार्य वक्र

B. व्यस्त्तम भार

C. समय भार

D. इनमें से कोई नहीं

67. पर्याप्त O_2 के अभाव से आदमी को .... थकावट महसूस होती है।

A. शारीरिक   B. मानसिक

C. ऊब   D. पराजय

68. परिवर्तन के तीन वर्ग इसने प्रस्तुत किये

A. मंडेल   B. ग्रॉस

C. क्रेन्डेल   D. ग्रॉस और क्रेन्डेल

69. .... में परिवार का लक्ष्य पूरा करने हेतु परिवार के साधन का उपयोग करने का निर्णय लेने की प्रक्रिया की माला को कहते हैं।

A. गृह प्रबंधन

B. व्यवसाय प्रबंधन

C. साधन प्रबंधन

D. इनमें से कोई नहीं

70. .... प्रक्रिया में संभाव्य विकल्पों से, समस्या सुलझाने के लिए किसी एक क्रिया-तन्त्र का चयन किया जाता है।

A. मर्म की

B. फैसला करने की

C. फीड फॉर्म एण्ड सिस्टम

D. इनमें से कोई नहीं

71. अनावश्यक गति को टालने के लिए नियत कार्य के संचालन के बहाव का चरण से चरण का विवरण होता है

A. क्रिया चार्ट   B. पथ चार्ट

C. प्रक्रिया चार्ट   D. समय चक्र चार्ट

72. गृह प्रबंधन वह प्रक्रिया है जिसमें, आपके पास जो है, उसका उपयोग कर

A. आप को जो चाहिए वह पाना है

B. सब कुछ पाना है

C. कुछ तो पाना है

D. उपरोक्त में से कोई नहीं

73. ''आदमियों द्वारा नतीजे पाना'' यह इसका विवरण है

A. प्रशिक्षण   B. नियंत्रण

C. प्रबंधन   D. कोई नहीं

74. 'घर' और 'मकान' में महत्त्वपूर्ण अन्तर है

A. भौतिक   B. पर्यावरणीय

C. भावात्मक   D. पारिभाषिक

75. .... यह मूल्य का एक साधन है

A. पुरुष   B. स्त्री

C. भाषा   D. संस्कृति

76. ''परिवार मूल्यों का अत्युत्तम वाहक है और मूल्यों का उत्पादक भी है'' —यह किसने कहा?

A. निकेल और डॉरसे

B. ग्रॉस और क्रेन्डेल

C. मंडेल

D. लिओनार्ड मायो

77. खेलने से अच्छी सेहत पाने में सहायता मिलती है। इसका एक उदाहरण है
A. तात्विक मूल्य B. सहायक मूल्य
C. दोनों D. कोई नहीं

78. नियंत्रण के चरणों में शामिल है
A. प्रोत्साहन B. जाँच
C. समन्वय D. सभी

79. हमारे पास जो मानव साधन है उसमें शामिल है
A. कौशल B. ज्ञान
C. ऊर्जा D. चयापचयन

80. ''कार्य यह सचेतन है जो अत्यंत सीधी तरीके से अत्यंत सरलता से और अत्यंत शीघ्रता से काम करने का तरीका खोजता है'' —यह परिभाषा इसने दी है
A. निकेल और डॉरसे
B. ग्रॉस और क्रॅन्डाल
C. लिलियन गिलब्रेथ
D. गिलब्रेथ

81. एप्रन, गतिया और परदों को कपड़ों की जगह प्लास्टिक से बनाने से इसकी बचत होती है
A. समय B. ऊर्जा
C. पैसा D. कोई नहीं

82. ढलवाँ लोहा ऊष्मा का संचालन
A. धीमी गति से करता है
B. वह बुरा संचालक है
C. समान रूप से करता है
D. कोई नहीं

83. 'टेफलॉन कोट' शब्द का हमारे लिए अर्थ है
A. व्यावसायिक नाम
B. सिलिकॉन से परिपूर्ण
C. उचित मूल्य
D. समय और ऊर्जा की बचत

84. 'लोहे को जंग लगने से ऐसे बचाया जा सकता है
A. लोहे की सतह पर ग्रीज की पतली परत लगाना
B. निरन्तर धोना
C. पोंछ कर स्वच्छ करना
D. ऊष्मा में उसका उपयोग ना करना

85. आकृतियाँ निकट रूप में इससे सम्बन्धित हैं
A. वृत्त B. वर्ग
C. आयत D. रेखाएँ

86. आकारों की श्रेणी यह सामंजस्य पाने की एक तकनीक है। उसे कहते हैं
A. सन्तुलन B. बल
C. अनुपात D. श्रेणीकरण

87. यदि एक रचना के सभी तत्व अच्छी तरह से संबंधित होते हैं, सब रचना को मिलता है
A. अनुपात B. बल
C. एकत्व D. औपचारिक सन्तुलन

88. रंगों में हल्केपन या गहरेपन की मात्रा है
A. वर्ण B. मूल्य
C. तीव्रता D. पूरक

89. ''ए टेक्स्ट बुक ऑफ हाउसहोल्ड आर्ट्स'' किताब के लेखक हैं
A. स्टेल्ला सुन्दरराज B. रूट
C. फ्रिडमन D. प्रमिला मेहरा

90. खड़ी, आड़ी और तिरछी रेखाओं का संयोजन .... आकृति बनाता है।
A. वृत्त की B. त्रिकोण की
C. वर्ग की D. कोई नहीं

91. .... लेबल हमें बताता है उत्पाद की बनावट, उसके उपयोग, उसे कैसे बनाया गया इत्यादि।
A. छाप B. श्रेणी
C. विवरणात्मक D. सूचनात्मक

92. वातावरणीय शोर है
A. भौतिक अवरोध
B. शब्दार्थ विषयक अवरोध
C. तकनीकी अवरोध
D. सामाजिक अवरोध

93. संदेश के तीन घटक होते हैं
A. कूट, अंश, अभिक्रिया
B. ज्ञान, रवैया, रुचि
C. आरम्भिक, प्राप्त करना, अन्त्य
D. उपरोक्त में से कोई नहीं

94. .... कार्य संचरण का एक महत्वपूर्ण पहलू है जिसे औपचारिक और अनौपचारिक दोनों संघटनों में उपयोग किया जाता है।
A. समाकलनात्मक   B. शिक्षाप्रद
C. प्रभावी   D. ज्ञानप्रद

95. प्रसार कार्यक्रम के अलग-अलग कर्तव्य हैं
A. मार्गदर्शक ओर विशेषज्ञ
B. समर्थक
C. चिकित्सक
D. उपरोक्त सभी

96. अनुचर कार्यक्रम में समन्वयक की भूमिका है
A. निर्णायक
B. कठिन
C. समय व्ययित करानेवाली
D. महँगी

97. प्रदर्शनी का आयोजन करने में समझदारी होनी चाहिए
A. अच्छी
B. सरल, आकर्षक और एक विचारवाली
C. मँहगी
D. असम्बद्ध

98. मोबाइल
A. दृष्टि माध्यम है
B. रस्सी से लटका हुआ चित्र है
C. हल्का है
D. उपरोक्त सभी

99. मौखिक संचरण में सूचना मूल्य का प्रतिशत है
A. 30%   B. 40%
C. 20%   D. 10%

100. चार्ट, आलेख, चित्र इत्यादि इस कार्य में महत्वपूर्ण भूमिका निभाते हैं
A. नेत्र सम्पर्क
B. स्पष्ट और व्यापक विचार दर्शाना
C. दृष्टि संपात
D. कोई नहीं

ANSWERS

1	2	3	4	5	6	7	8	9	10
A	A	C	B	A	D	C	D	A	D

11	12	13	14	15	16	17	18	19	20
B	C	A	D	C	A	D	C	A	C

21	22	23	24	25	26	27	28	29	30
A	D	B	A	D	B	B	D	C	C

31	32	33	34	35	36	37	38	39	40
D	B	A	A	C	D	D	A	C	B

41	42	43	44	45	46	47	48	49	50
A	D	C	B	A	C	D	C	C	A

51	52	53	54	55	56	57	58	59	60
B	C	A	D	B	D	B	C	A	A

61	62	63	64	65	66	67	68	69	70
B	D	A	C	C	B	A	D	A	B

71	72	73	74	75	76	77	78	79	80
C	A	C	C	D	D	C	D	B	A

81	82	83	84	85	86	87	88	89	90
C	C	A	A	D	D	C	B	A	B

91	92	93	94	95	96	97	98	99	100
D	A	A	B	D	C	B	D	A	B

गृह विज्ञान

1 खाद्य विज्ञान

आहारः अर्थ एवं परिभाषा

भूख लगना प्रत्येक प्राणी का प्रमुख लक्षण है। भूख शान्त के जो पदार्थ ग्रहण किए जाते हैं उन्हें आहार कहते हैं। आहार का यह अर्थ अति साधारण है। मनुष्य एक विवेकशील प्राणी है उसने आहार के सम्बन्ध में व्यापक अध्ययन किए हैं और ज्ञात किया है कि आहार का एकमात्र उद्देश्य भूख को मिटाना ही नहीं है। वास्तव में आहार के अनेक उद्देश्य हैं। आहार हमारी भूख को तो शान्त करता ही है इसके अतिरिक्त आहार शरीर को शक्ति देता है, शरीर की वृद्धि और विकास में योगदान देता है, शरीर के रख-रखाव का कार्य करता है और शरीर को रोगों से बचाने की क्षमता प्रदान करता है। इन उद्देश्यों की पूर्ति करने वाली सामग्री को आहार कहते हैं।

आहार के पोषक तत्व

भोजन का उद्देश्य कुछ अनिवार्य तत्वों का ग्रहण करना होता है। यह अलग बात है कि व्यक्ति आहार में क्या ग्रहण करता है? उदाहरण के लिये कुछ व्यक्ति शाक-सब्जियाँ, आटा, चावल तथा दाल अधिक खाते हैं तथा कुछ व्यक्ति माँस, मछली, अण्डा आदि खाते हैं। इस प्रकार यह स्पष्ट हो जाता है कि भोज्य सामग्री कुछ भी हो सकती है उससे आवश्यक पोषक तत्वों को ग्रहण करना होता है। ये तत्व ही आहार के पोषक तत्व कहे जाते हैं। इन्हें खाद्य-सामग्री से प्राप्त किया जा सकता है। शरीर के लिये मुख्य रूप से छः तत्व अनिवार्य होते हैं। ये तत्व क्रमशः हैं—(1) प्रोटीन, (2) कार्बोहाइड्रेट्स, (3) वसा, (4) खनिज, लवण, (5) विटामिन, (6) जल। हमारे आहार में इन सभी तत्वों का सही अनुपात में शामिल होना अनिवार्य है।

पर्याप्त अथवा सन्तुलित आहार

वह आहार जिसके द्वारा शरीर की आहार सम्बन्धी समस्त आवश्यकतायें पूरी हो जायें वह आहार ही व्यक्ति के लिये पर्याप्त आहार है। पर्याप्त आहार अपने आप में सन्तुलित आहार होता है। अब प्रश्न यह उठता है कि शरीर को आहार की आवश्यकता क्यों और किसलिये होती है? वास्तव में शरीर की वृद्धि, तन्तुओं के निर्माण एवं टूट‍फूट की मरम्मत, शारीरिक कार्यों के लिये आवश्यक ऊर्जा प्राप्त करने हेतु तथा रोगों से बचने के लिए भोजन की आवश्यकता होती है। इस स्थिति में जो भोजन या आहार इन समस्त आवश्यकताओं को सन्तुलित रूप में पूरा करता रहे, वह आहार ही सन्तुलित आहार अथवा पर्याप्त आहार कहलाता है। पर्याप्त आहार में आहार का पोषक तत्व पर्याप्त मात्रा में एवं उचित अनुपात में होना चाहिए।

भोजन का अर्थ

मनुष्य अपने आहार के रूप में अनेक पदार्थों को ग्रहण करता है आहार के रूप में ग्रहण किये जाने वाले पदार्थों को भोजन कहा जाता है।

भोजन के कार्य

भोजन के तीन प्रमुख कार्य हैं—

  (1) भोजन के शारीरिक कार्य

  (2) भोजन के मनोवैज्ञानिक कार्य

  (3) भोजन के सामाजिक कार्य।

भोजन के शारीरिक कार्य

भोजन का घनिष्ठ सम्बन्ध शरीर के साथ है। मनुष्य के अतिरिक्त अन्य प्राणियों के लिए भी भोजन का शारीरिक महत्व ही मुख्य है। भोजन के शारीरिक कार्यों को तीन भागों में विभाजित करके निम्नलिखित रूप से प्रस्तुत किया जा सकता है—

  (1) ऊर्जा प्रदान करना—शरीर के प्रत्येक क्रिया द्वारा कुछ न कुछ ऊर्जा व्यय होती रहती है, ऊर्जा के इस निरन्तर व्यय होने के कारण शरीर को हर समय अतिरिक्त ऊर्जा की आवश्यकता

होती है। शरीर की ऊर्जा की आवश्यकता की यह पूर्ति भोजन ग्रहण करने से ही होती है। भोजन ग्रहण करने से शरीर को ऊर्जा प्राप्त होती है तथा शरीर की विभिन्न क्रियायें सुचारू रूप से चलती रहती हैं। भोजन के अनिवार्य तत्वों में कार्बोहाइड्रेट, वसा तथा प्रोटीन ही ऐसे तत्व हैं जो शरीर को आवश्यक ऊर्जा प्रदान करते हैं। शरीर को ऊर्जा प्रदान करने वाले मुख्य भोज्य पदार्थ हैं—अनाज, दालें, चीनी, गुड़, सूखे मेवे, खजूर, घी, तेल तथा जड़दार सब्जियाँ आदि।

(2) **शरीर के तन्तुओं का निर्माण तथा क्षतिपूर्ति**—भ्रूणावस्था से ही शरीर का निर्माण प्रारम्भ होता है और निरन्तर उसमें विकास एवं वृद्धि होती रहती है। इसके लिए शरीर में असंख्य ऊतकों का निर्माण होता है। शरीर के इन ऊतकों के निर्माण के लिए विशिष्ट प्रकार के भोजन की आवश्यकता होती है। शरीर के ऊतकों के निर्माण के लिए मुख्य रूप से प्रोटीन, खनिज लवण एवं जल का योगदान होता है।

शरीर के तन्तुओं के निर्माण के अतिरिक्त शरीर के तन्तुओं के रख-रखाव तथा मरम्मत आदि के लिए भी भोजन की आवश्यकता होती है। हमारे शरीर के विभिन्न तन्तु निरन्तर टूटते-फूटते तथा घिसते रहते हैं। इन तन्तुओं की मरम्मत तथा क्षतिपूर्ति का कार्य भी भोजन ही करता है।

(3) **रोगों से बचाव तथा शरीर के नियमन में सहायक**—शरीर का निर्माण तथा विकास ही काफी नहीं है, बल्कि उसे रोग मुक्त रखना तथा समस्त शारीरिक क्रियाओं का उचित नियमन भी जरूरी है। भोजन का एक मुख्य कार्य शरीर में रोगों से बचने के लिए प्रतिरोधात्मक शक्ति उत्पन्न करना भी है। पौष्टिक एवं सन्तुलित भोजन ग्रहण करने से शरीर में ऐसी क्षमता बनी रहती है जिससे आसानी से रोगों का आक्रमण शरीर पर नहीं हो पाता। इसके अतिरिक्त शरीर की विभिन्न क्रियाओं के नियमन के लिए भी भोजन की आवश्यकता होती है। शरीर में विभिन्न हार्मोन्स, एन्जाइम तथा रसों का निर्माण होता है जिनसे शरीर की क्रियाओं का नियमन होता रहता है। इन नियामक तत्वों के निर्माण का कार्य भी भोजन ही करता है।

भोजन के मनोवैज्ञानिक कार्य

मनुष्य शारीरिक भूख एवं आवश्यकताओं की पूर्ति के अतिरिक्त मानसिक सन्तोष एवं तृप्ति भी चाहता है। मनुष्य में अनेक मनोवृत्तियाँ तथा अनुभूतियाँ हैं। मनुष्य के मानसिक सन्तोष के लिये भी भोजन का पर्याप्त महत्व है। मनुष्य उत्तम भोजन ग्रहण करके मानसिक रूप से सन्तुष्ट होता है। उसकी कुछ हद तक आत्म-प्रदर्शन की वृत्ति भी तृप्त होती है। कुशल गृहिणी अच्छा भोजन तैयार करके तथा अपने परिवार के सभी सदस्यों को एक साथ बैठाकर भोजन ग्रहण कराती है। इससे सभी सदस्यों में पारस्परिक प्रेम की वृद्धि और प्रसन्नता होती है। संक्षेप में, भोजन का एक कार्य व्यक्ति की मनोवैज्ञानिक आवश्यकताओं को पूरा करना भी है।

भोजन के सामाजिक कार्य

मनुष्य एक सामाजिक प्राणी है। व्यक्ति पक्ष के अतिरिक्त उसका एक सामाजिक पक्ष भी है। वह समाज का एक सदस्य बनकर ही जीवन व्यतीत करता है और इसलिए उसे विभिन्न सामाजिक अन्तःक्रियाओं में भी भाग लेना होता है। उसकी बहुत सी आवश्यकताएँ समाज में रहकर ही पूरी होती हैं। व्यक्ति की सामाजिकता की वृत्ति के विकास में भोजन से उल्लेखनीय योगदान मिलता है। भोजन के माध्यम से ही समाज में सहयोग की भावना का विकास होता है। मुद्रा के प्रचलन से पूर्व मानव समाज में खाद्य-सामग्री का आदान-प्रदान ही हुआ करता था। आज भी सर्वाधिक क्रय-विक्रय खाद्य-पदार्थों का ही होता है। समाज में सहानुभूति नामक सद्गुण के विकास में भी भोजन सहायक होता है। हमारे बहुत से सामाजिक पर्व, त्यौहार आदि में भी भोजन का महत्व है। दीपावली, होली तथा ईद के अवसर पर आपस में मिठाइयों का आदन-प्रदान प्रायः सभी समुदायों में होता है। इस प्रकार स्पष्ट है कि सामाजिक क्षेत्र में भी भोजन का विशेष महत्व है।

भोजन के आवश्यक पोषक तत्व

शरीर के लिए भोजन आवश्यक है। शरीर को ऊर्जा प्रदान करने के लिए, शरीर के तन्तुओं के निर्माण के लिए, रोगों के बचाव के लिए एवं शरीर के अंगों की क्षतिपूर्ति के लिए हम नियमित भोजन करते हैं। भोजन में कुछ व्यक्ति शाक-सब्जियाँ, आटा, दाल तथा चावल आदि शाकाहारी भोजन ग्रहण करते हैं तो कुछ व्यक्ति, अण्डा, माँस तथा मछली आदि माँसाहारी भोजन ग्रहण करते हैं। भोजन ग्रहण करने का वास्तविक उद्देश्य भूख को शान्त करना तथा आवश्यक पोषण तत्वों को ग्रहण करना है। ये तत्व ही भोजन के आवश्यक पोषक तत्व (Nutrients) कहलाते हैं। शरीर के लिए प्रमुख रूप से छः तत्वों की आवश्यकता होती है। ये तत्व निम्नलिखित हैं—

(1) प्रोटीन, (2) कार्बोहाइड्रेट्स, (3) वसा, (4) जल, (5) विटामिन और (6) खनिज लवण।

प्रोटीन

प्रोटीन शब्द की उत्पत्ति ग्रीक भाषा के शब्द प्रोटिआस (Proteas) से हुई है। इस शब्द का ग्रीक भाषा में अर्थ है—सर्वोत्तम पदार्थ।

प्रोटीन से जीवित कोषों के आहार पर जीवद्रव्य का निर्माण होता है। प्राणियों के शरीर में पानी के अलावा प्रोटीन की मात्रा सबसे अधिक होती है। शरीर में प्रोटीन का अधिकतर भाग शरीर के तन्तुओं में रहता है। तन्तुओं के अतिरिक्त रक्त, एन्जाइम, हार्मोन्स, हड्डियों, दाँतों आदि में भी कुछ मात्रा में प्रोटीन होते हैं। इस प्रकार शरीर में प्रोटीन का विशेष महत्व होता है। मॉल्डर नामक वैज्ञानिक ने बताया कि प्रोटीन ही शरीर की गति को संचालित करता है। वास्तव में, हमारे खाद्य पदार्थों में अनेक प्रकार की प्रोटीन विद्यमान रहती है तथा हमारे खाद्य पदार्थों में यह एक अनिवार्य तत्व के रूप में है। ऑक्सीजन की उपस्थिति में प्रोटीन का ऑक्सीकरण होता है जिसके परिणामस्वरूप शरीर को शक्ति मिलती है।

प्रोटीन प्राप्ति के स्रोत

प्रोटीन प्राप्ति के विभिन्न स्रोत हैं। इसे पशु जगत् तथा वनस्पति जगत् दोनों से ही प्राप्त किया जा सकता है। इस प्रकार कहा जा सकता है कि हर प्रकार के माँस, अण्डे, मछली, दूध से बनी हुई वस्तुओं में भरपूर प्रोटीन होता है। वनस्पति जगत् में मुख्य रूप से सोयाबीन, मटर, दालों आदि में पर्याप्त प्रोटीन होती है। मूँगफली तथा गेहूँ एवं धान आदि में भी प्रोटीन पायी जाती है। कुछ साग-सब्जियों में भी प्रोटीन पायी जाती है, जैसे-गाजर, शलगम, पातगोभी तथा पालक आदि। भिन्न भिन्न खाद्य पदार्थों में भिन्न-भिन्न मात्रा में प्रोटीन पायी जाती है।

कुछ मुख्य खाद्य-पदार्थों में विद्यमान प्रोटीन की मात्रा का विवरण निम्नलिखित है—

(1)	अण्डा	13.3 प्रतिशत
(2)	माँस	18.5 प्रतिशत
(3)	मछली	16.6 प्रतिशत
(4)	गेहूँ	9.3 प्रतिशत
(5)	गाय का दूध	3.2 प्रतिशत
(6)	भैंस का दूध	4.3 प्रतिशत
(7)	दही	3.1 प्रतिशत
(8)	बादाम	18.6 प्रतिशत
(9)	मूँगफली	26.9 प्रतिशत
(10)	चने की दाल	20.8 प्रतिशत
(11)	सोयाबीन	43.2 प्रतिशत
(12)	उड़द की दाल	24.3 प्रतिशत
(13)	लोबिया	24.3 प्रतिशत

प्रोटीन के कार्य तथा उपयोगिता

(1) शरीर की वृद्धि तथा विकास के लिए उपयोगी–शरीर की वृद्धि और विकास के लिए प्रोटीन का महत्वपूर्ण स्थान है। प्रोटीन में उपस्थित नाइट्रोजन शरीर की वृद्धि में विशेष रूप से सहायक होता है। भ्रूणावस्था में ही जैसे-जैसे शरीर का विकास होता है, वैसे-वैसे ही प्रोटीन की आवश्यकता पड़ती है। जन्म के उपरान्त शिशु के शरीर का विकास तेजी से होता है। इस काल में शरीर की वृद्धि के लिए अधिक मात्रा में प्रोटीन की आवश्यकता होती है। इसके बाद किशोरावस्था में शरीर की वृद्धि प्रायः रुक जाती है। अतः अब अपेक्षाकृत कम प्रोटीन की आवश्यकता होती है परन्तु शरीर की त्वचा, बाल तथा नाखून आदि तो सदैव की बढ़ते रहते हैं, अतः कुछ मात्रा में इनके लिए प्रोटीन आवश्यक होती है।

(2) शरीर की क्षति-पूर्ति तथा रख-रखाव के लिए उपयोगी–हमारे शरीर के कोषों में निरन्तर टूट-फूट होती रहती हैं। इसलिए शरीर की क्षति-पूर्ति आवश्यक है। शरीर की इस क्षति-पूर्ति के लिए प्रोटीन विशेष उपयोगी होती है। शरीर के नये तन्तुओं के निर्माण एवं टूटे-फूटे कोषों की मरम्मत में प्रोटीन सहायक होती है। यदि किसी दुर्घटनावश शरीर में चोट लग जाये, कट जाये या जल जाये तो शरीर के पुनः स्वस्थ होने के लिए अतिरिक्त मात्रा में प्रोटीन की आवश्यकता होती है। किसी कटे हुए स्थान से बहने वाले रक्त को रोकने में भी प्रोटीन की आवश्कता होती है।

(3) शरीर के ऊर्जा उत्पादन के लिए उपयोगी–शरीर के लिए आवश्यक ऊर्जा के उत्पादन के लिए भी प्रोटीन उपयोगी है। एक ग्राम प्रोटीन से 4 कैलोरी ऊर्जा उत्पन्न होती है। जब शरीर को पर्याप्त मात्रा में वसा तथा कार्बोहाइड्रेट प्राप्त नहीं होते तब शरीर को प्रोटीन से ही ऊर्जा तथा शक्ति प्राप्त होती है। जिन प्रोटीनों से शरीर को ऊर्जा मिलती है, वे प्रोटीन के निर्माण और वृद्धि में सहायक नहीं होते।

(4) रोग निरोधक क्षमता उत्पन्न करने में उपयोगी–शरीर में विभिन्न रोग होते रहते हैं लेकिन शरीर अपनी स्वाभाविक

रोग-निरोधक क्षमता के कारण स्वस्थ रहता है। प्रोटीन शरीर को इस रोग निरोधक क्षमता को उत्पन्न करने और बनाए रखने में महत्वपूर्ण भूमिका निभाते हैं। यदि शरीर में प्रोटीन की कमी हो तो शरीर की ऑक्सीजन ग्रहण करने की क्षमता भी कम हो जाती है। शरीर द्वारा पर्याप्त ऑक्सीजन न ग्रहण करने की दशा में शरीर की विभिन्न रोगों के कीटाणुओं से लड़ने की क्षमता कम हो जाती तथा व्यक्ति अनेक रोगों से ग्रस्त हो जाता है। इस प्रकार प्रोटीन की कमी से व्यक्ति अस्वस्थ तथा कमजोर हो जाता है और उसक विकास रुक जाता है।

(5) **एन्जाइम एवं हार्मोन्स के निर्माण के लिए उपयोगी**—शरीर के सुचारु रूप से कार्य करने के लिए एन्जाइम और हार्मोन्स का विशेष महत्व है। विभिन्न एन्जाइम एवं हार्मोन्स के निर्माण में प्रोटीन विशेष रूप से उपयोगी होती है। शरीर के लिए उपयोगी विभिन्न नाइट्रोजन युक्त यौगिकों के निर्माण में भी प्रोटीन विशेष रूप से सहायक होती है। पाचन क्रिया में सहायक विभिन्न एन्जाइम भी प्रोटीन से बनते हैं। शरीर के लिए आवश्यक रस इन्सुलिन, एडेनेलिन और थाइरोक्लीन भी प्रोटीन से बनते हैं। शरीर के लिए आवश्यक रस इन्सुलियन, एडेनेलिन और थाइरोक्लीन भी प्रोटीन से ही बनते हैं। अतः संक्षेप में कहा जा सकता है कि शरीर के लिए प्रोटीन अत्यधिक उपयोगी है।

(6) **विभिन्न क्रियाओं में उपयोगी**—प्रोटीन शरीर की विभिन्न महत्वपूर्ण क्रियाओं में सहायक होता है। प्रोटीन रक्त के प्रवाह को उचित बनाने में सहायक होता है। इसके अतिरिक्त शरीर के कुछ सान्द्र रसों को अधिक सान्द्र बनाने में भी प्रोटीन सहायक होता है। प्रोटीन रक्त के संगठन को भी सही बनाए रखता है।

प्रोटीन की कमी का प्रभाव

प्रोटीन की कमी से शरीर पर प्रतिकूल प्रभाव पड़ता है। भारतवर्ष में ही प्रतिवर्ष लगभग दस लाख बच्चों की मृत्यु प्रोटीन के कुपोषण के परिणामस्वरूप होता है। प्रोटीन की कमी के प्रभाव बच्चों तथा वयस्कों में भिन्न-भिन्न रूपों में देखे जा सकते हैं। इन दोनों वर्गों के प्राणियों के शरीर पर प्रोटीन की कमी के प्रभावों का विवरण निम्नलिखित है—

(1) **बच्चों पर प्रोटीन की कमी का प्रभाव**—बच्चों में प्रोटीन की कमी के परिणामस्वरूप उन्हें मुख्य रूप से क्वाशियोर्कर (Kwashiorkor) नामक रोग हो जाता है। इस रोग की शुरूआत बच्चे को दूध पिलाने की अवस्था से ही हो जाती है तथा यह रोग उस समय अधिक बढ़ जाता है जब बच्चे का दूध छुड़वा दिया जाता है तथा उसे अन्य स्टार्च युक्त भोजन दिया जाने लगता है। इस स्थिति में सन्तुलित भोजन न होने के कारण तथा प्रोटीन तत्व की कमी के कारण बच्चों को क्वाशियरकर रोग हो जाता है।

बच्चों में क्वाशियोर्कर (Kwashiorkor) नामक रोग के विभिन्न लक्षण देखे जा सकते हैं। पूरे शरीर पर विशेष रूप से चेहरे पर सूजन आ जाती है। बच्चे का स्वभाव चिड़चिड़ा हो जाता है और बालों एवं चेहरे की स्वाभाविक चमक घटने लगती है। शरीर की त्वचा रूखी तथा शुष्क होने लगती है। खून की कमी बनी रहती है तथा अतिसार की शिकायत बनी रहती है। इस रोग के कारण बच्चों की भूख घटने लगती है तथा अन्य रोगों से लड़ने की शरीर की स्वाभाविक क्षमता कम होने लगती है। इस रोग की अवस्था में बच्चों के शरीर में आवश्यक विटामिन की कमी होने लगती है। यकृत बढ़ जाता है और पेट निकला हुआ दिखाई देने लगता है। प्रोटीन की कमी के कारण बच्चों में एक अन्य रोग भी हो जाता है जिसे मरास्मस कहते हैं। यह रोग उस स्थिति में होता है जब बच्चे के आहार में प्रोटीन की कमी के साथ ही साथ ऊर्जा या कैलोरी पोषण की कमी होती है।

(2) **वयस्कों पर प्रोटीन की कमी के प्रभाव**—वयस्कों के लिए भी प्रोटीन का अत्यधिक महत्व है। अतः प्रोटीन की कमी का बुरा प्रभाव वयस्कों पर भी पड़ता है। वयस्कों में प्रोटीन की कमी होने के परिणामस्वरूप शरीर का सामान्य भार घटने लगता है तथा रक्त की कमी होने लगती है। जैसे-जैसे शरीर में प्रोटीन की कमी होती है, वैसे-वैसे ही व्यक्ति की रोग-निरोधक क्षमता भी घटने लगती है। प्रोटीन की कमी के परिणामस्वरूप पैरों और श्रोणी गुहा वाले भाग में सूजन आने लगती है। इसके साथ ही साथ जलोदर की स्थिति भी आने लगती है। प्रोटीन की कमी के परिणामस्वरूप हड्डियाँ कमजोर होने लगती हैं तथा कम ठेस या दबाव से ही टूट जाती हैं। इस अवस्था में टूटी हड्डियाँ मुश्किल से तथा देर से जुड़ती हैं।

प्रोटीन की कमी को दूर करने के उपाय

प्रोटीन की कमी को दूर करने के लिए प्रोटीन युक्त खाद्य-पदार्थों का सेवन आवश्यक है। विभिन्न पदार्थों में प्रोटीन की समुचित मात्रा पायी जाती है। इस प्रकार के मुख्य पदार्थ हैं—माँस, अण्डा, मछली, दूध तथा दूध से बनी वस्तुयें, सूखे मेवे जैसे कि

बादाम, अखरोट, पिस्ता, मूँगफली तथा चिरोंजी आदि। इसके अतिरिक्त सभी दानों तथा फलियों में भी प्रोटीन की समुचित मात्रा पाई जाती है। गेहूँ एवं चावल में भी प्रोटीन की अच्छी मात्रा पायी जाती है। प्रोटीन की कमी को दूर करने के लिए इन प्रोटीन युक्त खाद्य पदार्थों की समुचित मात्रा ग्रहण करनी आवश्यक है।

विटामिन

मनुष्य के भोजन में विटामिन का महत्वपूर्ण स्थान है। यह सत्य है कि भोजन के अन्य अनिवार्य तत्वों के समान विटामिन शरीर के निर्माण और पोषण में विशेष योगदान नहीं देते परन्तु शरीर के सुचारु रूप से चलने और स्वस्थ रहने के लिए विटामिन अति आवश्यक हैं। भोजन में विटामिन की कमी से विभिन्न रोग हो जाते हैं। इसलिए भोजन में विटामिन की समुचित मात्रा का होना अत्यन्त आवश्यक है।

शरीर में विटामिन की उपयोगिता

➤ समुचित मात्रा में विटामिन ग्रहण करने से शरीर में विभिन्न रोगों से लड़ने तथा उनसे बचे रहने की क्षमता प्राप्त होती है जबकि विटामिन की कमी से शरीर अनेक रोगों से ग्रस्त हो जाता है।

➤ विटामिन ग्रहण करने से शरीर चुस्त तथा स्वस्थ बना रहता है जबकि विटामिन की कमी से शरीर में शक्ति भी कम हो जाती है।

➤ समुचित मात्रा में विटामिन ग्रहण करने से भूख ठीक लगती है जबकि विटामिन की कमी से भूख कम लगती है, सूस्ती रहती है और नींद अधिक आती है।

प्राप्ति स्रोत–विटामिन बी$_1$ या थायमिन को विभिन्न स्रोतों से प्राप्त किया जा सकता है। यह विटामिन वसा, तेल, शर्करा को छोड़कर अन्य अधिकांश खाद्य पदार्थों में उपस्थित होते हैं। गेहूँ चावल की ऊपरी पर्त, अंकुरित धान, मूँगफली, हरी मटर एवं विभिन्न फलों के रस और सूअर के मांस आदि में यह विटामिन पर्याप्त मात्रा में पाया जाता है। दूध में विटामिन की कम मात्रा पायी जाती है।

थायमिन के गुण–थायमिन एक रासायनिक यौगिक है जिसमें कार्बन, हाइड्रोजन, ऑक्सीजन, नाइट्रोजन, सल्फर एवं क्लोरीन पाये जाते हैं। इसका व्यापारिक नाम थायमिन हाइड्रोक्लोराइड है। पानी में घुलित इस विटामिन का स्वाद नमकीन होता है। इस विटामिन का रूप रवेदार होता है और कोई रंग नहीं होता।

इसकी गन्ध खमीर के समान होती है। इस पर अम्लीय घोल का कोई प्रभाव नहीं पड़ता। लेकिन यदि इसे क्षारीय घोल में गर्म किया जाता है तो यह विटामिन नष्ट हो जाता है। विटामिन 'बी' युक्त पदार्थ को ताँबे के बर्तन में पकाने पर भी यह विटामिन नष्ट हो जाता है। अन्य धातुओं के बर्तन में पकाने पर इस पर किसी प्रकार का प्रभाव नहीं पड़ता। यह विटामिन अल्ट्रावॉयलेट (UV) किरणों के प्रभाव से भी नष्ट हो जाता है।

थायमिन की दैनिक आवश्यकता–भिन्न-भिन्न व्यक्तियों को भिन्न-भिन्न मात्रा में थायमिन या विटामिन बी$_1$ की आवश्यकता होती है। अन्तर्राष्ट्रीय स्वास्थ्य परिषद् ने सन् 1963 में एक विज्ञप्ति में बताया कि 4 मिली ग्राम थायमिन लेने से 1090 कैलोरी ऊर्जा प्राप्त हो जाती है।

थायमिन के कार्य

शरीर के लिए थायमिन के कार्य या उपयोगिता का विवरण निम्नलिखित है—

(i) कार्बोहाइड्रेट के चयापचय में योगदान–थायमिन या विटामिन बी$_1$ कार्बोहाइड्रेट के चयापचय में महत्वपूर्ण भूमिका निभाता है। इस प्रक्रिया में यह उत्प्रेरक के रूप में कार्य करता है।

(ii) तंत्रिका तंत्र में संचालन में योगदान–थायमिन परिधीय तन्त्रिका तन्त्र के कार्यों के उचित संचालन में महत्वपूर्ण भूमिका निभाता है। यदि थायमिन की कमी हो जाये तो पैर की माँस-पेशियों में खिंचाव आने लगता है। आँखों के सामने अन्धेरा सा छाने लगता है चक्कर आने लगते हैं, कब्ज हो जाती है और कानों में भनभनाहट सी होने लगती है।

थायमिन की कमी के परिणाम–थायमिन की कमी या अभाव के शरीर पर निम्नलिखित प्रतिकूल प्रभाव देखे जा सकते हैं—

➤ शरीर में थायमिन की कमी होने से व्यक्ति का स्वभाव चिड़चिड़ा हो जाता है। जीवन में अरुचि तथा अलगाव सा होने लगता है।

➤ इसकी कमी से शरीर का स्वाभाविक विकास भी रुक सकता है। वास्तव में यह विटामिन शरीर की स्वाभाविक वृद्धि के लिए अति आवश्यक है।

➤ थायमिन की न्यूनता का प्रतिकूल प्रभाव भूख पर भी पड़ता है। इसकी कमी से भूख घटने लगती है।

➤ इस विटामिन की कमी से सबसे गम्भीर परिणाम 'बेरी-बेरी' नामक रोग के रूप में देखा जा सकता है।

विटामिन 'ए' की प्राप्ति के स्रोत

विटामिन 'ए' को प्राणी जगत् एवं वनस्पति दोनों ही स्रोतों से प्राप्त किया जा सकता है। प्राणी जगत् में विटामिन 'ए' के मुख्य स्रोत घी, मक्खन, दूध, दही तथा अण्डे की जर्दी है लेकिन सबसे अधिक मात्रा में विटामिन 'ए' मछली के यकृत में पाया जाता है। इसके अलावा विभिन्न वनस्पति स्रोतों से भी विटामिन 'ए' को प्राप्त किया जा सकता है। गाजर, सन्तरा, पपीता, टमाटर, रसभरी, कद्दू आदि में विटामिन 'ए' पर्याप्त मात्रा में पाया जाता है।

विटामिन 'ए' के कार्य एवं उपयोगिता

(1) **दृष्टि के लिए महत्व**–आँखों के स्वास्थ्य तथा नेत्र-ज्योति के लिए विटामिन 'ए' विशेष रूप से उपयोगी है। यदि समुचित मात्रा में विटामिन 'ए' लिया जाता है। तो मन्द प्रकाश में भी ठीक प्रकार से देखा जा सकता है। यदि इस विटामिन की कमी हो जाती है तो मन्द प्रकाश में देखना मुश्किल हो जाता है।

(2) **पाचन क्रिया में सहायक**–विटामिन 'ए' पाचन क्रिया में भी सहायक होता है। यह आमाशय एवं क्लोम ग्रन्थियों के कार्यों में सहायक होता है। इस प्रकार यह पाचन-क्रिया को सुचारु बनाता है।

(3) **शरीर के विकास में सहायक**–शरीर की समुचित वृद्धि तथा विकास में विटामिन 'ए' का महत्वपूर्ण योगदान है। इसलिए इस विटामिन को वृद्धि-वर्धक कारक भी कहते हैं। यदि शरीर को समुचित मात्रा में विटामिन 'ए' नहीं मिलता है जो शरीर की स्वाभाविक वृद्धि में बाधा पहुँचती है।

(4) **दाँत तथा मसूड़ों के लिए उपयोगी**–विटामिन 'ए' दाँत एवं मसूड़ों के स्वास्थ्य के लिए उपयोगी होता है। यह विटामिन दाँतों को चमकीला बनाता है।

(5) **एपिथीलियम ऊतकों के लिए उपयोगी**–त्वचा के कुछ भाग एपिथीलियम ऊतकों से बने होते हैं। विटामिन 'ए' इन एपिथीलियम ऊतकों को स्वस्थ बनाये रखने में सहायक होता है। यदि विटामिन 'ए' की कमी हो जाती है तो ये एपिथीलियम ऊतक अस्वाभाविक रूप ग्रहण कर लेते हैं जिसके परिणामस्वरूप त्वचा विकृत तथा रूखी होने लगती है।

(6) **रोग प्रतिरोधात्मक क्षमता प्रदान करता है**–विटामिन 'ए' शरीर को रोगों से बचने तथा उनसे लड़ने की क्षमता प्रदान करता है।

(7) **चयापचय में सहायक**–शरीर में कार्बोहाइड्रेट के समुचित चयापचय में विटामिन 'ए' विशेष रूप से सहायक होता है।

विटामिन 'ए' की दैनिक आवश्यकत–विटामिन 'ए' की आवश्यकता भिन्न-भिन्न आयु तथा अवस्था में भिन्न-भिन्न होती है। सामान्य व्यक्ति को 4000 से 5000 अन्तर्राष्ट्रीय इकाई प्रतिदिन पर्याप्त होती है, परन्तु गर्भवती एवं दूध पिलाने वाली माताओं को विटामिन 'ए' की अतिरिक्त मात्रा की आवश्यकता होती है।

विटामिन 'ए' का शोषण–सामान्य रूप से शरीर में विटामिन 'ए' का पूर्ण रूप से शोषण हो जाता है। इस विटामिन का शोषण आंतों में ही होता है। वसा एवं पित्त की उपस्थिति में विटामिन 'ए' का शोषण सुचारु रूप से होता है। छोटी आंत से ही शोषित विटामिन लसिका वाहिनियों में प्रवाहित होकर शरीर में सम्मिलित हो जाता है। सामान्य रूप से ग्रहण किया गया विटामिन 'ए' पाँच घण्टे में शोषित हो जाता है।

विटामिन 'ए' की अधिकता से हानियाँ–यदि आवश्यकता से अधिक मात्रा में विटामिन 'ए' ग्रहण किया जाये तो उसका प्रतिकूल प्रभाव भी पड़ता है। इस स्थिति में शरीर में एक प्रकार का विष व्याप्त हो जाता है। इसके साथ ही साथ विभिन्न विकार उत्पन्न होने लगते हैं जैसे कि स्वभाव का चिड़चिड़ा होना, थकावट महसूस करना, नींद का अधिक आना, सुस्ती रहना, वजन का कम होना, पाँव तथा टखनों में सूजन का आ जाना। इसके अतिरिक्त इस विटामिन की अधिकता के परिणामस्वरूप यकृत तथा तिल्ली भी बढ़ जाते हैं। त्वचा रूखी तथा विकृत हो जाती है। रीढ़ की हड्डी में पीड़ा होने लगती है। तथा जोड़ों में दर्द होने लगता है।

खनिज लवण

शरीर के लिए आवश्यक पोषक तत्वों में खनिज लवणों का भी महत्वपूर्ण स्थान है। खनिज लवण विभिन्न रासायनिक तत्व हैं जो पर्याप्त मात्रा में प्रकृति में पाये जाते हैं। खनिज लवणों के अभाव में शरीर का स्वस्थ रहना तथा सुचारु रूप से चल पाना असम्भव है। शरीर की विभिन्न क्रियाओं के संचालन में शरीर में खनिज लवणों का होना अति आवश्यक है।

खनिज लवणों को रक्षात्मक भोज्य-पदार्थ माना जाता है। हमारे शरीर के लिए अति अवश्यक 10 खनिज लवण हैं— (1) कैल्सियम, (2) फॉस्फोरस, (3) पोटेशियम, (4) सल्फर, (5) सोडियम, (6) क्लोरीन, (7) मैग्नीशियम, (8) लोहा, (9) आयोडीन, (10) ताँबा। इन सभी खनिज लवणों की भिन्न-भिन्न मात्रा शरीर के लिए आवश्यक होती है तथा शरीर के संचालन में भी इनके भिन्न-भिन्न कार्य हैं।

खनिज लवणों के कार्य तथा महत्व

खनिज लवणों के कार्यों को दो वर्गों में विभक्त किया जाता है। **प्रथम वर्ग** में उन कार्यों को सम्मिलित किया जाता है जो शरीर के निर्माण से सम्बन्धित हैं तथा **द्वितीय वर्ग** में शरीर के नियामक कार्य सम्मिलित हैं। खनिज लवणों के इन दोनों वर्गों के कार्यों का परिचय अग्रलिखित है—

शरीर निर्माण सम्बन्धी कार्य

➤ शरीर में दाँतों तथा हड्डियों के निर्माण में खनिज लवणों का विशेष योगदान होता है। इस प्रकार के मुख्य लवण कैल्सियम और फॉस्फोरस हैं। ये लवण दाँतों एवं हड्डियों को दृढ़ता और शक्ति प्रदान करते हैं।

➤ शरीर के विभिन्न कोमल तन्तुओं के निर्माण में भी खनिज लवणों का योगदान होता है। उदाहरण के लिए—पेशीय तथा तन्त्रिका कोशिकाओं के निर्माण में फॉस्फोरस का योगदान होता है। खनिज लवणों में मांसपेशीय तथा तन्त्रिकाओं को शक्ति एवं दृढ़ता भी प्राप्त होती है। विभिन्न पेशीय एवं तन्त्रिका ऊतकों के निर्माण में सल्फर का भी योगदान होता है।

➤ रक्त के निर्माण में विभिन्न लवणों का योगदान होता है। रक्त के महत्वपूर्ण तत्व हीमोग्लोबिन का निर्माण मुख्य रूप से लौह लवण से होता है। इसके अतिरिक्त रक्त के सीरम में कैल्सियम की पर्याप्त मात्रा होती है। रक्त के लाल कणों के निर्माण में ताँबे का योगदान होता है।

शारीरिक क्रियाओं के लिए नियामक कार्य

खनिज लवण शरीर में निर्माण सम्बन्धी कार्यों के अतिरिक्त कुछ नियामक कार्य भी करते हैं। मुख्य नियामक कार्य अग्रलिखित हैं—

➤ शरीर के उचित संचालन के लिए रक्त में अम्ल और क्षार का सन्तुलन होना अनिवार्य है। खनिज लवण इस सन्तुलन को बनाये रखने में सहायक होते हैं। खनिज लवणों की उपस्थिति के कारण हमारे शरीर के पाचक रस पूर्णतया अम्लीय या क्षारीय बनने से बचे रहते हैं।

➤ शरीर की विभिन्न महत्वपूर्ण क्रियाओं के लिए विभिन्न ग्रन्थियों से स्रावित होने वाले रसों का विशेष महत्व होता है। ग्रन्थियों के इन रसों को बनाने में खनिज लवणों का विशेष योगदान होता है।

➤ पाचन-क्रिया को व्यवस्थित करने के लिए पाचक रस विभिन्न खनिज लवणों से ही उत्प्रेरित होते हैं।

➤ शरीर के विभिन्न यौगिकों की क्रियाओं के उचित संचालन में भी खनिज लवण सहायक होते हैं।

➤ खनिज लवणों के प्रभाव से विभिन्न पदार्थ घुलनशील बनते हैं और शरीर के विभिन्न अवयवों तक जाने में सरलता होती है।

आयोडीन प्राप्ति के स्रोत

आयोडीन को विभिन्न प्राकृतिक स्रोतों से प्राप्त किया जा सकता है। समुद्र के जल, वनस्पति तथा समुद्र में पायी जाने वाली मछलियों में आयोडीन पायी जाती है। समुद्र तट पर पाली जाने वाली गाय के दूध में भी आयोडीन की कुछ मात्रा पायी जाती है। प्याज आदि कुछ सब्जियों में भी थोड़ी मात्रा में आयोडीन होती है। आयोडीनाइज्ड साल्ट एवं फूल-पत्ती में पर्याप्त मात्रा में आयोडीन पायी जाती है। साधारण रूप में पानी में भी कुछ मात्रा में आयोडीन होती है।

आयोडीन की दैनिक आवश्यकता

साधारण अवस्था में अल्प मात्रा में ही आयोडीन की आवश्यकता होती है। प्रतिदिन 50-100 मिली ग्राम आयोडीन ही पर्याप्त होती है। समुद्र के निकट रहने वाले लोगों को आयोडीन कम मात्रा में ग्रहण करनी पड़ती है।

आयोडीन का शोषण तथा विसर्जन

अन्य अनेक खनिज लवणों की ही तरह आयोडीन का शोषण भी छोटी आंत में ही होता है। इसके अतिरिक्त कुछ मात्रा में आयोडीन का शोषण आमाशय से सीधे ही रक्त वाहिनियों द्वारा शोषित कर लिया जाता है। शरीर द्वारा शोषित की गयी आयोडीन का अधिकांश भाग थाइराइड ग्रन्थि में संगृहीत रहता है। शेष अल्प मात्रा में आयोडीन शरीर का निर्माण करने वाली अन्य तन्तुओं में रहती है। थाइराइड ग्रन्थि में संगृहीत आयोडीन

सान्द्र-अवस्था में पहुँचकर भिन्न-भिन्न यौगिकों में परिवर्तित होती है और अन्त में थायराक्सिन का रूप ग्रहण करती है।

साधारण रूप से आयोडीन का विसर्जन बहुत कम मात्रा में आंतों एवं त्वचा के माध्यम से होता है। स्तनपान कराने वाली माताओं के शरीर से आयोडीन का विसर्जन दूध के माध्यम से भी होता है, जो कि दूध पीने वाले बच्चों को प्राप्त हो जाती है।

आयोडीन की कमी के परिणाम

हमारे शरीर को आयोडीन के बहुत कम मात्रा की आवश्यकता होती है लेकिन यदि शरीर को यह आवश्यक मात्रा भी उपलब्ध नहीं होती है तो उसका शरीर पर प्रतिकूल प्रभाव पड़ता है। आयोडीन की कमी के कारण थाइराइड ग्रन्थि का रक्तस्राव बिगड़ जाता है। जिससे मानसिक तथा शारीरिक विकास रुक जाता है। आयोडीन की कमी से शरीर में होने वाली चयापचय क्रिया अनियमित हो जाती है। यदि बच्चों को उचित मात्रा में आयोडीन नहीं मिल पाती है तो उन्हें क्रेटीन नामक रोग हो जाता है। इस रोग से मानसिक तथा शारीरिक विकास रुक जाता है और चेहरे पर सूजन आ जाती है और जीभ बढ़ जाती है।

प्रौढ़ व्यक्तियों में आयोडीन की कमी से मिक्सोडिमा रोग हो जाता है। इस रोग में व्यक्ति सुस्ती तथा आलस्य अनुभव करता है और शरीर के विभिन्न भागों में सूजन आ जाती है। आयोडीन की कमी से व्यक्ति के शरीर पर बाल उगते ही नहीं या उनकी वृद्धि रुक जाती है। आयोडीन की कमी से घेंघा नामक रोग हो जाता है। इस रोग में थाइराइड ग्रन्थि के बढ़ जाने से गला फूल जाता है। आयोडीन की कमी का प्रतिकूल प्रभाव सन्तान उत्पादन शक्ति पर भी पड़ता है।

कार्बोहाइड्रेट्स

भोजन का एक आवश्यक तत्व कार्बोहाइड्रेट्स है। मनुष्य के अलावा अन्य सभी प्राणी भी इसे अनिवार्य पोषक पदार्थ के रूप में ग्रहण करते हैं। कार्बोहाइड्रेट्स का मुख्य स्रोत वनस्पति जगत् है। कार्बोहाइड्रेट का निर्माण पौधों में होने वाली प्रकाश संश्लेषण की क्रिया द्वारा होता है। पौधों में क्लोरोकिल तत्व पाया जाता है। सूर्य के प्रकाश में वायु से ली गयी कार्बन डाइ-ऑक्साइड और मिट्टी से लिए गए पानी से संश्लेषण के परिणामस्वरूप कार्बोहाइड्रेट का निर्माण होता है। वनस्पति जगत् में यह सैल्युलोज तथा स्टार्च के रूप में प्राप्त होता है। इसे शर्करा युक्त भोज्य पदार्थ भी कहते हैं।

कार्बोहाइड्रेट का संगठन

कार्बोहाइड्रेट एक यौगिक है। यह विभिन्न तत्वों के संयोग से बना है। ये तत्व हैं–कार्बन, हाइड्रोजन और ऑक्सीजन। इन तीनों तत्वों के रायायनिक संयोग के फलस्वरूप कार्बोहाइड्रेट का संगठन होता है। कार्बोहाइड्रेट में ऑक्सीजन और हाइड्रोजन का वही अनुपात होता है जो अनुपात पानी में होता है। कार्बोहाइड्रेट का रायायनिक सूत्र $C_6H_{12}O_6$ है।

कार्बोहाइड्रेट की प्राप्ति के स्रोत

कार्बोहाइड्रेट की प्राप्ति के सभी स्रोत वनस्पति जगत् में विद्यमान हैं। यह विभिन्न अनाजों, फलों और सब्जियों तथा अन्य भोज्य पदार्थों में विद्यमान है। विभिन्न भोज्य पदार्थों में विद्यमान कार्बोहाइड्रेट्स की प्रतिशत मात्रा तथा उनका कैलोरी मूल्य निम्नलिखित तालिका में प्रदर्शित किया गया है–

भोज्य पदार्थ	कार्बोहाइड्रेट की प्रतिशत मात्रा	प्रत्येक 100 ग्राम में कैलोरी मूल्य
1. शर्करा	99.4	398
2. गुड़	75.0	380
3. शहद	79.0	355
4. चावल	78.2	348
5. गेहूँ का आटा	69.0	346
6. मैदा	70.9	345
7. दाल हरा चना	59.9	351
8. जिमीकन्द	23.0	110
9. केला	24.7	102
10. आम	16.2	80
11. किशमिश	77.3	332
12. अंजीर	15.2	70

कार्बोहाइड्रेट के कार्य

भोजन के एक अत्यन्त आवश्यक तत्व के रूप में कार्बोहाइड्रेट शरीर में अनेक महत्वपूर्ण कार्य करता है। शरीर के लिए कार्बोहाइड्रेट के कार्यों एवं उपयोगिता का वर्णन अग्रलिखित है–

(1) ऊर्जा प्रदान करना–कार्बोहाइड्रेट का शरीर में सबसे अधिक महत्वपूर्ण कार्य शरीर को विभिन्न कार्यों के लिए आवश्यक ऊर्जा प्रदान करना है। कार्बोहाइड्रेट ऊर्जा के उत्तम स्रोत हैं। एक ग्राम कार्बोहाइड्रेट से शरीर चार कैलोरी ऊर्जा प्राप्त कर सकता है। कार्बोहाइड्रेट से शरीर को प्रत्यक्ष रूप में भी ऊर्जा प्राप्त होती है तथा यह शरीर में संगृहीत होकर भी ऊर्जा का स्रोत बनता है। ग्लूकोज से मस्तिष्क एवं नाड़ी ऊतकों को ऊर्जा प्राप्त होती है।

(2) कैल्सियम के शोषण में सहायक–लेक्टोज के रूप में कार्बोहाइड्रेट शरीर में कुछ बैक्टीरिया की वृद्धि में सहायक होता है। यह लेक्टोज शरीर में कैल्शियम शोषण में सहायक होता है।

(3) प्रोटीन की बचत में सहायक–भोजन में ग्रहण किया गया कार्बोहाइड्रेट शरीर में संगृहीत प्रोटीन की बचत में भी सहायक होता है। यदि हम पर्याप्त मात्रा में कार्बोहाइड्रेट ग्रहण करते हैं तो इसके प्रज्वलन से शरीर को समुचित मात्रा में कैलोरी प्राप्त हो जाती है। इससे ऊर्जा प्राप्त करने के लिए शरीर की प्रोटीन इस्तेमाल नहीं होती, अतः प्रोटीन की मात्रा अन्य कार्बोहाइड्रेट के लिए सुरक्षित रहती है।

(4) वसा की बचत में सहायक–पर्याप्त मात्रा में कार्बोहाइड्रेट ग्रहण करने से यह शरीर में वसा की बचत में सहायक होता है। कार्बोहाइड्रेट वसा के अत्यधिक प्रज्वलन को रोकने में भी सहायक होता है।

(5) मल-विसर्जन में सहायक–सैलुलोज, हैपी-सैलुलोज तथा पैक्टिन्स नामक कार्बोहाइड्रेट हमारे शरीर के व्यर्थ पदार्थों, यथा- मल आदि के विसर्जन में सहायक होते हैं। ये गैस्ट्रो-आन्त्र मार्ग की आन्त्र गति को उत्तेजित करते हैं।

(6) विभिन्न आवश्यक तत्वों के स्रोत–कार्बोहाइड्रेट युक्त भोज्य पदार्थ में विभिन्न खनिज लवण जैसे कि पोटेशियम, कैल्सियम, फॉस्फोरस, लोहा, मैग्नीशियम और आयोडीन आदि समुचित मात्रा में पाए जाते हैं। इन सब की शरीर के लिए निरन्तर आवश्यकता होती है।

(7) शरीर के समान तापमान में सहायक–कार्बोहाइड्रेट शरीर के ताप को एक समान बनाए रखने में भी सहायक होता है।

वसा

हमारे शरीर के आवश्यक पोषण तत्वों में वसा का महत्वपूर्ण स्थान है। वसा नामक यह रासायनिक पर्याप्त मात्रा में स्वतन्त्र रूप से विद्यमान है। यह ग्रीस की भाँति चिकने होते हैं। इसका निर्माण मुख्य रूप से कार्बन, हाइड्रोजन और ऑक्सीजन से होता है। कुछ वसा में अल्प मात्रा में फॉस्फोरस और नाइट्रोजन भी होते हैं। सभी प्रकार की वस्तुएँ पानी में अघुलित रहती हैं लेकिन अन्य जैविक विलायकों में घुल जाती हैं। वसा को वनस्पति जगत् और प्राणी जगत् के विभिन्न स्रोतों से प्राप्त किया जा सकता है।

वसा के गुण

➤ अधिकांश वसा चिकनी और ग्रीस के समान रहती है लेकिन भिन्न-भिन्न स्रोत से प्राप्त होने वाली का द्रवांक भिन्न-भिन्न होता है। इसीलिए कुछ वसा सर्दी में जम जाती हैं और गर्मी में तरल हो जाती हैं तथा कुछ वसा तेल के रूप में रहती हैं।

➤ वनस्पति जगत् से प्राप्त होने वाली केवल नारियल की वसा अर्थात् नारियल का तेल ही जमता है। अन्य वनस्पतिजन्य वसा तरल होती हैं।

➤ वसा सामान्य रूप से पानी में नहीं घुलती है लेकिन यह इथाइल, ईथर, पैट्रोलियम, एल्कोहॉल और बेन्जीन में आसानी से घुल जाती है।

➤ वसा सामान्य रूप से पानी में नहीं घुलती है लेकिन यह इथाइल, ईथर, पैट्रोलियम, एल्कोहॉल और बेन्जीन में आसानी से घुल जाती है।

➤ वनस्पति जगत् से प्राप्त होने वाली तरल वसा को हाइड्रोजनीकरण प्रक्रिया द्वारा ठोस रूप में जमाया जाता है। समस्त वनस्पति घी इसी प्रक्रिया द्वारा तैयार होते हैं।

➤ यदि वसा को अधिक समय तक अधिक ताप तक गर्म किया जाए तो इसका विभाजन वसीय अम्ल और ग्लिसरॉल में हो जाता है। इस विभाजन की प्रक्रिया में एक पदार्थ बनता है जो अक्रोलिन कहलाता है। यह अक्रोलिन शरीर के लिए हानिप्रद होता है।

वसा प्राप्ति के स्रोत

वसा विभिन्न प्राकृतिक स्रोतों से प्राप्त की जाती है। वसा के स्रोतों को दो मुख्य वर्गों में बांटा जा सकता है–

(1) प्राणी जगत् से प्राप्त होने वाली वसा, (2) वनस्पति जगत् से प्राप्त होने वाली वसा। प्राणी जगत् से प्राप्त होने वाली वसा के मुख्य स्रोत–दूध, मांस, मछली, अण्डे का पीला भाग, मस्तिष्क, यकृत और मछलियों के यकृत से निकला तेल तथा पशुओं की चर्बी। इसके अतिरिक्त बीजों तथा अनाज से निकले हुए तेल एवं सूखे मेवे तथा फल भी वसा के वानस्पतिक स्रोत हैं।

जिस वसा युक्त पदार्थों में चिकनाई स्पष्ट रूप से दिखाई देती है, उन्हें वसा के दृश्य स्रोत कहा जाता है। जैसे कि हर प्रकार के घी, तेल, मक्खन तथा मलाई आदि। इसके अतिरिक्त वसा के कुछ अदृश्य स्रोत भी हैं जिनमें चिकनाई स्पष्ट रूप से दिखाई नहीं देती। समस्त सूखे मेवे, मांस, मछली, मिठाइयाँ तथा केक आदि वसा के इसी प्रकार के अदृश्य स्रोत हैं।

शरीर के लिए वसा की उपयोगिता

(1) शरीर में भोज्य पदार्थ के रूप में संचित रहती है–भोजन में ग्रहण की गयी वसा शरीर में वसा-ऊतकों के रूप में एकत्र हो जाती है। यह एकत्रित वसा शरीर के लिए विशेष उपयोगी होती है। जिस समय शरीर में अन्य ऊर्जा उत्पादक भोज्य-पदार्थ उपस्थित नहीं होते, उस समय वह संचित वसा शरीर को ऊर्जा प्रदान करती है। इस संचित वसा का ऑक्सीकरण होता है और शरीर को आवश्यक ऊर्जा प्राप्त हो जाती है।

(2) अधिक समय तक ऊर्जा उत्पन्न करने में उपयोगी–वसा के अतिरिक्त अन्य ऊर्जादायक भोज्य-पदार्थ केवल उसी समय ऊर्जा प्रदान करते हैं, जब उन्हें भोजन में प्राप्त किया जाता है। अन्य ऊर्जादायक पदार्थ केवल सीमित मात्रा में ही शरीर में संचित रह पाते हैं, लेकिन वसा पर्याप्त मात्रा में चर्बी के रूप में ही शरीर में संचित रहती है अतः ये शरीर में ऊर्जा उत्पन्न करने वाले स्थायी स्रोत हैं। हृदय की मांसपेशियों को वसा से ही आवश्यक ऊर्जा प्राप्त होती है।

(3) वसा से आवश्यक वसीव अम्ल प्राप्त होते हैं–वसा को ग्रहण करने से शरीर को आवश्यक वसीय अम्ल प्राप्त हो जाते हैं। ये वसा अम्ल स्वास्थ्य के लिए अत्यधिक आवश्यक तथा उपयोगी होते हैं। ये वसा अम्ल शरीर की उचित वृद्धि के लिए आवश्यक होते हैं और त्वचा के निरोग रहने में सहायक होते हैं।

(4) वसा से ग्रहण किये भोजन का मूल्य बढ़ता है–कुछ विटामिन जैसे कि 'ए', 'डी', 'ई' तथा 'के' आदि विटामिन केवल वसा में ही घुलनशील होते हैं। अतः ये विटामिन वसा में घुलकर शरीर के सभी भागों में तन्तुओं तक पहुँचते हैं और शरीर को लाभ पहुँचाते हैं। यदि शरीर में वसा की समुचित मात्रा न हो तो शरीर सम्बन्धित वसा घुलित विटामिन का शोषण नहीं कर सकता।

(5) शरीर के ताप नियमन में सहायक–शरीर के तापक्रम को नियमित बनाये रखने में वसा का महत्वपूर्ण योगदान होता है। पूरे शरीर में त्वचा के नीचे वसा की एक तह (परत) बनी रहती है। वसा की यह तह ताप की कुचालक होने के कारण बाहरी पर्यावरण का तापक्रम बढ़ जाने पर भी शरीर में तापक्रम को सामान्य बनाये रखती है।

(6) शरीर को सुरक्षा प्रदान करना–वसा शरीर को विभिन्न प्रकार से सुरक्षा प्रदान करती है। शरीर के कुछ कोमल अंगों जैसे कि हृदय तथा गुर्दे के चारो ओर वसा एकत्र हो जाती है और इन अंगों की आघातों आदि से सुरक्षा होती है। ये अंग वसा के कारण स्थिरता भी प्राप्त करते हैं।

(7) पाचन संस्थान की क्रियाशीलता में सहायक–वसा शरीर के पाचन संस्थान की क्रियाशीलता को सुचारु बनाने में भी सहायक होती है। वसा से हमारे शरीर की आंतें और आमाशय चिकने बने रहते हैं। वसा आंतों की त्वरित गति को सुचारु बनाये रखने में भी सहायक होते हैं।

(8) प्रोटीन की बचत में सहायक–यदि हमारे भोजन में वसा की पर्याप्त मात्रा होती है तो कार्बोहाइड्रेट के साथ-साथ यह भी शरीर को उचित मात्रा में ऊष्मा प्रदान करती है। इस स्थिति में शरीर में उपस्थित प्रोटीन को ऊष्मा प्रदान करने के लिए इस्तेमाल नहीं करना पड़ता है। इसलिए प्रोटीन की अन्य उपयोगी कार्यों के लिए बचत हो जाती है। प्रोटीन का मुख्य कार्य शरीर निर्माण तथा वृद्धि करना है।

शरीर में वसा की कमी के प्रभाव

वसा शरीर के लिए विशेष रूप से उपयोगी तथा आवश्यक है। इसलिए हमारे भोजन में वसा का समुचित मात्राओं में होना अति आवश्यक है। भोजन में वसा की समुचित मात्रा न होने पर अनेक प्रकार की हानि हो सकती है। वसा की कमी के कारण बच्चों तथा किशोरों की शारीरिक वृद्धि रुक जाती है। वसा की कमी से त्वचा प्राय खुरदरी हो जाती है। वसा की कमी से शरीर में उन विटामिनों की भी कमी हो जाती है जो वसा में घुलित होते हैं। इस प्रकार व्यक्ति विटामिन की कमी से होने वाले रोगों से ग्रस्त हो जाता है। वसा की कमी होने पर शरीर की ऊर्जा कम हो जाती है जिससे व्यक्ति सुस्त रहने लगता है।

शरीर में वसा की अधिकता के प्रभाव

शरीर में वसा की अधिकता के भी विभिन्न प्रतिकूल परिणाम होते हैं। अधिक मात्रा में वसा ग्रहण करने पर वसा की एक परत रक्त की धमनियों में जम जाती है। इन परत के जमने

से रक्त की धमनियाँ संकरी होने लगती हैं जिससे रक्त का संचालन सुचारू रूप से नहीं हो पाता। वसा की अधिकता से रक्त में कोलेस्ट्रॉल बढ़ जाता है जिससे हृदय आक्रमण और पक्षाघात जैसी स्थिति उत्पन्न हो जाती है। अधिक वसा ग्रहण करने से यह वसा चर्बी के रूप में चारो ओर एकत्र होने लगती है जिससे हृदय की गति में बाधा पहुँचती है। इसके अलावा वसा की अधिकता के परिणामस्वरूप मोटापा बढ़ने लगता है। शरीर में मोटापा बढ़ने के कारण गुर्दे पर अधिक जोर पड़ता है और गुर्दे कमजोर होने लगते हैं। अधिक वसा ग्रहण करने से पाचन क्रिया बिगड़ जाती है।

पोषण

यदि व्यक्ति के आहार में आयु एवं लिंग के आधार पर सभी अनिवार्य तत्व समुचित मात्रा एवं अनुपात में प्राप्त होते हैं तो उसे पोषण कहा जाता है। आहार में अनिवार्य तत्वों की मात्रा तथा अनुपात के आधार पर उचित पोषण, अपोषण तथा कुपोषण का वर्गीकरण किया जाता है।

उचित पोषण का अर्थ

उचित पोषण आहार प्राप्त करने की वह अवस्था है जिसमें आहार के सभी कार्य एवं उद्देश्य सुचारू रूप से पूर्ण होते रहते हैं। उचित पोषण में भोजन की मात्रा एवं अनुपात इस प्रकार का होता है कि शरीर के लिए सभी आवश्यक पोषण तत्व पर्याप्त मात्रा में उपलब्ध हो जाते हैं।

भोजन बनाने के तरीके

भोजन बनाने की अनेक विधियाँ हैं, किन्तु पकाने के माध्यम की दृष्टि से भोजन पकाने की विधियों को मुख्यतः चार वर्गों में विभाजित किया गया है—

(1) जल द्वारा, (2) वाष्प द्वारा, (3) चिकनाई द्वारा, तथा (4) वायु द्वारा।

1. जल द्वारा—जल द्वारा भोजन पकाने की विधि में पाक-क्रिया आर्द्रता के माध्यम से सम्पन्न होती है, जल द्वारा पकाने की विधि को तीन भागों में बाँटा गया है—

(a) उबालना, (b) धीरे-धीरे उबालना और (c) धीमी आग पर पकाना।

(a) उबालना—इस विधि में पकाई जाने वाली वस्तु को किसी भगोने में जल के साथ डाल दिया जाता है और इसे अंगीठी या चूल्हे पर तब तक उबाला जाता है तब तक वह गल न जाय। दालें, आलू, मटर, चने तथा शूप आदि के बनाने में यह विधि प्रयोग में लायी जाती है। खाद्य-पदार्थों का छिलका उतारकर नहीं उबालना चाहिए, क्योंकि ऐसा करने से उसके पौष्टिक तत्व सब पानी में निकल जाते हैं।

(b) धीरे-धीरे उबालना—यह विधि भी उबालने की विधि के ही समान है, अन्तर केवल इतना है कि इसमें आँच बहुत ही मंद रखी जाती है।

(c) धीमी आग पर पकाना—इस विधि में खाद्य-सामग्री बर्तन में बन्द कर मन्द गति से काफी देर तक पकाई जाती है। जिस बर्तन में वस्तु को पकाया जाता है उसका ढक्कन मजबूती से कसकर बन्द रखना चाहिए, जिससे बर्तन के अन्दर की वाष्प उड़कर बाहर न निकले और भोज्य पदार्थ को तर बनाये रखे। इस विधि का प्रयोग अधिकतर मांस पकाने अथवा वस्तु बनाने में किया जाता है।

2. वाष्प द्वारा—स्वास्थ्य की दृष्टि से यह विधि उबालने की विधि से उत्तम है, क्योंकि इस विधि द्वारा खाद्य-पदार्थ पानी की भाप से पकाया जाता है। खाद्य-पदार्थ वाष्प से प्रत्यक्ष-अप्रत्यक्ष सम्पर्क में लाकर पकाया जा सकता है।

(a) प्रत्यक्ष विधि—इस विधि द्वारा भोजन पकाने का प्रयोग अधिकतर घरों में किया जाता है। इसमें नीचे के एक बर्तन में पानी डालकर उसके ऊपर छलनी या कोई पतला कपड़ा बाँधकर खाद्य-पदार्थ को रखते हैं। इस विधि द्वारा भोजन बनाने में समय अधिक लगता है तथा भोजन के कुछ तत्व छलनी या कपड़े के छिद्रों द्वारा नीचे के उबलते हुए पानी में घुल जाते हैं।

(b) अप्रत्यक्ष विधि—इस विधि द्वारा भोजन पकाने के लिए वाष्प बनाने हेतु अधिक पानी की आवश्यकता नहीं होती है। जिस बर्तन में खाद्य-पदार्थ पकाया जाता है उस बर्तन का ढक्कन कसकर बन्द कर दिया जाता है, जिससे बर्तन में उपस्थित पानी का वाष्प बाहर नहीं निकल पाता और खाद्य पदार्थ उसी भाप के दबाव से गल जाता है। इस विधि द्वारा पकाये जाने वाले खाद्य पदार्थों का समय भिन्न-भिन्न होता है। इस विधि द्वारा भोजन बनाने के बर्तन का सर्वोत्तम उदाहरण प्रेशर कुकर है।

3. चिकनाई द्वारा—इस विधि में खाद्य पदार्थों को बनाने के लिए तेल, घी, स्निग्ध आदि का प्रयोग माध्यम के रूप में किया जाता है। तेल या घी को आग पर खूब गर्म करके जब धुआँ छोड़ने लगता है तो खाद्य पदार्थ डालकर शीघ्रता से

निकाल लेते हैं। चिकनाई द्वारा भोजन बनाने की तीन निम्नलिखित विधियाँ हैं—

(a) तलने की अथली विधि,

(b) तलने की गहरी विधि और

(c) तलने की शुष्क विधि।

(a) तलने की अथली विधि—इस विधि में कड़ाही या फ्राइंग पैन में घी या तेल लेकर उसको गर्म किया जाता है। जब चिकनाई वाले पदार्थ से हल्का धुआँ उठने लगे तो पकाई जाने वाली वस्तु डाल देनी चाहिए और जब एक ओर से सिंज जाए तो उसे पलट कर दूसरी ओर से सेंकना चाहिए और लाल होने पर बाहर निकाल लेना चाहिए। इस विधि द्वारा चीला, डोसा और मछली पकाये जाते हैं।

(b) तलने की गहरी विधि—तलने की इस विधि में घी या तेल इतनी मात्रा में लिया जाता है जिसमें बनाई जाने वाली वस्तु भली प्रकार से डूब जाए। पूड़ी, कचौड़ी, समोसे इत्यादि बनाने में इस विधि का प्रयोग किया जाता है।

(c) तलने की शुष्क विधि—इस विधि द्वारा उन वस्तुओं को पकाया जाता है जिसमें स्वयं ही चिकनाई पर्याप्त मात्रा में उपस्थित रहती है। इस विधि में तलते समय बाहर से घी या तेल नहीं डाला जाता है, क्योंकि उन पदार्थों को गर्म करने से वह अपनी चिकनाई छोड़ देते हैं। इस कारण वह कड़ाही के पेंदे में चिपकते नहीं हैं। साँसेज तथा बेलन आदि इसी विधि द्वारा बनाए जाते हैं।

4. वायु द्वारा—भोज्य पदार्थों को पकाने में वायु का प्रयोग भूजने और सेंकने में किया जाता है। निम्न विधियाँ इस वर्ग के अन्तर्गत आती हैं—

(a) भूजना, (b) सेंकना और (c) भट्टी या तन्दूर में पकाना।

(a) भूजना—इस विधि में बालू द्वारा पकाई जाने वाली वस्तु को ताप पहुंचाया जाता है। इस विधि में उष्ण वायु के माध्यम से भोजन पकाया जाता है।

(b) सेंकना—इस विधि में वस्तु को सीधे आग के सम्पर्क में लाकर खाद्य पदार्थों को सेंका जाता है, जैसे—तवे पर चपाती सेंकी जाती हैं।

(c) भट्टी में पकाना—इस विधि में पकाये जाने वाले पदार्थों को चारो ओर से समान अनुपात में गर्मी पहुँचायी जाती है और इस विधि से भोजन बनाने के दो साधन हैं—

(i) भट्टी ऊष्मक (ii) तन्दूर या देशी ऊष्मक

(i) भट्टी ऊष्मक—इसमें पकाये जाने वाले खाद्य पदार्थ को ऊष्मक में रखकर बन्द कर दिया जाता है और उसी गर्मी से पदार्थ पक जाता है, जैसे—पेस्ट्रीज, नॉन, डबल रोटी, बिस्कुट, केक इत्यादि।

(ii) देशी तन्दूर—इस विधि से होटलों में तन्दूर की रोटी और नॉन बनाये जाते हैं।

पौष्टिक एवं स्वादिष्ट भोजन बनाना

पौष्टिक एवं स्वादिष्ट भोजन बनाने के लिए पाक-क्रिया की सफलता निम्नलिखित बातों पर निर्भर करती है—

1. सही चयन—पकाते समय उत्तम प्रकार के भोज्य पदार्थों का चुनाव करना चाहिए। ताजे सब्जियों, मछलियों तथा मांसों का व्यवहार करना चाहिए। अन्यथा वे सब स्वादिष्ट भी नहीं होते हैं तथा पौष्टिकता में भी कमी होती है। ताजे फलों के जैम-जेली भी अच्छे बनते हैं। दही-बड़ा बनाने के लिए भी ताजी दही का ही प्रयोग करना चाहिए। खट्टे दही दही-बड़ों के स्वाद बिगाड़ देते हैं। मठरी नमकीन बनाने के लिए भी ताजे मैदे का व्यवहार होना चाहिए। पकाने के पूर्व मैदे, चावलों, सूजियों, दालों आटे आदि की जाँच कर लेनी चाहिए।

2. सही माप एवं ताप—विभिन्न सामग्री को सही मात्रा में मापना एवं तोलना चाहिए, केक, बिस्कुट, हलुआ, जैम आदि बनाने में सही माप में सामग्रियों का उपयोग महत्वपूर्ण है। पुलाव पकाते समय पानी और आँच का सही होना जरूरी है। व्यंजन के पकने के लिए समय के सही उपयोग की जानकारी भी आवश्यक है कम समय तक पकने से व्यंजन कच्ची तथा अधिक देर तक पकने से व्यंजन के स्वाद समाप्त हो जाते हैं।

3. सही व्यंजन विधि—प्रत्येक व्यंजन विभिन्न निर्धारित विधि द्वारा पकाया जाता है। जिसमें हल्का फेर बदलकर विविधता लायी जा सकती है किन्तु व्यंजन के स्वाद और रंग रूप के सही होने के लिए निर्देशित व्यंजन विधि का अक्षरशः पालन करना आवश्यक है, जैसे—लड्डू बनाने के लिए चीनी की तार की चाश्नी बनानी चाहिए, अन्यथा चाश्नी के पतली या कड़ी बनने पर लड्डुओं को बांधना कठिन हो जाता है। साथ ही उबालकर बनाई गई आलू की सब्जी और बिना उबाले आलू की बनाई गई सब्जी के स्वाद में अन्तर पड़ जाता है। दही-बड़ा बनाते समय पिसी हुई दाल को देर तक फेटना आवश्यक है अन्यथा

दही-बड़े कड़े बनते हैं। इसी प्रकार, रसगुल्ले बनाने में निर्मित छेना को खूब मला जाता है।

4. पकाने वाले का अनुभव—पाक क्रिया में पकाने वाले का अनुभव महत्वपूर्ण भूमिका निभाता है। पाक-क्रिया सम्पन्न करते समय प्रत्येक गृहिणी को पाक-कला सम्बन्धी निर्देशों का निम्नलिखित प्रकार से पालन करना चाहिए—

➤ व्यंजन-विधि को पूरी तरह पढ़कर एवं समझकर ही पकाने का कार्यारम्भ करना चाहिए।

➤ पाक-क्रिया के पूर्व सारी सामग्री, बर्तन, पानी तथा अन्य आवश्यक सामान एकत्र कर लेना चाहिए। इससे समय तथा श्रम की बचत होती है।

➤ सामग्रियों की सही माप होनी चाहिए तथा क्रमबद्धता का निर्वाह करना चाहिए।

➤ भोजन सम्बन्धी स्वच्छता के नियमों का पालन करना चाहिए।

➤ गंदे बर्तनों को चूल्हे के ऊपर या आस-पास नहीं छोड़ना चाहिए। पानी में भिंगो देना चाहिए ताकि धोते समय आसानी हो।

➤ पकाने के बाद नमक तथा मसालों के डिब्बों को यथास्थान रखकर चूल्हे के आस-पास के क्षेत्र की सफाई कर देनी चाहिए।

➤ काँच के और चिकनाईयुक्त बर्तनों की सफाई साबुन तथा गर्म जल से करनी चाहिए। भोजन परोसे जाने वाले बर्तनों की सफाई पहले तथा पकाने वाले बर्तनों की सफाई बाद में करनी चाहिए।

➤ पाक-कला में कुशलता प्राप्त करने के लिए विभिन्न पुस्तकों और पत्रिकाओं में प्रकाशित व्यंजन-विधि को भी पढ़ना चाहिए।

पकाते समय खाद्य-पदार्थों की रक्षा का ध्यान रखना

खाद्य-पदार्थों की रक्षा हेतु पकाते समय निम्नलिखित बातों पर ध्यान देना चाहिए—

➤ आटे को छानकर काम में नहीं लाना चाहिए। चोकरयुक्त आटा में थायमिन (B_1) पाया जाता है जो स्वास्थ्यप्रद होता है।

➤ हमेशा हाथ से कुटे उसना चावल का उपयोग करना चाहिए। इसमें विटामिन B_1 (थायमिन) पाया जाता है।

पॉलिश किए चावल में चावल की बाह्य परत में उपस्थित विटामिन और खनिज लवण नष्ट हो जाते हैं।

➤ पकाने के पहले चावल को अधिक रगड़ कर नहीं धोना चाहिए, इससे चावल की ऊपरी परत में उपस्थित विटामिन B_1 (थायमिन) पानी के साथ घुलकर निकल जाता है।

➤ पकाते समय चावल में इतना ही पानी देना चाहिए जितना पानी चावल सोख ले। अधिक पानी तो माड़ के रूप में निकल जाते हैं जिसमें जल में घुलनशील विटामिन तथा खनिज लवण चावल (भात) से अलग हो जाते हैं।

➤ अनाजों को संग्रह करते समय उन्हें सूखे, साफ डिब्बों में रखना चाहिए, साथ ही डिब्बों के ढक्कन अच्छी तरह बंद होना चाहिए अन्यथा सूखे खाद्य-पदार्थ वायु तथा नमी के सम्पर्क में आकर खराब हो जाते हैं तथा उरामें घुन तथा कीड़े पड़ जाते हैं।

➤ मूली, गाजर, फूलगोभी की नर्म-कोमल पत्तियों का उपयोग कच्चे सलाद के रूप में तथा अन्य पत्तियों का उपयोग साग के रूप में पकाकर करना चाहिए।

➤ सब्जियों को पकाते समय धीमी आँच का प्रयोग करना चाहिए।

➤ भोजन परोसने से थोड़ी देर पहले ही सलाद काटनी चाहिए। पहले से काटकर रखने पर खाद्य पदार्थों में उपस्थित विटामिन C ऑक्सीजन के सम्पर्क में आकर नष्ट हो जाते हैं।

➤ भोज्य पदार्थों को ढक्कर पकाने से, वाष्प के दबाव के कारण वे शीघ्र पकते हैं और उनकी सुगन्ध भी बनी रहती है।

➤ पाक-क्रिया के अन्तर्गत आने वाली काटने-कूटने और पीसने की क्रियाएं भोजन पकाते समय ही सम्पन्न करना चाहिए। देर तक रखे हुए भोज्य पदार्थ के पोषक मूल्य में कमी आ जाती है साथ ही अपना स्वाभाविक स्वाद और सुगन्ध भी खो देते हैं।

➤ घी, तेल को बंद करके अंधेरे स्थान में रखना चाहिए। उपयोग किए घी-तेल को अधिक दिनों तक नहीं रखना चाहिए।

➤ दूध को क्वथनांक पर लाकर आंच धीमी कर देना चाहिए और उसे कुछ देर उबलने देना चाहिए इससे उसमें उपस्थित जीवणु नष्ट हो जाते हैं।

विभिन्न प्रकार के अनाज वाले व्यंजन तैयार करने की विधियाँ

1. **रोटी**–रोटियाँ गेहूँ, मक्का, चना, ज्वार, बाजरा आदि को छान, बीन, धो ओर सुखाकर मशीन या हाथ की चक्की में पिसे हुए आटे से तैयार की जाती है।

सामग्री–250 ग्राम गेहूँ का आटा

विधि–सर्वप्रथम गेहूँ को छान, बीन, धो-साफ और सुखाकर आटा पिस लिया जाता है। बनाने के 1-2 घण्टे पूर्व 250 ग्राम आटा लेकर उसे गूंथने के लिए थोड़ा पानी डालकर कड़ा गूंथ लिया जाता है। फिर, उस गूंथे आटे को पतले कपड़ें से ढँक दिया जाता है। रोटी बनाना शुरू करते समय उसे पुनः गूंथकर और लोचदार बनाकर छोटी-छोटी लोइयाँ बना ली जाती है। अंगीठी या गैस स्टोव की ज्वाला (लौ) पर तवा गर्म होने के लिए रखकर चकले पर बेलन के सहारे एक लोई को गोलाकार समान पतला बेला जाता है। बेलने के लिए सूखे आटे पर लोई को रखकर उलट-पुलटकर फिर चकला पर रखा जाता है। पतले बेले गए गोलाकार को तवे पर डाल दिया जाता है। एक तरफ कुछ सेकण्ड पक जाने पर उसे पलट दिया जाता है। इसी बीच दूसरी लोई की दूसरी रोटी बेलकर तैयार कर ली जाती है। तवे पर की रोटी पर दो-चार गुलाबी दाग हो जाने पर चिमटे की सहायता से तवे को आंच से उतार कर रोटी को कोयला की लौ या गैस की लौ पर पलट कर फुलाया जाता है। इसी प्रकार, सभी रोटियाँ बना ली जाती हैं। कटोरदान में बंद रखने पर रोटियाँ गर्म रहती है।

मकई, बाजरे एवं ज्वार की रोटी बनाते समय आटे को एक साथ नहीं गूंथा जाता है। आटे को थोड़ा गूंथकर एक-एक लोई को साथ में मलकर लोच देने के बाद लोई को हाथ में ही पानी द्वारा या चकले पर थपक कर पानी और आटे के साथ बड़ा और चौड़ा गोलाकार बनाया जाता है। बेलन से थोड़ा बेलकर भी मदद ली जाती है। तवे पर योंही या घी लगाकर सावधानीपूर्वक रोटी चकले पर से उठाकर तवे पर पलट दी जाती है। तवे पर भी उसे पलटे द्वारा पलटा जाता है, अन्यथा रोटी टूट जाती है। दोनों तरफ अच्छी तरह पक जाने पर कोयले के अंगारे या गैस स्टोव की लौ पर उसे अच्छी तरह उलट-पुलट कर सेंकी जाती हैं। ऐसी रोटियों के लिए मंद आंच ही अच्छी होती है क्योंकि रोटी भारी होती है, जिसे लिट्टी भी कहा जाता है। सेंकने पर घी लगाकर या योंही रखी जाती है। ऐसी रोटियों के साथ घी, दूध, मट्ठा, कढ़ी, दही, नमक, मिर्च-लहसुन-तेल आदि अधिक खाया जाता है। मकई, बाजरे तथा ज्वार की रोटियाँ मेथी, पालक, मूली के पत्ते डालकर भी बनाई जाती हैं।

2. **पराठा-सामग्री**–आटा 250 ग्राम, नमक 1 छोटी चम्मच, घी एक बड़ा चम्मच।

भरवा पराठा हेतु–दाल की पिट्ठी, आलू की पिट्ठी, महीन पिसी हुई मूली, कूटी हुई मटर, चने की सत्तू, कतरी हुई फूल-गोभी, कतरी हुई मेथी आदि।

विधि–सर्वप्रथम, आटे में बड़ा चम्मच घी तथा नमक डालकर अच्छी तरह मसलकर और पानी डालकर मुलायम गूंथ लिया जाता है। फिर, लोइयां बनाकर चकले पर रोटी बनाने की तरह मोटी बेलकर घी लगाया जाता है और उसे दोहरी तह में मोड़कर पुनः घी लगाकर चौहरी तह में मोड़ दिया जाता है जिससे वह तिकोना हो जाता है। उसके बाद सूखे आटे की सहायता से तिकोना ही बेला जाता है, उधर तवा को अंगीठी की लौ या गैस स्टोव की लौ (आंच) पर चढ़ा दिया जाता है तथा उस पर घी लगा दिया जाता है। बेले गए पराठा को तवे पर डाला जाता है और एक तरफ थोड़ा सिंक जाने पर चिमटे की सहायता से पलटा जाता है, दूसरी तरफ भी सिंक जाने पर चम्मच से घी चारों तरफ डाला जाता है और चिमटे से पलट कर लाल सेंका जाता है। सेंकते समय पलटे से पूरे पराठे को दबाते रहा जाता है ताकि भीतर कहीं कच्चा न रहने पाए। अन्त में गर्म पराठे ही परोसा जाना ज्यादा अच्छा होता है।

भरवा पराठे दाल की पिट्ठी, आलू की पिट्ठी, महीन पिसी हुई मूली, कूटी हुई मटर, चने की सततू, कतरी हुई फूलगोभी, कतरी हुई मेथी आदि भरकर बनाए जाते हैं। पिट्ठी आलू उबालकर या दाल उबालकर, मसलकर या पीसकर या उपर्युक्त वस्तुओं में से किसी एक को महीन कतर कर उसमें नमक, हरी धनिया की पत्ती, कटी हुई मिर्च, खटाई का चूर्ण, नींबू का रस, हो सके तो इच्छानुसार प्याज महीन कतरकर, सभी को मिलाकर बनाई जाती है। लोई में गढ़ा कर पिट्टी भर दी जाती है और उसे पुनः बन्द कर रोटी की तरह बेलकर पराठे की तरह सेंका जाता है।

3. **पूरियां-सामग्री**–गेहूँ का आटा 250 ग्राम, नमक 1 चम्मच, घी 125 ग्राम, छनौटा, कड़ाही आदि।

विधि–सर्वप्रथम पूरियां बनाने के लिए रुचि अनुसार आटे में नमक, अजवायन, एक बड़ा चम्मच घी डालकर या यों ही आटे को गूंथ लिया जाता है, फिर अच्छी तरह लोच लगाकर छोटी-छोटी लोइयाँ बनाकर बेलने के बाद एक-एक कर गर्म धुआँ उठते घी की कड़ाही में डाला जाता है। घी कड़ाही में पूरी के अच्छी तरह डूबने लायक दिया जाता है तथा पूरी किनारे

से डाला जाता है ताकि गर्म घी का छींटा न पड़ जाए। पूरियाँ सूखी सब्जी या रसदार सब्जी के साथ परोसी जाती है।

पूरी के घी के ऊपर तैरने पर उसे पलटे से पलट दिया जाता है और पलटे से ही हिलाते हुए पूरी को फुलाया जाता है। पूरी के हल्का गुलाबी होने पर उसे पलटा (छनौटा) पर उठा लिया जाता है और उसे कड़ाही के किनारे पर तिरछा कर घी निचोड़कर बाहर निकाला जाता है। पूरियों के लिए तेज आंच की आवश्यकता होती है। तुरन्त परोसने के लिए थोड़ा कड़ा तथा देर तक रखने के लिए कड़ा नहीं सेंकना चाहिए।

4. कचौड़ी—सामग्री—आटा 250 ग्राम, नमक, घी, भरने के लिए दाल, आलू, बथुवे की पिट्ठी, हरा मटर, सत्तू आदि।

विधि—सर्वप्रथम, आटे में नमक, गर्म घी, आटे का 6% भार के बराबर डालकर, पराठे के समान गूंथ लिया जाता है। कचौड़ी भरने के लिए उड़द दाल, मूंगदाल, हरा गटर, सत्तू, आलू में से किसी की पिट्ठी तैयार कर ली जाती है। अन्दाज से पिट्ठी में नमक, हल्दीचूर्ण, मिर्च हरी, कटा अदरख, धनियाँ चूर्ण, गर्म मसाला आदि चूर्ण करके मिला दिया जाता है। घी में हींग तथा जीरे की छौंक देकर पिट्ठी को मसाले सहित अच्छी तरह भून लिया जाता है। आटे की लोइयां बनाकर उसके बीच गड्ढा करके थोड़ी पिट्ठी भर दी जाती है और उसका मुँह बन्द करके गोलाकार पूरियों की तरह बेल लिया जाता है। घी से धुआं निकलने पर घी के किनारे से डाला जाता है। फिर, पलटे द्वारा कड़ाही के किनारे से घी निचोड़ते हुए कचौड़ी को निकाल लिया जाता है।

5. गेहूँ की दलिया-सामग्री—दलिया 250 ग्राम, दूध 2 कप, चीनी 150 ग्राम, घी एक बड़ा चम्मच, छोटी इलायची 2 आदि।

विधि—सर्वप्रथम, गेहूँ को अच्छी तरह साफ करके भून लिया जाता है। फिर, उसे चक्की में डालकर छान लिया जाता है और उसे कड़ाही में घी डालकर गुलाबी भूनकर दलिया बनाया जाता है। उसके बाद उसे पानी में काफी समय तक उबाला जाता है, अच्छी तरह गल जाने के बाद उसमें चीनी और दूध मिलाकर परोसा जाता है। परोसने के पूर्व इलायची-चूर्ण डाल दिया जाता है। नमकीन दलिया बनाने के लिए चीनी के स्थान पर नमक डाला जाता है।

6. निमकी-सामग्री—आटा या मैदा 1 कप, घी 1 बड़ा चम्मच, नमक, अजवाइन, मंगरैला इत्यादि।

विधि—सर्वप्रथम, एक बड़े चम्मच घी की गर्म कर आटे में डाल दिया जाता है और उसमें नमक, अजवाइन, मंगरैला को अच्छी तरह मिलाकर गर्म जल द्वारा गूंथ लिया जाता है। सम्पूर्ण गूंथे आटे को एक गोलाकार बनाकर उसे चकले पर मोटा बेला जाता है, फिर चाकू से उसे विभिन्न आकारों में काटकर थोड़ा-थोड़ा गर्म घी में गुलाबी तला जाता है। अधिक खास्ता बनाने के लिए आटा में एक चुटकी खाने वाला सोडा मिला दिया जाता है। गुलाबी तल निमकी को पलटे द्वारा निकाल लिया जाता है।

7. समोसा-सामग्री—आलू 250 ग्राम, कटा अदरख 1 चम्मच, मटर का दाना या मूंगफली दाना 50 ग्राम, धनिया-चूर्ण 1 छोटा चम्मच, नमक 2 छोटा चम्मच, गरम मसाला चूर्ण 1 छोटा चम्मच, फूलगोभी महीन कतरी हुई या हरी धनिया कट हुई-1 बड़ा चम्मच, खटाई चूर्ण-1 चम्मच, मिर्च हरी कटी, घी या तेल, मैदा 250 ग्राम, अजवाइन मंगरैला-1 छोटा चम्मच आदि।

विधि—सर्वप्रथम आलू उबालकर छील लिया जाता है और उसे छोटे-छोटे टुकड़े में कर दिया जाता है। फ्राईपैन या कड़ाही में एक चम्मच घी या तेल गर्म करके उसमें जीरा का छौंक देकर आलू, मटर या मूंगफली के दाने, कतरी फूलगोभी, गरम मसाला, अदरख, मिर्च खटाई आदि डालकर कुछ समय तक भूनने के बाद कड़ाही आंच से उतार दी जाती है। धनिया की हरी पत्तियाँ काटकर स्वादानुसार डाल दी जाती है। मैदा में गर्म घी, नमक, अजवाइन और मंगरैला मिलाकर अच्छी तरह मसल दिया जाता है और गूंथ कर छोटी-छोटी लोइयां बना लिया जाता है।

लोई को लम्बाई में गोलाकार रूप देते हुए पूरी के बराबर बेलकर चाकू से उसे दो बराबर भागों में काट लिया जाता है। एक कटे भाग को कोणाकार मोड़कर एक किनारे पर पानी लगाकर चिपका दिया जाता है। इसी प्रकार, सभी लोइयों को पूर्ववत् समोसा का रूप देकर भरा जाता है। गहरी कड़ाही में घी गर्म करके उसमें दो-चार समोसे डालकर धीमी आंच पर लाल सेंक लिया जाता है। उसके बाद पलटे द्वारा समोसे को कड़ाही के किनारे से निकाल लिया जाता है। समोसा चटनी के साथ परोसा जाता है।

8. सादा चावल (भात)—सामग्री-चालव 250 ग्राम, घी-15 ग्राम आदि।

विधि—माँड़युक्त या माँड़ सहित चावल-सर्वप्रथम, चावल को अच्छी तरह बीन साफ कर पानी में धोकर 1/2 घण्टे से 2 घण्टे तक भींगने दिया जाता है या यों ही अच्छी तरह बीन कर रखा जाता है। किसी तसला या पतीली में पानी डालकर सुनसुनाने तक गर्म किया जाता है। फिर, (1/2-2) घण्टे भींगा चावल डाला जाता है। वैसे प्रारम्भ में ही किसी पतीली में भींगे

चावल को रखकर उसमें दो-तिहाई पानी डालकर गर्म किया जाता है। चावल के गल जाने पर पतीली को हल्की आंच पर रखा जाता है। फिर उसमें घी डालकर चलाया जाता है। सभी पानी के सूख जाने पर उसे आंच पर से उतार लिया जाता है। प्रेशर-कुकर में भी चावल इसी विधि द्वारा बनाया जाता है।

माँड़रहित चावल–माँड़रहित चावल बनाने में अधिक पानी डाला जाता है। चावल के कनों के गल जाने पर माँड चावल से निकाल दिया जाता है।

9. नमकीन चालव (पुलाव)-सामग्री–चावल 250-ग्राम, घी-60 ग्राम, नमक-डेढ़ चम्मच, बड़ी इलायची-4, लौंग-4, दालचीनी, जीरा-1 छोटी चम्मच, काजू, किसमिस, नारियल, हल्दी चूर्ण आदि।

विधि–सर्वप्रथम अच्छे पुराने चावल को अच्छी तरह बीन कर दो-तीन बार पानी से धोकर रख लिया जाता है। एक पतीली को आंच पर रखकर उसमें 30 ग्राम घी डालकर गर्म करके जीरा भून लिया जाता है। फिर, उसमें चावल डालकर भून लिया जाता है। स्वादानुसार पैक में कतरा हुआ प्याज भी डाला जाता है। थोड़ी देर में चावल की सतह से (4-5 से.मी.) ऊपर तक पानी डाला जाता है। चावल के उबलने पर उसमें नमक, इलायची, लौंग और दालचीनी डाली जाती है। चावल के दो कनी गलने पर और पानी के सूख जाने पर 30 ग्राम घी, कतराभूना प्याज, लौंग, इलायची, दाल-चीनी, तेजपत्ता का छौंक अलग बर्तन में तैयार किया हुआ डाला जाता है। पुलाव रसदार सब्जी, चने की दाल या मांस के साथ परोसा जाता है।

10. सब्जी पुलाव–विधि-सब्जी पुलाव में हरा मटर, आलू, फूलगोभी आदि चावल के साथ मिलाकर बनाया जाता है। सर्वप्रथम आलू को छीलकर छोटे-छोटे टुकड़ों में काट लिया जाता है। फूलगोभी को बड़े टुकड़ों में काटा जाता है। मटर, फूलगोभी के टुकड़े, आलू के टुकड़े आदि को थोड़े घी में भूनकर भूने चावल के साथ पतीली में रखकर आंच पर चढ़ा दिया जाता है।

11. केशरिया मीठा पुलाव-सामग्री–चावल-125 ग्राम, चीनी-75 ग्राम, घी-50 ग्राम, बादाम-4 कटा हुआ टुकड़ा किसमिस-20, तेज पत्ता-2, इलायची छोटी-छोटी, नारियल-25 ग्राम कटी हुई, केशर-एक चुटकी, लौंग-5, काजू-5 कटा हुआ, दाल, चीनी आदि।

विधि–सर्वप्रथम, चावल को छीलकर अच्छी तरह धोकर 1 घण्टा भिंगोकर रखा जाता है। 20 ग्राम घी पतीली में डालकर

तथा आँच पर रखकर भिंगोये चावल को भूना जाता है। फिर चावल के ऊपर इसे डूबने से (4-5 से.मी.) ऊपर तक पानी डालकर उबाला जाता है। चावल के दो कनी गलने की स्थिति में पतीली को आंच पर से उतार लिया जाता है। चीनी केसर और 30 ग्राम घी डालकर तथा मिलाकर पुनः पाँच मिनट तक पकने के बाद बादाम, गरी चूर्ण को चावल में डालकर मिला दिया जाता है। पानी के पूर्णरूपेण सूखने पर पतीली को आंच पर से उतारा जाता है और केसरिया मीठा पुलाव को थाली में परोसा जाता है।

एक दूसरी विधि द्वारा पतीली में घी डालकर उनमें इलायची, लौंग तथा दालचीनी डालकर छौंक तैयार कर तथा चीनी की केशर मिश्रित चासनी पके चावल में डालकर मिला दिया जाता है। फिर, उसे परोसा जाता है।

12. खिचड़ी-सामग्री–चावल-50 ग्राम, नमक-आधा चम्मच, हल्दी चूर्ण और गर्म मसाला चूर्ण-1 चम्मच, घी-1 बड़ा चम्मच, मसूर या मूंग की दाल-50 ग्राम, हरा मटर, टमाटर कतरा प्याज आदि।

विधि–सर्वप्रथम, दाल एवं चावल को अच्छी तरह बीन कर दो-तीन बार स्वच्छ जल से धोकर रखा जाता है। पतीली में पानी रखकर उबलने के लिए आंच पर रखा जाता है। पानी के उबलने पर उसमें चावल, दाल, नमक, हल्दी डालकर ढंक दिया जाता है। चावल तथा दाल के अच्छी तरह गलने पर मटर तथा टमाटर डालकर उसे आंच पर से उतार लिया जाता है। घी को किसी अन्य बर्तन में गर्म करके उसमें या तो मटर तथा फूलगोभी के टुकड़ों को भूना जाता है या कतरी प्याज, गर्म मसाला तथा तेजपत्तों सहित छौंक कर खिचड़ी में मिला दिया जाता है। मूंग की दाल के बदले खड़ी मूंग या मसूर या चना दाल द्वारा भी खिचड़ी बनायी जाती है। अन्य दालों के साथ दाल को पहले ही डालकर (अध-पका करने के) बाद में चावल आदि डाला जाता है। रोगी को दी जाने वाली खिचड़ी में घी एवं गरम मसाला नहीं डाला जाता है। खिचड़ी सुपाच्य होती है। यह गरम-गरम ही परोसी जाती है। खिचड़ी के साथ दही, पापड़, घी, आचार तथा भुर्ता (चोखा) का प्रयोग किया जाता है।

13. आटा या सूजी का हलवा-सामग्री–सूजी का आटा-100 ग्राम, घी-60 ग्राम, चीनी-100 ग्राम, किसमिश-12, छोटी इलायची-2, बादामदाना-2 महीन, चिरौंजी-12 दाने आदि।

विधि—सर्वप्रथम सूजी या आटा को चलनी से छानकर साफ करके बीन लिया जाता है। फिर, कड़ाही में थोड़ा घी गर्म करके उसमें सूजी या आटे को डालकर भूरे रंग होने तक भूना जाता है। उसके बाद भूनी सूजी या आटे में पानी डाला जाता है। सूजी या आटे के फूलने पर उसमें चीनी डाली जाती है। पलटे से सूजी को तब तक चलाया जाता है जब तक कि पानी सूख नहीं जाता है। फिर, कड़ाही को आंच पर से उतारकर उसमें बादाम, किसमिश, चिरौंजी, छोटी इलायची चूर्ण डाला जाता है। अन्त में, प्लेट में परोसा जाता है। ऊपर से चांदी का वर्क भी लगा दिया जाता है।

14. दाल—**सामग्री**—दाल-125 ग्राम, जीरा-1/2 चम्मच, हल्दी चूर्ण 1/2 चम्मच, नमक-1 या 2 चम्मच, घी-1 चम्मच, मिर्च चूर्ण-1/4 चम्मच, हींग-थोड़ी आदि।

विधि—सर्वप्रथम दाल को अच्छी तरह साफ कर तीन चार बार स्वच्छ जल से मलकर धोया जाता है। फिर, पतीली में पानी लेकर उसे आंच पर चढ़ाया जाता है। पानी के उबलने शुरू होने पर उसमें दाल, हल्दी डाल दी जाती है और उबलने पर पहले या ऊपर का उबाल ढक्कन हटाकर निकाल दिया जाता है। अधिक उफान को रोकने के लिए उसमें आधी चम्मच घी डाल दिया जाता है। दाल के दाने के गल जाने तथा गाढ़ा हो जाने पर उसमें घी, जीरे, मिर्च, हींग, तेजपत्ता का छौंक दे दिया जाता है। स्वादानुसार प्याज या लहसुन या मेथी भी छौंक में प्रयुक्त किया जाता है। साथ ही स्वादानुसार कटा हुआ टमाटर भी पतीली उतारने के पहले दाल में डाल दिया जाता है।

दाल में पालक, साग, बथुआ या लौकी भी डाली जाती है। साबुत मूंग या मसूर की दाल बनाते समय उसे तीन चार घण्टे पूर्व पानी में भिंगो दिया जाता है। उड़द की दाल में अदरख का व्यवहार होता है। प्रेशरकुकर में दाल 12-18 मिनट के अन्दर बनकर तैयार हो जाता है।

15. दाल की पकौड़ियाँ—**सामग्री**—मूंग की दाल-250 ग्राम, कतरी प्याज, गरम मसाला-1/2 चम्मच, हरी कटी मिर्च या मिर्च चूर्ण-1/4 चम्मच, नमक-1 छोटा चम्मच, जीरा-1/2 चम्मद, घी या तेल आदि।

विधि—सर्वप्रथम, दाल को अच्छी तरह साफ करके रात में ही जल में भिंगो दिया जाता है जिसे प्रातःकाल सील पर अच्छी तरह पीसा जाता है। सभी उपयुक्त मसालों को अच्छी तरह मिलाया जाता है। तेल या घी गहरी कड़ाही में मंद आंच पर चढ़ाया जाता है और उसमें धुआं भरने पर छोटी-छोटी पकौड़िया

मिश्रित से बनाकर कड़ाही के घी में डाला जाता है। हल्का बादामी रंग के होने पर पलटे से पलटा जाता है। फिर उसे निकालकर नमक मिश्रित गुनगुने जल में डाला जाता है। थोड़ी देर बाद पकौड़ियों को पानी से निकाल कर हल्का निचोड़ा जाता है और गाढ़े दही के घोल में डाल दिया जाता है। परोसते समय प्लेटों में उसे सजाकर कुछ दही, हरी धनियां की पत्ती, भूना पीसा जीरा, धनियां, मिर्च, काला नमक चूर्ण छिड़क दिया जाता है। ऐसी पकौड़ियां सूखी स्थिति में भी गर्म-गर्म ही नाश्ते के रूप में प्रयुक्त की जाती है।

16. बेसन के पकौड़े—**सामग्री**—बेसन-125 ग्राम, नमक-2 चम्मच, खाने वाला सोडा-2 चुटकी, अनारदाना-1 चम्मच, गर्ममसाला चूर्ण-1 चम्मच, अजवाइन-1 चम्मच, हींग-थोड़ा, घी या तेल-100 ग्राम, आलू या अन्य सब्जियां-250 ग्राम आदि।

विधि—पकौड़े आलू, फूलगोभी, पातगोभी, प्याज, मैथी, पालक, बैंगन, कद्दू, हरा चना, हरी मटर आदि सब्जियों के बनते हैं। आलू को छीलकर पतला-पतला गोल या लम्ब रूप में काटा जाता है। बेसन की किस गहरे बर्तन में थोड़ा गाढ़ा घोलकर उसमें नमक, गरम मसाला, हींग, अजवाइन, अनारदाना, खानेवाला सोडा आदि डालकर अच्छी तरह मिला दिया जाता है। गहरी कड़ाही में तेल या घी धीमी आंच पर चढ़ाया जाता है। कड़ाही में धुआं उठने पर उपर्युक्त पदार्थों के कटे टुकड़ों को बेसन में लपेट कर कड़ाही के किनारे से तेल या घी में डाला जाता है। अच्छी तरह गुलाबी रंग होने पर पकौड़े को पलटे से पलट कर फिर पलटे के सहारे कड़ाही के किनारे तेल निचोड़ते हुए निकाला जाता है। पकौड़े गर्म-गर्म ही चटनी या अचार के साथ नाश्ते के रूप में प्रयुक्त होते हैं।

17. कढ़ी—**सामग्री**—बेसन-125 ग्राम, दही-250 ग्राम, हल्दी चूर्ण-1/2 छोटा चम्मच, जीरा-1/2 छोटा चम्मच, मिर्च हरी कटी हुई या मिर्च चूर्ण-1/4 छोटा चम्मच, नमक-1 छोटा चम्मच, हींग-बहुत घी या तेल आदि।

विधि—सर्वप्रथम, आधे बेसन की पकौड़ियां उपयुक्त विधि से तल ली जाती है। शेष बेसन को दही के साथ पानी डालकर मथा जाता है। कड़ाही में घी या तेल गर्म करके उसमें हींग, जीरे, तेजपत्ता, मिर्च को छौंके देकर बेसन मिश्रित दही को उसमें डाला जाता है। साथ ही हल्दी चूर्ण एवं नमक भी डाल दिया जाता है और चम्मच या छोलनी से चलाते रहना चाहिए। पाँच-छः उफान के बाद पकौड़ियां भी उस कड़ाही में डाल दी

जाती है। कढ़ा को गाढ़ी होने पर कड़ाही को आंच पर से उतार दिया जाता है और चीनी मिट्टी के बर्तन में डालकर रखा जाता है। फिर, सादे चावल के साथ परोसा जाता है।

18. दही बड़े–**सामग्री**–उड़द दाल-150 ग्राम, दही-500 ग्राम, नमक-4 चम्मच, जीरा-1 चम्मच, घी या तेल, काला नमक, हींग अदरख आदि।

विधि–सर्वप्रथम, उड़द दाल को रात में ही पानी में भिंगो दिया जाता है या सूखी दाल को ही चक्की में पीसकर रात को पानी में भिंगो दिया जाता है। सबेरे भिंगे उड़द दाल को धोकर सिल पर पीसकर पिट्टी तैयार कर ली जाती है। पिसी हुई दाल को भी पिट्टी मिलाकर छान लिया जाता है। पिट्टी में नमक, हींग, पीसा अदरख मिला दिया जाता है। फिर, उसे छोटी-छोटी गोली बनाकर चकले पर रखकर दबाते हुए फैला दिया जाता है। कड़ाही में घी या तेल गर्म करके उसमें दबे फैले हुए बड़े डाला जाता है। गुलाबी सिंक (तलने) जाने पर कड़ाही से निकाला जाता है और उसे गुनगुने नमकीन पानी में 10 मिनट तक रखा जाता है। दही में थोड़ा पानी डालकर उसे अच्छी तरह पहले मथा जाता है। बड़े को पानी से निकालकर हथेली से दबाया जाता है ताकि पानी बड़े से निचुड़ जाए और उसे दही में डाल दिया जाए। परोसते समय कांच या चीनी मिट्टी के प्लेट में बड़े को सजाकर स्वादानुसार काला नमक, मिर्च, भूना-पिसा जीरा, धनिया, पीपल आदि छिड़क दिया जाता है।

19. बूंदी का लड्डू–**सामग्री**–बेसन (चना या खेसारी)-125 ग्राम, चीनी-200 ग्राम, घी-150 ग्राम, इलायची चूर्ण-1 चम्मच, गोल मिर्च चूर्ण-1 चम्मच आदि।

विधि–सर्वप्रथम, बेसन को किसी गहरे बर्तन में कुछ पानी मिलाकर अच्छी तरह से फेंटा जाता है। चीनी की चासनी बनाकर उतार ली जाती है। कड़ाही में घी रखकर उसे आंच पर चढ़ा दिया जाता है। बारीक झारे से बूंदी झाड़ी जाती है और उसे पलटे से पलट करके हल्के गुलाबी होने तक तलने के बाद निकाल कर चासनी में डाला जाता है। पूरी बूंदी बन जाने पर उसमें पूर्ण इलायची एवं गोलमिर्च चासनी में पूरी तरह मिलाया जाता है। ठंडा होने पर हाथ में पानी लगाकर छोटा-छोटा लड्डू बांधा जाता है। फिर, उसे प्लेट पर समोसे या पकौड़ियों के साथ भी परोसा जाता है।

20. शकरपारा सामग्री–गेहूं का आटा या मैदा-1 कप, दूध-2 चम्मच, चीनी या गुड़-आधा या एक कप, छोटी इलायची चूर्ण-1/2 चम्मच, घी आदि।

विधि–**सादा शकरपारा**–सर्वप्रथम, आटा या मैदा को एक गहरी थाली में रखकर उसमें एक बड़ा चम्मच घी, इलायची, दूध डालकर अच्छी तरह हाथों से मसला जाता है। फिर उसमें चीनी या चूर्ण गुड़ मिलाकर कड़ा गूंथा जाता है और चकले-बेसन की सहायता से मोटी रोटी की तरह बेल लिया जाता है। चाकू से छोटा-छोटा विभिन्न आकार में काटकर उसे आंच पर रखे गहरी कड़ाही के गर्म घी में धुआं निकलने पर डाला जाता है तथा गुलाबी तलकर पलटे द्वारा बाहर निकाल लिया जाता है।

चासनी युक्त शकरपारा–सर्वप्रथम, आटे या मैदे में बिना चीनी या गुड़ मिलाए ही सादे शकरपारे की विधि से विभिन्न आकारों में काटे गए शकरपारे को गुलाबी तला जाता है। अलग बर्तन में चीनी या गुड़ की चासनी तैयार रखी जाती है जिसमें तले हुए शकरपारों को डालते जाया जाता है और प्लेट से चलाकर उसे पलटे द्वारा ही बाहर अलग बर्तन में रखा जाता है। बची हुई चासनी को पुनः शकरपारे पर डाल दिया जाता है और सटे हुए शकरपारे को अलग-अलग कर दिया जाता है।

21. खीर–**सामग्री**–दूध-1 लीटर, अरवा चावल-50 ग्राम, बादाम-10, किसमिश-10, पिश्ते-10, इलायची-5, चीनी-200 ग्राम आदि।

विधि–सर्वप्रथम, एक साफ भगौने में दूध उबाल दिया जाता है। अरवा चावल को अच्छी तरह बीनकर स्वच्छ जल में दो-तीन बार धो दिया जाता है।

इलायची को चूर्ण कर लिया जाता है, बादामों का छिलका उतार कर कुतर लिया जाता है तथा पिश्ते को भी कुतर लिया जाता है। दूध गाढ़ा हो जाने पर भगौने को आंच पर से उतार कर उसमें मेवे, किसमिश तथा चूर्ण इलायची एवं कुतरे बादामों एवं पिश्ते को चीनी सहित डाल दिया जाता है। सूजी की खीर बनाते समय सूजी को घी में अच्छी तरह भूनकर उसे उबलते दूध में डाला जाता है। इसे पकाने पर आंच पर से उतार कर चीनी और मेवे सहित अन्य उपर्युक्त पदार्थ मिलाये जाते हैं। अन्त में प्लेट में परोसे जाते हैं।

विभिन्न पदार्थ के व्यंजन/मिठाइयां बनाने की विधियां

(1) गाजर का हलवा–**सामग्री**–गाजर-500 ग्राम, खोआ-100 ग्राम, चीनी-125 ग्राम, घी-60 ग्राम, दूध-1/2 लीटर, पिस्ता-10 दाना, किशमिश-15 दाना, छोटी इलायची-4 आदि।

विधि–सर्वप्रथम, गाजर को अच्छी तरह धोकर साफ कर लिया जाता है। फिर, उसे बीच की रीढ़ के कड़े भाग को

छोड़कर कस लिया जाता है। उबलते हुए दूध में कसे गाजर को डालकर चलाया जाता है तथा दूध के सूख जाने पर उसमें खोआ डालकर अच्छी तरह चलाया जाता है। कड़ाही में घी डालकर और खोआ-मिश्रित गाजर डालकर अच्छी तरह भूना जाता है। घी के हलवे से अलग होने पर उसमें चीनी डाली जाती है। फिर, उसे प्लेट में निकाल कर ऊपर से चांदी का वर्क लगा दिया जाता है।

(2) खोए की बर्फी—सामग्री—खोआ-200 ग्राम, चीनी-50 ग्राम, घी-2 चम्मच, इलायची चूर्ण-1 चम्मच।

विधि—सर्वप्रथम, अंगीठी या गैस स्टोव की लौ पर कड़ाही चढ़ाकर खोए में एक चम्मच घी डालकर अच्छी तरह भूना जाता है। फिर, गुलाबी हो जाने पर उसमें चूर्ण चीनी डालकर अच्छी तरह मिला लिया जाता है। उसके बाद एक थाली में घी लगाकर कड़ाही को अंगीठी पर से उतारा जाता है और खोए को थाली में बराबर दबा-दबाकर फैला दिया जाता है। ऊपर से चांदी के वर्क लगाकर 15-20 मिनट बाद चाकू से विभिन्न इच्छानुसार आकारों में काट लिया जाता है।

(3) गुलाब जामुन—सामग्री—छैना-125 ग्राम, चीनी-200 ग्राम, मैदा-1 चम्मच, घी-150 ग्राम, पिस्ता-5, इलायची-2 पीस, गुलाब जल आदि।

विधि—सर्वप्रथम, कड़ाही आंच पर चढ़ाकर उसमें चीनी-पानी डाल जाता है। एक तार की चासनी तैयार होने पर उसे आंच से उतारा जाता है। छेने और मैदे को अच्छी तरह हथेली से मसला जाता है। इच्छानुसार गोलियों के बीच पिस्ता काटकर एवं इलायची कुचल कर रख दिया है। एक अलग कड़ाही में घी आंच पर चढ़ाकर उसमें धुआं होने पर गोलियों को धीमी-धीमी आंच पर लाल सेंक लिया जाता है। सेंकने के बाद उसे चासनी में डालते जाया जाता है। परोसते समय ऊपर से गुलाब जल छिड़का जाता है।

(4) रसगुल्ले—सामग्री—छेना-250 ग्राम, सूजी- (2-3) चम्मच, मिश्री-(10-12) छोटे टुकड़े, चीनी-500 ग्राम, गुलाब जल आदि।

विधि—सर्वप्रथम, छेना एवं सूजी को मिलाकर अच्छी तरह हथेली से किसी थाल या साफ चिकने तख्ते पर गूंथा जाता है। मुलायम हो जाने पर 10-15 गोलियां बनाई जाती हैं। प्रत्येक गोली के बीच में मिश्री का एक टुकड़ा डाल दिया जाता है। पानी में चीनी डालकर एक तार की चासनी बना ली जाती है। आधी चासनी को निकालकर अलग किसी गहरे बर्तन में रख

लिया जाता है। आधी चासनी सहित कड़ाही को आंच पर रखते हुए उसमें गोलियों को डाला जाता है। कुछ मिनटों के बाद गोलियों को चासनी से निकाल कर दूसरी चासनी में डाल दिया जाता है। ठंडा होने पर परोसने के पूर्व गुलाब जल की बूंदें डाल दी जाती है।

(5) नारियल की बर्फी—सामग्री—नारियल गोला कसा हुआ-1, दूध 1 कि. ग्राम, चीनी-100 ग्राम।

विधि—सर्वप्रथम, नारियल गोले को कस लिया जाता है। एक कड़ाही में दूध उबालकर उसमें कसा हुआ नारियल तथा चीनी डाल दी जाती है। उसे पलटे से चलाया जाता है। खोआ के रूप में होने पर उसे किसी थाली में घी लगाकर जमने दिया जाता है। फिर, 15-20 मिनट के बाद चाकू द्वारा विभिन्न आकारों में काटा जाता है। गर्मावस्था में उस पर चांदी का वर्क चिपकाया जाता है।

(6) मखाने की खीर—सामग्री—दूध-1 लीटर, मखाना-60 ग्राम, मेवा-50 ग्राम, चीनी-150 ग्राम, घी-चार चम्मच आदि।

विधि—सर्वप्रथम, मखाना घी में तलकर कूट लिया जाता है। दूध को कड़ाही में रखकर आंच पर गर्म किया जाता है और उबाल आने पर कूटे हुए मखानों को उसमें डाल दिया जाता है। मखाने के गलने पर उसमें चीनी एवं मेवे डालकर आंच पर से कड़ाही को उतार दिया जाता है। फिर, उसे प्लेट में परोसा जाता है।

(7) संदेश—सामग्री—पनीर-200 ग्राम, खोआ-100 ग्राम, चीनी-125 ग्राम, बादाम, इलायची, पिस्ते, थोड़ा-सा घी आदि।

विधि—सर्वप्रथम, पनीर और खोआ को मिलाकर अच्छी तरह हथेली से किसी थाल या चिकने तख्ते पर मसला जाता है। फिर, उसमें थोड़ी चीनी डालकर कड़ाही में भूना जाता है। घी के छोड़ना शुरू करने पर भूनना बंद कर दिया जाता है। थाली या सांचे में बारीक कटे हुए मेवे को हल्की परत में बिछाकर उसके ऊपर मिश्रित खोआ और पनीर को फैला दिया जाता है। ऊपर मिश्रित खोआ और पनीर को फैला दिया जाता है। ऊपर से गुलाब जल छिड़क दिया जाता है।

(8) चन्द्रकला—सामग्री—मैदा-500 ग्राम, खोआ-250 ग्राम, चीनी-250 ग्राम, घी-200 ग्राम, पिस्ता, बादाम, छोटी इलायची आदि।

विधि—सर्वप्रथम, एक कड़ाही में तीन तार की चासनी बना ली जाती है। खोआ, मेवा तथा 125 ग्राम चीनी मिलाकर रख

लिया जाता है। मैदा में 50 ग्राम घी मिलाकर गूंथ लिया जाता है तथा छोटी-छोटी लोइयां बना ली जाती हैं। छोटी पूरी के बराबर लोइयों को बेल लिया जाता है। एक पूड़ी पर थोड़ा खोआ रखकर दूसरी से ढंक दिया जाता है और किनारों को पानी से सटा कर गुलिया की तरह मोड़ दिया जाता है। हल्की आंच में तलकर सभी चन्द्रकला को चासनी में डाल दिया जाता है। चासनी के अच्छी तरह चन्द्रकला में प्रवेश करने पर उसे चासनी से निकाल कर थाल में सजाकर रख दिया जाता है।

(9) **रसमलाई–सामग्री**–दूध-2.5 लीटर, चीनी-500 ग्राम, पनीर-375 ग्राम, मैदा-75 ग्राम, घी-700 ग्राम, गुलाब जल, छोटी इलायची आदि।

विधि–सर्वप्रथम, दूध को किसी कलईदार बर्तन में अच्छी तरह उबाला जाता है। दूध को औंटते हुए आधा हो जाने पर आंच पर से उतार लिया जाता है उसमें चीनी, गुलाब जल तथा छोटी इलायची उबालते समय घी डाल दिया जाता है। मैदा में एक चम्मच घी डालकर उसमें पनीर मिलाकर मसला जाता है तथा छोटी-छोटी टिकियां बना ली जाती हैं। टिकियों के बीच में अंगूठे से थोड़ा दबाकर गड्ढा बना दिया जाता है। कड़ाही में घी डालकर उन्हें हल्का गुलाबी सेंक लिया जाता है तथा कड़ाही से निकालकर दूध में डालते जाया जाता है। ठंडा होने पर उसे प्लेट में परोसा जाता है। ठंडा होने पर उसे फ्रीज में रखने पर उसका स्वाद और भी बढ़ जाता है तथा बहुत ही स्वादिष्ट लगते हैं।

विभिन्न प्रकार की सब्जियां, रायता एवं चटनी बनाने की विधियाँ

1. रसदार आलू–सामग्री–आलू बड़े आकार के-250 ग्राम, घी या तेल-50 ग्राम, नमक-1 चम्मच, मिर्च-1/2 चम्मच, चूर्ण या कटी हुई हरी मिर्च, प्याज-1, जीरा-1/2 चम्मच, धनिया चूर्ण-1 चम्मच, गरम मसाला चूर्ण-1 चम्मच, अदरख, दही या खटाई या टमाटर आदि।

विधि–सर्वप्रथम, आलुओं को उबालकर छील लिया जाता है और बड़े-बड़े टुकड़ों में काट लिया जाता है। फिर, पतीली में तेल डालकर उसे आंच पर चढ़ाया जाता है और उसमें जीरा, धनियां, मिर्च, तेजपत्ता, गरम मसाला और प्याज डालकर भून लिया जाता है। उसके बाद कड़ाही में आलू, नमक तथा हल्दी चूर्ण डालकर भूना जाता है और तब उसमें आवश्यकतानुसार पानी डाला जाता है। कड़ाही को ढँक दिया जाता है। दो-तीन

उबाल आने पर कड़ाही को आंच पर से उतारा जाता है। टमाटर के मौसम में टमाटर और धनियां की पत्तियां काटकर डाल दिया जाता है। इसको गाढ़ा करने के लिए मसाला भूनते समय आलुओं को मसलकर डाल दिया जाता है। गरम मसाला या तो भूनते ही समय या परोसने के पहले पूरी सब्जी में मिला दिया जाता है। फिर, परोसा जाता है।

2. आलू-मटर–सामग्री–आलू-250 ग्राम, मटर-250 ग्राम, घी या तेल-25 ग्राम, जीरा 1/2 चम्मच, हल्दी चूर्ण-1/4 चम्मच, नमक-1 चम्मच, अदरख-1 गांठ छोटी, हरी मिर्च, हरी धनियां पत्तियां, टमाटर आदि।

विधि–सर्वप्रथम, आलुओं को यों ही छीलकर या उबाल करके छीलकर 2 टुकड़ों में काट लिया जाता है। मटर की पत्तियों को छीलकर अच्छी तरह धो दिया जाता है। आलुओं को जिसे यों ही छीला जाता है उसे भी धो दिया जाता है। फिर, पतीली या कड़ाही में तेल डालकर उसमें जीरा एवं प्याज का छौंक डाल दिया जाता है। हल्दी चूर्ण भी डालकर मसाला भून जाने के बाद मटर एवं आलू डाल दिया जाता है। स्वादानुसार मिर्च चूर्ण डालकर थोड़ा भून करके उसमें थोड़ा पानी डालकर ढंक दिया जाता है। 5-8 मिनट उबलने के बाद कड़ाही को आंच पर से उतार लिया जाता है। फिर टमाटर तथा हरी धनियां की पत्तियां काट कर डाल दिया जाता है।

3. आलू-छोले (काबुली चना या मटर)–आलू 125 ग्राम, तेल-2 चम्मच, छोले (काबुली चना या मटर)-125 ग्राम, नमक 2 चम्मच, अदरख-1 गांठ, हल्दी चूर्ण 1/2 चम्मच, मिर्च चूर्ण 1/4 चम्मच, गरम मसाला-1 चम्मच, तेज पत्ता, धनियां की पत्तियां, टमाटर, खानेवाला सोडा-1 चम्मच आदि।

विधि–सर्वप्रथम, काबुली चना या मटर को साफ से बीन कर और धोकर सोडे सहित पानी में रात भर भिंगो दिया जाता है। उसी पानी में सुबह उसे उबाला जाता है। गल जाने पर आंच पर से उतार लिया जाता है। आधे छोलों को कुचल दिया जाता है। आलुओं को भी उबाल लिया जाता है और उसे बड़े-बड़े टुकड़ों में काट दिया जाता है। पतीली या कड़ाही में तेल डालकर उसमें जीरा, तेज पत्ता, मिर्च, गरम मसाला भी डालकर भून लिया जाता है। फिर, उसमें छोले और आलू डालकर थोड़ा भूनकर पानी डाल दिया जाता है। कुछ देर तक उबलने पर कड़ाही को आंच पर से उतार दिया जाता है। फिर, उसमें टमाटर काटकर डाल दिया जाता है या स्वादानुसार नींबू या खटाई डाली जाती है। साथ ही हरी धनियां की पत्तियां, अदरख और हरी मिर्च काटकर तथा डालकर परोसा जाता है।

4. मटर-पनीर—सामग्री—पनीर-75 ग्राम, प्याज-1, मटर-75 ग्राम, तेल-50 ग्राम, हरी धनियां की पत्तियां, नमक-1 चम्मच, गरम मसाला-1 चम्मच, मिर्च चूर्ण 1/2 चम्मच, हल्दी चूर्ण 1/2 चम्मच, टमाटर आदि।

विधि—सर्वप्रथम, पनीर को चकले पर बेलकर उसे चाकू से छोटे-छोटे टुकड़ों में काट लिया जाता है तथा गर्म घी या तेल में तल लिया जाता है। पतीली या कड़ाही में तेल डालकर उसमें जीरा, गरम मसाला, तेजपत्ता, मिर्च आदि का छौंक तैयार किया जाता है। मसाला के भूने जाने पर मटर के दानों को डाल दिया जाता है और थोड़ा और भून लिया जाता है। फिर, आधा लीटर पानी डालकर, नमक हल्दी भी डाल दी जाती है। मटर के गलने पर पनीर के तले टुकड़े को डाल दिया जाता है। फिर कतरा हुआ मिर्च, अदरक और धनियां की पत्ती डालकर एक उबाल आने के बाद कड़ाही को आंच पर से उतार दिया जाता है। फिर टमाटर और धनियां की पत्तियां काटकर तथा डालकर परोसा जाता है।

5. आलू दम-सामग्री—आलू बड़ा-बड़ा 250 ग्राम, नमक-1 छोटा चम्मच, जीरा चूर्ण-1 छोटा चम्मच, हल्दी चूर्ण-1 छोटा चम्मच, मिर्च चूर्ण-1/2 छोटा चम्मच, गरम मसाला चूर्ण-1 चम्मच, तेल, प्याज, दही या खटाई एवं टमाटर, अदरख आदि।

विधि—सर्वप्रथम, आलुओं को छीलकर साफ पानी में धो लिया जाता है और गोदन से गोद दिया जाता है। गोदे हुए आलुओं को सुर्ख होने तक तेल में तला जाता है। 50 ग्राम तेल में मसाला, इलायची, लौंग आदि भूनकर आलुओं को डाला जाता है। फिर, उसमें आलू के डूबने तक पानी डाला जाता है। नमक और हल्दी डालकर उसे धीमी आंच पर पकने दिया जाता है। आलुओं के पक जाने पर दही मथ कर डाल दिया जाता है या टमाटर काटकर डाल दिया जाता है। फिर, परोसते समय धनियां की पत्तियां को काटकर छिड़क दिया जाता है।

6. आलू-परबल—सामग्री—परवल-200 ग्राम, आलू 200 ग्राम, घी या तेल-50 ग्राम, इलायची-1, मिर्च, अदरख, नमक, हल्दी, दालचीनी, जीरा, सब एक-एक चम्मच, टमाटर तेजपत्ता आदि।

विधि—सर्वप्रथम, आलू छीलकर परवल खुरचा जाता है। दोनों को बड़े-बड़े टुकड़े बनाकर पानी से धो डाला जाता है। पतीली या कड़ाही में तेल डालकर और उसमें तेजपात, जीरा, मिर्च का छौंक तैयार किया जाता है। फिर, उसमें परवल और आलू डाला जाता है। नमक तथा हल्दी डालकर और भूना जाता है। फिर, पानी डालकर ढंक दिया जाता है। आलू पक जाने

पर अदरख, दाल-चीनी और इलायची को सिल पर पीसकर डाल दिया जाता है और कड़ाही को आंच पर से उतार दिया जाता है। अन्त में, टमाटर तथा हरी धनियां की पत्तियाँ डालकर परोसा जाता है।

7. आलू की सूखी सब्जी—सामग्री—आलू-250 ग्राम, नमक-1 चम्मच, प्याज-1, तेल-25 ग्राम, जीरा-1 चम्मच, हल्दी चूर्ण-1 चम्मच, हरी मिर्च-2, गरम मसाला चूर्ण-1 चम्मच, धनियां पत्तियां, टमाटर या नींबू या खटाई आदि।

विधि—सर्वप्रथम, आलुओं को उबालकर उन्हें छील दिया जाता है। फिर, उसे दो-दो टुकड़ों में काट दिया जाता है। एक कड़ाही में तेल डालकर और उसमें कटा हुआ (महीन) प्याज, जीरा, गरम मसाला, तेज पत्ता एवं मिर्च को छौंक दिया जाता है। मसाला के भूना जाने पर आलू, नमक, टमाटर या नींबू, हल्दी डालकर पुनः अच्छी तरह भूना जाता है। आलुओं में मसाले को मिलने पर कड़ाही को आंच पर से उतार दिया जाता है। अन्त में, कटी हुई धनियां की पत्तियाँ डालकर परोसा जाता है।

8. फूलगोभी-आलू—सामग्री—फूलगोभी-1, आलू-250 ग्राम, हल्दी चूर्ण 1/2 चम्मच, गरम मसाला 1/2 चम्मच, हरी मिर्च-2, घी या तेल-2 चम्मच, नमक-1 चम्मच, जीरा-1/2 चम्मच, अदरख-1 गांठ, खटाई चूर्ण या टमाटर, धनियां की पत्तियां आदि।

विधि—सर्वप्रथम आलुओं को उबालकर छील लिया जाता है और उसे बड़े-बड़े टुकड़े में काट लिया जाता है। फूलगोभी को भी बड़े टुकड़े में काटकर रख लिया जाता है। पतीली में तेल डालकर आंच पर चढ़ा दिया जाता है। जीरा, तेजपत्ता, मिर्च का छौंक देकर फूलगोभी डालकर और भूना जाता है फिर, आलू डाल दिया जाता है। पतीली के ऊपर कटोरों में पानी गर्म होने के लिए रख दिया जाता है। फूलगोभी के गल जाने पर उसमें धनियां की पत्ती, मिर्च तथा कुचला अदरख डालकर ढंक दिया जाता है। फूलगोभी के नहीं गलने पर उसमें एक कप गर्म पानी डालकर पुनः ढंक दिया जाता है। पानी के सूख जाने पर कटा टमाटर या खटाई चूर्ण डालकर आंच पर से उतार दिया जाता है। इसी प्रकार, फूलगोभी-मटर, परवल-आलू की सूखी सब्जी बनाई जाती है।

9. कटवाँ भिण्डी—सामग्री—भिण्डी-250 ग्राम, तेल-2 चम्मच, अजवाइन और जीरा-1 छोटा चम्मच, मिर्च चूर्ण-1/4 चम्मच, नमक 1 चम्मच, हल्दी चूर्ण-1/2 चम्मच, खटाई चूर्ण या नींबू या टमाटर आदि।

विधि—सर्वप्रथम, साबूत नरम ताजी भिण्डी को पानी से अच्छी तरह धोकर चाकू से उसके दोनों तरफ से थोड़ा-थोड़ा सिरा काटकर छोटे-छोटे टुकड़ों में काट डाला जाता है। पतीली में तेल डालकर जीरे तथा हींग का छौंक तैयार कर उसमें भिण्डी डाल दी जाती है। नमक, हल्दी चूर्ण, मिर्च चूर्ण डालकर अच्छी तरह चलाकर पतीली के ऊपर एक कटोरे में पानी गर्म होने के लिए रख दिया जाता है। भिण्डियों के गल जाने पर धनियां की पत्ती, खटाई चूर्ण, गरम मसाला चूर्ण डाल दिया जाता है। भिण्डियों के नहीं गलने पर आधा कप पानी डालकर गलाया जाता है। सब मसाले देने के बाद पतीली को आंच पर से उतारा जाता है।

10. **कटवाँ टिण्डे**—**सामग्री**—टिण्डे-500 ग्राम, जीरा-1 चम्मच, घी या तेल-2 चम्मच, नमक-1 चम्मच, हल्दी चूर्ण 1/2 चम्मच, खटाई चूर्ण या टमाटर आदि।

विधि—सर्वप्रथम, टिण्डे को धोकर छील लिया जाता है और उसे छोटे-छोटे टुकड़ों में काट लिया जाता है। तेल को पतीली में डालकर आंच पर चढ़ाया जाता है और जीरे एवं तेजपत्ते का छौंक तैयार करके उसमें टिण्डे को डाल दिया जाता है। नमक और हल्दी चूर्ण डालकर पलटे से टिण्डों का चला दिया जाता है। ढक्कन से ढंक दिया जाता है। टिण्डे के गल जाने पर उसमें मिर्च चूर्ण, धनियाँ चूर्ण और खटाई चूर्ण या टमाटर काटकर डाल दिया जाता है। उसे अच्छी तरह मिलाकर आंच पर से पतीली को उतार दिया जाता है। इसी प्रकार, कद्दू, झिन्नगी, सेम, बैंगन, फरसबीन आदि की भी सब्जी बनाई जाती है।

11. **भरवाँ टमाटर**—**सामग्री**—कड़ा पका टमाटर-आधा किलो ग्राम, उबाला हरा टमाटर-100 ग्राम, पनीर-100 ग्राम, आलू उबाला हुआ-250 ग्राम, तेल-2 चम्मच, प्याज-1, नमक-1 चम्मच, काली मिर्च चूर्ण-1 चम्मच आदि।

विधि—सर्वप्रथम, उबले आलुओं को छीलकर मसल दिया जाता है फिर उसमें पनीर मसल कर मिला दिया जाता है। उसमें नमक, मटर तथा काली मिर्च डाल दी जाती है। टमाटरों को ऊपर से थोड़ा काटकर ऊपर वाले टुकड़े को अलग करके उनके सभी बीजों को बाहर निकाल दिया जाता है। आलुओं में मिश्रित मसालों को उनमें भरकर कटे हुए भाग से बन्द कर दिया जाता है। कड़ाही में थोड़ा तेल डालकर गर्म होने पर भरे टमाटरों को डाल दिया जाता है। आँच धीमी रखकर कड़ाही को ढंक दिया जाता है। 15-20 मिनट के बाद टमाटर के भूरे रंग के हो जाने पर कड़ाही को आंच पर से उतार लिया जाता है। प्लेट में परोसने के बाद कतरी धनियाँ की पत्तियाँ तथा कटी मूली छिड़क दी जाती है। इसी प्रकार, भरवाँ बैंगन भी तैयार किया जाता है जिसमें प्याज पिसा हुआ साथ ही भून दिया जाता है। आलू का व्यवहार नहीं भी किया जाता है।

12. **भरवाँ साबूत भिण्डी**—**सामग्री**—भिण्डी-250 ग्राम, मसाले भरवाँ टिण्डे या बैंगन वाले आदि।

विधि—सभी मसालों को सिल पर पीसकर तेल में भून लिया जाता है। फिर, नरम-नरम भिण्डी धोकर चाकू से उसके दोनों किनारे थोड़े-थोड़े काटे जाते हैं। बीच में लम्बाई में चीरा जाता है और उसमें मसालों को भर दिया जाता है। कड़ाही को ढंक दिया जाता है। 10-15 मिनट में भिण्डियों के पक जाने पर कड़ाही को आंच पर से उतार दिया जाता है। परोसते समय ऊपर के धनियां की पत्तियां, हरी मिर्च कसी नारियल या मूली छिड़क दी जाती है। भरवाँ परबल, करेला एवं बड़ी मिर्च इसी प्रकार बनाई जाती है। करेला के कड़वा होने के कारण उसे 2 घण्टे पूर्व ऊपर से खुड्दरे भाग को खुरच कर और उस पर नमक लगाकर रख दिया जाता है। पकाने के पूर्व स्वच्छ जल में धोकर उसके बीजों को उसे चीरकर निकाला जाता है। करेला के बीजों को पीसकर या यों ही मसाले के साथ भून लिया जाता है। खटाई चूर्ण भी मिलाना आवश्यक होता है।

13. **भुजिया**—**सामग्री**—आलू, बैंगन, परवल, कच्चा केला, करेला, भिण्डी, शलजम, गाठगोभी, फूलगोभी आदि की भुजिया बनाई जाती है, जिनमें से कोई एक जिसकी भुजिया बनानी हो-250 ग्राम, हल्दी चूर्ण-1 चम्मच, जीरा-1/2 चम्मच, नमक-1 चम्मच, मिर्च 1/4 चम्मच, तेल या घी-4 चम्मच आदि।

विधि—सर्वप्रथम, साफ धोए आलू को चाकू से या मशीर से छीलकर उसे पतले-पतले टुकड़ों में काट दिया जाता है। जिसमें हल्दी चूर्ण कुछ बूंद पानी डालकर मिला दिया जाता है। तेल कड़ाही में डालकर तथा उसके आंच पर रखकर गर्म किया जाता है और जीरे-मिर्च का छौंक देकर हल्दी मिलाये, कटे हुए आलू को उसमें डाल दिया जाता है। पलटे से उसे सूखे होने तक चलाया जाता है। बीच-बीच में कड़ाही को ढंक दिया जाता है। तेल की कमी होने पर ऊपर से पानी के छींटे देने के बाद ढंक दिया जाता है। आंच धीमी रखी जाती है। भुजिया तैयार होने के बाद नमक चूर्ण उस पर छिड़क दिया जाता है। कच्चे केले की भुजिया बनाते समय उसे गोल-गोल काटा जाता हैं परवल की भुजिया बनाते समय उसे ऊपर खुरच कर इच्छानुसार मोटे या पतले टुकड़ों में काटा जाता है, भिण्डी को धोकर

छोटे-छोटे टुकड़ों में काटा जाता है। तथा स्वादानुसार उसमें खटाई-चूर्ण भी डाल दिया जाता है। अरूई की भुजिया में भी खटाई डालना आवश्यक होता है। कड़ाही में चलाने में सावधानी रखनी चाहिए ताकि भुजिया चूर्ण न हो जाए।

14. साग–सामग्री–सरसों, चना, पालक, चौलाई, गुल्फा, बथुआ, खेसारी, मटर, मेथी, मूली आदि की साग-भाजी बनाई जाती है, जिनमें से कोई एक जिसकी बनानी हो-250 ग्राम, तेल-1 चम्मच, मिर्च चूर्ण 1/4, मेथी-1/4 चम्मच, नमक-1/2 चम्मच, प्याज-1 आदि।

विधि–सर्वप्रथम, साग को चुनकर अच्छी तरह साफ कर लिया जाता है। उसे काटने के पूर्व ही अच्छी तरह धो डाला जाता है। फिर उसे चाकू, दरांती या हसुए से बारीक काट लिया जाता है। पतीली या कड़ाही में थोड़ा तेल डालकर उसमें जीरा, मेथी, मिर्च और कुत्रे प्याज का छौंक तैयार किया जाता है। फिर उसमें साग डालकर उस पर नमक छिड़क कर ढंक दिया जाता है। साग के गल जाने पर अन्त में भून दिया जाता है। फिर, आंच से कड़ाही को उतार कर साग परोसा जाता है।

15. बैंगन का भरता (चोखा)–सामग्री–बैंगन-2 बड़े-बड़े गोल, टमाटर, प्याज, हरी मिर्च, नमक, तेल, खटाई, धनियाँ की पत्तियां आदि।

विधि–सर्वप्रथम, बैंगन का चुनाव कर उसमें छेद करके या चीर करके (कीड़े आदि नहीं रहने चहिए) प्रेशर कुकर या गर्म राख या गैस, स्टोव की लौ में उलट-पुलटकर पका लिया जाता है। फिर, उसका छिलका हटाकर कुचला जाता है। कड़ाही को धीमी आंच पर चढ़ाकर उसमें तेल, कटा प्याज, मिर्च, जीरे आदि का छौंक तैयार किया जाता है। उसके बाद कुचले बैंगन एवं कटे टमाटरों को डालकर नमक डाला जाता है और भून लिया जाता है। 5-10 मिनट तक आंच पर रखकर गलने नहीं पाये की स्थिति तक पलटा से भरता को चलाया जाता है। अन्त में कड़ाही को उतार कर भरता में हरी धनियां की पत्तियां डालकर परोसा जाता है। इसी प्रकार आलू, ओल, अरुई (कच्चू) का भी भरता बनाया जाता है।

16. कोफ्ता–सामग्री–आलू, कच्चा केला, कटहल, लौकी आदि का अधिक कोफ्ता बनाया जाता है, जिनमें से कोई एक जिसकी बनानी हो-1/2 किलोग्राम, नमक-1 चम्मच, घी या तेल-2 चम्मच, बेसन-100 ग्राम, धनियां चूर्ण-1/2 चम्मच, जीरा चूर्ण-1/2 चम्मच, मिच चूर्ण-1/4 चम्मच, गरम मसाला 1/2 चम्मच, प्याज-1 टमाटर आदि।

विधि–सर्वप्रथम, केले के छिलके उतार कर उसे उबालकर मसल दिया जाता है। मसले हुए केले में सभी चूर्ण मसालों को नमक समेत मिलाकर मसला जाता है। बेसन का गाढ़ा घोल बना लिया जाता है। मिश्रित केले को छोटे-छोटे गोलियों का रूप देकर तथा बेसन के घोल में डुबोकर आंच पर रखी तथा तेल डाली हुई कड़ाही में डाली जाती है। उसे सूखे तल पर पलटे से बाहर निकाल लिया जाता है। नाश्ते या चाय के साथ भी इसे परोसा जाता है।

लौकी, कटहल, आलू के कोफ्ते को उपर्युक्त विधि द्वारा ही बनाया जाता है। लौकी को कसकर तथा उबालकर बेसन के साथ मिलकर गोलियाँ बनाई जाती हैं। साथ ही कटहल के साथ बेसन मिलाकर गोलियां बनाई जाती है।

कोफ्ते को रसदार सब्जी का रूप देने के लिए रस अलग से तैयार किया जाता है जिसके लिए कड़ाही में कुचला प्याज, अदरख, हल्दी चूर्ण, गरम मसाला, मिर्च चूर्ण का छौंक तैयार कर भून लिया जाता है और उसमें कटा टमाटर तथा पानी डालकर उबालने पर उसमें कोफ्ता की गोलियाँ डालकर 10 मिनट तक उबाला जाता है। फिर, आंच पर से कड़ाही को उतार लिया जाता है। रसदार हरी धनियां की पत्तियां डालकर परोसा जाता है। रसदार कोफ्ता, पुलाव, चावल, पराठा, रोटी, पूरी के साथ परोसा जाता है।

17. रायता–सामग्री–ताजा दही-250 ग्राम, लौकी (कद्दू) 250 ग्राम, भुना पीसा जीरा-1/2 चम्मच, पिसी राई या सरसों-2 चम्मच, नमक, मिर्च आदि।

विधि–सर्वप्रथम, लौकी को धोकर छील दिया जाता है। फिर, उसे कद्दू को कस करके उबाल लिया जाता है। दही को अच्छी तरह फेंटकर उबाली हुई ठंटी लौकी को दही में टालकर मिला दिया जाता है। फिर, उसमें नमक, मिर्च, पिसी राई या सरसों और भुना पिसा जीरा स्वादानुसार डालकर मिला दिया जाता है। स्वादानुसार काला नमक और कतरी हुई हरी मिर्च भी मिलाई जाती है।

18. इमली की चटनी–सामग्री–इमली-250 ग्राम, सौंफ-1 चम्मच, गुड़ या चीनी-200 ग्राम, तेज पत्ता-2, अदरख-50 ग्राम, पुदीना पत्ती-थोड़ी सी, जीरा-1 चम्मच, नमक-1 चम्मच, काला नमक-1/2 चम्मच, नारियल कतरा हुआ आदि।

विधि–सर्वप्रथम, चार घण्टे पूर्व ही इमली को थोड़ा पानी में फूलने डाल दिया जाता है। फिर फूल जाने पर उसे

मसल-मसलकर उसके बीज एवं रेशों को अलग कर दिया जाता है। कड़ाही में एक चम्मच तेल रखकर आँच पर चढ़ाया जाता है। उसमें मिर्च, जीरे, सौंफ एवं तेजपत्ता का छौंक देकर इमली के गाढ़े घोल डाल दिया जाता है। फिर, गुड़ या चीनी को पानी में धोकर कड़ाही में डाल दिया जाता है। साथ ही नमक, अदरख, काला नमक एवं पुदीने भी पीसकर डाल दिया जाता है। चटनी के गाढ़ा होने पर कड़ाही को आंच पर से उतार दिया जाता है। चटनी को चीनी मिट्टी के बर्तन में रखा जाता है।

इमली की खट्टी चटनी बनाने में चीनी या गुड़ नहीं डाला जाता है। बाकी सभी उपर्युक्त विधि द्वारा ही बनाई जाती है।

19. टमाटर की चटनी–सामग्री–टमाटर-आधा किलोग्राम, चीनी-250 ग्राम, नमक-1 चम्मच, प्याज-1, सिरका-1 चम्मच, लाल मिर्च-1/2 चम्मच, अदरख-1 गांठ पिसा हुआ, लहसुन-1 चम्मच पिसी हुई, गरम मसाला-1/2 चम्मच, किसमिस, नारियल कतरा हुआ आदि।

विधि–सर्वप्रथम, टमाटर को हल्का उबालकर उसका रस निकाल दिया जाता है। फिर, रस को आग पर रखे किसी कलईदार या एल्युमिनियम की पतीली में डाला जाता है और उबाल आने पर अदरख, लहसुन और प्याज को कुतर कर डाल दिया जाता है। फिर, शेष मसालों को डालने पर पकाया जाता है। आंच पर से उतार कर गरम मसाले तथा सिरका मिलाकर किसी कांच के बर्तन में भरकर रख दिया जाता है।

20. सलाद–सामग्री–सलाद में पालक, सलाद की पत्ती, मूली, मूली की पत्ती, टमाटर, पका केला, ककड़ी, प्याज, अमरूद गाजर, खीरा, अदरख, चुकन्दर आदि प्रयुक्त किये जाते हैं। अलग-अलग या कुछ मिलाकर भी सलाद तैयार किए जाते हैं जो स्वास्थ्य के लिए आवश्यक होता है। कोई एक या सब मिलाकर-250 ग्राम, नमक-1 चम्मच, काली मिर्च चूर्ण-1/2 चम्मच, कतरी हरी मिर्च-1 चम्मच आदि।

विधि–सर्वप्रथम, जिसका सलाद बनाना होता है उसे धोकर साफ किया जाता है। फिर उसे महीन-महीन काटकर प्लेट में सजाया जाता है। उस पर बारीक नमक, काली मिर्च चूर्ण, काला नमक चूर्ण, कतरी हरी मिर्च और नींबू ऊपर से निचोड़ दिया जाता है। सलाद की सजावट ऐसी होनी चाहिए कि खाने वालों का मन प्रसन्न हो जाए तथा खाने में विशेष रुचि बढ़े। चुकन्दर, मूली, प्याज, गाजर, खीरा आदि को गोल-गोल काटकर सजाना चाहिए जिससे कि विभिन्न प्रकार के डिजाइनों में छींटदार या खिले फूलनुमा दिखाई दें।

जैम, जेली एवं अचार बनाने की विधियाँ

(1) सेब का जैम, (2) अमरूद की जेली, (3) लौकी का जैम, (4) आम का अचार, (5) नींबू का अचार, (6) तेलयुक्त नींबू का अचार, (7) फूलगोभी का अचार।

1. सेब का जैम–सामग्री–सेब कसा हुआ-1/2 किलोग्राम, चीनी 1/2 किलोग्राम, नींबू-1 आदि।

विधि–सर्वप्रथम, कसे हुए सेब में चीनी मिलाकर स्टील की कड़ाही में आंच पर रखकर पलटा से चलाया जाता है। तली में लगने पर उसमें नींबू का रस डाल दिया जाता है। पूरी तरह गाढ़ा हो जाने पर कड़ाही को आंच पर से उतार दिया जाता है। इसी प्रकार नाशपाती, मकोय, अंजीर, आम एवं अनानास आदि का जैम बनाया जाता है।

2. अमरूद की जैली–सामग्री–अमरूद-1 किलो ग्राम, चीनी-750 ग्राम, नींबू-2 आदि।

विधि–सर्वप्रथम, अमरूदों को साफ पानी से धोकर और छीलकर काट दिया जाता है। फिर, बीजों को निकाल करके उन्हें टुकड़े-टुकड़े काटकर स्टील की कड़ाही में डाल दिया जाता है। उसमें पानी डालकर आंच पर कड़ाही का चढ़ा दिया जाता है। अमरूद के गल जाने पर चीनी डाल दी जाती है। फिर, नींबू का रस निकाल कर तथा छान करके कड़ाही में डाल दिया जाता है। मिश्रण को गाढ़ा होने पर कड़ाही को आंच पर से उतार दिया जाता है और ठंडा होने दिया जाता है। ठंडाने पर कांच के बर्तन या बोतलों में भरकर सील कर दिया जाता है। जेली बनकर तैयार है या नहीं, इसकी जांच उसमें कांटा (फोकी) डालकर फिर बाहर निकालकर देखा जाता है कि उसके सारे छेद भरे हैं या नहीं, सारे छेद के भरे होने पर समझा जाता है कि जेली तैयार हो चुका है। उसके बाद उसके कांच के मर्तबान या बोतलों में भरा जाता है। करीब दस से बारह घण्टों में जेली अच्छी तरह जमकर सेट हो जाती है। इसी प्रकार, सेब की जेली भी बनती है।

3. लौकी का जैम–सामग्री–लौकी–1/2 किलोग्राम, चीनी-1/2 किलोग्राम, नींबू-2, छोटी इलायची, केसर आदि।

विधि–सर्वप्रथम, लौकी को छीलकर छोटे-छोटे टुकड़ों में काट लिया जाता है और उसके थोड़ा-सा पानी देकर उबाला जाता है। चीनी की चाशनी बनाकर उसमें केसर या खाने का चम्पई रंग मिला दिया जाता है। फिर, उसमें लौकी के टुकड़े डालकर पकाया जाता है। पूरे समय चलाते रहा जाता है। लौकी

के पके चाशनी में मिलकर हलुए के समान होने पर उसमें पिसी इलायची और नींबू का रस मिला दिया जाता है। जैम ठंडा करके कांच के मर्तवानों या बोतलों में भर दिया जाता है।

4. आम का अचार—सामग्री—कच्चे आम की फांके-1 किलोग्राम, पिसी हल्दी-50 ग्राम, सौंफ-50 ग्राम, कलौंजी (मंगरैला)-50 ग्राम, पीसी लाल मिर्च-50 ग्राम, सरसों तेल-1/2 किलोग्राम, मेथी, अजवाइन आदि।

विधि—सर्वप्रथम, कच्चे आम की फाँकों को धो-साफ करके उसको हल्का सुखा लिया जाता है जिससे कि उसमें धोने से लगा हुआ पानी सूख जाए। फिर सभी मसालों को थोड़ा-सा तेल (लगभग 200 ग्राम) में मिलाकर उसमें कटे आमों की फाँके डालकर बड़े स्वच्छ एवं सूखे बर्तन में मिला दिया जाता है। उसके बाद कांच के मर्तवान को धो-साफ कर सुखा लिया जाता है और उसमें मिले हुए आमों को डाल दिया जाता है और ऊपर से मुँह कपड़ा से बांध दिया जाता है। एक-दो दिन धूप में रखने के बाद पूरा तेल अच्छी तरह मिला दिया जाता है। फिर, मर्तवान को पूर्ववत् उसका मुँह ढंक कर या कपड़ा बांधकर कुछ दिन तक धूप में रखा जाता है। बीच-बीच में अचार का मर्तवान हिलाते रहना चाहिए। इस प्रकार एक महीने में आम का अचार तैयार हो जाता है।

5. नींबू का अचार—सामग्री—नींबू-20, नमक-100 ग्राम आदि।

विधि—सर्वप्रथम, नींबुओं के चार-चार टुकड़े कर दिए जाते हैं या पूरे नींबुओं का ऊपरी भाग थोड़ा रूखड़े (खुरदरे) सामानों से खुरच लिया जाता है। फिर, उसे मर्तवान में रखा जाता है। उसमें नमक अच्छी तरह से मिला दिया जाता है। उसके बाद मर्तवान के मुँह ढक्कन से ढँककर रोज धूप दिखाया जाता है। बीस से तीस तीनों में नींबू का अचार तैयार हो जाता है।

6. तेलयुक्त नींबू का आचार—सामग्री-नींबू-20, सौंफ-1 टेबुल चम्मच, हल्दी-2 चाय के चम्मच, पिसी हुई राई या सरसों-2 चाय-चम्मच, नमक-3 टेबल चम्मच, पिसा गर्ममसाला-2 चाय-चम्मच, पिसी लाल मिर्च-2 चाय चम्मच, सरसों तेल-3 कप, साबुत लाल मिर्च-10 आदि।

विधि—सर्वप्रथम, नींबुओं को धोकर साफ कपड़े से पोंछकर सुखा लिया जाता है। फिर लम्बाई में चार टुकड़ों में इस प्रकार काटा जाता है कि नीचे की तरफ टुकड़े आपस में जुड़े होते हैं। कड़ाही में दो बड़े चम्मच तेल गर्म किया जाता है। जिसमें सभी मसाले डाल दिए जाते हैं फिर, एक मिनट पकाकर ठंडा किया जाता है। ठंडाने पर नींबू की फांकों के बीच में मसाला भरकर

उसे मर्तवान में डालते जाया जाता है। फिर, मर्तवान के मुँह ढककर प्रतिदिन धूप दिखाया जाता है और हिलाया जाता है। आठ दिनों बाद बचा हुआ सभी तेल अचार में डाल दिया जाता है। नींबू के छिल्का को नर्म पड़ने पर अचार को धूप में रखना बन्द कर दिया जाता है। इस प्रकार, 20-30 दिनों में तेल युक्त नींबू का अचार तैयार हो जाता है।

7. फूलगोभी का अचार—सामग्री—फूलगोभी-1 किलोग्राम, नमक-2 टेबुल चम्मच, पिसी राई-1 टेबुल चम्मच, हल्दी 1/2 टेबुल चम्मच, पिसा गर्ममसाला-1/2 टेबल चम्मच, पिसी लाल मिर्च-2 चाय चम्मच, अदरख-100 ग्राम, तेल-125 ग्राम आदि।

विधि—सर्वप्रथम, फूलगोभी को धोकर लगभग 5-7 सेमी, लम्बे टुकड़ों में काट लिया जाता है। एक बड़े बर्तन में पानी खौलाया जाता है और उनमें फूलगोभी के टुकड़े डाल दिए जाते हैं, आधा मिनट तक उबाल कर टुकड़ों को पानी में से छान कर निकाल लिया जाता है और ठंडा होने दिया जाता है। अदरख को महीन काटकर सभी मसालों सहित फूलगोभी के टुकड़ों में मिलाया जाता है। फिर, सभी टुकड़ों को मर्तबान में डालकर उसमें तेल डाल दिया जाता है। मर्तवान का मुँह ढककर पांच-छः दिन धूप दिखाया जाता है। 8-10 दिनों में फूलगोभी का अचार तैयार हो जाता है।

फूलगोभी के अचार बिना उबाले भी यों ही सभी तेल-मसाले डालकर मर्तवान में रखकर धूप दिखाने से 25-30 दिनों में तैयार हो जाते हैं।

खाद्य परिरक्षण/संरक्षण

खाद्य परिरक्षण ऐसा विज्ञान है जो भोज्य पदार्थ को अधिक समय के लिए संग्रह करने की विभिन्न विधियों का अध्ययन कराता है। इसके लिए निम्न विधियाँ अपनाई जाती हैं—

(1) प्रशीतन, (2) खमीरीकरण, (3) निर्जलीकरण, (4) बोतलों में संरक्षण, (5) डिब्बों में संरक्षण और (6) जैम, जैली तथा मुरब्बा बनाकर संरक्षण।

1. प्रशीतन—खाद्य वस्तुओं की आर्द्रता को बनाए रखने के लिए व्यापारिक-स्तर पर जमाकर कोल्ड स्टोरेज, चिल स्टोरेज तथा घरों में रेफ्रीजिरेटर का प्रयोग किया जाता है। फल, अण्डा, दूध, मांस, सब्जी आदि ठण्डे ताप के कारण जम जाते हैं, जिसमें निहित सड़ाने वाले जीवाणु की क्रिया शून्य हो जाती है। जीवाणु की वृद्धि 40°F, से नीचे रूक जाती है। विभिन्न भोज्य पदार्थों को विभिन्न तापों पर संरक्षित किया जाता है।

हिमीभूतीकरण करने की निम्नलिखित श्रेणियां हैं–(a) गहरी हिमीभूतीकरण, (b) शीत संग्रहागार, (c) चिल संग्रहागार और (d) गैस संग्रहागार।

(a) गहरी हिमीभूतीकरण–फ्रीज किए हुए भोज्य पदार्थ 0°F के नीचे ताप पर भी संरक्षित किए जाते हैं। जैसे-मछली, सब्जी आदि।

(b) शीत संग्रहागार–शीत संग्रहागार का तापक्रम (0–30)°F तक होता है। विभिन्न वस्तुओं के संग्रह के लिए निम्नलिखित प्रकार का ताप होता है। जैसे—मछली और गोश्त (15–18)°F तथा मक्खन (25–30)°F, यह व्यवसायिक विधि होता है। इसमें सब्जी, फल आदि भी संरक्षित किए जाते हैं।

(c) चिल संग्रहागार–चिल संग्रहागार का तापक्रम (32–45)°F तक होता है। विभिन्न भोज्य पदार्थों को निम्नलिखित तापक्रम पर सुरक्षित रखा जाता है। जैसे-ताजे फल और सब्जियाँ 35°F तक, अण्डा, दूध तथा थोड़े समय तक सुरक्षित रखी जाने वाली वस्तुएं–(35–40)°F तक तथा मक्खन और पनीर-45°F तक।

(d) गैस संग्रहागार–गैस संग्रहागार में गैस द्वारा सड़न रोका जाता है। जिसमें तापक्रम को कम करके कार्बन डाइऑक्साइड प्रकाशानुसार प्रवाहित की जाती है। जिससे कच्चे तथा अधपके फलों की चयापचय की क्रिया रोकी जाती है। जैसे-फलों, सब्जियां, अण्डों आदि। इससे संग्रहागार की अपेक्षा अधिक समय भोज्य पदार्थ सुरक्षित रहते हैं।

2. खमीरीकरण–खमीरीकरण क्रिया बार्ली को बीयर के रूप में परिवर्तित कर उसे संरक्षित करती है। इसी प्रकार अंगूर के रस से बनी शराब भी संरक्षित रूप है। लैक्टिक अम्ल के बैक्टीरिया दूध को दही में बदलकर उसे संरक्षित करते हैं।

3. निर्जलीकरण–जलांश की उपस्थिति सड़न उत्पन्न करने वाले जीवाणुओं की संख्या में वृद्धि करती है। इसलिए भोज्य वस्तुओं के संरक्षण के लिए उनमें विद्यमान जलांश का निष्कासन किया जाता है। आर्द्रता का निष्कासन कर भोज्य पदार्थों को सुरक्षित रखने की क्रिया एक प्राकृतिक देन है। जैसे–अनाजों की आर्द्रता पककर सूर्य की धूप की सहायता से स्वतः ही निष्कासित हो जाती है। फल आदि को सुखाकर रखने पर उनमें दुहरे रूप में संरक्षण क्षमता का गुण उत्पन्न हो जाता है। प्रथम तो उनका निर्जलीकरण हो जाता है। दूसरे जलांश के सूख जाने पर उसमें उपस्थित शर्करा का घनत्व बढ़ जाता है। परिणामस्वरूप

जीवाणुओं की वृद्धि रूक जाती है। यही कारण हो जाता है कि किशमिश, अंजीर, छुआरे, खजूर आदि फल मेवे के रूप में काफी समय तक संरक्षित रखे जा सकते हैं।

आधुनिक युग में शाक-भाजी, मांस, मछली, अण्डा, दूध आदि का निर्जलीकरण कर उनमें संरक्षणता का गुण बढ़ाया जाता है। इस प्रकार संघनित दूध, दूध का पाउडर, अण्डे का पाउडर, सूखी मछलियां, सूखा मांस तथा सूखी शाक-सब्जियां इसके उदाहरण हैं। आधुनिक युग में भोज्य वस्तुओं के वृहत् स्तर पर निर्जलीकरण करने के लिए कृत्रिम प्रक्रियाओं को अपनाया जाता है। एक विधि में ठण्डी, शुष्क एवं संपीड़ित वायु का भोज्य वस्तुओं जहां पर वे आर्द्रताग्राही वस्तुओं, जैसे-सोडियम क्लोराइड से घिरी रहती है, प्रवेश कराके निर्जलीकरण किया जाता है।

निर्जलीकरण की गई सब्जियां और फल प्रयोग करने के पूर्व जल में भिगो देने से वे अपने मूल गुणों को प्राप्त करते हैं।

फलों को सुखाने की क्रिया–जिन फलों को काटने में रस निकलने की संभावना हो, उन्हें साबुत ही सुखा देना चाहिए, सेब या नाशपाती को छीलकर अंदर से सफाई से टुकड़ों या स्लाइस में काटकर सुखाया जाता है। सेब या नाशपाती काटने पर भूरी हो जाती है। जिसे रोकने के लिए नमक के घोल में फल को काटकर लगभग 10 मिनट डाले रहने के बाद ही सुखाने का कार्य करना चाहिए। काटने के स्टेनलैस स्टील अथवा सिल्वर के चाकू का प्रयोग करना चाहिए। सल्फर को जलाकर इसका धुआं एक जार में एकत्रित करके कटा हुआ फल उस जार में कुछ मिनट तक डाल देना चाहिए। इस विधि में भी कटे हुए फलों को उनका रंग बिगड़ने से बचाया जा सकता है। सुखाने की अवधि, ताप की मात्रा तथा आर्द्रता के निष्कासित होने की गति पर निर्भर करती है। मन्द गति से अधिक देर तक सुखाए जाने की विधि-शीघ्रता से सुखाने की विधि से अधिक उत्तम होती है। सुखाये हुए फलों को पैक करने से पहले कुछ समय तक उन्हें ठण्डे होने के लिए ठण्डे स्थान पर रख देना चाहिए। इनका संग्रह कागज की थैली, टीन के डिब्बे या शीशे के जार में करना चाहिए।

4. बोतलों में संरक्षण–बोतलों द्वारा फलों के संरक्षण के लिए निम्नलिखित बातें आवश्यक हैं–फलों के जार या बोतलों को पर्याप्त रूप से गर्म करना तथा उसमें निहित वायु को बाहर निकाल कर सील बंद करना।

फलों के जार को गर्म करने की प्रमुख विधियां निम्नलिखित हैं—

(a) गहरे भगोने में पानी गर्म करके बोतलों को गर्म करना, (b) चूल्हे पर गर्म करना तथा (c) प्रेशर कुकर में गर्म करना। फलों के संरक्षण के लिए उसे धीरे-धीरे पकाना चाहिए।

5. डिब्बों में संरक्षण—फलों के संरक्षण के लिए डिब्बे दो प्रकार के होते हैं जिसमें धातु के भीतरी तरफ सुनहरी धातु की वार्निश लगी होती है। जिसमें सभी तरह के फल सुरक्षित रखे जाते हैं। सादे डिब्बे का उपयोग रंगरहित हरे या पीले फलों जैसे—सेब, गूज़बैरी या खुमानी आदि के लिए होता है। सामान्यतः फलों को शक्कर के शरबत में डिब्बाबन्दी की जाती है। तैयार फूलों को बिना कुचले डिब्बों में यथासम्भव कसकर भरा जाता है। डिब्बे में रखे फलों पर शरबत डालते समय उसे उबाल लिया जाता है। डिब्बे को सील करते समय डिब्बे के किनारे की चूड़ी भली-भांति फिट होनी चाहिए। सील करने के बाद विसंक्रमण प्रक्रिया को समाप्त करने के लिए डिब्बों को गर्म जल में डाल दिया जाता है।

फलों की डिब्बाबन्दी की सारणी

फल	जल को पुनः गर्म होने के लिए लिया जाने का समय (मिनट)	डिब्बों को उबलते जल में रखे जाने के लिए अतिरिक्त (मिनट)
सेब, खुवानी	0-5	18-15
ब्लैकबरी, गूजबैरी	6-10	14-13
बैरीज, अलूचा	11-15	12-10
रसभरी	16-20	10-8
रोब, ब्लैक करैंट	0-5	22-20
चैरी, नाशपाती	6-10	20-18
	11-25	17-15
टमाटर (नमकीन)	0-5	35-32
	6-5	33-30
	11-15	30-37
	16-20	27-25
टमाटर (ठोस पैक)	0-5	45-42
	6-10	42-40
	11-15	40-37
	16-20	37-35

उसके बाद डिब्बों को ठण्डा किया जाता है। फिर उस पर लेबिल चिपकाकर भण्डार गृह में रखा जाता है। भण्डार गृह में नमी होने पर डिब्बों को रखने के पूर्व तेलयुक्त वस्त्र से उसके चारों तरफ रगड़ देना चाहिए।

6. जैम, जैली तथा मुरब्बा बनाकर संरक्षण करना—जैम दो तरह से बनाया जाता है। सर्वप्रथम फल को धीमे-धीमे उबालकर इसका पेक्टिन अलग किया जाता है जिसके लिए अम्ल सहायक होता है। फिर उसमें शक्कर मिलाकर द्रुतगति से उबाला जाता है। उसके बाद जैम को ठण्डा होने तथा जमने के लिए दूसरे बर्तन में डाला जाता है। दो-तिहाई शक्कर डालने से सर्वोत्तम जैम बनता है। स्ट्राबैरी या चैरी जैम को जमाने के लिए नींबू का रस मिलाया जाता है। ब्लैक, करैंट, रसभरी, बेर, आम, अनानास, नाशपाती, मकोय, अंजीर, अलूचा, स्ट्राबैरी आदि का सर्वोत्तम जैम बनता है।

जैली बनाने के लिए फलों को साफ करके छील काट कर उसके बीजों को निकालकर तथा उसमें पानी डालकर गर्म किया जाता है उसके गल जाने पर उसमें चीनी डालकर नींबू का रस डाल दिया जाता है। मिश्रण के गाढ़ा होने पर आँच पर से उतारकर ठण्डा होने दिया जाता है। उसके बाद उसे बोतलों में भरकर सील किया जाता है। जैली के तैयार होने की जाँच उसमें कांटा डालकर तथा उसे फिर बाहर निकालकर देखा जाता है। उसके सभी छेद भरे होने पर समझा जाता है कि जैली तैयार हो चुका है। इस से बारह घण्टों में जैली अच्छी तरह जमकर सेट हो जाती है। अमरूद, सेब की जैली सर्वोत्तम होती है।

मुरब्बे बनाने के लिए फलों को चाशनी में इतना पकाया जाता है कि चाशनी फलों में घुस जाती है जिससे वे नरम तथा पारदर्शी हो जाते हैं। मुरब्बे, पपीते, आम, केले, आँवला, सेब, बेल, पेठा (कुम्हरा), गाजर आदि फलों के बनाए जाते हैं। इसके अतिरिक्त अन्य विधियों जैसे—धुआँ देकर तथा नमक द्वारा भी खाद्य पदार्थ संरक्षित किए जाते हैं। धुआँ देने की विधि में खाद्य-पदार्थों का बाहरी आवरण सूख जाता है तथा वह संरक्षित हो जाता है। नमक द्वारा संरक्षित करने के लिए साधारण नमक का घोल प्रयोग में लाया जाता है। मांस, मछली, आँवले, अमिया का अमचूर, इमली में नमक लगाकर सुखाए जाते हैं। घरों में भी अचार बनाने में नमक का प्रयोग उसको काफी समय तक सुरक्षित रखता है।

आहार आयोजन/आहार विश्लेषण

आहार आयोजन उस प्रक्रिया को कहते हैं, जिसके द्वारा प्रतिदिन खाए जाने वाले आहार का निर्णय होता है, इसके लिए सोच-विचार और प्रयास तथा पोषण सम्बन्धी ज्ञान की आवश्यकता होती है। आहार-प्रबन्ध गृहिणी के लिए एक चुनौती होती है, क्योंकि परिवार के प्रत्येक सदस्य का स्वस्थ एवं संतुष्ट रहना इसी पर निर्भर करता है। गृहिणी जब अपने कर्तव्य का भली-भांति निर्वाह करने में सफल होती है तो स्वयं भी उत्साहित एवं संतुष्ट होती है।

आहार आयोजन के सिद्धांत

आहार आयोजन करते समय निम्नलिखित सिद्धांतों को दृष्टिगत रखना चाहिए—

1. परिवार की रुचि एवं आवश्यकता—आहार आयोजन करते समय किसी व्यक्ति विशेष के पसंद या नापसंद को ध्यान में रखना चाहिए। सभी के रुचि के अनुसार आहार आयोजन होना आवश्यक है। परिवार में रोगी या वृद्ध व्यक्तियों के अनुसार भी आहार आयोजन होना चाहिए।

2. ऋतु का ध्यान—आहार-आयोजन करते समय ऋतु का ध्यान अवश्य रखना चाहिए। ग्रीष्म-ऋतु में शीतलता प्रदान करने वाले तथा शरद-ऋतु में शरीर को गर्म करने वाली व्यंजन पकाने चाहिए।

3. पारिवारिक आय—आहार-आयोजन करते समय गृहिणी को परिवार की आय को अवश्य ध्यान में रखना चाहिए।

4. व्यवसाय—आहार-आयोजन करते समय व्यवसाय को ध्यान में रखना चाहिए। कठोर श्रम करने वालों को हल्का श्रम करने वालों की अपेक्षा अधिक कैलोरी की आवश्यकता होती है।

5. नवीनता—गृहिणी को हमेशा स्वाद में नवीनता उत्पन्न करके (लाकर) भोजन का आयोजन करना चाहिए।

6. आसानी से उपलब्धता—आसानी से उपलब्ध होने वाली भोज्य पदार्थों को ही आहारों में शामिल करना चाहिए।

7. मितव्ययिता—आहार तालिका में सदा पौष्टिक पदार्थों के विकल्प पर ध्यान देना चाहिए।

8. साप्ताहिक तालिका—आहार तालिका कम-से-कम साप्ताहिक अवश्य बनानी चाहिए ताकि किसी व्यंजन को तैयार करने के लिए सभी सामग्री पहले से ही जुटानी चाहिए।

9. समय शक्ति के अनुरूपता—आहार-आयोजन के समय भोजन पकाने के लिए आवश्यक समय और विभिन्न आहारों के पकाने में लगने वाले समय के बीच ताल-मेल होना चाहिए। जैसे मांस तैयार होने में ज्यादा समय लगता है। इसलिए मांस को छुट्टी के दिन पकाना चाहिए।

10. विविधता—आहार आयोजन करते समय एक ही खाद्य-पदार्थ के विभिन्न व्यंजनों का प्रयोग करना चाहिए जैसे-आलू की सब्जी बनने पर सुबह तथा शाम एक ही सब्जी नहीं बनानी चाहिए।

11. पोषक-तत्व संतुलन—एक समय के आहार में पोषक तत्व की कमी के दूसरे समय के आहार में पूरा करने का प्रयत्न करना चाहिए। जैसे—दिन के आहार में प्रोटीन की कमी होने पर रात के आहार में उसकी क्षति-पूर्ति कर देनी चाहिए।

12. सामाजिक एवं आर्थिक परिवेश—भोजन की आदतें धर्म, जाति, सामाजिक स्थिति आदि सांस्कृतिक परिवेश से प्रभावित होती हैं। जैसे-पंजाब के भोजन में तंदूरी रोटी, बंगाली भोजन में मछली, दक्षिण भारतीय भोजन में इमली तथा मारवाड़ी के भोजन में पापड़ अवश्य होना चाहिए।

13. आहार में रेशेदार पदार्थ—प्रत्येक दिन के आहार में कोष्ठबद्धता दूर करने के लिए रफेज अवश्य होना चाहिए। जैसे-पत्तेवाली सब्जियां या छिल्के सहित अन्न आदि।

14. मधुर-भोजन—मुख्य भोजन के अंत में कोई मीठा व्यंजन अवश्य परोसना चाहिए। जैसे—खीर, सेवई, कस्टर्ड, मालपुआ, फ्रुटक्रिम, मिठाई आदि।

15. दक्षिण भारतीय अथवा विदेशी भोजन का समावेश—आहार आयोजन में समय-समय पर दक्षिण भारतीय अथवा विदेश के व्यंजनों का समावेश होते रहना चाहिए। जैसे-उत्तर भारत के लोग सांभर, डोसा, इडली, ढोकल आदि तथा दक्षिण भारत के लोग समोसे, पराठे, लस्सी आदि खाते हैं। चीनी-व्यंजनों में नूडल्स तरह-तरह की पेस्ट्रीज, केक तथा पुडिंग आदि खाए जाते हैं।

आहार आयोजन के उद्देश्य—आहार आयोजन के निम्नलिखित उद्देश्य हैं—

➤ परिवार के सदस्यों की पोषकीय आवश्यकताओं की पूर्ति।

➤ आहारीय बजट की सीमाओं में रहते हुए पौष्टिक आहार का आयोजन।

➤ पारिवारिक परम्पराओं, धार्मिक परम्पराओं तथा परिवार के सदस्यों की रुचि के अनुसार आहार का आयोजन।

➤ परिवार के सदस्यों की संख्या तथा संरचना के अनुसार आहार का आयोजन।

➤ खाद्य-सामग्री की क्रय-तालिका बनाकर खरीददारी करना।

➤ ऐसी पांच विधियों का चयन करना चाहिए जिनके द्वारा पोषक तत्वों की अधिकतम प्राप्ति हो, जो रुचिकर भी हो।

➤ आहार को आकर्षक ढंग से प्रस्तुत करना तथा परोसना।

➤ उपलब्ध साधनों, समय तथा ऊर्जा का अधिकतम सदुपयोग करना।

आहार के चयन को प्रभावित करने वाले तत्व—आहार के चयन को प्रभावित करने के लिए निम्नलिखित बातें आवश्यक हैं—

(a) शारीरिक क्षमता ग्रहण करने की रुचि, (b) आहार ग्राह्यता, (c) परम्परा अनुरूप आहार, (d) भोजन भ्रांतियां धारणा, (e) भोजन पकाने की कला, (f) विविधता, (g) आहार उपलब्धियां, (h) परिवार के सदस्यों की कार्य-तालिका या दिनचर्या, (i) परिवार के सदस्यों की संख्या, (j) पारिवारिक संरचना।

आहार के चयन को प्रभावित करने वाले तत्व निम्नलिखित हैं—

1. पौष्टिक आवश्यकताएं—आहार आयोजन में परिवार के प्रत्येक सदस्य की पौष्टिक आवश्यकताएं उनके लिए आयु तथा श्रम पर निर्भर करती है। गृहिणी को सातों खाद्य वर्गों में से कुछ-कुछ खाद्य-पदार्थ को भोजन में उपयोग करना चाहिए। गर्भवती, बच्चे तथा रुग्ण व्यक्ति के लिए अलग से विशेष भोजन देना चाहिए ताकि सभी की जरूरत पूरी हो सके तथा आर्थिक अपव्यय न हो।

2. भोजन में क्षुधा संतुष्टि—भोजन से भूख संतुष्टि के लिए प्रोटीन तथा वसामय पदार्थ उचित मात्रा में ग्रहण करनी चाहिए जिससे भूख अगले आहार के समय तक नहीं लगते हैं।

3. भोजन की तैयारी का समय—गृहिणी को कम से कम समय में अच्छा भोजन बनाना चाहिए उसके लिए निम्न तरीके हैं—आहार की योजना के लिए खरीदी जाने वाली वस्तु की सूची पहले बनाकर बाजार से खरीदनी चाहिए। भीड़ कम होने पर बाजार जाना चाहिए। रसोईघर में वस्तुएं सुव्यवस्थित ढंग से लेबल लगाकर रखना चाहिए। सब्जियां काटने तथा छीलने वाले चाकू का व्यवहार करना चाहिए। गैस, चूल्हा, स्टोव तथा प्रेशर कुकर का उपयोग करना चाहिए।

4. भोजन पर किए जाने वाले व्यय—आय का मुख्य भाग भोजन पर व्यय होता है। इसलिए पौष्टिक तत्वों के मंहगे-सस्ते साधनों को ध्यान में रखकर व्यय निम्न तरीकों से कम किया जाता है— खाद्य पदार्थ को खरीदते समय कीमतों की तुलना कर सस्ते स्थान से बड़ा 'पैक' खरीदना चाहिए, उबले हुए चावल तथा बची हुई सब्जी को मिलाकर पुलाव जैसा बनाकर खाना चाहिए।

5. भोजन सम्बन्धी आदतें और धार्मिक वर्जनाएं—बचपन से ही भोजन सम्बन्धी आदतें होती हैं। इसलिए बच्चे को शुरू से ही सभी खाद्य पदार्थ मिलाकर देना चाहिए। हिन्दू धर्म में गाय का मांस, मुसलमानों में सूअर का मांस, और कश्मीरी पंडित में टमाटर खाना विर्जित माना जाता है।

6. खाद्य पदार्थों की उपलब्धि तथा मौसम का प्रभाव—खाद्य पदार्थों की उपलब्धि विभिन्न मौसम में विभिन्न होती है—इसलिए आहार आयोजन में आसानी से मिलने वाले तथा सस्ता खाद्य पदार्थों को अपने भोजन में प्रयोग करना चाहिए। कुछ खाद्य पदार्थों को उचित संग्रह तथा संरक्षण से अधिक समय तक सुरक्षित रखा जाता है।

7. भोजन का रंग, स्वाद तथा सुगन्ध—आहार आयोजन करते समय खाद्य पदार्थों के रंग, रूप, आकार तथा सुगंध का ठीक समायोजन भोजन को आकर्षक बनाता है और भूख को उत्तेजित करता है।

विभिन्न समयानुसार आहार के आयोजन निम्नलिखित हैं—

(क) **सुबह का नास्ता**—मुख्य आहार का 1/3 भाग पौष्टिक होना चाहिए, इसके लिए सुबह का नास्ता स्वादिष्ट तथा आकर्षक होना चाहिए। इसके अभाव में कार्य क्षमता घटती है तथा शिथिलता आती है। सुबह का नास्ता बहुत अधिक नहीं करना चाहिए क्योंकि उस स्थिति में ठीक तरह से कार्य नहीं किए जाते हैं।

(ख) **दोपहर का भोजन**—दोपहर का भोजन मुख्य आहार होता है। पढ़ने वाले बच्चे तथा बाहर काम करने वाले व्यक्ति को पौष्टिक भोजन साथ लेते जाना चाहिए।

(ग) **शाम का नास्ता**—शाम के समय नमकीन या मीठा खाकर चाय पीना चाहिए।

(घ) **रात्रि का भोजन**—रात्रि का भोजन घर के सभी सदस्य एक साथ मिलकर करते हैं जो आकर्षक, रुचिकर, स्वादिष्ट तथा पौष्टिक होना चाहिए।

भोजन तालिका तैयार करने के नियमों की विवेचना—आहार योजना एक कला है। एक गृहिणी के लिए परिवार का भोजन आयोजित करना एक महत्वपूर्ण कला है। समस्त परिवार की सुख-शान्ति, स्वास्थ्य एवं पौष्टिक भोजन शरीर को स्वस्थ तथा मस्तिष्क को प्रसन्नचित रखता है। परिवार के प्रत्येक सदस्य की आयु एवं कार्य भिन्न-भिन्न होते हैं। कुशल गृहिणी उसे आवश्यकता के अनुसार भोजन देकर सुखी रखती है।

आहार आयोजन करते समय आयोजनकर्ता को चाहे वह घर, होटल, अस्पताल, छात्रावास, पार्टी, मेला या त्यौहार हो, उन्हें कुछ सैद्धांतिक बातों पर ध्यान देना आवश्यक है। भोजन तालिका बनाने के निम्नलिखित नियम हैं—

➤ प्रतिदिन की आहार तालिका बनाने के लिए पूरे दिन को इकाई के रूप में लेना चाहिए, जैसे—सुबह का नाश्ता, दोपहर का भोजन, शाम का नाश्ता तथा रात का भोजन। प्रत्येक समय में पौष्टिक तत्व उचित मात्रा में हो तथा प्रत्येक समय एक ही खाद्य पदार्थ न हो।

➤ प्रत्येक समय के भोजन में पाँच भोज्य वर्गों में से दिए गए प्रत्येक वर्ग का समावेश होना चाहिए।

➤ आहार में ऐसे भोज्य पदार्थों का उपयोग करना चाहिए जो तृप्तिदायक हों, जैसे—एक ही परिवार में किसी को रोटी अच्छी लगती है तो किसी को पराठा या चावल।

2 | पोषण विज्ञान

पोषण

पोषण मानव-जीवन की प्राथमिक आवश्यकता है। उसके बिना वह जीवित नहीं रह सकता है। व्यक्ति किसी भी धर्म से सम्बन्धित हो, उसका सामाजिक एवं आर्थिक स्तर किसी भी कोटि का हो, भोजन उसके स्वास्थ्य का आधार होता है। इसलिए प्रत्येक प्राणी सर्वप्रथम अपनी इस आवश्यकता की पूर्ति हेतु प्रयास करता है। पौष्टिक भोजन मानव-जीवन की नींव है। वह मनुष्य के शारीरिक, मानसिक, मनोवैज्ञानिक और नैतिक बल का वर्द्धक होता है।

इस प्रकार हम कह सकते हैं कि पोषण शरीर में भोजन के विभिन्न कार्यों को करने की सामूहिक प्रक्रियाओं का ही नाम है।

पोषक तत्वों की भोजन में कमी होने से कई प्रकार के रोग जैसे—रक्तहीनता, स्कर्वी, बेरी-बेरी आदि रोग उत्पन्न हो जाते हैं, जिन्हें उपयुक्त पोषण-युक्त भोज्य-पदार्थों के द्वारा दूर किया जाता है।

पौष्टिक तत्वों की सापेक्षिक बहुतायात को ध्यान में रखते हुए हम भोज्य पदार्थों को निम्नलिखित तीन भागों में बांट सकते हैं—

1. ऐसे भोज्य पदार्थ जिनमें प्रोटीन तत्व अधिक मात्रा में पाया जाता है।
2. ऐसे भोज्य पदार्थ जिनमें का.बोज की अधिक मात्रा उपस्थित रहती है।
3. ऐसे भोज्य पदार्थ जिनमें विटामिन और खनिज लवण अधिक मात्रा में पाए जाते हैं। ऐसे भोज्य-पदार्थ को रक्षात्मक भोज्य पदार्थ कह सकते हैं।

भोजन का चुनाव करते समय इस बात का ध्यान रखना चाहिए कि भोजन में अधिक-से-अधिक पौष्टिक तत्व उपस्थित हों, क्योंकि हमारे द्वारा ग्रहण किया गया भोजन हमारे शरीर में पहुँच कर निम्नलिखित कार्यों में से किसी एक अथवा एक से अधिक कार्यों को करता है—

1. शरीर में ताप उत्पन्न करना।
2. शरीर में स्थित टूटे-फूटे कोषों की मरम्मत करना तथा नये कोषों का निर्माण करना।
3. समस्त शारीरिक क्रियाओं को नियन्त्रित करना।

इस प्रकार हम देखते हैं कि पोषण-विज्ञान में हम उन सिद्धान्तों का अध्ययन करते हैं जिनके द्वारा भोजन की पर्याप्तता को नापा जा सके।

अल्प-पोषण

ऐसा पोषण जिसमें शरीर की आवश्यकता के अनुपात में भोज्य तत्व या पोषण की मात्रा एवं गुण नहीं होता है उसे अल्प पोषण या अपर्याप्त पोषण कहा जाता है। अपर्याप्त भोजन के परिणामस्वरूप न सिर्फ शरीर की अपेक्षित वृद्धि रूक जाती है बल्कि शरीर का संतुलित विकास भी नहीं हो पाता है तथा हीनता-जनित रोग उत्पन्न हो जाते हैं।

अल्प-पोषण के कारक

अल्प पोषण के दो प्रमुख कारण हैं:

1. परिस्थितियों का प्रतिकूल होना एवं
2. भोजन का दोषपूर्ण होना।

1. परिस्थितियों का प्रतिकूल होनाः परिस्थितियों के प्रतिकूल होने पर अल्प पोषण निम्नलिखित प्रकार से होता है।

➤ **अत्यधिक कार्य**—यदि किसी व्यक्ति को अत्यधिक मानसिक एवं शारीरिक श्रम करना पड़े तो जो भोजन उसके एक दिन के औसत कार्य के लिए पर्याप्त होता है वह अपर्याप्त हो जाता है तथा वह अल्प पोषण का शिकार हो जाता है।

➤ **अस्वस्थ वातावरण**—वातावरण का प्रभाव शरीर पर बहुत पड़ता है। यदि व्यक्ति ऐसे स्थान पर रहे या काम करे

जहां पर्याप्त प्रकाश, हवा और स्वच्छ वातावरण न हो तो वह अल्प पोषण का शिकार हो जाता है।

➤ **नींद की कमी**—नींद की कमी से भी व्यक्ति अल्प पोषण का शिकार हो जाता है। यदि आयु और श्रम की आवश्यकतानुसार व्यक्ति सोए नहीं तो वह अल्प पोषण का शिकार हो जाएगा और उसके शरीर का विकास नहीं हो पाता है। अत्यधिक कार्य करने, सोने का उचित प्रबन्ध न होने और कमरे में आवश्यकता से अधिक भीड़ होने से नींद की कमी हो सकती है।

➤ **घर या कार्यस्थल में उपेक्षा**—यदि घर या कार्यालय तथा कारखाने में व्यक्ति कुण्ठाग्रस्त हो तो पाया गया है कि उसकी पाचन-शक्ति बिगड़ जाती है और रोगी अल्प पोषण का शिकार हो जाता है।

➤ **अस्वस्थता**—बीमारी की स्थिति में पाचन शक्ति बिगड़ जाती है और रोगी अल्प-पोषण का शिकार हो पाता है।

2. भोजन का दोषपूर्ण होना—भोजन के दोषपूर्ण होने पर निम्नलिखित प्रकार से अल्प-पोषण होता है:

➤ **दोषपूर्ण भोजन**—असन्तुलित भोजन दोषपूर्ण होता है, जिससे व्यक्ति अल्प पोषण का शिकार हो जाता है।

➤ **अनुपयुक्त भोजन**—आयु, ऋतु, शारीरिक अवस्था और श्रम के अनुसार भोजन न मिलने से भी व्यक्ति अल्प-पोषण का शिकार हो जाता है।

➤ **गरिष्ठ भोजन**—अत्यन्त गरिष्ठ भोजन से अपच होता है जिसके फलस्वरूप शरीर को पर्याप्त पोषण प्राप्त नहीं होता है।

➤ **अनियमित एवं अल्प भोजन**—यदि भोजन ठीक से चबा-चबाकर न किया जाए, निर्धारित समय पर प्रतिदिन भोजन न किया जाए और कभी सादा भोजन, कभी अत्यन्त गरिष्ठ भोजन हो, तो पाचन-संस्थान पोषक तत्वों का उचित ढंग से अवशोषण नहीं कर पाता।

➤ **भोज्य पदार्थों में मिलावट**—भोजन पदार्थों में मिलावट भी अल्प-पोषण का एक प्रधान कारण है। दूध, घी, आदि में मिलावट से भी अल्प-पोषण हो जाता है।

➤ **अपर्याप्त भोजन**—गरीबी के कारण कुछ लोग सन्तुलित भोजन नहीं ले पाते। फलतः उनके शारीरिक एवं मानसिक विकास में बाधा उत्पन्न हो जाती है। आवश्यकत मात्रा में भोज्य-पदार्थों के न मिलने से अल्प पोषण होना स्वाभाविक है।

निष्कर्षतः यह कहा जा सकता है कि अल्प पोषण मानव शरीर को क्षीण से क्षीणतर, शनैः-शनैः मृत्यु की ओर अग्रसर करता है। अस्थियों की वृद्धि रूक जाती है तथा वे कभी-कभी विकृत भी हो जाती हैं, व मांसपेशियां सुदृढ़ नहीं हो पातीं। सिर के बाल झड़ने लगते हैं तथा उनकी चमक उड़ जाती है। त्वचा खुरदरी हो जाती है व आंखों की रोशनी कम हो जाती है तथा रोग प्रतिरोधक क्षमता का शरीर में अभाव हो जाता है।

वृद्धि और विकास के लिए पोषण

उत्तम आसन बनाए रखने वाला शरीर उत्तम पोषण या सुपोषण की सर्वप्रथम विशेषता है। साथ ही अन्य विशेषताओं में शारीरिक ढांचे का उत्तम विकास जिसमें सीधी अस्थियां तथा भुजाएं, चौड़ी तथा सपाट छाती, सुविकसित श्रोणि, मजबूत जबड़े और स्वस्थ दांत, पर्याप्त वसा युक्त सुविकसित मांसपेशियां, चिकने और चमकीले केश, कान्तिमय आंखें आदि सम्बन्धित हैं। अस्पष्ट विशेषताओं में पाचन, रक्त संचरण, श्वासोच्छ्वास, निष्कासन एवं ग्रन्थि-तन्त्र आदि का समुचित रूप से कार्य करना तथा संक्रामक रोगों के प्रति अवरोध शक्ति होना सम्मिलित है। इसके अतिरिक्त अच्छी भूख लगना, भोजन में स्वाद आना, किसी भी कार्य को सन्तोषजनक ढंग से करने की योग्यता रखना तथा भावनात्मक स्थिरता होना, भी सुपोषण की स्थितियों को प्रकट करती हैं।

सुपोषण तथा कुपोषण के लक्षण निम्नलिखित सारणी में प्रदर्शित हैं:

आधार	सुपोषण	कुपोषण
शरीर	सुविकसित	ठिगना, अविकसित तथा शारीरिक दोष।
भार	ऊंचाई तथा आयु के अनुसार लगभग औसत।	अपर्याप्त भार 10%, आवश्यकता से अधिक (मोटा तथा ढीला-ढाला)
मांसपेशियां	सुदृढ़ तथा विकसित, चिकनी और स्वच्छ।	छोटी तथा अविकसित, ढीली-ढाली।
त्वचा तथा उसके रंग	उत्तम परत।	झुर्रियां युक्त, पीली।
उपचर्म वसा	उत्तम परत।	चिपचिपी भूरे रंग की, दूषित एवं अप्रभावित।

आधार	सुपोषण	कुपोषण
आसन	उत्तम, सिर सीधा तना हुआ, सीना उठा हुआ, कन्धे सपाट, उदर अन्दर की तरफ तथा कदम लचीले।	थकान युक्त आसन, कन्धे झुके हुए, सपाट एवं सिकुड़ा सीना, उभरा हुआ उदर, आगे झुका हुआ सिर।
बाल	चिकने तथा चमकीले।	खुरदरे तथा चमक रहित।
नेत्र	कान्तिमय, नीचे की तरफ बिना काले वृत्त के।	कान्तिहीन, अन्दर की तरफ धंसी, नीचे की तरफ काले वृत्त।
चेहरे के भाव	प्रफुल्लित मुद्रा तथा सावधान किन्तु चिन्ता रहित।	चिन्तित, सावधान किन्तु चेहरे पर तनाव, निर्जीव तथा सुस्त।
श्लैष्मिक झिल्ली	पलकें, मुंह तथा जीभ स्वच्छ एवं लालिमा लिए हुए।	पीली।
स्वभाव	उत्तम, प्रकृति तथा जीवन से परिपूर्ण।	चिड़चिड़ा, भयभीत, हतोत्साहित, शीघ्र घबराने वाला, सरलता से थकने वाला, उदासीन।
क्रिया-कलाप	शारीरिक एवं मानसिक रूप से क्रियाशील।	शारीरिक तथा मानसिक शक्ति का अभाव।
निद्रा	गहरी।	अल्प निद्रा, बेचैनी पूर्ण नींद, निद्रा आने में कठिनाई।
निष्कासन	उत्तम।	अव्यवस्थित अपाचन, कब्ज आदि।
भूख	उत्तम।	मन्द एवं अस्थिर।
सामान्य	निरोग, उत्तम सहिष्णुता तथा उत्साह, संक्रमण के प्रति उत्तम अवरोध शक्ति आदि।	सहिष्णुता तथा उत्साह का अभाव, रोगयुक्त तथा बढ़े हुए गलसुए, त्रुटिपूर्ण दांत, रोग प्रतिरोधक क्षमता का अभाव आदि।

शरीर के पोषण करने का कार्य भोजन ही उसमें निहित तत्वों के माध्यम से करता है, जिन्हें पोषक तत्व कहते हैं। हमारे भोजन में आमिष तथा निरामिष अनेक भोज्य पदार्थों का समावेश होता है। दूध, दही, मक्खन, पनीर, घी, अण्डा, मांस, मछली, विभिन्न प्रकार के अनाज, शाक-सब्जी, कन्दमूल-फल आदि का प्रयोग भोजन में किया जाता है, जिरासे हमारी क्षुधा शान्त होती है तथा हमारे शरीर का पोषण होता है।

विभिन्न भोज्य पदार्थ आहार के रूप में शरीर में प्रवेश करके निम्नलिखित महत्वपूर्ण कार्य करते हैं:

➤ **शरीर की वृद्धि और विकास करते हैं**—शरीर एक विकासशील जैविकीय इकाई है, जिसकी वृद्धि एवं विकास के लिए विभिन्न पोषण तत्वों की आवश्यकता होती है। शरीर छोटी-छोटी कोशिकाओं से बना होता है। माता के गर्भ से ही भ्रूण विकसित होता है। तभी से कोशिकाओं से बने नए-नए ऊतक निरन्तर निर्मित होते रहते हैं तथा शरीर की वृद्धि और विकास करते हैं। शरीर निर्माण की

यह क्रिया शिशु अवस्था, बाल्यावस्था एवं किशोरावस्था में विशेष रूप से क्रियाशील होती है। इसलिए इस अवस्था में शरीर के निर्माण करने वाली भोज्य सामग्री की विशेष रूप से आवश्यकता होती है।

➤ **ऊर्जा उत्पादन करते हैं**—शरीर में ऊष्मा बनाए रखने, शारीरिक कार्य करने के लिए मांसपेशियों को सक्रियता प्रदान करने तथा शरीर के विभिन्न अंगों को दैनिक क्रियाओं के लिए तत्पर रखने के लिए ऊर्जा की आवश्यकता होती है। भोजन में वसा ही शरीर की इस महत्वपूर्ण आवश्यकता की पूर्ति शरीर को ऊर्जा प्रदान करके करता है। मानसिक श्रम करने वालों की अपेक्षा शारीरिक श्रम करने वालों का आहार अधिक होता है, क्योंकि उनकी मांसपेशियां अधिक क्रियाशील रहती हैं तथा उन्हें अधिक ऊर्जा की आवश्यकता होती है। इसी प्रकार वृद्धिकाल में शिशुओं, बालकों और किशोरों के

लिए भी अधिक मात्रा में ऊर्जा प्रदान करने वाले भोज्य पदार्थों का समावेश होना आवश्यक होता है।

➤ **सुरक्षा करते हैं**—भोजन शरीर के विभिन्न अवयवों का निर्माण करने के साथ-साथ शरीर को स्वस्थ रखता है तथा उसकी क्रियाओं को नियन्त्रित भी करता है। भोजन में शरीर के लिए सुरक्षात्मक कार्य करने के लिए पोषक तत्वों को लेना आवश्यक होता है। वे पोषक तत्व विटामिन तथा खनिज लवण होते हैं। आहार में इनमें से किसी एक या अधिक तत्वों की कमी से शरीर के विभिन्न अंगों के कार्य-संचालन में अव्यवस्था उत्पन्न हो जाती है। अतः शरीर को रोगों से संघर्ष करने की शक्ति इन्हीं पोषक तत्वों के भोजन में रहने से प्राप्त होती है।

भोजन के कार्यों के आधार पर भोज्य पदार्थों को निम्नलिखित तीन श्रेणियों में वर्गीकृत किया गया है:

1. **शरीर निर्माण भोज्य पदार्थ**—जैसे—दूध तथा दूध से निर्मित भोज्य पदार्थ, मांस, मछली, अण्डा, दालें, चना, सोयाबीन, सूखी सेम, मटर, मूंगफली एवं अन्य तिलहन, अनाज, मेवे आदि।

2. **ऊर्जा दायक भोज्य पदार्थ**—जैसे—सभी प्रकार के अनाज, शक्कर, गुड़, शहद, श्वेतासार युक्त फल और सब्जियां, मक्खन, तेल, घी, तिलहन, दालें आदि।

2. **सुरक्षात्मक भोज्य-पदार्थ**—जैसे—हरी पत्ती वाली शाक-भाजियां, ताजे फल, दूध, मांस, अण्डा, यकृत, मेवे आदि।

शरीर की वृद्धि, विकास, कार्य संचालन एवं स्वास्थ्य के लिए निम्नलिखित पोषक तत्व होते हैं:

(a) कार्बोहाइड्रेट, (b) प्रोटीन, (c) वसा, (d) विटामिन, (e) खनिज लवण तथा (f) जल।

मानव-जीवन में बैक्टीरिया का महत्त्व

मनुष्य के दैनिक जीवन में बैक्टीरिया का अत्यधिक महत्व है। इसका महत्व सजीव एवं निर्जीव दोनों के लिए होता है। यह रोगों के उत्पादन के प्रमुख कारण होते हैं। यह जीवों एवं वनस्पतियों में रोग फैलाते हैं तथा उसका विनाश करते हैं। फिर भी, बैक्टीरिया की अनेक लाभप्रद क्रियाएं भी होती हैं, जिनसे मानव अनेक लाभकारी वस्तुओं का निर्माण करते हैं।

बैक्टीरिया के फलस्वरूप अनेक उद्योग चलते हैं और जनसमुदाय को रोजगार मिलता है। बैक्टीरिया की निम्नलिखित मानवोपयोगी लाभप्रद क्रियाएं हैं—

1. **दही का जमना**—दही बनाने की प्रक्रिया में हल्के गर्म दूध में जोड़न के रूप में थोड़ा दही मिलाना पड़ता है, जिसमें बैक्टीरिया उपस्थित होते हैं। ये दूध में उपस्थित केसीन को जमाकर दही में परिवर्तित कर देते हैं।

2. **दूध से पनीर बनाना**—लैक्टिक अम्ल द्वारा फटे दूध से पनीर बनाये जाते हैं, जिसमें बैक्टीरिया द्वारा दूध फटते हैं।

3. **मक्खन तैयार करना**—मक्खन के निर्माण में बैक्टीरिया और लैक्टिक अम्ल काफी सहायक होते हैं। मलाई बैक्टीरिया के कारण ही बनता है और मलाई से मक्खन निकाला जाता है।

4. **पाश्चुराइजेशन**—पाश्चुराइजेशन द्वारा बैक्टीरिया दूध को खट्टा होने से रोकता है और काफी समय तक दूध ठीक रहता है। इसमें दूध को 60-65°C तक लगभग आधे घंटे तक गर्म करके ठंडा कर दिया जाता है।

5. **मृतजीवी को सड़ाना**—बैक्टीरिया के कारण मरे हुए जन्तुएं एवं वनस्पतियां सड़कर शीघ्र नष्ट हो जाते हैं। इनके द्वारा ऑक्सीजन, हाइड्रोजन, कार्बन, नाइट्रोजन, सल्फर एवं फॉस्फोरस पर रासायनिक प्रतिक्रिया के फलस्वरूप वे कार्बन-डाइऑक्साइड, जल, नाइट्रेट, सल्फर, अमोनिया तथा फॉस्फेट में परिवर्तित हो जाते हैं। बायो-गैस एवं गोबर-गैस भी इसी प्रक्रिया से बनते हैं।

6. **भूमि को उपजाऊ बनाना**—पौधे की गांठयुक्त जड़ों में पाए जाने वाले बैक्टीरिया वायुमंडल स्थित नाइट्रोजन का स्थिरीकरण करते हैं और अन्य कार्बनिक यौगिकों से मिलकर अमोनिया बनाते हैं। ये नाइट्रेट में बदल जाते हैं, जिन्हें हरे पौधे चूसकर द्रव्यों का निर्माण करते हैं। बैक्टीरिया पौधे से भोजन प्राप्त करते हैं। वैसे मटर-जाति के पौधे से भूमि की उपज-शक्ति बढ़ जाती है और भूमि में नाइट्रोजन की वृद्धि हो जाती है।

7. **नाइट्रीकरण**—ये मृत जीव-जन्तुओं एवं पौधों के प्रोटीन पदार्थों का नाइट्रीकरण कर अमोनिया में परिवर्तित कर देते हैं।

8. **सिरका बनाना**—माइकोडर्मा एसीटाई बैक्टीरिया द्वारा अंगूर, जौ, गन्ना आदि से सिरका बनाया जाता है।

9. **मदिरा उद्योग**—जीवाणुओं की सहायता से गुड़ से ब्युटाइल अल्कोहल बनते हैं, जिसे मदिरा भी कहते हैं। यह औषधियों, रंगों तथा सुगंधों को बनाने के काम आता है। यहां बैक्टीरिया द्वारा किण्वीकरण होता है।

10. **अचार बनाना**—अचार बनाने में जीवाणुओं के कारण ही सब्जियों या फलों को काटकर नमक मिलाकर धूप में सुखाने से वह खट्टा हो जाता है।

11. **पाचन-क्रियाओं में सहायक**—मनुष्य की आहार नलिका एवं नाक में अनेक बैक्टीरिया होते हैं, जो भोजन के कार्बोहाइड्रेट को पचाने में सहायक होते हैं।

12. **चाय उद्योग में सहायक**—चाय उद्योग में चाय की पत्तियों को सर्वप्रथम कुछ समय तक नमी वाले एवं नियंत्रित वातावरण वाले कमरों में रखने से बैक्टीरिया चाय की पत्ती में उपस्थित कार्बोहाइड्रेट एवं प्रोटीन का निबन्धन करते हैं। इससे उसके रासायनिक संगठन एवं गुणों में परिवर्तन आ जाता है और सुगंध बढ़ जाती है। इस प्रक्रिया की क्यूरिंग कहा जाता है।

13. **नील-निर्माण में सहायक**—बैक्टीरिया द्वारा नील के पौधे से रासायनिक क्रियाओं के उपरान्त नील बनाए जाते हैं।

14. **तम्बाकू उद्योग में सहायक**—तम्बाकू की पत्तियों को सुखाकर सर्वप्रथम कुछ दिनों तक नम वातावरण में रखकर बैक्टीरिया द्वारा चाय की तरह तम्बाकू को सुगंधित किया जाता है। इससे बीड़ी, सिगरेट, सिगार एवं हुक्के में प्रयोग किए जाने वाले तम्बाकू बनते हैं।

15. **चमड़ा उद्योग में सहायक**—जानवरों की कच्ची एवं ताजी खाल को सर्वप्रथम सड़े पानी में कुछ समय तक रखा जाता है। इससे सड़े पानी में उपस्थित बैक्टीरिया खाल के बाल एवं चर्बी को समाप्त कर देते हैं तथा फिर टैनिंग क्रिया द्वारा इसे पक्का किए जाते हैं। इससे जूते-चप्पल, सूटकेस आदि बनाए जाते हैं।

16. **जूट उद्योग में सहायक**—पटसनों, जूटों एवं सनों के पके पौधों को कुछ समय तक पानी में सड़ाना पड़ता है। इससे तने पर के रेशे अलग हो जाते हैं। तने बैक्टीरिया द्वारा सड़ते हैं। इससे रस्सी, बोरे तथा अन्य सामान बनाए जाते हैं।

17. **कार्बोहाइड्रेट का किण्वन**—कार्बोहाइड्रेट के किण्वन में यीष्ट पर्याप्त रूप से सहायक होता है, किन्तु कुछ बैक्टीरिया भी इसमें सहायक होते हैं। इस प्रक्रिया द्वारा शराब, अल्कोहल, पावरोटी, इमरती, जलेबी, इडली आदि बनते हैं।

18. **एसिटिक अम्ल निर्माण में सहायक**—अल्कोहल से एसिटिक अम्ल बनाने में एसिटिकम नामक बैक्टीरिया सहायक होते हैं।

19. **कम्पोस्ट (खाद) निर्माण**—गोबर, सड़ी-गली पत्तियों, पौधे आदि से गड्ढे के अन्दर बैक्टीरिया द्वारा कम्पोस्ट (खाद) बनाये जाते हैं।

20. **सॉफ्ट पेय निर्माण में सहायक**—बैक्टीरिया के कारण ही शक्कर साइट्रिक अम्ल में बदलता है। इससे सॉफ्ट पेय बनता है।

इस प्रकार हम देखते हैं कि बैक्टीरिया प्रतिदिन मानव जीवन की आवश्यकताओं के निर्माण में सहायक हैं, किन्तु ये जितने लाभप्रद हैं, उतने ही हानिकारक भी है। इस तरह बैक्टीरिया हमारे मित्र भी हैं और शत्रु भी।

पोषण विज्ञान में उच्चस्तरीय अध्ययन

A. खाद्य पदार्थों के पोषक मूल्य

विभिन्न खाद्य पदार्थों के पोषक मूल्य निम्नलिखित हैं—

1. **गेहूं का पोषक मूल्य**—गेहूं का पोषक मूल्य प्रति 100 ग्राम में निम्नलिखित होता है—(ICMR द्वारा)

प्रोटीन	— 11.8 ग्राम	कार्बोहाइड्रेट —	71.2 ग्राम
वसा	— 11.8 ग्राम	फॉस्फोरस —	306 मि. ग्राम
श्वेतासार	— 1.5 ग्राम	कैरोटीन —	64 मि. ग्राम
रेशा	— 1.2 ग्राम	थाइमीन —	0.45 मि. ग्राम
कैलोरी	— 346	रीबोफ्लेविन —	0.17 मि. ग्राम
कैल्शियम	— 41 मि. ग्राम	नियासिन —	5.5 मि. ग्राम
लोहा	— 4.9 मि. ग्राम		

2. **दूध का पोषक मूल्य**—विभिन्न प्रकार के दूध का पोषक मूल्य प्रति 100 ग्राम में निम्नलिखित होता है—(ICMR द्वारा)

दूध का प्रकार	प्रोटीन (ग्राम)	कार्बो-हाइड्रेट (ग्राम)	वसा (ग्राम)	खनिज तत्व (ग्राम)	कैलारी (ग्राम)
भैंस का दूध	4.3	5.0	8.8	0.3	117
बकरी का दूध	3.7	4.7	5.7	0.8	84

गाय का दूध	3.3	4.8	3.6	0.7	65
मानव का दूध	1.0	7.1	3.9	0.1	67

3. अण्डे का पोषक मूल्य—मुर्गी के अण्डे का पोषक मूल्य प्रति 100 ग्राम में निम्नलिखित होता है—(ICMR द्वारा)

प्रोटीन	— 13.3 ग्राम	कैल्शियम	— 6. मि. ग्राम
वसा	— 13.3 ग्राम	लौह लवण	— 2.1 मि. ग्राम
विटामिन A	— 2200 ZU	कैलोरी	— 173
विटामिन B	— 10 मि. ग्राम	फॉस्फोरस	— 220 मि. ग्राम
विटामिन B_{12}	— 0.18 मि. ग्राम		

4. चावल का पोषक मूल्य—चावल का पोषक मूल्य प्रति 100 ग्राम में (ICMR द्वारा) निम्नलिखित होता है—

प्रोटीन	— 7.5 ग्राम	फॉस्फोरस	— 165 मि. ग्राम
वसा	— 0.6 ग्राम	खनिज	— 0.8 ग्राम
रेशा	— 0.6 ग्राम	थाइमीन	— 0.06 मि. ग्राम
कार्बोहाइड्रेट	— 76.7 ग्राम	रीबोफ्लेविन	— 0.06 मि. ग्राम
कैलोरी	— 345	नियासिन	— 1.9 मि. ग्राम
कैल्शियम	— 10 मि. ग्राम		

5. मकई का पोषक मूल्य—मकई का पोषक मूल्य (ICMR द्वारा) इस प्रकार है—

प्रोटीन	— 11.1 ग्राम	फॉस्फोरस	— 348 मि. ग्राम
वसा	— 3.6 ग्राम	लोहा	— 2.0 मि. ग्राम
खनिज	— 1.5 ग्राम	कैरोटीन	— 90 मि. ग्राम
रेशे	— 2.7 ग्राम	थाइमीन	— 0.42 मि. ग्राम
कार्बोहाइड्रेट	— 66.2 ग्राम	रीबोफ्लेविन	— 0.10 मि. ग्राम
कैलोरी	— 342	नियासिन	— 1.8 मि. ग्राम
कैल्शियम	— 10 मि. ग्राम		

6. बार्ली का पोषक मूल्य—बार्ली का पोषक मूल्य (ICMR द्वारा) निम्नलिखित है—

प्रोटीन	— 11.5 ग्राम	कैलोरी	— 336
वसा	— 1.3 ग्राम	कैल्शियम	— 25 मि. ग्राम
खनिज	— 1.2 ग्राम	फॉस्फोरस	— 222 मि. ग्राम
रेशे	— 3.9 ग्राम	लोहा	— 5.8 मि. ग्राम
कार्बोहाइड्रेट	— 69.6 ग्राम	थाइमीन	— 0.37 मि. ग्राम
रीबोफ्लेविन	— 0.13 मि. ग्राम	नियासिन	— 3.1 मि. ग्राम

7. लाल चना दाल का पोषक मूल्य—लाल चना दाल का पोषक मूल्य प्रति 100 ग्राम में (ICMR द्वारा) निम्नलिखित है—

प्रोटीन	— 22.3 ग्राम	कैल्शियम	— 260 मि. ग्राम
वसा	— 1.7 ग्राम	फास्फोरस	— 410 मि. ग्राम
खनिज	— 3.5 ग्राम	कैलोरी	— 346
रेशे	— 1.5 ग्राम	लोहा	— 5.8 मि. ग्राम
कार्बोहाइड्रेट	— 60.6 ग्राम		

8. हरा चना दाल का पोषक मूल्य—हरा चना दाल का पोषक मूल्य प्रति 100 ग्राम में निम्नलिखित है—

प्रोटीन	— 24.5 ग्राम	कैल्शियम	— 76 मि. ग्राम
वसा	— 1.2 ग्राम	फास्फोरस	— 405 मि. ग्राम
खनिज	— 3.5 ग्राम	कैलोरी	— 348
रेशे	— 0.8 ग्राम	लोहा	— 7.3 मि. ग्राम
कार्बोहाइड्रेट	— 59.9 ग्राम		

9. मसूर दाल का पोषक मूल्य—मसूर दाल का पोषक मूल्य प्रति 100 ग्राम में निम्नलिखित है—

प्रोटीन	— 25.1 ग्राम	कैल्शियम	— 69 मि. ग्राम
वसा	— 0.7 ग्राम	फास्फोरस	— 293 मि. ग्राम
खनिज	— 2.1 ग्राम	कैलोरी	— 343
रेशे	— 0.7 ग्राम	लोहा	— 8.5 मि. ग्राम
कार्बोहाइड्रेट	— 59.0 ग्राम		

10. मटर दाल का पोषक मूल्य—मटर दाल का पोषक मूल्य प्रति 100 ग्राम में निम्नलिखित है—

प्रोटीन	— 22.9 ग्राम	कैल्शियम	— 75 मि. ग्राम
वसा	— 1.4 ग्राम	फास्फोरस	— 298 मि. ग्राम
खनिज	— 2.4 ग्राम	कैलोरी	— 315
रेशे	— 4.4 ग्राम	लोहा	— 6.4 मि. ग्राम
कार्बोहाइड्रेट	— 56.5 ग्राम		

11. राजमा का पोषक मूल्य—राजमा का पोषक मूल्य प्रति 100 ग्राम में निम्नलिखित है—

प्रोटीन	— 22.9 ग्राम	कैल्शियम	— 81 मि. ग्राम
वसा	— 1.3 ग्राम	फास्फोरस	— 345 मि. ग्राम
खनिज	— 3.2 ग्राम	कैलोरी	— 340
रेशे	— 6.3 ग्राम	लोहा	— 5.8 मि. ग्राम
कार्बोहाइड्रेट	— 58.8 ग्राम		

12. सोयाबीन का पोषक मूल्य—सोयाबीन का पोषक मूल्य प्रति 100 ग्राम में निम्नलिखित है—

प्रोटीन	— 43.2 ग्राम	कैल्शियम	— 240 मि. ग्राम
वसा	— 19.5 ग्राम	फास्फोरस	— 690 मि. ग्राम
खनिज	— 4.6 ग्राम	कैलोरी	— 422
रेशे	— 3.7 ग्राम	लोहा	— 11.5 मि. ग्राम
कार्बोहाइड्रेट	— 57.6 ग्राम		

B. दैनिक कैलोरी (ऊर्जा) की आवश्यकता

शारीरिक क्रियाओं को सम्पादित करने के लिए एवं संस्थानों के कार्य को नियमित करने के लिए प्रतिदिन निश्चित मात्रा में कैलोरीज की आवश्यकता है। एक स्वस्थ प्रौढ़ व्यक्ति के लिए शरीर के भार के प्रत्येक किलोग्राम के लिए प्रतिदिन प्रतिघण्टा एक कैलोरी की आवश्यकता है। शान्त बैठे रहने की अपेक्षा कमरे में घूमने पर दोगुनी कैलोरीज की आवश्यकता होती है। तेजी से घूमने पर तिगुनी कैलोरीज की आवयकता होती है। जिन भोज्य पदार्थों में प्रोटीन, वसा, कार्बोहाइड्रेट अधिक होते हैं वे कैलोरीमान में भी अधिक होते हैं। एक साधारण मक्खन टिकिया में 50 कैलोरी का ऊर्जामान होता है। 1 ग्राम कार्बोहाइड्रेट से 4 कैलोरी, 1 ग्राम वसा में 9 कैलोरी तथा 1 ग्राम प्रोटीन से 4 कैलोरी मिलती है।

विभिन्न कार्यों हेतु प्रति किलोग्राम भार के अनुसार प्रति घण्टे ऊर्जा की आवश्यक मात्रा निम्नलिखित तालिका में दी गई है—

अवस्थाएं	कैलोरी/किलो ग्राम/घण्टा
बैठना एवं खड़े होना	1.7
वस्त्र पहनना, वस्त्र उतारना, स्नान करना	3.0
घूमना (3 मील/घण्टा)	4.0
बैठने वाला कार्य	1.7
हल्का कार्य	2.5
कठिन कार्य	5.0

कैलोरी ऊर्जा की गणना

शरीर भार—45 किलोग्राम

1. व्यक्तिगत आवश्यकताएं (वस्त्र पहनना, वस्त्र उतारना, स्नान करना, बालों को संवारना आदि)

$(3.0 \times 45 \times 1$ घण्टा$) = 135$ कैलोरी

2. घूमना (3 मील/घण्टा) 1.5 घण्टा 4 कैलोरी/घण्टा

$= (1.5 \times 4 \times 45) = 270$ कैलोरी

3. बैठना एवं खड़ा होना (5.5 घण्टा) 1.7 कैलोरी/घण्टा

$= (1.7 \times 44 \times 5.5) = 421$ कैलोरी

4. कक्षा में बैठना, लिखना, पढ़ना, सिलाई करना, बुनना, अन्य घरेलू कार्य

8 घण्टे 1.7 कैलोरी/किलो/घण्टा

$= (1.7 \times 45 \times 8) = 610$ कैलोरी

5. निद्रा (आधारीय चयापचय के रूप में गणना करने पर)

$= 8$ घण्टे 31.6 कैलोरी/वर्गमीटर/घण्टा

$= (31.6 \times 1.4 \times 8) = 354$ कैलोरी

कुल कैलोरी $= 135 + 270 + 421 + 610 + 354 = 1790$

इस प्रकार 45 किलोग्राम वाले व्यक्ति को प्रतिदिन 1790 कैलोरी की आवश्यकता होती है।

C. गर्भवती स्त्री की पोषकीय आवश्यकताएं एवं एक दिवसीय आहार तालिका

गर्भधारण करते ही स्त्री पर गर्भस्थ शिशु के पोषण की जिम्मेदारी आ जाती है। गर्भ में पल रहा शिशु अपने आहार का शत-प्रतिशत अंश माँ द्वारा ही प्राप्त करता है। अतः गर्भवती स्त्री को दोगुने आहार की आवश्यकता होती है। उसके आहार का सर्वाधिक महत्वपूर्ण खाद्य दूध होता है। दूध द्वारा उच्चस्तरीय प्रोटीन के साथ-साथ कैल्शियम, फॉस्फोरस, मैग्नीशियम, विटामिन 'डी' तथा अन्य विटामिनों की भी प्राप्ति होती है। अन्य प्रोटीन स्रोतों में सभी प्रकार के मांस, छेना, पनीर, आदि का समावेश, महत्वपूर्ण है। इनके अतिरिक्त समय-समय पर सूखे बीन्स और मटर जैसी चीजें भी खानी चाहिए। इससे लौह-तत्व और विटामिन 'बी' की प्राप्ति होती है। सप्ताह में तीन-चार अण्डों को आहार में सम्मिलित करना चाहिए। दैनिक आहार में गहरी हरी पत्तियों वाली सब्जियां तथा गहरी पीली और नारंगी सब्जियां विटामिन 'ए' की कमी नहीं होने देती हैं। खट्टे फलों द्वारा पर्याप्त मात्रा में विटामिन 'सी' की प्राप्ति होती है। इसके लिए सन्तरा, अमरूद, आँवला, अनानास, मौसमी, नींबू, के साथ-साथ विभिन्न सब्जियों को भी खाना चाहिए। दिनभर में चार या पांच बार अनाज, ब्रेड, सूजी, बिस्कुट, दलिया, आदि से समुचित कैलोरी की प्राप्ति होती है। कैलोरी के लिए तेल और वसा का सेवन भी करना चाहिए।

सामान्य कार्य करने वाली गर्भवती की पोषकीय आवश्यकता निम्नलिखित होती है—

पोषक तत्व	मात्राएं
कैलोरी (कि. कै.)	2500
प्रोटीन (ग्राम)	55
कैल्शियम (ग्राम)	1
लौह तत्व (मि. ग्राम)	40
विटामिन 'ए' (माइक्रो ग्राम)	750
कैरोटीन (माइक्रो ग्राम)	3000
थायमिन (मि. ग्राम)	1.3
राइबोफ्लेविन (मि. ग्राम)	1.4
निकोटिनिक अम्ल (मि. ग्राम)	17
विटामिन 'सी' (मि. ग्राम)	50
फोलिक अम्ल (माइक्रो ग्राम)	150-300
विटामिन B_{12} (माइक्रो ग्राम)	1.5
विटामिन 'डी' (अं. ई.)	200
मैग्नीशियम (मि. ग्राम)	450

सामान्य कार्य करने वाली गर्भवती की आहारीय आवश्यकता (ग्रामों में) निम्नलिखित है—

खाद्य पदार्थ	शाकाहारी	मांसाहारी
अनाज	300	400
दालें	70	55
हरी पत्तियों वाली सब्जियां	150	150
अन्य सब्जियां	75	75
कन्द एवं मूल	75	75
फल	30	30
दूध	325	225
वसा एवं तेल	35	40
मांस और मछली	—	30
अण्डा	—	30
मूंगफली	40	30

गर्भवती स्त्री की एकदिवसीय आहार तालिका

सामान्य कार्य करने वाली गर्भवती का एकदिवसीय आहार निम्नलिखित है—

सुबह	7 बजे	सत्तू भरे पराठे, आलू की सूखी सब्जी, चाय।
	10 बजे	अमरूद, दूध
दोपहर	1 बजे	रोटी, चावल, मूंग की दाल, तली मछली, पालक और बैंगन की सब्जी, टमाटर की चटनी, पापड़।
संध्या	4 बजे	खीरा, भींगे चने (प्याज, नींबू, हरी मिर्च के साथ), चाय।
	6 बजे	खीर।
रात्रि	9 बजे	रोटी, भिण्डी की सूखी सब्जी, आलू-मटर की सब्जी

D. वृद्धावस्था में आहार का महत्व एवं आहार ग्राह्यता

वृद्धावस्था के आहार को अनेक बातें प्रभावित करती हैं, जिनमें प्रमुख उनकी शारीरिक क्रियाशीलता है। सेवानिवृत्त होने के कारण शारीरिक क्रियाशीलता में कमी आ जाती है। पाचन-शक्ति कम हो जाने के कारण आहार में दूध की कमी कर देते हैं, जिससे प्रोटीन के साथ-साथ कैल्शियम, विटामिन B_{12}' राइबोफ्लेविन तथा अन्य पोषक तत्वों में कमी के कारण पाचन-प्रणाली भी प्रभावित होती है। प्रायः वृद्धावस्था में आहार में असन्तुलन आते हुए देखा जाता है, जिसके फलस्वरूप अनेक बीमारियों की आशंका हो जाती है। अतः आवश्यकता है कि वृद्धावस्था के निमित्त प्रस्तावित पोषकीय एवं आहारीय आवश्यकताओं को ध्यान में रखकर आहार आयोजन करना चाहिए।

सामान्य कार्य करने वाले वृद्धों की आहारीय आवश्यकता (ग्रामों में) निम्नलिखित है—

खाद्य पदार्थ	पुरुष		महिला	
	शाकाहारी	मांसाहारी	शाकाहारी	मांसाहारी
अनाज	320	320	220	200
दालें	70	55	60	45
हरी पत्तियों वाली सब्जियां	125	125	100	100
अन्य सब्जियां	75	75	75	75
कन्द और मूल	75	75	50	50
फल	30	30	30	30
दूध	200	100	200	100

वसा और तेल	30	30	30	30
मांस और मछली	—	30	—	30
अण्डा	—	30	—	30
शक्कर और गुड़	30	30	30	30

सामान्य कार्य करने वाले वृद्धों की एकदिवसीय आहार तालिका

सामान्य कार्य करने वाले वृद्धों का एकदिवसीय आहार निम्नलिखित है—

सुबह	7 बजे	चाय, रोटी, आलू की सब्जी, केला।
	10 बजे	दूध।
दोपहर	1 बजे	चावल, दाल, पालक का साग, आलू-चॉप, टमाटर की चटनी।
संध्या	4 बजे	सूजी का उपमा, चाय।
रात्रि	8 बजे	रोटी, मटर की सब्जी, परवल की सूखी सब्जी।
	9 बजे	दूध।

वृद्धों की आहार ग्राह्यता को प्रभावित करने वाले पोषकीय तत्व कैलोरी, प्रोटीन, कैल्शियम, लौह तत्व, विटामिन A, थायमीन, राइबोफ्लेविन, निकोटिनिक अम्ल, विटामिन D फोलिक अम्ल, विटामिन D_{12} तथा मैग्नीशियम हैं।

शारीरिक भार के अनुसार वृद्धों की पोषकीय तत्वों की आवश्यकता निम्नलिखित हैं—

पोषक तत्व	पुरुष	महिला
कैलोरी (कि. कै.)	2100	1700
प्रोटीन (ग्राग)	55	45
कैल्शियम (ग्राम)	0.5	0.5
लौह तत्व (मि. ग्राम)	20	30
विटामिन 'ए' (माइक्रो ग्राम)	750	750
थायमिन (मि. ग्राम)	1.2	1
राइबोफ्लेविन (मि. ग्राम)	1.3	1
निकोटिनिक अम्ल (मि. ग्राम)	16	13
विटामिन 'सी' (मि. ग्राम)	50	50
विटामिन 'डी' (अं. ई.)	200	200
फोलिक अम्ल (माइक्रो ग्राम)	100	100
विटामिन B_{12} (माइक्रो ग्राम)	1	1
मैग्नीशियम (मि. ग्राम)	350	300
शारीरिक भार (किलोग्राम)	55	45

E. पूर्वशालेय बालकों के पोषण में आवश्यक पोषक तत्व

दो से छः वर्ष की अवस्था प्रारंभिक बाल्यावस्था या पूर्वशालेय अवस्था कहलाती है। इस अवधि में शरीर भार में वृद्धि एक वर्ष में केवल 4-5 पौण्ड हो सकती है। इस अवधि में केवल उसकी ऊँचाई में वृद्धि होती है। एक वह दुबले-पतले बालक की तरह दिखने लगता है। बाहें और टांग वक्ष के अनुपात में लम्बाई में अधिक बढ़ती है। उत्तम पोषित बालक की संरचना अच्छी होती है। स्वस्थ सामान्य शिशु फुर्तीला रहता है और वह अपने वातावरण से अपने आपको समंजित करने में मग्न रहता है। बालकों की पोषक आवश्यकताएं व्यक्तिगत होती हैं, जो वृद्धि की दर, सक्रियता और बालक की पोषक स्थिति से प्रभावित होती है। पूर्वशालेय बच्चों को बीमारियां शीघ्र पकड़ती हैं। अपूर्ण रूप से पोषित बच्चा शीघ्र ही संक्रामक रोगों का शिकार हो जाता है। उसका शरीर पूर्ण रूप से विकसित नहीं होता है।

कैलोरी (ऊर्जा)

बाल्यावस्था में ऊर्जा की आवश्यकता उम्र, क्रियाशीलता एवं शारीरिक आकार द्वारा प्रभावित होती है। व्यक्तिगत भिन्नता पर विशेष ध्यान दिये बिना अमरीका के फूड्स एण्ड न्यूट्रीशन बोर्ड ने 1 से 3 वर्ष के बालक के लिए 1300 दैनिक कैलोरी और 4 से 6 वर्ष की आयु के बालक के लिए 1500 दैनिक कैलोरी प्रस्तावित की है। ऊर्जा अन्तर्ग्रहण की पर्याप्तता का प्रमुख लाभ शरीर भार में वृद्धि है। उचित कैलोरी प्राप्त करने के लिए आहार में दूध, फल, सब्जियां, सम्पूर्ण अनाज, दूध से बने पदार्थ एवं वसा का होना आवश्यक है।

प्रोटीन

पूर्वशालेय बालकों के आहार में प्रोटीन विशेष रूप से महत्वपूर्ण है, क्योंकि इन वर्षों में पेशी विकास में प्रबल वृद्धि होती है। ICMR के पोषण विशेषज्ञों ने सन् 1968 ई. में एक सर्वे करने के बाद लगभग 17 से 22 ग्राम प्रोटीन प्रतिदिन के लिए प्रस्तावित की है। कुल कैलोरी का दस प्रतिशत भाग प्रोटीन से प्राप्त होना चाहिए। इसलिए एक से तीन वर्ष के बच्चों के लिए 32 ग्राम एवं 3 से 6 वर्ष के बच्चों के लिए 40 ग्राम प्रोटीन होना चाहिए। प्रत्येक भोजन के समय एक गिलास दूध देने से

20 से 24 ग्राम प्रोटीन (दैनिक) प्राप्त हो जाता है। एक अण्डे से 6 ग्राम प्रोटीन तथा मांस, मछली के एक सर्विंग से 8-10 ग्राम प्रोटीन मिल जाता है।

कैल्शियम

अमरीका के फूड न्यूट्रीशन बोर्ड ने 0.8 ग्राम कैल्शियम दैनिक अभिप्रस्तावित किया है। जीवन के प्रथम वर्ष से नवें वर्ष तक कंकालीय वृद्धि के लिए कैल्शियम की दैनिक आवश्यकता 75-100 मि. ग्राम होना अनुमान किया जाता है। ICMR ने इसे प्रतिदिन 0.4-0.5 ग्राम प्रस्तावित किया है। लौह-लवण की आवश्यकता ICMR ने 15-20 मि. ग्राम प्रस्तावित की है। लौह समृद्ध खाद्य पदार्थ, यथा अण्डे, मांस विशेषकर कलेजी, हरी सब्जियां एवं फल, साबुत अनाज, ब्रेड, दालें आदि अधिक लौह की उपलब्धि करा सकते हैं।

विटामिन

विटामिन बालकों की शारीरिक वृद्धि एवं स्वास्थ्य के लिए आवश्यक है। विकासशील देशों में प्रायः बच्चों को संतुलित आहार नहीं मिलता है, जिससे उनमें प्रोटीन-कैलोरी असंतुलन और विटामिन 'ए' की कमी से बहुत से रोग पाए जाते हैं।

ICMR के विशेषज्ञ दल ने पोषक तत्वों की दैनिक आवश्यकता निम्न प्रकार प्रस्तावित की है—

पोषक तत्व	1-3 वर्ष	4-6 वर्ष
कैलोरी	1200	1500
प्रोटीन (ग्राम में)	17-20	22
कैल्शियम (ग्राम में)	0.4-0.5	0.4-0.5
लौह तत्व (मि. ग्राम में)	15-20	15-20
विटामिन 'ए' (माइक्रो ग्राम में)	250	250
एस्कार्बिक एसिड (मि. ग्राम में)	30-50	30-50
थायमिन (मि. ग्राम में)	0.6	0.8
राइबोफ्लेविन (मि. ग्राम में)	0.7	0.8
निकोटिनिक अम्ल (मि. ग्राम में)	8	10
फोलिक एसिड (मि. ग्राम में)	50-100	50-100
विटामिन B_{12} (मि. ग्राम में)	0.5-1	0.5-1
विटामिन D (अं. ई.)	200	200

F. आधारीय चयापचय एवं उसकी दर को प्रभावित करने वाले कारक

आधारीय चयापचय

प्राणी दो प्रकार की क्रियाएं करता है, ऐच्छिक और अनैच्छिक, जिनमें अनैच्छिक क्रियाएं-श्वासोच्छ्वास, रक्त प्रवाह, गुर्दों के कार्य, हॉर्मोन्स का निकलना आदि है। ये क्रियाएं सुषुप्तावस्था में भी जारी रहती है। इन्हीं क्रियाओं के कारण व्यक्ति जीवित रहता है। इन क्रियाओं में खत्म होने वाली ऊर्जा आधारीय ऊर्जा कहलाती है। आधारीय उपापचय, एक व्यक्ति द्वारा शारीरिक, पाचक और संवेगात्मक विश्राम के बीच उत्पन्न हुई ऊष्मा की मात्रा के रूप में परिभाषित किया जा सकता है, अर्थात् पूर्ण शारीरिक और मानसिक विश्राम की अवस्था में जीव के अन्दर जो चयापचय की क्रियाएं होती रहती हैं, उन्हें आधारीय चयापचय कहते हैं, अर्थात् व्यक्ति जब पूर्ण विराम की अवस्था में रहता है, कोई शारीरिक कार्य नहीं कर रहा होता है, उस समय शरीर के अनैच्छिक कार्यों तथा शरीर के तापक्रम को स्थिर रखने के लिए जिस ऊर्जा की आवश्यकता होती है, उसे आधारीय चयापचय कहते हैं।

आहार द्वारा उपचार

A. आहारीय चिकित्सा एवं उसका महत्व

रोगविमुक्ति, स्वास्थ्यलाभ एवं कुछ रोगों को बढ़ने से रोकने के निमित्त सामान्य आहार को रोगी की अवस्था एवं रोग की परिस्थिति के अनुसार परिवर्तित कर शीघ्र रोग-विमुक्ति के लिए, भोजन को एक कारक के रूप में प्रयोग करने की प्रक्रिया आहारीय चिकित्सा कहलाती है।

रुग्णावस्था में उपापचय की क्रिया में परिवर्तन आ जाता है, उदाहरणार्थ, डायबिटीज में अतिरिक्त तरल और नमक को निष्कासित करने की क्षमता में कमी जा जाती है। बुखार आदि में प्रोटीन की अधिक मात्रा में अपचय होने लगता है तथा अधिक मात्रा में ऊर्जा का भी उपापचय होने लगता है। इन सभी हालातों में इस बात का ध्यान रखकर सामान्य आहार में कुछ न कुछ परिवर्तन लाना आवश्यक हो जाता है। चिकित्सा में आहार के इस महत्व को सबसे पहले विश्व प्रसिद्ध परिचारिका फ्लोरेंस नाइटिंगेल ने सन् 1854 में क्रीमियाई युद्ध के दौरान आहत सैनिकों की सेवा में उपयुक्त आहार का सदुपयोग कर दुनिया को चिकित्सा में आहार के महत्व के बारे में जानकारी प्रदान की। उन्होंने यह प्रमाणित कर दिया कि औषधि-चिकित्सा

एवं रोगी की परिचर्या के साथ ही स्वास्थ्यलाभ कराने में आहार का विशेष स्थान होता है जिसे ध्यान में रखते हुए डायटीशियन की नियुक्ति होन लगी। वैसे आहार-चिकित्सा में डायटीशियन, डॉक्टर तथा परिचारिका तीनों का विशेष योगदान होता है। इसमें भी परिचारिका की भूमिका अति महत्वपूर्ण होती है।

B. आहारीय चिकित्सा के उद्देश्य

आहारीय चिकित्सा का उद्देश्य न केवल अस्वस्थ व्यक्तियों के पोषक स्तर को बनाए रखना है बल्कि रुग्णावस्था की तीव्रता को कम करने तथा सामान्य स्वास्थ्य स्तर को बनाए रखने के लिए भोजन का प्रयोग में लाना है। रुग्णावस्था में भोजन को पचाने, अवशोषित करने तथा उपापचय की प्रक्रियाओं में कुछ दोष आ जाते हैं जिससे ऊतकों को आवश्यक पोषण नहीं मिल पाता है। इन्हीं सबको दृष्टिगत कर रुग्णावस्था के आहार आयोजित किए जाते हैं। इसके मूल उद्देश्य निम्नलिखित हैं—

1. रोगी के शारीरिक आवश्यकतानुसार उसे पौष्टिक तत्व प्रदान करना।
2. आवश्यकतानुसार शरीर भार कम या अधिक करने के लिए कैलोरी पर नियंत्रण करना।
3. पाचन तंत्र के कष्टों को देखते हुए सरल, सौम्य और सुपाच्य आहार प्रदान करना।
4. रुग्णावस्था में भी उच्च पोषक स्तर बनाए रखना तथा जिन पोषक तत्वों की कमी हो जाती है उनकी निरंतर आपूर्ति करना।
5. कुपोषण की स्थिति में पोषकीय क्षतिपूर्ति करना।
6. शरीर को पर्याप्त विश्राम प्रदान करना, विशेषकर प्रभावित अंगों को जैसे-अतिसार की स्थिति में रेशेदार आहार न देकर पूर्ण तरल आहार देना, पीलिया में वसा युक्त आहार न देकर यकृत को विश्राम प्रदान करना।
7. शरीर के चयापचय क्षमतानुसार भोजन की मात्रा एवं प्रकार निर्धारित करना एवं दोनों में सामंजस्य स्थापित करना।
8. सूजन की चिकित्सा करना, इसमें नमक (सोडियम) को नियंत्रित किया जाता है।

C. आहारीय चिकित्सा के सिद्धांत

चिकित्सीय भोजन तैयार करने के संदर्भ में निम्नलिखित सिद्धांतों की विशेषज्ञों ने अनुशंसा की है—

1. रोगी की आर्थिक स्थिति की जानकारी अवश्य ही कर लेनी चाहिए। कुछ महंगे खाद्य कम अवधि के रोग में बताए जा सकते हैं, परन्तु लंबी अवधि के रोगों में जो खाद्य अनुशंसित किए जाएं, वे रोगी की पहुंच में अवश्य ही होनी चाहिए।
2. रोगी शुद्ध शाकाहारी है या मांसाहारी, अण्डा लेता है या नहीं इन बातों की जानकारी आहार-आयोजन के लिए आवश्यक है।
3. रोगी का आहार सम्बन्धी इतिहास जानना जरूरी है कि वह किन खाद्यों को बर्दाश्त कर सकता है। किन्हीं को दूध से डायरिया हो जाता है तो किन्हीं को उसी से कब्ज, ऐसी खाने की चीजों का नियंत्रण आवश्यक है।
4. जिन भोज्य पदार्थों से रोगी को एलर्जी हो, उन्हें पूरी तरह से हटा देना चाहिए।
5. रोगी का व्यवसाय और खाने का समय भी जान लेना आवश्यक है।
6. रोगी के स्वास्थ्य की अवस्था को देखते हुए कैलोरी, प्रोटीन, वसा, कार्बोहाइड्रेट, विटामिन, लवण तथा तरल सम्बन्धी आवश्यकता की जानकारी आवश्यक है।
7. रोगी के लिए आहार आयोजन करते समय, रोग की अवधि की जानकारी अवश्य कर लेनी चाहिए। यदि बहुत लम्बे समय तक चलने वाली बीमारी है तो आहार नितांत अनम्य अर्थात् बहुत अधिक बँधा-बँधाया नहीं रहना चाहिए।
8. रोगी के लिए आहार आयोजन करते समय यह बात महत्व की है कि रोग-निवारण के लिए या उसे बढ़ने से रोकने के लिए किस प्रकार का परिवर्तन जरूरी है। किन भोज्य पदार्थों को इसके भोजन से हटाना है और किन्हें बढ़ाना है।
9. जब भोजन के आयोजन से संबंधित व्यवस्था कड़ी और अनम्य है तथा निर्धारित भोजन में, अपने मन से कुछ परिवर्तन नहीं करना हो तो कुछ खाने की चीजों के न मिलने के कारण शरीर में विटामिनों और लवणों की अतिरिक्त आपूर्ति आवश्यक है। ऐसी हालत तब भी हो सकती है जब रोगी की भूख मर जाती है या शरीर में अवशोषण की क्रिया में कमी आ जाये। इस अवस्था की पहचान और निदान दोनों डॉक्टर के आदेशानुसार करना उचित है।

10. रोगी का आहार-आयोजन जिस व्यक्ति के जिम्मे हो उसे रोगी के आहार सम्बन्धी इतिहास की जानकारी होनी चाहिए। इसके अंतर्गत रोगी की आहार-विषयक आदतें, पसन्द, नापसंद, समय, तरीके, उसकी निजी समस्याओं की जानकारी आती है। इसके अनुसार काम करने में आर्थिक समस्या या उसे पसंद आने वाले विशेष भोज्य पदार्थ बाजार में उपलब्ध भी हैं या नहीं, का भी ध्यान रखना आवश्यक है।

11. रोगी की मनोवैज्ञानिक स्थिति की जानकारी भी होनी चाहिए। उसके साथ व्यवहार, उसके संवेगात्मक आर्थिक और सामाजिक स्तर के अनुरूप होना चाहिए।

12. रोगी के आहार का आयोजन करने वाले व्यक्ति को अच्छी तरह से बनाया और पकाया हुआ तथा आकर्षक ढंग से परोसा हुआ भोजन रोगी के सम्मुख लाना चाहिए। गर्म खाई जाने वाली वस्तुएं, जैसे–चाय, कॉफी, गर्म अवस्था में और ठण्डी अवस्था में खाई जाने वाली वस्तुएं, जैसे–कस्टर्ड, पुडिंग, आइस्क्रीम आदि शीतल अवस्था में ही रोगी को देना चाहिए। रोगी की पसंद को ध्यान में रखकर भोजन को आकर्षक ढंग से सजाया तथा शांत और स्नेहपूर्ण वातावरण में परोसा जाना चाहिए।

13. रोगी को भोजन देने की कई विधियां हैं। ये रोगी की शारीरिक स्थिति के अनुरूप डॉक्टर द्वारा निर्धारित की जाती है। सामान्य स्थिति में तो मुंह के द्वारा ही भोजन दिया जाता है। विशेष स्थिति में नलिका या शिराओं द्वारा भी भोजन दिया जाता है। मुंह से सामान्य रूप से तैयार किया खाना देने में भी किन्हीं विशेष हालातों में परिवर्तन लाना जरूरी हो जाता है। उसके लिए भोजन की रचना में परिवर्तन लाया जाता है, जैसे–उसे और अधिक नर्म और तरल बनाया जाए या उसका ऊर्जा मूल्य बढ़ाया जाए या फिर विशेष पोषक तत्व की मात्रा को बढ़ाया जाए। रेशेदार और मिर्च-मसालों से रहित भोजन तैयार किया जाए। ये सब काम जरूरत पड़ने पर डॉक्टर के निर्देश पर करने चाहिए।

D. तरल आहार

यदि रोगी ऐसी स्थिति में हो कि वह ठोस आहार ग्रहण नहीं कर सके तो उसे तरल आहार दिया जा सकता है। इन विशेष परिस्थितियों में जिनमें रोगी स्वयं तरल आहार ग्रहण करने योग्य नहीं हो यह आहार सीधे उसके आमाशय में रबड़ की पतली नली के द्वारा पहुंचाया जाता है। कुछ विशेष परिस्थितियों में तरल आहार सूइयों से खून की नलियों में डालकर सीधे रक्त की धारा में मिला दिया जाता है। अतः रुग्ण अवस्था में तरल आहार देना सुविधाजनक एवं लाभप्रद रहता है। इस आहार में पौष्टिक तत्वों की मात्रा आवश्यकतानुसार सुविधापूर्वक घटाया या बढ़ाया जा सकता है।

ज्वर की अधिकता, मिचली, वमन, डायरिया, पाचनतंत्र-सम्बन्धी ऐसे विकार जिसमें पाचन-तंत्र ठोस आहार ग्रहण कर उनका अभिपाचन करने योग्य नहीं हो अथवा मुख, गला या पाचननली ऐसे विकारों से ग्रस्त हों जिसमें रोगी ठोस आहार ग्रहण करने योग्य नहीं हो, ऐसे में रोगी को तरल आहार दिया जाता है।

वेजिटेबल सूप या नॉन वेजिटेबल सूप, फलों का रस, शुद्ध या जल मिला दूध, छॉछ, ओवलटीन, हॉरलिक्स, बीवा, बोर्नवीटा, दूध को फाड़कर उसका पानी, नारियल का पानी, विभिन्न प्रकार के शरबत या अन्य पेय पदार्थ, दूध या कच्चे अण्डे का घोल इत्यादि कुछ ऐसे तरल आहार हैं जो रोगियों को सामान्य रूप से दिए जा सकते हैं। इनकी पौष्टिकता की मात्रा को चिकित्सक की सलाह के अनुसार घटाया या बढ़ाया जा सकता है। इन्हें रोगी या तो स्वयं ग्रहण कर लेता है या आवश्यकतानुसार रबड़ की पूर्व निःसंक्रमित नली से चिकित्सक की देखरेख में इसे सीधे आमाशय में पहुंचा दिया जाता है। नार्मल ग्लुकोज स्लाइन, विभिन्न प्रकार के खनिज लवणों, जैसे–लोहा, कैल्शियम, मैग्नीशियम, पौटेशियम आदि अथवा विभिन्न प्रकार के एमिनो एसीडों अथवा विटामिनों के घोलों को अंतःशिरा इजेक्शन के माध्यम से तरल आहार के रूप में सीधे रक्त प्रवाह में मिला दिए जाते हैं। कभी-कभी शल्यचिकित्सा के दौरान, पहले या बाद में रक्त चढ़ाने की आवश्यकता पड़ जाती है। इसका मुख्य उद्देश्य रोगी को तत्काल शक्ति प्रदान करना रहता है।

कोमल आहार

जब रोगी रोग-मुक्त होकर स्वास्थ्यलाभ करने लगता है तब उसे कुछ समय के लिए कोमल आहार पर रखा जाता है। एकाएक ठोस आहार देने से सम्भव है कि उसके पाचनतंत्र पर इसका बुरा असर पड़े या फिर ऐसे रोगी जो सामान्य आहार ग्रहण करने में किसी कारण वश, जैसे–दंत विकार या मुख में किसी प्रकार के विकार आदि, असमर्थ हो अथवा जो आमाशय या आंतों आदि की शल्यचिकित्सा के बाद सामान्य आहार को पचा

पाने में असमर्थ हो, कोमल आहार देने की व्यवस्था की जाती है।

खूब अच्छी तरह सिझाई गई खिचड़ी, दलिया, अच्छी तरह घुटी हुई दाल, आटा को उबाल कर बनाई गई रोटी, उबाले हुए फलों का गूदा, छेना, छेने से तैयार विभिन्न प्रकार के खाद्य पदार्थ, जैम, जेली, कस्टर्ड, अण्डे से तैयार विभिन्न तरह के खाद्य आहार, पके फल, जैसे—पका आम, केला, पपीता, खूब सिझाई गई सब्जियां, आलू, बैंगन, परवल आदि, जैसे—सब्जियों के चोखे आदि, जैसे कोमल आहार का प्रयोग सामान्यतः किया जाता है। आवश्यकतानुसार इसमें विभिन्न तत्वों की मात्रा घटा-बढ़ाकर इसके पौष्टिक मान को कम या ज्यादा किया जा सकता है।

E. न्यून कैलोरी युक्त आहार

ऐसा आहार, जिससे किसी व्यक्ति को मात्र उतनी ही कैलोरी प्राप्त होती है जितनी कैलोरी की आवश्यकता उसे अपने शरीर की न्यूनतम चयापचय दर को बनाए रखने के लिए आवश्यक होती है, न्यून कैलोरी युक्त आहार कहलाती है।

ऐसा आहार सामान्यतः मोटापा से पीड़ित व्यक्ति के लिए चिकित्सीय स्थिति में अनुशंसित किया जाता है। शरीर का वजन सामान्य से बहुत अधिक बढ़ना कई प्रकार की अन्य समस्याओं को जन्म देता है, जैसे—अपंग होना, हृदय रोग, रक्त चाप चढ़ना तथा मधुमेह आदि इनसे असामयिक मृत्यु भी हो सकती है। अतः निम्न कैलोरीयुक्त आहार मोटापे के अतिरिक्त, डायबिटीज, गुर्दे की बीमारी, हृदय से संबंधित बीमारी, उच्च रक्तचाप की स्थिति में, पित्ताशय की बीमारी में तथा सर्जरी के पूर्व दिया जाता है।

मोटापे के भोजन के आयोजन के सिद्धान्तों में मार्गदर्शक सिद्धांत यह है कि आहार ऐसे और इतना घटाया जाए कि व्यक्ति को कम कैलोरी मिले, जैसे—यदि किसी खास उम्र के सामान्य परिश्रम करने वाले व्यक्ति को यदि 2400 कैलोरी की आवश्यकता है तो एक उसी उम्र के मोटे व्यक्ति के लिए 1400 से 1600 कैलोरी ही देना चाहिए। कम परिश्रम की स्थिति में तो उसे मात्र 1200 कैलोरी ही देना चाहिए।

मोटे व्यक्ति के लिए प्रोटीन की आवश्यकता ऊतकों की मरम्मत के लिए होती है। वजन के प्रति किलोग्राम भार पर एक ग्राम प्रोटीन दिया जाना ही पर्याप्त होता है। वसा सांद्रित ऊर्जा का स्रोत है। अतः इस पर नियंत्रण आवश्यक है। उचित पोषण के लिए फैटी एसिड प्राप्त हो सके, इसके लिए वेजिटेबल वसा

(नारियल और पाम के अतिरिक्त) देना चाहिए। कार्बोहाइड्रेट का आधिक्य जिन स्टार्च वाले पदार्थों में हो, (जैसे—आलू, चावल आदि) उनके अतिरिक्त सभी हरी सब्जियां और फल खूब अधिक मात्रा में दी जा सकती है, क्योंकि ये कार्बोहाइड्रेट के स्रोत परिमाण में अधिक होने के कारण भूख की तुष्टि की भावना पैदा करते हैं और आंतों की क्रियाशीलता को नियंत्रित करते हैं। सब मिलाकर कार्बोहाइड्रेट का अंश 113 ग्राम और वसा का 30 ग्राम से अधिक नहीं होना चाहिए। लम्बे समय तक वसारहित भोजन करने से वसा में घुलनशील विटामिन 'ए' तथा 'डी' की कमी हो जाती है। अतः इनकी पूर्ति हेतु आयरन मल्टी विटामिन तथा कैल्शियम की गोलियां दी जानी जरूरी है।

मोटापे के आहार का आयोजन करते समय ऐसी स्थिति में वर्जित भोज्य पदार्थों की सूची निम्न प्रकार है—मीठे तथा तेल, घी में छने व्यंजन, कंदमूल, शक्कर, तेल, घी, मेवे, तेलयुक्त बीज, वसायुक्त पदार्थ आदि। मक्खन, घी, पनीर, चॉकलेट, मलाई, आइसक्रीम, आलू के चिप्स, आलू के अन्य व्यंजन आदि ये सब उच्च कार्बोहाइड्रेट युक्त पदार्थ होते हैं। उच्च कार्बोहाइड्रेट युक्त अन्य वर्जित भोज्य पदार्थ हैं—अनाज, कैंडी, केक, बिस्कुट, पेस्ट्री, पुडिंग, मक्का, सूखे फल, दाल, मटर, आलू, शकरकंद, शहद, गुड़, चाशनी, शक्कर, अल्कोहल, कोका कोला आदि। अनाजों की मात्रा भी कम करने की अनुशंसा की जाती है। शक्कर के बदले सैकरीन प्रयोग में लाया जा सकता है। आलू अकेले मोटापा नहीं बढ़ाता है, परन्तु तलने छानने से इसकी कैलोरी बढ़ जाती है। दही और हरी तरकारियां, जैसे—चुकन्दर, फूलगोभी, पत्तागोभी, खीरा, लौकी, बैंगन, हरी मिर्च, आदि का पूरा-पूरा प्रयोग करना चाहिए।

पोषण-शिक्षा एवं योजनाएं

पोषण-शिक्षा

शिक्षा के अन्तर्गत आहार के विभिन्न तत्वों के साथ-साथ पौष्टिक तत्वों के अध्ययन होते हैं, जिससे सामान्य जनता पोषक-स्तर को ऊँचा उठा सकती है। साथ ही उपलब्ध सस्ते खाद्य पदार्थों से भी व्यंजन बनाए जा सकते हैं। पोषण-सम्बन्धी जानकारी के अभाव से ही आर्थिक रूप से कमजोर लोग अपने बच्चों को ताकत की चीजें नहीं खिला सकते हैं जबकि मामूली-सी हरी पत्ती वाली सब्जियों द्वारा, पालक के थोड़े-से रस द्वारा तथा सस्ते फलों द्वारा ही बच्चों के पोषण-सम्बन्धी जरूरतों को पूरा कर सकते हैं तथा उन्हें रोगों से बचाकर ताकतवर बना सकते

हैं। पोषण-शिक्षा की जानकारी से सभी लोग (अमीर के साथ गरीब भी) अपने-आप स्वस्थ और हष्ट-पुष्ट रहकर, अपनी उत्तम कार्य क्षमता के साथ अपने कार्यों को पूरी प्रवीणता से कर सकते हैं। फलतः अपनी कार्य-कुशलता से अपने-अपने क्षेत्र में अधिक उत्पादन कर सकते हैं जिससे सम्पूर्ण समाज का समग्र एवं सघन आर्थिक विकास हो सकता है तथा सामाजिक स्तर ऊँचा हो सकता है। पोषण के प्रति जानकारी से तथा उसके उत्तम महत्व के ज्ञान से कई पश्चिमी देशों में लोग अपना स्वास्थ्य उत्तम स्थिति में रख सकने में समर्थ होते हैं जिससे उन्हें दीर्घ आयु मिलती है तथा वे कठिन से कठिन कार्य करने में सक्षम होते हैं।

विकसित देश, विकासशील देशों में जन-सामान्य को शिक्षित करने में उनके पोषण स्तर को ऊँचा उठाने में, गरीबी से उबारने में, उनकी पूरी सहायता कर रहे हैं। कई ऐसी संस्थाएं और योजनाएं भी इस दिशा में कार्यरत् हैं। पोषण-सम्बन्धी अज्ञानता के कारण अविकसित और विकासशील देशों में कुपोषण के लक्षण प्रायः गर्भवती महिलाओं और बच्चों में देखने को मिलते हैं। आम लोगों में फैला यह भयंकर कुपोषण लोगों की आर्थिक कमजोरी के अतिरिक्त, उनमें पोषण-सम्बन्धी आवश्यकताओं की अज्ञानता के कारण भी हैं और लोग विविध खाद्य-पदार्थों के वास्तविक पोषण मूल्यों से पूर्णतः अनभिज्ञ हैं, जिनका प्रयोग करना उनके लिए वरदान सिद्ध हो सकता है। उनमें व्याप्त बड़े पैमाने की अज्ञानता ही उनके अधिकांश कष्टों का कारण है जिसके निराकरण के लिए पोषण-सम्बन्धी शिक्षा का कार्यक्रम सुगम और व्यावहारिक बनाने की आवश्यकता है। इसमें स्थान-विशेष के लोगों की भोजन शैली, भोजन आदतों, परंपराओं का ध्यान रखना जरूरी है। साथ ही उसका, वहां के उपलब्ध साधनों तथा खाद्य-पदार्थों से अनुकूल होना भी आवश्यक है। पोषण-सम्बन्धी शिक्षा का घर-घर तक पहुँचाने का उद्देश्य पूरा होना जरूरी है। बचपन से ही पोषण-सम्बन्धी ज्ञान का समावेश बच्चे के स्कूली शिक्षा में पाठ्यक्रमों के माध्यम से किया जाना आवश्यक ही नहीं जरूरी है। युवा-युवतियों को भी कॉलेज और विश्वविद्यालय की शिक्षा के माध्यम से पोषण-विज्ञान के सिद्धान्तों की जानकारी देना आवश्यक है।

पोषण शिक्षा प्रसार

पोषण शिक्षा देने या प्रसार करने के निम्नलिखित माध्यम एवं तरीके हैं—पोषण विज्ञानियों की नियुक्ति, अन्य सेवाओं के लोगों को पोषण-शिक्षा से प्रशिक्षित करना, सरकारी और गैर-सरकारी पोषण कार्यक्रम, राष्ट्रीय और अंतर्राष्ट्रीय संस्थानों द्वारा ग्रामीण क्षेत्र के गरीब लोगों के पोषण स्तर को ऊँचा करने के प्रयास, पोषण-सम्बन्धी अनुसंधानशालाओं द्वारा चलाई गई कार्यशालाएं, पोषण-शिक्षण में प्रिन्टेड मिडिया (पम्पलेट, समाचार-पत्र, पत्र-पत्रिकाएं) का उपयोग, जनसंचार साधनों, जैसे—रेडियो, सिनेमा, टेलीविजन आदि द्वारा, जन-शिक्षण के कार्यक्रम का प्रदर्शन, डॉक्टरों और विशेषज्ञों की सहायता, पोषण-सम्बन्धी प्रदर्शनियों, सार्वजनिक स्थानों पर पोस्टरों को लगाकर उनके माध्यम से जन-जन तक पोषण-शिक्षा को पहुँचाना, युवक संगठन, महिला-मंडल जैसी समाजसेवी संस्थाओं आदि का सहयोग, व्यंजन बनाने के प्रदर्शन, पाठ्यक्रमों में इनकी मूलभूत जानकारी को शामिल करना आदि।

पोषण शिक्षा के प्रसार में एप्लाइड पोषण प्रोग्राम, पूरक आहार प्रोग्राम, स्कूल लंच प्रोग्राम, राष्ट्रीय गोचर कन्ट्रोल प्रोग्राम, विटामिन-A प्रोफाइलेक्टिक प्रोग्राम, आयरन और फोलेट वितरण प्रोग्राम, इण्टीग्रेटेड शिशु विकास प्रोग्राम, भारतीय जनसंख्या प्रोजेक्ट आदि कार्यक्रम सरकारी एवं गैर-सरकारी तौर पर चलाए जा रहे हैं। ये स्थानीय स्वयंसेवी संस्थाओं और सामाजिक कार्यकर्ताओं की मदद से चलाए जाते हैं। अन्तर्राष्ट्रीय एजेन्सियों द्वारा भी पोषण शिक्षा का प्रसार हो रहा है। जिसमें FAO, WHO, CARE, UNICEF तथा WFP आदि प्रमुख हैं। ये पौष्टिक आहारों को जरूरतमंद लोगों में वितरण करती हैं। इनके प्रयासों से ग्रामीण क्षेत्र के अशिक्षित और गरीब लोग पोषण के महत्व को समझने का प्रयास करने लगे हैं। पोषण-सम्बन्धी शिक्षा का प्रसार स्वास्थ्य केन्द्रों द्वारा अनुपूरक पौष्टिक आहार वितरण करते समय दिया जा रहा है तथा उसके महत्व को समझाया जा सकता है, क्योंकि निर्धारित दिनों पर, आस-पास के बड़े क्षेत्रों से आए बच्चों को पोषण के सम्बन्ध में जानकारी देने का अच्छा अवसर रहता है। चिकित्सक और विशेषज्ञ इस समय उन्हें आहार, पोषण से परिचित करा सकते हैं। पोषण द्वारा रोगों का उपचार, रोगावस्था में दिए जाने वाले आहार तथा पकाने में पोषक तत्वों की कमी का बचाव के उपाय भी बताए जा सकते हैं। साथ ही, इनका व्यावहारिक प्रदर्शन भी हो सकता है। इन्हीं माध्यमों से कुपोषित बच्चों की स्थिति, उनकी शारीरिक वृद्धि और क्षमताओं में कमी तथा कारणों के बारे में बीमारी में संतुलित आहार का अच्छा प्रभाव, अनुपूरक भोज्य पदार्थ से स्थिति में सुधार लाने से सम्बन्धित दृश्य को भी दर्शाया जा सकता है। खनिज और विटामिनों के महत्व को बताया जा सकता है। केन्द्र पर बाँटी जा रही खाने की वस्तुओं और

दवाओं को प्राप्त करने की उत्सुकता में और अपने रोगी बच्चों के इलाज पाने की आशा में लोग अधिक प्रयास और समय लगाकर बताई बातों को सुनने, समझने और उसे अपने कार्य-व्यवहार में उतारने के लिए तैयार हो जाते हैं।

पोषण-शिक्षा प्रसार का एक अच्छा साधन महिला-मंडल है। आजकल आयोजित किए जाने वाले आंगनबाड़ी कार्यक्रमों में महिलाएं एक स्थान पर एकत्रित होती हैं। उस समय भी एक अच्छा अवसर होता है महिलाओं को पोषण शिक्षा देने का। प्रायः घर का आहार प्रबन्ध महिलाओं के ही हाथ में होता है और नई शिक्षा पाने से उन्हें सस्ते और सहज उपलब्ध सामानों से पौष्टिक व्यंजन बनाना सिखाने से सम्पूर्ण समाज का लाभ होता है। इसी अवसर पर उन्हें पोषण विज्ञान के मूल सिद्धान्तों का सैद्धान्तिक और व्यवहारिक ज्ञान कराया जा सकता है। विभिन्न पदार्थों में मिलने वाले पोषक तत्वों की जानकारी देकर, महिलाओं के सहयोग से सम्पूर्ण समुदाय की आहार-सम्बन्धी आदतों को भी बदला जा सकता है।

पोषण-शिक्षा का प्रसार स्कूलों, पाठशालाओं, कॉलेजों के पाठ्यक्रम में पोषण विज्ञान के प्रारंभिक ज्ञान को रखकर आगत पीढ़ी को इसी समय जानकारी दी जा सकती है। पाठशालाओं एवं स्कूलों में वाटिका लगाकर सब्जियां उगाने में सफलता प्राप्त करके, बच्चे घरों में साग-सब्जी उगाने के लिए प्रेरित होते हैं। अन्य स्थलों और अन्य अवसरों पर जब जन-समुदाय एकत्र होते हैं, जैसे—मेला, झांकी आदि के समय पोषण शिक्षा के प्रसार का पूरा लाभ उठाया जा सकता है। प्रदर्शनी लगाकर भी पोषण का प्रसार किया जा सकता है।

पोषण विज्ञान के शिक्षण की विधियां

1. **प्रशिक्षित विशेषज्ञों द्वारा**—प्रशिक्षित विशेषज्ञों को तैयार करके पोषण शिक्षा का प्रसार हो सकता है।

2. **जन-सम्पर्क द्वारा**—सीधे सम्पर्क से या भाषण द्वारा भी पोषण शिक्षा को जन-जन तक पहुँचाया जा सकता है। कुछ करके दिखाना और दिखाकर समझाना ही मन-मस्तिष्क पर स्थायी छाप छोड़ता है, इसलिए व्यावहारिक प्रदर्शन स्थानीय संसाधनों के उपयोग पर आधारित होना जरूरी है। सेमिनार, वर्कशॉप आदि का आयोजन कर स्थानीय व देशव्यापी आहार-सम्बन्धी समस्याओं के पक्ष-विपक्ष में वाद-विवाद, तर्क-वितर्क तथा आपसी विचार-विमर्श हो सकता है। मिलजुल कर

समस्याओं का समाधान खोजा सकता है। विशेषज्ञों के अतिरिक्त स्थानीय सामाजिक कार्यकर्ताओं, जनप्रतिनिधियों, चिकित्सकों, शिक्षकों, नर्सों, केटरर्स, डायटीशियनों तथा अनुभवी व्यक्तियों को आमन्त्रित कर सम्पूर्ण समुदाय को पोषण-सम्बन्धी समस्याओं तथा उनके समाधान के तरीके खोजकर जन-जन तक पहुँचाया जा सकता है।

3. **चित्रमय प्रदर्शन द्वारा**—पोषण शिक्षा का प्रसार चित्रमय प्रदर्शन जैसे—चित्र स्लाइड, फिल्म स्ट्रीप्स आदि द्वारा किए जा सकते हैं।

4. **दृश्य साधन द्वारा**—दृश्य साधनों द्वारा, जैसे—पोस्टर्स, चार्ट, ग्राफ, विज्ञान द्वारा पोषण शिक्षा का प्रसार किया जा सकता है, जिसमें पोषक तत्वों के महत्व, विभिन्न खाद्यों में उसकी मात्रा, अलग-अलग लोगों के लिए उनकी आवश्यकता तथा पोषक तत्वों के अभावों में होने वाले कष्टों को चित्रित करके, सबको देखने के लिए सार्वजनिक स्थानों पर उसे लगाया जा सकता है।

5. **पम्पलेटों, समाचार-पत्रों तथा पत्रिकाओं में छपाई द्वारा**—पोषण शिक्षा प्रदान करने के लिए पम्पलेटों, समाचार-पत्रों तथा पत्रिकाओं में छपाई द्वारा शहरी एवं साक्षर लोगों को सुविधा प्रदान की जा रही है। ये सभी साधन सैद्धांतिक शिक्षा प्रदान करने के सर्वश्रेष्ठ साधन हैं।

6. **फिल्मों, टेलीविजनों तथा रेडियो द्वारा**—पोषण शिक्षा का प्रसार फिल्मों, टेलीविजनों तथा रेडियो द्वारा बड़ी सफलतापूर्वक किए जाते हैं। सहज उपलब्ध सस्ते साधनों से पौष्टिक व्यंजन बनाकर दिखाने के ये अच्छे माध्यम होते हैं। छोटे बच्चों के लिए पौष्टिक आहार बनाकर इनके प्रोग्राम दिखाए जाते हैं। साथ ही सम्पूर्ण परिवार को पौष्टिक भोजन प्रदान करने के तरीकों पर विशेषज्ञों से उनकी बातचीत भी आयोजित की जाती है। गृह वाटिका आदि लगाने का तरीका सिखाने के लिए कई गृहणियों द्वारा सफलतापूर्वक गृह-वाटिका लगाने और ताजी-ताजी सब्जियां प्राप्त करने के आकर्षक प्रदर्शन के साथ-साथ जानकारी देकर सभी को प्रभावित और प्रेरित किया जाता है। इसी तरह के अनेकानेक कार्यक्रम टेलीविजन, रेडियो के माध्यम से जन-जन तक पहुँचाए जाते हैं जिनका पोषण महत्व होता है। पोषण शिक्षा प्रसार के ये सर्वश्रेष्ठ साधन हैं।

7. **पाठ्यक्रमों में पोषण शिक्षा को स्थान देकर**—स्कूलों, कॉलेजों के पाठ्यक्रमों में पोषण विज्ञान को प्रारंभिक स्थान देकर

पोषण-शिक्षा प्रसार किए जा सकते हैं, जिससे बच्चे एवं युवा पीढ़ी शुरू से ही इन सभी बातों की जानकारी प्राप्त कर ले सकते हैं।

8. **विभिन्न संस्थाओं और उनके कार्यक्रमों द्वारा**—पोषण शिक्षा का प्रसार विभिन्न संस्थाओं और उनके कार्यक्रमों द्वारा भी हो सकता है। राष्ट्रीय और अन्तर्राष्ट्रीय संस्थाएं इन कार्यक्रमों को जन-जन तक पहुँचा सकती हैं। स्वयं-सेवी संस्थाओं के अतिरिक्त एप्लाइड पोषण-प्रोग्राम, पूरक आहार प्रोग्राम, स्कूल लंच प्रोग्राम कार्यक्रम भी लोगों तक पोषण शिक्षा का प्रसार कर रहे हैं। W.H.O., F.A.O., C.A.R.E., U.N.I.C.E.F. जैसी अन्तर्राष्ट्रीय संस्थाएं, लोगों के स्वास्थ्य-स्तर और पोषण-स्तर को ऊँचा उठाने के लिए कार्यक्रम चला रही हैं। लोगों में पौष्टिक भोजन वितरित करते समय, ये सभी संस्थाएं और उनके कार्यक्रम, उन्हें पोषण-शिक्षा की जानकारी देते हैं। समेकित बाल विकास कार्यक्रम के अन्तर्गत कार्यरत महिला मंडल एवं महिला संगठन का इस संदर्भ में योगदान सराहनीय है।

9. **प्रसार शिक्षा के साथ संलग्न करके**—प्रसार शिक्षा के साथ संलग्न करके भी पोषण शिक्षा घर-घर तक पहुँचायी जाती है।

10. **पोषण-सम्बन्धी सर्वेक्षण एवं अनुसंधान द्वारा**—पोषण शिक्षा के प्रसार के लिए पोषण सम्बन्धी सर्वेक्षण जरूरी है जिससे स्थानीय पोषण स्तर की जानकारी होती है। इसमें आहार के नमूने, सामाजिक एवं आर्थिक स्थिति, अन्ध-विश्वास, रूढ़िवादिता, परम्पराएं, घटनाएं, आस्थाएं, भ्रान्तियों का अध्ययन करके पोषण स्तर पर इसके प्रभाव की जानकारी प्राप्त की जाती है। स्थानीय कठिनाइयों के अनुरूप कुछ पूरक आहारों को वितरित करने से पोषण शिक्षा के प्रसार में मदद मिलती है। लोग अनायास सीखने-समझने को राजी हो जाते हैं। स्कूलों में आहार प्रोग्राम के समय अभिभावकों को बुलाकर पोषण शिक्षा दिए जा सकते हैं।

योजनाएँ

1. **ग्रामीण महिला शिशु विकास कार्यक्रम (DWCRA)**— ग्रामीण महिला शिशु विकास कार्यक्रम का अंग्रेजी में संक्षिप्त नाम DWCRA तथा हिन्दी में संक्षिप्त नाम ग्राम शिविका है। यह ग्रामीण परिवेश में रहने वाली तथा गरीबी रेखा के नीचे बसर कर रही महिलाओं तथा बच्चों के आर्थिक एवं सामाजिक विकास के निमित्त एक विशेष कार्यक्रम है। यह समेकित ग्रामीण विकास कार्यक्रम की एक उपयोजना के अंतर्गत सितम्बर, 1982 ई. में आरम्भ किया गया जिसका मुख्य लक्ष्य महिलाओं को स्वरोजगार के साधन उपलब्ध कराना है ताकि उनकी आय में वृद्धि हो जिससे उनके बच्चों का विकास अच्छी तरह से हो सके। महिला की आय बच्चों को पौष्टिक आहार देने तथा शिक्षा की सुविधा जुटाने में सहायक होती है।

ग्रामीण महिला शिशु (बाल) विकास कार्यक्रम के उद्देश्य— महिलाओं को पारिवारिक आय बढ़ाने के अवसर प्रदान करके उनके परिवार खास करके बच्चों की आर्थिक एवं पोषकीय स्थिति में सुधार लाना ग्रामीण महिला शिशु विकास कार्यक्रम का उद्देश्य है। इसी क्रम में विभिन्न विभागों के प्रयासों द्वारा समेकित बाल विकास सेवा (ICDS) उपलब्ध कराई जाती है। महिलाओं को चुने हुए व्यवसायों में प्रशिक्षण दिया जाता है। इसके बाद उन्हें ऋण तथा अनुदान द्वारा अधिक उत्पादन उन्मुख परिसंम्पत्ति पर पूंजी निवेशित करने के लिए प्रेरित किया जाता है जिससे वे अपने प्रशिक्षण का लाभ उठाकर अपनी आय में वृद्धि कर सकें।

ग्राम शिविका में चयन का आधार—ग्राम शिविका गरीबी रेखा से नीचे जीवन-यापन कर रही महिलाओं के लिए चलाया गया कार्यक्रम है। इसके चयन का आधार समेकित ग्रामीण विकास कार्यक्रम के समान वैसे परिवारों का चयन करना होता है जिसकी वार्षिक आय 4800 रुपये से कम होती है। इन चयनित परिवारों की महिलाओं को समूह के रूप में गठित किया जाता है। प्रत्येक समूह किसी व्यवसाय का चयन कर लेता है। अधिक शिशु मृत्युदर जैसे परिवारों वाले जिलों का चयन करने में प्राथमिकता दी जाती है। क्षेत्र का पिछड़ापन, अनुसूचित जाति/अनुसूचित जनजाति की संख्या, महिलाओं में निरक्षरता, जनसंख्या वृद्धि दर, शादी होने की कम उम्र वाले क्षेत्र चयन के अन्य आधार होते हैं। चयनित जिलों के प्रत्येक प्रखण्ड में 30 समूह गठित किए जाते हैं। ये 30 समूह प्रखण्ड की प्रत्येक पंचायत 6-6 समूह के हिसाब से 5 चयनित पंचायतों में गठित होते हैं। प्रत्येक समूह में 15-20 महिलाएं होती हैं। पंचायत का चयन पंचायत में अनुसूचित जाति/जनजाति की संख्या, बाजार

की उपलब्धता, दुग्ध उत्पादक सहकारी समिति आदि के साथ समन्वय, समेकित बाल विकास सेवा के साथ समन्वय को देखते हुए किया जाता है। प्राथमिकता के आधार पर हरिजन महिलाओं का चयन भी किया जाता है।

ग्रामशिविका का प्रशासनिक ढाँचा–ग्रामशिविका का क्रियान्वन राज्य सरकारों द्वारा यूनिसेफ के सहयोग से किया जाता है। इसके अन्तर्गत राज्य स्तर पर परियोजना निदेशक का पद सृजित है, जिसके पदाधिकारी भारतीय प्रशासनिक सेवा (IAS) के वरीय वेतनमान के पदाधिकारी होते हैं। जिला स्तर पर जिला विकास अभिकरण में सहायक परियोजना पदाधिकारी का पद सृजित है जिस पर प्रशासनिक सेवा के पदाधिकारी पदस्थापित किए जाते हैं। प्रखण्ड स्तर पर ग्राम शिविका का दो पद सृजित किया गया है, जिसका वेतन यूनिसेफ द्वारा दिया जाता है। इसी प्रकार परियोजना पदाधिकारी एवं परियोजना निदेशक का वेतन भी यूनिसेफ द्वारा दिया जाता है।

ग्रामशिविका हेतु प्रशिक्षण–ग्राम शिविका की नीति विषयक मार्गदर्शिका के सम्बन्ध में कर्मचारियों को कार्यक्रम की जानकारी देने के लिए उन्हें प्रशिक्षण दिया जाता है। प्रत्येक स्तर के कर्मचारियों के निमित्त प्रशिक्षण प्रक्रियाओं के लिए मानक सुनिश्चित करने हेतु व्यापक प्रशिक्षण मैनुअल का संकलन तैयार किया गया है। राष्ट्रीय ग्रामीण विकास संस्थान हैदराबाद अपने परिसर में प्रशिक्षण कार्यक्रम चलाता है। प्रशिक्षण कार्यक्रम राज्यों के ग्रामीण विकास संस्थाओं में ही आयोजित किया जाता है।

बाल विकास एवं मातृ शिशु स्वास्थ्य तथा पोषण के सम्बन्ध में भी प्रशिक्षण दिए जाते हैं। सभी महिला कार्यकर्ताओं को प्रत्येक वर्ष एक बार प्रशिक्षण प्राप्त करना आवश्यक होता है।

ग्राम शिविका का अन्य विभागों के साथ समन्वय–महिलाओं तथा बच्चों के सभी कार्यक्रम में उचित समन्वय के लिए राज्य सरकार द्वारा अन्य कार्यक्रमों के अधिकारियों के साथ सम्पर्क बनाने हेतु राज्य, जिला, प्रखण्ड स्तर पर समन्वय समितियां गठित करने की सलाह दी गई है ताकि ग्राम शिविका, समेकित बाल विकास सेवा राष्ट्रीय साक्षरता मिशन, मां तथा शिशु की देखभाल आदि जैसे कार्यक्रमों के लाभों का आपसी आदान-प्रदान किया जा सके। अनेक राज्यों में समेकित बाल विकास सेवा की परियोजनाएं समन्वित रूप से चलाई जा रही है।

2. समेकित बाल विकास सेवा (ICDS)

समेकित बाल विकास सेवा भारत सरकार द्वारा अपने बच्चों को उपहार-स्वरूप दी गई एक अनूठी योजना है। यह स्कूल पूर्व बच्चों और उनकी माताओं को जीवित रहने की दर बढ़ाने और उन्हें स्वास्थ्य, पौष्टिक आहार तथा सीखने के अवसर प्रदान करने वाली एक महत्वाकांक्षी योजना है। सामाजिक विकास की योजना बनाने वालों के लिए शिशुओं और बच्चों की मृत्यु-दर तथा रोग-दर में कमी लाना इसके महत्वपूर्ण कार्य हैं। बच्चों के भावी विकास के लिए तथा बहुत छोटे बच्चे हेतु आवश्यक सेवाओं के संगठन के महत्व को समझकर इसकी आधारशिला रखी गई है। इसकी स्थापना 2 अक्टूबर, 1975 ई. को की गई।

भारत में सर्वप्रथम 33 परियोजनाएं आरम्भ की गई थीं। यह भारत सरकार द्वारा बनाई गई राष्ट्रीय बाल-नीति के उद्देश्य की पूर्ति की दिशा में एक महत्वपूर्ण योगदान है। 33 परियोजनाओं में से 18 परियोजनाएं ग्रामीण खण्डों में, 11 आदिवासी खण्डों में तथा 4 झुग्गी-झोपड़ी वाले क्षेत्रों में आरंभ की गई थीं।

समेकित बाल विकास सेवा के उद्देश्य–समेकित बाल विकास सेवा के निम्नलिखित उद्देश्य हैं–

➤ एक से छः वर्ष तक के बच्चों और गर्भवती महिलाओं के आहार एवं स्वास्थ्य में सुधार लाना।

➤ बच्चों के उचित मनोवैज्ञानिक, शारीरिक और सामाजिक विकास की नींव रखना।

➤ मृत्यु, रोग, कुपोषण और स्कूल छोड़ देने की प्रवृति को कम करना।

➤ बाल विकास को बढ़ावा देने के लिए विभिन्न विभागों की नीति हौर कार्यों में प्रभावी सामंजस्य स्थापित करना।

➤ पोषण एवं स्वास्थ्य शिक्षा द्वारा माताओं में बच्चों की स्वास्थ्य और पोषण सम्बन्धी सामान्य आवश्यकताओं की पूर्ति करने की क्षमता में वृद्धि करना।

समेकित बाल विकास सेवा के कार्यक्रम–समेकित बाल विकास सेवा के अन्तर्गत छः वर्ष तक के बच्चों तथा गर्भवती महिलाओं के लिए निम्नलिखित सेवाएं उपलब्ध हैं।

1. **सहायक पोषाहार**–कम आय वाले परिवारों की गर्भवती महिलाओं पर दूध पिलाने वाली माताओं को अतिरिक्त पोषाहार प्रदान किए जाते हैं। यह प्रयास किया जाता है कि स्थानीय उपलब्ध खाद्य-सामग्री का ही उपयोग हो तथा एक वर्ष से कम आयु के बच्चों को लगभग 200 कैलोरी, 10 ग्राम प्रोटीन, एक से छः वर्षों के बच्चों को लगभग 300 कैलोरी, 10-12 ग्राम प्रोटीन तथा गर्भवती महिलाओं और धातृमाताओं को 500 कैलोरी तथा 25

ग्राम प्रोटीन युक्त अतिरिक्त आहार सुलभ कराया जाए। यह वर्ष में 300 दिन दिया जाता है। गम्भीर रूप से कुपोषित बच्चों को विशेष आहार दिया जाता है। आहार में विभिन्न प्रकार के अनाजों का मिश्रण, दाल, सब्जियां, तेल और चीनी रहते हैं। कुछ केन्द्रों में तुरन्त खाने के लिए तैयार भोजन दिए जाते हैं। कुपोषित बच्चों को अन्य बच्चों से दोगुना भोजन दिए जाते हैं। छोटे बच्चों को हर छठे महीने विटामिन A की बहुत बड़ी खुराक दी जाती है। रक्ताल्पता नियंत्रण कार्यक्रम के अन्तर्गत खून की कमी वाले बच्चों को वर्ष में एक बार 100 दिनों तक लगातार लौह-लवण की गोलियां खिलाई जाती हैं।

2. **पोषाहार एवं स्वास्थ्य शिक्षा**–सभी महिलाओं को पोषाहार एवं स्वास्थ्य सम्बन्धी शिक्षा दी जाती है। गर्भवती महिलाओं एवं धातृमाताओं को इनमें प्राथमिकता दी जाती है। पोषण एवं स्वास्थ्य सम्बन्धी शिक्षा देने के लिए गांवों में विभिन्न पाठ्यक्रम आयोजित किए जाते हैं। इसके लिए आंगनबाड़ी केन्द्र स्थापित किए गए हैं, जो विशेष कार्यकर्ता द्वारा सभी पोषाहार एवं स्वास्थ्य शिक्षा की जानकारी प्रदान करवाते हैं।

3. **रोग निरोधन**–आंगनबाड़ी केन्द्र के अन्तर्गत आने वाले बच्चों को छः जानलेवा बीमारियों से बचाने के लिए टीका लगाए जाते हैं। गलघोंटू, काली खांसी, टिटनेस, पोलियो, खसरा तथा तपेदिक-जानलेवा बीमारियां हैं। गर्भवती महिलाओं को टिटनेस टॉक्साइड के दो इंजेक्शन लगाए जाते हैं। महिलाओं को प्रसव पूर्व एवं प्रसवोपरांत देखभाल की शिक्षा दी जाती है। गर्भवती महिलाओं को प्रोटीन बहुल आहार के अतिरिक्त लौह लवण एवं फोलिक अम्ल की गोलियां भी दी जाती है। उस अवधि में चार बार उनका स्वास्थ्य परीक्षण होता है। छः से आठ सप्ताह बाद मां को प्रसवोपरांत परीक्षण के लिए स्वास्थ्य केन्द्र आने के लिए प्रेरित किया जाता है। गाँवों में एक दो बार घर जाकर मां के स्वास्थ्य आदि की देखभाल की जाती है।

4. **स्वास्थ्य परीक्षण**–आंगनबाड़ी में उपकेन्द्र से आई हुई नर्स और प्राथमिक स्वास्थ्य केन्द्र के चिकित्सक सभी बच्चों का स्वास्थ्य परीक्षण करते हैं तथा उनका इलाज करते हैं। आंगनबाड़ी कार्यकर्ता भी अतिसार होने पर उसकी चिकित्सा के बारे में उचित सलाह देती हैं और ओरल रिहाइड्रेशन साल्ट के घोल तैयार करके बच्चों की चिकित्सा करना सिखाती है।

5. **विशेषज्ञ सुविधाएं**–समेकित बाल विकास सेवा के अन्तर्गत प्राथमिक स्वास्थ्य केन्द्रों तथा शहरी स्वास्थ्य प्रणाली के चिकित्सकों और नर्सों की स्वास्थ्य टोली स्वास्थ्य सुविधाएँ प्रदान करती हैं। गम्भीर मामलों को अस्पतालों और अन्य संस्थानों में भेजने की भी व्यवस्था होती है। बच्चों के स्वास्थ्य का विवरण कार्डों पर दर्ज किया जाता है। माताओं को शिक्षित करने और बच्चे के स्वास्थ्य विकास में उनकी रुचि बनाए रखने के लिए उन्हें भी एक कार्ड दिया जाता है। इसी प्रकार गर्भवती महिलाओं का विवरण भी एक कार्ड पर लिखे जाते हैं जो प्रसवपूर्ण देखभाल करने में सहायक होता है।

6. **शालापूर्व शिक्षा**–तीन से छः वर्ष की उम्र के बच्चों को अनौपचारिक ढंग से कई प्रकार की बातें सीखने के लिए आंगनबाड़ी सेविका खेल-खेल में शिक्षा देने की विधि की जानकारी देती है।

3. आँगनबाड़ी

आँगनबाड़ी वैसा केन्द्र है जिसमें समेकित बाल विकास सेवा योजना की समस्त सेवाएं उपलब्ध कराई जाती हैं। बच्चों की देखभाल के लिए उस केन्द्र की स्थापना गांव या गन्दी बस्ती में किए जाते हैं। ये केन्द्र आँगनबाड़ी कार्यकर्ता चलाती है। दिन में कार्यकर्ता गांव के अलग-अलग घरों में जाकर वहां बच्चों और विशेषरूप से महिलाओं को पोषाहार एवं स्वास्थ्य के विषय में बताती हैं तथा उन्हें केन्द्र से मिलने वाली सेवाओं से लाभ उठाने के लिए प्रेरित करती हैं। इसके अतिरिक्त आँगनबाड़ी कार्यकर्ता नियमित रूप से माताओं की बैठकें बुलाती हैं, जिसमें 15 से 45 वर्ष की उम्र की महिलाएं भाग लेती हैं। इसमें बच्चे और माँ की देखभाल के विभिन्न विषयों की चर्चा की जाती है तथा उनके विषय में सिखाया जाता है।

गाँव या शहर में प्रति एक हजार जनसंख्या पर तथा आदिवासी क्षेत्र में प्रति सात सौ जनसंख्या पर एक आँगनबाड़ी बाल कल्याण केन्द्र होता है। इसमें छः वर्ष से कम उम्र के बच्चों और गर्भवती महिलाओं तथा धातृमाताओं को पूरक पौष्टिक आहार देने की व्यवस्था के साथ-साथ बच्चों को स्कूल पूर्व शिक्षा देने की व्यवस्था होती है।

आँगनबाड़ी का प्रशासनिक ढाँचा–अपने प्रयासों में आँगनबाड़ी कार्यकर्ता को परियोजना स्तर पर कार्यकर्ताओं की टोली का सहयोग मिलता है, जिसमें पर्यवेक्षक तथा बाल विकास परियोजना अधिकारी होते हैं। कुछ बड़ी परियोजनाओं में बाल विकास परियोजना अधिकारियों की सहायता के लिए सहायक बाल विकास परियोजना अधिकारी भी होते हैं।

स्वास्थ्य के विषय में प्राथमिक स्वास्थ्य केन्द्र के चिकित्सकों, स्वास्थ्य कार्यकर्ताओं और पर्यवेक्षक की एक टोली इन परियोजना क्षेत्रों की समेकित बाल विकास सेवा की टोली को अपना सहयोग और समर्थन देती है।

आँगनबाड़ी कार्यकर्ता इन दो प्रणालियों की सबसे आगे रहने वाली कार्यकर्ता होती है और अपने कार्यक्षेत्र के गाँव में रहती है। यह सामान्य पढ़ी-लिखी होती है और विशेष प्रशिक्षण संस्थाओं में उसे गांव में मां और बच्चे की देखभाल करने की विशेष शिक्षा दी जाती है।

एक पर्यवेक्षिका पर 17 से 25 आँगनबाड़ी केन्द्रों की जिम्मेदारी होती है। वह आँगनबाड़ी कार्यकर्ताओं के कामकाज की देखभाल करती है और उनकी मित्र, विचारक और मार्ग दर्शक के रूप में कार्य करती है। साथ ही रिकार्ड रखने, सभी घरों में जाने तथा महिलाओं की बैठकें आदि बुलाने में उन्हें सहायता देती है।

बाल विकास परियोजना अधिकारी समेकित बाल विकास सेवा की कार्यकर्ताओं और सरकारी प्रशासन के बीच कड़ी का कार्य करते हैं। आँगनबाड़ी कार्यकर्ता (सेविका) प्रायः आठवीं या दसवीं उत्तीर्ण होती है। उसे किसी प्रशिक्षण क्षेत्र में तीन महीने का बुनियादी प्रशिक्षण दिया जाता है। इसके अतिरिक्त उसे ICDS परियोजना स्तर के तथा स्वास्थ्य कर्मचारी नियमित मासिक शिक्षा भी देते हैं। समय-समय पर प्रत्यास्मरण पाठ्यक्रम भी चलाए जाते हैं।

पर्यवेक्षिका सामाजिक विज्ञान, गृहविज्ञान, मनोविज्ञान विषयों में स्नातक होती हैं। उन्हें दो महीने की अवधि का सेवापूर्व प्रशिक्षण दिया जाता है। बाल विकास परियोजना पदाधिकारी को जन सहयोग और बाल विकास का राष्ट्रीय संस्थान के बंगलौर, गुवाहाटी, लखनऊ स्थित तीन क्षेत्रीय केन्द्रों में किसी एक में अपने कार्य का प्रशिक्षण दिया जाता है।

आँगनबाड़ी कार्यकर्ता हर महीने कार्यक्रम का अनुश्रवण करती है। उन रिपोर्टों का उपयोग परियोजना, जिला, राज्य और राष्ट्रीय स्तरों पर कार्यक्रम की विवेचना करने और उसमें समुचित परिवर्तन करने के लिए किया जाता है।

बाल विकास एवं पोषण के क्षेत्र में कार्यरत् संयुक्त राष्ट्र संघ के विभिन्न संगठन

बाल विकास एवं पोषण के क्षेत्र में कार्यरत् संयुक्त राष्ट्र संघ के विभिन्न संगठन निम्नलिखित हैं–

संयुक्त राष्ट्र संघ शिशु निधि (UNICEF)

पहले यह संयुक्त राष्ट्र अन्तर्राष्ट्रीय शिशु आपात्काल निधि (United Nations International Childrens Emergency Fund या UNICEF) कहलाता था। द्वितीय महायुद्ध के बाद असंख्य बेघर, भूखे, कुपोषित बच्चे के कल्याण हेतु आपात्कालीन स्थिति में यह संगठन बना था, किन्तु अब भी अंग्रेजी में UNICEF का ही व्यवहार होता है।

UNICEF की स्थापना–संयुक्त राष्ट्र संघ की महासभा द्वारा सन् 1946 में इसकी स्थापना हुई। उसके बाद से यह बच्चों के लिए निरंतर कार्यरत् है।

UNICEF के उद्देश्य–यूनिसेफ बच्चों के सर्वांगीण विकास सम्बन्धी कार्य करता है। यह बच्चों की स्वास्थ्य शिक्षा एवं पोषण-सम्बन्धी आवश्यकताएं पूरी करता है। यह सभी विकासशील देशों की जनता तथा सरकार को अपनी सहायता आप करने में सहायता देता है। साथ ही लोगों को अपने पैरों पर खड़े होने में सहायता पहुँचाता है। यह उन देशों तथा उन लोगों की तरफ हाथ बढ़ाता है जो सारी सुख-सम्पदा बच्चों के लिए अर्थात् बाल-विकास में देने के लिए तत्पर रहते हैं। यह विभिन्न देशों के बच्चों के विकास सम्बन्धी परियोजनाएं बनाने में सहायता देता है और आर्थिक सहायता, आवश्यक सामान तथा उपकरण भी प्रदान करता है।

यूनिसेफ के कार्यक्रम–यूनिसेफ के निम्नलिखित कार्यक्रम हैं–

➤ मातृ एवं शिशु स्वास्थ्य हेतु स्वास्थ्य सेवाएं प्रदान करना तथा इसके सम्बन्ध में प्रशिक्षण देना।

➤ मलेरिया, क्षय, कोढ़ आदि जैसे रोगों से प्रभावित बच्चों के रोगों पर नियंत्रण करना।

➤ दुग्ध चूर्ण वितरण के अतिरिक्त पोषण के क्षेत्र में अन्य कार्य करना।

➤ बच्चों के लिए सेवा योजनाएं स्थापित कर चलाना।

➤ भूकम्प, बाढ़ आदि प्राकृतिक प्रकोपों के समय तथा युद्धों के समय माताओं एवं बच्चों को आपातुकालीन सहायता प्रदान करना।

भारत में यूनिसेफ के कार्य

भारत में यूनिसेफ मई 1949 ई. से कार्यरतु है। सर्वप्रथम 1949 ई. में ही दुग्ध चूर्ण का वितरण इसके द्वारा हुआ था। उसके बाद भारत सरकार के स्वास्थ्य मंत्रालय तथा विश्व स्वास्थ्य संगठन की सहायता से यूनिसेफ द्वारा निम्नलिखित कार्य किए गए हैं–

1. **प्रशिक्षण कार्यक्रम**–सर्वप्रथम यूनिसेफ द्वारा ऑल इंडिया इन्स्टीट्यूट ऑफ पब्लिक हेल्थ एण्ड हाइजिन (AIIPHH), कलकत्ता को मातृ एवं शिशु स्वास्थ्य केन्द्र खोलने हेतु आर्थिक अनुदान प्रदान किया गया। उसके बाद देश के कई राज्यों के चिकित्सा महाविद्यालयों एवं शिशु रोग विभागों के अन्तर्गत चिकित्सकों, नर्सों को प्रशिक्षण सुविधाएं तथा छात्रवृत्तियाँ दी गईं तथा अब भी यह कार्य जारी है।

2. **मातृ एवं शिशु कल्याण तथा ग्रामीण स्वास्थ्य सेवा**–यूनिसेफ द्वारा तीन हजार से अधिक मातृ एवं शिशु कल्याण केन्द्र आरम्भ करने में आर्थिक सहायता प्रदान किए गए। साथ ही ग्रामीण स्वच्छता एवं शुद्ध पेय जल की प्राप्ति के क्षेत्र में भी अनेक कार्य हुए तथा हो भी रहे हैं।

3. **स्वास्थ्य सेवा**–यूनिसेफ द्वारा निम्नलिखित स्वास्थ्य सेवाएं विभिन्न रोगों के निदान के लिए प्रदान किए गए हैं।

   (a) मलेरिया-उन्मूलन,

   (b) क्षय रोग नियंत्रण,

   (c) कोढ़ उन्मूलन,

   (d) ट्रेकोमा नियंत्रण,

   (e) घेघा रोग उन्मूलन,

   (f) पेनिसिलीन का उत्पादन,

   (g) चेचक का उन्मूलन तथा

   (h) ट्रिपल वेक्सिन उत्पादन।

क्षय रोग उन्मूलन के लिए यूनिसेफ द्वारा भारत को सर्वाधिक मात्रा में बी.सी.जी. वेक्सिन उपकरण तथा वाहन प्राप्त हुए। चेन्नई में बी.सी.सी.जी. प्रयोगशाला स्थापित की गई, जहां लोगों

को प्रशिक्षित भी किए गए तथा प्रशिक्षित करना जारी भी है। कोढ़ उन्मूलन के लिए ड्रेप्टसोन टेबलेट, उपकरण एवं वाहन दिए गए। ट्रेकोमा निदान के लिए पंजाब, गुजरात, राजस्थान प्रान्तों को आर्थिक सहायता सहित अन्य सहायता दिए गए। घेघा नियंत्रण में राजस्थान में आयोडाइजेशन प्लांट की स्थापना कर आयोडीनयुक्त नमक का वितरण कराए गए तथा अब भी इसका वितरण जारी है। पूना के निकट पिम्परी में पेनिसिलीन एन्टीबायोटिक उत्पादन केन्द्र आरम्भ करवाए गए। चेचक उन्मूलन के अन्तर्गत पतवाड़ा नगर, उत्तर प्रदेश, गिडी, चेन्नई आदि स्थानों पर स्माल पॉक्स वेक्सिन प्रयोगशालाएं स्थापित की गईं। कसौली में त्रिगुण प्रतिजन अर्थातु डिफ्थीरिया, काली खांसी तथा टेटनस के टीके उत्पादन का केन्द्र स्थापित हुए।

4. **पाकु व्यावसायिक प्रशिक्षण एवं सेवा पूर्व प्रशिक्षण**–यूनिसेफ द्वारा भारत में युवा वर्ग को तकनीकी शिक्षा देने के लिए पाकु व्यावसायिक प्रशिक्षण तथा सेवा पूर्व प्रशिक्षण का प्रबन्ध किया गया।

5. **अपंग बच्चों की सहायता**–यूनिसेफ द्वारा अपंग बच्चों के लिए मुम्बई में (All India Institute of Medicine and Rehabilitation (AIIMR) तथा देहरादून के राष्ट्रीय संस्थान में नेत्रहीनों के उपकरण तथा स्कूलों में बेले प्रिंटिंग प्रेस खोले गए।

6. **पोषण सम्बन्धी कार्यक्रम**–पोषण के क्षेत्र में यूनिसेफ द्वारा सर्वप्रथम भारत में बालकों के बीच दुग्धचूर्ण वितरण कार्य किए गए। व्यावहारिक पोषाहार कार्यक्रम के अन्तर्गत भारत सरकार को सहायतार्थ उपज सम्बन्धी या औजार, पम्प, अन्य उपकरण, उत्तम बीज, मछली उत्पादन में सहायता, मुर्गी पालन में सहायता प्रदान किए गए। मुम्बई, कोलकाता, अहमदाबाद, राजकोट आदि स्थानों में दूध की डेयरियों की स्थापना की गई। मुम्बई तथा कोयम्बटूर में 'प्रोटीन बाल आहार' उत्पादन केन्द्र खोले गए।

कुपोषण दूर करने के लिए समय-समय पर प्रशिक्षण कार्यक्रम, पोषण-सम्बन्धी कार्यक्रम, विचार गोष्ठी, फिल्म प्रदर्शनियों के आयोजन किए गए। नवजात शिशुओं, गर्भवती महिलाओं, धातृमाताओं के बीच निःशुल्क दूध का वितरण ग्रामों के सामुदायिक विकास केन्द्रों के माध्यम से करवाये गए।

7. **परिवार कल्याण**–परिवार नियोजन कार्यक्रम को अधिक सफल बनाने के लिए यूनिसेफ द्वारा चौथी पंचवर्षीय

योजना के समय बिहार तथा उत्तरप्रदेश को सहायता प्रदान किए गए। साथ ही आक्सिलरी नर्स, मिडवाइफ (ANM) तथा निरीक्षण कर्मचारियों की संख्या में वृद्धि की गई और उन्हें प्रशिक्षित करवाया गया।

8. **स्वच्छ पेय जल आपूर्ति**–यूनिसेफ द्वारा पथरीली भूमि वाले क्षेत्रों में वहां के निवासियों के लिए बोरिंग द्वारा स्थान-स्थान पर हैंड पम्प लगवाकर स्वच्छ पेय जल की आपूर्ति कराई गई।

विश्व स्वास्थ संगठन (WHO)

स्थापना–विश्व स्वास्थ्य संगठन की स्थापना 7 अप्रैल, 1948 ई. को न्यूयार्क में हुई। इसलिए प्रति वर्ष 7 अप्रैल को 'विश्व स्वास्थ्य दिवस' मनाया जाता है। प्रति वर्ष एक नया नारा होता है जो जनस्वास्थ्य की किसी चयनित समस्या के निदान को लक्ष्य करके बनाया जाता है।

उद्देश्य–विश्व के स्वास्थ्य के क्षेत्र में सहायता का आग्रह करने वाले विभिन्न देशों को सुझाव एवं सहायता प्रदान करना इसका मुख्य उद्देश्य है।

क्षेत्र–विश्व स्वास्थ्य संगठन के छः क्षेत्रीय संगठन निम्नलिखित हैं–

क्षेत्र	मुख्यालय
1. दक्षिण-पूर्वी एशिया	दिल्ली (भारत)
2. अफ्रीका	बाजाविल (कांगो)
3. अमरीका	वाशिंगटन डी.सी. (यू.एस.ए.)
4. यूरोप	कोपेनहेगन (डेनमार्क)
5. पूर्वी मेडिटेरेनियन	एलेकजेन्ड्रिया (इजिप्ट)
6. पश्चिमी पेसेफिक	मनीला (फिलीपिन)

दक्षिण-पूर्वी एशिया के लिए क्षेत्रीय कार्यालय का मुख्यालय दिल्ली, भारत में है, जिसकी स्थापना 1 जनवरी, 1949 ई. को हुई। इसके द्वारा भारत, नेपाल, अफगानिस्तान, बर्मा, श्रीलंका, थाईलैण्ड तथा इण्डोनेशिया में सेवाएं प्रदान की जाती है।

कार्यक्षेत्र–विश्व स्वास्थ्य संगठन के कार्य क्षेत्र निम्नलिखित हैं–

1. मातृ एवं शिशु स्वास्थ्य
2. पोषण
3. पर्यावरिक स्वास्थ्य
4. व्यावसायिक शिक्षा
5. नर्सिंग
6. जन-स्वास्थ्य
7. जन-शिक्षा तथा
8. मानसिक स्वास्थ्य

पोषण-सम्बन्धी कार्य–विश्व स्वास्थ्य संगठन यूनिसेफ तथा खाद्य एवं कृषि संगठन (FAO) साथ मिलकर कार्य करता है। पोषण के क्षेत्र में इनके निम्नलिखित कार्य हैं–

(a) पोषण स्तर तथा संक्रामक रोगों को रोकने की शक्ति का मूल्यांकन करना।

(b) पोषण विज्ञान की शिक्षा देना।

(c) पोषण सम्बन्धी आहार-पोषण करना।

(d) व्यावहारिक पोषाहार कार्यक्रम (ANP) बनाना।

(e) विश्व आहार कार्यक्रम में सहयोग देना।

विश्व स्वास्थ्य संगठन द्वारा केन्द्रीय पोषण संस्थान अमरीका तथा पनामा (INCAP) के सहयोग से INCAPARINA नामक वनस्पति प्रोटीन-मिश्रण बनाकर प्रोटीन न्यूनता से पीड़ित बच्चों में बांट कर बाल विकारा किए गए। 1955 ई. गें प्रोटीन कैलोरी सलाहकार समिति गठित कर प्रोटीन कुपोषण की रोकथाम की। पुनः 1960 ई. में इस समिति का पुनर्गठन FAO तथा UNICEF के साथ किए गए।

अन्य उल्लेखनीय कार्य–विश्व स्वास्थ्य संगठन के अन्य उल्लेखनीय कार्य निम्नलिखित हैं–

(a) विशेष रोगों से रक्षा एवं नियंत्रण।

(b) पारिवारिक स्वास्थ्य सुधार।

(c) पर्यावरिक स्वास्थ्य सुधार।

(d) स्वास्थ्य सांख्यिकी प्रस्तुति तथा उसके नवीनीकरण।

(e) स्वास्थ्य साहित्य एवं सूचनाएं।

(f) जीव चिकित्सीय अनुसंधान तथा

(g) अन्य संगठनों के साथ सहयोग।

को-ऑपरेटिव फॉर अमरीकन रिलीफ एवरीवेयर (CARE)

स्थापना–केयर एक गैर-सरकारी तथा गैर साम्प्रदायिक संस्था है। सर्वप्रथम युद्ध की विभीषिका से त्रस्त यूरोपियन लोगों के सहायतार्थ अमरीकी दाताओं द्वारा खाद्य सामग्री भेजने के लिए सन् 1946 ई. में इसकी स्थापना हुई। उसके बाद भी अन्य देशों को खाद्य सामग्री के साथ ही अन्य सामान भेजने का कार्य किया, जैस–चिकित्सकीय उपकरण, एक्सरे मशीन, दवाएं, विटामिन तथा मिनरल्स की गोलियां, कृषि कार्य के सामान, बीज, पानी के पम्प आदि।

भारत में केयर के कार्य–भारत में केयर ने 1950 से अपना सहायतार्थ कार्य प्रारम्भ किया। 1961 से भारत के स्कूलों में 'मध्याह्न आहार योजना' प्राथमिक शालाओं के बच्चों के लिए आरंभ की गई। इसके अतिरिक्त सोयाबीन, मक्खन, चीज, दुग्ध चूर्ण यूनिसेफ की सहायता से कुपोषित बच्चों एवं माताओं के बीच वितरित किया गया। भारत में चल रहे व्यावहारिक पोषाहार कार्यक्रम में भी यथासम्भव सहायता प्रदान की। 'काम के बदले अनाज' योजना के अन्तर्गत कार्य करवाए गए। आहार योजना के अतिरिक्त इसने चिकित्सा, साक्षरता, व्यावसायिक प्रशिक्षण तथा कृषि के क्षेत्र में सहायता प्रदान की। चिकित्सा के क्षेत्र में चिकित्सा वाहन, एक्सरे मशीन, परीक्षण उपकरण, चश्मों के काँच तथा फ्रेम, पुस्तकें, दवाइयां, विटामिन की गोलियां आदि प्रदान किए गए।

व्यावहारिक पोषाहार कार्यक्रम (ANP)

स्थापना–भारत में सर्वप्रथम सन् 1959 ई. में उड़ीसा राज्य के 32 प्रखण्डों में व्यावहारिक पोषाहार कार्यक्रम प्रारम्भ किए गए। पहले इसका नाम Expanded Nutrition Programme (ENP) था। इसी सफलता को देखते हुए अन्य प्रान्तों में भी इस कार्यक्रम का प्रसार किया गया। सन् 1963 ई. में अन्तर्राष्ट्रीय सहयोग के आधार पर कुछ आवश्यक सुविधाजनक परिवर्तन करके इसे लागू किया गया।

उद्देश्य–व्यावहारिक पोषाहार कार्यक्रम के निम्नलिखित उद्देश्य हैं–

(a) ग्रामीण स्तर पर अण्डे, मुर्गी, मछली, फल एवं सब्जियों जैसे पौष्टिक खाद्य पदार्थों का उत्पादन बढ़ाना।

(b) ग्रामीण लोगों के दैनिक आहार में अण्डे, मछली, दूध का समावेश करके उसके पोषकीय स्तर में सुधार लाना।

(c) संतुलित आहार प्रदान करने के लिए मलाईरहित दुग्धचूर्ण तथा चावल के साथ फल एवं सब्जियों का समावेश करके पौष्टिक व्यंजन बनाने के लिए प्रोत्साहित करना।

(d) स्कूली बच्चों, शिक्षकों, उनके अभिभावकों तथा विभिन्न कार्यकर्ताओं को पोषण सम्बन्धी ज्ञान में प्रशिक्षित करना।

(e) ग्रामीण जनता को अपने मछली पालन केन्द्र, मुर्गीपालन केन्द्र, फल तथा सब्जियों के बगीचों में आवश्यक सुधार करने को प्रेरित करना।

कार्यक्रम एवं प्रयास–उपर्युक्त उद्देश्यों की प्राप्ति के लिए व्यावहारिक पोषाहार कार्यक्रम के अन्तर्गत सभी प्रयास किए जा रहे हैं। यह कार्यक्रम विशेषकर गाँवों में ही क्रियान्वित किए जा रहे हैं, क्योंकि सभी उद्देश्यों के कार्यस्थल मुख्यतः गाँवों में ही होते हैं।

केन्द्रीय आहार तकनीकी अनुसंधान संस्थान (CFTRI)

स्थापना–केन्द्रीय आहार तकनीकी अनुसंधान संस्थान की स्थापना 1950 ई. में मैसूर में हुई। यह फल, सब्जियों, अनाजों, दालें इत्यादि भोज्य पदार्थों के संग्रहीकरण, संरक्षण के सुरक्षित तरीकों का अनुसंधान करके सस्ते, सुविधाजनक पौष्टिक आहार तैयार करने तथा पूरक पौष्टिक आहार बनाने में कार्यरत् है।

प्रमुख विभाग–केन्द्रीय आहार तकनीकी अनुसंधान संस्थान के निम्नलिखित विभाग हैं–

(1) जीवन रसायन विज्ञान एवं व्यावहारिक पोषण विभाग, (2) चावल तथा दाल तकनीकी अनुसंधान विभाग, (3) बेकिंग एण्ड कन्फेक्शनरी विभाग, (4) फल एवं सब्जियां तकनीकी अनुसंधान विभाग, (5) घरेलू तथा अन्य कीट नियंत्रण विभाग, (6) जीवाणु विभाग तथा (7) प्रोटीन तकनीकी विभाग।

निर्माण कार्य–CFTRI द्वारा पोषाहार एवं बाल विकास हेतु अनेक पौष्टिक आहार निर्मित किए गए हैं। जैसे–भैंस के दूध से शिशु दुग्ध आहार, स्तन त्याग आहार, उच्च प्रोटीनयुक्त आहार, वनस्पति प्रोटीन से निर्मित शिशु दुग्ध आहार आदि। दूध के विकल्प के रूप में मूंगफली से दूध बनाने की विधि तथा सोयाबीन से दूध बनाने की विधि भी प्रकाशित की है।

CFTRI द्वारा निम्नलिखित पूरक भोज्य पदार्थ भी निर्मित किए गए हैं–

1. **भारतीय बहुउद्देशीय आटा (MPF)**–भारतीय बहुउद्देशीय आटा में 75 प्रतिशत मूंगफली की खली तथा 25 प्रतिशत भूने चने के आटे का मिश्रण बनाकर उसमें अलग से विटामिन A, विटामिन D, थायमिन, राइबोफ्लेविन तथा कैल्शियम कार्बोनेट मिलाए जाते हैं। यह सादे तथा मसालेदार मिश्रण के रूप में मिलते हैं। सादे आटे से दही, मिठाइयां बनाने या आटे, मैदा, बेसन, पिसी दाल आदि मिलाकर व्यंजन बनाए जाते हैं। मसालेदार आटे नमकीन तथा मसालेदार व्यंजनों के साथ प्रयुक्त होते

हैं। इसकी 25 ग्राम मात्रा प्रतिदिन लेने से 10 ग्राम प्रोटीन तथा विटामिन A, कैल्शियम एवं रीबोफ्लेविन की दैनिक आवश्यकता की आधी मात्रा प्राप्त होती है।

2. **माल्ट-आहार**—माल्ट-आहार में अनाज के माल्ट 40 प्रतिशत, कम वसायुक्त मूंगफली का आटा 40 प्रतिशत तथा भूने चने का आटा 20 प्रतिशत मिले होते हैं, साथ ही अलग से विटामिन तथा कैल्शियम मिले होते हैं। इससे 28 प्रतिशत प्रोटीन प्राप्त होती है।

3. **बाल-आहार**—बाल आहार में विटामिन तथा कैल्शियम युक्त गेहूँ का आटा 70 प्रतिशत, मूंगफली का आटा 20 प्रतिशत, भूने चने का आटा 10 प्रतिशत होता है। इससे 20 प्रतिशत प्रोटीन प्राप्त होती है।

3 | पहनावे या आवरण

पहनावे या आवरण की बनावट का सिद्धान्त

किसी व्यक्ति को व्यक्तिगत रूप से जानने से पहले सर्वप्रथम प्रभाव जो पड़ता है, वह उसके परिधानों से होता है। परिधान की रचना एवं संयोजन ऐसा होना चाहिए, जो शरीर के ढाँचे के प्राकृतिक सौन्दर्य को बढ़ाकर दिखाए। ऐसे परिधान, जो प्राकृतिक समानुपात को सुन्दरता से दिखाने में सहायक होते हैं, सदैव पसंद किए जाते हैं और सदैव सुन्दर भी माने जाते हैं।

पहनावे की बनावट के मुख्य सिद्धान्त निम्नलिखित हैं

1. अनुपात—इस सिद्धान्त के अन्तर्गत एक ही वस्त्र के विभिन्न भागों का आपस का सम्बन्ध अर्थात् अनुपात और अनुरूपता देखी जाती है। विभिन्न व्यक्तियों की शरीर-रचना अलग-अलग तरह की होती है। अतः फैशन के साथ-साथ वस्त्र की रचना में, शरीराकार से अनुरूपता लाने का प्रयास करना चाहिए। उचित एवं अच्छे अनुपात से ही परिधान का रूप-रंग और आकार खिलता है। रेखाओं, दूरी एवं माप आदि सभी दृष्टियों से परिधान रचना में अनुपात का ध्यान रखना चाहिए।

2. संतुलन—संतुलन से परिधान में विश्रामदायक भाव आता है। संतुलन प्रायः वस्त्र की मध्य रेखा से देखा जाता है। दोनों हिस्सों में समान संतुलन बनाने से, दोनों तरफ समान आकर्षण रहता है। जब परिधान के दोनों भागों में आकर्षण, रखना तथा अलंकरण लगभग समान रहते हैं, तो ऐसा संतुलन औपचारिक कहलाता है। कभी-कभी दोनों भागों की रचना, अलंकरण और आकर्षण में भिन्नता रहती है। ऐसी विभिन्नता से जो संतुलन उत्पन्न किया जाता है, उसे अनौपचारिक कहते हैं। औपचारिक तथा अनौपचारिक संतुलन के सम्मिश्रण से परिधान को अत्यधिक रोचक एवं मनोहरी बनाया जाता है।

3. लय—लय, कला का एक महत्वपूर्ण सिद्धान्त है। लय के अन्तर्गत देखा जाता है कि परिधान में रंग, रचना रेखा तथा अलंकरण ऐसा हो कि दृष्टि फिसलकर एक छोर से दूसरे छोर तक चली जाए। इस प्रकार दृष्टि का फिसलना, संगीत की लय के समान नियमानुसार होता है।

4. आकर्षण केन्द्र—हर परिधान में सजावट के समय ही एक महत्वपूर्ण केन्द्रीय प्रसंग होना चाहिए। इस केन्द्रीय प्रसंग पर आधारित करके अन्य भागों अथवा अन्य अलंकरण तथा सह-अलंकरणों का चुनाव करना चाहिए। ये सभी अनेकानेक वस्तुएं एक-दूसरे के इतनी अधिक अनुरूपता वाली होनी चाहिए कि उनके एक ओर अनुरूपता का आभास मिले। परिधान जहाँ तक सम्भव हो, सादे, सुविधाजनक और अच्छे नमूनों वाले होने चाहिए। परिधान-रचना में केन्द्र बिन्दु को दिया जाने वाला महत्व परिधान के शिष्ट, सौन्दर्य एवं कोमल लालित्य को बढ़ाता है। आकर्षण का केन्द्र-बिन्दु ऐसा होना चाहिए, जो व्यक्ति की शोभा बढ़ाए और साथ ही वस्त्र के विभिन्न भागों के अनुरूप तथा समयानुकूल भी हो। परिधान सूचना में सादगी, सौन्दर्य , परिष्कृत रुचि तथा अति से बचाव का सदैव ध्यान रखना चाहिए।

5. अनुरूपता—परिधान रचना में एकरूपता एवं अनुरूपता उतनी ही जरूरी है, जितनी इसकी आवश्यकता संगीत अथवा सजावट में रहती है। इसके अभाव में अन्य वस्तुओं का सौन्दर्य व्यर्थ-सा लगता है। परिधान की रचना में रेखा, रंग, आकृति, व्यवस्था, आकार, ध्येय, व्यक्तित्व तथा व्यक्ति की निजी शरीरिक विशेषताओं से अनुरूपता होना अनिवार्य है। रंग-रचनाएँ, आकार, आकृति आदि सभी शरीर-रचना से आकर्षक ढंग से एक रूपाकार होना चाहिए। इनकी व्यवस्था में शरीर की प्रस्तिक रेखाओं के सौन्दर्य को उभारने में सहयोग स्पष्ट रूप से पलिक्षित होना चाहिए।

परिधान की संरचना एवं अलंकरण एक-दूसरे के अनुरूप होना चाहिए। संरचना तथा अलंकरण ऐसे हों कि एक-दूसरे के

अभिन्न अंग मालूम हों। अनुपात, संतुलन, लय, अनुरूपता, दबाव, संबल तथा आकर्षण-केन्द्र आदि ऐसे मापदंड हैं, जिनमें कोई भी व्यक्ति अपनी पोशाक या पहनावे के औचित्य का मूल्यांकन कर सकता है, क्योंकि इनमें से किसी एक की भी उपेक्षा परिधान के सौन्दर्य को नष्ट कर देने के लिए पर्याप्त है।

पहनावे के चुनाव में कारक

परिधान से व्यक्ति के संस्कार, संस्कृति तथा सामाजिक प्रतिष्ठा का सहज ही अनुमान लगाया जा सकता है। वस्त्र से ही व्यक्ति की अभिरुचि परिलक्षित होती है। वस्त्रों का मानव-जीवन पर गहरा प्रभाव पड़ता है। जीवन के सामान्य विकास के लिए उचित प्रकार के वस्त्रों का होना अनिवार्य है। परिधान मानव के लिए भावाभिव्यक्तिकरण का सर्वश्रेष्ठ माध्यम है। प्रायः देखा गया है कि जिन्हें उचित प्रकार के परिधान उपलब्ध नहीं होते हैं, उनमें हीन भावना पनपने लगती है। धनाभाव तथा अज्ञानता के कारण जिन बच्चों को उनके माता-पिता, फटे-पुराने, बदरंगे या उतरन वाले ढीले-ढीले कपड़े पहनाकर स्कूल भेज देते हैं। वे अन्य बच्चों की तुलना में अपने को हीन समझने लगते हैं और उनकी यही भावना आगे चलकर समस्यापूर्ण व्यवहार में बदल जाती है। उचित प्रकार के वस्त्रों से बालक, युवा तथा प्रौढ़ सभी में आत्मसंतुलन एवं आत्मविश्वास आता है, जो व्यक्तित्व के विकास में अत्यन्त ही अनिवार्य है।

परिधान का व्यक्ति और समाज पर प्रभाव

वस्त्रों की समस्या, मुख्य रूप से मनोवैज्ञानिक होती है, क्योंकि ये लोगों के विशेषकर युवा वर्ग के लोगों के विकास और खुशी को प्रभावित करती है। घर पर हमारे खाने में क्या था, क्या नहीं था इसे कोई नहीं जान पाता है, परन्तु घर के बाहर निकलते ही हर सम्पर्क में आनेवाला व्यक्ति हमारा मूल्य आँकता है। सबसे पहला तत्व जो मूल्य आँकने की क्रिया को प्रभावित करता है वह है व्यक्ति का परिधान। सामाजिक स्वीकृति व्यक्तित्व के विकास में अत्यधिक महत्वपूर्ण कारक है, क्योंकि व्यक्ति का व्यवहार इसी से अनुबंधित है और इसी पर आश्रित है।

अतः वस्त्रों एवं परिधानों का चुनाव एक महत्वपूर्ण विषय है, जिसका ज्ञान प्रत्येक व्यक्ति को होना अनिवार्य है। परन्तु गृहिणी के लिए तो यह सर्वाधिक जरूरी है। कम पैसे में उचित वस्त्रों का चयन करने में गृहिणी की कुशलता निहित है। कभी-कभी पैसे होते हुए भी अनुचित परिधान का प्रयोग किया जाता है। इसका एकमात्र कारण है गृहिणी की वस्त्र विज्ञान-ज्ञान से अनभिज्ञता। जिन्हें वस्त्र-विज्ञान के मूल सिद्धांतों की जानकारी होती है, वे सचेत होकर वस्त्रों का चयन करते हैं, जिससे वस्त्र सौंदर्य, टिकाऊपन, कार्यदक्षता एवं प्रयोजन की अनुकूलता के हिसाब से उचित ठहरते हैं। सीमित साधन में उत्तम परिधानों का चयन करने में अत्यधिक विवेक-शक्ति तथा सूझ-बूझ का होना अनवार्य है।

वस्त्र-विज्ञान के क्षेत्र में नित्य नूतन परिवर्तन हो रहे हैं। समयानुकूल और अद्यतन रहने के लिए इस क्षेत्र में होने वाले नित्य नए परिवर्तनों की जानकारी रखना अनिवार्य है। आज के उपभोक्ता को सबसे पहले तो सचेत रहने की आवश्यकता है, क्योंकि सचेत रहने पर ही परिधान का संतोषजनक चुनाव किया जा सकता है। परिधान के उचित चुनाव एवं विधिवत् देखरेख तथा सुरक्षा के लिए परिधानों के बारे में सभी बातों का ज्ञान हासिल करना जरूरी है। सुरक्षा, सुन्दरता, टिकाऊपन, कार्यक्षमता, उपयुक्तता तथा देखरेख की आसानी इन गुणों में से कौन-से गुण किस वस्त्र परिधान में प्रमुख रूप से रहने चाहिए, ये बातें परिधान के प्रयोग पर निर्भर करती हैं। अलग-अलग व्यक्ति अलग-अलग गुणों की प्रधानता को महत्व देते हैं। कुछ देखरेख की आसानी चाहते हैं, जैसे आसानी से धोकर, बिना इस्तरी वगैरह किए पहना जा सके तथा कुछ लोग परिधान की चिकनाहट, कड़ेपन, ऊपरी अलंकार, ताजगी आदि के कारण को महत्व देते हैं।

फिर भी, अधिकांश उपभोक्ताओं की यही इच्छा रहती है कि जो वस्त्र लिया जाए, उसमें सभी गुण मौजूद हों। वस्त्रों के चुनाव में उपभोक्ता यही चाहते हैं कि जो वस्त्र लिए गए हैं, वह उन्हें पूर्ण संतोष प्रदान करे। वस्त्रों के सम्बन्ध में जिन तीन विशेषताओं की विशेष रूप से मांग की जाती है, वे हैं आकर्षण, उपयुक्तता तथा कार्यक्षमता।

उपभोक्ता के लिए उपयुक्त प्रकार के परिधानों का चुनाव सबसे कठिन समस्या है। परिधानों के चयन के सम्बन्ध में उसके कई पहलुओं पर जाँच-परख करना अनिवार्य है। पुरुष, लड़के, युवतियों, महिलाओं आदि के लिए तथा विभिन्न आयु और विभिन्न अभिरुचियों के अनुरूप वस्त्रों का चुनाव करना, सच में एक कठिन काम है। आज के जीवन की वस्त्र-सम्बन्धी विभिन्न प्रकार की बहुमुखी आवश्यकताओं, विशेषताओं तथा विभिन्नताओं वाले अनेक प्रकार के वस्त्रों की उपलब्धि के कारण समस्या और भी कठिन हो जाती है।

कपड़े धोने के सिद्धान्त

धुलाई-क्रिया एक वैज्ञानिक कला है और अन्य कलाओं के समान ही इसके भी कुछ सिद्धांत हैं। सिद्धांतों का अनुसरण नियमपूर्वक करना तथा आवश्यकतानुसार इनमें कुछ-कुछ परिवर्तन करना, धोने की क्रिया धोने वाले की विवेक-बुद्धि पर निर्भर करती है। वैसे इस क्रिया में धैर्य और अभ्यास दोनों का ही अत्यधिक महत्व है। अभ्यास के सभी सिद्धांतों के अंतर्निहित गुण-दोष स्वतः सामने आ जाते हैं और धुलाई करने वाला स्वतः ही समझ जाता है कि कौन-सा सिद्धांत किस प्रकार और कब पालन योग्य है और उसके दोषों को किस प्रकार दूर करना सम्भव है?

घरेलू प्रयोग में तथा सभी पारिवारिक सदस्यों के परिधानों में तरह-तरह के वस्त्र प्रयोग में आते हैं। सूती, ऊनी, रेशमी, लिनन, रेयन तथा रासायनिक वस्त्र तथा मिश्रण से बने वस्त्र भी रहते हैं। अतः धुलाई सिद्धान्तों का अवलोकन अनिवार्य है। जैसे उनका अनुसरण आवश्यकतानुसार ही करना चाहिए। अनुचित विधि के प्रयोग से वस्त्र के कोमल रेशों को घोर घात पहुँचती है। उचित विधि के प्रयोग से वस्त्रों का सौन्दर्य स्थायी और अक्षुण्ण रहता है और टिकाऊ होता है, कार्यक्षमता बढ़ती है।

कपड़े धोने की निम्नलिखित चार विधियाँ हैं—

(1) रगड़कर,

(2) हल्का दबाव डालकर,

(3) सक्शन सिद्धांत का प्रयोग करके तथा

(4) धुलाई यंत्र से साफ करके

1. रगड़कर—रगड़कर प्रयोग करके केवल उन्हीं वस्त्रों को स्वच्छ किया जा सकता है, जो मजबूत और मोटे होते हैं। वस्त्र के अनुरूप तरीके का प्रयोग करना चाहिए। रगड़ क्रिया को विधिपूर्वक करने के निम्नलिखित तरीके हैं—

(a) हाथों से घिसकर—रगड़ने का काम हाथों से भी किया जा सकता है। हाथों से उन्हीं कपड़ों को रगड़ा जा सकता है जो हाथों में आ सकें अर्थात् छोटे कपड़े।

(b) मार्जक ब्रश द्वारा—कुछ बड़े वस्त्रों को, जो कुछ मोटे मजबूत भी होते हैं, ब्रश से मार्जन के द्वारा गंदगी से मुक्त किया जाता है।

(c) घिसकर और मार्जन द्वारा—मजबूत रचना के कपड़ों पर ही इस विधि का प्रयोग किया जा सकता है।

2. हल्का दबाव डालकर—हल्का दबाव डालकर धोने की क्रिया उन वस्त्रों के लिए अच्छी रहती है, जिनके घिसाई और रगड़ाई से क्षतिग्रस्त हो जाने की शंका रहती है। हल्के, कोमल तथा सूक्ष्म रचना के वस्त्रों को इस विधि से धोया जाता है।

3. सक्शन विधि का प्रयोग—सक्शन (चूषण) विधि का प्रयोग भारी कपड़ों को धोने के लिए किया जाता है। बड़े कपड़ों को हाथों से गूंथ कर तथा निपीड़न करके धोना कठिन होता है। जो वस्त्र रंगड़कर धोने से क्षय हो सकते हैं, जिन्हें गूंथने में हाथ थक जा सकते हैं और वस्त्र भी साफ नहीं होता है, उन्हें सक्शन विधि की सहायता से स्वच्छ किया जाता है।

4. मशीन से धुलाई करना—वस्त्रों को मशीन से धोया जाता है। धुलाई मशीन कई प्रकार की मिलती है। कार्य-प्रणाली के आधार पर ये तीन प्रकार की होती हैं—सिलेन्डरनुमा, बेक्यूमनुमा, कपनुमा और टेलीटेटरनुमा। मशीन की धुलाई तभी सार्थक होती है जब अधिक वस्त्रों को धोना पड़ता है और समय कम रहता है।

परिष्करण विधि—धोने-सुखाने के बाद कपड़े सिकुड़े-सिकुड़े से रहते हैं। अतः अब यह बात जरूरी है कि उन्हें इस प्रकाश फिनिश किया जाए कि उनमें ताजगी और नयापन आ जाए और वे चिकने, सुन्दर और आकर्षित लगने लगें। परिष्करण के द्वारा ही यह सब सम्भव होता है। इसके निम्नलिखित चरण हैं—

(a) कपड़ों को नम करना—वस्त्रों को सीधा और चिकनारूप देने के लिए इन्हें थोड़ा नम करना जरूरी हे। पर्याप्त नमी से, उन्हें खींचतान कर, उन्हें उनके आकार एवं आकृति में लाना सम्भव होता है। जिससे इस्तिरी भी उस पर आसानी से चलती है और वस्त्र को वांछित आकार एवं स्वरूप मिलता जाता है।

(b) इस्तिरी करना—कपड़ों पर इस्तिरी करने के लिए इस्तिरी करने की टेबुल की आवश्यकता रहती है।

(c) प्रेसिंग विधि—परिष्करण की इस विधि में आयरन को एक स्थान पर रखकर दबाया जाता है और आगे पीछे नहीं चलाया जाता है। कपड़े की सतह पर सभी जगह सभी प्रकार दबा-दबा कर इस्तिरी की जाती है। ऊनी बुने कपड़ों को, रेशमी तथा सूती निटेड कपड़ों को, जॉरजेट, क्रेप आदि कपड़ों पर इसी प्रकार से प्रेस किया जाता है।

(d) स्टीमिंग विधि—स्टीमिंग के द्वारा भी परिष्करण किया जाता है। इसका प्रचलन कम ही है, क्योंकि कुछ विशेष कपड़े ही इस विधि से परिष्कृत किए जाते हैं। रोएँ और पाइल वाले

कपड़े जैसे भेलभेट आदि पर विशेष रूप से यह विधि प्रयोग की जाती है।

(e) मैंगलिंग विधि–भारी और मोटे वस्त्रों को परिष्कृत करने के लिए मैंगलिंग विधि का प्रयोग किया जाता है। वस्त्र धोने के तुरन्त बाद ही उन्हें निचोड़ कर मैंगल में से कई बार निकालना चाहिए। इससे वस्त्र सीधा और चिकना हो जाता है।

(f) केलेन्डरिंग–व्यापारिक लौण्ड्री में वस्त्रों को परिष्कृत करने के लिए कैलेण्डरिंग विधि से परिष्कृत किया जाता है।

वस्त्रों को नील देना–सफेद वस्त्रों की स्वाभाविक सफेदी एवं चमक को बनाए रखने के लिए वस्त्रों को धोने के उपरान्त नील लगाया जाता है। नील पाउडर तरल तथा टुकड़ों के रूप में पाया जाता है। वस्त्रों में लगाने के लिए मुख्य रूप से पाउडर नील इस्तेमाल किया जाता है, जिससे धुले सफेद वस्त्रों में अतिरिक्त सफेदी, चमक, सुन्दर और आकर्षक हो जाता है। नील देने में निम्नलिखित बातों का अवश्य ध्यान में रखना चाहिए—

➤ नील केवल सफेद रंग के वस्त्रों में दिया जाना चाहिए।

➤ वस्त्रों को नील उस समय दिया जाना चाहिए जब वे धुलकर साफ हों तथा साबुन के अंश ठीक तरह से निकल चुके हों।

➤ वस्त्रों को नील देने के लिए किसी खुले पात्र में उचित मात्रा में साफ पानी लेना चाहिए। नील के पाउडर को किसी मलमल या अन्य महीन कपड़े में पोटली के रूप में बांध लिया जाता है। इस पोटली को लिए हुए पानी में अच्छी तरह डुबोकर हिला दिया जाता है।

➤ उचित मात्रा में नील लेने के बाद नील की पोटली को पानी में से निकाल किसी चीनी-मिट्टी या प्लास्टिक की प्लेट में रख दिया जाता है।

➤ जिस वस्त्र में नील देना होता है, उसे अच्छी तरह निचोड़ दिया जाता है। वस्त्र को अच्छी तरह फटकार (झाड़) दिया जाता है। वस्त्र की सभी तह खोलकर फैलाकर नील वाले पात्र में डुबा दिया जाता है।

➤ नील के पात्र में वस्त्र को डुबो देने के उपरान्त वस्त्र को निरन्तर हिलाते-डुलाते ही रहना चाहिए।

➤ वस्त्र पर अधिक नील चढ़ जाए तो उस वस्त्र को अलग से साफ पानी में खंगाल दिया जाता है। पानी में कुछ

बूंदे सिरका मिला देने से वस्त्र में अच्छी सफेदी आ जाती है। सफेद वस्त्रों को नील लगाने के बाद शीघ्र ही बाहर निकालकर निचोड़कर तथा फटकार कर फैला दिया जाता है।

वस्त्र को कलफ (माड़ी) देना–वस्त्र धुलाई के उपरान्त लगाई जाने वाली घरेलू परिसज्जाओं में कलफ (माड़ी) लगाने का विशेष स्थान है। सभी सूती वस्त्रों को धोने के उपरान्त कलफ लगाया जाता है।

सूती वस्त्रों के तन्तुओं की प्रकृति कुछ ऐसी होती है कि वे धुलने से लिजलिजे से हो जाते हैं। वस्त्रों के इस लिजलिजेपन को समाप्त करने के लिए तथा उन्हें पुनः कड़ा बनाने के लिए कलफ लगाया जाता है, कलफ लगाने से सूती वस्त्रों में कड़ापन आ जाता है। कलफ देने से धुले हुए वस्त्रों में फिर से चमक तथा आकर्षण आ जाता है। इसके साथ ही साथ कलफ से वस्त्र का झीनापन भर जाता है। स्टार्च के कण वस्त्र के तन्तुओं में भर जाते हैं। इससे बुनाई के बीच का रिक्त स्थान भर जाता है तथा वस्त्र एकसमान दिखाई देने लगता है। कलफ लगे वस्त्र पर जब प्रेस की जाती है, तो वस्त्र की सतह चिकनी हो जाती है, जिससे वस्त्र पर गन्दगी शीघ्र नहीं चिपकती है।

वस्त्रों से दाग-धब्बे छुड़ाना–सामान्य रूप से खाने-पीने की वस्तुओं के धब्बे, जैसे–दूध, अण्डे, मांस, चाय-कॉफी, फल, शहद आदि के धब्बे कपड़ों पर लग जाते हैं। इसके अतिरिक्त जंग, स्याही, वार्निश, तेल तथा झलसने से भी कपड़ों पर दाग लग जाते हैं। पसीने के दाग तो आमतौर पर लगते रहते हैं। इन विभिन्न प्रकार के दाग-धब्बों को छुड़ाने के लिए भिन्न-भिन्न विधियां अपनाई जाती हैं। जो निम्नलिखित हैं—

1. विलायक विधि–इस विधि के अन्तर्गत कपड़े पर जिस पदार्थ के धब्बे लगे होते हैं, उसे किसी पदार्थ में घोलकर कपड़े से अलग कर दिया जाता है। मुख्य विलायक हैं–पेट्रोल, तारपीन का तेल, मिट्टी का तेल, बेंजीन तथा कार्बन टेट्राक्लोराइड। धब्बे छुड़ाने के लिए धब्बे वाले कपड़े को झाड़ कर मेज पर फैला दिया जाता है, तब कपड़े के नीचे ब्लाटिंग पेपर रखकर धब्बों पर रूई को विलायक में भिगोंकर धीरे-धीरे मला जाता है। इस प्रकार मलने से विलायक कपड़े पर लगे पदार्थ नीचे ब्लाटिंग पेपर द्वारा सोख लिया जाता है तथा कपड़ा साफ हो जाता है।

2. रासायनिक विधि–इस विधि के अन्तर्गत कुछ रासायनिक पदार्थ इस्तेमाल किए जाते हैं। ये रासायनिक प्रतिक्रिया करते

हैं तथा तीसरा यौगिक बनाकर इसे कपड़े से अलग कर देते हैं। मुख्य रासायनिक विरंजक हैं—ऑक्सजेलिक एसिड, सुहागा, हाइड्रोजन, पारॉक्साइड, जेबेल वाटर, सोडियम कार्बोनेट तथा पोटैशियम परमैंगनेट। ये रासायनिक विरंजक यदि अधिक मात्रा में या असावधानीपूर्वक इस्तेमाल किए जाएं तो कपड़े को हानि पहुँच जाती है।

3. **अवशोषक विधि**—इस विधि द्वारा रेशमी तथा बनारसी आदि कीमती वस्त्रों से धब्बे हटाने के लिए अपनाया जाता है। कपड़ों से धब्बे हटाने के लिए इस्तेमाल होने वाले मुख्य अवशोषक पदार्थ हैं—फैंच चॉक, पिसी हुई खड़िया, मैदा तथा टैल्कम पाउडर, अवशोषक विधि के अन्तर्गत अवशोषक पदार्थ को चिकनाई के स्थान पर लगा दिया जाता है। कुछ समय तक रहने से ये अवशोषक में आ जाने पर कपड़ा दाग रहित हो जाता है।

पहनावे या आवरण की देखरेख तथा एहतियात

वस्त्रों की उचित सुरक्षा एवं विधिवत् संरक्षण का ज्ञान प्रत्येक व्यक्ति के लिए आवश्यक है। वस्त्र ही ऐसी चीज है, जिनका हरेक से हर समय का नाता रहता है। वस्त्रों की भी आयु होती है। यदि उनकी देखरेख ठीक से न की जाए तो वे अज्ञात मृत्यु को प्राप्त होते हैं। अतः वस्त्रों को कटने-फटने, कीड़े के काटने या फफूँदी लगने से बचाने के लिए कुछ सुरक्षात्मक कार्यवाहियां करनी होती है। ध्यान देना होता है कि उसे कहां और कैसे रखा जाए। अधिक तेज रोशनी, धूप या नमीदार कमरों में रखे वस्त्रों पर वातावरण में तापमान का असर हो जाता है। लापरवाही के कारण वस्त्रों का खराब होना गृहिणी के अज्ञान का परिचयक है। वस्त्र दिन-पर-दिन महंगे हो रहे हैं। अतः वस्त्रों की सुरक्षा, देखरेख और एहतियात, उचित संरक्षण तथा समुचित संचय आदि पर उतना ही ध्यान देना अनिवार्य है, जितना कि हम चाहते हैं कि देखने वालों को अच्छे लगें और हमारा व्यक्तित्व प्रभावशाली हो। वस्त्रों को कुछ समय का विश्राम देकर भी कार्यक्षमता में वृद्धि की जा सकती है।

कपड़ों की देखरेख करना गृहिणी के प्रमुख कर्तव्यों में से एक है। कपड़ों की नियमित देखभाल नहीं करने तथा समयानुसार इनका उपचार नहीं करने से मजबूत कपड़े भी कमजोर हो जाते हैं। इनकी सुन्दरता जाती रहती है तथा कपड़ा पहनने लायक नहीं रहते हैं। कपड़ों की उपयोगिता बनाए रखने के लिए कुछ नियमों का पालन करना पड़ता है।

धोबी के यहाँ भेजने या स्वयं सफाई करने के पहले कपड़ों की जाँच कर लेनी चाहिए। यदि कपड़ा कहीं पर फट गया हो या उनमें छेद हो गया हो तो इसकी तुरन्त मरम्मत हो जानी चाहिए, अन्यथा धोने से कपड़ा और भी बर्बाद हो जाता है। एक कहावत है—यदि समय पर फटे वस्त्र में एक टांका लगा दिया जाए तो वह भविष्य में नौ टांके देने से बचाता है।

वस्त्रों का सम्पर्क वातावरण तथा त्वचा दोनों से रहता है। वातावरण में उड़ते हुए धूलकण वस्त्रों पर बैठ जाते हैं तथा उन्हें गन्दा कर देते हैं। त्वचा के सम्पर्क में आने के बाद वस्त्रों में पसीना तथा मैल लग जाता है। जिन वस्त्रों को हर बार पहनते हैं, उन्हें पहनने के बाद धो डालना सम्भव नहीं होता है, उन्हें पसीने एवं धूलकण से मुक्त करने के लिए पहनने के उपरान्त धूप-हवा में फैला देना चाहिए एवं ब्रुश से झाड़कर साफ कर देना चाहिए।

वस्त्रों को अल्प अथवा अधिक समय तक सहेज के रखना पड़ता है। रखने के लिए बॉक्स या अलमारी का प्रयोग घरों में होता है। कपड़ों को टांगते समय उनकी बेल्ट आदि निकाल देनी चाहिए, जिससे वस्त्र का आकार न बिगड़ने पाए। ब्रोच, आई बो आदि को भी निकाल कर रख देना चाहिए। अलमारी में गन्दे वस्त्रों के साथ स्वच्छ वस्त्रों को कभी नहीं रखना चाहिए।

कभी-कभी कुछ वस्त्रों को कई महीनों के लिए बन्द करके रखना पड़ता है, जैसे ऊनी कपड़ों को गर्मी भर के लिए बन्द करके रख देना पड़ता है तथा कुछ बहुमूल्य वस्त्रों को किन्हीं विशेष अवसरों पर प्रयोग किए जाने के कारण कुछ समय तक बन्द कर देना पड़ता है। ऐसे वस्त्रों को बन्द करने के पूर्व सर्वप्रथम बॉक्स या अलमारी की पूरी सफाई कर लेनी चाहिए। छिद्रों एवं टूटे-फूटे भागों की मरम्मत करवाकर, उनमें कीड़े मारने वाली दवा डाल देनी चाहिए। ऊनी वस्त्रों को बन्द करने के पहले विधिपूर्वक सूखी-विधि अथवा गीली-विधि से धुलवाकर भली-भांति सुखा लेना चाहिए। इन्हें पोलीथीन बैग में रखकर उसमें मॉथ प्रुफ पाउडर एवं फिनायल की गोली डाल देनी चाहिए। कीमती सोने-चांदी से जड़े ब्रोचेड एवं बनारसी वस्त्रों को भी डस्ट प्रुफ बैग में रखना चाहिए। इन्हें गर्म कपड़ों के साथ नहीं रखना चाहिए। परन्तु जिसमें इन्हें रखा जाए उसमें डी.डी.टी. का स्प्रे या नीम की पत्ती या अन्य किसी प्रकार प्रतिकारक डाल देना चाहिए।

प्रायः पहनने वाले वस्त्रों में खाने-पीने की वस्तुएं एवं अन्य चीजों के दाग लग जाते हैं। विभिन्न प्रकार की वस्तुओं से पड़े

दाग-धब्बों को छुड़ाने के लिए अलग-अलग वर्ग के रेशों से निर्मित वस्त्रों पर से छुड़ाने के लिए सम्पूर्ण वस्त्र को डुबोने, वाष्प दिखाने, बूंद-बूंद डालने या स्पंज करने की विधि का प्रयोग करना चाहिए।

अधिकांश वस्त्रों को तो घर पर ही धोना पड़ता है। घर पर वस्त्र धोने से अच्छे रहते हैं। अतः धुलाई की विधियों का ज्ञान सभी के लिए अनिवार्य है। गन्दे वस्त्रों, भारी वस्त्रों को धोने की विधियां अलग-अलग हैं। पानी में डालने से पहले ही वस्त्रों के अलंकरण, जैसे फूल, मोती, बो, ब्रोच आदि निकाल लेने चाहिए। वस्त्रों को धोने के लिए किसी-न-किसी प्रकार के शोधक पदार्थ की आवश्यकता है। शोधक-सामग्री के अनुचित चुनाव का नतीजा भयंकर होता है और वस्त्र का सौन्दर्य सदैव के लिए नष्ट हो जाता है।

धोने के अतिरिक्त सुखाने की विधि पर भी ध्यान देना चाहिए। कुछ वस्त्रों को लटका कर सुखाया जाता है, तो कुछ ऐसे भी होते हैं, जिन्हें लटका देने से उनका आकार सदैव के लिए बिगड़ जाता है।

वस्त्रों के रूपांकन के सिद्धांत

परिधानों पर कई प्रकार के नमूने बनाए जाते हैं। कभी-कभी वस्त्र को काटते समय ऐसे खण्ड तैयार किए जाते हैं, जिन्हें सिलकर जोड़ने से तैयार परिधान पर खण्डों के रूप में नमूने उभर जाते हैं। परिधानों पर कुछ नमूने सिलाई के द्वारा भी बनाए जाते हैं। कटे हुए विभिन्न खण्डों को जोड़ने की विधि से तथा उन स्थानों पर पापिंग, झालर आदि लगाकर नमूने उभारे जाते हैं। कुछ नमूनों को उभारने के लिए परिधानों पर कटाई भी की जाती है।

प्रायः सभी नमूने रेखाओं, आकार रंग तथा बनावट और वजन के सम्मिश्रण से तैयार किए जाते हैं। समस्या उठती है कि कैसे इनका ऐसा रूप, आकार एवं रंग चुना जाए तथा इन्हें कैसे इस प्रकार व्यस्थित किया जाए कि वस्त्र सुन्दर लगने लगे। परिधान-सम्बन्धी नमूनों की रचना में रेखाओं, आकार, रंग, बनावट आदि को व्यवस्थित करने के लिए भी कला के मूलभूत सिद्धान्त हैं—अनुपात, अनुरूपता, लय, संतुलन, सम्बल तथा व्यक्तित्व।

सभी नमूनों में कुछ-न-कुछ रेखाओं का प्रयोग आवश्यक रहता है। आड़ी, खड़ी, तिरछी और वक्र रेखाएं मिश्रित रूप में नमूने में प्रयोग की जाती है। नमूनों में भी रेखाओं के इन सिद्धान्तों का ही प्रतिपादन करना चाहिए। अत्यधिक लम्बे फिगर के लिए परिधान पर किसी विधि से भी जो नमूना बनाया जाए, उसमें आड़ी या बेडेबल रेखाओं की ही प्रधानता रहती है। मोटे फिगर के लिए लम्बवत् रेखाओं की प्रधानता वाले नमूने का चयन करना उचित है। इसी प्रकार विभिन्न प्रकार के फिगर के अनुकूल ही रेखाएं नमूनों के प्रदर्शित होनी चाहिए।

नमूनों में रंगों का प्रयोग किया जाता है। नमूनों में रंग-योजना का स्थान महत्वपूर्ण है। अतः रंगों का प्रयोग विवेकपूर्ण होना चाहिए। देर से अनमेल रंगों को नमूने में बलपूर्वक घुसा देने से गड़बड़ी तथा उद्धग्निता उत्पन्न होती है। नमूनों में आकार की भी कम महत्ता नहीं है। बड़े-बड़े आकार के नमूनों वाले वस्त्र उन्हीं पर फबते हैं जिनका फिगर दुबला-पतला है। मोटे शरीर पर छोटे-छोटे नमूने, उनके आकार एवं आकृति आदि सभी को परिधान के पहनने वाले फिगर के अनुरूप रखते हुए परिधान को सुन्दर बनाने वाले चुनने चाहिए। नमूनों को इन सिद्धान्तों के अनुसार चुनने के बाद यह भी देख लेना चाहिए कि वे कलापूर्ण तथा सुन्दर हों। बेढ़ब, बेडौल नमूने परिधान के सौन्दर्य को नष्ट करके पहनने वाले के व्यक्तित्व को भी हास्यास्पद एवं निरूप बना देते हैं। नमूनों के मापक व्यक्ति के आकार के अनुरूप होने चाहिए नमूनों में एक विशिष्ट शैली का होना भी अनिवार्य है।

नमूनों की रचना का आधार कई प्रकार का होता है। कुछ नमूने प्राकृतिक वस्तुओं के अनुकरण पर बनाए जाते हैं। जैसे—पेड़, पत्ते, फूल, नदी, झरने, पर्वत आदि। ऐसे नमूने प्राकृतिक रहते हैं।

सीधी, आड़ी, खड़ी, तिरछी, रेखाओं वाले नमूने, रेखाओं को विभिन्न दिशाओं में बनाकर तैयार किए जाते हैं। ऐसे नमूने भूमिति-विन्यास अथवा ज्यामितीय अनुरूपता वाले कहलाते हैं।

नमूनों में कुछ पूर्णतः अलंकारी अथवा सजावटी होते हैं। इन नमूनों को बनाने का ध्येय सजावट है। इनका प्रयोग अन्य नमूने अथवा समस्त वस्तु शोभा बढ़ाने के अभिप्राय से किया जाता है। अलंकारी नमूनों में रंग-रेखाओं का प्रयोग संरचनात्मक नमूने के रूप को अधिक उन्नत करने के लिए किया जाता है। अतः उन्हें नमूनों का विकास कहते हैं।

आजकल कुछ ऐसे नमूनों की लोकप्रियता बढ़ती जा रही है, जो तर्क-वितर्कहीन, बिना किसी मतलब के, बिना किसी निश्चित आकार के बनाए जाते हैं। इनका कोई उदेश्य या

आशय भी नहीं होता है। ऐसे नमूने अमूर्त कहे जाते हैं। इस प्रकार के नमूनों की प्रेरणा का प्रमुख स्रोत एवं मूल उद्गम 'बुटिक' ही है, जिसमें मोम की तह के प्राकृतिक रूप से चटकने के बाद उस पर रंग का लेप दिया जाता है। चटकने के चिह्न, जिनमें से होकर रंगदार चित्र आधार पर अंकित होते हैं; वे बिना किसी आकार एवं नमूने के होते हैं, फिर भी अति-सुन्दर लगते हैं। इस प्रकार के नमूने को, मोम की परत को दो बार लगाकर तत्पश्चात् चटकने के बाद दोबारा रंगकर बहुरंगी भी बनाया जाता है।

परिधान की रचना तथा अलंकरण में निम्नलिखित रेखाओं का प्रयोग होता है—(a) ऊर्ध्वाधर रेखाएं, (b) क्षैतिज रेखाएं, (c) तिरछी रेखाएं, (d) वक्र रेखाएं, (e) 'बी' आकार की रेखाएं तथा (f) खंडित रेखाएं।

परिधान के बाह्य आकार को प्रभावित करने वाली रेखाएं निम्नलिखित हैं—

(a) ग्रीवा-रेखा (b) अलंकरण एवं सह-उपकरणों का उचित स्थान, (c) व्यक्ति के लम्बाई के प्रतिकूल लम्बाई में कलियां तथा (d) भरे-पूरे परिधान।

कुछ नमूनों को उभारने के लिए परिधानों पर कढ़ाई भी की जाती है। रंग एवं छापों से भी वस्त्रों पर नमूने बनाए जाते हैं।

इस प्रकार शरीर की रचना, आकार और आकृति के अनुसार ही परिधान का डिजाइन चुनना चाहिए। परिधान और पहनने वाले के व्यक्तित्व दोनों में सुन्दर सामंजस्यपूर्ण अनुरूपता का रिश्ता बनाने और अपूर्व तादात्म्य स्थापित करने का यथाशक्ति प्रयत्न करना चाहिए।

भारत के विभिन्न क्षेत्रीय परिधान

आज भारत वैभवपूर्ण विरासत का उत्तराधिकारी है। प्राचीनकाल से ही यहाँ वस्त्र-निर्माणकला फलती-फूलती रही है। राज-परिवार तथा सामन्तों के वस्त्र सोने-चांदी के तारों को मिलाकर बुने जाते थे तथा उन पर सुनहली-रुपहली कढ़ाई के नमूने रहते थे। राज-परिवारों के लिए विशेष रूप से उत्कृष्ट वस्त्र तैयार करने वाले मनचाहे पुरस्कार पाते थे।

वर्तमान युवा पीढ़ी में वस्त्र लज्जा निवारण से अधिक शरीर को सजाकर आकर्षक बनाने एवं प्रदर्शन की वस्तु बन गई है। फिर भी, फैशन स्थायी वही होता है, जो सुन्दरता प्रदान

करने के साथ ही शरीर की विभिन्न मौसमों के प्रभाव से रक्षा कर सके एवं पहनने में आरामदेह हो। उसी सिद्धान्त के अनुसार हमारे वस्त्रों पर जो क्षेत्रीयता का प्रभाव पड़ता है उससे उत्पन्न कुछ खास क्षेत्रीय परिधान निम्नलिखित प्रकार के हैं—

1. पश्चिम बंगाल के क्षेत्रीय परिधान—पश्चिम बंगाल समुद्र के किनारे अवस्थित है। अतः पुरवा बयार समुद्र की ओर से आने के कारण अधिक जल वाष्प से युक्त होती है। जलवाष्प के गुप्त ताप की उष्णता से शरीर की रक्षा करने के लिए यहां के पुरुष प्रायः सफेद धोती एवं गोल गले का कुर्ता, जिन्हें उन्हीं के नाम पर बंगाली कुर्ता भी कहते हैं, धारण करते हैं। स्त्रियां खासतौर से साड़ियां एवं पूरे बांह का ब्लाउज धारण करती है। साड़ियां खास तरीके से तैयार सूत जिसे तांती या बंगाली तांत कहते हैं, की बनी होती हैं। इनके रंग प्रायः हल्के और आकर्षक होते हैं, जैसे—हल्का आसमानी, हल्का, बैंगनी, हल्का गुलाबी, हल्का फिरोजी, आदि रंगों का वहाँ खूब प्रचलन है। बंगाली स्त्रियां के साड़ी धारण करने का एक खास ढंग है। साड़ी की लम्बाई तो साढ़े पांच मीटर की होती है, पर वे आगे प्लेट न डालकर पूरे शरीर पर लपेट कर पल्ला गले में घुमाकर पीछे की ओर रखती हैं।

2. बिहार, उत्तर प्रदेश एवं झारखंड के क्षेत्रीय परिधान—यहाँ की सामान्य क्षेत्रीय पोशाक बंगालियों की तरह का धोती कुर्ता ही है। पर, आम रूप से मर्द यहां मोटिया का कुर्ता एवं धोती पहनते हैं एवं कन्धे पर मोटिया का ही अंगोछा रखते हैं। औरतें यहाँ भी साड़ी ही पहनती हैं। ब्लाउज तो पूरे बाँह का ही पहनती हैं। पर वस्त्र सूती होता है तथा पहनने का ढंग बंगाली स्त्रियों से थोड़ा भिन्न होता है। यहाँ की औरतें साड़ी का पल्ला आगे रखती हैं तथा साड़ी में आगे प्लेट निकालती हैं।

झारखंड के पहाड़ी क्षेत्र में रहने वाली आदिवासी कहलाते हैं। इनकी एक खास तरह की ही पोशाक होती है। ये सामान्य रूप से साड़ी नहीं पहनती है। महिलाएं ढीला-ढाला बांह वाला ब्लाउज तथा नीचे घाघरेनुमा वस्त्र पहनती है। मर्दों के अंगोछे जैसे ही एक वस्त्र कमर में खोंसकर शरीर के ऊपर लपेटते हुए छोटा पल्लू पीछे निकालती हैं। खास त्यौहारों पर ये अपने आपको जंगली फूलों से सजाती हैं। मर्द प्रायः नंगे बदन ही रहते हैं तथा नीचे धोती की जगह अंगोछी पहनते हैं। कभी-कभी बदन में गोल गले की गंजी भी पहनते हैं।

3. पंजाब एवं हरियाणा के क्षेत्रीय परिधान—पंजाब वीरों की भूमि कही जाती है, यहाँ के लोग अत्यन्त ही परिश्रमी होते हैं।

पंजाब के निवासी पुरुषों की सामान्य ड्रेस एक खास अदा, जिससे उनका अक्खड़पन परिलक्षित होता है, से पहना जाने वाले प्रिन्टदार लुंगी एवं कमीज होती है। वे कन्धे पर प्रिन्ट वाले अंगोछा भी रखते हैं। पंजाब में ज्यादातर लोग सिख सम्प्रदाय के हैं, जिनके लिए पाँच 'क' (केश, कंघा, कच्छा, कड़ा, और कृपाण) धारण करना उनके धर्मानुकूल है। वे सिर पर बड़ी पगड़ी बांधते हैं, जिन्हें देखकर ही हम पहचान लेते हैं। हरियाणा के लोगों की पगड़ी दूसरे ही किस्म की होती है। औरतें सामान्यतः सलवार और कुर्ती पहनती हैं, जिन्हें आजकल के प्रचलन के अनुसार सलवार सूट या पंजाबी सूट कहा जाता है। ऊपर से सिर ढंकने एवं जिस्म के लिए सुन्दर फुलकारीयुक्त चुन्नी या ओढ़नी का भी इस्तेमाल किया जाता है। ये वस्त्र प्रायः सूती या नवीन सिन्थेटिक रेशों के भी हो सकते हैं।

4. लखनऊ क्षेत्र के परिधान—लखनऊ महान् शासक वाजिदअली शाह की राजधानी रही है। लखनऊ की अदब और तहजीब पर आज भी मुगल सम्राटों की छाप सुस्पष्ट रूप से महसूस होती है। यहां लोग अत्यन्त ही शौकीन मिजाज के होते हैं। पहनावे के रूप में यहां के पुरुष मलमल या कैम्ब्रिक का बना सुन्दर बेलबूटेदार कुर्ता तथा अलीगढ़ी पायजामा पहनते हैं। यह प्रायः ही सफेद रंग का होता है। मुगल परम्परा के अनुसार यहाँ के मर्द सिर पर सुन्दर बेलबूटेदार मलमल की टोपी धारण करते हैं। बूटेदार अचकन और मिर्जई तो यहां की खास शौकीनी हैं। महिलाएं साड़ी और ब्लाउज पहनती हैं। इनके पहनने का एक विशेष अंदाज होता है। ये साड़ियां काफी नीचे जमीन को छूती हुई पहनती हैं तथा लम्बा पल्लू भी निकालती हैं, जो शरीर से करीने से लिपट कर पीछे लटकता रहता है। साड़ी या ओढ़नी पर चिकनकारी का सुन्दर डिजाइन बनाती हैं जो अत्यन्त ही मनभावन होते हैं।

5. हैदराबादी क्षेत्र के परिधान—यहां सिल्क से निर्मित साड़ी और धोतियों को पीताम्बर या पैठणी वस्त्र कहा जाता है। साड़ियां सिल्क निर्मित तथा जालीदार होती हैं। इन पर पुराने समय में सोने के तारों के नमूने बने होते थे। आंचल और बार्डर अलग से बनाकर साड़ी में सिलकर जोड़ दिए जाते थे। साड़ियां प्रायः गाढे नारंगी तथा काले रंगों में रंगी जाती थीं। इनके नमूने भी चरक रंगों के होते थे। यहां भी साड़ियों के धारण करने का एक विशिष्ट ही अन्दाज है।

6. राजस्थान के क्षेत्रीय परिधान—राजस्थानी औरतों का चालीस कली वाला घाघरा और बूटेदार चोली पूरे देश में प्रसिद्ध है। इनके लहंगों, घाघरों, चूनर तथा चोलियों में सुनहले, रुपहले तारों के साथ चटख रेशमी धागों से कढ़ाई की जाती है। बीच-बीच में चमकीले मोटे शीशे, सलमा-सितारे भी टांके जाते हैं। यहां के बंधनी कला के वस्त्र इस पूरे क्षेत्र में गुजरात से लेकर काठियावाड़ और सिन्ध तक में प्रसिद्ध हैं। गुजरात की बन्धनहारियां बांधनी के नमूने बनाने में बड़ी प्रवीण मानी जाती हैं। इस क्षेत्र के पुरुष धोती को एक खास अदा में ही पहनते हैं। उसे आम बोलचाल की भाषा में दुढ़ेकवा कहा जाता है। शरीर के ऊपरी भाग पर अंगरखा पहनते हैं। जिसमें नीचे काफी चुन्नटदार झालर लगी रहती हैं। सर पर बंधनीकाल तैयार मोड़दार पगड़ी बांधते हैं। कन्धे पर बन्धनीकरण से तैयार किया हुआ अंगोछा भी इस्तेमाल करते हैं।

7. महाराष्ट्र क्षेत्र के परिधान—मुम्बई की माया के कारण अब तो यहाँ के परिधान सागान्यतः पश्चिगी रंग से ओतप्रोत हो चुके हैं, फिर भी किसी विशेष अवसर या तीज-त्यौहारों पर स्त्रियां अपने क्षेत्रीय परिधान में सज-धज कर सबका मन अपनी ओर खींच लेती हैं। यहाँ की महिलाएं पहनती तो साड़ी एवं ब्लाउज ही हैं, पर उनकी साड़ी अन्य स्थानों की तुलना में थोड़ी अधिक लम्बी होती है। ये साड़ी के निचले छोर को पुरुषों की तरह पीछे खोंसती हैं। आगे मध्य भाग से प्लेट भी लगती हैं तथा शरीर से घुमाते हुए लम्बा आंचल भी पीछे की ओर निकालती हैं। इनकी साड़ियां प्रायः किनारीदार होती हैं तथा बीच में विशेष प्रकार के नमूने बने होते हैं।

8. भारत के दक्षिणी क्षेत्र के परिधान—विदेशियों का सर्वाधिक प्रभाव भारत के दक्षिणी क्षेत्र पर पड़ा, अतः यहां की वेशभूषा एक अलग ही किस्म की है। इस क्षेत्र के लोग पूजा-पाठ पर अधिक ध्यान देते हैं। यहां के पुरुष सफेद रंग की खास लुंगी एवं ऊपर फ्लाइंग शर्ट पहनकर अपने कार्यालयों में भी काम करते मिल जाते हैं मद्रासी लुंगी की पूरे देश में एक अपनी ही पहचान है। यहां की क्षेत्रीय औरतें सामान्य रूप से साड़ी ही पहनती हैं पर अलग से पहचाने जाने वाले एक विशेष अंदाज में।

9. कश्मीरी क्षेत्रीय परिधान—पर्यटकों को लुभाने वाली कई वस्तुओं में यहां के परिधान एवं उन पर सलीके से टंके बेलबूटे भी अपना खास स्थान रखते हैं। यहां वर्ष में अधिक समय जाड़ा ही पड़ता रहता है, अतः यहां के क्षेत्रीय वस्त्र प्रायः ऊन के ही बने होते हैं। मुस्लिम बाहुल्य होने के कारण इस क्षेत्र पर उनके कल्चर का प्रभाव भी स्पष्ट दृष्टिगोचर होता है। यहां के

पुरुष लम्बे ऊनी ढीले-ढाले कमीज या कुर्ता पहनते हैं। औरतें भी ऊनी लम्बी कुर्तियां पहनती हैं तथा पायजामा भी पहनती हैं। यहां के हर वस्त्र सुन्दर कसीदाकारी से सुसज्जित होते हैं।

परम्परागत भारतीय कशीदाकारी

स्वयं को सजाने और आकर्षक बनाने के लिए सुन्दर फूलों एवं पत्तियों के इस्तेमाल करने की कला सभ्यता के प्रारम्भिक काल से ही विकसित हुई, ऐसा अति प्राचीन गुफाओं आदि से प्राप्त भित्तिचित्र या मूर्तियों या अन्य भग्नावशेषों से ज्ञात होता है। वस्त्र लज्जा निवारण के लिए आविष्कृत हुआ एवं उसकी सज्जा के लिए विभिन्न खूबसूरत बेलबूटे एवं कशीदाकारी प्रयुक्त की जाने लगी। इन सुन्दर बेलबूटों पर क्षेत्र का भी प्रभाव पड़ा। हमारे देश में समय के साथ विभिन्न सभ्यताओं एवं जातियों का प्रादुर्भव हुआ। स्वाभाविक रूप से उन जातियों एवं सभ्यताओं ने भी कशीदाकारी के ढंग पर कुछ अपना रंग चढ़ाया। भारतीय कशीदाकारी की हमेशा से एक अलग ही पहचान रही है। फैशन एवं सुन्दर कशीदाकारी के लिए मुगलकाल स्वर्ण युग की तरह माना जाता है। भारतीय एवं मुगल दो महान् संस्कृतियों के संयोग से भारतीय कशीदाकारी को एक विशिष्ट नूतन स्वरूप मिला है।

विभिन्न संस्कृतियों द्वारा प्रभावित होकर भारत की कढ़ाई कला अत्यन्त ही निखर गई। पर अपनी कुछ खास विशिष्टताओं के कारण यहां की कढ़ाई कला अपनी मिट्टी की सोंधी खुसबू और रंग के लिए एक अलग सी पहचान बनाए आज भी पूरे विश्व को आकर्षित कर रही है। यहां की पारम्परिक कढ़ाई कला के कुछ उलेखनीय नाम निम्नलिखित हैं—

1. कश्मीरी कढ़ाई कला—जिस प्रकार कश्मीर की घाटियां अपनी नैसर्गिक सुषमा के लिए प्रसिद्ध हैं, उसी प्रकार यहाँ की कढ़ाई-कला भी अपनी अनुपम रंग योजना द्वारा वस्त्रों पर प्राकृतिक छटा प्रस्तुत करने के लिए प्रसिद्ध है। यहाँ के प्रसिद्ध शालों में प्रकृति-चित्रण ही रहता है। यहाँ की एक विशेष कढ़ाई—'अक्सी' अर्थात् दर्पण का प्रतिबिम्ब दुनिया भर में प्रसिद्ध है। यह कढ़ाई अत्यन्त ही महीन सूई और पतले धागे से की जाती है। सूई वस्त्र के तानों एवं वानों को मध्य से चीरती हुई इस प्रकार सफाई से निकल जाती है कि कढ़ाई वस्त्र के एक ओर ही दिखाई पड़ती है। इसी कारण वस्त्र की दूसरी और भी आसानी से दूसरे रंगीन धागों से सर्वथा नवीन नमूना बनाया जा सकता है। ऐसी कशीदाकारी दोरुखी या दोरंगी कहलाती है। प्रसिद्ध पश्मीने के शालों पर यही कढ़ाई की जाती है। शाल के अतिरिक्त, कश्मीरी कोट, टोपी, जूते, मफलर, आदि पर भी कश्मीरी टांकों से कढ़ाई की जाती है। उन्नीसवीं सदी के उत्तरार्ध में बने कश्मीरी शालों पर पूरे के पूरे शहर के दृश्य कढ़ाई द्वारा बनाए जाते थे। श्रीनगर शहर के दृश्य वाले शाल अब भी देखने को मिलते हैं।

2. पंजाब की फुलकारी—पंजाब की प्राचीन कढ़ाई में योद्धाओं के चित्र एवं रणक्षेत्र के दृश्य चित्रित किए जाते थे। यहां की कढ़ाई मुगलों के प्रभाव से विशेष रूप से प्रभावित हुई। खादी के वस्त्र रेशमी धागों द्वारा कढ़ाई करके कशीदाकारी को धूप-छांह पर आभास दिया जाता है। शादी के शाल, दुल्हन का सिर ढंकने वाली चूनर 'फुलकारी' द्वारा बनी होती है। परिवार में कन्या के जन्म होने के साथ ही उसके विवाह में उपहारस्वरूप देने के लिए फुलकारी-निर्माण की तैयारी आरम्भ हो जाती है। फुलकारी में वस्त्र की पूरी जमीन कढ़ाई किए हुए फूल-पत्तियों द्वारा आच्छादित रहती है। भरवां टांकों द्वारा बनी होने के कारण नमूने सघन होते हैं। इन नमूनों में फूल, पत्तियां, चांद, सूरज, मकड़ी का जाल, लहरें आदि चित्रित रहते हैं। इस कढ़ाई में प्रायः लाल, कत्थई, हरे, पीले रंगों के धागों का उपयोग अधिक होता है।

3. कच्छ एवं काठियावाड़ की कढ़ाई—कच्छ में कच्छे रेशमी धागों से सरल नमूनों की चटख रंगों का प्रयोग करके कढ़ाई की जाती है। इसे 'कान्वी' कहा जाता है। इनसे गरारे, लहंगे तथा चोली, आदि वस्त्र काढ़े जाते हैं। नमूनों की रचना कढ़ाई में स्पष्ट रूप से दिखाई देती है। कच्छ में फुलकारी बनाने की परम्परा भी रही है।

काठियावाड की कढ़ाई में कच्छ और सिन्ध कढ़ाई का सुन्दर सम्मिश्रण रहता है। यहाँ की प्रसिद्ध कढ़ाई 'भरतकाम' या 'अमला भरत' है। इसमें फूलों के मध्य भाग में गोल दर्पण के टुकड़े जड़े होते हैं। स्त्रियों के चोलियों, घाघरों में विशेषतः शीशे की कढ़ाई की जाती है। शेष भाग चेन स्टिच, स्टेम स्टिच, लेजी डेजी तथा हेरिंग वोन स्विच द्वारा रंगीन रेशमी धागों से कढ़ाई की जाती है। यहाँ की महिलाएं प्राचीन परम्परानुसार 'चकला' का निर्माण करती है। रंग-बिरंगे रेशमी वस्त्र के टुकड़ों को एप्लीक द्वारा जोड़कर बड़ा चौकोर रूमाल बनाया जाता है। उस पर मोती और शीशे टांककर रेशमी धागों से कलात्मक नमूने काढ़े जाते हैं। परम्परागत रूप से इस चकला में कलात्मक नमूने काढ़े जाते हैं। परम्परागत रूप से चकला में नववधुएं

अपना दहेज संजोकर रखती हैं तथा ससुराल पहुँचकर अपने शयन कक्ष की दीवार पर शुभ-प्रतीक के रूप में टांगती हैं। यहां के तोरण भी अति कलात्मक होता है। काठियावाड़ी 'कतव' भी काफी लोकप्रिय है। इसमें सफेद या कोरे बिना धुले सूती कपड़े पर लाल तथा नीले कपड़े से एप्लीक वर्क द्वारा ज्यामितीय नमूने, स्त्री, पुरुष, जानवर, पक्षी, बने होते हैं।

4. राजस्थानी कढ़ाई—राजस्थान की परम्परागत कढ़ाई गुजरात और सिन्ध की कढ़ाई से मिलती-जुलती है। यहाँ भी शीशे जड़कर कशीदाकारी करने की परम्परा अधिक है। लहंगों, चालीस कली वाले घाघरों, चूनर तथा चोलियों में सुनहरे, रुपहले तारों के साथ चटक रेशमी धागों से कढ़ाई की जाती है। बीच-बीच में चमकीले मोटे शीशे, सलमा-सितारे भी टांके जाते हैं।

5. चम्बा रूमाल—हिमालय के आंचल में बने ये कढ़े हुए वस्त्र अपने सौन्दर्य के लिए प्रसिद्ध हैं। चम्बा रूमाल पारम्परिक कढ़ाई का अनुपम उदाहरण है। इसमें बड़े-बड़े रेशमी रूमालों पर चारों और फूल-पत्तियों वाली बेलें कढ़ी होती हैं। मध्य भाग में ढोलक, ढपली, मृदंग, तुरही इत्यादि बजाते हुए स्त्री-पुरुष, श्रीकृष्ण की रासलीला, रथयात्रा, आदि के दृश्य सैटिन स्टिच द्वारा बनाए जाते हैं। ये रूमाल पूजा की थाली, प्रसाद ढंकने अथवा पवित्र स्थानों पर बिछाने के काम में आते हैं।

6. उड़ीसा का पैचवर्क—उड़ीसा का पैचवर्क, एप्लीक वर्क अथवा शामियाना वर्क रंगीन कपड़े के टुकड़े को जोड़कर बनाया जाता है। वहां की स्त्रियों की कल्पनाशीलता एवं रंग संयोजन की अभिरुचियां प्रशंसनीय हैं। सफेद वस्त्र पर रंगीन टुकड़ों से बना एप्लीक वर्क यहां की कढ़ाई की विशिष्ट पहचान है।

7. पश्चिम बंगाल का कौथा—बंगाली महिलाएं क्विल्टिंग द्वारा पुरानी साड़ियों तथा चादरों का सदुपयोग करती हैं। इन्हें जोड़कर सर्वप्रथम किनारी बना ली जाती है। बाद में मध्य भाग पर सुनिश्चित सामयिक कथानकों तथा पौराणिक कथाओं पर आधारित नमूने साधारण टंकाई से बनाए जाते हैं। टांके सुन्दर और सूक्ष्म होते हैं और वे वस्त्र-कला के सुन्दर, उत्कृष्ट नमूने बन जाते हैं। इसका उपयोग फर्श या चौकी पर बिछाने के लिए किया जाता है।

8. लखनऊ की चिकनकारी—चिकेन की कढ़ाई से सजी हुई साड़ियां अपने अनोखे सौन्दर्य के लिए प्रसिद्ध हैं। इसमें सफेद मलमल अथवा कैम्ब्रिक पर सफेद धागे द्वारा सूक्ष्म रेखाओं पर कुशलता से महीन कढ़ाई करके फ्रेंचनॉट ओपन वर्क एवं

हेरिंगवोन स्टिच द्वारा उभार, जाली और छाया के प्रभाव उत्पन्न किए जाते हैं। चिकनकारी के निमित्त प्रायः बेल-बूटेदार नमूने ही चुने जाते हैं। आजकल इस काम में हल्के रंग के वस्त्रों पर रंगीन धागे प्रयुक्त होने लगे हैं। इस कढ़ाई का व्यवहार साड़ियों, कुर्तों, दुपट्टों, टोपियों, आदि पर होता है।

9. मणिपुरी कढ़ाई—लाल, पीले, सफेद, काले रंगों के धागों से स्टेम, रनिंग और सैटिन स्टिच का प्रयोग करके यह कढ़ाई की जाती है। प्राकृतिक दृश्य के कढ़ाई वाले नमूनों में मणिपुरी महिलाओं की कल्पनाशीलता और सौन्दर्य बोध झलकता है।

10. कर्नाटक की कसूटी—मैसूर के आसपास के क्षेत्र, धाड़वाड़, बीजापुर इस कढ़ाई के लिए प्रसिद्ध हैं। 'कसूटी' कसीदा शब्द का ही पर्याय है। यह कढ़ाई दो सूती कपड़े पर लाल, बैंगरी, हरे, नारंगी, पीले जैसे तीक्ष्ण चटख रंगों के धागों से की जाती है। इसके नमूने धार्मिक तथा स्थानीय वास्तुशिल्प से प्रभावित होते हैं। इसमें धागे गिन-गिन कर हॉलविन, जिग, जैग, रनिंग एवं क्रॉस स्टिच द्वारा नमूने बनाए जाते हैं।

11. बनारस की जरी कला—उत्तर भारत में जरी की कढ़ाई युक्त परिधानों का प्रयोग अधिकतर धनी वर्ग के लोग ही करते रहते हैं। बनारसी साड़ियों के बिना आज भी ब्याह की रस्में अधूरी मानी जाती हैं। जरी के सुनहरे, रुपहले तारों द्वारा साड़ी, घाघरे, चूनर, टोपियां, जूते, पर्स, बेल्ट, आदि पर भरवां कढ़ाई की जाती है।

12. मद्रासी कढ़ाई—इस कढ़ाई कला पर अंग्रेजों के स्पष्ट प्रभाव के कारण उसे एंग्लो इण्डियन एम्ब्रॉयडरी भी कहते हैं। इस कढ़ाई द्वारा बने रूमाल पूरे के पूरे नमूने युक्त होते हैं। इसमें चेन, बटन होल, ब्लैन्केट, फ्रेंचनॉट तथा भरवां टांकों का प्रयोग होता है।

13. बिहार की सुजनी—कढ़ाई की हुई गुदड़ी या कांथा बिहार की एक अपनी विशेषता है। इसे सुजनी भी कहा जाता है। पुराने कपड़े, फटी साड़ियां एवं धोतियों की तह बिछाकर ऊपर-नीचे अच्छी मजबूत एक रंगवाली साड़ी रखकर सर्वप्रथम चारों किनारे सी लिए जाते हैं। फिर हेरिंगवोन अथवा रनिंग स्टिच से चारखाने बनाते हैं। प्रत्येक घर में तोता, मोर, चिड़िया, हाथी, फूल-पत्तियां, आदि रनिंग स्टिच से बना दी जाती हैं।

14. सिन्धी कढ़ाई—सिन्धी टांका सरल एवं सुन्दर कढ़ाई का अप्रितम नमूना है। लाल, कत्थई वस्त्र पर हरे, पीले, सफेद, काले, गुलाबी रेशमी अथवा पतले सूती धागों से कढ़ाई की

जाती है। यह कढ़ाई वस्त्र के ऊपर ही ऊपर सघन रूप से बनती है।

सिन्ध क्षेत्र अब पाकिस्तान के अन्तर्गत है, पर आज भी कच्छ, काठियावाड़, पंजाब, राजस्थान, आदि की कढ़ाई कला पर इसका स्पष्ट प्रभाव है।

भारत के पारम्परिक वस्त्रों की विवरणी

प्राचीनकाल में भारत में जो वस्त्र तैयार किए जाते थे वे भारतीय कला एवं संस्कृतियुक्त होते थे। भारतीय वस्त्रों के व्यापारी वस्त्रों को विदेश में बेचकर बहुत अधिक धन कमाया करते थे। हाथों से बुने हुए ये वस्त्र बहुत अधिक लोकप्रिय होने के साथ-साथ अन्य देशों में बने वस्त्रों की तुलना में अधिक महीन, सुन्दर तथा कोमल होते थे। वस्त्रों के गुणों तथा उनके निर्माण के स्थान के आधार पर वस्त्रों के नाम रखे जाते थे। निर्माणकर्ता जुलाहा वर्ग कहा जाता था। प्राचीनकाल के प्रसिद्ध भारतीय वस्त्र निम्नलिखित हैं—

(1) ढाका की मलमल तथा साड़ियां—ढाका में बनने वाले वस्त्रों में प्रसिद्ध वस्त्र मलमल था, जिनके विभिन्न नाम थे, इसे आव-ए-खां, वफ्त हवा तथा शबनम भी कहा जाता था। ढाका की मलमल इतनी महीन होती थी कि पूरा का पूरा थान तह करके माचिस की डिबिया में रखा जा सकता था तथा उसे लपेटकर अंगूठी में से निकाला जा सकता था। ढाका की साड़ियां भी बहुत महीन तथा हल्की होती थीं, जिसमें सोने तथा चांदी के महीन तारों से सुन्दर नमूनों में कढ़ाई की जाती थी। साथ ही साड़ियों पर पशु-पक्षियों की आकृतियां भी अंकित की जाती थीं। तेरछा, पन्ना हजारे, फुलवार, तोरदार मुख्य साड़ियों के नाम थे।

(2) चन्देरी साड़ियां—चन्देर नामक स्थान पर भी बहुत महीन तथा सुन्दर साड़ियां सूती धागों से बुनी जाती थीं, जिनमें रेशम तथा जरी से सुन्दर नमूने बनाए जाते थे, जो विभिन्न रंगों के होते थे।

(3) बालूचर साड़ियां—बालूचर से बनी साड़ियों का निर्माण हथकरघों द्वारा होता था, जिसके आंचल के नमूने अत्यन्त आकर्षक होते थे, जो मुगलकालीन सभ्यता की परिचायक होते थे। इनमें हुक्का पीता हुआ सामन्त, घोड़े पर सवार या फूल-सूंघती हुई बेगमों के चित्र होते थे।

(4) ब्रोकेड—ब्रोकेड एक प्रसिद्ध तथा कीमती वस्त्र था, जो सूरत, बनारस तथा अहमदाबाद में बनाया जाता था, जिसमें सोने-चांदी के महीन तारों से नमूने अंकित होते थे। ब्रोकेड कई प्रकार के होते थे; जैसे (क) वफ्त अथवा पाहथान, (ख) कमख्वाब, (ग) आव-ए-खां, (घ) हिमरस तथा अमर रस।

(5) पैठणी—हैदराबाद के पैठण नामक स्थान पर रेशम से बनी गहरे नांरगी या लाल रंग वाली साड़ियां पैठणी साड़ियां या वस्त्र कहलाती थीं, जिस पर फूल, गमले तथा हंस अंकित रहते थे। इसके आंचल एवं बॉर्डर अलग से बनाकर साड़ी में जोड़े जाते थे, इन वस्त्रों को धार्मिक उत्सवों एवं पर्वों पर धारण किया जाता था।

(6) पटोला—पटोला साड़ियों पर हाथी, नर्तकी, फूल तथा गमलों के चित्र छापे जाते थे, जिनकी रंगाई टाई एण्ड डाई विधि से की जाती थी, जो पहले गुजरात तथा काठियावाड़ में बनता था, फिर अहमदाबाद, सूरत तथा मुम्बई में बनने लगा। अब सम्बलपुरी साड़ियां भी इसी शैली में बनती हैं।

(7) पालमपुरी या कलमदार—पालमपुरी वस्त्रों पर विभिन्न धार्मिक, पौराणिक कथाओं को चित्रित किया जाता था, जोकि हिन्दू तथा इस्लाम दोनों ही धर्मों से सम्बन्धित होती थीं। इसी विशेषता के कारण इन वस्त्रों को प्रायः धार्मिक अवसर पर धारण किया जाता था। समस्त चित्रण से वस्त्र एक पुष्पवाटिका के समान लगता था।

(8) बाँधनी—बाँधकर रंगी जाने वाली चुनरी, ओढ़नी, साड़ी, आदि वस्त्रों के लिए गुजरात, काठियावाड़, राजस्थान तथा सिन्ध प्रसिद्ध थे। बन्धनी वस्त्रों को विवाहिता के लिए मंगलमय एवं सौभाग्यसूचक शुभ वस्त्र माना जाता था। गुजरात की बंधनहारियां बांधने में बड़ी प्रवीण होती थीं और अभ्यास से वे उसे बिना चिह्न लगाए बांध सकती थीं। इसमें परम्परागत नमूने, जैसे—नर्तकी, पशु-पक्षी, फूल, आदि के अतिरिक्त एक बूटे, चार बूटे या सात बूटे वाले नमूने बनाए जाते थे। अलवर में कुछ रंगरेज एक ही वस्त्र के दोनों तरफ, दो प्रकार के नमूनों का रंग तैयार करते थे। वस्त्र के दोनों ओर नमूनेदार बन जाता था।

मुगल एवं ब्रिटिश युग के परिधान

मुगलकाल—मध्यकालीन युग में मुगलों के आगमन का भी प्रभाव हमारे वस्त्र उद्योग पर पड़ा। अफगानों अर्थात् गजनवी, गौरी, खिलजी, तुगलक तथा लोदी के समय हमारे भारतीय परिधानों पर मुस्लिम संस्कृति का अत्यन्त व्यापक प्रभाव पड़ा। इस काल में महिलाओं के सामाजिक जीवन में भी अनेक परिवर्तन आए। पर्दा-प्रथा पर काफी जोर दिया जाने लगा। नवाबों, राजाओं तथा

जर्मींदारों के हरम की स्त्रियां शोभा एवं उपभोग की वस्तु बन गईं पर ग्रामीण महिलाओं का परिवार की अर्थव्यवस्था में सक्रिय सहयोग हेतु घर से बाहर निकलना जारी रहा। इस काल में परिधान का उद्देश्य सौन्दर्यात्मक कम और रक्षात्मक अधिक हो गया। स्त्रियों के वस्त्र इतने ढीले-ढीले बनने लगे कि शरीर की रेखाएं व उभार दृष्टिगोचर न हों। आज भी कश्मीर की महिलाएं इसी तरह के वस्त्र पहनती हैं।

धीरे-धीरे सामान्य महिलाओं को उपभोग की वस्तु ही समझा जाने लगा। सुन्दर एवं कमसिन स्त्रियां उपहारस्वरूप प्रदान की जाने लगीं या फिर युद्ध में लड़कर जीती जाने लगीं। अतः औरतों को छिपाकर रखने तथा गोदना गोदकर बदसूरत बनाने की प्रथा चल पड़ी। मुस्लिम महिलाओं का बुरका इसका साक्षी है। राजस्थानी महिलाओं ने शलवार कुर्ता को न अपनाकर खूब घेरदार यानी चालीस कली वाला घाघरा, कमीज और ओढ़नी को अपनाया। उच्च एवं मध्यम श्रेणी के हिन्दू और मुसलमान पुरुष अंगरखा और चूड़ीदार पायजामा पहनने लगे। ब्राह्मणों में धोती पहनने का कट्टरपन बना रहा। पगड़ी या साफा का प्रयोग दोनों सम्प्रदाय के लोग करते थे। कन्धे पर शाल या दुपट्टा डालने का भी रिवाज था। मलिक मुहम्मद जायसी ने बारह अंगों में पहनने वाले बारह गहनों का वर्ण किया है। ये हैं—मांग में टीका, नाक में नथ, गले में सोने और मोती के हार, कलाई में चूड़ियां, बाँहों में बाजूबन्द, उंगलियों में अंगूठियां और पैरों में घुंघरुओं वाले पायल। एन.सी. मेहता के अनुसार, ''नथ पहनने की परम्परा निश्चित रूप से मुस्लिम प्रभाव को दर्शाती है।''

मुगल काल में स्त्रियों के पहनावे का जो प्रभाव हिन्दू स्त्रियों पर पड़ा, इसके स्पष्ट प्रमाण कांगड़ा शैली की चित्रकला में मिलते हैं। नृत्य प्रस्तुति के समय पहना जाने वाला चुस्त पायजामा, चुन्नटदार पारदर्शी फ्राकनुमा लम्बी बाँहों का कुर्ता, बिना बाँहों का जाकेट और पारदर्शी ओढ़नी एक शालीन परिधान माना जाता था। मुगल सम्राट अकबर को वस्त्रों में विशेष रुचि थी। उसने पूरे कुर्ते के स्थान पर सामने से कटा हुआ और बायीं ओर फीते द्वारा बंधा हुआ जामा पहनना शुरू किया तथा उसका प्रचलन हो गया।

मुगल काल में धारण किए जाने वाले परिधानों में जामा, एजार, नीभ तानाह, तन्जेब, फोताह, पतजेव, पायजार, आदि प्रमुख थे। अकबर ने कुछ परिधानों के नामों का हिन्दीकरण भी किया जैसे—बुरका के लिए चित्रगुपिता, पायजार के लिए

चरण धारण, आदि। परिधानों के निमित जिन कपड़ों का व्यवहार किया जाता था, उनमें प्रमुख थे, चीन के साटिन और रेशम, यूरोप की ब्रोकेड और मक्का का तैफला, शीरवानी, किनख्वाब, तनबार, खूरी, ताफ्ता, अंबरी, सीतापुरी, तसर, आदि प्रमुख रेशमी कपड़े इन दिनों व्यवहत होते थे। सूती वस्त्रों में ढाका का मलमल, खासा चौतार, तनसुख बाफ्ता, बहादुरशाही, मेहर गुल, गजीना, सालू, डोरिया आदि प्रमुख थे।

मुगल काल के परिधान का सर्वाधिक प्रभाव उत्तर भारत पर ही पड़ा। दक्षिण भारत इसके प्रभाव से सर्वथा अछूता रहा। दक्षिण भारत के लोग सदियों से चली आ रही पोशाकें ही धारण करते रहे। आज भी वहां की स्त्रियां लहंगा और चोली तथा पुरुष खास किश्म की लुंगी पहनते हैं।

ब्रिटिश काल—हमारे देश में अंग्रेजों ने व्यापार के बहाने पैर फैलाए और लगभग डेढ़ सौ वर्षों तक हम अंग्रेजों के अधीन रहे। उनका काल ब्रिटिश काल के नाम से जाना जाता है। हमारे यहां कपड़ा हाथकरघे पर बुना जाता था। इसमें समय और श्रम अधिक लगता था। अंग्रेजों ने मिल (पॉवरलूम) के बने वस्त्र हमारे यहां लाकर बेचना शुरू किया। ये हमारे वस्त्रों की तुलना में सस्ते होते थे। हमारे देश के बने सुन्दर वस्त्रों की मांग पश्चिम के देशों में अधिक थी। अतः अंग्रेजों ने इसका निर्यात प्रारम्भ कर दिया। हमारी आज की अधिकतम परिधान विद्या उन्हीं की देन हैं। उन्होंने ही यूनीफॉर्म पहनने की शिक्षा दी। अफसरों के लिए सूट पहनना, टाई या बो लगाना, चमाचम चूते-मोजे, कमर में बेल्ट लगाना, पुलिस मैन की खाकी वर्दी और सिर पर टोपी लगाना, बूट पहनना, बैच लगाना सिखाया गया। डॉक्टर, नर्स, डाकिया, वकील, जज, आदि हर पेशे के लिए अलग-अलग यूनिफार्म थी। अंग्रेजों के जमाने में इस वर्दी का बड़ा रौब था। पुलिस के बूट की आवाज रात में भी सुनकर लोग अपने घरों में दुबक जाते थे।

अंग्रेजों ने हमें वर्दियों के अलावा भी बहुत सारे वस्त्र दिए। उनके काल में सम्भ्रान्त जन हर अवसर के लिए अलग-अलग वस्त्र धारण करने लगे जैसे—बाथिंग सूट, स्वीमिंग सूट, नाइट सूट, डायनिंग सूट, समर सूट, गाउन, आदि। सामान्य लोग भी परिस्थिति के अनुसार हाफ पैन्ट, फुल पैन्ट, कमीज, फ्लाइंग शर्ट, आदि पहनने लगे। औरतों में भी अंग्रेजों के समय में काफी परिवर्तन आया। सम्भ्रान्त एवं पढ़ी-लिखी महिलाओं में पर्दा प्रथा की कमी हुई। उन्होंने भी अंग्रेजों के वस्त्र अपनाए। भारतीय महिलाओं ने मैक्सी, मिडी, टू पीस के नाम पर थोड़ा

फेर बदलकर हवाई शर्टनुमा वस्त्र एवं स्कर्ट पहनना प्रारम्भ कर दिया। नाइट सूट, नाइटी, बाथिंग कास्ट्यूम्स, आदि उन्हीं की देन हैं। जहां मुगलों के काल में औरतें भारी गहनों से लदी घर के अन्दर रहती थीं। वहीं अंग्रेजों के काल में औरतों ने घरों से बाहर निकलना प्रारम्भ कर दिया। गले में हल्की चेन, कानों में झुमके या बालियां, नाक में नथ, पैरों में हल्की पायल यही गहने रह गए।

हमारे लोकप्रिय, नेता महात्मा गांधी ने सूत कातकर खुद बनकर खादी पहनने की सलाह दी, जिसमें गांधी टोपी और खादी की साड़ियां, धोती और कुर्ता हैं। अधिकांश आबादी खादी के वस्त्र ही धारण करने लगी। आजादी प्राप्ति के बाद पुनः हम धीरे-धीरे उनके परिधानों को अपनाने लगे और आज सम्पूर्ण देश सूट-टाई लगाकर, पेशेगत परिधान पहनकर, औरतें मैक्सी, मिडी या स्कर्ट तथा नाइट गाउन पहनकर स्वयं को विकसित प्राणी कहते नहीं अघाते हैं।

वस्त्रों का सामाजिक और मनोवैज्ञानिक महत्व

किसी व्यक्ति को व्यक्तिगत रूप से जानने से पहले सबसे पहला प्रभाव जो पड़ता है वह उसके परिधानों का होता है। वह व्यक्ति किस तरह से अपने आपको सजाता है, उसके चलने का तरीका, उसके बात करने का तरीका, वह किस तरह से अपने आपका ध्यान रखता है। इन सब बातों पर उसका पूरा व्यक्तित्व निर्भर करता है और यही तथ्य व्यक्तित्व को उभार कर सामने लाते हैं। उस व्यक्ति के परिधान किस हद तक उस व्यक्ति को सामने लाते हैं। यह बात पहने गए वस्त्रों के डिजाइन, रंग आदि पर निर्भर करती है।

परिधान के मनोवैज्ञानिक सिद्धांत

परिधान के मनोवैज्ञानिक सिद्धांतों को चार भागों में बांटा जा सकता है—(1) मोडेस्टी सिद्धांत, (2) इनमोडेस्टो सिद्धांत, (3) सुरक्षा सिद्धांत तथा (4) सजावट सिद्धांत

1. मोडेस्टी सिद्धांत (Modesty Theory)—कुछ मनोवैज्ञानिकों का यह सोचना था कि अपने शरीर को ढँकने की इच्छा मनुष्य को तब शुरू हुई थी, जब शर्म का एहसास हुआ था। यह आमतौर पर सोचा जाता है कि शर्म के चलते ही मनुष्य ने अपने शरीर को ढँकना शुरू किया था। बहुत से मनोवैज्ञानिक ने कहा कि Modesty के चलते मनुष्य ने कपड़ा धारण करना बाद में शुरू किया, जब उसको कपड़े पहनने की

आदत हो गई, क्योंकि उनका यह सोचना था कि जब बच्चा पैदा होता है उस समय उसको शर्म का कोई एहसास नहीं होता है। Modesty की आदत कपड़े पहनने की आदत के साथ ही आती है। कुछ लोगों ने सोचा कि शरीर के उसी भाग को मनुष्य ने ढँकना शुरू किया, जिसकी ओर वह विपरीत सेक्स को आकर्षित करना चाहता था।

Modesty एक बहुत ही प्रचलित शब्द है और अपने-अपने जाति, प्रदेश या देश के साथ बदलता रहता है। समाज में कौन, कहाँ, कब, कैसा कपड़ा पहनेगा यह सब अपने समाज के अनुसार ही Modesty माना जाता है।

2. इनमोडेस्टी सिद्धांत (Inmodesty Theory)—कुछ मनोवैज्ञानिकों का यह सोचना था कि Modesty शर्म का नतीजा नहीं, बल्कि उसका कारण है। कपड़े पहनने से वह अपने शरीर को ढंकता नहीं बल्कि उन अंगों को ढँककर दूसरों को आकर्षित करता है। इसके लिए इस सिद्धांत को Inmodesty कहा जाता है। इन लोगों का यह सोचना है कि अपने शरीर को और आकर्षक बनाने के लिए ही मनुष्य ने कपड़ा पहनना शुरू किया।

मनुष्य में एक प्राकृतिक इच्छा होती है, जिसके चलते वह अपने शरीर को दूसरों को दिखाना चाहता है और दूसरों को अपने शरीर की तरफ आकर्षित करना चाहता है। जैसे—कुछ व्यक्तियों को बिना कपड़ा धारण कर नाचने का शौक होता है। अपने शरीर का प्रदर्शन करके दूसरों को दिखाने में उनको एक प्रकार की सन्तुष्टि मिलती है।

3. सुरक्षा का सिद्धान्त (Protection Theory)—बहुत से मनोवैज्ञानिकों का यह सोचना था कि अपने शरीर की सुरक्षा करना ही वस्त्र का मकसद था। बहुत कम लोग ऐसे होंगे जो इस बात को मानने से इन्कार करेंगे कि अपने शरीर को बचाने के लिए मनुष्य ने कपड़े को धारण किया। कपड़े पहनने से न सिर्फ शारीरिक बल्कि मनोवैज्ञानिक सुरक्षा भी मिलती है। यदि हम मनुष्य के इतिहास को देखते हैं तब पाते हैं कि किस तरह से उसको अपने शरीर को बचाने का उपाय सोचना पड़ता था। पहले उसने पेड़-पौधों से सुरक्षा ली। पत्ते इत्यादि का परिधान तैयार किया और अपने शरीर को ढँककर बचाव किया। जानवरों की खाल को ओढ़कर गर्मी या ठण्डक से अपने आपको बचाया। मनोवैज्ञानिकों का मानना है कि गर्म प्रदेशों में कपड़े की जरूरत महसूस हुई। अपने शरीर को बचाने के साथ-साथ इधर-उधर

घूमने में भी उसको आसानी महसूस हुई। इसी तरह धीरे-धीरे जरूरत के अनुसार परिधानों में बहुत-सी चीजें सामने आईं, जिसके द्वारा मनुष्य अपने शरीर को बचाता है।

4. सजावट सिद्धांत (Decoration Theory)—यह एक ऐसा सिद्धांत है, जिसको आमतौर पर सबने माना है, क्योंकि सजाने सँवारने के चलते ही उसने वस्त्र धारण तथा सजावट की सामग्री का इस्तेमाल करना शुरू किया। Decoration का मतलब होता है कि सजावट और शरीर पर जरूरत के अलावा जो भी पहना जाता है वह सिर्फ अपने शरीर को सजाने के लिए होता है। जाने-अनजाने व्यक्ति सबसे पहले कपड़ों की तरफ आकर्षित होते हैं और फिर जेवर इत्यादि पहनकर अपने आपको आकर्षक बनाते हैं। इस प्रवृत्ति के पीछे न सिर्फ अपने आपको सजाने की इच्छा बल्कि दूसरों को दिखाने की भी इच्छा होती है।

असकॉलर के शब्दों में, "मनुष्य ने कपड़े पहनना तब शुरू किया जब उसको अपने शरीर को आकर्षक बनाने की इच्छा हुई, खासकर विपरीत सेक्स से लोगों को अलग दिखाने के लिए। खूबसूरती और आकर्षण सब लोगों में एक-सा नहीं होता। समाज में अलग-अलग स्वभाव के लोग रहते हैं, जिनके द्वारा वे लोग एक-दूसरे को मापते हैं। जो कुछ लोगों के लिए खूबसूरती हो सकती है वही दूसरों के लिए महत्वपूर्ण नहीं हो सकती है। जैसे—होंठों को रंगना, पैरों को बांधना, गोदना करना, कान और नाक छिदवाना इत्यादि ऐसी चीजें जिनको हर समाज में खूबसूरत नहीं माना जाता है। पर कुछ चीजें ऐसी हैं, जिनको आजकल हर समाज में सही माना जाता है और लोग इसको करते हैं। जैसे—शरीर को गोदना, त्वचा को रंगना, शेविंग करना, शरीर पर सेन्ट इत्यादि छिड़कना, होंठ पर लिपस्टिक लगाना, हाथ-पैर के नाखून रंगना, आइब्रो बनाना और चेहरे पर मेकअप करना चाहिए।

धुलाई की विधियां एवं सूखी धुलाई

धुलाई की विभिन्न विधियां निम्नलिखित हैं—

(क) रगड़कर धुलाई करना—मजबूत और मोटे सूती वस्त्रों की रगड़कर धुलाई की जाती है। वस्त्र के अनुरूप रगड़ को विधिपूर्वक प्रयोग करने की निम्नलिखित विधियां हैं—

(i) रगड़ने की क्रिया हाथों से घिसकर—हाथों से पकड़ में आने वाले वस्त्रों को रगड़ा जाता है। जैसे—ब्लाउज, रूमाल, बच्चों के कपड़े, फ्राक आदि। इसके लिए बेसिन, साबुन, गर्म तथा ठंडे पानी की आवश्यकता होती है। कपड़ों को फुलाने वाले पानी में से निकालकर गर्म पानी में डाल दिया जाता है। उसके बाद उसमें से निचोड़कर, उस पर साबुन लागाकर दोनों हाथों में लेकर रगड़ा जाता है, जिससे स्थायी फेन बनता है और धूलकण एवं गंदगी दूर होती जाती है। एक बार गर्म पानी में धोने से चिकनाई अलग हो जाती है। अन्त में, साधारण पानी में खंगाल लेने से वस्त्र स्वच्छ हो जाते हैं।

(ii) रगड़ने की क्रिया मार्जक ब्रश द्वारा करके—मोटे, मजबूत तथा बड़े वस्त्रों को ब्रश से मार्जन के द्वारा स्वच्छ किया जाता है। इसके लिए मार्जक ब्रश कपड़े के अनुसार कड़ा या कोमल, स्क्रबिंग बोर्ड, साबुन, गर्म तथा ठंडा पानी और टब की जरूरत होती है। टब में थोड़ा पानी भरकर स्क्रबिंग बोर्ड लगाया जाता है। इसका निचला भाग पानी में होता है। पानी फुलाए कपड़े को एक बार गर्म पानी में डालकर बोर्ड पर रखा जाता है। उसके बाद साबुन लगाकर, मार्जक ब्रश से कपड़े पर मार्जन किया जाता है। ब्रश को अपनी तरफ से टब की तरफ चलाया जाता है। बीच-बीच में वस्त्र पर पानी के छींटे दिए जाते हैं। अन्त में हाथ द्वारा रगड़कर धोने की विधि की अन्तिम प्रक्रिया दुहराकर तथा कपड़े को खंगाल कर स्वच्छ किया जाता है।

(iii) रगड़ की क्रिया घिसकर और मार्जन द्वारा करके—यह क्रिया मजबूत रचना के कपड़ों पर की जाती है। यह प्रक्रिया भी दो प्रकार से की जाती है—(a) रगड़ने की क्रिया हाथों से घिसकर तथा (b) रगड़ने की क्रिया मार्जक ब्रश द्वारा करके एक साथ ही की जाती है। कफ तथा कालरयुक्त कपड़ों के लिए विधि उत्तम है।

(ख) हल्का दबाव डालकर धुलाई करना—हल्के, कोमल तथा सूक्ष्म रचना के वस्त्रों की धुलाई हल्का दबाव डालकर किया जाता है। इस विधि से उन वस्त्रों के सौन्दर्य की पूर्ण रक्षा होती है। रंगीन, ऊनी, सूती, रेशमी, लेस युक्त तथा बुने हुए कपड़ों को धुलाई करने की यह उत्तम विधि है। वस्त्रों को साबुन के घोल में पानी डालकर हाथ से हल्के दबा-दबाकर धुलाई की जाती है। इस प्रक्रिया को गूंथन और निपीड़न कहते हैं। इसमें आटा गूंथने-जैसी प्रक्रिया हथेली एवं मुट्ठी द्वारा की जाती है। इस विधि द्वारा धुलाई करने से कपड़ों के रेशे, किस्म, रंग, बुनाई तथा रचना आदि की किसी प्रकार की क्षति नहीं होती है।

(ग) चूषण (सक्शन)-विधि का प्रयोग करके धुलाई करना—यह विधि भारी कपड़ों की धुलाई के लिए प्रयुक्त होती है।

वस्तुतः इस विधि में सक्शन वाशर से वस्त्र पर दबाव डाला जाता है, इसलिए वस्त्रों के रेशों, रंग आदि को किसी प्रकार की क्षति नहीं होती है। इस विधि के उपयोग से हाथों के श्रम की बचत होती है। सक्शन वाशर एक मुठियायुक्त उन्नतोदर तल का छिद्रयुक्त कटोरानुमा होता है, जिससे वस्त्रों पर दबाव डाला जाता है। टब में साबुन का घोल बनाकर वस्त्रों के अनुकूल ताप की जांच करने के बाद उसे उसमें डाल दिया जाता है। सक्शन से वाशर से एक बार जोर लगाकर वस्त्रों को साबुन-पानी के घोल में दबाया जाता है और शीघ्र ही उसे ऊपर उठा लिया जाता है। जो पानी छिद्रों से कटोरा में खींचकर भर जाता है, वह पुनः छिद्रों से झरने लगता है और वस्त्रों पर ही गिरता है। इस प्रकार सक्शन वाशर को कई बार ऊपर और नीचे किया जाता है। बीच-बीच में वस्त्रों को उल्टा-पल्टा जाता है। इससे साबुन-पानी का घोल वस्त्रों में पूर्ण संचलित हो जाता है। अन्त में, पूर्व विधि द्वारा वस्त्रों को खंगाल लिया जाता है।

(घ) **मशीन द्वारा धुलाई करना**—धुलाई मशीन द्वारा वस्त्रों की धुलाई की जाती है। धुलाई मशीन से श्रम और समय की बचत होती है। सभी प्रकार की धुलाई मशीनों की कार्य-प्रणाली एकसमान होती हैं। वस्त्रों को मशीन साबुन-पानी घोल में इतना हिलाती है कि उसकी गंदगी उससे अलग हो जाती है। छोटे कपड़ों को एक साथ मिलाकर धोया जाता है। अत्यन्त छोटे कपड़ों को एक पुराने तकिया के गिलाफ में भरकर और बांधकर धुलाई मशीन में डाला जाता है। धुलाई मशीन विद्युत चलित होती है।

सूखी या शुष्क धुलाई

यह धुलाई की वह विधि है, जिससे कपड़े को साफ करने में जल का बिल्कुल उपयोग नहीं किया जाता है। जल का उपयोग नहीं होने से इसे शुष्क या सूखी धुलाई कहते हैं। यह कोमल, कीमती तथा जल से खराब होने वाले वस्त्रों के लिए उपयोगी होता है। ऊनी कपड़े, रेशमी कपड़े, जरी युक्त कपड़े, सूखी धुलाई द्वारा साफ किए जाते हैं।

सूखी या शुष्क धुलाई की विधियाँ—सूखी धुलाई की निम्नलिखित विधियाँ हैं—

(1) **चिकनाई अवशोषक विधि**—इसमें कुछ ऐसे पदार्थ इस्तेमाल किए जाते हैं, जो कपड़ों पर लगी चिकनाई को अपने में सोख लेते हैं तथा कपड़ा चिकनाई मुक्त होकर साफ हो जाता है। जिसके मुख्य अवशोषक पदार्थ हैं—फ्रेंच चॉक, मुल्तानी मिट्टी, पाउडर मैग्नीशिया, भूसी तथा मूंग का बारीक आटा।

इस विधि से सफेद तथा हल्के रंग के कपड़ों से चिकनाई के दाग, धब्बे साफ किए जा सकते हैं। वास्तव में, इन अवशोषकों द्वारा चिकनाई को सोख लिया जाता है तथा इनसे कपड़ों पर किसी प्रकार का दाग नहीं लगता। कुछ अवशोषकों जैसे कि भूसी या मूंग का पाउडर आदि गर्म कर लिया जाए, तो इनकी अवशोषण क्षमता बढ़ जाती है तथा वे शीघ्र ही कपड़ों की चिकनाई को सोख लेते हैं। अवशोषण विधि द्वारा कपड़ों को निम्न वर्णित प्रकार से साफ किया जा सकता है—

➤ वस्त्र को अच्छी तरह सुखाकर ब्रश द्वारा झाड़ लेना चाहिए जिससे बिना चिपकी हुई गन्दगी तथा धूल कपड़े से अलग हो जाते हैं।

➤ वस्त्र को साफ तरह से फैलाकर उन सभी स्थानों पर पर्याप्त मात्रा में अवशोषक पदार्थ लगा देना चाहिए। जहां चिकनाई लगी हो।

➤ इसमें अवशोषक पदार्थ द्वारा कपड़े की पूरी चिकनाई सोख ली जाती है।

➤ अन्त में कपड़े साफ करने वाला ब्रश लेकर कपड़े पर अवशोषक पदार्थ को झाड़कर अलग कर लिया जाता है तथा कपड़ों को अच्छी प्रकार झाड़ लेना चाहिए। कपड़ा चिकनाई मुक्त होकर पूर्णयता साफ हो जाता है। यह विधि पूर्णतया सुरक्षित एवं सरल है, इस विधि द्वारा अधिक गन्दे कपड़े साफ नहीं हो पाते हैं।

(2) **चिकनाई विलायक विधि**—यह विधि दो प्रकार की होती है। इसमें रासायनिक विलायक है—पेट्रोल, जो अत्यधिक ज्वलनशील विलायक है। दूसरे प्रकार के विलायक उज्ज्वलनशील हैं, जिसमें कार्बन टेट्राक्लोराइड तथा बेन्जीन है जो सुरक्षित विलायक है। इसके द्वारा कपड़ों को निम्न वर्णित प्रकार से साफ किया जा सकता है—

➤ मैले कपड़े को अच्छी तरह झाड़कर धूल-मिट्टी को अलग कर देना चाहिए।

➤ कपड़े के आकार को ध्यान में रखते हुए किसी टब या तसले में समुचित मात्रा में पेट्रोल लेना चाहिए। कपड़े को अच्छी तरह पेट्रोल में डुबा देना चाहिए। फिर कपड़े को भली-भांति मलकर साफ कर लिया जाना चाहिए। इस तरह शीघ्र ही सारी चिकनाई एवं गन्दगी पेट्रोल से धुल जाती है।

➤ गन्दगी-मुक्त कपड़े को टब से बाहर निकालकर तथा वहीं उसे अच्छी तरह से निचोड़ लिया जाता है जिससे अधिक-से-अधिक पेट्रोल कपड़े में से निकल जाए।

➤ टब से बचे हुए पेट्रोल को तुरन्त किसी मखमल के कपड़े से छानकर किसी बन्द ढक्कन वाले डिब्बे में रखकर बन्द कर देना चाहिए। पेट्रोल फिर इस्तेमाल किया जा सकता है।

➤ धुले हुए वस्त्र को खुली हवा में फैला देना चाहिए ताकि कपड़े में बचा शेष पेट्रोल की गन्ध उड़ जाए।

➤ जब पेट्रोल की गन्ध आनी बन्द हो जाती है, तो कपड़े को अच्छी प्रकार इस्तिरी कर लेना चाहिए। इससे वस्त्र साफ एवं चमकदार हो जाता है।

➤ धुलाई करने वाले स्थान पर किसी प्रकार की आग या जलती हुई लौ नहीं होनी चाहिए।

➤ शुष्क धुलाई आंशिक रूप में की जाती है, जिसमें पूरे वस्त्र को पेट्रोल में नहीं डुबोकर केवल उसी भाग को डुबाया जाता है, जिस पर धब्बा या चिकनाई लगी होती है।

शुष्क धुलाई के लाभ—शुष्क धुलाई के निम्नलिखित लाभ हैं—

➤ पानी में धोने से कुछ वस्त्र खराब हो जाते हैं। ये वस्त्र शुष्क धुलाई द्वारा धोने पर किसी प्रकार से क्षतिग्रस्त नहीं होते तथा ज्यों-के-त्यों बने रहते हैं।

➤ शुष्क धुलाई द्वारा कपड़े धोने से सिकुड़ते नहीं हैं।

➤ उत्तम प्रकार के रोंयेदार, फर वाले तथा चमड़े के वस्त्र शुष्क धुलाई द्वारा सुरक्षित ढंग से साफ हो जाते हैं। इस प्रकार के वस्त्रों के रोंए खराब नहीं होते तथा उनका चमक, रंग एवं आकर्षण बना रहता है।

➤ शुष्क धुलाई द्वारा कपड़े की पूरी गन्दगी समाप्त हो जाती है।

शुष्क धुलाई की हानियाँ—शुष्क धुलाई से निम्नलिखित हानियाँ हैं—

➤ शुष्क धुलाई बहुत महंगी है; क्योंकि पेट्रोल आदि विलायक बहुत महंगे तथा शीघ्र उड़ने वाले होते हैं।

➤ शुष्क धुलाई इस्तेमाल होने वाले विलायकों में एक खास प्रकार की तीखी गन्ध होती है। कुछ लोगों को यह गन्ध अच्छी नहीं लगती है।

➤ इसके द्वारा कपड़ों से केवल उन्हीं धब्बों को हटाया जा सकता है जो पेट्रोल आदि विलायक से सरलता से घुल जाते हैं। परन्तु कुछ दाग-धब्बे ऐसे भी हो सकते हैं, जो इन विलायकों में नहीं घुलते। इस प्रकार की गन्दगी सूखी धुलाई द्वारा साफ नहीं होती है।

अपमार्जक

यह संश्लिष्ट कार्बनिक यौगिक होता है। यह संतृप्त तथा असंतृप्त दोनों प्रकार के हाइड्रोकार्बन से बनाए जाते हैं।

आजकल वस्त्रों की धुलाई के लिए यह प्रचलित है। स्वे, डेट, सर्फ, मैजिक, स्पा, रिन्सो, सीफान, बील, ब्लूबील, एरियल, एक्शल, रिनशक्ति आदि प्रसिद्ध अपमार्जक हैं। साबुन की अपेक्षा यह सस्ते होते हैं तथा कम मात्रा में ही काम चल जाता है। यह सफाई-कार्य को सरल कर देता है। यह कठोर, ठंडे तथा गर्म दोनों जल में सहज घुलनशील होते हैं और अत्यधिक मात्रा में झाग उत्पन्न करते हैं। इसमें प्रकाशीय विरंजक और उज्ज्वलकारी तत्व निर्माण के समय ही मिला दिए जाते हैं। फलस्वरूप घुले वस्त्रों को अलग से ब्लीच करने और नील देने की आवश्यकता नहीं होती है। यह गन्दे वस्त्रों के तेल और वसीय अंश शीघ्रता से पूर्णरूपेण दूर करते हैं।

रेशमी वस्त्रों की इस्तिरी या लोहा करना—रेशम के रेशे अधिक ताप नहीं सह सकते हैं। अधिक गर्म इस्तिरी से इसके कोमल रेशे कड़े हो जाते हैं और इसकी स्वाभाविक कोमलता नष्ट हो जाती है। हल्की गर्म इस्तिरी ही इसके लिए उपयुक्त होती है। स्वतः नियंत्रित इस्तिरी पर सिल्क के अनुकूल ताप तक गर्म करने का संकेत-चिह्न रहता है। रेशम के अनुकूल जब ताप रहे तभी इस्तिरी करनी चाहिए। पूर्णतः सूखे रेशमी वस्त्र को भीगे तौलिए में लपेटकर कुछ देर तक रख देना चाहिए और कुछ देर बाद इस्तिरी करनी चाहिए। तसर सिल्क को पूरा सूख जाने पर ही इस्तिरी करनी चाहिए। इसमें प्राकृतिक गोंद की मात्रा अधिक रहती है जिस पर इस्तिरी अच्छी तरह फिसलती है। गाढ़े रंग के वस्त्रों पर उल्टी तरफ से इस्तिरी करनी चाहिए।

रंगीन रेशमी वस्त्रों की सूखी धुलाई करवानी चाहिए। जारजेट, सिफोन, क्रेप एवं वजनी सिल्क की भी सूखी धुलाई करनी चाहिए। सुखाते समय हल्के से खींचकर आकार ठीक कर लेना चाहिए। इस्तिरी को घिसते हुए नहीं चलाना चाहिए। इस्तिरी को एक स्थान पर दबाकर पुनः उठाकर दूसरे स्थान पर रखकर पुनः दबा-दबा कर इस्तिरी करना चाहिए। रेशम के

कपड़े पर एक पतला गीला कपड़ा फैलाकर भी इस्तरी की जा सकती है। इस्तरी करने के बाद वस्त्र को थोड़ी देर हवा में रखना चाहिए। सिल्क से बने मखमली वस्त्रों पर उल्टी तरफ से इस्तरी करनी चाहिए। वाष्प के वेग से सीधी तरफ से रोंए खड़े हो जाते हैं, जिससे वस्त्र का सौन्दर्य बना रहता है।

नायलोन वस्त्रों की धुलाई—नायलोन वस्त्रों को किसी भी प्रकार के साबुन से धोया जा सकता है। वैसे इन्हें धोने में सिल्के बने वस्त्रों की धुलाई की तरह नियमों का पालन करना चाहिए। साबुन के फेन में वस्त्रों को साफ करके, कई बार साफ पानी में खंगालने के बाद पानी से निकालकर अच्छी तरह जोर से झटका देकर झाड़ने के बाद अलगनी पर रख देना चाहिए। इससे अधिकांश पानी निकल जाता है। कपड़ों को छायादार स्थान पर हैंगर में लटकाकर सुखाना चाहिए। उन्हें निचोड़ना नहीं चाहिए। इन पर नील तथा कलफ देने की जरूरत नहीं पड़ती है और न ही इन पर इस्तरी करने की आवश्यकता पड़ती है। इस्तरी करने की आवश्यकता पड़े, तो सावधानीपूर्वक हल्की गर्म इस्तरी करनी चाहिए। इस्तरी करते समय पानी के छींटे नहीं देने चाहिए।

चाय के धब्बे छुड़ाना—ताजा चाय के धब्बे पर गर्म पानी धार के रूप में गिराने से ये हट जाते हैं। यदि इस प्रकार धब्बा नहीं हटता है, तो दाग वाले स्थान पर थोड़ा बोरेक्स डालकर गर्म पानी धार से गिराना चाहिए। दाग वाले भाग को ग्लिसरीन में डूबोकर रखने एवं जेवेल जल से धोने से दाग हट जाता है। नींबू और नमक दाग वाले भाग पर लगाने से भी चाय के दाग समाप्त हो जाते हैं। शुष्क चाय के धब्बे सुहागे के हल्के घोल से साफ हो जाते हैं।

रक्त के धब्बे छुड़ाना—ठंडे पानी से धोकर दाग वाले भाग को धूप में रखने से ताजा रक्त का दाग समाप्त हो जाता है। सूखा दाग नमक मिश्रित जल में दाग वाले भाग को डुबोकर रखने के बाद धूप में सुखाने एवं ब्लीच करने से साफ हो जाता है। सिल्क और ऊनी वस्त्र पर पड़े रक्त के दाग सोडियम कार्बोनेट तथा हाईड्रोजन पारॉक्साइड के मिश्रण से स्पंज करने से साफ हो जाता है।

4 वस्त्र

आधुनिक युग में वस्त्र उद्योग ने आशातीत प्रगति की है। नित्य नये-नये अविष्कार किये जा रहे हैं। अनेक प्रकार के वस्त्र तैयार किये जा रहे हैं। इसके अतिरिक्त अनेक प्रकार की यान्त्रिक एवं रासायनिक परिसज्जाओं तथा परिष्कृतियों द्वारा वस्त्रों को नये-नये रूप प्रदान किये जाते हैं। कुछ परिसज्जाएं ऐसी भी हैं जो वस्त्र के वास्तविक रूप को छिपाकर किसी अन्य प्रकार के वस्त्र का भ्रम तक पैदा कर देती हैं। इस स्थिति में समुचित ज्ञान एवं पहचान न होने पर धोखा हो सकता है तथा व्यक्ति अपना इच्छित वस्त्र नहीं खरीद सकता। इस प्रकार के धोखे से बचने के लिये तथा वस्त्र की ठीक-ठीक परख करने के लिये कुछ पक्के परीक्षण (Tests) करने अनिवार्य हैं।

विभिन्न प्रकार के तन्तुओं की पहचान या परख के लिये मुख्य रूप से निम्नलिखित परीक्षण किये जाते हैं–

(1) बाहरी आकृति का परीक्षण

किसी भी वस्त्र या तन्तु के परीक्षण के लिये सर्वप्रथम उसकी बाहरी आकृति एवं रूप को देखा जाता है। विभिन्न प्रकार के वस्त्रों को देखने से उनकी प्रकृति का कुछ अनुमान लगाया जा सकता है। तन्तुओं की पहचान के लिये यह सबसे सरल एवं साधारण परीक्षण हैं। इस परीक्षण द्वारा तन्तुओं की परख करने के लिये किसी यन्त्र या उपकरण की आवश्यकता नहीं होती।

(2) स्पर्श द्वारा परीक्षण

प्रत्येक वस्त्रोपयोगी तन्तु की सतह भिन्न-भिन्न प्रकार की होती है। सतह की इस भिन्नता को स्पर्श द्वारा ज्ञात किया जा सकता है।

(3) सूक्ष्मदर्शी परीक्षण

यह एक यान्त्रिक परीक्षण है। सूक्ष्मदर्शी परीक्षण के अन्तर्गत तन्तुओं की रचना को सूक्ष्मदर्शी यन्त्र (Microscope) द्वारा देखा जाता है। इस परीक्षण के अन्तर्गत तन्तुओं को लम्बवत् तथा अनुप्रस्थ काट द्वारा देखा जाता है। तन्तुओं की व्यवस्थित स्लाइड बनाकर सूक्ष्मदर्शी यन्त्र द्वारा देखा जाता है। तन्तुओं की पहचान के लिये इस परीक्षण को काफी विश्वसनीय माना जाता है।

(4) दहन परीक्षण या अग्नि परीक्षण

तन्तुओं की पहचान करने के लिये एक महत्वपूर्ण परीक्षण दहन परीक्षण या अग्नि परीक्षण (Burning Test) भी है। इस परीक्षण द्वारा तन्तु के प्रकार को निश्चत करने में विशेष सहायता मिलती है। इस परीक्षण का सबसे अधिक महत्व यह है कि इसके द्वारा यह स्पष्ट हो जाता है कि कोई वस्तु सैल्यूलोज तन्तु है या रासायनिक तन्तु। इस परीक्षण के अन्तर्गत तन्तु को ज्वाला पर जलाया जाता है। तब देखा जाता है कि तन्तु जलता है या नहीं और यदि जलता है तो किस प्रकार जलता है। जलते हुये तन्तु की गन्ध से भी तन्तु की पहचान की जाती है। इसके अतिरिक्त तन्तु के जल जाने के उपरान्त शेष बची राख (Ash) को देखकर भी तन्तु की पहचान की जा सकती है।

(5) स्याही परीक्षण

कुछ वस्त्रों की पहचान के लिये स्याही परीक्षण (Ink Test) भी अपनाया जाता है। इस परीक्षण द्वारा मुख्य रूप से कपास तथा लिनन के बने वस्त्रों में अन्तर ज्ञात किया जाता है। इस परीक्षण के अन्तर्गत स्याही की एक बूँद धीरे से वस्त्र पर डाली जाती है। वस्त्र पर पड़ने के बाद स्याही फैलती है तथा वस्त्र पर उसका धब्बा बन जाता हैं कपास तथा लिनन पर स्याही की बूँद भिन्न-भिन्न प्रकार से फैलती तथा धब्बा बनाती है। इसी अन्तर को देखकर सम्बन्धित वस्त्र की पहचान हो है।

(6) घुलनशीलता परीक्षण

किसी तन्तु के प्रकार का निर्धारण करने के लिये एक सहायक परीक्षण के रूप में घुलनशील परीक्षण (Solubility Test) भी अपनाया जाता है। इस परीक्षण के अन्तर्गत सम्बन्धित वस्त्र या तन्तु की किसी विशिष्ट रसायन में घुलनशीलता को ज्ञात किया जाता है।

(7) तेल परीक्षण

तेल परीक्षण (Oil Test) के अन्तर्गत वस्त्र की पहचान करने के लिये तेल इस्तेमाल किया जाता है। इस परीक्षण के अन्तर्गत जिस वस्त्र की पहचान करनी हो उसकी सतह पर तेल की एक बूँद डाली जाती है। इसके बाद देखा जाता है कि तेल की बूँद का आकार कैसा बनता है? इस परीक्षण द्वारा भी मुख्य रूप से कपास तथा लिनन के वस्त्रों में अन्तर जाना जाता है।

(8) विशिष्ट गुरुत्व-परीक्षण

वस्त्र की पहचान करने के लिये उसके विशिष्ट गुरुत्व (Specific Gravity) के आधार पर भी परीक्षण किया जाता है। भिन्न-भिन्न तन्तुओं के बने तत्वों को विशिष्ट गुरुत्व भिन्न-भिन्न होता हैं विशिष्ट गुरुत्व जानने के लिये इस्तेमाल होने वाले उपकरण को हाइड्रोमीटर (Hydrometer) कहते हैं।

वस्त्रोपयोगी रेशों के गुण-धर्म

वस्त्रोपयोगी रेशों के मुख्य रूप से निम्नलिखित गुण-धर्म हैं–

(1) पर्याप्त दृढ़ता–वस्त्रों के निर्माण में वैसे रेशे ही काम आ सकते हैं, जिनमें पर्याप्त दृढ़ता अर्थात् मजबूती हो। दृढ़ रेशों से जो वस्त्र बनते हैं, वे टिकाऊ रहते हैं और कटते नहीं है।

(2) संतोषजनक लम्बाई–लम्बे रेशे वस्त्र-निर्माण के लिए अच्छे रहते हैं। लम्बे धागे से अटूट धागा बनाना एक आसान कार्य होता है।

(3) लचीलापन–प्रत्यास्थता के समान ही रेशों में लचीलापन का होना भी अनिवार्य है। यह गुण भी इन्हें बटाई, कताई तथा बुनाई के समय के खिंचाव-तनाव तथा झटकों को सहने की क्षमता देता है।

(4) अनम्यता–प्रत्यास्थता तथा लचीलेपन के समान ही अनम्यता का गुण जिन रेशों में रहता, उन्हें बांटना-काटना और उन्हें वस्त्र रूप में बुनना आसान होता है।

(5) कोमलता तथा सूक्ष्मता–प्राकृतिक कोमलता से परिपूर्ण रेशे से तैयार वस्त्र में भी कोमलता तथा मुलायमियत का गुण आ जाता है। कोमल और मुलायक वस्त्र सभी को रुचिकर होते हैं।

(6) चमक तथा क्रान्ति–कोमलता और सूक्ष्मता के समान वस्त्रों के निर्माण के लिए वे रेशे ही अधिक अनुकूल सिद्ध होते हैं, जो प्राकृतिक चमक और क्रान्ति से युक्त हों।

(7) अवशोषकता–नमी और आर्द्रता को अवशोषित करने को गुण रेशों में होना आवश्यक है। इसके कई कारण हैं। पहली बात यह है कि वस्त्र सदैव गन्दे होते रहते हैं, अतः अधिकांश वस्त्रों को नित्य धोना पड़ता है। नमी को सोखने के गुण से वस्त्र की पूर्णरूप से सफाई सम्भव होती है।

(8) विद्युतीय संवाहिता–जिन रेशों में इलेक्ट्रिक चार्ज को प्रवाहित करने की क्षमता रहती है, वे ही वस्त्र बनाने में प्रयोग होते हैं।

(9) घनत्व और विशिष्ट गुरुत्व–सभी वस्त्रोपयोगी रेशे ओलफिल रेशे की अपेक्षा भारी होते हैं। शीशे और एस्वेप्रस के रेशे में उच्च घनत्व रहता है तथा नायलॉन और सिल्क में निम्न घनत्व रहता है।

(10) ताप का प्रभाव और दक्षता–वस्त्रों को ताप का सामना प्रायः करना पड़ता है, फलतः जो रेशे ताप से अप्रभावित रहते हैं तथा जो अदाह्य होते हैं, उन्हीं का वस्त्र निर्माण में प्रयोग होता है। कृत्रिम रेशों पर कृत्रिम-विधि से इस गुण को पैदा किया जाता है। तब ही उन्हें वस्त्रों के योग्य समझा जाता है।

रेशों के चुनाव

आज के आधुनिक युग में वस्त्रों के चुनाव का मुख्य कारक है, बाजार में अधिक प्रकार के वस्त्रों का होना। कुछ समय पहले तक वस्त्रों का चयन इतना कठिन नहीं था, क्योंकि बाजारों में इतने अधिक प्रकार के वस्त्र नहीं थे। वस्त्रों की किस्में सीमित थीं। रेशों के प्रकार भी कम थे। आज, जबकि प्राकृतिक रेशों के ही आपस में मिलकर तरह-तरह के मिश्रित वस्त्र बनाए जा रहे हैं, साथ ही नए-नए रासायनिक रेशे भी अनेक प्रकार के निकल आए हैं, चुनाव का प्रश्न अब पहले से अधिक कठिन हो गया है। जब अभेद्यता तथा अपवारणता, अज्वलनशील आदि क्षमताओं से युक्त वस्त्र उसके लेबल से पहचाने जाते हैं। अतः लेबल को अच्छी तरह पढ़ लेना चाहिए। लेबल पर निम्नांकित बातों का उल्लेख भी देख लेना चाहिए–

(1) व्यापारिक चिह्न, (2) संरचना का प्रतिशत (3) परिसज्जा, जैसे-रंग का पक्कापन, कीड़ों आदि से सुरक्षा, चमक लाने की विधि, माँडी की स्थिरता तथा मात्रा, क्रीज क्षमता आदि तथा (4) देखरेख का निर्देश तथा निर्माता और उसका पता।

एक ही रेशों से बने वस्त्र रचना, चयन, मुटाई तथा वजन की दृष्टि से अनेक प्रकार के होते हैं। इस वस्त्र के विशेष गुण रेशे, धागे, बनावट तथा परिसज्जा की विधियों से प्रभावित होते हैं। वस्त्र विषयक ज्ञान से इन सभी को समझने की क्षमता आती है तथा पहनने के वस्त्रों और अन्य कामों में आने वाली वस्त्रों के चयन के विषय में निर्णय लेने में सहायता मिलती है। इस ज्ञान से ही हम समझ सकते हैं कि साटन के वस्त्र रोज दिन पहनने वाले क्यों नहीं बन सकते हैं। पूरी तरह से वजनी इस सिल्क को रोज दिए जाने वाले वस्त्र रूप में प्रयोग नहीं किया जा सकता है।

वस्त्रों को खरीदते समय निम्नलिखित बातों को ध्यान में रखकर वस्त्रों को खरीदना चाहिए–

(1) यह वस्त्र किस प्रयोजन के लिए लेना है? क्या यह उसके अनुकूल है? यह क्या विशेष प्रकार की आवश्यकता को पूरा कर सकता है?

(2) क्या एक ही वस्त्र, एक के अतिरिक्त अन्य प्रयोजकों एवं अवसरों पर प्रयोग किया जा सकता है?

(3) क्या यह काफी दिन चलेगा?

(4) क्या वह वस्त्र मौसम के अनुकूल है, अर्थात् गर्मी में ठंडा और जाड़े में गर्म रहेगा?

(5) इसकी वजन एवं रचना कैसी है?

(6) क्या यह वस्त्र आसानी से धोया और इस्तरी किया जा सकता है? क्या इसकी फफूँदी एवं कीड़ों आदि से विशेष विधि से रक्षा करनी पड़ेगी?

(7) क्या वस्त्र देखने में सुन्दर और आकर्षक है?

(8) क्या यह पहनने वाले पर खिलेगा और पहनावे के अन्य अंगों के साथ चलेगा?

(9) क्या यह चालू फैशन और स्टाइल के अनुरूप है?

(10) वस्त्र के चुनाव में मनुष्य की शिक्षा, अभिरुचि, प्रशिक्षण, संवेग आदि महत्वपूर्ण भूमिकाएं होती हैं। वस्त्रों को खरीदते समय कितना धन लगाया जाए? यह बात वस्त्रों के चयन में, एक महत्वपूर्ण निर्णायक तत्व और कारक है।

फैशन एवं शैली का महत्व

भारतीय संभ्रान्त पुरुषों के परिधान प्रायः अचकन, धोती, पायजामा, कमीज आदि हैं। अधिकांश शहरी एवं शिक्षित लोग पेण्ट, कोट, सूट, आदि पहनते हैं। स्थानीय मौसमी हालातों से भी परिधान की शैलियां बदलती हैं। युवक स्पोर्ट्स् शर्ट, जरकिन, जरसर, आदि ट्राउजर्स के साथ पहनते हैं, महिलाएं परम्परागत परिधान को त्यागकर पश्चिमी परिधान धारण साड़ी-ब्लाउज ही माना गया है। बंगाली, गुजराती, मद्रासी, मराठी महिलाएँ अलग-अलग विधि से साड़ी पहनती हैं। कहीं आंचल पीठ पर डाला जाता है। प्रायः अवसर के अनुरूप जैसे–पर्वों–त्यौहारों पर रंग-बिरंगी, जरी, बनारसी कीमती साड़ी पहनी जाती हैं। ऑफिस में हल्के रंग या प्रिण्ट की साड़ी पहनी जाती हैं। दुःख, शोक के अवसर पर श्वेत साड़ी पहनी जाती है।

मुम्बई, कोलकाता, चेन्नई, दिल्ली जैसे महानगरों में पश्चिमी परिधानों के प्रति अधिक झुकाव है। भारतीय परिधानों में उसकी खूबसूरती एवं उसका आकर्षण लटकन शैली पर आधारित होता है। पश्चिमी परिधान प्रायः शारीरिक होते हैं और शरीर के स्वाभाविक उभारों और गहराइयों के अनुसार कटिंग, फ्लीट, डार्ट, चुन्नट, ट्रिमिंग युक्त सिलाई के फिटिंग बनाए जाते हैं। सांध्यकालीन समारोह में पार्टियों, पर्वों, उत्सवों, आदि में अधिक घेरे वाली तथा फर्श तक लटकने वाले घाघरे का फ्रॉक पहनी जाती है, जो कभी-कभी कंधे पर स्ट्रेप से थमी रहती है। कार्यालयों में हल्के या फ्लीटदार-लोंग स्कर्ट, मिडी, आदि के साथ शर्ट-कोट, कार्डिगन या जरकिन पहनी जाती है। गहरे गले, बैकलेस, स्लीव लेस, आदि परिधान खुशी और उमंग के अवसर पर महिलाएं पहनती है।

आज की युवा पीढ़ी शर्ट वेस्ट, ट्राउजर्स, फ्वेयर्स, वेल्स शॉर्ट-शर्ट, जरकिन, ब्लेजर, स्पोर्ट-शर्ट, स्कर्ट, मिनी, मिडी, मैक्सी, आदि पहन रही हैं। बदलती जीवन शैली में इसका प्रचलन दिनोंदिन बढ़ता जा रहा है। जिन परिधानों की फिटिंग शरीर के अनुरूप सुविधाजनक होती है, उनकी क्रीज बनी रहती है, उसमें चढ़ना, उतरना, भागना, दौड़ना, सीढ़ी चढ़ना, आदि शारीरिक गतियां सुविधा में सम्भव होती हैं। पश्चिमी परिधानों को धारण करने से लम्बे समय तक बाहर रहने पर भी ये सुन्दर और ताजे बने रहते हैं। फलतः परिधान आजकल अधिक लोकप्रिय हो रहे हैं।

समय और फैशन से, परिधान-सम्बन्धी आस्थाएँ बदलती रहती हैं। बदलती आस्थाएँ सांस्कृतिक प्रगति की सूचक हैं। साड़ी-ब्लाउज के अतिरिक्त कुछ अन्य प्रकार की पोशाकें भी भारत में हैं, जिनकी विविधता, सुन्दरता और अनोखापन देखने लायक रहते हैं। सलवार-कमीज, पायजामा-जम्फर, लुंगी-ब्लाउज और ओढ़नी वाला परिधान जो पश्चिमी उत्तर प्रदेश, राजस्थान,

मध्य प्रदेश, आदि में ग्राम बालाएँ पहनती हैं, एक रंग-बिरंगा, नजाकत वाला स्वप्निल, नारीत्वपूर्ण तथा गतिमामय परिधान है और धारण करने वाले को बड़ा ही लुभावना रूप प्रदान करता है। इन सब परिधानों को शिक्षित और शहरी वर्ग प्रायः सामयिक महत्व की दृष्टि से ही धारण करता है। मराठी महिलाएँ विवाह-शादी, पूजा-त्योहार पर अपनी नौ गज की साड़ी को पारम्परिक ढंग से तथा पारम्परिक आभूषणों के साथ धारण करती हैं।

मानव व्यवहार का घनिष्ठ सम्बन्ध वस्त्रों से होता है। स्कूलों में यूनिफार्म होना अच्छी बात है। पब्लिक स्कूलों में प्रायः श्वेत ब्लाउज, नेवी ब्लू स्कर्ट रहता है। सरकारी स्कूलों में भी नीली फ्रॉक और श्वेत सलवार और ओढ़नी रखी जाती हैं कॉलेज परिसर में युवक-युवतियाँ अपनी पसन्द के कपड़े पहनते हैं। प्रायः परिधान में वे अति की तरफ झुक जाते हैं। इस आयु में परम्पराओं और परिपाटी से हटकर वस्त्र धारण करने की इच्छा अधिक बलवती होती है। वस्त्र शिष्टता की सीमा में होने चाहिए, जिसके लिए अभिभावकों को नियंत्रण रखना चाहिए। फैशन का अन्धानुकरण को नियंत्रण रखना चाहिए। फैशन का अन्धानुकरण केम्पस के लिए अच्छा नहीं होता है। शिष्ट, शालीन और गरिमामय परिधान केम्पस में धारण करना चाहिए। ब्लाउज या फ्रॉक में आस्तीन अवश्य रहनी चाहिए। कपड़ों की उचित लम्बाई होनी चाहिए। परिधान एक निश्चित शैली में पहनने चाहिए।

ऑफिस, बिजनेस तथा कार्य-स्थान पर पहने जाने वाले परिधान सादे, साफ-सुथरे तथा सँवरे रहने चाहिए। ट्रिम सूट और नीट-ड्रेस ऑफिस, आदि के लिए ठीक होते हैं। ऑफिस के कपड़े औपचारिक रहने चाहिए। महिलाओं के लिए साड़ी साफ-सुथरी और क्रीज वाली होनी चाहिए। ब्लाउज आस्तीन वाला तथा कम गहरे गले वाला होना चाहिए। कपड़े आरामदेह, सैफियाने और शालीन होने चाहिए। परिधान समयोचित तथा सभ्य व्यक्ति का रूप प्रदर्शित करने वाले होने चाहिए।

रेडीमेड परिधान के चयन में फैशन और शैली

रेडीमेड परिधान में प्रचलित फैशन तथा शैली का होना जरूरी है। ऊपर पहने जाने वाले वस्त्रों में इस दृष्टि से सज्जा, सजावट, बाह्य रेखा, लम्बाई, घेर, चुन्नट, झालर, ग्रीवा रेखा, आस्तीन, आदि में फैशन को देखा जाता है और उसी को महत्व देते हुए चुनाव किया जाता है। यह भी देखना जरूरी होता है कि नए फैशन को बिना सोचे-समझे न अपनाया जाए।

परिधान की शैली अपनी जीवन-शैली से मेल खाती हुई होनी चाहिए। परिधान की कटान और शैली में बाह्य रेखा का भी महत्व है जो बाह्य रेखा परिधान की लम्बाई की सिलाई के द्वारा बनती है और सिलाई अपनी फिगर को सूट करने वाली हो उसी के पक्ष में निर्णय लेना चाहिए। सामाजिक परिवेश और आसपास के माहौल के अनुरूप ही रेडीमेड परिधान का चुनाव करना चाहिए। विवाह-शादी के अवसर पर परिधान, विशेष रूप से सुन्दर और मूल्यवान होने चाहिए। रंग-बिरंगे, बनारसी साड़ी, भारी सलमे सितारे तथा जरी के वस्त्र धारण करना चाहिए। विवाह-शादी पर प्रायः लहंगा, ओढ़नी, गरारा, शरारा, आदि पहने जाते हैं।

वस्त्रोपयोगी रेशों का वर्गीकरण

वस्त्रोपयोगी रेशे तीन प्रकार से निम्नलिखित वर्गीकृत हैं— (1) प्राकृतिक रेशे, (2) कृत्रिम रेशे तथा (3) विशिष्ट रेशे।

(1) प्राकृतिक रेशे

प्रकृति में उपस्थित किसी-न-किसी वस्तु से प्राप्त रेशे प्राकृतिक रेशे कहलाते हैं, जो पेड़-पौधे, पशुओं तथा कीड़ों से प्राप्त होते हैं। प्राकृतिक रेशे तीन प्रकार के होते हैं—(*a*) वानस्पतिक, (*b*) प्राणिज तथा (*c*) खनिज।

(*a*) वानस्पतिक रेशे

वनस्पति जगत् से प्राप्त रेशे वानस्पतिक रेशे कहलाते हैं, जिनकी रचना सेल्युलोज से हुई होती है, जिसमें कार्बन, हाइड्रोजन तथा ऑक्सीजन होते हैं। अम्ल से ये प्रभावित होते हैं, किन्तु क्षार से नहीं। वानस्पतिक रेशे भी ग्यारह प्रकार के होते हैं— (*i*) कपास, (*ii*) लिनन, (*iii*) कापोक, (*iv*) जूट, (*v*) हेम्प, (*vi*) नारियल (*vii*) रेमी, (*viii*) सन, (*ix*) अवाका, (*x*) सीसल तथा (*xi*) पिना।

- (*i*) कपास—यह कपास के पौधे से प्राप्त होता है, जिसे बीज का बाल कहते हैं। इस रेशे से निर्मित वस्त्र सस्ते एवं सबके लिए आसानी से उपलब्ध होते हैं।

- (*ii*) लिनन—लिनन फ्लाक्स के पौधे के तने से प्राप्त होता है, जिसे उखाड़कर पानी में फुला देने से बाहर की छाल गलकर हट जाती है तथा रेशे अलग-अलग हो जाते हैं। ये कोमल तथा महंगे होते हैं।

- (*iii*) कापोक—कापोक, कापोक के वृक्ष के फल से प्राप्त होता है। कापोक कपास से महीन एवं सूक्ष्म होता है

और पर्याप्त चिकनाहट वाला होता है। इसका रंग पीला होता है, जिसका उपयोग जीवन-सुरक्षा पेटी, चटाई बनाने के साथ-साथ मिश्रण के रूप में भी किया जाता है, इसमें ऐंठन नहीं होती है।

(iv) **जूट**–जूट, जूट के पौधों से प्राप्त होता है। फूल के मुरझाने के समय जड़ से काटकर पानी में फुलाने के बाद लिनन के समान तैयार किया जाता हैं इसकी चमक अनोखी होती है। किन्तु कड़कीला होता है। इसलिए इससे बोरे तथा गाँठें बाँधनें के लिए टाट, चट्टी, बरलेप, आदि का निर्माण होता है। इससे गलीचे तथा दरियां भी बनाई जाती हैं, जो फर्श पर बिछाई जाती हैं।

(v) **हेम्प**–हेम्प, हेम्प के पौधे *(Cannabis sativa)* के तने से प्राप्त होता है। यह रुक्ष तथा अत्यधिक मजबूत होता है। इससे केनवास, गलीचे, कालीन, जूते के तले, रस्सी, डोरी बनाए जाते हैं। इसका रंग काला होता है।

(vi) **नारियल**–नारियल की छाल के ऊपर रेशा होता है जो कड़ा तथा रुखड़ा होता है। इसे फुलाकर तथा पीटकर साफ किया जाता है। इससे कोर्डेज, चटाई, डोरमेट, दरियाँ, गलीचे, ब्रश, आदि बनाए जाते हैं।

(vii) **रेमी**–रेमी नेटेल पौधे से प्राप्त होता है। उसमें पानी सोखने की क्षमता कपास तथा लिनन से अधिक होती है। यह फफूँदी से प्रभावित नहीं होता है। इससे टेबुल क्लीनर, ट्रे क्लॉथ, मेजपोश, नेपकीन, आदि बनाए जाते हैं।

(viii) **सन**–सन, सन के पौधे से प्राप्त होता है। फूलते हुए पौधे को जड़ से काटकर पानी में फुलाने पर, उसे पीटकर छाल से अलग किया जाता है। यह जूट से अच्छी किस्म का होता है। इसकी तनाव-सामर्थ्य भी अधिक होती है। इससे कागज, मछली के जाल, गलीचे, कालीन, सुतली आदि बनाए जाते हैं।

(ix) **अवाका (मनीला)**–अवाका (मनीला), अवाका पौधे से प्राप्त किया जाता है। यह रेशा हल्का होते हुए भी दृढ़ होता है। इससे रस्सी तथा कार्डेन बनाए जाते हैं।

(x) **सीसल**–यह सीसल पौधे से प्राप्त किया जाता है। इससे रस्सी, सुतली तथा कार्ड बनाए जाते हैं। इसकी पत्तियाँ जड़ से ही निकलती हैं, जिन्हें तोड़कर, पटककर तथा धोकर सीसल प्राप्त किया जाता है।

(xi) **पिना**–पिना अनन्नास के पौधे की पत्तियों से प्राप्त होता है। यह श्वेत-उज्जवल, अति कोमल तथा कान्तिपूर्ण होता है। इससे चटाई, बैज, झोले, तथा कपड़े बनाए जाते हैं।

(b) प्राणिज रेशे

पशुओं तथा कीड़ों से प्राप्त रेशे प्राणिज रेशे कहलाते हैं। प्राणिज रेशे दो प्रकार के होते हैं–*(i)* ऊन *(ii)* रेशम।

(i) **ऊन**–ऊन विभिन्न प्रकार के पशुओं के बालों से प्राप्त किया जाता है। जैसे–भेड़, खरगोश, बकरी, घोड़े, ऊँट के बाल, आदि। अधिकांश ऊन भेड़ के बालों से बनाई जाती है।

(ii) **रेशम**–ये रेशम के कीड़ों से प्राप्त होता है, जो शहतूत की पत्तियों पर पाले जाते हैं। पत्तियों के खाने के बाद कीड़ा अपने मुख के पास दो छिद्रों से लार जैसा पदार्थ निकालता है जो 8 अंक के घुमाव के समान अपने चारों तरफ उसे लपेटता जाता है। वायु-सम्पर्क से सूखता हुआ यह लम्बा रेखा कीड़े के चारों तरफ कोकून बना देता है। बाद में कोकून के भीतर के कीड़े को मारकर रेशम का धागा रील पर लपेट लिया जाता है। यह अपने अलौकिक सौन्दर्य के लिए प्रसिद्ध है।

(c) खनिज रेशे

खनिजों को धागे के रूप में परिवर्तित किए जाने वाले रेशे खनिज रेशे कहलाते हैं। ये चार प्रकार के होते हैं। *(i)* सोना, *(ii)* चाँदी, *(iii)* स्टील तथा *(iv)* एसबेस्ट्स

(i) **सोना**–सोने को धागे के रूप में परिवर्तित कर सस्ते प्रमुख वस्त्रोपयोग रेशे के साथ बाँटकर बहुमूल्य बस्त्र बनाए जाते हैं। अविरल सूत्र बनाने पर उसे जरी कहा जाता है। वस्त्र उद्योग में इसका प्रयोग वस्त्रों में सजावट के लिए किया जाता है। इससे कढ़ाई होती है, झालर या मगजी लगती है या गूंथकर किनारा बनाया जाता है। इससे पूरे वस्त्र भी बनाए जाते हैं। इससे बने वस्त्र भारी होते हैं।

(ii) **चाँदी**–चांदी को धागे के रूप में परिवर्तित कर सोने की तरह तथा उससे सस्ते वस्त्रोपयोगी रेशे बनाए जाते हैं। ये मलीन हो जाते हैं। इसलिए उस पर मैलार की हुई होती है। इससे ही एल्युमिनियम एवं पोलिएस्टर

मिश्रित करके रोलेक्स, ल्यूरेक्स तथा मेरलान, आदि बनाए जाते हैं।

(iii) स्टील—स्टील के वस्त्र भी विभिन्न प्रयोगों के लिए स्टील को धागे के रूप में परिवर्तित करके बनाए जाते हैं।

(iv) एसबेस्ट्स—एसबेस्टस का सूत मुलायम, कोमल, लम्बा उज्ज्वल तथा प्रभावपूर्ण होता है। इससे लचीले, मजबूत तथा बारीक लम्बे धागे निकलते हैं। ये अम्ल प्रूफ एवं जंग प्रूफ के साथ-साथ फायर प्रूफ भी होते हैं।

(2) कृत्रिम रेशे

कृत्रिम विधि से बनाए गए रेशे कृत्रिम रेशे कहलाते हैं। जिन्हें रासायनिक तथा यान्त्रिक विधि से तैयार किया जाता है। कृत्रिम रेशे मुख्यतः दो प्रकार के होते हैं—(i) मानवकृत तथा (ii) रासायनिक।

(a) मानवकृत रेशे

मानवकृत रेशों का निर्माण, कपास लिंटर, लकड़ी के भीतर की लुगदी, बांस, अन्न के दानों की भीतरी भाग आदि वस्तुओं से होता है। इसे रसायनों की सहायता से तैयार किया जाता है। इसे रेयन भी कहते हैं। यह तीन प्रकार के होते हैं—(i) नाइट्रोसेल्युलोज, (ii) विस्कस तथा (iii) कुप्रामोनियम।

(i) नाइट्रोसेल्युलोज—सर्वप्रथम 1884 ई. में नाइट्रोसेल्यूलोज का निर्माण किया गया था, किन्तु अधिक खर्चीली होने के कारण इसका प्रयोग बहुत कम होता है। इसमें रुई का भी प्रयोग होता था।

(ii) विस्कस—विस्कस में सुन्दर वस्त्र बनाए जाते हैं। जिसमें बाँस का प्रयोग किया जाता है। अधिकांश रेयन विस्कस भी होता है।

(iii) कुप्रामोनियम—कुप्रामोनियक में रुई का लीटर तथा लकड़ी की लुगदी का प्रयोग होता है। इसे सर्वप्रथम 1897 ई. में बनाया गया था।

(b) रासायनिक रेशे

रासायनिक रेशों का निर्माण, अलग-अलग रासायनिक तत्वों को लेकर, रासायनिक विधियों से होता है। पहले नायलॉन साल्ट बनता है फिर फ्लेट बनाकर, पिघलाकर उसे महीन छिद्रदार नली में से निकाला जाता है। सूखने पर ये सुन्दर वस्त्रोपयोगी रेशे के रूप में तैयार हो जाते हैं। कृत्रिम विधि द्वारा ताप देकर, आकार और आकृति निश्चित की जाती है। इसलिए इन्हें तापसुनम्य रेशे भी कहते हैं। रासायनिक रेशे बारह तरह के होते हैं—

(i) नायलॉन—नायलॉन पोलीमाइड से बनता है। रेशे का आकार गोल, सूक्ष्म, चिकना तथा अर्द्धपारदर्शी होता हैं इसमें चमक भी होती है। इसकी लम्बाई भी बनाए जाने वाले वस्त्रों के अनुरूप तैयार की जाती है। इसे घुँघराला भी बनाया जा सकता है।

(ii) डेक्रॉन—डेक्रॉन पोलिएस्टर से निर्मित रेशा होता है। यह सीधा, चिकना तथा गोल होता है।

(iii) टेरेलिन—टेरेलिन एक्रीलिक रेशे होते हैं जिन्हें इच्छानुसार आकारों में बनाया जाता है।

(iv) आरलॉन—यह भी एक्रीलिक रेशे हैं। इसके रेशे फुन्जीदार होते हैं। इससे गर्म तथा अत्यधिक हल्के वस्त्र बनते हैं।

(v) एक्रीलॉन—यह भी आरलॉन के समान ही होता है, किन्तु मजबूती उससे अधिक होती है। इसमें जल्दी शिकन नहीं पड़ती है तथा इससे गर्म एवं हल्के वस्त्र बनते हैं।

(vi) डायनेल—यह एक्रीलिक तथा विनायल क्लोराइड से बनता है। इसका रेशा पिटा तथा वस्त्र झर्रीदार होता है।

(vii) क्रेसलॉन—यह भी एक्रीलिक से बनता है, किन्तु चमकीला, सीधा तथा चिकना होता है। इसकी सूक्ष्म रचना चित्तीदार होती है।

(viii) जेफरान—जेफरान नाइट्रिक एक्रीलिक से बनता है। रेशा गोल तथा सिरे चिकने होते हैं।

(ix) डरवन—यह डेनीट्राइल से बनता है तथा रेशे के किनारे गोल तथा सतहें टेढ़ी-मेढ़ी होती हैं।

(x) साटन—यह विनाइलडोन क्लोराइड से बनता है। यह चिकना, गोल, अर्द्धपारदर्शी तथा चमकीला होता है।

(xi) बेरल—यह भी एक्रीलिक से बनता है। इससे परदे, डेपरी, एवं अन्य घरेलू फरनिशिंग के लिए उत्तम वस्त्र बनते हैं। रंग अत्यधिक श्वेत होता है। ये सिकुड़ते नहीं हैं।

(xii) फाइबर ग्लास—यह गोल, चिकना, चमकदार तथा अर्द्धपारदर्शी होता हैं। शीशे से बने फाइवर-ग्लास रेशे से परदे तथा परिधान भी बनाए जाते हैं। यह अत्यधिक टिकाऊ होता है।

(3) विशिष्ट रेशे

विशिष्ट रेशे तीन प्रकार के होते हैं—(a) परिवर्तित रेशे, (b) मिश्रित रेशे तथा (c) बाल-रेशे।

(a) परिवर्तित रेशे—वह प्रमुख रेशे से परिवर्तित करके बनाए जाते हैं, जैसे—मर्सराइज्ड में कपास के रेशे पर रासायनिक प्रतिक्रिया से उनका रूप, आकार एवं गुण सभी बदल जाते हैं और नए वर्ग के बन जाते हैं।

(b) मिश्रित रेशे—विभिन्न प्रकार के रेशों के मिश्रण बनाए गए रेशे मिश्रित रेश कहलाते हैं। जैसे—टेरीकॉट, टेरीवूल, कॉट्सवूल, आदि। यह एक ही रेशों से बने वस्त्रों की अपेक्षा अच्छे रहते हैं।

(c) बाल-रेशे—विशेष प्रकार के जानवरों के बालों से गर्म वस्त्र बनाने के रेशे प्राप्त होते हैं। जैसे—ऊँट, मोहेयर, एल्पाका, लागा, कश्मीरी बकरी, अंगोर तथा विक्यूना खरगोश, भेड़ के बालों से विभिन्न प्रकार के गर्म वस्त्र बनते हैं। विक्यूना के बालों से बना मिंक कोट तो संसार का सबसे कीमती वस्त्र होता है।

वस्त्रों के परीक्षण के तरीके
वस्त्रोपयोगी रेशों का परीक्षण

वस्त्रोपयोगी रेशों का परीक्षण विश्लेषक के अनुभव, सुविधाओं की उपलब्धता तथा नमूने की प्रकृति पर निर्भर करता है। वैसे सभी वस्त्रों के लेबुल पर उसमें प्रयुक्त रेशों के बारे में अंकित करने का नियम है। किसी भी परीक्षण का सही परीक्षण का सही निरीक्षण तथा सही परिणाम प्राप्त करने में अनुभव एवं अभ्यास अत्यधिक सहायक होते हैं।

वस्त्रोपयोगी रेशों का परीक्षण के प्रकार

वस्त्रोपयोगी रेशों के परीक्षण निम्नलिखित प्रकार के हैं—

(1) बाह्याकृति-परीक्षण—वस्त्र के बाह्य रूप को देखकर रेशों के बारे में अनुमान लगाया जाता है। जिसमें रेशों की लम्बाई, चमक, चिकनाहट, कड़ापन, लचीलापन, गर्माहट, आदि देखे जाते हैं। आकृति एवं बुनाई भी देखी जाती है। बाह्य आकृति की जांच के लिए वस्त्र का एक धागा निकालकर तथा उसकी ऐंठन खोलकर देखा जाता है। कपास की बुनाई एकसमान होती है, जिसके रेशे कम लम्बाई के होते हैं। लिनन वस्त्र की सतह चिकनी होती है तथा स्पर्श में सुखद प्रतीत होती है। रेशे अत्यधिक लम्बे होते हैं। ऊनी वस्त्र छूने में गर्म तथा सतह पर

रोंए रहते हैं। छूने से सतह फुज्जीदार मालूम होती है। रेशम अनोखी चमक तथा हल्केपन से सहज पहचाना जाता हैं स्पर्श में अत्यन्त कोमल, चिकना और सुखद प्रतीत होता है, रेशम के रेशे भी अत्यधिक लम्बे होते हैं। रेयान के वस्त्र भारी होते हैं तथा चमक भी तीखी होती है। नायलॉन वस्त्र छूने से ऊन के समान लगता है। यह ताप-सुनम्य होते हैं।

(2) स्पर्श एवं प्रतीति-परीक्षण—वस्त्रों को स्पर्श द्वारा पहचानने के लिए अभ्यास, प्रवीणता एवं परिज्ञान की आवश्यकता होती है। अनुभव से प्रवीणता आती है। सूती वस्त्र छूने से ठण्डे तथा प्रत्यास्थहीन प्रतीत होते हैं। ताप के अच्छे संवाहक होने के कारण स्पर्श से ठण्डक अनुभव होती है। लिनन वस्त्र इतना अधिक चिकना होता है कि लगता है उस पर हाथ फेरने से चमड़े पर हाथ फेरा जा रहा है। ऊनी वस्त्र ताप के असंवाहक होने के कारण छूने से गर्मी का अनुभव होता है। स्पर्श से प्रत्यास्थतापूर्ण चमकीले तथा स्प्रिंगदार प्रतीत होते हैं। रेशम छूने से चिकना, नरम, मुलायम, लचीला तथा गर्म प्रतीत होता है। स्पर्श से हल्केपन का आभास होता है। अत्यधिक चिकनाहट के कारण छूने से ठण्डक का अनुभव होता है। नायलॉन पर अंगुलियाँ फिसलती प्रतीत होती हैं।

(3) तन्तु-तोड़ परीक्षण—वस्त्रों से एक सूत निकालकर उसे तोड़कर देखा जाता है। टूटने के ढंग तथा स्वरूप को देखकर पहचानने का प्रयल किया जाता है। सिरों के स्वरूप को आवर्धन कांच द्वारा देखा जाता है। सूती धागा टूटने पर उसके दोनों छोरों की रचना में ब्रश की तरह एकसमान, छोटे रेशे निकलते हैं। साथ ही सभी रेशे घूमे होते हैं। लिनन रेशे को तोड़ने में अधिक शक्ति लगती है। टूटे हुए सिरे लम्बे, सीधे, नुकीले तथा असमान होते हैं। ऊन के टूटे हुए छोर, लहरदार, घुमावपूर्ण तथा सर्पिल दिखते हैं। दोनों तरफ खींचने पर धागा काफी दूर तक खिंचता तथा फैलता है। रेशम भी ऊन की तरह खिंचता है तथा खट से टूट जाता है। टूट सिरे महीन एवं सूक्ष्म तथा कांतिमय दिखते हैं। सूखा रेयान पर्याप्त मजबूत होता है, किन्तु भीगा रेयान कमजोर होता है। टूटे हुए रेयान के छोरों की रचना पेड़ की डालियों जैसी कड़ी शाखाओं के समान दिखते हैं। नायलॉन के धागे अत्यन्त ही मजबूत होते हैं तथा कठिनाई से टूटते हैं।

(4) दहन परीक्षण—इस परीक्षण को करते समय धागे को जलाकर, जमीन की समान्तर स्थिति में रखा जाता है। जलने का ढंग, गन्ध तथा अवशेषों की जांच सावधानीपूर्व की जाती

है। सूती धागे शीघ्रता से जलते हैं तथा कागज के जलने जैसी गन्ध आती है। राख हल्की और फुरफुरी होती है। रंग धूसर काला होता है। लिनन के जलने की रफ्तार सूती से कम होती है। ऊन लौ के समीप धीरे-धीरे जलता है तथा लौ कांपती है। जान्तव गंध आती है। **रेशम** धीरे-धीरे जलता है तथा जान्तव गंध ऊन से हल्की होती है। **रेयन** से निकली लपटें चमकदार तथा पीले रंग की होती हैं। **नायलॉन तथा अन्य ताप सुनम्य रेशे**—अग्नि के सम्पर्क में पिघलने लगते हैं तथा जलने पर उत्पन्न गंध तीव्र होती है।

(5) **शिकन परीक्षण**—शिकन परीक्षण वस्त्र की अंगुलियों के बीच दबाकर किया जाता है, जिसमें वस्त्र की लम्बाई-चौड़ाई दोनों तरफ अर्थात् आड़े बल तथा खड़े बल, दबाकर बनी हुई मोड़ पर की रेखा का निरीक्षण किया जाता है। परीक्षण में सिलवट अलग-अलग रेशों पर अलग-अलग दिखती है। **सूती** वस्त्र को मोड़ने पर रेखा स्पष्टतः दिखती है तथा पर्याप्त समय तक बनी रहती है।

(6) **वस्त्र-विदीर्ण परीक्षण**—वस्त्र फाड़कर भी परीक्षण किया जाता है। **सूती वस्त्र** को फाड़ने में पर्याप्त शक्ति लगानी पड़ती है तथा तीखी आवाज होती है। **लिनन** सूती से भी अधिक मजबूत होते हैं इसलिए फाड़ने में कर्कश आवाज निकलती है। **रेशम** फाड़ने में कम शक्ति लगती है, किन्तु तीक्ष्ण स्वर उत्पन्न होता है। नायलॉन मजबूत होता है तथा विभिन्न रूपों के अनुसार फाड़ने पर लक्षण विभिन्न दिखते हैं।

(7) **स्याही परीक्षण**—वस्त्र पर एक बूंद स्याही डालकर दाग के पकड़ने दाग के पकड़ने की विधि, फैलने की विधि ज्ञात कर **लिनन** एवं **कपास** में अन्तर का परीक्षण किया जाता है। लिनन में सम्पूर्ण छब्बे एकसमान दिखते हैं, किन्तु कपास के बने सूती वस्त्र में घब्बे का मध्य भाग गाढ़ा रहता है।

(8) **तेल परीक्षण**—तेल परीक्षण द्वारा भी केवल **कपास** तथा **लिनन** की पहचान की जाती है। **सूती** वस्त्र पर तेल की एक बूंद डालने से उसका धब्बा अपारदर्शी, धुँधला, अंधकारमय तथा गंदला-सा दिखता है, किन्तु लिनन पर बना धब्बा पारदर्शी बनता है।

(9) **नमी परीक्षण**—नमी परीक्षण वस्त्र की सतह का नमी से सम्पर्क कराकर किया जाता है। इससे भी केवल सूती तथा लिनन वस्त्रों की पहचान की जाती है। लिनन नमी को अतिशीघ्रता से सोख लेता है।

(10) **कुन्तल परीक्षण**—इस परीक्षण द्वारा भी केवल सूती तथा लिनन में अन्तर ज्ञात किए जाते हैं। इस परीक्षण में धागे के सिरे को दबाकर तथा बाद में धीरे-धीरे खींचते हुए बाहर निकालकर देखा जाता है। लिनन का धागा सीधा तथा कड़ा रहता है, किन्तु सूती धागा झुका हुआ तथा लटका-सा प्रतीत होता है।

(11) **निष्पीडन परीक्षण**—निष्पीडन परीक्षण द्वारा भी केवल **लिनन** तथा **कपास** का अन्तर पहचाना जाता है। इसमें गीली अंगुलियों में धागे को दबाकर बाद में हटाकर देखा जाता है। लिनन का धागा घड़ी की दिशा में रहता है तथा कपास का धागा घड़ी के विपरीत दिशा में होता है।

(12) **सूक्ष्मदर्शी परीक्षण**—जिस वस्त्र के रेशे का परीक्षण करना होता है, उसका एक धागा खींचकर बाहर निकाल करके उसे 1 : 10 अनुपात में बने ग्लिसरीन तथा जल में भिगोकर सूक्ष्मदर्शी के ग्लास पर रखा जाता हैं कपास के रेशे चपटे, खुरदरे तथा फीते के समान दिखते हैं। लिनन के रेशे पर गोंद जैसा पेक्टिन लगा रहता है। इसके मध्य भाग में सूक्ष्म नलिका दिखती है। यह सीधा, चिकना, सघन, चमकदार तथा कड़कीला दिखता है। ऊन के रेशे की तीन-स्तरीय रचनाएँ दिखती है, जो क्रमशः शल्क, कॉर्टेक्स तथा मेड्ला कहलाती हैं। **रेशम** दो अलग रेशों से मिलकर बना हुआ दिखता है।

(13) **रासायनिक परीक्षण**—रासायनिक परीक्षण से विभिन्न वर्ग के रेशों के आपसी अन्तर को आसानी से पहचाना जाता है। ऊन और **रेशम** जैसे प्राणिज रेशों की पहचान एक गिलास पानी में आधा चम्मच सज्जी डालकर गर्म घोल में उसके रेशों को डालकर की जाती है, जिसमें प्राणिज रेशे घुल जाते हैं, किन्तु वानस्पतिक रेशे नहीं। ठण्डे सान्द्र हाइड्रोक्लोरिक अम्ल में **रेशम** का धागा घुल जाता है। किन्तु, ऊन का रेशा फूल जाता हैं सल्प्यूरिक अम्ल के सान्द्र घोल में दो मिनट कपास का रेशा रखकर अमोनिया के हल्के घोल में दो मिनट कपास का रेशा रखकर अमोनिया के हल्के घोल में डुबाने पर घुल जाता है, किन्तु लिनन का रेशा अप्रभावित रहता है। कास्टिक सोडे के उबलते घोलत में नायलॉन के अप्रभावित रहने से अन्य रेशों से पहचाना जाता है। ग्लास-फाइबर रहने से अन्य रेशों से पहचाना जाता है। ग्लास-फाइबर हाइड्रोक्लोरिक अम्ल तथा गर्म फॉस्फोरिक अम्ल से प्रभावित होता है।

(14) **रंग परीक्षण**—रंग द्वारा रंगकर भी रेशों के वर्ग की पहचान की जाती है। शर्लेस्टेन में सूती का रंग फीका बैंगनी

हो जाता है। मर्सराज्ड सूती का मोव (mauve), ऊन का पीला, रॉ सिल्क का गहरा भूरा, रेयन का गाढ़ा, गुलाबी, सेल्युलोज एसीटेट का हरा-पीला, सेल्युलोज ड्राइएसीटेट का ऑफ ह्वाइट तथा नायलॉन का क्रीम पीला हो जाता है। काल्को, आरलान तथा डेकरान के अन्तर को दर्शाती है।

(15) **विशिष्ट गुरुत्व परीक्षण**–विशिष्ट गुरुत्व परीक्षण में एक रेशे को ही ज्ञात विशिष्ट गुरुत्व के तरल में डालकर परीक्षण किया जाता हैं, जिसके लिए कार्बन टेट्राक्लोराइड तथा एक्सीलीन के विभिन्न अनुपात में तैयार मिश्रण से तरल तैयार किए जाते हैं। इसका विशिष्ट गुरुत्व हाइड्रोमीटर से ज्ञात कर लिया जाता हैं, जिससे निम्नलिखित परिणाम निकलते हैं–कपास का विशिष्ट गुरुत्व–1.52, लिनन–1.52, रेशम–1.25, ऊन–1.32, नायलॉन–1.14, डेकरॉन, टेरीलिनम–1.38, रेयन–1.52, ओल्फीन–0.92, एसीटेट–1.32 तथा ऐक्रीलिन–1.11, रेशे के विशिष्ट गुरुत्व के तरल से अधिक होने पर तरल में डूब जाते हैं तथा कम होने पर तरल में डूब जाते हैं तथा कम होने पर तरल तैरते हैं।

वस्त्रोपयोगी रेशों के रासायनिक परीक्षण

विभिन्न रेशों के रासायनिक परीक्षण निम्नलिखित हैं:

(a) **वानस्पतिक रेशों तथा प्राणिज रेशों के परीक्षण**– एक गिलास पानी में आधा चम्मच सज्जी डालकर इसके तैयार गर्म घोल में ऊन तथा रेशम जैसे प्राणिज रेशों को डालने पर वे घुल जाते हैं, किन्तु वानस्पतिक रेशों पर कोई असर नहीं होता है, अर्थात् पूर्णतः अप्रभावित होते हैं।

(b) **वानस्पतिक रेशों तथा प्राणिज रेशों के परीक्षण**–अम्ल का वानस्पतिक रेशों पर नष्टकारी प्रभाव पड़ता है, किन्तु प्राणिज रेशे अप्रभावित होते हैं।

(c) **रेशम तथा ऊन के रेशों के परीक्षण**–ठण्डे हाइड्रोक्लोरिक अम्ल में रेशम का धागा घुल जाता है तथा ऊन का रेशा फूल जाता है।

(d) **लिनन तथा कपास के रेशों का परीक्षण**–कपास तथा लिनन के वस्त्र की ऊपरी परिसज्जा को हटाकर उसे दो मिनट सल्फ्यूरिक अम्ल के सान्द्र घोल में रखने के बाद अमोनिया के हल्के घोल में डुबाने पर कपास का रेखा घुल जाता है, किन्तु लिनन का रेखा नहीं घुलता है अर्थात् अप्रभावित रहता है।

(e) **नायलॉन रेशों का परीक्षण**–कास्टिक सोडे के उबलते घोल में भी नायलॉन अप्रभावित रहने से अन्य रेशों से अलग पहचाना जाता है।

(f) **ग्लास-फाइबर रेशों का परीक्षण**–ग्लास फाइबर हाइड्रोक्लोरिक अम्ल तथा गर्म फॉस्फोरिक अम्ल से प्रभावित होता है।

रेशों के परीक्षण महत्व

आधुनिक युग में विभिन्न प्रकार के रेशों तथा वस्त्रों के बनने से उनके वास्तविक रूप को पहचानना गृहिणी के लिए आवश्यक है; क्योंकि गृहिणी ही घर के लिए वस्त्रों का चयन तथा खरीदारी करती है। पति के लिए, बच्चों के लिए, परिवार के अन्य सदस्यों के लिए तथा घरेलू उपयोग की वस्तुएं, जैसे–परदे, चादर, मेजपोश तथा झाड़न, आदि के लिए तरह-तरह के कपड़ों का चुनाव करना गृहिणी का कर्तव्य है। वस्त्रों के गुण-दोषों को पहचानना कि अमुक वस्त्र किस प्रकार के रेशों से निर्मित हैं। इसके लिए गृहिणी को रेशों की पहचान की विधि का ज्ञान अनिवार्य है। रेशों की पहचान के लिए कुछ परीक्षण हैं, जिसके लिए कुछ रसायनों तथा उपकरणों की आवश्यकता होती है, विदेशों में दुकानों के बगल में छोटी-सी प्रयोगशालाएं होती है, जिसमें वस्त्र परीक्षण की सुविधा खरीदने वाले को होती है। वस्त्रोपयोगी रेशों की पहचान के कई परीक्षण हैं, कुछ सहज किए जाते हैं, कुछ कठिनाइयों से। किसी कपड़े के रेशों को पहचानने की प्रक्रिया में सफलता का, विश्लेषक के अनुभव, सुविधाओं की उपलब्धता तथा नमूने की प्रकृति पर निर्भर करती है। वैसे सभी कपड़ों के लेबुल पर उनमें प्रयुक्त रेशों के बारे में अंकित करने के नियम हैं, परन्तु, फिर भी गृहिणी लेबुल पर अंकित अंश की पुष्टि सरल परीक्षणों को स्वयं करके कर सकती है।

धागे तथा वस्त्र निर्माण की विधियाँ

वस्त्र निर्माण में धागे (सूत) का बहुत महत्व है। सूत रेशों से बनाया जाता है। बँटाई के दौरान तंतुओं के समूह को खींचकर तथा ऐंठ कर पर्याप्त मजबूती रखने वाला एक अविरल सूत तैयार किया जाता है, जो वस्त्र बुनाई के काम में आता है। बँटाई (Twisting) की क्रिया, जैसे-जैसे आगे बढ़ती है, धागा तैयार होता जाता है। इस प्रकार रेशों को खींचना, बाँटना एवं कातकर धागा बनाना तीनों क्रियाएँ एक साथ होती हैं, जिसके फलस्वरूप धागा तैयार होता है, जिसे सूत (Yarn) कहते हैं। इन्हीं धागों से वस्त्र का निर्माण होता है।

धागों के प्रकार–आधुनिक युग में वस्त्र निर्माण में कई प्रकार के सूत प्रयोग में लाए जाते हैं। इन विभिन्न सूतों को प्रमुखतः दो वर्गों में बाँटा जा सकता है–

(*i*) साधारण सूत (Simple yarn) एवं

(*ii*) सम्मिलित सूत (Complex yarn)।

(*i*) साधारण सूत—सम्मिलित सूत दो प्रकार का होता है—

(a) इकहरा सूत और (b) दोहरा सूत।

(a) इकहरा सूत (Simple Standard Yarn)—साधारण सूत बनाने में केवल एक प्रकार के ही रेशों का प्रयोग किया जाता है। इस प्रकार का सूत अपनी सम्पूर्ण लम्बाई में एकसमान व्यास का होता है। आदि से अन्त तक ऐंठन की प्रक्रिया भी एक-सी तथा एक ही दिशा में होती है।

(b) दोहरा या बहुभांज सूत—इकहरे सूत में एक ही धागा कात कर बटा जाता है, जबकि दोहरे धागे में इकहरे धागों को दो को एक साथ फिर बटकर धागा तैयार कर लिया जाता है। बहुभांज सूत में कई तैयार धागे मिलकर एक हो जाते हैं। जिस धागे में जितने इकहरे धागे मिले रहते हैं, उसी संख्या के प्लाई (ply) से सम्बोधित किया जाता है।

(*ii*) **सम्मिलित या सम्मिश्रित सूत**—सम्मिश्रित सूत बनाने की प्रक्रिया बड़ी जटिल तथा विभिन्न प्रकार के रंग वाले तथा एक प्रकार के ऐंठन वाले सूतों के एक साथ ऐंठ कर सम्मिश्रित सूत बनाया जाता है। इनमें अलग-अलग व्यास तथा आकार के धागों का भी उपयोग किया जा सकता है। ऐंठन में विभिन्नता लाकर भी साधारण सूत से जटिल सूत बनाया जा सकता है। इसमें प्रायः एक धागा आधार का काम करता है और दूसरा धागा आधार वाले के सहारे नमूने और पैटर्न बनाता है। इस प्रकार धागों में नमूने बनाकर सजावट एंव सुन्दरता लाते हैं, परन्तु वस्त्र की मजबूती में कमी आ जाती है, क्योंकि नियमित मध्यांतरों पर बटाई, कभी कम या कभी अधिक रहती है तथा कहीं बिना बटे छोड़ दिया जाता है। ऐसे सूत में कहीं-कहीं फन्दे या गाँठें भी बनाई जाती हैं। जहाँ पर डिजाइन बिना बटे धागे से बनता है, वह भाग कमजोर रहता है। एकसमान बटाई एवं एकसमान मोटाई वाले सूत से बना वस्त्र टिकाऊ एवं चिकना होता है।

फैंसी धागे बनाने के प्रकार

फैंसी धागे बनाने के प्रकार निम्नलिखित हैं—

(*i*) **सल्व धागा यानी थोड़ा बँटा हुआ सूत (Slub Yarn)**—ऐसे सूत में नियमित स्थानों पर ऐंठन छोड़ दिया जाता है या कम ऐंठन होता है। बाकी स्थानों पर कसी ऐंठन रहती है। ऐसे धागों से वस्त्र पर नवीनता एवं सजावट आ जाती है, परन्तु बिना बटे हुए तथा उभरे हुए स्थान पर वस्त्र घिसने की सम्भावना रहती है एवं वह भाग भद्दा एवं कमजोर हो जाता है।

(*ii*) **स्पायरल या कार्क स्क्रू सूत (Slub or Cork Screw Yarn)**—यह दो धागों से बनाया जाता है। इसमें एक बिना बटा सूत को दूसरे बटे हुए सूत पर कस कर लपेटा जाता है जिससे बिना बटा सूत को दूसरा बटे हुए सूत पर कस कर लपेटा जाता है जिससे बिना बटा हुआ सूत दिखाई नहीं देता है। ऊपर से देखने पर मोटे धागे का ही लहरदार घुमाव दिखाई देता है। इस तरह का सूत ऊपर से घिसकर वस्त्र को कमजोर बना देता है।

(*iii*) **रेटिन सूत (Ratine Yarn)**—इस प्रकार के धागे की बटाई भी स्पायरल धागे के समान होती है, किन्तु कुछ मध्यांतरों पर एक लम्बा चक्करदार घुमाव छोड़ दिया जाता है।

(*iv*) **फंदेदार या लूप धागा (Loop Yarn)**—ऐसे सूत में आधार सूत के चारों ओर कुछ स्थान होता है, किन्तु कुछ मध्यांतरों पर एक लम्बा चक्करदार घुमाव छोड़ दिया जाता है।

(*v*) **गाँठ वाला धागा (Knot or Spot Yarn)**—इसमें भी एक से अधिक ऐंठन वाले सूतों का प्रयोग किया जाता है। एक आधार का सूत होता है, जिस पर दूसरे सूत का गाँठ जैसा लगाने का काम किया जाता है। गाँठें विभिन्न प्रकार की एवं विभिन्न रंगों से भी बनाई जा सकती हैं।

(*vi*) **ग्रेनडेल धागा (Grandelle Yarn)**—यह धागा दो या दो से अधिक रंगों के धागों को आपस में बंटकर बनाया जाता है। ऐसे धागों से बने वस्त्र सुन्दर लगते हैं।

(*vii*) **लेसेटेक्स (Lacetex)**—महीन रबर के तार को रूई, नायलोन तथा रेयन के सूतों के साथ बंटकर यह बनाया जाता है।

(*viii*) **स्ट्रेच धागे (Stretch Yarn)**—कृत्रिम रूप से तैयार किए गए धागे ताप सुनम्य (Thermoplastic) होते हैं और फैल जाते हैं और छोड़ देने पर पूर्वावस्था में आ जाते हैं। निश्चित ताप पर इनका आकार, स्थिति, रूप तथा आकृति निर्धारित किया जाता है। इसलिए इनसे बने वस्त्र को धोने, सुखाने, फैलाने एवं दबाने पर कोई

प्रभाव नहीं पड़ता है। जिस ताप पर इनका आकार निश्चित रहता है, उससे अधिक ताप पर इनका आकार बिगड़ जाता हैं। इसलिए इनकी फिटिंग सुन्दर होती है। इन्हें धोने एवं सफाई करने में कोई कठिनाई नहीं होती है। ये अत्यधिक टिकाऊ एवं मजबूत होते हैं। छोटे रेशों से बने वस्त्र गर्म भी होते हैं। इनसे बने वस्त्र फ्री साइज में अधिकतर बनाए जाते हैं, जो कई नापों के शरीर पर फिट बैठते हैं। इनसे बने वस्त्रों की देखरेख एवं संचयन सावधानीपूर्वक की जा सकती है। इन सब कारणों से ताप-सुनम्य से बने वस्त्र अधिक लोकप्रिय हो गए है।

वस्त्र निर्माण की विभिन्न विधियाँ

वस्त्र मुख्यतः चार विधियें से तैयार किया जाता है, जो निम्नलिखित हैं—

(1) **फेल्टिंग (Felting)**—इस विधि से नन्हें रेशों को ताप से प्रभावित करके तथा दबाव (Pressure) डालकर जमा दिया जाता है। इस विधि से ऊनी वस्त्र, जैसे—पट्ट, नमदा, कम्बल आदि बनते हैं, इस विधि से अन्य वर्ग के रेशों से वस्त्र निर्माण सम्भव नहीं है। इसका कारण यह है कि ऊनी रेशों में ताप एवं दबाव से जम जाने का गुण होता है। यही कारण है कि फेल्टिंग की विधि का उपयोग समिति है।

(2) **निटिंग (Knitting)**—निटिंग की विधि से भी बहुत से वस्त्रों का निर्माण होता है। इस विधि में केवल एक ही धागे का प्रयोग होता है। निटिंग में प्रथम पंक्ति के फन्दों में से अगली पंक्ति के फन्दे निकालकर पंक्ति-दर-पंक्ति से वस्त्र को बढ़ाया जाता है। गर्म वस्त्र को निटिंग से बनाया जाता है। सूती और रेशमी वस्त्रों, जैसे—गंजी, बनियान, जाँघिया, मोजे, अंडरवीयर आदि भी निटिंग से बनाए जाते हैं। इस प्रकार, निटिंग से बने वस्त्र अपने विशेष प्रकार के उपयोग के कारण पर्याप्त प्रचलित है। इस विधि से बने वस्त्र फैलाने पर फैल जाते हैं तथा छोड़ देने पर अपने पूर्वाकार को ग्रहण कर लेते हैं। शरीर पर पहन लेने के उपरान्त ये शरीर-रचना के अनुरूप फिट हो जाते हैं।

(3) **ब्रेड्स तथा लेस (Braids and Laces)**—इस विधि से भी कपड़े बनते हैं। इसमें तीन या उससे अधिक धागों को एक-दूसरे पर चोटी के समान गूंथा जाता है। लेस विधि से भी सुन्दर एवं आकर्षक वस्त्र बनाए जाते हैं। इनका प्रयोग प्रायः सजावट के लिए किया जाता है।

(4) **बुनाई (Weaving)**—वस्त्र बनाने में प्रयोग में आने वाली विधियों में बुनाई विधि सबसे अधिक लोकप्रिय है। यह लम्बवत् तथा क्षैतिजीय धागों को दबाकर या बुनाई करके तैयार की जाती है। वस्त्र बुनने में दो धागों का प्रयोग किया जाता है। जिसे ताना तथा बाना कहते हैं। धागा लम्बाई में बुना जाता है उसे ताना तथा जो धागा चौड़ाई में बुना जाता है उसे बाना कहते हैं।

सूती तथा ऊनी रेशों की उत्पत्ति, गुण एवं विशेषताएं और परिसज्जा

सूती रेशे

यह कपास नामक पौधों से प्राप्त किया जाता है। कपास का पौधा अन्य पौधों के समान होता है। यह संसार के प्रत्येक नम जलवायु वाले भाग में उत्पन्न होता है। अमरीका, भारत, चीन, रूस, मिश्र और ब्राजील में सबसे अधिक कपास उत्पन्न होता है। इसमें अमरीका का स्थान प्रथम तथा भारत का द्वितीय स्थान है। मिश्र की रूई प्रथम श्रेणी की है।

यह उष्ण प्रदेश में पैदा होता है। इसको बोने के लिए नम हवा, तर जमीन, काली और रेतीली भूमि की आवश्यकता होती है। गर्मी के छः या सात महीनों में गर्म जलवायु में इसका पौधा पैदा होता है। इसके पौधों की ऊँचाई करीब चार फुट होती है और दो या तीन महीने के बाद इसमें फूल खिलने शुरू हो जाते हैं। फूल एक-दो दिनों में झड़ जाता है और कपास का बीज कोस (बोंडा) बड़ा होने लगता है। बीज कोष में बीज उसके रेशे से चिपके रहते हैं। बीज का कोष पकने के बाद फटने लगते हैं, तो उन्हें तोड़कर एकत्र कर लिया जाता है। बीज को कपास से अलग कर लिया जाता है। यह कार्य मशीनों द्वारा किया जाता है। इसके बाद कपास को दबाकर गांठ बांधी जाती है और उसे लोहे की पत्तियों से कस दिया जाता है। इस स्थिति में सूती मिल में गाँठें भेज दी जाती हैं; जहाँ पर कपास की धूल और गंदगी हटाने के लिए उसे कूटा जाता है। फिर कपास को धुनने की मशीन द्वारा धुन दिया जाता है। जिससे वह पूर्णरूप से स्वच्छ हो जाती है और कपास के तन्तु सीधे हो जाते हैं। इस प्रक्रिया में छोटे तन्तु अलग किए जाते हैं। धुनाई के साथ-साथ तन्तुओं की कंघी की जाती है। अधिकतर लम्बे तन्तुओं को ही कंघी की जाती है। धुनने और कंघी करने के उपरान्त कपास की पोनियां बनाई जाती हैं, जिसका व्यास लगभग एक इंच होता है, पोनी को कंघी करने के बाद चिकना किया जाता है, तब उसे खींचने का काम मशीन से होता है।

खींचने की क्रिया में ही उस पर हल्की ऐंठन का कार्य किया जाता है। मशीन द्वारा पोनी को रोलरों के बीच से निकाला जाता है तथा सूत मशीनों की चरखियों पर लपेट दिया जाता है। इसके बाद मशीनों द्वारा सूत से वस्त्रों की बुनाई होती है।

सूती रेशे की विशेषताएं:

(क) भौतिक विशेषताएं (Physical Properties)—यह निम्नलिखित हैं—

(i) **संगठन (Composition)**—कपास का तन्तु मुख्य रूप से सेल्युलोज रेशों का बना होता है, जिसमें 40 से 90 प्रतिशत सेल्युलोज और 5 से 8 प्रतिशत एक जलांश होता है, उसमें 5 से 8 प्रतिशत अशुद्धियां रहती हैं।

(ii) **रचना (Structure)**—कच्चे कपास के तन्तु को सूक्ष्मदर्शी यंत्र से देखने पर एक रस भरी नली के समान दिखाई पड़ता है। पक जाने पर उसका रस सूख जाता है और वह तन्तु फीते के समान बल खाए दिखाई पड़ने लगता है। इसलिए इसमें कोई चमक एवं लचीलापन नहीं होता है।

(iii) **लम्बाई तथा व्यास**—इसकी लम्बाई 1.5 से.मी. से 6.5 से.मी. तक होती है और व्यास 12 से 20 माइक्रोन तक होता है। लम्बे रेशों से ही अच्छे वस्त्र बनाए जाते हैं।

(iv) **शक्ति (Strength)**—रुई सूखी दशा की अपेक्षा गीली दशा में मजबूत होती है। यह रेशम एवं लिनन की अपेक्षा कम मजबूत होती है। रेशम और ऊन गीली दशा में कमजोर हो जाते हैं। कास्टिक सोडे से इसे मजबूत किया जा सकता है।

(v) **रंग**—प्राकृतिक तन्तुओं में कपास के तन्तु सफेद एवं स्वच्छ होते हैं। कच्ची रुई में नाइट्रोजन आदि तत्व रहते हैं। इसलिए उसका रंग पीलापन एवं भूरापन लिए होता है। ब्लीच करके इसकी सफेदी बढ़ाई जाती है।

(vi) **ताप का संचालन**—कपास लिलन की भांति ताप और विद्युत् का अच्छा संचालक होता है। सूती वस्त्र ताप के अच्छे संवाहक होने के कारण गर्मी के लिए उपयुक्त होते हैं। इन्हें पहनने से शीतलता अनुभव होती है।

(vii) **नमी एवं रगड़ का प्रभाव**—कपास में लिनन की भांति नमी सोखने की क्षमता होती है और अधिक समय तक टिकती है। शुद्ध एवं ब्लीच की हुई शोषक कपास में अपने भार से 15 से 20 गुनी नमी सोखने की शक्ति होती है। धोते समय रुई के तन्तु पर कोई प्रभाव नहीं पड़ता है।

(viii) **संकुचन**—नमी का सूती तन्तु पर कोई प्रभाव नहीं पड़ता है। यह तन्तु स्वयं नहीं सिकुड़ता है, परन्तु बनते समय खींचकर ये फैला दिए जाते हैं, जो पुनः सिकुड़कर अपनी पूर्वावस्था में आ जाते हैं। खींचने से ये अपनी मूल लम्बाई से अधिक नहीं बढ़ता है।

(ix) **स्वच्छता**—कपास का तन्तु रेशम, लिनन तथा रेयन के समान स्वच्छ नहीं होता है, परन्तु इसकी धुलाई सरलतापूर्वक की जा सकती है। इसकी नियमित धुलाई की जा सकती है।

(x) **सूखे ताप सहने की शक्ति**—इसमें रेशम, ऊन या रेयन की अपेक्षा अधिक गर्मी सहने की शक्ति होती है। सूखे हुए तन्तु पर 300° से 320° फारेनहाइट ताप पर प्रेस किया जा सकता है।

(xi) **प्रकाश का प्रभाव**—लगातार सूर्य के प्रकाश में रहने पर इसके तन्तु कमजोर पड़ जाते हैं। सफेद वस्त्र तुरन्त पीले पड़ जाते हैं।

(xii) **तन्यता एवं लचक**—कपास तन्तु में तन्यता एवं लचक का अभाव रहता है। इस पर झुर्रियां शीघ्र पड़ती हैं और दूर भी हो जाती हैं।

(xiii) **चमक**—कपास के रेशे में प्राकृतिक चमक नहीं होती है, इसलिए इससे बने वस्त्र मलिन एवं मंद रूप के होते हैं जिसे कृत्रिम परिसज्जा देकर चमकदार बनाया जाता है।

(ख) रासायनिक विशेषताएं (Chemical Properties): यह निम्नलिखित हैं—

(i) **अम्लीय प्रभाव**—अधिक तेज अम्ल से सूती तन्तु नष्ट हो जाते हैं। इसके तन्तु पर कार्बनयुक्त अम्ल की प्रतिक्रिया उतनी अधिक नहीं होती, जितना धातु के तेजाब का होता है। इसलिए अम्लीय घोलों में डालने के बाद सूती वस्त्रों को स्वच्छ जल से साफ कर लेना चाहिए।

(ii) **क्षारीय प्रभाव**—हल्के क्षारीय तत्व, जैसे अमोनिया, बोरेक्स या सोडे का सिलिकेट (Silicate of Soda) का सूती तन्तु पर कोई हानिकारक प्रभाव नहीं पड़ता है, परन्तु ये रंगे हुए सूती तन्तु पर प्रभाव डाल सकते हैं, उनका रंग उड़ सकता है, हल्का हो सकता है। वायु की

अनुपस्थिति में कास्टिक का हल्का क्षार प्रयोग में लाया जा सकता है, परन्तु संतृप्त घोल तन्तु की प्रकृति को बदल सकते हैं। इससे सूत ऐंठ, सिकुड़ या मोटा हो सकता है।

(iii) **रंग का प्रभाव** (Affinity to Dyes)—सूती तन्तु लिलन की अपेक्षा रंगों को आसानी से चढ़ा लेता है, परन्तु ऊन रेशम की अपेक्षा इस पर शीघ्र नहीं चढ़ता है। आसानी से रंगने के लिए रंग पक्का करने के तत्व मिलाए जाते हैं, जैसे—फिटकरी व नमक। तीव्र व मुख्य रंग सूत को रंगने में प्रयोग करने चाहिए। सूत को रंगने के लिए उन अम्लों का प्रयोग नहीं किया जा सकता है, जिनको रेशम व ऊन रंगने के लिए किया जाता है।

(iv) **विरंजन का प्रभाव** (Effect of Bleaching)—सफेद सूत पर किसी विरंजन का प्रयोग किया जा सकता है। क्योंकि ब्लीच से तन्तु कमजोर हो जाता है, अतः सुखाने से पहले इसको अच्छी तरह साफ पानी में डुबाकर सुखाना चाहिए, ताकि अम्ल का प्रभाव कपड़े पर न रह जाए।

(v) **जीवाणु का प्रभाव** (Moth Resistancy)—सूती तंतु पर कीड़ों का कोई प्रभाव नहीं होता है। इसमें mildew कीड़ें नहीं लगते हैं, किन्तु फफूँदी लग सकती है। परन्तु यह तभी लग सकती है, जब इसके जीवाणुओं को पर्याप्त मात्रा में नमी, ताप और भोजन प्राप्त होता है। इसलिए यदि कपड़ों को अन्दर रखना हो तो उसमें कलफ (starch) नहीं लगाना चाहिए और कपड़ों को धोकर साफ करके रखना चाहिए।

ऊन की उत्पत्ति, विशेषताएं एवं पहचान

साधारणतः ऊन भेड़ों के बालों को ही कहते हैं। इसके अतिरिक्त ऊँट, बकरी, खरगोश एवं घोड़े के खालों के ऊपरी बालों से भी ऊन तैयार की जाती है। भेड़ की ऊन मुलायम होती है। इसलिए इससे ही अधिकतर ऊनी वस्त्र तैयार किए जाते हैं। भेड़ की श्रेणी, भेड़ के प्रकार, भेड़ के शरीर के भाग एवं उसका पालन किस आबोहवा में होता है उस पर निर्भर करता है। कुछ भेड़ों का ऊन छोटा एवं घुंघराला तो कुछ का लम्बा, एक-सा चिकना एवं मुलायम होता है। भारत की काश्मीरी ऊन और पशमीना सुन्दर एवं मुलायम होती है।

ऊनी तन्तु निर्माण की तैयारीः

ऊनी तन्तु निर्माण की प्रक्रिया निम्नलिखित है—

(1) **ऊन की कटाई** (Shearing)—ऊनी तन्तु बनाने की प्रथम क्रिया है भेड़ों का ऊन काटना। ऊन काटने का कार्य अधिकतर वसंत ऋतु में किया जाता है। प्रारम्भ में यह कार्य हाथ से किया जाता था, परन्तु अब मशीनों का प्रयोग होता है। भेड़ के विभिन्न प्रकार की ऊन प्राप्त हो जाती है। भेड़ के कंधों से व बगलों से निकलने वाला ऊन सिर व पेट से निकलने वाले ऊन से अच्छा होता है। जो ऊन जीवित भेड़ से निकाला जाता है, उसे खींचा ऊन कहा जाता है। फ्लीस ऊन खींचे हुए ऊन से अच्छा होता है।

(2) **क्रम विन्यास, श्रेणी विभाजन** (**Grading and Sorting**)—इसके द्वारा भेड़ से काटी गई ऊन को उसके गुणों के आधार पर अलग-अलग भागों मे बांटा जाता है। काटा गया ऊन जो कसकर बँधा होता है, खोला जाता है और उसकी लम्बाई, व्यास व गुण के आधार पर अलग किया जाता हैं भारत में यह कार्य हाथ से मेज पर रखकर किया जाता है, परन्तु पाश्चात्य देशों में मशीनों से किया जाता है। छांटकर उनका विशेषज्ञों द्वारा श्रेणियों में विभाजन किया जाता है। मुलायम, खुरदरा और लम्बे व छोटे तन्तुओं को अलग किया जाता है।

(3) **सफाई क्रिया** (Washing)—जब ऊन को श्रेणीबद्ध की लिया जाता है, तो अगली क्रिया इसकी सफाई की होती है, क्योंकि ये तन्तु गन्दे और चिकने होते हैं। ऊन की चिकनाहट ऊन की रक्षा करती है और इसको जुड़ने से या चिपकने से बचाती है। यदि ऊन में चिकनाई नहीं हो तो इसका कारण अधिक वर्षा, भेड़ के रहने का खराब स्थान व उसकी बीमारी हो सकती है। इस गंदगी को दूर करने के लिए इसको साबुन व क्षारीय घोल में डुबाया जाता है, ताकि इसकी गंदगी व चिकनाई साफ हो सक। इस प्रकार तीन-चार हौजों में एक के बाद डुबाया जाता है। अन्त में इसके लचीलेपन व चमक को बनाए रखने के लिए इसको आर्द्र वायुमण्डल में सुखाया जाता है।

(4) **विशुद्धीकरण** (Carbonizing)—यदि धुलाई के बाद कुछ वानस्पति-सम्बन्धी गंदगी रह जाती है, तो ऊन की शुद्धि के लिए गंधक के अम्ल या हाइड्रोक्लोरिक अम्ल का अल्यूमीनियम क्लोराइड के लवण में डुबाया जाता है, जिससे इसके वनस्पतिक तत्व नष्ट हो जाते हैं। फिर ऊन को नियन्त्रित तापमान में सुखाया जाता है।

(5) धुनना (Carding)—सफाई करके जब ऊन शुद्ध हो जाती है, तो धुनाई की क्रिया की जाती है। धुनाई सूती तन्तुओं की तरह ही की जाती है। भारत में यह कार्य धुनष एवं बाण के आकार के यंत्र से किया जाता है, यद्यपि अब मशीनों से भी होता हैं धुनाई का मुख्य उद्देश्य ऊन को सुलझाना होता है, इसके लिए ऊन को रौलरों से जिनमें दाँते होते हैं, निकाला जाता है। इससे ऊन के बाल सुलझ कर एक से हो जाते हैं।

(6) खींचना (Drawing)—ऊन के तन्तुओं की जो पोनियां धुनाई के बाद बनाई जाती है, उनको खींचकर ऐंठ दिया जाता है।

(7) ऐंठन डालना (Roving)—कताई करने से पहले ऊन के तन्तु में हल्की-सी ऐंठन दी जाती है, जिससे वे आपस में जुड़ जायें। इसके लिए ऊन के तन्तुओं को सूत के तन्तुओं की तरह सीधा बिछा दिया जाता है। उनकी पोनियाँ बनाई जाती हैं। फिर पोनियों को खींचकर ऐंठन डाल दी जाती है और उनको कताई के लिए तैयार कर दिया जाता है।

(8) कताई (Spinning)—ऊन की पोनियों से अब ऐंठा हुआ धागा बनाया जाता है। यह कार्य या तो चरखे से होता है या मशीनों से। ढीली ऐंठन दिया हुआ रोंयेदार धागे से बड़ी मुलायम ऊनी वस्तुएँ तैयार की जाती हैं। वर्स्टेड को बनाने के लिए एक-सा कसा हुआ व ऐंठा हुआ धागा प्रयोग में लाया जाता है।

(9) रंगाई तथा विरंजन (Dyeing and Bleaching)—यह क्रिया सफाई के बाद कभी भी की जा सकती है। विरंजन उस ऊन के लिए आवश्यक हो जाता है जो सफाई की क्रिया में कुल पीलापन लिए होती है। ऊन को रंगने में अम्लीय रंगों का प्रयोग किया जाता हैं क्योंकि इनके प्रयोग से ऊन के रंग को चटक करने के लिए किसी अन्य पदार्थ की आवश्यकता नहीं पड़ती है।

(10) परिसज्जा (Finishing)—ऊनी वस्तुओं की सुन्दरता उनकी परिसज्जा पर निर्भर करती है। जबकि वर्स्टेंड वस्तुओं की सुन्दरता उनकी बुनाई पर निर्भर करती है। वर्स्टेंड वस्त्र को जब बुनाई के बाद करघे से उतारा जाता है, तो वे ऐसे दिखते हैं जैसे उनकी परिसज्जा की जा चुकी हो, जबकि ऊनी वस्त्रों में करघे से उतरने या कोई आकर्षण नहीं होता है, अतः इनमें सुन्दरता लाने के लिए कई क्रियाओं की आवश्यकता होती है। ऊनी वस्त्र की चौड़ाई को समान रखने के लिए इसको सुखाते समय खींचकर सुखाया जाता है। फिर इसकी सतह को बुश किया जाता है, ताकि बाल खड़े हो जाएं।

ऊन की विशेषताएँ

(a) **भौतिक विशेषताएँ (Physical Properties):**

यह निम्नलिखित हैं—

(i) **संगठन (Composition)**—ऊन एक प्रकार का रासायनिक तत्व से बना होता है जिसे केरोटीन कहते हैं। केवल ऊन के तन्तु में गंधक पाया जाता है। इसमें 50% कार्बन, 22% से 25% ऑक्सीजन, 16% से 17% नाइट्रोजन, 7% हाइड्रोजन तथा 3% से 4% तक गंधक होता है।

(ii) **सूक्ष्मदर्शीय आकृति (Microscopic Appearance)**—साधारण ऊन के रेशे दो या तीन परतों के बने होते हैं। बाहरी सतह छोटे-छोटे तन्तुओं से बनी होती है, जो एक-दूसरे को ढँके रहते हैं। ये छोटे तन्तु एक-दूसरे को पकड़े रहते हैं, जिससे सूत कातने में सहायता मिलती है, ऊनी वस्त्र को धोते समय रगड़ने से ये छोटे-छोटे रेशे एक-दूसरे में अधिक गुँथ जाते हैं, जिससे तन्तु की लम्बाई कम हो जाती है और ऊन सिकुड़ जाती है अथवा कड़ी हो जाती है। ऊन की दूसरी परत तन्तु को शक्ति एवं लचक प्रदान करती है। तीसरी परत कुछ ही प्रकार के ऊन में पाई जाती है। इस परत के कारण ही ऊन में नमी सोखने की शक्ति बढ़ जाती है एवं रंगाई में सहूलियत होती है।

(iii) **संकुचन (Shrinkage)**—ऊन का तन्तु दबाव, ताप या नमी से सिकुड़ जाता है। इसलिए धोते समय घर्षण, दबाव या गरम जल से धोने पर तन्तु एक-दूसरे से चिपक जाते हैं।

(iv) **दृढ़ता**—गीली अवस्था में ऊन की दृढ़ता 25% कम हो जाती है। अधिक लम्बा तन्तु अधिक मजबूत होता है। गीला होने पर इसमें लचीलापन बढ़ जाता है और यह शीघ्र टूट जाता है।

(v) **लचीलापन (Elasticity)**—ऊनी तन्तु लचीला होता है। सिकुड़ने के बाद दबाव डालने पर ऊनी वस्त्र अपनी स्वाभाविक अवस्था में आ जाता है। ऊन के रेशे को खींचने पर इसमें थोड़ी वृद्धि होती है जो छोड़ देने पर पुनः अपनी स्थिति में आ जाता है। यही कारण है कि अच्छे ऊनी वस्त्रों में सिकुड़न नहीं पड़ती है। वैज्ञानिकों के अनुसार सूखी हुई ऊन कातने पर 10 से 30% बढ़ जाती है और गीली ऊन 30 से

40% बढ़ जाती है। तनाव को छोड़ देने पर यह पूर्वावस्था में आ जाती इसलिए इस पर सलवट नहीं पड़ती है।

(vi) **ताप का संचालन**–ऊन का तन्तु कुचालक होता है, इसलिए सर्दियों में पहनने के काम में लाया जाता है। इससे शरीर गर्म रहता है। इसकी रचना इस प्रकार की होती है कि आसानी से वायु इसमें प्रवेश नहीं कर पाती है, इसलिए शरीर का तापक्रम बना रहता है।

(vii) **आर्द्रता का प्रभाव**–यह अन्य तन्तुओं की अपेक्षा नमी को ग्रहण करने वाला होता है। यह धीमी गति से सूखता है, इसलिए शरीर के तीव्र वाष्पीकरण को रोककर ठंड से बचाता है।

(viii) **रगड़ का प्रभाव**–रगड़ या घर्षण से यह तन्तु मुलायम हो जाती है। गीली अवस्था में भी यह मुलायम हो जाता है। ऊनी वस्त्र को रगड़ने से वस्त्र सिकुड़ जाता है और छोटा हो जाता है। इसलिए, ऊनी वस्त्र को रगड़-रगड़कर धोने से उस पर हानिकारक प्रभाव पड़ता है।

(ix) **लहरियापन (Wavy)**–ऊनी तन्तु में लहरियापन होता है एवं इसमें कुछ ऐंठन भी होती है। अधिक जहरें होने के कारण इसमें तल्यता आ जाती है। अधिक लहरें वाली ऊन अच्छी होती है।

(x) **धूप का प्रभाव**–ऊन को धूप में रखने पर इसका रंग उड़ जाता है एवं तन्तु पर भी आघात पहुँचाता है। धूप से इसके रासायनिक रचना में अन्तर आ जाता है। इसलिए धूप से बदरंग ऊनी वस्त्र को रंगने में अधिक कठिनाई होती है।

(b) **रासायनिक विशेषताएँ (Chemical Properties):** यह निम्नलिखित हैं–

(i) **अम्ल का प्रभाव (Acid Reaction)**–संतृप्त (तीव्र) अम्ल का घोल तन्तु को कमजोर कर देता है और उसे नष्ट कर देता है। तनु अम्ल के घोल का इस पर हानिकारक प्रभाव नहीं पड़ता है। अम्ल के हल्के घोल में इसे धोया एवं रंगा जा सकता है। क्लोरीन तथा हाइड्रोक्लोराइड्स ऊन के लिए हानिकारक होते हैं। हाइड्रोजन पेरोक्साइड्स, पोटैशियम परमैंगनेट एवं सोडियम हाइड्रोसल्फाइड से ऊनी वस्त्र धोने में उपयोगी सिद्ध होते हैं। ऊनी वस्त्र को ब्लीचिंग पाउडर से नहीं धोना चाहिए।

(ii) **क्षारीय प्रभाव**–क्षार ऊन को पीला और कड़ा बना देते हैं और इससे ऊन चिपक जाता है। उच्च ताप में क्षार का और शीघ्र ही हानिकारक प्रभाव पड़ता है। उबलते हुए 5% कॉस्टिक सोडे के घोल में कुछ मिनटों में यह गल सकता है। कॉस्टिक सोडे के हल्के घोल से भी इस पर हानिकारक प्रभाव पड़ता है। बोरेक्स एवं अमोनिया का इस पर कोई हानिकारक प्रभाव नहीं पड़ता है।

(iii) **कीड़े तथा फफूँदी का प्रभाव**–ऊनी वस्त्र पर फफूँदी नहीं लगती है, परन्तु नम अवस्था में अधिक समय तक रहने पर लग सकती है। कीड़े ऊनी वस्त्र को शीघ्र नष्ट कर देते हैं।

(iv) **रंगों के प्रति सादृश्य**–ऊन पर अच्छे शेड चढ़ते हैं। इसे आसानी से रंगा जा सकता है। अम्लीय रंगों में या अधारभूत रंगों में इसे रंगने में सुविधा रहती है।

ऊन की पहचान

ऊनी वस्त्र छूने में नरम एवं गरम-सा होता है। इसमें लहर एवं लचीलापन होता है। इसकी आकृति फुज्जीदार होती है। अणुवीक्षण यंत्र से देखने पर ऊन के तन्तु की दो या तीन सतहें दिखाई पड़ती हैं। इसकी आंतरिक सतह एक नली के समान होती है, जिसमें एक द्रव पदार्थ भरा रहता है। ऊन के जलने की प्रक्रिया धीमी गति से होती है जलते समय पंखों के जलने जैसी गंध आती है। जलने के बाद काले रंग के गुब्बारे जैसा अवशिष्ट पदार्थ रह जाता है। ऊन लचकदार होती हैं ऊनी रेशे में सिलवट पड़ने पर भी दबाव के समाप्त होते ही अपनी स्वाभाविक अवस्था में पुनः आ जाती है। अच्छे ऊनी वस्त्रों में सिकुड़न नहीं पड़ती है। ऊनी तन्तु पर एसिड के हल्के घोलों का प्रभाव नहीं पड़ता है। एकीकृत एसिड निम्न तापमान पर तन्तुओं को नष्ट कर देता है। उबलते हुए पानी में कॉस्टिक सोडा का संतृप्त घोल ऊन को नष्ट कर देता है। क्षार ऊनी वस्त्र को पीले रंग का कर देता है।

वस्त्र परिसज्जा

परिसज्जा से वस्त्र के दोष मिट जाते हैं और उसका अधिक मूल्य प्राप्त होता है। बुनाई के बाद जो उसमें परिवर्तन किया जाता है, उस प्रक्रिया को परिसज्जा कहते हैं। वस्त्रों की परिसज्जा मुख्यतः दो विधियों द्वारा की जाती है–

1. यांत्रिक परिसज्जा (Mechanical finishes)—वस्त्रों को परिष्कृत करने का यह सबसे सरल तरीका है। इसमें कपड़े को मशीन से तानना, इस्त्री करना, चिकना करना, कूटना, रोयाँ उठाना, नक्काशी करना, चमकीला रोगन लगाना, आदि प्रक्रियाएँ आती हैं—

(i) **कपड़े की कुटाई (Beeting)**—करघे से उतारने के बाद वस्त्र रुखड़ा एवं छिद्रयुक्त दिखाई देता है। कुटाई द्वारा वस्त्र के गोल तन्तु चपटे तथा बुनाई घनी हो जाती है। इससे वस्त्र में चमक एवं कोमलता आ जाती है। प्रारम्भ में कुटाई का कार्य मोगरियों से किया जाता था, परन्तु आजकल मशीनों से जिसमें बहुत-सी स्टील की हथौड़ियाँ लगी रहती हैं, रौलरों पर चढ़ा कपड़ा घूमता जाता है और हथौड़ियों के गिरने-उठने का क्रम चलता रहता है और साथ-ही-साथ मशीन से एक रासायनिक द्रव्य-निकल कर वस्त्र की सतह पर फैलता जाता है। इस प्रकार कपड़े की कुटाई होती है।

(ii) **रोंए काटना एवं ब्रश करना (Shearing and Brushing)**—इस विधि द्वारा वस्त्र की सतह पर चिपके रोंए तथा छोटे रेशों के छोरों को काट दिया जाता है तथा उन्हें ब्रश से साफ कर हटा दिया जाता है। रोंए की कटाई एवं ब्रश से झलाई साथ-साथ वस्त्र के दोनों सतहों पर की जाती है। मशीन के सिलेंडर में ब्लेड एवं ब्रश लगे रहते हैं। वस्त्र दो रौलरों के बीच से गुजरता है और दोनों सतहों की सफाई होती जाती है। इस तरह सूती कपड़ों की सतह चिकनी हो जाती है।

(iii) **चुन्नट तथा तह डालना (Crinkled or crepe effect)**—चुन्नट यान्त्रिक तथा रासायनिक दोनों विधियों से डाली जाती है। यान्त्रिक विधि में वस्त्र को गर्म रौलरों के मध्यम से निकाला जाता है। रौलरों पर बराबर दूरी पर दाँत लगे होते हैं, जिसके कारण वस्त्र जब इनके मध्य से गुजरता है तब चुन्नट की तह-सी पड़ जाती है। यन्त्र द्वारा बनाई चुन्नट धुलाई से नष्ट हो जाती है।

(iv) **शरीनेराइजिंग (Schrenerizing)**—यह वस्त्रों पर चमक लाने के लिए की जाती है। इस विधि द्वारा सूती वस्त्र में अतिरिक्त चमक उत्पन्न की जाती है। इस कार्य के लिए लौहे के रौलरों पर तिरछी बारीक रेखाएं प्रति से.मी. 230 के लगभग खुदी हरती हैं। रौलरों से कपड़ा गुजरते समय दबता है और रेखाएं वस्त्रों पर उभर जाती हैं, जिन पर प्रकाश की किरणें प्रतिबिम्बित होती हैं और वस्त्र चमकता दिखाई देने लगता है। परन्तु यह चमक स्थायी नहीं होती है।

(v) **कैलेण्डरिंग (Calendering)**—कैलेण्डरिंग वस्त्र पर इस्त्री की एक आवश्यक परिसज्जा प्रक्रिया है। वस्त्र को गर्म एवं खूब पॉलिश किए हुए रौलरों में से निकाला जाता है जिससे वस्त्र में चमक आ जाती है। इससे वस्त्र की सिकुड़न हट जाती है, चमक बढ़ जाती है तथा सतह पर एकरूपता आ जाती है, चमक बढ़ जाती है तथा सतह पर एकरूपता आ जाती है। यह प्रक्रिया कई बार दोहराई जाती है। सूती एवं लिनन वस्त्र पर भारी रौलरों का तथा रेयन पर हल्के रौलरों का प्रयोग किया जाता है।

(vi) **इमबौसिंग (Embossing)**—इस प्रक्रिया द्वारा वस्त्र पर निश्चित डिजाइन निकाली जाती है। इस प्रक्रिया के लिए सर्वप्रथम वस्त्र की सतह पर रासायनिक रॉल को जमाया जाता है। मशीन में दो रौलरें होती हैं। एक रौलर पर कपड़ा लपेटा जाता है तथा दूसरे रौलर की धातु पर मनचाहा डिजाइन अंकित कर दी जाती है। मशीन द्वारा डिजाइनदार गर्म रोलर से वस्त्र पर दबाव डाला जाता हैं नमूने रॉल की उपस्थिति के कारण वस्त्र पर अंकित हो जाते हैं। सूती, लिनन, रेशम तथा रेयन वस्त्रों पर यह प्रक्रिया की जाती है। ऐसे परिष्कृत वस्त्रों को विरंजन नहीं करना चाहिए। इन्हें हल्के गर्म पानी और साबुन के घोल से धोना चाहिए।

(vii) **सैनफॉराइजिंग (Sanforizing)**—सूती वस्त्रों की परिसज्जा की यह एक महत्वपूर्ण प्रक्रिया है। वस्त्रों को परिष्कृति करने में उसे अधिक खींचा जाता हैं जिस कारण वह अधिक खींचदार लम्बा-चौड़ा हो जाता है। ऐसा वस्त्र धुलने के बाद सिकुड़ जाता हैं वस्त्र धुलने के बाद सिकुड़े नहीं इसके लिए उसकी परिष्कृति नष्ट किए बिना ही उसे सघन बनाया जाता है। इस प्रक्रिया में भाप में गर्म किए हुए सिलेण्डर की सतह तथा कम्बल के मध्य से वस्त्र को गुजारा जाता है। सिलेण्डर द्वारा दबकर वस्त्र घना, चिकना और सघन हो जाता है, जिसे संफ्राइज्ड वस्त्र कहते हैं।

(viii) **ग्लेज करना (Glazing)**—परिसज्जा की इस विधि से वस्त्र बहुत अधिक चमकदार हो जाता हैं ग्लेज करने वाली मशीन में तीन रौलर होते हैं। वस्त्रों को रौलर के बीच में ले जाने से पहले मांड या अन्य कोई कड़ा करने वाला रासायनिक पदार्थ लगा दिया जाता हैं वस्त्र एक के बाद कए करके तीनों रौलरों के बीच से निकलता है, जिसकी गति क्रमशः अधिक होती जाती है। रौलर के दबाव एवं गर्मी से वस्त्र अधिक चमकीला हो जाता है।

(ix) **रोंए उठाना (Napping)**—इस प्रक्रिया में वस्त्र पर रोंए उठाए जाते हैं, जिससे वस्त्र छूने में आरामदाय एवं मुलायम हो जाता है। इससे वस्त्र के कुछ दोष भी छिप जाते हैं। इससे वस्त्र गर्म रहता है, क्योंकि रोंए उठ जाने से उनके बीच में हवा रुक जाती हैं। इसमें वस्त्र घूमते हुए बेलनों के मध्य से गुजारा जाता है जो छोटे-छोटे मुड़ हुए तारों से ढँके रहते हैं। रौलर पर मुड़े हुए तार वस्त्र के रेशों को ऊपर खींच लेते हैं जिससे वस्त्र पर रोंए उठ जाते हैं। रोंए को समान लम्बाई में लाने के लिए वस्त्र को रोंया करने वाली मशीन से निकाला जाता है जिससे रोयें एक-सा हो जाते हैं। सूती तथा ऊनी वस्त्रों को इस प्रक्रिया द्वारा रोंएदार बनाया जाता है।

(x) **मोरिंग (Moireing)**—इस प्रक्रिया से वस्त्र की सतह पर जल की लहरों के सदृश विवर्ण चिह्न बन जाते हैं। इसकी मशीन में भी तीन माप के रौलर होते हैं। सबसे ऊपर के रौलर पर कपड़ा चढ़ा रहता है। वस्त्र पहले प्रथम एवं द्वितीय रौलर से निकाला जाता है फिर सबसे ऊपर के रौलर, तीव्रगति से घूमता है एवं वस्त्र को भार से दबाती है, जिससे मनचाहा प्रभाव आ जाता है। रेयन की इस विधि से परिसज्जा की जाती है।

(xi) **टेण्टरिंग (Tentering)**—इसके द्वारा वस्त्र की महत्वपूर्ण परिसज्जा की जाती है। इस विधि से वस्त्र की लम्बाई एवं चौड़ाई को मनोवांछित दशा में लाया जाता है। यह मशीन 6 मीटर से 12 मीटर लम्बी होती है। वस्त्र जो ब्लीचिंग, रंगाई या सुखाई के समय लम्बाई से खिंच जाता है, उसे क्लिपों के द्वारा कस कर पकड़कर वस्त्र को खींचकर उसकी चौड़ाई को बढ़ाया जाता है। खींचने के बाद वस्त्र को गर्म हवा के कमरे में गुजारा जाता है जहाँ पर सूख जाता है और चौड़ाई बढ़ जाती है। इसका प्रयोग रेशम, ऊनी, रेयन या लिनन पर किया जाता है।

2. रासायनिक परिसज्जा (Chemical Finishes)—इस परिसज्जा में रासायनिक रीएजेंटों की सहायता ली जाती है, जिससे वस्त्र की शक्ल एवं उसके गुणों में भी परिवर्तन आ जाता हैं उसकी निम्नलिखित प्रक्रियाएँ हैं—

(i) **मर्सराइजिंग (Mercerizing)**—इस प्रक्रिया के द्वारा सूती वस्त्रों को कॉस्टिक सोडे की रासायनिक क्रियाओं द्वारा चमकदार बनाया जाता है। इंग्लैण्ड के जॉन मर्सर ने 1844 ई. में सबसे पहले इस बात की खोज की कि कॉस्टिक सोडा के गाढ़े घोल के प्रयोग से वस्त्र सुन्दर और रेशम की तरह चमकीला और मुलायम बनाया जा सकता है। सूती वस्त्र के अलावा उद्भिज तन्तुओं तथा ऊन पर भी यह प्रक्रिया की जा सकती है। इसमें वस्त्र को या धागे को ठंडे कास्टिक सोडा के घोल में डाला जाता है, जिससे उसकी सिकुड़न कम की जा सके और उसमें चमक को बढ़ाया जा सके। इस प्रक्रिया से तन्तु की ऐंठन को समाप्त किया जाता है, जिससे तन्तु चिकना और बेलनाकार होकर रेशम जैसा दिखे। मर्सराइज किया हुआ सूती वस्त्र या धागे रंग को सरलता से सोख लेते हैं।

वस्त्र को मर्सराइजिंग करने के लिए उसको 18% से 20% कॉस्टिक सोडा के संतृप्त घोल में 1 या 2 मिनट कमरे के तापक्रम पर दबाया जाता है। वस्त्र को खींचा जाता है और तब कॉस्टिक सोडे के वस्त्र को तनाव की स्थिति में रखे हुए ही धोया जाता है। इससे सूती वस्त्र की रचना में स्थाई परिवर्तन आ जाता है। सूत को मर्सराइज करते समय सूती तन्तु बेलनाकार हो जाते हैं। वस्त्र के छिद्र बहुत छोटे हो जाते हैं तथा धागे की ऐंठन समाप्त कर दी जाती है। ऐसा करने से वस्त्र चिकना और चमकीला बन जाता है।

(ii) **सिकुड़न अवरोधक परिसज्जा** (Crease Resistance Finish)—यह प्रक्रिया भी सूत पर ही प्रयोग की जाती है, क्योंकि सूत में प्राकृतिक लचीलेपन की कमी होती है व बुरी तहर सिलवटें पड़ जाती हैं। आधुनिक युग में उपभोक्ता इस बात पर अधिक ध्यान देता है कि वस्त्र पर सिलवटें शीघ्र तो नहीं पड़ती हैं, क्योंकि

बार-बार प्रेस करने की परेशानी सूत में बहुत अधिक होती है।

इस प्रक्रिया में वस्तु को संश्लेषित रॉल के घोल में डुबाया जाता हैं यह संश्लेषित रॉल फीनोल फॉर्मेल्डिहाइड या यूरिया फॉर्मेल्डिहाड या एक्रीलिक रॉलों के होते हैं। नम जलवायु के बड़े ऊँचे तापक्रम में सुखाया जाता है। यह तन्तु में साफ अघुलनशील रॉल बनाता हैं इसमें वस्त्र के लचीलेपन में वृद्धि होती है। यूरिया फॉर्मेल्डिहाइड रंगीन होता है। अतः इसको सफेद और हल्के रंग के कपड़े पर प्रयोग किया जा सकता है।

रासायनिक और ताप संझाशील वस्त्रों में लचक अधिक होती है, जिसके कारण इसके कण इधर-उधर नहीं फैलते। हैं अतः वस्त्र अपनी मूल अवस्था में रहता है।

(iii) **क्रेपिंग** (Creping)–क्रेपिंग प्रक्रिया द्वारा वस्त्र को कॉस्टिक सोडे के घोल में डाला जाता है। सोडे की लेई को वस्त्र पर कई निश्चित लाइनों में या डिजाइनों में लगाया जाता है। वस्त्र के वे भाग जिन पर सोडे की लेई लगाई गई है, सिकुड़ जाता है, शेष वस्त्र के हिस्से बिना सिकुड़े रहते हैं। इस प्रकार वस्त्र में कड़ापन पैदा किया जाता है। दूसरी विधि यह है कि लेई को वस्त्र पर लगाया जाए। इससे कास्टिक सोडा का कोई प्रभाव नहीं पड़ता हैं इसके उपरान्त वस्त्र को घोल में रखा जाता है। यांत्रिक क्रिया की अपेक्षा यह प्रक्रिया अधिक टिकाऊ रहती है। परिसज्जा के द्वारा उत्पन्न कड़ापन बुनाई के द्वारा उत्पन्न कड़ेपन से भिन्न होता है।

(iv) **अग्नि अवरोधक परिसज्जा** (Fire Proof Finishes)– वस्त्र को अग्नि अवरोधक बनाने के लिए बोरिक एसिड या बोरेक्स में वस्त्र को डुबाया जाता है यद्यपि यह पानी में घुलनशील होता हैं वस्त्र को धोने पर उसकी अग्नि अवरोधकता समाप्त हो जाती है। दूसरी विधि अग्नि अवरोधक बनाने की यह है कि वस्त्र को कैलोरीयुक्त अवयवों में, जैसे विनायल क्लोराइड या क्लोरीनयुक्त रबर या एन्टीमनी ऑक्साइड में डुबाया जाता है। ऐसा करने से वस्त्र पर घोल की पतली और अज्वलनशील तह जम जाता है, जो वस्त्र को अग्नि अवरोधक बनाती है। यद्यपि वस्त्रों को पूर्णरूप से अग्नि अवरोधक नहीं बनाया जा सकता है, परन्तु इस प्रक्रिया से कुछ अवरोधक शक्ति आ जाती है,

जैसे–चटाई, पर्दे या आग बुझाने वालों की पोशाक। यह प्रक्रिया घर पर भी की जा सकती है। उपर्युक्त घोल में वस्त्र को डुबाकर सूखा लेना चाहिए, इसके उपरान्त हल्की गर्म इस्त्री कर लेनी चाहिए।

(v) **जल अवरोधक परिसज्जा** (Water Proof Finishes)– वस्त्र को जल अवरोधक बनाना वस्त्र उद्योग का महत्वपूर्ण कार्य होता है। घटिया और भारी किस्म के जल अवरोधक वस्त्र जैसे तिरपाल आदि इसी परिसज्जा द्वारा बनाए जाते हैं। ऐसा बनाने के लिए तारकोल या रबर आदि का प्रयोग किया जाता है, क्योंकि यह सस्ता भी होता है और सरलता से खूब मोटी तह वस्त्र पर लगाई जा सकती है। ऐसा वस्त्र छूने व देखने में आकर्षक नहीं लगता है।

बहुत से जल अवरोधक वस्त्रों में रबर की तह एक ही जमा दी जाती है, परन्तु आजकल रबर के स्थान पर संश्लेषित रॉलों का प्रयोग किया जाता है। ऐसे वस्त्रों की विशेषता यह होती है कि पानी को तो यह रोकते ही हैं, साथ में वायु में नही जा सकती है। तेल और ग्रीस का भी इन वस्त्रों पर कोई प्रभाव नहीं पड़ता है। जल अवरोधक वस्त्र में जल प्रवेश नहीं कर पाता है, इसलिए बरसाती कोट ऐसे ही वस्त्र के बनाए जाते हैं, जिन पर जल का भी प्रभाव न पड़े और वायु का भी संचार होता रहे। आधुनिक युग में अल्युमीनियम साबुन के घोल को भी वस्त्रों को जल अवरोधक बनाने के लिए प्रयोग में लाया जाता है।

(vi) **फफूँदी सुरक्षा हेतु परिसज्जा** (Moth Proofing)–वस्त्र को बहुत दिनों तक सीलन वाले स्थान में बन्द रखने से फफूँदी लग जाती है जो रेशों को गला देती है। यह विशेषकर सूती वस्त्रों पर उत्पन्न होती है। फफूँदी रोकने के लिए वस्त्र पर मैग्नेशियम क्लोराइड, कैल्शियम क्लोराइड या जिंक क्लोराइड की माड़ी प्रयोग की जाती है। टरपेण्टाइन तथा फॉर्मेल्डिहाइड फफूँदी रोकने के लिए भी काम में लाया जाता है।

(vii) **कीट सुरक्षा हेतु परिसज्जा**–विशेषतः ऊनी वस्त्रों को कीड़े क्षतिग्रस्त कर देते हैं, ये ऊन के तन्तुओं को खाते हैं और उन पर भी पलते हैं। अतः, ऊनी रेशों को फ्ल्यूओराइड और सिलिकोफ्ल्यूओराइड जैसे विषैले पदार्थों से परिष्कृत किया जाता है। वस्त्र की रंगाई करते समय उसमें रासायनिक पदार्थ मिलाकर इस

तरह बना दिया जाता है, ताकि उसमें कीड़े न लगें।

(*viii*) **कड़ा करना** (Creping)—वस्त्र पर रासायनिक प्रक्रिया कास्टिक सोडे की दी जाती है। वस्त्र के ऊपर धारियाँ या निश्चित आकृति बनाने में इसका उपयोग किया जाता है। जिन भागों पर लेप लगाया जाता है, वह सिकुड़ जाता है और शेष भाग पूर्ववत् रहता है। दूसरी प्रक्रिया में वस्त्र की सतह पर निश्चित डिजाइन के गोंद जैसे पदार्थ का लेप लगाया जाता है। इसके गाद वस्त्र को कास्टिक सोडे के घोल में डाला जाता है।

(*ix*) **ब्लीचिंग** (Bleaching)—ब्लीचिंग का काम वस्त्र बनाने के पहले या बाद में किया जाता है। इसके द्वारा वस्त्र को सफेद किया जाता है। सूती एवं लिनन रेशों के लिए क्लोरीनटेट लाइम और हाइड्रोक्लोरिक एसिड का प्रयोग किया जाता है। अधिक अच्छा एवं सफेद रंग लाने के लिए क्लोरीन के घोल का प्रयोग किया जाता है।

वस्त्रों में परिसज्जा के उद्देश्य

(1) **वस्त्र के आकर्षण व सुन्दरता में वृद्धि**—कुछ वस्त्र बुनाई एवं कताई की प्रक्रिया को पूरा करते-करते गंदे हो जाते हैं, अतः इनकी सफाई व ब्लीचिंग की आवश्यकता होती है। कभी-कभी बुनते समय वस्त्र की तरह पर कुछ गाँठें कुछ ढीले धागे या बुनाई पतली रह जाती है, जिस पर बुनाई के समय ध्यान नहीं दिया जाता है। अतः बुनने के बाद वस्त्र का निरीक्षण करके इन सारे दोषों को दूर किया जाता है। वस्त्र पर रोएं उठा देने (napping) से यह दोष दूर हो सकता है या चिकनाहट लाने के लिए मशीन में दबा दिया जाता है।

(2) **उपयोगिता व अनुरूपता में वृद्धि**—कुछ वस्त्र ढीले-ढाले, बेजान-से व अपने आकार को बनाए न रखने के कारण वस्त्र बनाने के अनुरूप नहीं होते हैं। यदि वस्त्र बना लिए जायें तो कोई उपयोगिता नहीं होती है। अतः, ऐसे वस्त्रों को मांड लगाकर क्रीज अवरोधक बनाया जाता है और कुछ जान डाली जाती है। इसके अतिरिक्त वस्त्र को परिसज्जा के द्वारा ही जल, अग्नि और फफूँदी अवरोधक बनाया जाता है।

(3) **वस्त्रों में विभिन्नता लाना**—विभिन्नता लाने के लिए वस्त्रों पर रोएं उत्पन्न किए जाते हैं, ठुकाई करके चिकना बनाया जाता है या कड़ा और मुलायम बनाया जाता है। इसके अतिरिक्त वस्त्रों की रंगाई और छपाई करके विभिन्न डिजाइन बनाए जाते हैं।

(4) **वस्त्रों को कड़ा करके भार बढ़ाना (to increase the weight of Stiffness)**—इसके लिए वस्त्र पर मांड या गोंद का कलफ लगाया जाता है और रासायनिक क्रियाओं द्वार भी बढ़ाया जाता है, जैसे—भार वाली रेशम।

5 | संसाधन व्यवस्था

गृह प्रबन्ध अथवा गृह व्यवस्था

पारिवारिक जीवन को सुव्यवस्थित ढंग से चलाना ही गृह प्रबन्ध कहलाता है। इस प्रक्रिया में परिवार के लक्ष्यों को प्राप्त करने और परिवार को चलाने के लिए आवश्यक निर्णय लेना भी सम्मिलित है। व्यक्ति हो या परिवार, गृह प्रबन्ध के माध्यम से ही सभी गतिविधियों को आयोजित किया जाता है, मूल्यों का निर्धारण किया जाता है और आवश्यकताओं को पूरा किया जाता है।

गृह व्यवस्था एक अदृश्य मानसिक प्रक्रिया है जो अनिवार्य रूप से प्रत्येक घर में सम्पन्न होती है। इसके महत्व की ओर इंगित करते हुए **गुड जॉनसन** (Good Johnson) का कथन है कि, "गृह व्यवस्था विश्व के सभी देशों में पायी जाती है। यह सबसे अधिक सर्वव्यापी व्यवस्था है, जिसमें अधिकांश व्यक्ति संलग्न रहते हैं, इसमें अधिकांश धन व्यय होता है तथा यह व्यक्ति के स्वास्थ्य की दृष्टि से आधारभूत महत्वपूर्ण प्रक्रिया है।"

गृह प्रबन्ध के अर्थ को और अधिक स्पष्ट करने के लिये कुछ विद्वानों ने परिभाषाएँ दी हैं जिनका विवरण निम्न प्रकार है—

(1) **गुड जॉनसन के अनुसार**—"गृह व्यवस्था समस्त देशों में मिलनेवाली अत्यधिक सामान्य व्यवस्था है, जिसमें अधिकांश व्यक्ति कार्यरत हैं तथा अधिकांशतः धन का प्रयोग किया जाता है। यह व्यक्तियों के स्वास्थ्य की दृष्टि से महत्वपूर्ण है।"

(2) **ग्रॉस एवं क्रेण्डल** ने गृह प्रबन्ध को स्पष्ट करने के लिए **निम्न परिभाषाएँ दी**–

(*i*) गृह व्यवस्था एक मानसिक प्रक्रिया है जिसमें आयोजन, नियन्त्रण व मूल्यांकन के माध्यम से पारिवारिक साधनों का उपयोग करके पारिवारिक लक्ष्यों की प्राप्ति की जा सकती है।

(*ii*) सरल व संक्षिप्त अर्थों में व्यवस्था अर्थात् हमारे पास जो उपलब्ध मानवीय एवं अमानवीय साधनों से है तथा "जो कुछ हम प्राप्त करना चाहते हैं" (What you want) से तात्पर्य परिवार के व्यक्तिगत एवं पारिवारिक लक्ष्यों से है। सरल शब्दों में हम कह सकते हैं कि उपलब्ध साधनों का उपयोग करके लक्ष्य की प्राप्ति करना ही गृह व्यवस्था कहलाती है।

(*iii*) व्यवस्थापन की प्रक्रिया के विभिन्न चरण वास्तव में निर्णयों की श्रृंखला होते हैं जिनमें प्रत्येक निर्णय उसके पूर्व के निर्णय पर आधारित होता है।

(*iv*) गृह व्यवस्था निर्णयों की एक श्रृंखला है। जिसमें पारिवारिक साधनों का उपयोग कर पारिवारिक लक्ष्यों को प्राप्त करने की प्रक्रिया सम्मिलित है। प्रक्रिया में एक-दूसरे पर निर्भर तीन (कम या अधिक) चरण होते हैं—आयोजन, आयोजन के विभिन्न तत्वों पर नियन्त्रण, चाहे यह स्वयं के द्वारा किया गया हो या अन्य के द्वारा और परिणामों का मूल्यांकन जो आगामी आयोजन के लिये मार्गदर्शक होता है।

(3) **इरीन ऑपनहीम के अनुसार**—"गृह व्यवस्था संस्कृति की जड़ होती है। भिन्न-भिन्न संस्कृतियों में गृह उत्तरदायित्वों की व्यवस्था में भिन्नता होती है। स्वयं संस्कृति में भी पर्याप्त भिन्नता होती है।"

(4) **कोटजिन के अनुसार**—"गृह व्यवस्था एक व्यावहारिक विज्ञान है।"

(5) **देवदास** ने व्यवस्थापन प्रक्रिया को बाँध के समान माना है। जिस प्रकार बाँध बनाकर पानी इकट्ठा कर लिया जाता है और फिर इसकी सहायता से वर्ष भर नागरिकों को नियमित जलापूर्ति की जाती है जिससे जल संकट उत्पन्न नहीं

होता है। उसी प्रकार यदि गृह व्यवस्था में साधनों को बाँध के रूप में परिवार में इकट्ठा कर लिया जाये तो इसकी सहायता से सारे परिवार के विभिन्न लक्ष्यों को नियमित रूप से प्राप्त किया जा सकता है।

(6) **गुडइयर एवं क्लोहर के अनुसार**–प्रभावशाली व्यवस्था मूल्यों को समझने एवं मानवीय और भौतिक साधनों से लक्ष्यों को प्राप्त करने में सहायता प्रदान करती है।

(7) **पी. निकेल और जे. डॉर्से के अनुसार**–"गृह व्यवस्था परिवार के लक्ष्यों को प्राप्त करने के उद्देश्य से परिवार के स्रोतों या साधनों के प्रयोग हेतु किया गया आयोजन संगठन, नियन्त्रण एवं मूल्यांकन है।"

गृह प्रबन्ध के तत्व

गृह प्रबन्ध के प्रमुख तत्व निम्नलिखित हैं–

(1) नियोजन, (2) नियन्त्रण, (3) मूल्यांकन।

(1) **नियोजन**–प्रबन्ध का सबसे अधिक महत्वपूर्ण चरण नियोजन है। जीवन के समस्त क्षेत्रों में नियोजन का महत्व है। वास्तव में, किसी भी कार्य को करने से पहले की जाने वाली तैयारी नियोजन ही है। इस प्रकार स्पष्ट है कि नियोजन के अन्तर्गत यह पूर्व-निश्चित कर लिया जाता है कि भविष्य में क्या करना है। इस प्रकार के भविष्य के कार्यक्रमों को निश्चित कर लेने से कार्य सरल हो जाता है तथा निर्धारित लक्ष्य को प्राप्त करना सम्भव हो जाता है। नियोजन की प्रक्रिया के अन्तर्गत चिन्तन शक्ति, स्मरण शक्ति, अवलोकन, तर्कशक्ति तथा कल्पना शक्ति का प्रयोग किया जाता है।

नियोजन के अर्थ को जान लेने के बाद नियोजन की प्रक्रिया की कुछ विशेषताओं का संक्षिप्त उल्लेख करना भी अनिवार्य है। सर्वप्रथम कहा जा सकता है कि नियोजन एक निरन्तर चलने वाली प्रक्रिया है। किसी एक लक्ष्य को प्राप्त कर लेने के उपरान्त किसी अन्य लक्ष्य की प्राप्ति के लिये नियोजन प्रारम्भ हो जाता है। नियोजन की द्वितीय विशेषता है, पूर्वानुमान। समस्या के समाधान के लिये निकटतम पूर्वानुमान प्राप्त करना भी सफलता के लिये आवश्यक है। नियोजन की तीसरी विशेषता है, लचीलापन। आवश्यकता तथा परिस्थितियों के अनुसार नियोजन में परिवर्तन करना उसका लचीलापन कहलाता है। नियोजन को क्रियान्वित करने में वैकल्पिक कार्य प्रणाली को चुना जा सकता है। प्रबन्ध की सफलता काफी हद तक उचित नियोजन पर ही निर्भर करती है।

(2) **नियन्त्रण**–प्रबन्ध प्रक्रिया का द्वितीय तत्व नियन्त्रण है। केवल सही नियोजन द्वारा प्रक्रिया लक्ष्य तक नहीं पहुँचा जा सकता है। नियन्त्रण के द्वारा अपनायी गयी योजना को पूर्व निर्धारित कार्यक्रम के अनुसार या सम्बन्धित परिस्थितियों के अनुकूल परिवर्तित कर क्रियान्वित किया जाता है। यह कहा जा सकता है कि नियन्त्रण के अन्तर्गत चालु योजना की कार्य प्रणाली से वर्तमान कार्य प्रणाली के विचलनों का सूक्ष्म निरीक्षण किया जाता है। नियन्त्रण के ही अन्तर्गत समय और परिस्थितियों के अनुसार पूर्व निर्धारित योजना में किये जाने वाले परिवर्तनों का निर्णय किया जाता है।

प्रबन्ध की प्रक्रिया में नियन्त्रण की सफलता विभिन्न कारकों पर निर्भर होती है। इसके लिये निरीक्षणकर्ता के पास उपयुक्त जाँच यन्त्र होने चाहिये तथा जाँच में शीघ्रता की जानी चाहिये। जाँच के बाद आवश्यक निर्णय शीघ्र लेने चाहिये। इसके साथ ही साथ नियन्त्रण की सफलता के लिये आवश्यक है कि सम्बन्धित योजनायें लचीली हों। समन्वय एवं निरीक्षण भी आवश्यक है।

(3) **मूल्यांकन**–गृह प्रबन्ध का तीसरा तत्व मूल्यांकन है। पूर्व नियोजन के अनुसार किये गये कार्यों की सफलता-असफलता तथा उचित-अनुचित के निर्णय करने के कार्य को मूल्यांकन कहा जाता है। मूल्यांकन द्वारा पहले हो चुकी गलतियों की जानकारी प्राप्त हो जाती है तथा भविष्य में उसी प्रकार की गलतियों को न दोहराने की चेतावनी मिल जाती है। इस प्रकार मूल्यांकन का विशेष महत्व है। गृह प्रबन्ध के दौरान किसी न किसी स्तर पर अवश्य मूल्यांकन किया जाता है। मूल्यांकन दो प्रकार का होता है अर्थात् सापेक्ष मूल्यांकन तथा निरपेक्ष मूल्यांकन। मूल्यांकन के विभिन्न लाभ होते हैं। इससे अनेक उद्देश्यों की पूर्ति हो जाती है। मूल्यांकन से ही हमें ज्ञात होता है कि हमने क्या प्राप्त किया? इसके द्वारा ही आगामी योजना का आधार प्राप्त होता है तथा सम्पूर्ण योजना को संशोधित करने के लिये आधार प्राप्त होता है। इन सबके अतिरिक्त कार्यों के सही मूल्यांकन द्वारा हमारी अन्तर्दृष्टि में भी वृद्धि होती है।

प्रबन्ध (व्यवस्थापन) का महत्व

व्यवस्थापन के महत्व से आशय इसकी उपयोगिता से है। जिस किसी भी वस्तु का जितना अधिक उपयोग हमारे नित्य प्रति के जीवन में होता है उतनी ही वह वस्तु महत्वपूर्ण बन जाती है। व्यवस्थापन की प्रक्रिया नित्य प्रति जीवन में सभी कार्यों में

आवश्यक है। इसको अपनाया जाना, कार्य के स्वरूप, करने के तरीके एवं उत्पादन, आदि गुणों को सुधारता है।

व्यवस्थापन का महत्व निम्नलिखित बिन्दुओं के अन्तर्गत जाना जा सकता है—

(1) व्यवस्थापन प्रक्रिया व्यक्तिगत, पारिवारिक, सामाजिक एवं सामुदायिक निर्णय लेने के क्षेत्र में पथप्रदर्शक का कार्य करती है। व्यवस्थापन प्रक्रिया में मूल्यांकन के पश्चात् हमें हमारे निर्णयों की कमियाँ ज्ञात होती हैं तथा अगले निर्णय हम और बेहतर ले पाते हैं।

(2) व्यवस्थापन प्रक्रिया ऐसे मूल्यों की स्थापना कराने में सहायक हैं जो व्यक्ति, समाज एवं सामुदायिक जीवन को अर्थ प्रदान कर सके और उसे सुचारू रूप से चला सकें।

(3) व्यवस्थापन प्रक्रिया में दीर्घकालीन एवं लघुकालीन लक्ष्यों की स्थापना एवं उन्हें प्राप्त करने की दिशा में हमें सहायता मिलती है।

(4) व्यवस्थापन प्रक्रिया द्वारा कार्य करने के व्यवस्थित तरीके निकाले जा सकते हैं।

(5) पारिवारिक जीवन चक्र की विभिन्न अवस्थाओं में साधनों की माँग बदलती रहती है। उस स्थिति में जब साधनों की उपलब्धता सीमित है तथा माँग अधिक है व्यवस्थापन प्रक्रिया द्वारा ही लक्ष्यों की प्राप्ति सम्भव है।

(6) व्यवस्थापन प्रक्रिया, परिवार को उसके सभी साधनों के बारे में विस्तृत जानकारी देती है तथा उनका सीमित मात्रा में उपयोग कर उनसे अधिकतम लक्ष्यों को प्राप्त करने का तरीका भी सिखाती है।

(7) व्यवस्थापन प्रक्रिया द्वारा महिलाओं को सामाजिक दायित्वों को पूरा करने अथवा जीविकोपार्जन हेतु घर से बाहर निकल पाने के अवसर भी प्राप्त होते हैं।

(8) व्यवस्थापन किसी परिवार, समाज अथवा देश के रहन-सहन के स्तर को ऊँचा उठाने में सहायक है।

व्यवस्था के मार्ग में आने वाली बाधायें

व्यवस्था में अनेक बाधाएँ उत्पन्न होती हैं। यह बाधाएँ गृहिणी के सामने चुनौती उत्पन्न करती हैं, पर गृहिणी यदि चाहे तो इन्हें दूर कर सकती हैं। इन बाधाओं का वर्णन निम्न प्रकार है—

(1) **व्यवस्थापन की प्रक्रिया से अनभिज्ञ**—अधिकांश परिवारों को व्यवस्थापन प्रक्रिया के विभिन्न चरणों की जानकारी नहीं होती है। कुछ व्यक्ति इसे आयोजन का पर्याय मानते हैं और जब उनकी योजना कार्य नहीं कर पाती है तब वह निराश हो जाते हैं। असफल व्यक्ति यह नहीं दर्शाते हैं कि व्यवस्था कार्य नहीं करती, वह सामान्य रूप से इस तथ्य पर बल देते हैं कि व्यक्ति तब तक सफल होने की आशा नहीं रख सकता जब तक कि सम्पूर्ण प्रक्रिया का उपयोग नहीं किया जाये और वह इसलिये असफल हो गये क्योंकि तीन चरणों में से किसी एक में दोष रह गया है। व्यवस्था एक अपरिवर्तनीय प्रक्रिया है, इस तथ्य को मानने का लाभ यह है कि व्यक्ति तुरन्त नई समस्या, चाहे छोटी हो या बड़ी, को हल करने के लिये इस प्रक्रिया का प्रयोग करने लगता है और उसे हर समस्या को हल करने हेतु नई विधि की खोज नहीं करनी पड़ती है। इसी प्रकार, चूँकि प्रक्रिया हमेशा समान रहती है, कोई भी व्यक्ति तीनों चरणों में से प्रत्येक चरण हेतु कुशलता प्राप्त करने की चुनौती स्वीकारता है, जिससे सफलता की सम्भावनाओं में वृद्धि हो सके।

(2) **साधनों का ज्ञान न होना**—कभी-कभी परिवार उनके पास उपलब्ध साधनों की कुल पूर्ति से अनभिज्ञ होते हैं, कई असफल समस्याओं का नये साधनों की खोज के द्वारा हल किया जा सकता है। उदाहरणार्थ श्रीमती 'कविता' घर के बाहर कार्य करती थी किन्तु उसकी समस्या थी कि उसकी दो वर्ष की पुत्री आकांक्षा को कहाँ छोड़कर जाये। किन्तु जब उसे ज्ञात हुआ कि उसके घर के पास ही नर्सरी है जहाँ वह उसे छोड़ सकती है, तो उसकी समस्या का समाधान हुआ।

(3) **व्यवस्था का लक्ष्य से सम्बन्धित न होना**—कई परिवार व्यवस्था के परिणाम को पारिवारिक लक्ष्यों के अनुसार मूल्यांकन करने में असफल होते हैं, इसलिये वह अपने पिछले अनुभवों का उपयोग भविष्य में उत्तम व्यवस्था हेतु नहीं कर पाते हैं। कई परिवार अपने लक्ष्यों को पर्याप्त रूप से परिभाषित नहीं कर पाते हैं जिससे क्रिया को गति मिल सके या दिशा दी जा सके।

(4) **त्वरित समाधान की इच्छा**—व्यवस्था की अगली बाधा है कि अधिकांश परिवार ऐसे विशेषज्ञ की इच्छा रखते हैं जो कि उनकी समस्याओं को तत्काल समाधान दे सकें अपेक्षाकृत इसके कि उनकी समस्याओं को हल करने हेतु निर्देशों का उपभोग किया जाये।

(5) **व्यवस्थापन सम्बन्धी निर्णय हेतु सूचनाओं का अभाव**—व्यवस्थापन के सुधार की अन्य बाधा है—समस्याओं की

जटिलता के कारण उन्हें हल करने के लिये कई प्रकार की सूचनाओं की आवश्यकता होती है। यहाँ विशेषज्ञ सहायता कर सकते हैं, कुछ पुस्तक सहायता कर सकती हैं जिनमें सूचनाएँ दी जाती हैं, ज्ञान और सिद्धान्त भी व्यवस्थापन समस्याओं को हल करने में सहायक होते हैं। कुछ सिद्धान्त अवलोकन और प्राप्त अनुभव की मान्यता पर आधारित होते हैं।

योजना (आयोजन) का अर्थ

योजना, व्यवस्थापन प्रक्रिया का प्रथम चरण है। इसमें बहुत अधिक निर्णय लिये जाते हैं जो कि पारिवारिक क्रियाओं, साधनों और परिवर्तित पारिवारिक माँग से सम्बन्धित होते हैं। योजना को अधिक समय तक व्यवस्थापन का पर्याय माना जाता है।

योजना (आयोजन) की परिभाषा

विभिन्न विद्वानों ने योजना की भिन्न-भिन्न परिभाषायें दी हैं जिनका विवरण निम्न प्रकार है—

(1) **निकिल एवं डार्सी के अनुसार**–‘‘आयोजन व्यवस्थापन प्रक्रिया का प्रथम चरण है। इसके अन्तर्गत निर्णयों की विस्तृत श्रेणी होती है जो कि पारिवारिक क्रियाओं, साधनों और परिवर्तित पारिवारिक मांग के सन्दर्भ में लिये जाते हैं।’’

(2) **जवाहरलाल नेहरू के अनुसार**–‘‘आयोजन केवल कार्य सूची बना लेना ही नहीं बल्कि आयोजन एक बुद्धिमत्तापूर्ण वैज्ञानिक पद्धति है।’’

उपरोक्त परिभाषाओं के आधार पर योजना की विशेषतायें निम्नलिखित हैं—

(i) योजना एक विवेकपूर्ण कार्य है।

(ii) निर्णयों की एक संगठित प्रक्रिया है।

(iii) वैज्ञानिक पद्धति है।

(iv) लक्ष्यों की प्राप्ति का साधन है।

(v) एक सतत् प्रक्रिया है।

(vi) मानसिक प्रक्रिया है।

(vii) योजना कार्य से पहले की जानी वाली क्रिया है।

(viii) इसमें साधनों को व्यवस्थित किया जाता है।

(ix) योजना में पारिवारिक सदस्यों के कार्यों का विभाजन भी किया जाता है।

योजना (आयोजन) का महत्व

(1) **उद्देश्यों पर बल केन्द्रित करने के लिये**–सभी योजनायें उद्देश्यों की प्राप्ति के लिये ही बनाई जाती हैं। इन्हीं योजनाओं से उद्देश्यों पर बल केन्द्रित किया जाता है। अच्छी प्रकार सोच-विचार कर बनाई गई सम्पूर्ण योजना अन्य क्रियाओं को एक रूप करती है।

(2) **नियन्त्रण के लिये**–जब तक व्यवस्थापक के योजनाबद्ध लक्ष्य नहीं होंगे वह अपने सहायकों के कार्यों का निरीक्षण नहीं कर सकता। गृहिणी को हर कार्य करते समय यह सोचना चाहिये कि इस समय किस प्रकार कार्य हो रहा है तथा भविष्य में किस प्रकार कार्य करना चाहिये।

(3) **अनिश्चितता को दूर करने के लिये**–अनिश्चितता व परिवर्तन से बचने हेतु योजना का बनाना बहुत महत्व रखता है। भविष्य अनिश्चित होता है और निर्णयों का परिणाम प्राप्त होने वाला होता है।

(4) **मितव्ययिता के लिये**–पूर्व में यदि ध्यानपूर्वक योजना बनाई जाती है तो व्यर्थ में समय, धन, व शक्ति के व्यय पर प्रतिबन्ध लग जाता है।

योजना व्यवस्थापन के चारों सोपानों में से योजना का सोपान सबसे अधिक मान्यता प्राप्त तथा सबसे अधिक प्राचीन है। अच्छे आयोजन के परिणाम लाभप्रद एवं अच्छे होते हैं। आयोजन इसलिये अधिक महत्वपूर्ण है कि कार्य प्रारम्भ करने से पहले ही इसे पूर्ण कर लिया जाता है।

इस प्रकार कार्य प्रारम्भ करने के बाद अनिश्चितता की स्थिति में लिये जाने वाले समय व शक्ति के अपव्यय की आशंका को दूर किया जा सकता है। पूर्व-आयोजन करने के फलस्वरूप कार्य को पूर्ण इकाई के रूप में देखा जा सकता है। जो व्यक्ति शुरू से ही अपने कार्य में रुचि लेता है और जो यह समझता है कि उसे क्या करना है तथा कैसे करना है वह अपने लक्ष्यों की प्राप्ति सरलता व शीघ्रतापूर्वक कर लेता है।

योजना (आयोजन) की सफलता

योजना की सफलता के लिये निम्न तत्व आवश्यक हैं—

(1) योजना इस प्रकार बनाई जाये कि व्यक्ति या पारिवारिक समूह की आवश्यकता सही हो।

(2) योजना लोचमय हो ताकि आवश्यक परिवर्तन किये जा सकते हों।

(3) योजना उपलब्ध साधनों के उपयोग की दृष्टि से वास्तविक हों।

समुदाय संसाधन-व्यवस्था

गृह-व्यवस्था का प्रमुख उद्देश्य परिवार के सदस्यों के लिये अधिक-से-अधिक सुख एवं संतुष्टि प्रदान करना होता है, इसलिए गृह-प्रबन्ध में पारिवारिक साधन का प्रमुख हाथ है। गृह-प्रबन्ध की सफलता गृहिणी द्वारा साधनों के परिणाम-स्वरूप प्राप्त पारिवारिक संतुष्टि पर निर्भर करती है। साधन का प्रयोग 'साध्य' की प्राप्ति के लिए किया जाता है। गृह-प्रबन्ध का 'साध्य' है गृहस्वामी अथवा गृहिणी द्वारा सीमित साधनों के सहारे इस कुशलता से घर चलाना कि घर के प्रत्येक सदस्य को सुख-सुविधा प्राप्त हो और उसके स्वास्थ्य की सुरक्षा हो। समुदाय-साधनों को निम्नलिखित तीन प्रमुख वर्गों में विभक्त किया गया है—

(1) मानवीय साधन, (2) भौतिक साधन तथा (3) सामाजिक साधन।

(1) **मानवीय साधन**–परिवार के मानवीय साधन निम्नलिखित हैं—

(*i*) **समय**–प्रत्येक गृहस्वामी एवं गृहिणी के पास गृह-प्रबन्ध की दृष्टि से सीमित समय होता है—सुबह उठने से शाम सोने तक। इस अवधि के बीच ही उसे गृह-प्रबन्ध करना है। सुबह उठकर नित्य क्रिया से निवृत्त होकर, स्नान-ध्यान और पूजा-पाठ कर प्रत्येक गृहिणी को घर के कामकाज में जुट जाना पड़ता है। प्रायः प्रत्येक घर में प्रातः काल में ही घर में काम करने वाली नौकरानी, दूध देने वाले ग्वाला, दूध की बोतल पहुँचाने वाले, अखबार देने वाले, सब्जी देने वाले आदि पहुँचते हैं। वैसी स्थिति में यदि घर में गृह-प्रबन्धक सोई हुई रहे तो कोई काम सुचारू रूप से नहीं चल सकता है। घर के सदस्यों की आवश्यकतानुसार सुबह-सुबह नाश्ता या टिफिन तैयार करना पड़ता है। कोई सुबह स्कूल जाता है, कोई कॉलेज और कोई दफ्तर। यदि नाश्ता समयानुसार न बने तो बच्चों को बिना नाश्ता किए ही स्कूल बस पकड़नी पड़ सकती है। ऐसे घर, जहाँ सुबह में कुछ समय के लिए नल से जल एकत्र न कर लिया जाए तो सबका नहाना-धोना, खाना-पकाना, सफाई मुश्किल हो जाता है। अतः गृह-प्रबन्धक को घर के सदस्यों की आवश्यकता को ध्यान में रखते हुए घड़ी के अनुसार सब काम करना चाहिए। गृहप्रबन्धक की सफलता इस बात पर निर्भर करती है कि जिसको 6 बजे सुबह बेड-टी पीने की आदत हो तो उसके हाथ में ठीक 6 बजे चाय की प्याली पहुँच जानी चाहिए। यदि किसी को ठीक 8 बजे नाश्ता करके बस पकड़नी हो तो उसे 7.45 तक अवश्य ही खाने की मेज पर परोसा हुआ नाश्ता मिल जाना चाहिए।

(*ii*) **प्रवीणता**–घर का प्रत्येक सदस्य अलग-अलग कार्य में प्रवीण होता है। अतः गृह-प्रबन्धक को चाहिए कि इस तथ्य को ध्यान में रखते हुए ही किसी सदस्य को कोई विशेष कार्य का भार सौंपे। छोटे बच्चे फूलों के गमलों में पानी डाल सकते हैं, वे कुएँ से पानी नहीं खींच सकते हैं। अतः समझदार गृहिणी किसी सदस्य से वही काम कराती है, जिसे करने में वह प्रवीण है।

(*iii*) **रुचि**–गृह प्रबन्धक को चाहिए कि घर के प्रत्येक सदस्य की रुचि को समझे। जो लड़की अच्छी अदौड़ी-तिलौड़ी बनाना जानती है उसी से अदौड़ी-तिलौड़ी बनवानी चाहिए। रुचियों के अनुसार कार्य का बँटवारा करना चाहिए।

(*iv*) **ऊर्जा**–प्रत्येक सदस्य की शारीरिक एवं मानसिक ऊर्जा को ध्यान में रखकर ही उससे घर का कामकाज कराया जाए। यदि घर में तीन पीढ़ियाँ हों तो दादा-दादी से हल्के-फुल्के काम लिए जाएं, बच्चों से भी उनकी शक्ति एवं सामर्थ्य के अनुसार, केवल जवानों से ही कठिन एवं श्रमसाध्य कार्य करवाना चाहिए।

(*v*) **योग्यता**–परिवार के प्रत्येक सदस्य की योग्यता एकसमान नहीं होती है। योग्यता के अनुसार ही कार्य अपनाने चाहिए।

(*vi*) **ज्ञान**–यदि गृह-प्रबन्धक को गृह-विज्ञान के तथ्यों की जानकारी हो तो घर के प्रत्येक सदस्य को कम खर्च में समय पर स्वच्छ एवं स्वस्थ भोजन मिल सकता है।

(*vii*) **मनोवृत्तियाँ**–गृह-प्रबन्धक को अपने घर के सदस्यों की मनोवृत्ति को अच्छी तरह समझने की चेष्टा करनी चाहिए।

(2) **भौतिक साधन**–घर के भौतिक साधनों में कई चीजें आती हैं–सवारी, मोटर, स्कूटर, साइकिल, समय और शक्ति बचाने वाले उपकरण-स्पिरिट-स्टोव, गैस्स्टोव, तेल स्टोव, विद्युत् स्टोव, कुकिंग रेंज, प्रेशर कुकर, रेफ्रिजरेटर, मिक्सर ग्राइंडर, बिजली के पंखे, रूम हीटर, एयर कूलर, गीजर, एअर कंडिशनर, वैकुअम क्लीनर, हेयर डायर इत्यादि।

यदि घर में कई संयन्त्र उपलब्ध हों तो परिवार का कोई भी सदस्य आसानी से किसी भी कार्य को कर सकता है। यन्त्रों को कुछ लेखकों द्वारा तकनीकी साधन कहा गया है। आज के युग में टेलीफोन भी एक ऐसा ही तकनीकी साधन है। जिसके प्रयोग से गृह-प्रबन्ध में मदद मिलती है। यदि गृहिणी घर के बाहर भी हो तो अपने सहायकों को टेलीफोन से ही निर्देश दे सकती है।

(3) **सामाजिक साधन**–घर के लक्ष्यों की पूर्ति में कई सामाजिक संस्थाओं के सहयोग से आसानी हो जाती है। उन्नत देशों में कई ऐसी संस्थाएँ हैं, जो घर पर घर के लिए आवश्यक वस्तुओं को शीघ्रातिशीघ्र उपलब्ध कराती हैं। उदाहरणस्वरूप दुग्ध-आपूर्ति सहकारी समितियाँ घर पर दुग्ध की बोतलों को पहुँचवा देती हैं। पहले दूध पाने के लिए घर पर मवेशी रखने पड़ते थे, जोकि आजकल के आवास में सम्भव नहीं है। अतः घर के सदस्यों तक दूध पहुँचाने में ऐसी संस्थाओं का महत्वपूर्ण योगदान है। चल पुस्तकालय तथा चल चिकित्सालय के द्वारा भी घर पर बैठे-बैठे लोगों को पुस्तकें एवं दवाइयाँ मिल जाती हैं। दूरदर्शन और आकाशवाणी के द्वारा उसे देश-विदेश की खबरें मिल जाती हैं तथा मनोरंजन के कार्यक्रम देखने-सुनने को मिल जाते हैं।

समय, ऊर्जा एवं धन-बचत व्यवस्थापन

समय एक ऐसा साधन है, जोकि प्रत्येक परिवार के पास बराबर होता है, चाहे वह परिवार किसी वर्ग का हो धनी, मध्यम या निम्न वर्ग। परिवार का छोटा रूप हो या बड़ा, प्रत्येक परिवार के पास एक दिन में 24 घण्टे का ही समय होता है। समय व्यवस्थापन का अर्थ परिवार की विभिन्न क्रियाओं में समय का उचित विभाजन करना है, ताकि परिवार को उसके सदस्यों को अधिकतम लक्ष्य प्राप्त हो सकें।

एक गृहिणी को 24 घण्टे के अन्दर प्रायः निम्नलिखित क्रियाएँ करनी पड़ती हैं, यथा–

(*i*) परिवार के लिए भोजन व्यवस्थापन

(*ii*) घर की सफाई, साज-सज्जा करना

(*iii*) परिवार के सदस्यों की देखभाल

(*iv*) पारिवारिक बजट बनाना

(*v*) बच्चों के लिए शिक्षा-व्यवस्था करना

(*vi*) सामाजिक और धार्मिक कार्य और

(*vii*) निर्देशन एवं स्वयं की देखभाल।

पारिवारिक जीवन की तीन निम्नलिखित प्रमुख अवस्थाएँ हैं–

(*i*) **प्रारम्भिक काल**–यह वह अवस्था है, जब पति-पत्नी घर बसाते हैं और दोनों एक-दूसरे की समय-सजगता से अवगत होते हैं। अतः इस समय में समय का विभाजन सरलता से होता है।

(*ii*) **विस्तार काल**–यह वह अवस्था है, जब घर में बच्चे का आगमन होता है। क्रमशः बच्चों के बड़े होने के साथ-साथ समय विभाजन का स्वरूप भी बदलता रहता है।

(*iii*) **संकुचन काल**–जब बच्चे पढ़-लिखकर आजीविका कमाने माँ-बाप से दूर चले जाते हैं, तब एक बार फिर पति-पत्नी के पास अधिक समय हो जाता है गृह-कार्य निपटाने के लिए। इस प्रकार हम पाते हैं कि गृहकार्य सम्पादन के लिए समय घटता-बढ़ता रहता है।

समय व्यवस्थापन की योजना वही सफल होती है, जो पारिवारिक साधनों को बिना अपव्यय किए हुए पारिवारिक लक्ष्यों को संतोषजनक रूप में प्राप्त करा दे तथा जिससे परिवार के सदस्यों को मानसिक संतुष्टि मिले।

शक्ति-व्यवस्थापन समय-व्यवस्थापन से अधिक कठिन एवं जटिल होता है। परन्तु योजना को कार्यान्वित करने में कितनी शक्ति लगेगी इसकी गणना करना आसान नहीं होता है। प्रत्येक

व्यक्ति की विभिन्न कार्यों पर कितनी शक्ति व्यय करनी है यह उसकी शारीरिक रचना एवं मानसिक स्वास्थ्य पर निर्भर करती है। समय एवं मुद्रा का आयोजन करना आसान होता है, परन्तु शक्ति का व्यवस्थापन करना कठिन एवं जटिल होता है।

गृह के विभिन्न कार्यों को सम्पन्न करने में शक्ति का प्रयोग किस प्रकार किया जाए, ताकि थकान का अनुभव न हो। यह उस कार्य के करने के ढंग पर निर्भर करता है। शक्ति का व्यय होने से थकान का अनुभव होता है, जो कार्य-क्षमता में कमी ला देती है। अतः कार्यों की योजना इस प्रकार हो कि कार्य करने में शक्ति की मात्रा अधिक व्यय न हो। इस प्रकार शक्ति व्यवस्थापन के प्रमुख लक्ष्यों की प्राप्ति कर लेते हैं। गृहिणी इन लक्ष्यों को प्राप्त करना चाहती है, तो उसे निम्नलिखित बातों को अच्छी तरह समझ लेना चाहिए—

(i) गृह निर्माण की विभिन्न क्रियाएँ कितनी शक्ति की माँग करती हैं?

(ii) पारिवारिक क्रियाओं में कौन-सी थकने वाली है?

(iii) पारिवारिक जीवन-चक्र के स्तरों से शक्ति का प्रबन्ध।

(iv) थकान के प्रकार एवं उसके प्रभाव।

(v) शारीरिक थकान को दूर करने के लिए कला का प्रयोग।

(vi) समय व्यवस्था में आयोजन, नियन्त्रण एवं मूल्यांकन का महत्व।

परिवार की व्यवस्था को सुचारू रूप से चलाने के लिए धन एक प्रमुख साधन है, क्योंकि धन से ही हमारी आवश्यकताओं की पूर्ति होती है। धन-व्यवस्था का अर्थ परिवार के धन (आय) को परिवार के विभिन्न सदस्यों की आवश्यकताओं में इस प्रकार बाँटना है कि सभी सदस्य अपनी आवश्यकताओं की पूर्ति कर सकें। धन-व्यवस्था करते समय निम्नलिखित बातों पर ध्यान देना चाहिए—

पारिवारिक आय के साधन—आदर्श गृह-स्वामी वही है, जो विवेकपूर्ण ढंग से मितव्ययता करते हुए, अपने आपको कुछ हिस्सों की बात करते हुए व्यय करती है। मनुष्य के अन्दर लालसाएँ अनन्त हैं, पर सबको पूरा कर पाना सीमित आय में सम्भव नहीं है। अतः क्या 'जरूरी खर्च है और क्या फालतू' इसकी समझ गृहिणी को अवश्य होनी चाहिए।

पारिवारिक आय दो भागों में विभाजित की जा सकती है—

(i) **प्रत्यक्ष आय**—किसी परिवार को निश्चित अवधि में श्रम करने के लिए जो धन प्राप्त होता है, उसे मौद्रिक आय कहा जाता है। मुद्रा में क्रय शक्ति होती है। अतः पारिवारिक मुद्रा आय से तात्पर्य उस क्रय-शक्ति से है, जो किसी निश्चित समय में एक परिवार को प्राप्त होती है। मुद्रा आय के अन्तर्गत निम्नलिखित आय के स्रोत शामिल हैं—मजदूरी, वेतन, मकान का किराया, जमीन का किराया, पेंशन, रायल्टी, बैंक अथवा पोस्ट ऑफिस में जमा की गई धनराशि पर ब्याज, अन्य किसी भी प्रकार का पारिश्रमिक आदि।

(ii) **अप्रत्यक्ष आय**—बहुत सी नौकरियों में वेतन के अतिरिक्त कर्मचारियों को अन्य सुविधाएँ उपलब्ध होती हैं—जैसे—गाड़ी, सुसज्जित आवास, बच्चों के लिए निःशुल्क शिक्षा, परिवार के लोगों के लिए चिकित्सा सुविधा, माली-नौकर, कुछ वर्षों के अंतराल पर सपरिवार देशभ्रमण, कार्यालय में निःशुल्क जलपान अथवा उपहार इत्यादि। जो लोग इन सब मदों पर स्वयं व्यय करते हैं, उन्हें पता है कि ये सुविधाएँ निःशुल्क यातायात तथा निःशुल्क आवास एवं अन्य सुविधाएँ भी अप्रत्यक्ष आय में सम्मिलित हैं। कुछ देशद्रोही 'घूस' लेकर अपनी आय बढ़ा लेते हैं जिसे काला धन कहा जाता है। अपराध होते हुए भी यह एक प्रकार की अप्रत्यक्ष आय है।

परिवार की आय के अतिरिक्त साधन—परिवार की आय के स्रोत वेतन, मजदूरी के अतिरिक्त आय भी हो सकती हैं, जैसे—जमीन, मकान का किराया, खेती-बाड़ी की उपज से प्राप्त धन, बाग से आमदनी, नदी, तालाब में मछली-पालन से, ठेकेदारी से, व्यापार-व्यवसाय से, पुस्तकों की रॉयल्टी से, सूदखोरी आदि से। इनमें उन सभी निःशुल्क सेवा-सुविधाओं का समतुल्य धन जोड़ लिया जाता है, जिस पर सामान्य नागरिक स्वयं व्यय करते हैं।

आय को प्रभावित करने वाले तत्व—परिवार की आय उसमें कमाऊ सदस्यों की संख्या पर निर्भर करती है। जिस परिवार में जितने अधिक व्यक्ति कमाने वाले होते हैं, उस परिवार की आय उतनी ही अधिक होती है।

श्रम बचत के उपकरण

आधुनिक रसोईघर के लिए श्रम बचत यन्त्र गृहिणी के व्यस्त जीवन के लिए अधिक उपयोगी है जिसके प्रयोग से समय और शक्ति की बचत होती है जो दूसरे कार्यों में सदुपयोग की जाती है। आधुनिक रसोईघर के श्रम बचत के उपकरण निम्नलिखित हैं—

(1) कुकर्स—कुकर्स द्वारा श्रम तथा समय दोनों की बचत होती है तथा भोजन भी भोज्य पदार्थों से युक्त रहता है। यह तीन प्रकार के होते हैं—

(i) **जल रहित कुकर**—यह लम्बे डिब्बे के समान होता है, जिसमें भोजन बनाने के लिए कटोरदान के आकार में बर्तन रहते हैं। सबसे नीचे के बर्तन में दाल, बीच वाले में सब्जी और ऊपर वाले में चावल रखा जाता है, जिसमें भोजन भाप के द्वारा पकता है। नीचे अंगीठी व्यवस्था होती है। पका हुआ भोजन चार घण्टे से भी अधिक समय तक गर्म रहता है।

(ii) **इकोमिक कुकर**—इकोमिक कुकर में नीचे वाले डिब्बे में दाल, बीच वाले में सब्जी, ऊपर वाले में चावल रखकर धातु के बने बड़े ढाल आकार के एक बर्तन में रखा जाता है। जिसके एक बटा चार भाग में पानी रहता है। भोजन भाप से तैयार होता है। नीचे अँगीठी व्यवस्था होती है।

(iii) **प्रेशर कुकर**—प्रेशर कुकर में भी भोजन भाप द्वारा पकता है। ताप के लिए बिजली, गैस या तेल स्टोव या कोयले की अंगीठी व्यवहार में लाई जाती है। यह तसली के समान होता है जिसके अन्दर दो या तीन डिब्बों की व्यवस्था होती है। ढक्कन में गोल रबर का छल्ला होता है। कुकर में भाप के उत्पन्न होने से छल्ला कस जाता है। जिससे अन्दर का दाब अधिक हो जाता है। दबाव बढ़ने से ताप बढ़ता है तथा उच्च-ताप एवं नमी के कारण पकने की क्रिया तीव्रता से होने लगती है, फलस्वरूप वस्तु शीघ्र पक जाती है।

(2) बिजली की केतली—गृहिणी के लिए रसोई घर में गर्म करने के लिए बिजली की केतली अत्यन्त सुविधाजनक यन्त्र है। जिसमें बिना परेशानी के चाय तैयार हो जाती है।

(3) कॉफी परकोलेटर—यह धातु का बना एक यन्त्र होता है, जिसमें बिजली का प्लग लगाने से ताप उत्पन्न होता है और कॉफी तैयार हो जाती है। परकोलेटर के साथ बिजली का स्वचालित टोस्ट लगा देने से डबलरोटी का स्लाइस अपने-आप सिक जाता है। जिसके बाद स्लाइस स्वयं यन्त्रों द्वारा ऊपर चला जाता है। यह दो प्रकार के होते हैं—

(i) स्वचालित परकोलेटर तथा

(iii) अस्वचालित परकोलेटर।

(4) टोस्टर—डबलरोटी के टुकड़े को सेकने के लिए टोस्टर होता है जो दो प्रकार के होते हैं—

(i) साधारण तार का बना टोस्टर और

(ii) विद्युत् टोस्टर जो तीन प्रकार के होते हैं—(a) स्वचालित टोस्टर, (b) अस्वचालित टोरटर, तथा (c) अर्ध स्वचालित टोस्टर।

(5) कुकिंग रेंज—आधुनिक युग में भोजनों को पकाने, भूनने तथा सेकने के लिए कुकिंग रेंज का प्रयोग किया जाता है, जिसमें एक समय में कई वस्तुएँ एक साथ पका कर समय और श्रम की बचत की जाती है। यह तीन प्रकार की होती है—

(i) बिजली द्वारा संचालित

(ii) गैस की रेंज और

(iii) मिट्टी के तेल की रेंज।

(6) मिक्सर तथा ग्राइण्डर—मिक्सर बिजली द्वारा चलता है। जो निचले भाग में लगा होता है। ऊपरी भाग में शीशे के बर्तन में सभी प्रकार के रसीली चीजों को डालकर कुचला जाता है, फलों का रस निकाला जाता है तथा कुक पेस्टरी बनाने के लिए अण्डे को फेंटा जाता है। इसके द्वारा लहसुन, प्याज, अदरख, चटनी तथा भींगी हुई दाल आसानी से पिस जाती है। सूखे मसाले, दाल, चना तथा गेहूँ पीसने के लिए अलग से ग्राइण्डर लगाया जाता है।

(7) विद्युत् स्टोव—विद्युत् स्टोव भोजन पकाने तथा दूध, चाय आदि गर्म करने के लिए अत्यन्त स्वच्छ, सुविधामय तथा सरल साधन हैं। यह गोल, चपटे और चौड़ी अंगीठी के आकार के होते हैं जिसमें नाइक्रोम के तार की कुंडली लगी होती है जोकि विद्युत्-धारा से गर्म होकर लाल हो जाती है।

(8) गैस स्टोव—गैस स्टोव नवीन, सरल, कम खर्च और सुविधाजनक विधि से भोजन बनाने का यन्त्र है, जिसमें दो

ज्वलक होते हैं, जो लौ देते हैं। जिसमें नियन्त्रक लगे होते हैं। जिससे रबड़ नली द्वारा गैस का सिलेण्डर जुड़ा होता है।

(9) तेल का स्टोव—विद्युत् तथा गैस के अभाव में तेल का स्टोव अधिक उपयोगी है, जो सस्ते और हल्के होते हैं। जो दो प्रकार के होते हैं—

(*i*) बत्तियाँरहित स्टोव और

(*ii*) बत्तियों वाला स्टोव।

(10) रेफ्रिजरेटर—रेफ्रिजरेटर वह उपकरण है, जिसका निर्माण खाद्य पदार्थों को सुरक्षित रखने के लिए किया गया है। इसमें वायुमण्डल के ताप से निम्न ताप पर खाद्य वस्तुओं को रखकर खराब होने से बचाया जाता है। इसके अन्दर का तापमान विद्युत्-यन्त्र द्वारा काफी कम कर दिया जाता है। यह दो प्रकार के होते हैं—

(*i*) बिजली द्वारा संचालित होने वाला और

(*ii*) गैस द्वारा संचालित होने वाला।

(11) कपड़े धोने की मशीन—घर के बाहर कार्य करने वाली महिला कपड़े धोने की मशीन का प्रयोग कर अपने अमूल्य समय की बचत करती है। यह मशीन विद्युत् द्वारा संचालित होती है; इसमें ताप-नियन्त्रक लगा होता है। क्योंकि विभिन्न वस्त्रों को विभिन्न पानी के ताप तथा समय की आवश्यकता होती है। जैसे—(*i*) रेशम, रेयॉन, ऊन—90°F तापक्रम पर 2 मिनट समय तक (*ii*) सूती, लिनन—190°F तापक्रम पर 3 मिनट समय तक, तथा (*iii*) विभिन्न प्रकार के भारी एवं गंदे वस्त्र—200°F तापक्रम पर 5 मिनट समय तक।

घरेलू साज-सामान की देख रेख

घरेलू साज-सामान की देखरेख निम्नलिखित पाँच भागों में वर्गीकृत हैं—(*i*) दैनिक (*ii*) साप्ताहिक (*iii*) मासिक (*iv*) वार्षिक तथा (*v*) सामयिक।

घरेलू साज-सामानों को स्वच्छ और आकर्षक बनाने के लिए विभिन्न कमरों और सामानों की सफाई, धूल-मिट्टी झाड़न प्रतिदिन किये जाते हैं। वैसे दैनिक देख-रेख में प्रतिदिन व्यवहार में आने वाले कमरे, शयनकक्ष, रसोईघर, स्नानगृह, शौचगृह, आँगन एवं बरामदे की सफाई आवश्यक हैं। जिसमें झाड़ू देना, झाड़ने आदि से वस्तुओं को पोंछना तथा यथास्थान रखना, फूलदान से मुरझाए फूलों को निकालकर नए फूल लगाना, फूलदान का पानी बदलना और ऐश-ट्रे को साफ करना भी

दैनिक कार्य है। सम्भवतः फर्श भींगे कपड़े से प्रतिदिन पोंछना चाहिए। पानी में फिनाइल, डेटॉल मिलाने से फर्श पर के कीटाणु नष्ट हो जाते हैं। साप्ताहिक देख-रेख के अन्तर्गत फर्नीचर को इधर-उधर सरका कर पूर्णरूप से झाड़ना, पोंछना, दीवार और छत की झोल, मकड़े आदि साफ करना तथा आवश्यक वस्तुओं को धूप दिखाना कार्य हैं। बिस्तर, दरी, कालीन आदि को झाड़कर धूप में सुखाना, फर्नीचर तथा शीशे पर पड़े दाग छुड़ाना, साप्ताहिक कार्यक्रम है। इसके अतिरिक्त पर्दे, कुशन, चादर और गिलाफ की सफाई भी आवश्यक है। वार्षिक देख-रेख के अन्तर्गत, घर की पुताई, टूटे-फूटे स्थानों की मरम्मत तथा उन पर रोगन, दरवाजों, खिड़कियों के किवाड़ों तथा चौखटों की मरम्मत, सफाई एवं रोगन करवाना, पेंटिंग करवाना, रजाई गदी का खोल साफ करना आदि आते हैं।

पॉलिश की हुई लकड़ी के फर्नीचर को गुनगुने पानी में सिरका मिलाकर कपड़े की सहायता से रगड़कर धोना चाहिए। वार्निश की हुई लकड़ी के सामान को गुनगुने पानी में पैराफीन डालकर या अलसी का तेल या पेट्रोल में मुलायम कपड़े भिंगाकर साफ करना चाहिए। कुछ लकड़ियों पर नींबू मिट्टी का तेल, उबाली अलसी का तेल, नारियल तेल को मोटे कपड़े से गुलाकृत रूप में लगाया जाता है। पत्ती लकड़ी के सामानों को स्पिरिट से पोंछना चाहिए तथा क्रीम लगाकर चमकाना चाहिए। प्लास्टिक तथा रबर के सामानों को गीले कपड़े में साबुन लगाकर पोंछना चाहिए। हाथीदाँत की वस्तुओं को नींबू के रस में नमक मिलाकर कपड़े से रगड़ना चाहिए। नक्काशी किए गए सामानों को मुलायम कैंची से साफ करना चाहिए। चमड़े के सामानों को सेंडल साबुन भींगे कपड़े पर लगाकर रगड़कर साफ करना चाहिए। गर्मियों में चमड़े पर बनी पतली दरारों को सफेद पेट्रोलियम जेली से रगड़नी चाहिए। अलसी के तेल तथा सिरका मिलाकर मुलायम कपड़े से रगड़ने से भी यह दरारहीन हो जाती हैं। चमड़े पर के दाग को अल्कोहल से रगड़कर छुड़ाया जाता है। सनमाइका लगे सामानों को भींगे कपड़े, सर्फ या विम से साफ करना चाहिए। मिथिलेटेड स्पिरिट में भींगे कपड़े से भी सनमाइका लगे सामान साफ किये जाते हैं।

वस्त्रों को अलमारी में पर्याप्त मात्रा में हवा लगाकर रखना चाहिए। गर्म कपड़ों को कागज या पोलीथीन के बैग में रखना चाहिए। ऊनी वस्त्रों की सदैव सूखी धुलाई करनी चाहिए। जड़ाऊ, ब्रोकेट एवं बनारसी वस्त्रों को डस्टप्रूफ में रखना चाहिए। भारी पर्दे, कुशन और गदी के खोल आदि को मरम्मत कर तथा

दाग छुड़ाकर धोना चाहिए। तस्वीरों की सफाई एवं पोंछाई आवश्यक होती है। उचित प्रकाश-व्यवस्था के बिजली के बल्ब, मरकरी ट्यूब तथा शेड की देखरेख में उसे गीले तथा सूखे कपड़े से पोंछना आवश्यक होता है। आवश्यकता पड़ने पर सर्फ, विम, चूने आदि का भी प्रयोग किया जाता है। बल्बों को हल्के हाथ से मुलायम कपड़े से साफ करना चाहिए। पुराने छाते को नौसादर मिले गर्म पानी से धोकर साफ करना चाहिए। हारमोनियम, पियानो आदि को मिथिलेटेड स्पिरिट अथवा फ्रेंच चौक से रगड़कर साफ करना चाहिए। कमरे में सभी वस्तुओं को अपनी रुचि के अनुसार उपयुक्त तथा शोभनीय स्थान पर सुसज्जित करना चाहिए। दरी एवं कालीन की धुलाई गर्म पानी में साबुन चूर्ण से झाग उत्पन्न कर कूँची द्वारा की जाती है।

आन्तरिक सज्जा के सिद्धान्त

गृह विज्ञान के अन्तर्गत आन्तरिक सज्जा बढ़ाने का मुख्य उद्देश्य है प्रत्येक गृहिणी को आन्तरिक सज्जा तैयार करना। आन्तरिक सज्जा के निम्नलिखित प्रमुख मूलभूत सिद्धान्त हैं—

(1) **अनुरूपता**—अनुरूपता के साधनों और सामानों को एक-दूसरे के अनुकूल होना चाहिए, ताकि उनके बीच एकरूपता स्थापित हो सके। कमरे में आकार-प्रकार के अनुरूप ही उसके अन्दर फर्नीचर, पर्दा, दीवार में रंग, दीवार पर टंगे चित्र तथा बिजली के बल्ब, झाड़-फानूस आदि का व्यवहार होना चाहिए।

अनुरूपता, अनुकूलन, एकता का प्रभाव उत्पन्न करने के लिए निम्नलिखित पांच तत्वों पर ध्यान देना पड़ता है—(i) रेखा एवं रूप, (ii) आकार, (iii) बनावट, (iv) विचार, तथा (v) रंग।

(2) **अनुपात**—समानुपात का सिद्धान्त सजावट की वस्तुओं और कमरों के आकार-प्रकार के उचित पारस्परिक सम्बन्धों को लेकर बना है। यदि छोटे आकार में डाइनिंग हॉल में 12 कुर्सियों वाली डाइनिंग टेबुल रख दी जाए तो कमरे की सारी फर्नीचर-व्यवस्था भद्दी हो जाती है। अतः समानुपातिक प्रभाव पर अवश्य ध्यान देना चाहिए। समानुपातिक प्रभाव के निम्नलिखित तीन प्रमुख नियामक हैं—(i) रेखा का प्रभाव, (ii) दूरी का प्रभाव, (iii) माप का प्रभाव।

(3) **संतुलन**—संतुलन कला का यह सिद्धान्त है, जिसके द्वारा सजावट की विभिन्न वस्तुओं के बीच सही समायोजन होता है। किसी कमरे की सजावट में संतुलन उत्पन्न करने के लिए उस कमरे में रखी जाने वाले सजावट के सामानों की रेखाओं, रंग, प्रकाश, वजन आदि में अनुकूलता होनी चाहिए।

संतुलन दो प्रकार के होते हैं—(i) औपचारिक संतुलन, तथा (ii) अनौपचारिक संतुलन।

(4) **लय**—लय उस मार्ग को कहते हैं, जिस पर हमारी दृष्टि रेखाओं, रंगों और आकार की व्यवस्था करने के लिए दौड़ती है। लय एक प्रकार की चक्षु-गति है, जो दर्शक की आँखें कहती हैं। लय दो प्रकार की होती हैं—(i) नियमित लय, तथा (ii) अनियमित लय।

(5) **सजावट में बल**—आकर्षण के बिन्दु के रूप में सजावट का वह सामान रखा जाना चाहिए, जिसके चारों ओर अन्य वस्तुएँ रखी हों। दर्शकों की दृष्टि जिस पर तुरन्त पड़े अथवा अधिक पड़े उसे केन्द्र में रखनी चाहिए और अपेक्षाकृत कम महत्व की वस्तुओं को थोड़ी दूरी पर। जिस वस्तु पर अधिक बल देना हो, उसे अन्य वस्तुओं के समूह में, विपरीत रंग की वस्तुओं के पास रखनी चाहिए। जिस चित्र के चारों ओर माला पहना दी जाती है वह बिल्कुल फोकस में आ जाता है और उस पर बल पड़ जाता है। जिस चित्र अथवा वस्तु के पास मोहक गुलदस्ता रख दिया जाता है, वो तुरन्त ध्यान खींचता है।

कार्य सरलीकरण

एक निर्धारित समय और शक्ति के परिमाण के अन्तर्गत अधिक कार्य सम्पादित करना या कार्य की निश्चित मात्रा को कम करने की प्रक्रिया को कार्य-सरलीकरण कहते हैं। गृहिणी अपने कार्यों को अपनी सूझबूझ से सरल ढंग से बचे हुए समय और शक्ति को अन्य कार्यों में लगा सकती है। कार्य सरल होने के साथ-साथ वह समय पर ही पूर्ण हो जाता है जो एक गृहिणी के लिए बहुत ही लाभदायक सिद्ध हुए हैं, क्योंकि आजकल स्त्रियाँ केवल घर का कार्य ही नहीं अपितु धनोपार्जन हेतु घर से बाहर भी कार्य करती हैं। यन्त्रों के उपयोग से कुछ ही समय में तथा बहुत कम मात्रा में ऊर्जा को खर्च करते हुए गृह कार्यों को सम्पन्न करना ही कार्य सरलीकरण हैं।

कार्य सरलीकरण के सिद्धान्त के तीन मुख्य बिन्दु हैं—(i) समय की बचत (ii) शारीरिक ऊर्जा की बचत (iii) धन की बचत।

सभी गृहिणियाँ न तो एक प्रकार की शारीरिक ऊर्जा से सम्पन्न होती हैं, न एक जैसी पैसे वाली और न एक जैसी समय वाली। कामकाजी महिलाओं के पास पैसे तो अधिक हो सकते

हैं, परन्तु उनके पास समय और ऊर्जा की कमी होती है। अतः कामकाजी महिलाओं से स्वयं अतिरिक्त गृह-कार्य की अपेक्षा नहीं की जा सकती है। वे दो प्रकार से अपने घरेलू कामकाजों का सरलीकरण कर सकती हैं—चाहे तो वे अधिक सहायक रखें (दाई, नौकर), अथवा घर में विद्युत् से चालित अधिक-से-अधिक समय और शक्ति बचाने वाले उपकरण रखें।

गृहिणी का अधिक समय भोजन बनाने में लगता है। हेनर ने कुचले आलू बनाने के सम्बन्ध में विभिन्न प्रकार के यन्त्रों का प्रयोग कर उनमें होने वाले समय और शक्ति का अध्ययन किया। जिसमें केन्द्र की व्यवस्था और कार्यों की विधि की सरलीकरण प्रक्रिया, समय और गति को नियन्त्रित रखने में उपकरण की अपेक्षा अधिक महत्व रखती है। ग्रौस तथा एमर्ट द्वारा पालक तथा सलाद बनाने का अध्ययन कर बताया गया कि केवल दायें हाथ से कार्य करने की अपेक्षा विभिन्न प्रक्रियाओं द्वारा कार्य करने से 21.5% समय की बचत होती है। भोजन पकाने की विधि ऐसी नहीं होनी चाहिए कि बार-बार जरूरत की चीजों को प्राप्त करने के लिए गृहिणी को उठ-बैठ करनी पड़े। भोजन के पकाने से पहले सभी आवश्यक सामानों को एकत्र कर लेना चाहिए। इससे हर प्रकार के ईंधनों की बचत होती है, जैसे—बिजली, गैस, मिट्टी का तेल, कोयला, लकड़ी या उपले आदि। इस तथ्य को ध्यान में रखकर ही रसोई घर का निर्माण होना चाहिए। कुछ विद्वानों के अनुसार U (यू) आकार का रसोई घर सर्वोत्तम होता है। चूँकि इसमें गृहिणियों को कम-से-कम चहलकदमी करनी होती है। रसोई के लिए विभिन्न वस्तुओं के भंडारण की व्यवस्था रसोई घर में ही होनी चाहिए। रसोई बनाते समय सिंक का व्यवहार सर्वाधिक होता है। अतः सिंक की व्यवस्था रसोई घर के एक कोने में सुगम स्थान पर होनी चाहिए।

ग्राइंडर, मिक्सर, क्रेशर, मैशर, टोस्टर, ओवेन ढकवीसर, एक-बीट्ट, दुग्ध-कुकर, प्रेशर कुकर, चावल-कुकर, रेफ्रीजरेटर, कुकिंग रेंज, पहिए लगे वाशिंग मशीन आदि उपकरणों का अधिक-से-अधिक व्यवहार करना चाहिए।

जूठे बर्तनों को धोने की व्यवस्था के लिए रसोई घर में चूल्हे के समीप ही सिंक होना चाहिए, जिससे समय-समय पर बर्तनों को धोया जा सके। गाँवल ने अपने अध्ययनों के द्वारा पता लगाया कि सिंक में बर्तन धोने से 8 प्रतिशत समय की बचत होती है।

प्रत्येक गृहिणी को प्रतिदिन बिछावन लगाना तथा उठाना पड़ता है। इसमें उसकी ऊर्जा खर्च होती है। बिस्तर बिछाने के क्रम में बिछावन की परिक्रमा केवल एक बार की जानी चाहिए। अच्छा बिछावन बिछाना उसे कहेंगे, जिसमें गृहिणी को कम-से-कम चलना पड़े, कम-से-कम समय खर्च हो। वस्त्रों को धोने की क्रियाओं को करने में हाथ और पैर गतिशील होते हैं, जिसमें शारीरिक ऊर्जा खर्च होती है। वाशिंग मशीन के प्रयोग से गृहिणी के समय और ऊर्जा की बचत हो सकती है।

वस्त्र की धुलाई का कार्य दाईं से बाईं ओर करना चाहिए, अर्थात् वस्त्र छाँटने वाला टेबुल टब के दाहिनी ओर रखा जाय और सूखाने की व्यवस्था टब के बाईं ओर की जाय। गन्दे कपड़ों पर साबुनकी टिकिया के स्थान पर साबुन का चूर्ण (पाउडर) का प्रयोग श्रेयस्कर है।

सूखे वस्त्रों पर इस्तिरी करने के लिए जो मेज हो उसकी ऊँचाई भी इस्तिरी करने वाले के वक्र के अनुकूल हो। यदि मेज की ऊँचाई अधिक होती है तो हाथों की मांसपेशियों पर अधिक दबाव पड़ता है, जिससे अधिक ऊर्जा नष्ट होती है।

प्रत्येक घर की आकस्मिक, दैनिक, साप्ताहिक, मासिक या वार्षिक सफाई करनी पड़ती है। सफाई के अन्तर्गत निम्नलिखित कार्य आते हैं—धूल पोंछना, झाड़ू लगाना, जाले हटाना, फर्श-आंगन पोंछना इत्यादि। इन कार्यों को सरल बनाने के लिए विभिन्न विधियों एवं उपकरणों का प्रयोग किया जा सकता है।

प्रत्येक घर में गृहिणी को चाहिए कि वह तीन-चार किस्म के झाड़ू झाड़न रखें। घर के अलग-अलग कमरों की सफाई एक ही दिन नहीं करनी चाहिए। इससे ज्यादा ऊर्जा खर्च होती है। घर में रसोई के समीप कचरे की टोकरी अवश्य होनी चाहिए।

कार्य-सरलीकरण के कुछ नये क्रान्तिकारी घरेलू सामान निम्नलिखित हैं—

(i) माइक्रोवेव ओपेन कुकर

(ii) नीचे वैक्यू लगी मिक्सी

(iii) पहिया लगे वाशिंग मशीन

(iv) फटाफट चपाती बनाने वाली मशीन और

(v) आधुनिक झाड़ू अर्थात् वैक्यूम क्लीनर।

प्रत्येक समझदार गृहिणी को चाहिए कि वह ढेर सारी महिलोपयोगी पत्रिकाओं में घर में कामकाज के सरलीकरण के सम्बन्ध में गृहिणियों को आराम पहुँचाने वाले उपकरणों के

विज्ञापन और निबन्ध जो छपते रहते हैं, इन्हें पढ़कर वे अपने कामकाज की जटिलताओं को दूर करें।

साज-सज्जा और अभिन्यास

आन्तरिक गृह-सज्जाः

घर के सजाने एवं सँवारने की कला को आंतरिक गृह-सज्जा कहते हैं। यह सुविधा एवं सौन्दर्य पर आधारित होती है। ग्रामीण गृहिणी अपनी झोपड़ी की मिट्टी की दीवारों पर चित्रकारी करती हैं, जिसे म्यूरल कहते हैं। वह अपनी रचनात्मक भावनाओं को गोबर से पुती दीवार पर अभिव्यक्त करती हैं। फर्श पर अल्पना बनाना, दीपावली या शादी-विवाह के समय झंडियों, रंग-बिरंगे कागजों एवं फूल-पत्तियों से घर को सजाना, घर को साफ-सुथरा रखना, सभी सामानों को झाड़ पोंछकर निश्चित उचित स्थान पर रखना, गृह-सज्जा के विभिन्न अंग हैं।

सजावट या विन्यास शब्द का प्रयोग चित्रकारी, मूर्ति कला, काष्ठ कला, हस्तकला, शिल्प कला, नृत्य कला आदि में प्रयोग किया जाता है। यह विचारों एवं भावनाओं की अभिव्यक्ति है जो दूसरों को प्रभावित करती है तथा मस्तिष्क को संतोष और आनन्द प्रदान करती है। घर की वस्तुओं को स्वच्छ, सादर और सुव्यवस्थित रूप देना ही सजावट का मुख्य अभिप्राय है। जिस सजावट में वस्तुओं में आपस में मेल, संतुलन, अनुपात तथा लय का प्रभाव स्पष्ट दिखाई पड़ता है, वह सजावट चित्ताकर्षक एवं सुन्दर दिखाई पड़ती है। कमरों को सजाने के पूर्व प्रत्येक गृहिणी को सजावट के सिद्धान्तों की जानकारी होना आवश्यक है, जोकि निम्नलिखित हैं—(i) अनुपात (proportion), (ii) लय (rhythm), (iii) अनुरूपता (harmony), (iv) संतुलन (balance), तथा (v) बल (emphasis)। सजावट कमरों के आकार, रंग, अपनी आर्थिक स्थिति, पसंद तथा सुविधा पर निर्भर करती है। समस्त कलाओं के मौलिक तत्व निम्नलिखित हैं—(i) रेखा (line), (ii) आकार (form), (iii) बनावट (texture), (iv) नमूना (pattern), (v) प्रकाश (light) तथा (vi) स्थान (space)।

सजावटी नमूने से रचनात्मक नमूनों के ऊपरी भाग को सुन्दर बनाया जाता है। रेखाओं और रंगों को रचनात्मक नमूनों पर लगाकर उसमें सुन्दरता का गुण उत्पन्न किया जाता है और वह सजावटी नमूना कहलाता है। रचनात्मक नमूना एक आधार होता है। सजावटी नमूना तैयार करते समय चाहे वह फूलदान, वस्त्र, कमरे या चित्र की सजावट हो, निम्नलिखित बातों पर ध्यान देना चाहिए—(i) ढाँचे के अनुरूप सजावट, (ii) आवश्यकता से अधिक सजावट नहीं, (iii) सजावट में पुन सजावट नहीं, (iv) पृष्ठभूमि के अनुसार सजावट, (v) वस्तु, स्थान पर पदार्थ को सामने रखकर सजावट करना तथा (vi) सजावटी डिजायनों का स्थानान्तरण करना आवश्यक है।

विभिन्न अवसरों पर विभिन्न प्रकार की अल्पनाओं का चित्रण किया जाता है। वर्षा ऋतु में वर्षा के आह्वान के लिए जल और मछली, दीवाली के अवसर पर लक्ष्मी के पद चिह्न की, शरद पूर्णिमा के अवसर पर विभिन्न प्रकार से स्वास्तिक चिह्नों को बनाना सगुन का प्रतीक माना जाता है। सांस्कृतिक दृष्टि से चावलों द्वारा अल्पना बनाना शुभ माना जाता है। सूखे रंग के चूर्ण से बने अल्पना धूलिचित्र तथा जल का प्रयोग किये जाने वाले अल्पना रसचित्र कहलाते हैं। अल्पना बनाने में प्रकृति से नमूना लेना चाहिए, जैसे कमल, बेला, गुलाब आदि के फूल तथा पत्तियाँ आदि। पशु-पक्षियों, जैसे—मोर, बत्तख, हंस, गाय, बैल, घोड़ा, मछली आदि चित्रों को अल्पना बनाने में समावेश किया जाता है। विभिन्न शुभ अवसरों पर गोलाकार, अर्द्धगोलाकार, त्रिकोण, चौकोर, षट्कोण आदि अनेक आकृतियों से अल्पना बनाई जाती है। अल्पना तथा रंगोली एक सजीव आलेख प्रतीक है, जोकि देवताओं, पर्वों और अन्य धार्मिक उत्सवों के भाव प्रदर्शित करते हैं।

उपयुक्त विभिन्न रंगों से सम्बन्धित चित्र, वस्त्र तथा घर मनुष्य को उत्साहित और आनन्दित करते हैं।

पीलारंग कृत्रिम तथा स्वाभाविक प्रकाश का द्योतक होता है, साथ ही प्रफुल्लित आनन्दमय हल्कापन सहित होता है। यह आशावादिता सहानुभूति तथा प्रगति का सूचक होता है। सुनहरे रंग से अंधकारमय कमरे में प्रकाश हो जाता है। ठंडे मौसम में नारंगी रंग की सजावट अच्छी होती है। यह उत्साह, आशा, हिम्मत तथा अतिथि सत्कार की भावना जाग्रत करता है। भूरा रंग शिथिलता और नम्रता का सूचक होता है। लाल रंग प्रफुल्लता, बड़प्पन, दिखावा और स्वागत करने वाला होता है, किन्तु यह आरामदायक नहीं होता है। बैंगनी रंग राजसी रंग कहलाता है जो लाल तथा नीले के सहयोग से बनता है। नीला रंग शीतदायक तथा दूरी का सूचक होता है। यह कमरे के स्थान को अधिकता प्रदान करता है। कमरा फैला हुआ तथा विस्तृत होने का आभास देता है। साथ ही बड़प्पन एवं शिष्टाचारिता का प्रतीक होता है। हरा रंग आरामदायक, शीतल और स्फूर्तिवर्धक होता है।

सामान्य रूप से घर की सजावट में प्रयुक्त होने वाली निम्नलिखित वस्तुएँ हैं—

(1) चित्र – चित्र साज-सज्जा के प्रधान उपकरण हैं। इन्हें ऐसे उपयुक्त स्थानों पर लगाना चाहिए, ताकि बाहर से आने वाले आगन्तुकों की दृष्टि इन पर पड़े और उन्हें देखकर प्रसन्नता का अनुभव करें।

(2) कलाकृतियाँ – कमरों की सजावट करने के लिए चित्रों के अतिरिक्त कुछ अन्य कलाकृतियाँ भी प्रयुक्त की जा सकती हैं। ये कलाकृतियाँ हैं–सुन्दर खिलौने, गुड़िया, सजावट किए हुए स्टैण्ड, सीपी या लोहे की बनी हुई वस्तुएँ, दीवारों पर आकर्षक शीशे भी लगाये जा सकते हैं। केन्द्रीय मेज पर ऐश ट्रे, फूलदान अथवा अन्य सुन्दर वस्तु या वस्तुएँ रखी जा सकती हैं। साज-सामान के सभी उपकरणों को यदि एक ही स्थान पर रख दिया जाता है, तो इनकी सारी सुन्दरता नष्ट हो जाती है।

(3) पुस्तकें – घर की साज-सज्जा तथा आकर्षण को बढ़ाने में पुस्तकों का भी सराहनीय योगदान रहता है। ये पुस्तकें हमारे चरित्र की परिचायक और उसे प्रभावित करने वाली भी होती हैं। पुस्तकों को बन्द अलमारी में रखने की परिपाटी गलत है। पत्र-पत्रिकाओं को मेज पर या कमरे के कोने में रखी किसी सेल्फ पर रखी जा सकती है। शयन-कक्ष में भी अपने पलंग के पास एक बुक सेल्फ रखकर उस पर पुस्तकें लगाई जाती हैं। वहाँ पर एक टेबुल-लैम्प भी रखकर पढ़ा जा सकता है।

(4) विद्युत् प्रकाश – घर के विभिन्न कक्षों में रोशनी का प्रबन्ध करते समय निम्नलिखित बातों की तरफ ध्यान देना चाहिए—

(i) **घर में प्रकाश व्यवस्था**–घर में प्रकाश की व्यवस्था करते समय उपकरणों की उपयोगिता के साथ-साथ उनकी संरचना की सुन्दरता को भी ध्यान में रखना चाहिए। रोशनी की प्रबन्ध-व्यवस्था की कुशलता इसी में है कि रोशनी सारे क्षेत्र को प्रकाशित करे, मकान में बिजली के तारों, होल्डर, स्विच आदि का फिटिंग भी बहुत सावधानी के साथ होना चाहिए।

(ii) **बैठक में प्रकाश व्यवस्था**–बैठक में अध्ययन करने तथा सीने-पिरोने के कार्य करने के लिए ऐसे लैम्प होने चाहिए, जिन्हें सरलतापूर्वक आवश्यकता के अनुसार, एक स्थान से दूसरे स्थान तक ले जाया

जा सके। कमरे की सजावट के ट्यूब की व्यवस्था की जानी चाहिए, ताकि कमरे में रखी प्रत्येक चीज चमक सके।

(iii) **शयन गृह में प्रकाश व्यवस्था**–शयन-कक्ष में भी प्रकाश की उचित योजना की जानी चाहिए। प्रत्येक पलंग के साथ साइड-लाइट की व्यवस्था अच्छी होनी चाहिए।

(iv) **रसोई गृह में प्रकाश व्यवस्था**–रसोई गृह में भी प्रकाश की उचित व्यवस्था होनी चाहिए।

(5) टेबल लैम्प–आधुनिक युग में घर की सजावट व्यवस्था में टेबल-लैम्प का भी बहुत महत्वपूर्ण स्थान है। यह एक ओर तो आरामदायक होता है तथा दूसरी ओर घर को सजा भी देते हैं।

(6) गद्दियाँ–घर की सजावट करते समय गद्दियों की भी उचित व्यवस्था की जानी चाहिए। फर्नीचर आराम देता है, किन्तु यदि इस पर गद्दियाँ भी रख दी जाएं तो अधिक आराम मिलता है। फर्नीचर पर किस प्रकार की गद्दियाँ रखी जाएं, यह फर्नीचर की रचना पर निर्भर करता है। यदि कुर्सियाँ बड़ी हैं तो उसी के अनुसार कुशन भी बड़ा होना चाहिए। आराम कुर्सी के पीछे रखे गये कुशन कुर्सी की ऊँचाई पर निर्भर करते हैं। कुशन गोल चौकोर अथवा तिकोने कई प्रकार के बनाये जा सकते हैं। कमरे में दरवाजों एवं खिड़कियों में पर्दा कमरे एवं कुशन से मेल खाता हुआ होना चाहिए।

(7) मनोरंजन–आज के युग में मनोरंजन के नाना प्रकार के उपकरणों का आविष्कार हो गया है। ये उपकरण हैं–रेडियो, टेलीविजन, रिकार्ड प्लेयर, प्रोजेक्टर, ट्रांजिस्टर तथा टेप रिकार्डर आदि। ये सारे उपकरण काफी कीमती हैं। इसलिए इन्हें किसी उपयुक्त स्थान पर रखना चाहिए, जहाँ छोटे बच्चों का हाथ न लगे। वैसे इन्हें बैठक में ही रखना उपयुक्त है, ताकि वहाँ परिवार के सदस्यों के अतिरिक्त बाहर से आने वाले अतिथिजन भी इनका आनन्द ले सकें और अपना मन बहलाव कर सकें। यदि एक से अधिक रेडियो सेट हैं तो एक शयन कक्ष में भी रखे जा सकते हैं। यदि ट्रांजिस्टर है तो शयनकक्ष में ही रखकर इसका आनन्द लिया जा सकता है।

(8) पर्दे की व्यवस्था–बैठक में उचित पर्दे की व्यवस्था कमरे की शोभा तो बढ़ाती ही है साथ ही बाहर से अन्दर का दृश्य भी दिखायी नहीं पड़ता है। पर्दा हमेशा मोटा तथा पूरे

दरवाजे एवं खिड़कियों पर लगाना चाहिए। सुन्दरता बढ़ाने के लिए पर्दे के ऊपर झालर या एक दरवाजे पर दो पर्दों की व्यवस्था की जाती है।

(9) **पुष्प व्यवस्था**—बैठक में सुन्दरता बढ़ाने एवं आनन्द प्रदान करने वाले गुलदस्ते कलात्मक विधि से मेज, रेडियो, शो-केस या बुक-रेक पर रखने चाहिए। दीवान में कृत्रिम गुलदस्ते द्वारा भी पुष्प व्यवस्था करनी चाहिए। उचित स्थान पर मनीप्लांट तथा टाँगने वाले गमलों में पुष्प व्यवस्था करनी चाहिए।

(10) **फर्नीचर व्यवस्था**—बैठक में आठ दस व्यक्तियों के बैठने का प्रबन्ध होना चाहिए, जिसके लिए फर्नीचर व्यवस्था में सोफा सेट, कुर्सियाँ, मेज, स्टूल, कार्नर टेबुल उचित स्थान पर होने चाहिए। सोफा कमरे के बीच या एक दीवार के सहारे होने चाहिए। सोफे के दोनों तरफ छोटी चौकोर स्टूल, बीच में सोफे के ऊँचाई के गोल-या-आयताकार मेज जिस पर शीशा सनमाइका या लिनोलियम लगा होना चाहिए। लकड़ी की मेज पर मेजपोश होना चाहिए। मेज के बीच में सेन्टर पीस बिछाकर नीचे गुलदस्ते में फूल सजाने चाहिए। साथ ही मेज पर राखदानी भी रखनी चाहिए। शो केस पर घड़ी, गुलदस्ता तथा मनीप्लांट रखनी चाहिए। साथ ही शो-केश में खिलौने, मूर्तियाँ, कलात्मक वस्तुएँ रखनी चाहिए। कमरे में एक तरफ चौकी पर या पलंग पर सुन्दर गद्दी या फोम की गद्दी तथा चादर सोफा की गद्दी कुशन के रंग के अनुरूप बिछानी चाहिए। जिस पर मुलायम तकिया या मसलन्द रखना चाहिए। सुविधानुसार संयुक्त स्नानगृह होना चाहिए। बैठक में मुड़ने वाली मेज एवं कुर्सियों की व्यवस्था सुविधाजनक होती है। सोफे के स्थान पर पूरे कमरे में दरी बिछाकर, बीच में आकर्षक कालीन भी बिछायी जाती है।

(11) **फर्श एवं दीवार में सजावट**—फर्श को मोजेक, टाइल्स या किसी प्रकार के सीमेंट से पानी के निकास की तरफ ढालुआ बनवाना चाहिए। फर्श सजाने के प्रमुख सामान निम्नलिखित हैं—(i) प्लास्टिक टाइल, (ii) दबी कार्क टाइल, (iii) मुलायम लकड़ी का तख्ता, (iv) कड़ी लकड़ी का फर्श, (v) फोम रबर, (vi) लिनोलियम, (vii) रंगीन सीमेंट तथा मोजेक एवं (viii) मिट्टी तथा गोबर।

दीवार की आन्तरिक सजावट में निम्नलिखित सामानों का प्रयोग किया जाता है—(i) दीवार कागज, (ii) काठ की दिल्हाबन्दी, (iii) अलंकृत कपड़े और (iv) विभिन्न रंगों से पुताई।

नीची छत हल्के रंग से रंगने पर ऊँची प्रतीत होती है। ऊँची छत गाढ़े रंग, गुलाबी, पीले या लाल रंगने पर नीची मालूम पड़ती है। गर्मी के दिनों में जिन कमरों में अधिक प्रकाश और धूप आती है, उसमें हरे या नीले रंग से ठंडेपन का अनुभव होता है। दीवार की बाह्य सजावट के लिए निम्नलिखित प्रकार के रंग व्यवहार में लाये जाते हैं—(i) चूने की पुताई, (ii) सीमेंट की पुताई, (iii) इमलसन पेंट, (iv) तेल आधारित डिस्टेम्पर, (v) बिटूमिनस पेंट, (vi) तैलीय रंग, (vii) क्लोरिनेरेटेड रबर पेंट तथा (viii) प्लास्टिक पेंट।

निर्णय का सिद्धान्त
(Theory of Decision)

निर्णय-प्रक्रिया के निम्नलिखित सिद्धान्त हैं—

(1) **समस्या की पहचान**—जिस समस्या के लिए हल निकालना होता है, उस समस्या की परिवार के सदस्यों को स्पष्ट जानकारी होनी चाहिए। योजनाकर्ता को समस्या की पहचान अवश्य होनी चाहिए। प्रमुख समस्या पर पूर्णरूपेण विचार-विमर्श कर ही निर्णय लेना चाहिए।

(2) **समस्या के वैकल्पिक समाधान की खोज**—विकल्प का चुनाव करते समय समस्या और वैकल्पिक समाधान दोनों की जानकारी होनी चाहिए, सम्भावित हलों को खोजने का ज्ञान तथा उसके सम्भावित परिणाम की जानकारी रहने से विकल्प के चुनाव में सुविधा रहती है।

(3) **विकल्प पर विचार-विमर्श**—निर्णयकर्ता को परिवार के सभी सदस्यों के साथ बैठकर विचार-विमर्श करना चाहिए। सोच-समझकर और विचार-विमर्श कर निर्णय लेने में अधिक समय लगाने से समस्या का रूप बदल जाने की सम्भावना रहती है, इसलिए अधिक समय भी नहीं लगाना चाहिए।

(4) **समाधान के रूप में विकल्प में से उप्युक्त उपाय का चुनाव**—विकल्प का निर्धारण करना आवश्यक है। विकल्प का चुनाव करते समय परिवार के सदस्यों की भी राय लेनी पड़ती है, क्योंकि विभिन्न निर्णयों के साथ सम्पूर्ण परिवार के सदस्यों की रुचि निहित होती है। परिवार के लिए लड़की की शादी तथा बच्चों की पढ़ाई के लिए रुपए बचाना एक समस्या होती है, जिस पर परिवार के सभी सदस्यों को विचार करना पड़ता है, जिसके लिए परिवार के प्रधान को मुख्य निर्णय लेना पड़ता है। आपस में सुझाव तथा समझौते से परिवार को अधिक सन्तोष होता है।

(5) निर्णय से उत्पन्न परिणामों की स्वीकृति–निर्णय से उत्पन्न परिणामों को स्वीकार करना एक आधारीय सिद्धान्त है। यह एक प्रेरक का कार्य करता है। निर्णय का परिणाम हमेशा अच्छा नहीं होता है, किन्तु जब सोच-समझकर निर्णय नहीं लिया जाता है, तब उसके दुष्परिणामों को भुगतने के लिए भी तैयार रहना चाहिए।

निर्णय प्रक्रिया को प्रभावित करने वाले कारक–निर्णय प्रक्रिया को प्रभावित करने वाले कारक निम्नलिखित हैं–(i) निर्णयों की स्थायी प्रकृति, तथा (ii) निर्णयों का पारस्परिक सम्बन्ध तथा निर्णयकर्ता की समय सम्बन्धी विचारधारा।

निर्णय के प्रकार–पारिवारिक समस्याओं का निदान प्रायः दो प्रकार के निर्णय लेकर निम्नलिखित प्रकार से किया जाता है—

(1) व्यक्तिगत निर्णय–अधिकांश भारतीय परिवारों में परिवार का प्रमुख ही किसी पारिवारिक समस्या के निदान के लिए निर्णय लेता है। व्यक्तिगत निर्णय बहुत जल्दी लिए जाते हैं।

(2) सामूहिक निर्णय–यह अधिक जटिल होता है। इसे समूह के अधिकांश लोग स्वीकारते हैं तथा उसे कार्यान्वित करते हैं। इसमें कभी-कभी कष्टदायी समस्याएँ भी आती हैं।

आन्तरिक गृहसज्जा में परदे, कुशन और रंग का महत्व

आन्तरिक *गृहसज्जा में परदों का महत्व*

घर की शोभा बढ़ाने तथा उसे आकर्षक एवं लुभावना बनाने में परदों का काफी महत्व है।

घर की बेकार कबाड़ को छिपाने, खिड़की-दरवाजों की शोभा बढ़ाने, कमरे का विभाजन करने, प्रकाश एवं वायु को रोकने और कमरों में एकान्त स्थापित करने में परदों का महत्वपूर्ण योगदान रहता है। यह कमरे के अन्दर के दृश्य, व्यक्ति और वस्तुओं को गोपनीय रखते हैं। साथ ही गर्मी, सर्दी, लू एवं सूर्य के प्रकाश से हमारी रक्षा करते हैं। इनके द्वारा छोटा कमरा बड़ा प्रतीत होता है। इससे गर्म एवं ठण्डा वातावरण भी उत्पन्न किया जाता है। छत की ऊँचाई घटाई या बढ़ाई जा सकती है।

यह प्रायः महीन जाली, केसमेन्ट, हैण्डलूम, खद्दर के कपड़े के बनाए जाते हैं। खादी एवं हस्तकरघे वस्त्र के बने परदे भी अच्छे होते हैं। टिकाऊ परदे के लिए मजबूत कपड़ा होना

आवश्यक होता है। केसमेन्ट का कपड़ा चित्रकारी के लिए उचित रहता है तथा जालीदार कपड़े पर पैचवर्क का काम सुन्दर प्रतीत होता है। सजावट के लिए परदे लगाने पर उसका रंग-रूप कमरे के सज्जा के अनुसार होना चाहिए। कपड़े का रंग पक्का होना चाहिए। सुन्दर दृश्यों वाले भाग में झीनी रचना के महीन परदे लगाना अच्छा रहता है। जिन दरवाजों एवं खिड़कियों से धूप एवं वायु का अधिक प्रवेश होता है, वहाँ पर भारी परदे लगाने से अनावश्यक धूप और वायु से रक्षा होती है। परदे का चयन करते समय कमरे की दीवारों एवं रंग को ध्यान में रखना चाहिए। खिड़की तथा दरवाजे के आकार के अनुसार परदे का आकार होना चाहिए। ठण्ड एवं लू से बचने के लिए खिड़की एवं दरवाजों पर पूरा परदा लगाया जाता है, जिसे शीतकाल में दिन के समय तथा गर्मी में रात के समय सरका दिया जाता है। दरवाजे वाली अलमारी पर उसके आकार का परदा लगाना चाहिए। ऊँचे कमरों में खिड़की एवं दरवाजों पर ऊपर की तरफ 30-40 सेमी चौड़ी झालर लगाकर परदे लगाने से कमरे की ऊँचाई कम लगती है। परदे का रंग कमरों की रंग-योजना, आकार, सम्पूर्ण सज्जा, प्रकाश स्थिति उपयोग और मौसम के अनुसार होनी चाहिए। एक कमरे की सभी खिड़कियों एवं दरवाजों पर एक ही रंग के परदे लगाना शोभायमान होता है। बड़े एवं प्रकाश युक्त कमरों में गहरा रंग उपयुक्त होता है। परदे के कपड़े की डिजाइन को ध्यान में रखकर इसका चुनाव करना चाहिए। कमरों की दीवारों के चित्रित होने पर सादे परदे अधिक उपयुक्त होते हैं। बड़ी तथा चौड़ी खिड़की पर बड़े-बड़े फूल-पत्ती या डिजाइन के परदे एवं छोटी-पतली एवं लम्बी खिड़कियों के लिए छोटे प्रिन्ट के परदे अधिक सुन्दर लगते हैं। बाथरूम, शौचालय तथा रसोईघर में प्लास्टिक के परदे लगाने चाहिए। बच्चों के कमरे में लगने वाले परदे पर पशु-पक्षी, गुड़िया, कार्टून आदि का पैचवर्क कर देने से कमरे में सजीवता आ जाती है। परदे के ऊपर छल्ले का प्रयोग करने से सरकाने में सुविधा रहती है। परदे के लिए स्प्रिंगदार लचीले तार भी प्रयोग किए जाते हैं। रसोईघर में अग्निसह परदे लगाने चाहिए।

आन्तरिक गृह-सज्जा में कुशन का महत्व

कुर्सी एवं सोफे की सजावट में कुशन का अधिक महत्व होता है। कुशन का प्रयोग बैठने में आराम और सुविधा देने के लिए किया जाता है जिससे टिककर अर्थात् पीठ सटाकर तथा पैर फैलाकर बैठने में आराम मिलता है। कुशन का रंग एवं आकार

फर्नीचर की बनावट एवं रंग पर निर्भर करता है। इसकी बनावट एवं चयन फर्नीचर के साथ अनुरूपता लिए होना चाहिए। कुशन बनाते या खरीदते समय परदे के रंग एवं कमरे की सम्पूर्ण सज्जा को भी ध्यान में रखना चाहिए। छोटे फर्नीचर पर छोटा कुशन एवं बड़े फर्नीचर पर बड़े कुशन शोभायमान होते हैं। सोफे की पीठ के सहारे चौकोर, गोल या तिकोने कुशन लगाये जाते हैं। हल्के या सफेद रंगों का प्रयोग वाले कमरे में चटक रंग के कुशन की सुन्दरता बढ़ाने के लिए उन पर कढ़ाई या पेंटिंग कर देनी चाहिए। ऐपलीक कढ़ाई भी कुशन पर अच्छी लगती है। कुशन कवर का कपड़ा दोनों तरफ एक-सी बनावट वाला एवं पक्के रंग का होना चाहिए।

आन्तरिक गृह सुसज्जा में रंगों का महत्व

प्रत्येक वस्तु की सुन्दरता रंगों के उचित मेल एवं रंग के सुन्दर ढंग से सजने पर निर्भर करती है। विभिन्न रंगों को स्थान, समय एवं परिस्थिति के अनुसार प्रयोग करने से वे अधिक सुन्दर एवं आकर्षक लगते हैं। प्रकाश की किरणों तथा लहरों की लम्बाई एवं स्पन्दन-दर भिन्न-भिन्न होती है, जो मस्तिष्क में भिन्न-भिन्न बोध कराती है और हमें भिन्न-भिन्न रंग दिखाई देते हैं। रंगों को देखने से मन मुग्ध होता है। रंगों के उचित मेल से जीवन में सरसता आती है, जिससे हमें सन्तुष्टि मिलती है। रंगों का प्रयोग व्यक्तिगत रुचि से सम्बन्धित है। फिर भी परिस्थिति, मौसम, उम्र, कमरे का आकार, कमरे का प्रयोग, कमरे का प्रकाश, फैशन, वातावरण आदि के अनुसार रंग शोभा देता है। पर्व-त्योहार पर चटक रंग के वस्त्र तथा चमकीले रंगों से सजा कमरा अच्छा लगता है। जहाँ अधिक गर्मी पड़ती है, वहाँ के कमरों का रंग हल्का तथा शीतलता प्रदान करने वाला होना चाहिए। ठण्डे देशों के कमरों में उष्णता प्रदान करने वाला रंग अच्छा लगता है। बड़े तथा प्रकाशयुक्त कमरों में चटक और गहरा रंग एवं छोटे तथा अंधेरे कमरे में सफेद या हल्का रंग प्रयुक्त करना चाहिए। बैठक के कमरे को भूरे, नीले, गुलाबी, कत्थई तथा भूरे-नीले रंग से सजाना चाहिए। आमोद-प्रमोद वाले कमरे में शान्ति की आवश्यकता पड़ती है। अतः उसमें हरा या नीला रंग उपयुक्त होता है। पूर्वी कमरों में अधिक प्रकाश तथा गर्मी रहती है। इसमें भड़कीले रंग जैसे—गुलाबी, पीला, नीला या आसमानी रंगों का व्यवहार करना चाहिए। प्रत्येक रंग की अलग-अलग विशेषताएँ निम्नलिखित हैं—

पीले रंग—उत्तर दिशा वाले कमरों के लिए पीले रंग की सजावट उत्तम होती है, जो आशावादिता, सहानुभूति तथा प्रगतिसूचक होता है, साथ ही प्रकाश का द्योतक होता है। इसलिए अंधेरे में सूर्य के प्रकाश का आभास कराता है।

सुनहरा रंग—यह बाहरी सजावट जैसे—खिड़की के परदे के लिए उपयुक्त होता है। इससे अन्धकारयुक्त कमरे में प्रकाश हो जाता है।

नारंगी रंग—यह उत्साह, आशा, हिम्मत और अतिथि-सत्कार की भावना को जाग्रत करता है। इसे पीले, सफेद, लाल रंग से हल्का कर सजावट के उपयोग में लाया जाता है।

भूरा रंग—यह विशेषकर कार्निस, दीवार तथा कालीन को रंगने के काम में आता है तथा शिथिलता और नम्रता का सूचक है।

लाल रंग—यह उष्णता का उत्पादक है। इसमें प्रफुल्लता, बड़प्पन, दिखावा और स्वागत करने वाला गुण होता है, जो पीले नारंगी और गुलाबी रंग के मिश्रित रंगों के साथ अच्छी तरह मेल खाता है, इसलिए इसका गलीचे में उपयोग किया जाता है।

गुलाबी रंग—यह सबसे अधिक नाजुक होता है, जिसकी सजावट कुछ ही भागों में अधिक शोभनीय होती है। जैसे—शृंगार-मेज, शीशा, परदे, मेजपोश तथा नर्सिंग रूम आदि।

बैंगनी रंग—यह राजसी रंग कहलाता है। इसका उपयोग छपाई, किनारी, चित्र, लैम्परॉड तथा अन्य छोटी-छोटी सजावटों में किया जाता है।

नीला रंग—यह बड़प्पन एवं शिष्टाचारिता का प्रतीक है, जो सम्पूर्ण कमरे की सजावट में प्रयुक्त किया जाता है। इससे कमरे के विस्तृत होने का आभास होता है तथा यह शयन एवं भोजन कक्ष के लिए उपयोगी होता है।

हरा रंग—यह आरामदायक, शीतल और स्फूर्तिदायक होता है।

रंग-परियोजना

आन्तरिक गृह सज्जा में निम्नलिखित रंग-परियोजनाएँ हैं—

(1) **एकरंगी योजना**—एकरंगी योजना में कमरे के अन्दर की रंग-व्यवस्था को एक पूर्ण इकाई में आयोजित किया जाता है। अर्थात् एक रंग लेकर विभिन्न मिलते-जुलते रंग बनाए जाते हैं, एक कमरे की विभिन्न दीवारों, फर्नीचर, फर्श तथा अन्य सजावट-सामग्रियों में इनका प्रयोग किया जाता है। इनका क्रियान्वयन आसान होता है और कमरा भी बड़ा प्रतीत होता

है। फर्नीचर तथा अपहोलस्ट्री पर उसी रंग के हल्के शेड का प्रयोग करना चाहिए।

(2) **समदर्शी योजना**—समदर्शी योजना में कमरे के अन्दर की रंग-व्यवस्था में किसी एक रंग को आधार के रूप में चुन लिया जाता है तथा सम्पूर्ण कमरे को उसी परिवार के अन्य रंगों से सजाया जाता है। चुने गए प्रथम रंग को प्रमुख रंग मानकर उसके शेडों को दीवारों पर प्रयोग किया जाता है। दूसरे रंग को सहयोगी रंग मानकर उसका कोई शेड फर्श पर, गलीचे, दरी आदि में प्रयोग किया जाता है। तीसरे रंग का शेड परदों तथा फर्नीचर के रंग में प्रयोग किया जाता है। इसमें रंग-चक्र के किसी भी रंग के समीप वाले रंग का व्यवहार किया जाता है।

(3) **विपरीत रंग-योजना**—रंग चक्र द्वारा विभिन्न प्रकार की रंग-योजना तैयार की जाती है। चित्रानुसार रंग-चक्र में एक-दूसरे के ठीक सामने के रंग तथा लाल और हरा अथवा नीला और केसरी रंग को प्रमुख मानकर उसका चिह्न या शेड अन्य दीवारों पर किया जाता है। गौण रंग को सहयोगी रंग मानकर फर्श या अन्य सजावटें की जाती हैं।

(4) **त्रिकोणीय योजना**—रंग-चक्र में बराबर रंग-चक्र दूरी के तीन रंग सजावट में चुने जाते हैं, तो उसे त्रिकोणीय रंग योजना कहते हैं। जैसे—(*i*) हरा, केसरी, बैंगनी। (*ii*) पीला, लाल, नीला। (*iii*) पीला, केसरी, लाल। (*iv*) बैंगनी, नीला, हरा। इन तीनों के शेड विभिन्न स्थानों पर प्रयोग किये जाते हैं।

(5) **चौरंगी योजना**—रंग चक्र में बराबर दूरी पर के चार रंगों की योजना को चौरंगी योजना कहते हैं। जैसे—(*i*) पीला, लाल-केसरी, बैंगनी, नीला-हरा (*ii*) हरा, नीला-बैंगनी, लाल, पीला, केसरी। चौरंगी योजना को एक रंग की अधिकतर दीवारों पर प्रयोग किया जाता है। अन्य तीनों रंगों का प्रयोग दरी-कालीन, फर्नीचर के कपड़े, परदे आदि पर किया जाता है।

बचत
(Saving)

किन्स के अनुसार, ''वर्तमान आय का वर्तमान उपभोग व्यय पर आधिक्य को बचत कहा जाता है। उसे नियमित रूप से जमा करें, छोटी बचत की रकम ही इकट्ठी होकर बड़ी रकम बनकर हमारा कार्य पूरा करती है। अतः बचत यह धन है, जो उत्पादक कार्यों में विनियोजित किया जाए और निश्चित समयोपरान्त बढ़ी हुई धनराशि के रूप में प्राप्त हो।''

बचत के लक्ष्य या महत्व

बचत के मुख्य लक्ष्य या महत्व निम्नलिखित हैं—

(1) **मितव्ययता की आदत**—व्यय करने की कोई सीमा नहीं होती है। बचत से परिवार के सदस्यों में मितव्ययता की आदत पड़ जाती है। मितव्ययी नहीं होने से मनुष्य सदैव अपनी आमदनी से अधिक खर्च कर डालता है।

(2) **आकस्मिक आवश्यकताओं की पूर्ति**—प्रत्येक परिवार में आकस्मिक दुर्घटना तथा शारीरिक असमर्थता, चाहे वह गम्भीर रोग से हो या बुढ़ापे से, आदमी को आर्थिक कष्ट में डाल देती है। जो परिवार नियमित रूप से बचत करता है वह अपने भविष्य के प्रति निश्चिन्त रहता है।

(3) **आकस्मिक खर्च की पूर्ति**—घर में आग लग जाने, चोरी हो जाने, महँगाई बढ़ जाने, परिवार के मुखिया की मृत्यु हो जाने आदि पर संचयित राशि ही परिवार को आर्थिक संकट से उबारती है।

(4) **अनावश्यक खर्चों पर प्रतिबन्ध**—बचत करने के लिए व्यय की रूपरेखा बनाकर ही परिवार के सदस्य व्यय करते हैं। बचत की आदत पड़ जाने से अनावश्यक खर्च कम किया जा सकता है।

(5) **स्थायी सम्पत्ति की खरीद**—इस राशि का उपयोग कर मकान या जमीन जैसी बचत सम्पत्ति क्रय की जा सकती है जो आय के साधन के साथ ही सामाजिक प्रतिष्ठा प्रदान करती है।

(6) **मनोवैज्ञानिक निश्चिन्तता**—बचत किया धन अपने पास रहने पर व्यक्ति अधिक सन्तुष्टि का अनुभव करता है। वह किसी भी स्थिति से निपटने का हौसला रखता है जिससे उसकी हीन भावना दूर होकर उसमें मनोवैज्ञानिक निश्चिन्तता आती है।

(7) **राष्ट्रीय योजनाओं के संचालन में मदद**—बैंकों में संचयित राशि राष्ट्रीय योजनाओं को पूर्ण करने में या उनके संचालन में विनियोग कर दी जाती है। अतः राष्ट्र के विकास एवं रक्षा के आवश्यक साधनों पर भी बचत का उपयोग होता है।

बचत का सदुपयोग के क्रम में भारत सरकार ने दो प्रकार की प्रणाली की निर्माण किया—पहली बैंकिंग प्रणाली तथा दूसरी नॉनबैंकिंग प्रणाली कहलाती है। दोनों संस्थाएँ भारतीय रिजर्व बैंक के मानदण्डों के अनुसार ही चलती हैं, किन्तु दोनों संस्थाओं के कार्य करने के तरीके अलग-अलग हैं।

इसके अलावा भारतीय डाक एवं तार विभाग के द्वारा संचालित पोस्ट ऑफिस का बचत विभाग है। यह पूर्णरूप से सरकार की ही संस्था है। पोस्ट ऑफिस में भी सामान्य बैंकों की तरह—साधारण बचत खाता, आवर्ती जमा योजना, सावधि बचत योजना, किसान विकास-पत्र, राष्ट्रीय बचत पत्र आदि हैं तथा नॉनबैंकिंग प्रणाली की तरह डाक जीवन बीमा (पोस्टल लाइफ इन्श्योरेन्स) स्कीम आदि हैं। सरकारी या अर्द्ध-सरकारी निकायों में कार्यरत् व्यक्तियों के लिए अनिवार्य भविष्य निधि योजना एवं कन्ट्रीब्यूटरी प्रोविडेण्ड फण्ड एवं सामूहिक बीमा योजना आदि द्वारा बचत एवं उन पर मिलने वाले ब्याज दर पर सीधे राज्य या केन्द्र सरकार का नियन्त्रण होता है।

बैंकिंग प्रणाली—इसके तहत सभी राष्ट्रीयकृत बैंक तथा कुछ प्राइवेट बैंक भी आते हैं। इनमें भी धन जमा करने के उपर्युक्त प्रकार—सामान्य बचत योजना, सावधि जमा योजना, आवर्ती जमा योजना आदि हैं। इनके तहत् प्रदत्त ब्याज दर का निर्धारण रिजर्व बैंक ऑफ इण्डिया ही करता है। प्रत्येक बैंक अलग-अलग आकर्षक एवं लुभावनी दर पर नए-नए म्युचुअल फण्ड्स की घोषणा करता है। घोषित दरें सामान्य बैंकों की तरह ही होती हैं, किन्तु कोई खास बोनस की रकम देने का वादा करता है, तो कोई निश्चित अवधि के बाद प्रमुख शेयर बाजारों में लिस्टिंग करने की बात करता है। यों तो शेयर की दरें रोज बदलती रहती हैं, किन्तु कभी-कभी अप्रत्याशित रूप से उछाल या गिरावट भी होती है।

नॉन बैंकिंग प्रणाली—आए दिन विभिन्न प्रकार की दुर्घटनाएँ चाहे वे सड़क पर चलते वाहनों से टकराकर हों, आतंकवाद या गुण्डावाद की परिणाम हों, आग लगने, बाढ़ या सूखा की परिस्थिति से हों या फिर कमाऊ व्यक्ति या परिवार के मुखिया के असामयिक निधन से उत्पन्न हों, इन दुर्घटनाओं ने व्यक्तियों में असुरक्षा की भावना जाग्रत कर दी थी। परिणामस्वरूप यूनिट ट्रस्ट ऑफ इण्डिया, फायर एण्ड एक्सीडेन्टल इन्श्योरेन्स ऑफ इण्डिया आदि जैसी नॉन बैंकिंग संस्थाओं का जन्म हुआ। इनमें भी म्यूचुअल फण्ड, सावधि जमा योजना, आयकर बचत योजना आदि का प्रावधान है। किन्तु, इनकी सबसे बड़ी खूबी बीमाकरण है। मानव जिन्दगी से लेकर पशुधन एवं खड़ी फसलों से लेकर ट्रान्सपोर्टिंग सामानों तक के बीमा का प्रावधान है। घर में रखी वस्तुएँ हों या कीमती गहने, गाड़ियाँ आदि सभी का बीमा होता है जिससे किसी भी हादसे के वक्त कम्पनियाँ अलग-अलग स्कीमों में अलग-अलग दरों पर उसकी भरपायी करती है। आजकल एक्सिस बैंक या अन्य बैंकिंग एवं नॉन बैंकिंग संस्थाएँ समय-समय पर यूनिट्स एवं शेयर्स बेचती हैं जो अपनी परिपक्वता पर काफी फायदेमन्द साबित होते हैं। तुलनात्मक रूप से कम फायदा होने के बावजूद भी जीवन बीमा की योजनाओं में कुछ धनराशि अवश्य ही लगानी चाहिए। आकस्मिक दुर्घटनाओं के बाद ये धनराशि परिवार के लिए अत्यन्त ही मददगार साबित होती है।

6 मानव विकास

बाल विकास के सिद्धान्त

बच्चे के शारीरिक तथा मानसिक क्रियाओं का विकास किस प्रकार होता है, इसका अध्ययन बाल मनोविज्ञान में किया जाता है। अतः हम यह कह सकते हैं कि बाल-मनोविज्ञान मनोविज्ञान की वह शाखा है जो किसी बच्चे का अध्ययन गर्भाधान से लेकर परिपक्वता तक विकासात्मक दृष्टि से करता है।

बाल-विकास के निम्नलिखित सिद्धान्त हैं—

(1) विकास अवस्थानुसार अग्रसर होता है—बच्चों का विकास अनेक अवस्थाओं से गुजरता है। विकास की वृद्धि से एक अवस्था से दूसरे अवस्था की भिन्नता को पहचाना जाता है। ये अवस्थाएँ छः हैं—(a) गर्भावस्था (b) शैशवावस्था (c) बचपन (d) बाल्यावस्था (e) वयः संधि तथा (f) किशोरावस्था। गर्भावस्था भी निम्न अवस्थाओं में विभाजित हैं। बीजावस्था, भ्रूणावस्था, गर्भस्थ, तथा शैशवावस्था। प्रत्येक अवस्था में विकास अलग-अलग होता है। डिम्ब निषेचित रहता है, फिर अंगों के निर्माण के लिए उसमें अलग-अलग भाग विभाजित होते हैं। उसके बाद सभी अंगों का अलग विकास होता है। शैशवावस्था में शिशु नए वातावरण के अनुकूल होता है। 2 वर्ष तक वह दूसरों के सहारे अपना जीवन चलाता है। धीरे-धीरे आत्मनिर्भरता की तरफ बढ़ता है। पेशियों पर नियन्त्रण आता है, संवेग का विकास होता है। बाल्यावस्था में बच्चा अपने को सामाजिक एवं मनोवैज्ञानिक वातावरण से समायोजित करता है। जिज्ञासा, समूह प्रवृत्ति आदि विशिष्ट प्रवृत्तियाँ आती हैं। परिवार, मित्रों एवं स्कूल के माध्यम से जीवन की वास्तविकताओं से परिचित होता है। यौन अंगों का विकास होता है। फिर आती है किशोरावस्था, जिसमें शरीर और मन पर नियन्त्रण नहीं रहता है। उसके बाद ही प्रौढ़ावस्था आती है। तब कर्त्तव्यों, उत्तरदायित्वों और उपलब्धियों के साथ जीवन पथ पर पड़ने वाली परिस्थितियों से जूझने एवं समायोजन करने का अनुभव प्राप्त करता है।

(2) परिपक्वता एवं अधिगम के परिणाम से विकास—बच्चे के वंशानुक्रम से सम्बन्धित शारीरिक क्षमताओं के विकास को परिपक्वता कहा जाता है। बच्चों के व्यवहार में परिवर्तन शारीरिक-मानसिक परिपक्वता से ही आता है, जो आयु के साथ स्वतः आते हैं। हरलॉक के शब्दों में, परिपक्वता अधिगम के लिए कच्चा माल प्रदान करती है। परिपक्वता बच्चे के व्यवहार के सामान्य प्रतिमानों को निश्चित करती है।

(3) विकास प्रतिमानों की भविष्यवाणी है—बच्चे के प्रत्येक विकास की अवधि की कुछ अपनी विशेषताएँ होती है। कम आयु में ही पता चल जाता है कि शरीर का आकार कैसा होगा तथा कद कैसा होगा। उसकी प्रारम्भिक मानसिक विकास, योग्यताओं और क्षमताओं के अनुरूप शिक्षा का प्रबन्ध किया जाता है।

(4) विकास का निश्चित क्रम होता है—शारीरिक विकास के दो निश्चित रूप क्रम हैं—(i) मस्तकाधोमुखी क्रम तथा (ii) निकटस्थ क्रम। पहले शारीरिक विकास सिर से पैर की दिशा में होता है। बच्चा पहले सिर उठाता है फिर धड़ तथा अन्त में पैरों को घसीटता हुआ खड़ा होना सीखता है। दूसरे के अनुसार विकास सुषुम्ना नाड़ी के पास के क्षेत्रों से प्रारम्भ होकर उससे दूरस्थ स्थित क्षेत्रों की तरफ जाता है। हाथों एवं अंगुलियों से कार्य करने की क्षमता का देर से विकास होता है।

(5) विकास सामान्य से विशिष्ट की तरफ होता है—बच्चे की सामान्य क्रियाओं का विकास पहले होता है तब विशिष्ट क्रियाओं का। शिशु प्रारम्भ में गेंद को पकड़ने के लिए पूरे शरीर को हिला देता है। कुछ बढ़ने पर हाथ पकड़ता है। सभी तरह की शारीरिक और मानसिक प्रक्रियाएँ—सामान्य रूप ही, बाद में विशिष्ट रूप धारण कर लेती हैं।

(6) विकास के प्रतिमानों में स्थिरता रहती है—स्थिरता का नियन्त्रण वंशानुक्रम और वातावरण के संयुक्त स्वरूप से होता

है। जो बच्चे एक विशेष आयु की लम्बाई में बढ़ते हैं उनमें आगे भी लम्बाई में बढ़ने की प्रवृत्ति रहती है। इसी प्रकार मानसिक प्रतिमानों में भी स्थिरता पाई जाती है। जो बच्चे एक आयु-स्तर पर मंद बुद्धि के रहते हैं, वे अन्य स्तरों पर भी (उस आयु को देखते हुए) मंद बुद्धि के ही रह जाते हैं।

(7) **सन्तुलन एवं असन्तुलन की अवस्थाएँ**—विकास प्रतिमानों में सन्तुलन एवं असन्तुलन दोनों रहता है। जिनमें से विकास प्रतिमान संतुलित रहता है उनमें बच्चा अच्छी तरह से अपना समायोजन कर लेता है। जिनमें असन्तुलन की हालत उत्पन्न होती है उनमें बच्चा तनाव, असुरक्षा, अनिर्णय आदि समस्याओं का शिकार बन जाता है, पर असंतुलन का अनुभव वयः सन्धि की अवस्था में होता है।

(8) **विकास एक निरन्तर प्रक्रिया है**—विकास की प्रक्रिया गर्भावस्था से प्रारम्भ होकर जीवन-पर्यन्त चलती है। परिपक्वता के बाद विकास की गति कम हो जाती है, परन्तु बचपन में विकास तेज होने के साथ-साथ निर्णायक होता है।

(9) **विकास में वैयक्तिक भिन्नताएँ होती हैं**—हर बालक का विकास एकसमान नहीं होता है। किसी का विकास तेजी से, तो किसी का धीरे-धीरे होता है। कोई जल्दी बोलना सीखता है, तो कोई देर से। व्यवहार एवं बुद्धि के सन्दर्भ में भी यही बात है। औसत, तेज एवं मंद बच्चों के विकास की गति भिन्न हो सकती है, परन्तु क्रम भिन्न नहीं होता है, जैसे—चलने के पहले खड़ा होना, बोलने के पहले बुदबुदाना आदि होता है।

(10) **विकास में सह-सम्बन्ध होता है**—विकास के विभिन्न क्षेत्रा में यह सम्बन्ध होता है। प्रायः शारीरिक एवं मानसिक विकास सह-सम्बन्धित ढंग से चलता है। सामाजिक विकास के साथ-साथ नैतिक विकास भी सम्बन्धित अन्योन्याश्रित रूप से चलते हैं।

(11) **विकास अवस्था के विशिष्ट स्वाभाविक गुण एवं लक्षण होते हैं**—विभिन्न आयु-स्तर पर होने वाले विकास प्रतिमानों के अपने विशिष्ट एवं स्वाभाविक गुण होते हैं। इस विशिष्ट लक्षणों की जानकारी बच्चों को समझने में सहायक होती है। वयः सन्धि की अवस्था में बच्चे में कुछ असामान्य व्यवहार उस आयु में होने वाली स्वाभाविक बात के कारण होते हैं। कुछ शारीरिक परिवर्तनों से बच्चे का घबड़ा जाना स्वाभाविक है। अतः प्रत्येक आयु में होने वाले ऐसे स्वाभाविक लक्षणों के लिए बालक को समायोजित कर सहायता दी जानी जरूरी है। एक

अवस्था पर जिस व्यवस्था को सामान्य माना जाता है वहीं दूसरी अवस्था में असामान्य भी माना जा सकता है।

(12) **विकास की भिन्न-भिन्न गतियाँ होती हैं**—विकास प्रक्रिया की गति, अलग-अलग पक्षों पर भिन्न-भिन्न होती है जैसे—शरीर के कुछ अंग अन्य अंगों की अपेक्षा ज्यादा विकसित हो जाते हैं। अध्ययनों में पाया गया है कि सृजनशीलता, कल्पना आदि का विकास बाल्यावस्था में प्रारम्भ हो जाता है। किशोरावस्था में वह चरम सीमा पर पहुंच जाता है। इस तरह बचपन का विकास अपने विशेष सिद्धान्तों के अनुरूप ही होता है।

(13) **प्रारम्भिक विकास, बाद में होने वाले विकास से ज्यादा महत्व का होता है**—बचपन में शिशु सबसे अधिक कोमल होता है, उसे कोई भी रूप दिया जा सकता है इसलिए प्रारम्भिक अवधि का विकास बच्चे को एक अधिक व्यक्ति के रूप में तैयार करने की दृष्टि से ज्यादा महत्वपूर्ण होता है।

(14) **पिछड़ा विकास भविष्य में सामान्य विकास की बराबरी नहीं करता है**—किन्ही कारणों से पिछड़ा विकास कभी निर्धारित समय पर होने वाले सामान्य विकास की बराबरी नहीं कर पाता है। जन्म के पूर्व के विकास में रहने पर वह सामान्य रूप से जन्मे बच्चे की बराबरी नहीं कर पाता है। ऐसे बच्चे का सब कुछ निर्धारित समय पर न होकर कुछ देर से ही होता है।

(15) **लड़के-लड़कियों के विकास एवं आयु में अन्तर होता है**—लड़के-लड़कियों के विकास में कुछ अन्तर होता है। जन्म से ही लड़के-लड़कियों से लम्बे होते हैं। 10 वर्षों में लड़कों की अपेक्षा लड़कियां कम वजन की होती हैं। 11-14 वर्ष की लड़कियां वजन में लड़कों से अधिक होती हैं। विकास की प्रत्येक अवस्था में लड़के के सिर का आकार लड़कियों से अधिक विकसित रहता है। क्रियात्मक पक्ष में लड़के साइकिल चलाना लड़कियों की अपेक्षा जल्दी सीखते हैं। मानसिक क्षमताओं के विकास में तथा व्यवहार आदि में भी लड़के का विकास लड़कियों से भिन्न होता हैं।

वृद्धि एवं विकास के चरण

आकार, लम्बाई एवं वजन में होने वाला प्रत्येक परिवर्तन वृद्धि कहलाता है, जिसकी माप की जाती है। विकास के परिणामस्वरूप, स्वभाव में परिवर्तन आता है। उदाहरण के लिए त्वचा का कठोर होना, बालों का सफेद होना आदि विकास के लक्षण हैं। शारीरिक पक्ष के अतिरिक्त मानसिक एवं भावात्मक पक्ष भी हैं। नैतिक एवं सामाजिक आदि पक्षों में भी विकास होता है। विकास बुद्धि

तक सीमित नहीं है। वृद्धि शब्द का प्रयोग सामान्यतः शरीर के सभी भागों के भार अथवा आकार में वृद्धि के लिए किया जाता है। विकास का आशय वृद्धि से तो होता है परन्तु यह मुख्यतः शरीर में होने वाले परिवर्तनों को प्रदर्शित करता है।

विकास की विभिन्न अवस्थाएँ एक-दूसरे से सम्बद्ध होती हैं। विकास के मुख्य रूप निम्नलिखित हैं—

(1) शारीरिक विकास, (2) मानसिक विकास, (3) संवेगात्मक विकास, (4) सामाजिक विकास, (5) नैतिक विकास, (6) चारित्रिक विकास और (7) सौन्दर्यात्मक विकास।

बालक का शरीर जन्म के समय विकास की प्रारम्भिक अवस्था पर होता है। वह न तो पर्याप्त सबल होता है और न ही परिपक्व। उसका विकास क्रमिक रूप से शैशवावस्था, बाल्यावस्था तथा किशोरावस्था आदि के रूप में होता है। विभिन्न अवस्थाओं में होने वाले शारीरिक विकास की प्रकृति भी अलग-अलग होती है।

शैशवावस्था के बाद के काल को प्रारम्भिक काल कहा जाता है। यह काल दो वर्ष की आयु से लेकर छः वर्ष तक की आयु तक माना जाता है। इस काल में बच्चा पूर्णरूप से असहाय एवं लोगों पर निर्भर नहीं रहता है। वह चलना-फिरना प्रारम्भ कर देता है तथा स्कूल भी जाने लगता है। इस काल में बच्चा अपने पर्यावरण से प्रभावित होने लगता है। विभिन्न उत्तेजनाएं उसे प्रभावित करने लगती हैं। प्रारम्भिक बाल्याकाल में बच्चे का शारीरिक विकास निम्नलिखित ढंग से होता है—

(1) **वजन-लम्बाई आदि में विकास**—प्रारम्भिक बाल्याकाल में बच्चे के वजन एवं लम्बाई में विकास होता है। पांच वर्ष के बच्चे का औसत वजन 16.4 किग्रा से 19.2 किग्रा तक होता है। सामान्य रूप से देखा गया है कि इस काल में लड़कियों का वजन लड़कों की अपेक्षा कम होता है। छः वर्ष की आयु के ही आसपास स्थायी दाँत भी निकलने लगते हैं। सिर का आकार भी बढ़ता है।

(2) **शरीर का क्रियात्मक विकास**—शरीर के तन्त्रिका तन्त्र का ढांचा तो जन्म के समय ही बन जाता है। परन्तु उसका क्रियात्मक विकास सामान्य रूप से चार वर्ष की आयु में होता है। इस काल में शरीर में मस्तिष्क एवं हृदय का भी विकास होता है।

(3) **पाचन तन्त्र का विकास**—प्रारम्भिक काल में पाचन-तन्त्र में भी विकास होता है। इस काल में आमाशय के आकार एवं आयतन में परिवर्तन होता है। बच्चे की भूख बढ़ जाती है, भोजन की मात्रा में वृद्धि होती है तथा उसके पाचन के लिए पाचन-रस भी अधिक बनने लगता है।

शरीर के सभी अंगों का विकास—प्रारम्भिक बाल्यकाल के शरीर में सभी अंगों का विकास होता है। हड्डियों में कुछ कड़ापन आने लगता है। मुखाकृति में भी परिवर्तन आने लगता है। सिर के पहले वाले नरम बाल झड़ जाते हैं तथा कठोर बाल उगने लगते हैं।

6 वर्ष से 12 वर्ष तक के काल को बाल्यावस्था या बाल्यकाल कहा जाता है। विकास के दृष्टिकोण से यह एक महत्वपूर्ण काल है। इस काल में बालक का व्यवहार तथा मनोवृत्तियाँ पर्याप्त परिवर्तित होती हैं। सामान्य रूप से इसी काल में बालक विद्यालय में अध्ययन के लिए प्रवेश पाता है। यह काल लापरवाही का काल भी होता है।

बाल्यकाल में बच्चों के शरीर में भी विभिन्न परिवर्तन होता है। इस काल में अन्य कालों की अपेक्षा धीमा, परन्तु एक रूप का विकास होता है। इस काल में लड़के तथा लड़कियों के वजन में विभिन्नता पाई जाती है। शारीरिक अंगों का विकास भी भिन्न-भिन्न होता है। सामान्य रूप से लड़कियों में किशोरावस्था शीघ्र आती हैं। इस काल में बच्चों का धड़ लम्बा एवं पतला होने लगता है। सामान्य रूप से इस आयु में 27-28 दांत आ जाते हैं। बच्चों का ललाट विकसित होने लगता है। चेहरे पर थोड़ी परिपक्वता भी आने लगती है अर्थात् भोलापन कम हो जाता है। 8 वर्ष की आयु में बालक के शरीर की सम्पूर्ण मांसपेशियों का वजन शरीर के सम्पूर्ण वजन का 26 प्रतिशत हो जाता है। इस काल में लड़कों की अपेक्षा लड़कियों की मांसपेशियां अधिक विकसित होती हैं। 10 वर्ष की आयु में आकर बालक के मस्तिष्क की माप शरीर के माप की 1/8 हो जाती है। इस काल में बालक की हड्डियों का दृढ़ीकरण भी होता है तथा विकास भी।

किशोरावस्था में अनेक शारीरिक परिवर्तन एवं विकास देखे जा सकते हैं। शरीर के लगभग सभी अंग इस काल में पूर्णरूप से विकसित हो जाते हैं। हृदय, फेफड़े, हड्डियां, ज्ञानेन्द्रियां आदि का लगभग पूर्ण विकास इस काल में हो जाता है। शारीरिक विकास के लिए पौष्टिक भोजन, व्यायाम एवं आराम अनिवार्य है। इस काल में शरीर की लम्बाई भी बढ़ती है। इस काल में लड़कों की लम्बाई लड़कियों की अपेक्षा अधिक बढ़ती है। लम्बाई के साथ-ही-साथ वजन में वृद्धि होती है। वजन में

भी लड़के तथा लड़कियों में कुछ अन्तर रहता है। यह अन्तर अंगों की बनावट एवं लम्बाई के अन्तर के कारण होता है।

इसके अतिरिक्त किशोरावस्था में शरीर के विभिन्न अंगों का भी विकास होता है। अंगों का विकास एक निश्चित अनुपात में होता है। उदाहरण के लिए सिर एवं पूरे शरीर का अनुपात बदल जाता है। जन्म के समय शिशु के सिर की लम्बाई पूरे शरीर की एक चौथाई होती है। परन्तु इस काल में यह अनुपात एक और दस हो जाता है। इस काल में शरीर में सुडौलता आ जाती है। यह सुडौलता मांसपेशियों के विकास के परिणास्वरूप आती है। इसके अतिरिक्त इस काल में बालक के शरीर में अनेक परिवर्तन यौन परिपक्वता के कारण होते हैं। लड़कियों में मासिक-स्राव प्रारम्भ हो जाता है। स्तनों में उभार आ जाता है तथा आंखों में एक विशेष प्रकार की चमक आ जाती है।

संज्ञानात्मक/मानसिक विकास

मानसिक विकास की प्रक्रिया जन्म के बाद ही प्रारम्भ होती है। मानसिक विकास की प्रक्रिया के परिणामस्वरूप व्यक्ति की मानसिक शक्तियों का जन्म होता है, वे पुष्ट होती हैं तथा अपनी चरम सीमा तक विकसित होती हैं। मानसिक विकास मुख्य रूप से व्यक्ति तथा पर्यावरण की अन्तःक्रिया के परिणामस्वरूप होता है। मानसिक विकास आयु के बढ़ने के साथ बढ़ता जाता है।

(i) मानसिक विकास अपनी प्रारम्भिक अवस्था में संवेगात्मक होता है।

(ii) मानसिक विकास के ही परिणामस्वरूप अनुभूति की भावना विकसित होती है। इसी के परिणामस्वरूप पूर्व तथा पश्चात् की घटनाओं की अनुभूति होती है।

(iii) मानसिक विकास के ही परिणामस्वरूप बच्चों में प्रत्यक्षीकरण होती है तथा उनके ज्ञान की वृद्धि होती है।

(iv) मानसिक विकास के ही परिणामस्वरूप बच्चों द्वारा संकेतों से अपनी इच्छाएं प्रकट की जाती हैं तथा शब्दों का प्रयोग किया जाता है।

(v) मानसिक विकास नियमित एवं क्रमबद्ध रूप से होता है।

(vi) मानसिक विकास का शारीरिक विकास से भी सम्बन्ध होता है।

(vii) मानसिक विकास की प्रक्रिया चेतन एवं अचेतन दोनों रूपों में चलती रहती है।

समय के आधार पर मानसिक विकास की मुख्य अवस्थाएं निम्नलिखित हैं—

(1) शैशवावस्था में मानसिक विकास—जन्म से लेकर 6 वर्ष तक के आयु काल को शैशवावस्था कहा जाता है। इस काल में बालक द्वारा बुद्धियुक्त व्यवहार बहुत कम होते हैं। इस काल में बालक के अधिकांश व्यवहार मूल प्रवृत्तियों द्वारा प्रेरित होते हैं। वह अपनी मौलिक आवश्यकताओं को तुरन्त पूरा करना चाहता है। इस काल में बालक अधिकांश बातें घर वालों के अनुकरण द्वारा सीखता है। इसके अतिरिक्त वह चाहता है कि अन्य लोग उससे प्रेम तथा सहानुभूति का व्यवहार करें। शैशवावस्था में बालक में तीव्र जिज्ञासा बनी रहती है। वह हर विषय में क्यों, क्या तथा कैसे प्रश्न पूछा करता है? सामान्य रूप से 6 वर्ष की आयु में आकर बालकों में स्मरण शक्ति का भी विकास हो जाता है। इसी काल में बालक अल्प समय के लिए अपना ध्यान भी केन्द्रित करने की क्षमता रखता है। सामान्य रूप से 4 वर्ष का बालक 5-6 मिनट तक अपना ध्यान केन्द्रित कर सकता है। इसके साथ ही साथ इस काल में कुछ-न-कुछ तर्कशक्ति का विकास होने लगता है।

शैशवावस्था में होने वाले मानसिक विकास को विभिन्न तत्व प्रभावित करते हैं, यथा— बच्चे का शारीरिक विकास, पर्यावरण की परिस्थितियां तथा मनोवैज्ञानिक एवं मानसिक परिस्थितियां।

(2) बाल्यावस्था में मानसिक विकास—छः वर्ष से लेकर 12 वर्ष तक की आयु काल को बाल्यकाल कहा जाता है। इस काल में होने वाला मानसिक विकास पर्याप्त महत्वपूर्ण होता है। विकास की प्रक्रिया इस काल में काफी तीव्रगति से चलती है। बाल्यावस्था में क्रमशः बच्चों की स्मरण शक्ति भी विकसित होने लगती है इसलिए इस काल में विषयों को रटने की प्रवृत्ति पायी जाती है। बौद्धिक विकास होने के कारण विभिन्न विषयों को लेकर सूक्ष्म चिन्तन प्रारम्भ हो जाता है तथा सम्बन्धित समस्याओं के बौद्धिक हल भी बालकों द्वारा निकाले जाने लगते हैं।

बाल्यावस्था के प्रारम्भ में अर्थात् छठे वर्ष में बालक सामान्य रूप से 13-14 वस्तुओं के नाम एक साथ सुना सकता है। इसी काल में दायें-बायें का ऊपर और नीचे का अन्तर भी जाना जाता है। यह ज्ञान शरीर के अंगों के प्रसंग में अधिक स्पष्ट

होता है। सातवें वर्ष में उसके ज्ञान का क्षेत्र और अधिक विस्तृत हो जाता है तथा कुछ बड़ी संख्याओं को भी दोहरा सकता है। आठवें वर्ष में आते-आते बालक विभिन्न पशु-पक्षियों के नाम एवं पहचान से भी परिचित हो जाते हैं। वह लगभग 16-17 शब्द वाले वाक्यों को बोल सकता है। इसके बाद 7वें वर्ष में बालक को वर्ष, माह तारीख एवं दिन का भी ज्ञान हो जाता है। वह तुकान्त शब्दों को बोलना भी सीख लेता है। इस काल में बालक किसी समस्या के समाधान प्रस्तुत करने के साथ ही साथ किसी बात का कारण बता सकता है तथा उसकी व्याख्या भी अपने आप प्रस्तुत कर सकता है।

(3) **किशोरावस्था में मानसिक विकास**—यह अवस्था 12 वर्ष से 18 वर्ष के आयु काल की मानी जाती है। यह अवस्था विभिन्न दृष्टिकोणों से अति नाजुक एवं जटिल होती है। इस काल में किशोर-किशोरियों का ध्यान केन्द्रित करने की क्षमता में पर्याप्त वृद्धि हो जाती है। वे अमूर्त चिन्तन भी कर सकते हैं। इसके अतिरिक्त इस अवस्था में दिवा स्वप्नों की भरमार रहती है। लड़कियों में यह काल्पनिकता भी लड़कों की अपेक्षा कुछ अधिक होती है। आधुनिक युग में इसी प्रवृत्ति के कारण फिल्मी जगत् के प्रति किशोर-किशोरियों में लगाव एवं रुचि अत्यधिक पायी जाती है। इस अवस्था में लड़के-लड़कियों की तर्कशक्ति भी पर्याप्त प्रबल हो जाती है। इस काल में लड़के-लड़कियां अपने शरीर को भी अधिक सुन्दर एवं आकर्षक बनाने में रुचि लेती हैं। इसी काल में किशोर-किशोरियां अपने भविष्य की योजनाएं भी बनाने लगती हैं। अधिकतर लड़के डॉक्टर, इन्जीनियर, वकील अथवा फौजी अफसर बनने की योजनाएं बनाया करते हैं। इसके विपरीत अधिकतर लड़कियां डॉक्टर, नर्स, अध्यापिका, अभिनेत्री, लेखिका अथवा समाज सेविका बनने का स्वप्न देखा करती हैं। स्पष्ट है कि किशोरावस्था में मानसिक विकास की प्रक्रिया में तीव्र एवं बहुपक्षीय परिवर्तन होते हैं। वास्तव में पूरे जीवन में इस काल में होने वाले विकास का विशेष महत्व है। इस काल में सुचारु विकास हो जाने से जीवन भर लाभ होता है।

संवेगात्मक और सामाजिक विकास

संवेग एक प्रकार की भावात्मक क्रिया होती है, जिसमें व्यक्ति का मनोशारीरिक संतुलन पूर्णरूप से बिगड़ जाता है। संवेग का शाब्दिक अर्थ होता है—'हिला देना' या उत्तेजित कर देना। वास्तव में संवेग वह मनोवैज्ञानिक अवस्था है, जिसमें व्यक्ति का सामान्य संतुलन बिगड़ जाता है। इसलिए संवेगात्मक अवस्था में कोई भी व्यक्ति वे सभी कार्य कर सकता है जो वह सामान्य अवस्था में नहीं कर पाता है। इसके विपरीत कभी-कभी प्रबल संवेगावस्था में व्यक्ति स्तम्भित हो जाते हैं, तथा इसकी सामान्य क्रियाएं भी रूक जाती हैं।

मानव विकास की विभिन्न अवस्थाओं में संवेगों का विकास होता है। शैशवावस्था में सांवेगिक विकास का अध्ययन निरीक्षण से किया जाता है। बालक जन्म के बाद रोता है, चिल्लाता है तथा हाथ पैर फेंकता है। जन्म से ही संवेगों का आभास होने लगता है। कष्ट, चिन्ता आदि की अनुभूति क्यों होती है? इसमें मनोवैज्ञानिक एकमत नहीं हैं। फिर भी संवेगात्मक व्यवहार की उपस्थिति सभी मानते हैं।

शैशवावस्था में क्रोध एक सामान्य संवेग है। क्रोध द्वारा बालक अपनी ओर दूसरों का ध्यान आकर्षित करता है। क्रोध आने पर बालक वस्त्र खींचता है, बाल नोचता है, काटता है तथा आक्रामक व्यवहार करने लगता है।

बालक की आयु जैसे-जैसे बढ़ती जाती है, वैसे-वैसे उसमें परिपक्वता के कारण संवेगात्मक अभिव्यक्ति तथा नियन्त्रण भी आता जाता है, इस अवस्था में संवेदनशीलता में अन्तर पाया जाता है। यह प्रत्येक बालक में भिन्न-भिन्न होता है और शैशवावस्था में प्राप्त अनुभवों के आधार पर होता है। परिवार में शिशु का क्रम, बालक का लिंग, माता-पिता की अभिवृत्ति आदि उनके संवेगों को प्रभावित करते हैं।

इस आयु में संवेगात्मक विकास की स्थिति निम्नलिखित प्रकार की होती है—(1) मानसिक अवबोध विकसित होने से उत्तेजक परिस्थितियों के प्रति सजगता आ जाती है। (2) भाषा विकास के कारण बालक संवेगों की अभिव्यक्ति में भाषा का प्रयोग भी करने लगता है। (3) अवांछित संवेगों को बालक छिपाता है या उन पर नियन्त्रण करता है।

किशोरावस्था को तूफान तथा तनावों की अवस्था कहा जाता है। किशोरावस्था की पहचान संवेगात्मक परिवर्तन से होती है। सामाजिक विकास और बुद्धि से तात्पर्य अपने साथ और दूसरों के साथ भली प्रकार से चलने की बढ़ती योग्यता से है। सामाजिक विकास की क्रमिक प्रक्रिया से बालक में समाज के अन्य मनुष्यों से सम्पर्क स्थापित करने की योग्यता में वृद्धि होती है। सामाजिक विकास के साथ-साथ व्यक्ति की रुचियों, मनोवृत्तियों तथा आदतों में प्रौढ़ता आती है। इस प्रकार

कहा जा सकता है कि बालक का पारिवारिक एवं सामाजिक पर्यावरण ही सामाजिक विकास को परिचालित एवं नियन्त्रित करता है।

व्यक्ति का सामाजिक विकास मुख्य रूप से निम्नलिखित तीन स्तरों के माध्यम से होता है—

(1) सामाजिक विकास का प्रथम स्तर है—अन्य लोगों के प्रति चेतना।

इस स्तर पर बालक अन्य लोगों के अस्तित्व को स्वीकार करने लगता है। माता-पिता, भाई-बहन तथा परिवार के अन्य सदस्यों को पहचानना ही अन्य व्यक्तियों के प्रति चेतना कहलाती है।

व्यक्ति या बालक का समाज के भिन्न वर्गों के प्रति मेल-जोल ही सामाजिक सम्पर्क बनाता है। विद्यालय जाने की अवस्था में तो मेल-जोल का दायरा और भी बढ़ जाता है। इस अवस्था में बालक सामूहिक खेलों तथा कार्यों में भी भाग लेने लगता है।

सामाजिक विकास के तीसरे स्तर में बालकों में लिंग-भेद का ज्ञान होने लगता है। बाल्यावस्था में लिंग-भेद पर ध्यान नहीं जाता है, परन्तु किशोरावस्था में सचेतनता अत्यधिक रूप से विकसित हो जाती है।

जन्म के समय शिशु में सहज क्रियाएं ही होती हैं। इसके बाद धीरे-धीरे उसमें सामाजिक अन्तःक्रियाओं का विकास होता है। इस काल में सामाजिक विकास का स्वरूप निम्नलिखित प्रकार से होता है।

(i) जन्म से तीन मास तक शिशु अपनी माता तथा परिवार के लोगों पर नजर केन्द्रित करने लगता है।

(ii) पांच मास की आयु तक शिशु दूसरों को देखकर मुस्कराता है। ध्वनि के प्रति सचेत होने लगता है। अन्य वस्तु पर ध्यान केन्द्रित करने लगता है।

(iii) 10 माह तक की आयु में वह सामाजिक सम्पर्क की इच्छा करता है। वह चाहता है कि उसे कोई गोद में उठा ले।

(iv) 14 मास तक की आयु में सहयोग तथा मित्रभाव विकसित होने लगता है, संकेतों का अनुसरण करता है।

(v) 24 माह तक की आयु में कलह, प्रेम, सहयोग आदि भावनाएं उत्पन्न होने लगती हैं।

(2) बाल्यावस्था ही एक प्रकार से सामाजिक विकास का मूल है। बाल्यावस्था में सामाजिक विकास निम्नलिखित प्रकार से होता है—

(i) प्रौढ़ों के सम्पर्क के कारण उनमें निषेधात्मक प्रवृत्ति विकसित होती है।

(ii) वे दुराग्राही बन जाते हैं।

(iii) सामाजिक भावना विकसित हो जाती है।

(iv) अनुमोदन, प्रशंसा, मान्यता आदि का विकास होने लगता है।

(v) सामूहिक भावना के कारण मित्रता तथा दुश्मनी के भाव उत्पन्न होते हैं।

(3) सामाजिक विकास की चरम सीमा किशोरावस्था में प्रकट होती है, जो निम्नलिखित हैं—

(i) काम भावना में तीव्रता आने के कारण विपरीत सेक्स के प्रति आकर्षण उत्पन्न होने लगता है।

(ii) आत्मसम्मान की भावना के कारण किशोर सामाजिक कार्यों में रुचि लेने लगते हैं।

(iii) वे भावुक होते हैं और समाज विरोधी कार्य करने पर पछताते हैं।

(iv) बालक-बालिकाएं अपना-अपना समूह बना लेते हैं और आपस में शरमाते भी हैं।

(v) समाज में उनका प्रवेश हो जाता है और वीर पूजा की भावना उत्पन्न हो जाती है।

बचपन में समस्याएँ

बचपन मानव जीवन की अपरिपक्वावस्था होती है। शिशु किसी आदत को लेकर जन्म नहीं लेता है। वह तो अपनी मूल आवश्यकताओं की पूर्ति हेतु तथा जटिल एवं नवीन वातावरण से सामंजस्य स्थापित करने के लिए कुछ प्रारम्भिक क्रियाएं करता है। जो क्रियाएं वह करता है वही उत्तरोत्तर उसकी आदतों का आधार बनती जाती हैं। शिष्ट आचार-व्यवहार, सत्य बोलना, आत्म-निर्भरता, निडरता, आज्ञापालन, कर्त्तव्यपरायणता, त्याग की भावना, प्रेम की भावना आदि सद्गुणों को बालक की आदत में परिणत करने के लिए अनुकरण की प्रवृत्ति का उपयोग करना चाहिए। माता-पिता एकमत के होने चाहिए। यदि उनमें अत्यधिक मतान्तर है तो बच्चे को इसका बोध नहीं होना चाहिए। बच्चे के चरित्र के विकास के लिए निम्नलिखित सूत्रों का पालन करना चाहिए।

(a) **उचित व्यवहार करना**—बच्चों को हीन नहीं समझकर, उसके साथ समानता का व्यवहार करना चाहिए।

(b) **अपने वचन को पूरा करना**—बच्चों से वायदा नहीं करना चाहिए। वादा करने पर उसे पूर्ण करना चाहिए, क्योंकि बच्चे प्रारम्भ से ही न्यायपूर्ण बातों की प्रशंसा करते हैं।

(c) **सम्भवतः बच्चे को शरारती नहीं कहना चाहिए**—शरारत करने का मतलब होता है कि बच्चे अधिक क्रियाशील रहते हैं जोकि स्वाभाविक है। शांत तथा निष्क्रिय रहने हेतु बच्चे को विवश करने पर उसकी अतिरिक्त शक्ति बुरे व्यवहार, क्रोध तथा चिड़चिड़ापन के माध्यम से प्रकट होती है।

(d) **बच्चे को नहीं धमकाना**—बच्चे को ऐसा नहीं धमकाना चाहिए जिससे कि वह भयभीत होने लगे। ऐसा करने से उसके हृदय में भय घुस जाता है। जो दण्ड देना हो उससे उसे डराना नहीं चाहिए। बच्चे को कम आदेश देना ही अच्छा होता है।

(e) **धार्मिक वातावरण में पालन-पोषण**—बच्चे की आयु को देखते हुए उसे धार्मिक कथाएं प्रारम्भ से ही सुनानी चाहिए। उन्हें धार्मिक स्थलों पर भी ले जाना चाहिए। बच्चे में सत्य तथा असत्य का पर्याप्त ज्ञान एवं सत्य, सुन्दर तथा कल्याण के प्रति प्रेम की भावना होनी चाहिए। माता-पिता के प्रेम तथा सत्य एवं प्रसन्नता से परिपूर्ण होने पर बच्चे स्वभावतः धर्म-परायण बन जाते हैं।

माता-पिता के सहानुभूतिपूर्ण तथा अमनोवैज्ञानिक-व्यवहार के कारण बालक में प्रारम्भ से ही कुछ अनुचित आदतें पड़ जाती हैं, जिसका दुष्प्रभाव अत्यन्त घातक प्रमाणित होता है। जैसे—दांतों से काटना, हठ करना, ईर्ष्या, भय, ऊंगली या अंगूठा चूसना, अपशब्द बोलना, झूठ बोलना, चोरी करना, जमीन पर लेट जाना आदि। प्रारम्भ में थोड़ी भी सावधानी एवं बुद्धिमत्ता से काम लेने पर उसे सरलतापूर्वक दूर किया जा सकता है।

सर्वप्रथम उन आदतों के निम्नलिखित मूल कारण को खोजकर उसे दूर करने का प्रयत्न करना चाहिए—(a) गृह-कलह, (b) अनुचित हस्तक्षेप, (c) परिजनों का अनुचित व्यवहार, (d) शारीरिक अस्वस्थता, (e) खेल-सामग्री का अभाव तथा अनुपयुक्त खेल-सामग्री आदि।

जब कोई बालक आमतौर पर सामान्य व्यवहार से भिन्न या विपरीत व्यवहार करता है तो इस व्यवहार को असामान्य व्यवहार कहा जाता है। यदि असामान्य-व्यवहार निरन्तर बना रहता है तो यह समस्या का रूप धारण कर लेता है। बच्चों में अनेक प्रकार की समस्याएं निम्नलिखित हैं—

(1) अँगूठा चूसना—यदि दो-तीन वर्ष की आयु वाले या इससे अधिक आयु वाले बालक अपने हाथ का अंगूठा चूसते हैं, तो उनका यह व्यवहार (असामान्य-व्यवहार) एक समस्या का रूप धारण कर लेता है। प्रारम्भ में अर्थात् तीन-चार माह की आयु में बच्चे द्वारा अपने हाथ या पैर के अंगूठे को चूसना एक साधारण एवं स्वभावगत क्रिया मानी जाती है। अंगूठा चूसने के असामान्य व्यवहार का मनोवैज्ञानिक प्रभावों के अतिरिक्त कुछ शारीरिक प्रभाव भी पड़ता है। अंगूठा चूसने से दांतों की बनावट पर प्रभाव पड़ता है। प्रायः दांत बड़े तथा कुछ बाहर की ओर निकले हुए हो जाते हैं। यह जबड़े की शक्ल के विकृत हो जाने के कारण होता है। अंगूठा चूसने वाले बच्चों के पेट में कीड़े हो जाने की सम्भावना रहती है। बच्चे मिट्टी में खेलते हैं तथा उनके हाथों में कीड़ों के अण्डे आदि लग जाते हैं। कभी-कभी बच्चे निरन्तर अंगूठा चूसते रहते हैं जिससे उनकी अंगूठे की खाल तक खिंच जाती है जिससे बालकों में एक बहुत बड़ी समस्या उत्पन्न हो जाती है।

(2) बिस्तर गीला करना—जन्म के बाद अपने प्रारम्भिक काल में बालक को शौच एवं मूत्र त्याग पर किसी प्रकार का नियन्त्रण नहीं होता है तथा ये क्रियाएं स्वतः ही चलती रहती हैं। इस काल में बच्चा बिस्तर पर या जहां भी होता है वहीं मूत्र त्याग देता है, परन्तु धीरे-धीरे बच्चे को उचित स्थान पर ही मूत्र त्याग के लिए प्रेरित किया जाता है तथा सामान्य रूप से तीन-चार वर्ष का बालक मूत्र त्याग को नियन्त्रित कर लेता है। वह प्रायः उचित स्थान पर ही मूत्र त्याग करता है, परन्तु यदा-कदा सोते वक्त बिस्तर गीला कर देना असामान्य नहीं माना जाता है, परन्तु जब ऐसा नियमित रूप से होने लगता है तथा आयु बढ़ने के साथ भी यह आदत नहीं छूटती तब यह एक असामान्य बात एक समस्या के रूप में माना जाने लगता है। यह समस्या कई बार 10-20 वर्ष के बच्चों के साथ भी देखी जा सकती है। यह असामान्य व्यवहार के शिकार हुए बच्चे भी कभी-कभी जाग्रत अवस्था में भी कपड़ों में ही मूत्र त्याग कर दिया करते हैं। ऐसा प्रायः किसी उत्तेजना या भय की स्थिति में हुआ करता है। इस असामान्य व्यवहार के लिए उचित इलाज किया जाना चाहिए।

(3) नाखून काटना—दांतों से अंगुलियों के नाखून काटना भी बच्चों में पाया जाने वाला एक असामान्य व्यवहार है। यह असामान्य व्यवहार मुख्य रूप से तीन-चार वर्ष से अधिक आयु वाले बच्चों में पाया जाता है। यह असामान्य व्यवहार मुख्य रूप से संवेगात्मक तनाव एवं हीन-भावना का प्रतीक होता है।

तिरस्कृत बालक भी नाखून काटने का असामान्य व्यवहार किया करते हैं। ऐसे बालक दांतों से नाखून काटकर अपने संवेगात्मक तनाव को कम करते हैं।

(4) **भयभीत होना**—यूँ तो प्रत्येक व्यक्ति किसी-न-किसी रूप में अवश्य ही डरता है, परन्तु वयस्क व्यक्ति जानकर तथा सोच-समझकर डरते हैं। इससे भिन्न बच्चे कभी-कभी काल्पनिक खतरों से भी डरने लगते हैं। काल्पनिक खतरों से डरना कभी-कभी बहुत बढ़ जाता है। ऐसी स्थिति में बच्चों का इस प्रकार से डर जाना एक समस्या का रूप ले लेता है। इस प्रकार की स्थिति में बच्चे भूत-प्रेत, कुत्ता, बिल्ली, अंधेरे आदि से डरते हैं तथा इनकी अनुपस्थिति में भी उनके मन में भय व्याप्त रहता है। इस प्रकार से व्याप्त भय उन्हें दब्बू बना देता है, उनमें आत्म-विश्वास की कमी आ जाती है तथा व्यक्तित्व का समुचित विकास नहीं हो पाता है। इन सब बातों को ध्यान में रखते हुए कहा जा सकता है कि अभिभावकों को चाहिए कि वे अपने बच्चों के अनावश्यक रूप से भयभीत होने की समस्या का निवारण करने के सभी सम्भव उपाय करें।

(5) **गुस्सा करना**—गुस्सा करना एक स्वाभाविक प्रवृत्ति है तथा इसकी कुछ-न-कुछ मात्रा जन्म से ही प्रत्येक बालक में पाई जाती है। शिशु की यदि आवश्यकता पूरी नहीं की जाती या उससे कोई खिलौना आदि छीन लिया जाता है तो वह गुस्सा करने लगता है। एक सीमा तक गुस्सा करना तो बच्चों की सामान्य प्रवृत्ति है, परन्तु जब कोई बालक सामान्य से अधिक तथा बार-बार गुस्सा करने लगता है तो यह व्यवहार असामान्य माना जाने लगता है तथा यह एक समस्या के रूप में प्रस्तुत होने लगता है। इस असामान्य व्यवहार के विकसित हो जाने पर बालक बात-बात पर गुस्सा करने लगता है तथा गुस्सा प्रदर्शित करने के लिए जोर-जोर से चिल्लाता है। हाथ-पैर पटकता है, वस्तुएं फेंकने एवं तोड़ने लगता है तथा अन्य सदस्यों को मारने-पीटने लगता है। ये सब क्रियाएं अवांछनीय एवं अशोभनीय होती हैं तथा इन्हें कोई भी व्यक्ति पसन्द नहीं करता है। गुस्सा करने वाला बालक अपने परिवार एवं समूह में उचित समायोजन नहीं कर सकता है तथा उसका व्यक्तित्व भी असन्तुलित होने लगता है। अतः इस समस्यात्मक व्यवहार में सुधार करना नितान्त आवश्यक प्रतीत होता है।

(6) **चोरी-करना**—प्रारम्भ में बालक चोरी नहीं करता है। बच्चे जब किसी बच्चे के घर में खेलने जाता है तो उसके घर से किसी वस्तु को उठाकर ले आता है। वस्तु का आकर्षण उसे उठा लेने के लिए बाध्य करता है। बच्चे को इस कार्य के लिए तुरन्त नहीं रोकने पर उसे धीरे-धीरे चोरी करने की आदत पड़ जाती है। चोरी एक मानसिक कमजोरी है जो दूसरों की अच्छी वस्तुओं को प्राप्त करने के लोभ को नहीं टाल सकती है। इस कारण उनमें चोरी करने के निम्नलिखित कारण हो सकते हैं— (a) आवश्यक वस्तुओं का अभाव, (b) ईर्ष्या-वश, (c) बुरे बालकों की संगति, तथा (d) हीनता की भावना।

निम्नलिखित कारणवश भी बच्चे चोरी करते हैं—

(i) अज्ञानता, (ii) उच्च स्थिति की इच्छा, (iii) चलचित्र में चोरी करते देखना, (iv) बहादुरी दिखाने की भावना, (v) माता-पिता की अवहेलना आदि।

(7) **हकलाना**—हकलाना वाक्दोष की एक स्थिति है। 3 वर्ष की आयु में कुछ बच्चे हकलाने लगते हैं। फिर 6 वर्ष की आयु में सर्वनाम का प्रयोग अव्यवस्थित ढंग से करता है। जिसका कारण किसी गम्भीर संवेगात्मक बाधा का लक्षण है। भय, ईर्ष्या, क्रूरता, अनिश्चितता, समझ की अथवा आत्म-निर्भर बनने के अवरोध की कमी आदि अनेक कारणों से हकलाने की आदत पड़ जाती है। उस स्थिति में अत्यधिक उत्तेजनापूर्ण स्थिति उत्पन्न नहीं होने देना चाहिए। स्वयं माता-पिता को भी अत्यधिक उत्तेजनापूर्ण व्यवहार का प्रदर्शन नहीं करना चाहिए। वैसे बालकों में ऐसा विश्वास उत्पन्न करना चाहिए कि माता-पिता तथा अन्य व्यक्ति उसे प्यार करते हैं। उसे स्वतन्त्रता और निस्संकोच भाव से अपनी रुचियों और अनुभवों को अभिव्यक्त करने के लिए प्रोत्साहित करना चाहिए। सामूहिक खेलों में भाग लेने हेतु उसे प्रोत्साहित करना चाहिए। सामूहिक-गान तथा सामूहिक-नृत्य इस दृष्टि से विशेष लाभदायक होते हैं। अन्य व्यक्तियों के सामने उसे बोलने के लिए विवश नहीं करना चाहिए।

शिशुपालन एवं समाजीकरण प्रथाएँ

शिशुपालन एवं समाजीकरण की प्रक्रिया का सम्बन्ध विभिन्न साधनों या संस्थाओं से होता है। जिसमें प्रमुख प्राकृतिक साधन या संस्थाएं निम्नलिखित हैं—

(1) **परिवार**—शिशु के समाजीकरण की सबसे महत्वपूर्ण संस्था परिवार है। परिवार के विभिन्न सदस्यों के प्रभाव एवं प्रयास से ही मानव-शिशु मनुष्य में परिवर्तित होता है। परिवार में मानव-शिशु का समाजीकरण जन्म से ही प्रारम्भ हो जाता है तथा सदैव किसी-न-किसी रूप में चलता रहता है। परिवार में रहकर ही शिशु जान पाता है कि क्या खाना है, क्या नहीं?

कैसे उठना है, कैसे बैठना है? यही नहीं भाषा का ज्ञान भी शिशु को परिवार में रहकर ही होता है। वह अन्य सदस्यों को बोलते हुए सुनता एवं देखता है, उसका भी वह अनुकरण करता है। उस अनुकरण में प्रारम्भ में कुछ त्रुटि होती है जिसे परिवार के अन्य सदस्य प्यार से बातों से सुधारने का प्रयास करते हैं।

परिवार में रहकर बच्चे को माता-पिता एवं अन्य सदस्यों का स्नेह एवं दुलार प्राप्त होता है। माता-पिता के अतिरिक्त अन्य छोटे-बड़े भाई-बहन, भी परिवार में होते हैं। इन सबके साथ मिलकर उठने-बैठने तथा मामूली कार्य करने के फलस्वरूप बच्चे में सहयोग की भावना जाग्रत होती है। मुसीबत पड़ने पर माता-पिता द्वारा संरक्षण मिलने से समय-समय पर शिशु के मन में सुरक्षा का भाव जाग्रत होता है। अपने आपको सुरक्षित अनुभव करना समाजीकरण की प्रक्रिया के लिए अत्यधिक महत्वपूर्ण है। इसके बाद परिवार में बच्चे की कुछ गतिविधियां प्रारम्भ हो जाती हैं। वह कुछ कार्य उचित करता है तथा कुछ कार्य अनुचित भी करता है। उचित कार्यों की प्रशंसा की जाती है तथा अनुचित कार्यों की निन्दा की जाती है जिसके लिए कभी-कभी दण्ड भी दिया जाता है। इस प्रशंसा तथा निन्दा के माध्यम से बच्चों को ज्ञान हो जाता है कि उसे कौन-कौन से कार्य करने हैं तथा कौन-कौन से कार्य नहीं करने हैं। इसी स्तर पर आकर धीरे-धीरे बच्चों में अज्ञानकारिता का गुण भी विकसित होता है। परिवार में विभिन्न सदस्य हो सकते हैं। परिवार की सामाजिक स्थिति एवं प्रतिष्ठा के अनुसार उसके मन में भी भाव उत्पन्न हो जाते हैं अर्थात् परिवार में रहकर ही बच्चे का सामाजिक स्तरीकरण होता है। परिवार की सामाजिक स्थिति एवं प्रतिष्ठा के अनुसार उसके मन में भी भाव उत्पन्न हो जाते हैं अर्थात् परिवार में रहकर ही बच्चे का सामाजिक स्तरीकरण होता है।

परिवार ही वह संस्था है जो शिशु को धर्म का प्रथम पाठ पढ़ाती है। जो बच्चा जिस धर्म के अनुयायी परिवार में पलता है वह उसी धर्म का अनुयायी बन जाता है। इसका कारण यह है कि वह प्रारम्भ से ही विशिष्ट धर्म के विभिन्न क्रिया-कलापों को देखता-सुनता है तथा स्वयं ही उनका अनुकरण करने लगता है। इस प्रकार हिन्दू तथा मुस्लिम परिवार का बच्चा मुस्लिम धर्म के कर्मकाण्डों को सीखकर स्वीकार कर लेता है। बच्चे के विचार, आदर्श एवं विश्वास काफी हद तक परिवार के सामान्य विचारों एवं आदर्शों के अनुकूल होते हैं। बच्चे के मन में देशप्रेम का भाव भी परिवार से ही जन्म लेता है।

इस विवरण के आधार पर कहा जा सकता है कि शिशु समाजीकरण में परिवार का विशेष महत्व होता है। परिवार ही वह संस्था है जो बच्चे में समाजीकरण की प्रक्रिया का प्रारम्भ करती है तथा विभिन्न क्षेत्रों में उसे पूर्ण करती है।

(2) **खेल-समूह**—परिवार के बाद समाजीकरण की दूसरी महत्वपूर्ण संस्था 'खेल-समूह' है। घर में या घर के बाहर वह अपने सामान्य आयु वाले अन्य बच्चों के साथ खेलता है। बच्चों के साथ खेलने में जहां एक ओर बच्चों का मनोरंजन होता है वहीं दूसरी ओर उसका समाजीकरण होता है। खेल में सहयोग, त्याग, अनुकूलता तथा प्रतिस्पर्धा आदि सामाजिक गुणों को अर्जित किया जाता है, जोकि विकसित होकर जीवन भर काम आते हैं।

(3) **भाषा**—भाषा भी समाजीकरण का विशेष महत्वपूर्ण साधन है। भाषा के माध्यम से शिशु सामान्य आवश्यकताओं की पूर्ति से लेकर उच्च विचारों, आदर्शों एवं सामाजिक-सांस्कृतिक सिद्धान्तों से परिचित होता है। भाषा एक प्रबल माध्यम है जिसके द्वारा शिशु अपने पूर्वजों के विचारों, आदर्शों एवं विश्वासों से परिचित हो पाता है। पूर्वजों के विचार आदर्श भी व्यक्ति के समाजीकरण के लिए पर्याप्त महत्वपूर्ण भूमिका अदा करते हैं।

(4) **जाति**—जाति सामाजिक स्तरीकरण एवं सामाजिक विभाजन से सम्बन्धित है। प्रत्येक व्यक्ति जन्म द्वारा एक जाति प्राप्त करता है। जातीय-चेतना उसे निर्देश करती है कि उस व्यक्ति को क्या करना है और क्या नहीं करना है?

शिशुवस्था, प्राग्विद्यालय और विद्यालय में बच्चों के विकास में क्रियाएँ

बच्चों के विकास में क्रियाएँ

स्कूल शिक्षा का महत्वपूर्ण, श्रेष्ठ और सक्रिय साधन है। बालक के व्यक्तित्व विकास में स्कूल की महत्वपूर्ण भूमिका है।

जब नर्सरी या पहली कक्षा में बालक प्रथम बार प्रवेश लेता है तो उसमें स्कूल से पूर्व की ही अभिवृत्तियाँ और व्यवहार-प्रतिमान पारिवारिक वातावरण में विकसित हुए होते हैं। परिवार में बालक को जितनी सुरक्षा मिलती है, उतनी सुरक्षा उसे विद्यालय से प्राप्त नहीं होती है। स्कूल बालक के लिए बिल्कुल एक नयी परिस्थिति होती है, जिसमें धीरे-धीरे वह अधिगम और उपलब्धियों को प्राप्त करना सीखता है। स्कूल के क्रिया-कलाप घर की अपेक्षा पूर्णतः भिन्न होते हैं। स्कूल में आकर बालक को न

केवल स्कूल के वातावरण के साथ समायोजन करना सीखना पड़ता है, बल्कि उसे अपने सहपाठियों और गुरुजनों के साथ भी समायोजन करना सीखना पड़ता है। बालक के लिए स्कूल का पहला दिन सुखद घटना भी हो सकती है और गम्भीर संवेगात्मक संकट भी हो सकता है।

नर्सरी स्कूल में जाने वाले बालकों की आयु में थोड़ा बहुत अन्तर होता है। बहुधा आयु का यह अन्तर माता-पिता की अभिवृत्तियों के कारण होता है। कुछ माता-पिता यह सोचते हैं कि उनका बच्चा अभी बहुत छोटा है और स्कूल जाने लायक नहीं है, कुछ लोग यह सोचते हैं कि उनका बच्चा अपरिपक्व है और उसे अभी घर में ही रहना चाहिए।

नर्सरी स्कूल के बच्चों पर किए गए अध्ययनों से यह स्पष्ट हुआ है कि नर्सरी स्कूल के वह बच्चे जिनके माता-पिता का समायोजन अच्छा होता है, स्कूल में ऐसे बच्चों का समायोजन भी अच्छा होता है। इन बच्चों के दोस्त जल्दी बन जाते हैं। ये बच्चे स्कूल के कार्यों में भी अन्य असमायोजित बच्चों की अपेक्षा अधिक अच्छे होते हैं। एक अध्ययन में यह देखा गया है कि नर्सरी स्कूल के वह बच्चे जिनके परिवार का वातावरण प्रजातान्त्रिक प्रकार का होता है अन्य बच्चों की अपेक्षा अधिक क्रियाशील और बहिर्मुखी व्यक्तित्व वाले होते हैं। इन बच्चों में कुछ और विशेषताएँ भी देखी जाती हैं, जैसे—यह मित्रवत् होते हैं, अन्य सभी बच्चों में लोकप्रिय होते हैं, मौलिकता और निर्माणशीलता के गुण अधिक मात्रा में होते हैं, इनमें बौद्धिक जिज्ञासा भी अन्य बच्चों की अपेक्षा कम मात्रा में होती है। जिन बच्चों में आश्रितता अधिक होती हैं, तथा अपने माता-पिता के साथ स्नेहपूर्ण सम्बन्धों में अधिक बंधे होते हैं, उन बच्चों में उपर्युक्त बच्चों की अपेक्षा विपरीत विशेषताएँ पायी जाती हैं।

नर्सरी स्कूल के अनेक बच्चों में रोने-चिल्लाने सम्बन्धी व्यवहार भी देखे जाते हैं। इस प्रकार के व्यवहार बहुधा उन बच्चों में पाये जाते हैं जिनकी पारिवारिक ट्रेनिंग सही ढंग से नहीं होती है। कई बार बच्चे दूसरे बच्चों को रोता देखकर सहानुभूति के कारण रोने लगते हैं।

उपर्युक्त विवरण के आधार पर कहा जा सकता है कि नर्सरी स्कूल में अध्यापक बालकों के साथ-साथ उनके परिवारों के सम्बन्ध में यदि जानकारी रखते हैं तो उन्हें बालकों को समझने और उन्हें शिक्षा देने में अधिक सुविधा रहती है। अच्छे नर्सरी स्कूल में अध्यापक बालकों की क्रियाओं को सुझावों के द्वारा नियन्त्रित और निर्देशित करते हैं।

सामान्यतः शिशुशाला में तीन से चार वर्ष की आयु के बालक-बालिकाओं का नामांकन किया जाता है। यहां उनकी आयु के अनुरूप शिक्षा निम्नांकित कार्यक्रम के आधार पर होती हैं—

➤ शिशुशाला में दिनचर्या का आरम्भ उनके बच्चों द्वारा प्रार्थना गीत गाए जाने के साथ होता है जिनकी समाप्ति पर छात्र-छात्राओं की उपस्थिति दर्ज की जाती है। इसके बाद प्रत्येक का सामान्य स्वास्थ्य-परीक्षण किया जाता है जिसमें अस्वस्थों का विशेष चिकित्सीय-जांच कर इलाज किया जाता है।

➤ शेष स्वस्थ छात्र-छात्राओं को दस-दस छात्र-छात्राओं के समूहों में विभक्त कर दिया जाता है। प्रत्येक समूह के साथ दो शिक्षिकाएं या एक शिक्षक तथा एक शिक्षिका रहते हैं। सभी समूह शिशुशाला के मैदान में जाकर एक निर्धारित अवधि तक अपने शिक्षक-शिक्षिकाओं के अनुरूप उनके लिए खेल खेलते हैं। उनकी आयु एवं क्षमता के अनुरूप उनके लिए खेलों का चयन किया जाता है। छोटे बच्चों के लिए झूला, चढ़ने-उतरने वाली सीढ़ियां, चोर सिपाही, खोजो तो जानें आदि तथा बड़े छात्रों के लिए खेल की व्यवस्था अलग की जाती है। खेलों के माध्यम से मुख्य रूप से उनका स्वस्थ एवं सम्यक् शारीरिक, मानसिक एवं सामाजिक विकास करने का प्रयास किया जाता है।

➤ कार्यक्रम के बाद सभी छात्र-छात्राएं अपने-अपने वर्गों में लौट आते हैं। जिसमें 10-20 मिनट की अवधि विश्राम की दी जाती है। बच्चे को शौचादि से निवृत्त होकर, हाथ-मुंह धोकर पुनः वर्ग में आने का अवसर दिया जाता है तथा उस सम्बन्ध में उनकी शिक्षक-शिक्षिकाओं उन्हें शौचादि से निवृत्त होने, हाथ-मुंह धोने, स्नानागर का सही उपयोग करने तथा स्वच्छता के महत्व आदि की विभिन्न आवश्यक एवं उपयोगी जानकारियाँ उपलब्ध कराते हैं।

➤ सामूहिक जलपान के लिए 25-30 मिनट की अवधि निर्धारित होती है। इस अवधि में सामुदायिक जलपान का यह कार्यक्रम शिशुशाला के भोजन-कक्ष में सम्पन्न होती हैं, जिसके दौरान छात्र-छात्राओं को खाने-पीने से सम्बन्धित सभी आवश्यक एवं उपयोगी जानकारियाँ उपलब्ध करायी जाती हैं।

➤ छात्र-छात्राएं पुनः अपने-अपने वर्गों में चले जाते हैं। हर वर्ग में कमरे के अन्दर खेले जाने वाले खेलों तथा सम्बन्धित खिलौने, जैसे—लूडो, कैरम बोर्ड इत्यादि पर्याप्त मात्रा में रहते हैं। जिसके अतिरिक्त चित्रमय पुस्तकें, बाल कथाएँ, बाल गीत, रंगीन पेंसिल, पेंटिंग बॉक्स, बोर्ड आदि पर्याप्त मात्रा में उपलब्ध रहते हैं। वर्ग की प्रभारी शिक्षक-शिक्षिकाएँ अपने निर्देशन में उन्हें उनका उपयोग करना सिखलाती है। इस प्रकार शिशु खेल के माध्यम से शिक्षा प्राप्त करते हैं। तीन से चार वर्ष के बच्चों के लिए सामान्यतः प्लास्टिक या लकड़ी के बिल्डिंग मैटेरियल, रंगीन पेंसिल, ब्लॉक्स, चित्रमयी पुस्तकों एवं अभ्यास पुस्तिकाओं आदि का सर्वाधिक प्रयोग किया जाता है। चार वर्ष या उससे ऊपर के बच्चों के लिए सामान्यतः लूडो, कैरम बोर्ड, बाल-कथाओं एवं गीतों का संग्रह, ज्ञान प्राप्त करने का मुख्य साधन है जिसके लिए निर्धारित अवधि 50-60 मिनट की होती है।

➤ सभी छात्र-छात्राओं को अपने-अपने वर्ग में ही पूर्ण विश्रामावस्था में 15-20 मिनट तक रखा जाता है।

➤ अन्तिम वर्ग या कार्यक्रम सैद्धान्तिक कक्षा का होता है। जिसके लिए निर्धारित अवधि 45-50 मिनट तक की होती है। इसमें विभिन्न वर्गों के प्रभारी शिक्षक-शिक्षिकाएँ अपनी छात्र-छात्राओं को सैद्धान्तिक शिक्षा देती हैं। शिशुगीत, नर्सरी गीत, शिशु कथाएँ आदि सुनाये जाते हैं। उन्हें लिखने, बोलने, पढ़ने आदि का अभ्यास कराया जाता है। पाँच वर्ष से ऊपर की उम्र के बच्चों को वाद-विवाद करने, अभिनय करने, नृत्य-संगीत आदि की शिक्षा दी जाती है।

➤ कुछ आवधिक कार्यक्रम भी होते हैं, जैसे—महीने में एक बार छात्र-छात्राओं को भ्रमण पर ले जाया जाता है। छात्र-छात्राओं को भ्रमण के दौरान उन्हें सार्वजनिक स्थलों, जैसे रेलवे स्टेशन, डाकघर, बिजली घर, टेलीफोन केन्द्र आदि पर ले जाया जाता है तथा उसके सम्बन्ध में आवश्यक एवं उपयोगी जानकारी कार्य-प्रणाली को दिखाकर दी जाती है। तीन महीने में एक बार प्राकृतिक सौन्दर्य से युक्त किसी रमणीय स्थल पर सभी छात्र-छात्राओं को पिकनिक मनाने के लिए ले जाया जाता है। जहाँ उन्हें सामूहिक जीवन जीने के तौर-तरीके से परिचित कराया जाता है।

बच्चों के सर्वांगीण विकास में शिशुशाला का प्रभाव निम्नलिखित है—

(a) 1966 में शिक्षा आयोग ने शिशुशाला से प्राप्त होने वाले एक महत्वपूर्ण लाभ के विषय में अपने प्रतिवेदन में उल्लेख किया है, ''जो बच्चे पूर्व प्राथमिक शाला में पढ़ चुके होते हैं वे प्राथमिक शिक्षा के स्तर पर अपेक्षाकृत अधिक प्रगति करते हैं तथा अपव्यय और गतिहीनता को कम करने में सहायक सिद्ध होते हैं।'' इससे स्पष्ट होता है कि शिशुशालाएँ शिशुओं की प्राथमिक-स्तर की अथवा स्कूल की शिक्षा प्राप्त करने के लिए सम्पूर्ण रूप से तैयार करती है।

(b) शिशुशालाएँ अपने छात्र-छात्राओं को अपनी अनुभूतियों, संवेगों एवं अनुभवों को समृद्ध एवं व्यापक, विस्तृत करने में महत्वपूर्ण योग देती हैं।

(c) ये अपनी छात्र-छात्राओं में बदलती हुई परिस्थितियों के साथ शीघ्रतापूर्वक सामंजस्य स्थापित करने की क्षमता विकसित करती है।

(d) ये उनके स्वस्थ एवं सम्यक् शारीरिक, मानसिक, बौद्धिक, चारित्रिक एवं व्यक्तिगत विकास के लिए संतोषजनक वातावरण उपलब्ध कराती है।

(e) ये अपनी छात्र-छात्राओं में आत्मविश्वास की भावना भरने तथा अपनी बात को स्पष्ट एवं प्रवाह-रूप से अभिव्यक्त करने की क्षमता विकसित करने में महत्वपूर्ण योगदान देती है।

(f) ये उनमें छुपे हुए मानवीय गुणों, जैसे कल्पनाशीलता, सृजनशीलता तथा क्रियात्मकता आदि को प्रस्फुटित करने में महत्वपूर्ण योगदान देती हैं।

(g) ये उनमें अपने देश का सुयोग्य नागरिक बनने तथा अपने सामाजिक एवं पारिवारिक दायित्वों को सफलतापूर्वक निभाने के लिए आवश्यक गुण एवं क्षमताएँ विकसित करने में महत्वपूर्ण भूमिका निभाती हैं।

बाल अध्ययन की निरीक्षण विधि

गुडे तथा **हॉट** के अनुसार, बाल अध्ययन निरीक्षण से प्रारम्भ होता है और अपने तथ्यों की पुष्टि के लिए अन्त में निरीक्षण का सहारा लेता है। **यंग** के अनुसार, निरीक्षण नेत्रों द्वारा सावधानी से किए गए अध्ययन को सामूहिक व्यवहार, जटिल सामाजिक

संस्थाओं और किसी पूर्ण वस्तु को बनाने वाली अलग इकाइयों का निरीक्षण करने के लिए एक विधि के रूप में उपयोग किया जाता है। **मौसेर** के अनुसार, यह उचित रूप से वैज्ञानिक तथ्यों का पता लगाने की श्रेष्ठ विधि है। इस विधि का उपयोग छोटे बच्चों के सामान्य व्यवहार और विकास की विभिन्न समस्याओं (पहलुओं) के अध्ययन के लिए किया जाता है।

सही परिणाम के लिए प्राप्त आंकड़ों को विधिवत् तथा क्रमबद्ध होना चाहिए ताकि प्रामाणिकता की जांच हो सके तथा उसमें निश्चयात्मकता, निष्पक्षता और वस्तुनिष्ठता तथा विश्वसनीयता भी होना जरूरी है।

निरीक्षण विधि को ठीक ढंग से प्रयोग करने के लिए, उसे सावधानीपूर्वक नियोजित करना जरूरी होता है, जिसके लिए निम्नांकित तथ्यों पर ध्यान देना चाहिए—

(1) **सही योजना**—अध्ययन करने के पूर्व अध्ययन के लिए पूर्ण योजना बनाकर तैयारी कर लेनी चाहिए कि किन लोगों का निरीक्षण करना है और किस प्रकार के व्यवहार का निरीक्षण करना है। निरीक्षण के लिए क्षेत्र, समय, उपकरण आदि के सम्बन्ध में पहले योजना बना लेने से अध्ययन अधिक उद्देश्यपूर्ण तथा सुनियोजित हो जाता है और यह शुद्ध आंकड़ों के संकलन में सहायक होता है।

(2) **व्यवहार का निरीक्षण**—बच्चों के व्यवहार का निरीक्षण करते समय पूर्व निर्मित योजना के अनुरूप आगे का कार्य करना चाहिए। निरीक्षण करने के पूर्व, योजनानुरूप समय, आयु, समूह, परिस्थिति की ठीक-ठीक व्यवस्था कर लेनी चाहिए। निरीक्षणों के साथ-साथ विभिन्न उपकरणों की सहायता से व्यवहार को भी नोट करते जाना चाहिए।

(3) **व्यवहार को नोट करना**—निरीक्षणकर्ता व्यवहार को नोट करने का कार्य निरीक्षणों के साथ-साथ करता है। व्यवहार को नोट करने के लिए मूवी, वीडियो कैमरे तथा टेपरिकार्डर का भी प्रयोग करता है। उसके लिए निरीक्षण-सूचियाँ और तालिकाएँ भी बना दी जाती हैं, जिसका चयन अपनी योजना के अनुरूप करना चाहिए।

(4) **विश्लेषण**—समस्या से सम्बन्धित व्यवहारों को नोट करने के बाद प्राप्त निरीक्षणों को सम्भवतः अंकों में बदला जाता है तथा प्राप्त अंकों का सारणीयन कर विभिन्न सांख्यिकीय विधियों के आधार पर आंकड़ों का विश्लेषण किया जाता है।

(5) **व्याख्या और सामान्यीकरण**—निरीक्षित व्यवहार का विश्लेषण करने के बाद व्यवहार की व्याख्या की जाती है। विभिन्न सिद्धान्तों के आधार पर उसके कारणों पर प्रकाश डाला जाता है। प्राप्त परिणामों के सामान्यीकरण की आवश्यकता होती है, जिसमें देखा जाता है कि प्रतिदर्श से प्राप्त परिणाम कहां तक सामान्य जनसंख्या पर लागू होते हैं।

निरीक्षण विधि की विशेषताएँ/महत्त्व/लाभ

निरीक्षण विधि बाल-व्यवहार के अध्ययन की एक आसान विधि है। इसकी निम्नलिखित विशेषताएं या महत्व या लाभ हैं—

➤ निरीक्षण विधि का उपयोग उस समय ज्यादा होता है जब अध्ययनकर्ता को उपकल्पनाएँ इस विधि के आधार पर बनानी होती हैं।

➤ इस विधि से पारस्परिक सम्बन्धों का अध्ययन करना सरल होता है।

➤ इस विधि द्वारा प्राप्त परिणाम अधिक विश्वसनीय होते हैं, क्योंकि व्यवहार का निरीक्षण विभिन्न सूक्ष्म यन्त्रों, नेत्रों तथा कानों की सहायता से किया जाता है।

➤ नियन्त्रित और वैज्ञानिक निरीक्षणों द्वारा परिणाम वस्तुनिष्ठ होते हैं, क्योंकि इस विधि का उपयोग जब वैज्ञानिक ढंग से होता है, तो व्यवहार सम्बन्ध 'क्या', 'क्यों' और 'कैसे', आदि प्रश्नों का निश्चित उत्तर प्राप्त होता है।

➤ जब समस्याओं का अध्ययन वैज्ञानिक निरीक्षणों के द्वारा किया गया है तब निरीक्षणकर्ता अपनी पूर्व धारणाओं, पक्षपातों और रुचियों, आदि से मुक्त होकर निरीक्षण करता है। जिसमें अनेक विचारों और भावनाओं का कम-से-कम प्रभाव पड़ता है।

➤ वैज्ञानिक निरीक्षणों में एक समस्या के अध्ययन में चाहे कितने भी निरीक्षणकर्ता क्यों न हों, सभी को समान परिणाम प्राप्त होते हैं। अतः प्राप्त परिणाम विश्वसनीय, शुद्ध और सार्वभौमिक होते हैं।

इस विधि से सामूहिक व्यवहार का भी अच्छा अध्ययन किया जाता है तथा प्राथमिक सामग्री एवं आँकड़े मिल जाते हैं।

निरीक्षण विधि के प्रकार

निरीक्षण विधि के मुख्यतः दो प्रकार हैं—

(1) अनियन्त्रित निरीक्षण विधि

(2) नियन्त्रित निरीक्षण विधि

(1) अनियन्त्रित निरीक्षण विधि—जब किसी घटना का निरीक्षण प्राकृतिक परिस्थितियों में किया जाए तथा प्राकृतिक परिस्थितियों पर कोई बाह्य दबाव न डाला जाए तो इसे अनियन्त्रित निरीक्षण विधि कहते हैं। सामान्य रूप से यह एक दोषपूर्ण विधि है। इसके कुछ प्रमुख दोष निम्नलिखित प्रकार हैं—(a) इस विधि द्वारा विश्वसनीय परिणाम प्राप्त नहीं होते हैं, क्योंकि बहुधा हम घटना की सूक्ष्मता से जांच किए बिना ही परिणाम स्वीकार कर लेते हैं।

(b) निरीक्षणकर्ता की भावनाओं और विचारों के प्रभाव के कारण भी दोषपूर्ण परिणाम प्राप्त हो सकते हैं, क्योंकि अध्ययनकर्ता का इस विधि में कोई नियन्त्रण नहीं होता है।

(c) इस विधि में प्राप्त निष्कर्ष भी अप्रामाणिक एवं **वस्तुनिष्ठता** रहित होते हैं।

(2) नियन्त्रित निरीक्षण विधि—जब नियन्त्रणकर्ता और घटना दोनों पर नियन्त्रण करके अध्ययन किया जाए तो इस प्रकार की निरीक्षण विधि व्यवस्थित निरीक्षण विधि कहलाती है। आज भी मनोविज्ञान की भिन्न क्षेत्रों से सम्बन्धित कुछ ऐसी समस्याएं हैं जिनका अध्ययन प्रयोगशाला में नियन्त्रित विधि द्वारा करना कठिन अवश्य है फिर भी मनोवैज्ञानिक प्रयत्नशील हैं। कई बार टीम निरीक्षण और नियन्त्रित समूह का उपयोग करके भी नियन्त्रित निरीक्षण विधि से निरीक्षण कर लिया जाता है। इस विधि द्वारा छोटे समूहों का अध्ययन सरलता से किया जा सकता है तथा सूक्ष्म अध्ययन करना भी सरल होता है। इस विधि में कुछ दोष भी हैं, जैसे—(a) जब निरीक्षणकर्ता अध्ययन इकाइयों में घुल-मिल जाता है तो वह उनके दुःख दर्दों को अपना दुःख दर्द समझने लगता है। (b) इस अवस्था में उसकी मनोवृत्ति निरीक्षण को प्रभावित करती है। इस सीमा को दूर करने के लिए आवश्यक है कि निरीक्षणकर्ता को कुशल और पर्याप्त रूप से प्रशिक्षित होना चाहिए।

बाल अध्ययन की प्रयोगात्मक विधि

प्रयोगों पर आधारित होने के कारण इस विधि को सर्वोत्तम तथा प्रामाणिक माना गया है। इसमें केवल एक ही कारक को किसी विशेष समय पर परिवर्तित किया जाता है। शेष सभी कारकों को जो प्रयोग के परिणाम को प्रभावित करते हैं उन्हें नियन्त्रित रखा जाता है। इससे स्पष्ट हो जाता है कि व्यवहार में जो परिवर्तन पाए गए हैं वे परिवर्तित कारकों के कारण ही हुए हैं। इस विधि द्वारा कार्य और कारण के प्रभाव के आपसी सम्बन्धों का अध्ययन, विधिवत् वैज्ञानिक तरीकों से किया जाता है। जिन परिस्थितियों का अध्ययन किया जाता है उनकी पुनरावृत्ति की जा सकती है और परिणामों तथा निष्कर्षों की पुनः जांच की जा सकती है। फलतः अध्ययन की यथार्थता का प्रमाण प्राप्त हो जाता है।

प्रयोगात्मक विधि की कार्यप्रणाली—प्रयोग में आमतौर पर एकसमान दो बच्चों के दलों को चुना जाता है। एक दल को प्रशिक्षण दिया जाता है तथा दूसरे दल को नियन्त्रित परिस्थिति में रखा जाता है। पहले वाले को प्रयोगात्मक समूह तथा दूसरे को नियन्त्रित समूह कहते हैं। इस परीक्षण के अतिरिक्त, अन्य सभी पक्षों पर दोनों समूहों में पूर्ण समानता रहती है। दोनों समूहों का अध्ययन किया जाता है तथा प्राप्त आंकड़ों की सांख्यिकीय व्याख्या की जाती है। मनोवैज्ञानिक बच्चों पर वंशानुक्रम और वातावरण के प्रभाव का अध्ययन करना होता है जो जुड़वां बच्चों पर अच्छी तरह हो जाता है। इनका विभिन्न परिस्थितियों में अध्ययन किया जाता है।

जितनी सफलता में प्रयोगकर्ता, स्थिति पर नियन्त्रण करता है उतने ही सही आंकड़े प्राप्त होते हैं। विशेषज्ञों ने निम्नलिखित तीन बातों के नियन्त्रण करने की अनुशंसा की है—(a) वातावरण का नियन्त्रण, (b) पूर्ववातावरण में होने वाली बच्चे की अन्तः क्रिया की पूर्ण जानकारी तथा, (c) बच्चों की पैतृक देन।

प्रत्येक घटना के दो अंग होते हैं—(i) कार्य का प्रभाव तथा (ii) कारण। प्रयोगात्मक विधि में कार्य को आश्रित चर और कारण को स्वतन्त्र चर कहते हैं। इसके अन्तर्गत आश्रित चर पर स्वतन्त्र चर के प्रभाव का अध्ययन किया जाता है। इस विधि में कारण या स्वतन्त्र चर का चातुर्य-प्रबन्धन करके, कार्य पर पड़ने वाले विभिन्न प्रभावों को नोट किया जाता है। इसके बाद प्राप्त आंकड़ों का विश्लेषण करके परिणाम ज्ञात किया जाता है। इस विधि द्वारा छोटे बच्चों की तरह-तरह की प्रतिवर्त क्रियाओं का अध्ययन किया जाता है। इस विधि में चरों को पूर्व निर्धारित करके योजनानुसार घटाकर या बढ़ाकर, नियन्त्रित स्थितियों में उपकल्पना की जांच की जाती है।

प्रयोगात्मक विधि के विभिन्न चरण

प्रयोगात्मक विधि के विभिन्न चरण निम्नलिखित हैं—

प्रथम चरण : समस्या का निर्धारण—समस्या का मतलब यह है कि जिसके हल ढूंढ़ने के लिए इस विधि का प्रयोग करना है। अध्ययनकर्ता, वर्तमान परिस्थितियों का अध्ययन करके समस्या को ढूंढ़ निकालते हैं।

द्वितीय चरण : उपकल्पना तैयार करना—उपकल्पना में समस्या से सम्बन्धित ऐसे कारकों को पता लगाकर एकत्र किया जाता है जिसमें कोई सह-सम्बन्ध है। इसके अन्तर्गत उस विशेष समस्या पर किया गया कोई अनुसन्धान, उससे सम्बन्धित कोई साहित्य, उस पर विशेषज्ञों का मत, आदि को जुटाकर उसका गम्भीरता से अध्ययन किया जाता है। उसी के आधार पर उपकल्पना बनाकर अगले चरण का काम प्रारम्भ किया जाता है। उपकल्पना एक भी हो सकती है या एक से अधिक भी हो सकती हैं।

तृतीय चरण : अध्ययनार्थ व्यक्ति—उपकल्पना के बाद अध्ययनार्थ व्यक्ति का चुनाव होता है। व्यक्ति एकाकी या समूह हो सकता है। एक से अधिक होने पर वे शारीरिक एवं मानसिक योग्यताओं की दृष्टि से समान होने चाहिए।

चतुर्थ चरण : चर और प्रयोग का नमूना—चर दो प्रकार के होते हैं। एक स्वतन्त्र चर जो प्रयोगकर्ता के नियन्त्रण में रहते हैं। इस विधि में आश्रित चर पर, स्वतन्त्र चर के प्रभाव का अध्ययन किया जाता है। चरों का पता लगने पर समस्या स्पष्ट हो जाती है और प्रयोग का नमूना पूरा हो जाता है।

पंचम चरण : उपकरण एवं सामग्री—प्रयोग के आकलन (डिजाइन) तैयार होने पर जिन उपकरणों का प्रयोग करना होता है उनकी सूची तैयार करके उनकी व्यवस्था की जाती है।

पष्ठम चरण : नियन्त्रण—उपकरण के बाद नियन्त्रण की व्यवस्था आवश्यक होती है। इसके बिना कोई योजना सफल नहीं होती है।

सप्तम चरण : निर्देश—अध्ययनकर्ता अपने प्रयोग से सम्बन्धित निर्देशों की तालिका बना लेता है और उसी के अनुसार अपने विवरण और आंकड़ों को प्राप्त करता है।

अष्टम चरण : आँकड़ों से परिणाम निकालना—अध्ययनकर्ता अपने अध्ययन में प्राप्त आँकड़ों का सांख्यिकी विश्लेषण करके परिणाम प्राप्त करते हैं। तुलनात्मक अध्ययन में दोनों के या दोनों समूहों के प्राप्त आंकड़ों का सारणीयन करके उनका भी सांख्यिकी विश्लेषण करके तुलनात्मक परिणाम प्राप्त करते हैं।

प्रयोगात्मक विधि की विशेषताएँ

यह विधि उपकल्पना के आधार पर अध्ययन करने की सर्वश्रेष्ठ विधि है, क्योंकि इसमें समस्या के कारणों का अध्ययन करने के लिए एकाकी या समूह के नियन्त्रित तथा प्रयोगात्मक दो वर्ग बनाकर अध्ययन किया जाता है। यह अध्ययन तुलनात्मक होता है। अध्ययनकर्ता घटना विशेष की व्यवस्था एक ही समय में एक ही स्थान पर करता है, जिससे निरीक्षण में आसानी होती है। परिस्थिति को दुहराने की पूर्ण गुंजाइश होती है। फलतः उसी परिस्थिति में दोबारा बच्चे के व्यवहार को देखा जा सकता है। सम्पूर्ण परिस्थिति पर अध्ययनकर्ता का नियन्त्रण रहता है। इस विधि से प्राप्त परिणाम शुद्ध प्राप्त होते हैं, क्योंकि समस्या से सम्बन्धित बहुत से कारकों को नियन्त्रित कर दिया जाता है जिससे कार्य और कारण के प्रभाव का अध्ययन किया जा सकता है साथ ही यह भी समझा जा सकता है कि कार्य और कारण का सम्बन्ध कितना है? इसमें उपलब्ध आंकड़ों से दो या दो से अधिक समूहों का तुलनात्मक अध्ययन भी पूर्ण शुद्धता के साथ किया जा सकता है।

बाल-अध्ययन की वैयक्तिक अध्ययन विधि

वैयक्तिक अध्ययन विधि शोध की एक प्राचीन विधि है। वर्तमान समय में व्यवहारपरक विज्ञानों के प्रायः सभी अनुशासनों में किसी व्यक्ति विशेष, स्थिति विशेष या संस्था विशेष के सन्दर्भ में गूढ़ अध्ययन करने की यह एक विशिष्ट शोध नीति बन गई है जिससे विशेष सांस्कृतिक परिवेश में व्यक्ति या स्थिति के व्यवहारों के विभिन्न तत्वों एवं सम्बन्धों का अध्ययन हो जाता है।

अतः वैयक्तिक अध्ययन विधि किसी सामाजिक इकाई के सम्पूर्ण अध्ययन के लिए तथ्य संकलन एवं विश्लेषण की विधि है। इसी स्वरूप को स्पष्ट करते हुए समाज वैज्ञानिक **बर्गेस** ने वैयक्तिक केस अध्ययन विधि को सामाजिक अणुवीक्षण यन्त्र कहा है।

वैयक्तिक अध्ययन विधि की कार्य प्रणाली

वैयक्तिक अध्ययन विधि के विभिन्न चरण सामाजिक अनुसन्धान की प्रक्रिया के समान निम्नलिखित हैं—

(1) **समस्या की संक्षिप्त विवेचना**—इसमें निम्नलिखित तथ्य सम्मिलित हैं—

(a) **केस का चुनाव**—केस सामान्य भी हो सकते हैं और विशिष्ट भी। (b) इकाइयों के प्रकार का उल्लेख, जैसे—व्यक्ति, परिवार, समूह, वर्ग या अन्य कोई इकाई। (c) केस की संख्या का निर्णय, (d) विश्लेषण का क्षेत्र।

(2) **घटनाओं के अनुक्रम और कारकों के सम्बन्ध में संग्रह**—इस दृष्टि से इकाई की विशेषता, पृष्ठभूमि, इतिहास और निर्धारक कारकों का विवरण प्रस्तुत किया जाता है।

(3) कारकों का विश्लेषण–तथ्य संग्रह के बाद इस बात का विश्लेषण किया जाता है कि कौन सा कारक कितना प्रभावपूर्ण है? कौन सामान्य कारक है और कौन-सा विशिष्ट? साथ ही यह विश्लेषण काफी गहन एवं विस्तृत रूप में प्रस्तुत किया जाता है।

(4) उपकल्पना परीक्षण, निष्कर्ष एवं सुझाव–अन्त में विश्लेषण के आधार पर उपकल्पना का परीक्षण कर एक सामान्य निष्कर्ष प्रस्तुत किया जाता है। प्रायः केस समस्या मूलक इकाइयों का गहन अध्ययन करता है, जिसके समाधान के लिए भी अनुसन्धानकर्ता अपने सुझाव प्रस्तुत करता है।

वैयक्तिक अध्ययन विधि की विशेषताएँ

वैयक्तिक अध्ययन विधि की निम्नलिखित विशेषताएँ हैं—

(क) वैयक्तिक अध्ययन का सम्बन्ध सामाजिक इकाई से है जो केवल व्यक्ति ही नहीं होता है, बल्कि कुछ भी हो सकता है।

(ख) वैयक्तिक अध्ययन में सामाजिक इकाइयाँ विशिष्ट एवं विचित्र हो सकती हैं, लेकिन सामान्यतया वे समग्र की प्रतिनिधि नहीं होती हैं। अतः समग्र की कुछ इकाइयों का अध्ययन होते हुए भी यह विधि प्रतिदर्श पर आधारित नहीं है।

(ग) वैयक्तिक अध्ययन केवल तथ्य संकलन की प्रविधि नहीं है, बल्कि यह किसी इकाई के विभिन्न पक्षों के तथ्यों के संग्रह, संगठन एवं विश्लेषण करने की सम्पूर्ण विधि है।

(घ) वैयक्तिक अध्ययन का उद्देश्य इकाई का गहन एवं सर्वांगीण अध्ययन है। इसमें अध्ययन पद्धति के विषय के 'उस' या 'इस' पक्ष का विश्लेषण नहीं किया जाता है, बल्कि उन सभी पक्षों का विश्लेषण कर सर्वांगीण अध्ययन किया जाता है। अतः सम्पूर्णता वैयक्तिक अध्ययन की प्रमुख विशेषता है।

(ङ) सामाजिक इकाई के समग्रात्मक एवं सम्पूर्ण अध्ययन के लिए सूचना का क्षेत्र अधिकाधिक गहन एवं विस्तृत रखा जाता है।

(च) प्रायः वैयक्तिक अध्ययन के रूप में गुणात्मक विश्लेषण का उल्लेख किया जाता है।

वैयक्तिक अध्ययन विधि का उपयोग

वैयक्तिक अध्ययन का उपयोग चिकित्सकों, सामाजिक कार्यकर्ताओं, समाजशास्त्रियों, मानवशास्त्रियों, मनोवैज्ञानिकों तथा अन्य विभिन्न प्रकार के लोगों द्वारा विभिन्न उद्देश्यों के लिए किया जाता है। विशिष्ट एवं समस्यामूलक इकाइयों के अध्ययन में समाजशास्त्र ने इस पद्धति का विशेष प्रयोग किया है।

सामुदायिक एवं पारिवारिक विघटन के अध्ययनों में इसका उपयोग सफलतापूर्वक किया गया है।

वैयक्तिक अध्ययन विधि मात्र व्यक्ति या परिवार विशेषक तक ही सीमित नहीं है बल्कि संख्या, समुदाय, जाति एवं घटना के विश्लेषण की दृष्टि से महत्वपूर्ण है। समाजशास्त्र में ग्रामीण समुदाय, जनजातीय समुदाय या किसी विशेष जाति तथा समूह के वैयक्तिक अध्ययन काफी मात्रा में हुए हैं।

समाजशास्त्रीय अनुसन्धान में वैयक्तिक अध्ययन का उपयोग मात्र तथ्य संकलन एवं गहन विवरण प्रस्तुत करने के लिए नहीं किया गया है, बल्कि अन्य शोध विधियों की पूरक विधि के रूप में भी किया गया है।

बाल अध्ययन की साक्षात्कार विधि

साक्षात्कार का शाब्दिक अर्थ आन्तरिक अवलोकन करना होता है। इसमें आमने-सामने बातचीत होती है और साक्षात्कारकर्ता, अध्ययनार्थ व्यक्ति के मन के भीतर स्थित अवधारणाओं, विचारों, आस्थाओं और विश्वासों की जानकारी प्राप्त करता है। यह एक ऐसी व्यवस्थित विधि है जिसके अन्तर्गत एक व्यक्ति एक दूसरे व्यक्ति के आन्तरिक जीवन में प्रवेश करता है जोकि उसके लिए अपेक्षाकृत अज्ञात और अपरिचित रहता है।

मनोविज्ञान की विभिन्न विधाओं में इस विधि का शुरू से ही उपयोग होता आ रहा है। यह आंकड़ों के संकलन का एक अच्छा औजार माना जाता है। इस विधि से किसी समस्या के सम्बन्ध में उपकल्पना तैयार करने और समस्या की विषय -परिधि को जानने में सहायता मिलती है।

इस विधि में, अध्ययनकर्ता, बच्चों से या उनके माता-पिता, अध्यापक या फिर अभिभावक से साक्षात्कार करके विविध प्रश्नों के उत्तर प्राप्त करता है।

इस प्रकार हम कह सकते हैं कि साक्षात्कार वह साधन है जिसके द्वारा मौखिक तथा लिखित सूचना प्राप्त की जाती है। प्राप्त सूचनाओं को लिपिबद्ध कर लिया जाता है। मुख्यतः व्यक्ति के चिन्तन, विश्वास, अभिरुचि तथा मनोवृत्तियों को समुचित रूप में समझने में यह विधि सहायक है।

साक्षात्कार विधि में बरती जाने वाली सावधानियाँ

साक्षात्कार विधि की कार्य-प्रणाली में बरती जाने वाली सावधानियाँ निम्नलिखित हैं—

(1) साक्षात्कार का आयोजन, मैत्रीपूर्ण तथा सौहार्दपूर्ण वातावरण में पूर्व निर्धारित असार्वजनिक स्थान पर होना चाहिए।

(2) सूचनादाता और साक्षात्कारकर्ता के बीच विश्वास और अपनत्व का सम्बन्ध पहले से ही बना होना चाहिए, साथ ही दोनों के बीच अनुकूल सांवेगिक सम्बन्ध होने चाहिए।

(3) साक्षात्कार की परिस्थिति प्रेरणादायक निर्धारित अवधि तक की होनी चाहिए।

(4) प्रश्न आत्मविश्वास के साथ, सहज ढंग से किए जाने चाहिए साथ ही प्रश्नों का ढांचा ऐसा होना चाहिए कि अध्ययनार्थ समस्या की परतें खुलती जाएं।

(5) प्रश्नों की भाषा सरल, सुबोध एवं सुगम्य होनी चाहिए।

(6) सूचनादाता को बीच-बीच में उत्साहित और प्रेरित करना चाहिए जिससे वह अपनी भावनाओं और अपने अनुभवों को सही रूप में बताता जाए।

(7) सूचनादाता के उत्तरों को उसी समय उसी रूप में लिख देना चाहिए। टेपरिकार्डिंग उसके लिए अच्छा साधन होता है।

(8) प्राप्त विवरण की व्याख्या और विश्लेषण निष्पक्ष भाव से होना चाहिए तथा कार्य-कारण से सम्बद्ध उत्तरों की जाँच कर लेनी चाहिए।

(9) उत्तरदाता से प्राप्त की पुष्टि अन्य साधनों से करनी चाहिए जिसमें प्रामाणिक साक्षात्कार अनुसूची और रेटिंग स्केल का प्रयोग करना चाहिए।

(10) साक्षात्कारकर्ता एक से अधिक रहने पर अच्छा रहता है तथा सूचनादाता को उसके उत्तरों की गोपनीयता के बारे में विश्वास रहना चाहिए।

साक्षात्कार विधि के विभिन्न चरण

(1) **तैयारी**—सर्वप्रथम जिसका अध्ययन करना होता है उसके लिए समय और स्थान के निश्चय की तैयारी की जाती है फिर तैयार अनुसूची की जाँच की जाती है। मुक्त और प्रतिबन्धित दोनों प्रकार के प्रश्न अनुसूची में शामिल हो सकते हैं, परन्तु मुक्त प्रश्नों के उत्तर देते समय सूचनादाता, साक्षात्कारकर्ता से वार्तालाप का अवसर मिल जाने से शीघ्र सौहार्दपूर्ण सम्बन्ध स्थापित कर लेता है। जिससे उसका व्यक्तित्व शीघ्र ही खुलकर सामने आने लगता है।

(2) **संचालन**—तैयारी के बाद साक्षात्कारकर्ता, सूचनादाता को एक-एक कर बुलाता है और उसे साक्षात्कार करने का उद्देश्य बताता है। प्रायः उद्देश्य की जानकारी पूर्व प्रचारित रहती है। प्रश्न पूछने के पूर्व एक सौहार्दपूर्ण वातावरण बना लेनी चाहिए।

(3) **रिकार्डिंग**—सूचनादाता के उत्तरों से प्राप्त सूचनाओं को सही और निष्पक्ष भाव से रिकार्डिंग अर्थात् लिख लेना जरूरी होता है। उत्तरदाता की आवाज को टेप भी किया जा सकता है।

(4) **समापन**—रिकार्डिंग हो जाने के बाद समापन किया जाता है। इसके पूर्व यह देख लेना होता है कि कोई आवश्यक सूचना लेना छूट तो नहीं गया है।

(5) **विश्लेषण**—साक्षात्कार अनुसूची के द्वारा प्राप्त आंकड़ों का विश्लेषण करने के लिए आवश्यकतानुसार कोडिंग करके सारणीयन करना चाहिए। प्रत्युत्तरों को अंकों में बदलकर सांख्यिकीय विश्लेषण करना चाहिए। प्राप्त परिणामों को उचित सांख्यिकीय विश्लेषण और सैद्धान्तिक व्याख्या कर रिपोर्ट तैयार करना चाहिए।

साक्षात्कार अध्ययन विधि के गुण

इस विधि के निम्नलिखित गुण हैं—

(*a*) सूचनादाता से प्रत्यक्ष रूप में, विभिन्न प्रकार के प्रश्न पूछे जाते हैं तथा उसके आधार पर उनके विचारों, आकांक्षाओं एवं विशेषकों की जानकारी प्राप्त की जाती है।

(*b*) साक्षात्कारकर्ता और सूचनादाता का आमने-सामने का सम्बन्ध कायम होता है, जिससे पूछताछ के क्रम में, सूचनादाता की मानसिक योग्यता की जानकारी के साथ-साथ शारीरिक विशेषकों तथा मुखाकृतिक अभिव्यक्तियों तथा उसके विशेष हाव-भाव, आदि की जानकारी होती है।

(*c*) इस विधि का बहु प्रयोग और उपचारात्मक महत्व होता है। बाल-निदेशन तथा शिक्षा निदेशन में यह सहायक होता है। व्यावसायिक निदेशन एवं सभी वर्ग के चुनाव में व्यापक रूप से यह विधि प्रयोग की जाती है और इसकी सफलता प्रमाणित हो रही है।

(*d*) क्लीनिकल साक्षात्कार द्वारा मनोरोग चिकित्सक उपचार के क्रम में मनोरोग से पीड़ित व्यक्ति के व्यक्तित्व, कृतित्व और जीवन-शैली के विषय की जानकारी लेते हैं।

साक्षात्कार अध्ययन विधि के प्रकार

साक्षात्कार अध्ययन विधि के प्रमुख दो प्रकार निम्नलिखित हैं—
(*a*) संरचित साक्षात्कार अध्ययन विधि तथा (*b*) असंरचित साक्षात्कार अध्ययन विधि।

(*a*) **संरचित साक्षात्कर अध्ययन विधि**—संरचित विधि में साक्षात्कारकर्ता, समस्या के सम्बन्ध में पहले से ही अनुसूची तैयार कर लेता है। इसलिए इसमें पक्षपात का प्रभाव नहीं पड़ता है। इसमें वस्तुनिष्ठ परिणाम प्राप्त होते हैं तथा तथ्यों का संकलन शुद्ध रूप में होता है। परिणाम विश्वसनीय मिलते हैं। इस विधि का दोष यह है कि अध्ययनकर्ता निष्क्रिय ही रहता है। वह मात्र एक यन्त्र के समान कार्य करता है। साक्षात्कारकर्ता से सूचनादाता का सौहार्दपूर्ण सम्बन्ध स्थापित नहीं होता है जिससे काम में परिपूर्णता का अभाव रहता है। इसमें वैधता का अभाव रहता है।

(*b*) **असंरचित साक्षात्कार अध्ययन विधि**—असंरचित विधि में पहले से अनुसूची तैयार नहीं की जाती है। साक्षात्कारकर्ता सूचनादाता से कोई भी, कितने भी और कैसे भी प्रश्न पूछ सकता है। इस अध्ययन में नमनीयता रहती है। इससे सूचनादाता से उसके अन्तर्मन की बातों को, उसके मनोभावों को, उसकी मनोदशाओं को लगातार के क्रम में कई प्रश्नों द्वारा निकाला जा सकता है। अतः प्राप्त परिणाम अधिक वैध होते हैं। इसके द्वारा संकलित सामग्री में वस्तुनिष्ठता का अभाव रहता है। अनावश्यक सामग्रीका भी संकलन हो जाता है, जिसकी कोई उपयोगिता नहीं होती है। परिणाम असन्तुलित हो जाता है, क्योंकि प्रश्नकर्ता द्वारा प्रश्न पूछने की छूट होती है।

साक्षात्कार विधि का महत्व

(1) **पूर्वस्थिति और वर्तमान की जानकारी**—साक्षात्कार विधि से बच्चों की पूर्व और वर्तमान स्थिति की जानकारी होती है। बच्चों के अतिरिक्त माता-पिता, पास-पड़ोस, अध्यापक आदि से जानकारी प्राप्त की जा सकती है। सबकी सम्मिलित व्याख्या से वास्तविक स्थिति सामने आ जाती है तथा बच्चों का अध्ययन करने का काम आसान हो जाता है और बच्चों को समझना भी असान हो जाता है।

(2) **अमूर्त घटनाओं का अध्ययन**—इस विधि से अमूर्त घटनाओं की जानकारी होती है। आत्मीयतापूर्ण वातावरण में वार्तालाप से ही कई छिपे तथ्यों का पता लग जाता है जो न अन्य किसी प्रकार से, न किसी के द्वारा प्रकट किए जाते हैं और न पता लगाए जा सकते हैं। इसमें साक्षात्कारकर्ता को अत्यधिक कुशल होना जरूरी है।

(3) **सूचनादाता की संवेगात्मक भावनाओं की जानकारी**—मानव क्रियाएँ और जीवन के प्रति मनोवृत्ति उसके संवेगों से नियन्त्रित होती है। इन प्रभावशाली संवेगों की जानकारी प्रश्नों के माध्यम से भी की जा सकती है। साक्षात्कार के समय उपयुक्त वातावरण बनने पर सूचनादाता अपने उन मनोभावों को स्वतः व्यक्त कर देता है जिन्हें वह आसानी से किसी को बताना नहीं चाहता है।

परिवार कल्याण नियोजन

''स्वस्थ मां, स्वस्थ बच्चे, सुखी परिवार'' कथन सत्य है, क्योंकि उत्तम स्वास्थ्य सुखी जीवन का आधार होता है। महिला (गृहिणी) के स्वास्थ्य पर पूरे परिवार का स्वास्थ्य निर्भर करता है। स्वस्थ माँ ही स्वस्थ शिशु को जन्म दे सकती है तथा उसका पालन-पोषण कर सकती है। परिवार-कल्याण के अन्तर्गत परिवार का सर्वोमुखी विकास, विशेषकर मां और बच्चों के स्वास्थ्य और परिवार नियोजन पर निर्भर करता है। परिवार कल्याण कार्यक्रम का मुख्य उद्देश्य परिवार नियोजन है।

जनसंख्या-वृद्धि के नियन्त्रण के साधन

जनसंख्या-वृद्धि को निम्नलिखित प्रकार से रोका जा सकता है—

(1) विवाह आयु में वृद्धि, (2) छोटे परिवार की ओर प्रोत्साहन, (3) प्रजनन-नियन्त्रण-सम्बन्धी शिक्षा एवं ज्ञान का प्रसार तथा (4) गर्भनिरोधक एवं गर्भ समापन सुविधाओं की सहज उपलब्धि।

जनसंख्या-वृद्धि को नियन्त्रित करने के लिए परिवार कल्याण कार्यक्रम का राष्ट्रीय स्तर पर सफल होना आवश्यक है, जिसके संकेत (निशान) लाल तिकोन का अर्थ स्वस्थ, सुखी एवं समृद्ध परिवार से है। इसके अलावा निम्नलिखित प्रकार से जनसंख्या-वृद्धि को रोका जा सकता है—

(1) **सामाजिक एवं वैवाहिक रीति-रिवाजों में क्रान्तिकारी परिवर्तन**—सामाजिक स्तर पर निम्नलिखित परिवर्तन आवश्यक है—

(*a*) **वैवाहिक रीति-रिवाजों में परिवर्तन के साथ विवाह आयु में वृद्धि**–विवाह आयु में वृद्धि करने से प्रजननता कम की जा सकती है, क्योंकि इस प्रकार प्रजनन-आयु सीमा कम हो जाती है।

(*b*) **स्वास्थ्य शिक्षा एवं यौन-शिक्षा**–स्वास्थ्य शिक्षा एवं यौन-शिक्षा प्रारम्भ से ही देना आवश्यक है। एक विषय के रूप में इस शिक्षा का पाठ्यक्रमों में प्राइमरी से विश्वविद्यालयों तक समाविष्ट होना अनिवार्य है।

(*c*) **स्त्री जीवन-स्तर**–व्यापक शिक्षा द्वारा स्त्री जीवन-स्तर को रूढ़ियों एवं कुण्ठाओं के गर्त से निकाल कर स्वतन्त्र एवं गतिशील जीवन की ओर अग्रसर करने की आवश्यकता है।

(2) **सीधे प्रजनन निरोध विधियों को अपनाकर**–चिकित्सा विज्ञान में बहुत-से आधुनिकतम सफल साधन उपलब्ध हैं, इनके विधिवत् प्रयोग से प्रजननता को इच्छानुसार कुछ समय या हमेशा के लिए नियन्त्रित किया जा सकता है। यह गर्भ-निरोध विधियाँ कहलाती हैं जिन्हें दो वर्गों में विभाजित किया जाता है—

(*a*) **अस्थायी विधियाँ**

(*i*) **व्यवहार सम्बन्धी विधियाँ**–(*a*) ब्रह्मचर्य, (*b*) मैथुन अवरोध, (*c*) सुरक्षात्मक तथा (*d*) प्राकृतिक परिवार नियोजन विधियाँ।

(*ii*) **रासायनिक विधियाँ**–(*a*) इयूश विधि, (*b*) वर्तिका विधि, (*c*) गोलियाँ, (*d*) जैली एवं क्रीम और (*e*) फोम पाउडर।

(*iii*) **यान्त्रिक विधियाँ**–(*a*) निरोध, (*b*) डायफ्राम एवं सर्जिकल टोपी तथा (*c*) गर्भाशय के अन्दर प्रयुक्त किये जाने वाले यन्त्र।

(*iv*) **मिश्रित विधियाँ**–(*a*) रासायनिक एवं यान्त्रिक विधि।

(*v*) **मुख द्वारा प्रयुक्त विधियाँ**–(*a*) मिश्रित गोलियाँ, (*b*) क्रमिक गोलियाँ, (*c*) सूक्ष्म गोलियाँ, इसके अतिरिक्त—

(*i*) प्रोजेस्टेरोन इंजेक्शन तथा (*ii*) सबकॉण्टेनियस कैप्सूल का उपयोग।

(6) **पश्चगर्भाधान विधियाँ**–(*a*) मासिक धर्म नियमन, (*b*) मासिक धर्म आगमन, (*c*) गर्भसमापन तथा (*d*) जन्म नियन्त्रण हेतु टीके।

(*b*) **स्थायी विधियां : बन्ध्याकरण**

(*a*) शुक्रवाहिकाच्छेद तथा (*b*) डिम्ब-ग्रन्थि-विच्छेद।

महिलाओं के लिए विशिष्ट कल्याणकारी कार्यक्रम

भारत की अधिकांश ग्रामीण महिलाएं गरीबी में रहती हैं। उन्हें विकास की मुख्य धारा में सम्मिलित करने के लिए आठवीं योजना के समय समन्वित ग्रामीण विकास कार्यक्रम के अन्तर्गत महिलाओं की समाविष्टि को 30% से बढ़ाकर 40% कर दिया गया है। ग्रामसेविका के अन्तर्गत महिलाओं के अनौपचारिक समूहों को ऋण देने की बैंकिंग प्रक्रिया तैयार करने के लिए राष्ट्रीय कृषि या ग्रामीण विकास बैंक (NABARD) के माध्यम से एक प्रायोगिक परियोजना आरम्भ की गयी। सातवीं योजना के अन्तर्गत सहायता प्राप्त लाभार्थी महिलाओं की संख्या 34.33 लाख थी।

ट्राइसेम (TRYSEM) के अन्तर्गत भी महिलाओं की न्यूनतम समाविष्टि को भी 33% से बढ़ाकर 40% कर दिया गया। सातवीं योजना के अन्तर्गत ट्राइसेम द्वारा 4.60 लाख महिलाओं को प्रशिक्षित किया गया।

जवाहर रोजगार योजना के अन्तर्गत भी महिलाओं के लिए 30% रोजगार के अवसर आरक्षित किये गये हैं। लोक कार्यक्रम तथा ग्रामीण प्रौद्योगिकी विकास परिषद् (कापार्ट) के माध्यम से महिलाओं द्वारा अपने परिवार तथा आर्थिक गतिविधियों के विभिन्न क्षेत्रों में की जाने वाली कड़ी मेहनत में कमी केलिए ग्रामीण प्रौद्योगिकियों और नवीन प्रक्रिया कार्यों को बढ़ावा दिया जाता है।

सरकार द्वारा भी पंचायती राज संस्थाओं में महिलाओं को पर्याप्त प्रतिनिधित्व देने की दृष्टि से संविधान (73वाँ संशोधन) विधेयक, 1991 में प्रावधान किया गया है कि पंचायती राज निकायों में एक-तिहाई सीटें तथा अध्यक्ष के एक-तिहाई पद महिलाओं के लिए आरक्षित हैं। इसके अतिरिक्त सदन में महिलाओं को तीस प्रतिशत आरक्षण देने पर वाद विवाद चल रहा है। प्रधानमंत्री ने महिलाओं के कल्याण के लिए कई कार्यक्रम की घोषणा की है।

7 | संचार एवं शैक्षिक विस्तार

संचार

विभिन्न शिक्षाविदों ने संचार के अलग-अलग अर्थ एवं परिभाषा दिए हैं, जिनका वर्णन निम्नवत् हैं—

1. संचार एक प्रकार की शिक्षा है जिसका उद्देश्य मनुष्यों के मानसिक दृष्टिकोण तथा पद्धति में परिवर्तन लाना है।

2. संचार एक प्रकार की शिक्षा-पद्धति है जो ग्रामीण लोगों के राष्ट्रीय साधनों को अपने उचित प्रयोग द्वारा अपने प्रयासों में रहन-सहन के स्तर को बढ़ाने के लिए प्रेरणा देती है। संचार का सीधा सम्बन्ध शिक्षा से है। शिक्षा से मनुष्य के व्यवहार, सोचने का ढंग एवं उपक्रम में परिवर्तन आता है।

3. कृषि के संदर्भ में संचार-प्रक्रिया अपना विशिष्ट महत्व रखती है। खेती का मुख्य उद्देश्य अन्न उत्पादन होता है। अर्थशास्त्र के अनुसार स्पष्ट कार्यकर्त्ता का दायित्व अत्यन्त महत्वपूर्ण है, जिसके संयुक्त निर्वाहन के लिए ज्ञान की आवश्यकता पड़ती है, जो संचार क्रिया के गहन अध्ययन से उपलब्ध होता है।

4. संचार वह प्रक्रिया है जिसके द्वारा दो या दो से अधिक व्यक्ति आपस में विचार, प्रभाव और भावनाओं का आदान-प्रदान करते हैं।

5. आपसी विचार-विनिमय से निर्मित विधियाँ संचार कहलाती है। संचार शोध से तात्पर्य उस व्यक्ति या संस्था या किसी वस्तु से है जो सम्प्रेषण संदेश देने का कार्य सम्पादित करता है। दो व्यक्ति के मध्य बात करने वाला संचार-श्रोता तथा सुनने वाला संचार-प्राप्तकर्ता होता है।

संचार में उपयोग आने वाली विभिन्न प्रणालियाँ

संचार कार्य की सफलता दो तत्वों पर निर्भर करती है। प्रथम तो यह है कि कौन-सी प्रणाली उपलब्ध है तथा कौन-सी प्रणाली उपयोग में लायी जा सकती है। इसका उद्देश्य लोगों को उनके लक्ष्य तक सफलतापूर्वक पहुँचाने के लिए प्रोत्साहित करना है। यह उनके स्तर में उत्थान तथा कृषि की अच्छी फसल के सम्बन्ध में किया जाता है। संचार के लिए जिन प्रणालियों का उपयोग किया जाता है, उनमें निम्नलिखित प्रमुख हैं—

1. **व्यक्तिगत प्रणाली**—व्यक्तिगत-प्रणाली को संचार के लिए दो तरह से उपयोग में लाया जा सकता है—(a) व्यक्तिगत रूप से मिलकर (b) व्यक्तिगत पत्र लिखकर।

   संचार की इस प्रणाली का उपयोग करने से पहले इस बात की जानकारी आवश्यक है कि जिस व्यक्ति से सम्पर्क बनाया जा रहा है उसकी रुचि किस चीज में है।

2. **सामूहिक प्रणाली**—यह दो या दो से अधिक लोगों से सम्पर्क करने की प्रणाली है। संचार की इस प्रणाली के इस्तेमाल के पहले यह जानना आवश्यक है कि जिस समूह से सम्पर्क करना है, वह कितने तरह का है। उनका नेतृत्व कैसा है तथा समूह की ओर विशेष रुचि है या नहीं। संचार की इस प्रणाली को निम्नलिखित तरह से प्रयोग में लाया जा सकता है—

   (a) वस्तु-विशेष को लोगों के सामने प्रदर्शित करके।

   (b) ग्रामीण नेताओं को प्रशिक्षण देकर।

   (c) किसी समस्याओं के विभिन्न पहलुओं के समाधान के तरीके को वाद-विवाद आयोजित करके।

3. **जन साधारण प्रणाली**–इस प्रणाली के अन्तर्गत जन साधारण से व्यापक रूप से सम्बन्ध स्थापित किया जा सकता है। इसके लिए चलचित्र, रेडियो, डायग्राम इत्यादि का प्रयोग किया जाता है। संचार प्रणालियों में यह सबसे अधिक लोकप्रिय है।

4. **संचार की पद्धतियाँ**–संचार शिक्षा तथा मानवीय व्यवहार में अधिकतम परिवर्तन करने की विधि है। व्यवहार में परिवर्तन करने की शिक्षा की इन पद्धतियों को संचार-पद्धति कहा जाता है। संचार पद्धति को मुख्यतः निम्नलिखित पाँच वर्गों में विभाजित किया जा सकता है—

(a) गाँव के लोगों को अपने आगमन के उद्देश्यों तथा महत्वों की जानकारी देनी होती है।

(b) इस पद्धति में प्रसार कार्यकर्त्ताओं को पहले-पहले गाँव के चारों ओर घूमकर इसकी जानकारी करनी होती है कि गाँव के लोग कैसे हैं? तथा किसके नेतृत्व में हैं?

(c) इस तरीके के द्वारा ग्रामीण लोगों से सीधा सम्पर्क यानि व्यक्तिगत रूप से सम्पर्क स्थापित किया जाता है।

(d) गाँव में सीधे सम्पर्क बनाने के लिए यह आवश्यक है कि ग्राम-पंचायत, सहायक-समितियाँ तथा अन्य समूहों से अधिक सम्पर्क स्थापित किया जा सके।

(e) यह पता लगाना पड़ता है कि पंचायत इन समस्याओं को सुलझाने में क्या रुचि ले रही है?

किसी वस्तु की कार्यप्रणाली को बताना ही प्रतिपादन है। देखिए और विश्वास कीजिए की भावना ही प्रतिपादन का मुख्य सिद्धान्त है। जैसे—अगर कोई किसान किसी चीज की सफलता को अपनी आँखों से देखता है तो उसे उस वस्तु पर अत्यधिक विश्वास हो जाता है।

प्रतिपादन मुख्यतः दो तरह के होते हैं—

(i) **पद्धति प्रतिपादन**–इस पद्धति में संचार कार्यकर्त्ता किसी वस्तु के व्यवहार के तरीके बताते हैं। उदाहरण के लिए, जापानी तरीके से धान की पैदावार करना। इसमें यह दिखाया जाता है कि कैसे नर्सरी से धान का पौधा या मोरी निकाला जाता है तथा उसे फिर कैसे पानी से साफ किया जाता है तथा उसे फिर जमीन में कैसे रोपा

जाता है? एक-एक पौधे के बीच की दूरी कितनी होती है?

(ii) **परिणाम प्रतिपादन**–इस विधि में किसी वस्तु के प्रयोग का परिणाम से लोगों को परिचित कराया जाता है। इसके लिए दृश्य-श्रव्य साधनों का सहारा लिया जाता है।

5. **दृश्य-श्रव्य साधनों का इस्तेमाल**–इस पद्धति के अनुसार दृश्य-श्रव्य के विभिन्न साधनों के इस्तेमाल करने के तरीकों को समझाया जाता है, क्योंकि इसके बीच पूर्ण रूप से वस्तु-स्थिति को समझाना मुश्किल हो सकता है।

6. **सभा-सम्मेलन एवं यात्रा का आयोजन** प्रसार के इस पद्धति के अनुसार तथा यात्रा का आयोजन करके सम्बन्धित लोगों को उस वस्तु-विशेष की जानकारी दी जाती है इसके लिए प्रसार-कार्यकर्त्ता लगे रहते हैं।

7. **प्रदर्शनी का आयोजन**–संचार की एक विधि प्रदर्शनी का आयोजन है। प्रदर्शनी में दिखाए गये यन्त्रों या अन्य वस्तुओं से किसी को जानकारी अच्छी तरह से दी जा सकती है। जैसे—उच्च किस्म के आधुनिक कृषि-यन्त्रों का प्रयोग, गोबर गैस प्लांट का प्रयोग एवं महत्व इत्यादि। इस तरह यह कहा जा सकता है कि किस संचार पद्धति का प्रयोग कहाँ पर होगा? यह वस्तु-विशेष का स्वभाव एवं गाँव वालों की प्रकृति पर निर्भर करता है।

दृश्य-श्रव्य साधन

दृश्य-श्रव्य साधन के विभिन्न प्रकार

दृश्य-श्रव्य साधन सुनी तथा देखी जाने वाली सहायक साधन है जो प्रसार तकनीक में सहायक होकर संचार-प्रक्रिया को प्रभावशाली बनाती है। दृश्य-श्रव्य साधन निम्नलिखित प्रकार के हैं—

1. **श्यामपट**–इसका प्रयोग सामूहिक वार्त्ता, बैठकें तथा सभाओं में किया जाता है जिससे समूह का ध्यान केन्द्रित हो और विषय में सजीवता आए। श्यामपट के ऊपरी भाग में विषय का शीर्षक लिख देना चाहिए। लोगों के प्रश्न तथा उत्तर भी लिखते रहना चाहिए। आवश्यकता पड़ने पर चित्रांकन भी करना चाहिए। श्यामपट स्वच्छ हो, मोटे अक्षर ही लिखे जाएँ तथा रंगीन खड़िया का ही प्रयोग किया जाय।

2. **फोटोग्राफ**–यह दृश्य साधन कहलाता है। इसका प्रयोग प्रदर्शनी में प्रदर्शन रूप में करते हैं। यह कैमरा द्वारा

तैयार होता है। किसी पद्धति को शुरू से अन्त तक फोटोग्राफ द्वारा कहानी रूप में चित्रित किया जाता है। उन्हें बुलेटिन बोर्ड पर प्रदर्शित करते हैं। इसका प्रयोग किसी नवीन पद्धतियों को पूर्ण रूप से प्रदर्शित करने में किया जाता है। इसको प्रभावशाली बनाने के लिए फोटो बड़े साफ-सुथरे होने चाहिए तथा क्रम से खींचे होने चाहिए।

3. **पोस्टर**–यह दृश्य-साधन के रूप में प्रयोग होता है। इसका प्रयोग सार्वजनिक स्थान पर होता है तथा आकार 40" × 30" होता है, जिसमें थोड़े शब्द एवं आकर्षक विषय सम्बन्धी चित्र एक ही विचार प्रदर्शित करने वाले अभिनयात्मक चित्र हो जो स्वयं वर्णित गुण वाले होते हैं तथा कागज पर बोर्डर लाईन होते हैं।

4. **फ्लैश कार्ड**–फ्लैश कार्ड का प्रयोग फिल्म स्ट्रीप की भाँति ही होता है। अन्तर यह है कि फ्लैश कार्ड में तस्वीरें प्रत्यक्ष रूप से सामने दिखायी देती हैं तथा फिल्म स्ट्रीप में पर्दे पर। किसी क्रिया को या बात को समझाने के लिए 10 या 12 कार्डों पर चित्रों द्वारा कहानी बनाई जाती है, फिर प्रसार कार्यकर्त्ता सभी कार्डों को क्रमशः रख लेता है और एक छोटे से समूह को एक-एक कार्ड दिखाकर समझाता रहता है। इस प्रकार पूरी पद्धति को कहानी के रूप में समझा देता है।

5. **कठपुतली**–शिक्षा के लिए कठपुतलियों का खेल विशेषतया गाँव के लिए बहुत ही उपयुक्त साधन है और ऐसी कला है जो आसानी से सीखी जा सकती है। कठपुतली का तमाशा दर्शकों को मन्त्रमुग्ध कर देता है, बशर्ते यह अभिनय की एक सजीव भावना से ओत-प्रोत हो। उसकी सहायता से स्वास्थ्य, साक्षरता, कृषि या गृह-निर्माण कला इत्यादि सभी सरलतापूर्वक सिखाये जा सकते हैं। कठपुतलियों को खेल मनोरंजन तथा ज्ञानोपार्जन दोनों उद्देश्य एक साथ पूरा करता है।

कठपुतलियों के प्रकार

(a) दस्ताने वाली पुतली या हस्त गुड़िया (b) धागे वाली पुतली (c) लकड़ी वाली पुतली तथा (d) छाया वाली पुतली।

दस्ताने वाली पुतली चारों में सबसे सरल है और इसमें काम आसानी से किया जा सकता है। यह एक तीन अंगुली वाले दस्ताने की तरह है जो तमाशा दिखाने वाले

के हाथ में ठीक से आ जाती है। इसमें पहली गुड़ियों के सिर में रहती है। जो सिर को गति देने में सहायता करती है। बीच में अंगुली और अंगूठा दोनों हाथ में फंसाये जाते हैं, जो इनको गति देते हैं। कठपुतली के कपड़ा में तमाशा दिखाने वाले का हाथ कुहनी तक ढँका रहता है। एक आदमी एक समय में दो गुड़ियों से तमाशा दिखा सकता है। कठपुतली के बनाने में छड़, लकड़ी का बुरादा, तार, रस्सी, रंगीन कपड़ों तथा रंगों आदि से बनाया जाता है।

6. **फलानैल ग्राफ**–किसी लकड़ी अथवा गत्ते के बोर्ड पर फलानैल का रोएँदार कपड़ा लगा रहता है और तस्वीर के पीछे सेंड पेपर लगा रहता है जिससे वह रोयेदार फलानैल के कपड़े पर दीख जाए। जनता के समझने के लिए तस्वीरों को बोर्ड पर क्रमशः लगाते हैं तथा फ्लैश कार्ड की तरह एक-एक चित्र को समझाकर कहानी बनाते हैं।

7. **चलचित्र पट्टी**–35 एम.एम. फिल्म की एक शांत तस्वीर वाली माला है जो अनुक्रमित ढंग से लगी होती है जो क्रिया या तो किसी कहानी को प्रस्तुत करने या किसी सुधरे हुए अभ्यास के प्रत्येक सोपान को प्रदर्शित करती है।

8. **स्लाइड**–स्लाइड फिल्म स्ट्रीप तथा चलचित्रों की अपेक्षा बनाने में सस्ती तथा प्रयोग में सरल होती है।

दृश्य-श्रव्य सामग्री की सहायता से प्रशिक्षण के पहले आवश्यक तैयारियाँ निम्नलिखित हैं—

➤ व्यवहार में लाने वाली दृश्य-श्रव्य सामग्री देखने तथा सुनने में काफी स्पष्ट तथा मधुर होनी चाहिए।

➤ दर्शक के बैठने की व्यवस्था अच्छी होनी चाहिए।

➤ दृश्य-श्रव्य सामग्री श्रोता से इतनी दूर होनी चाहिए कि आवाज कम तथा ज्यादा नहीं हो।

➤ रोशनी की व्यवस्था ठीक होनी चाहिए।

➤ महिलाओं तथा पुरुषों की बैठने की व्यवस्था अलग-अलग होनी चाहिए।

➤ संग में आने वाले छोटे बच्चों को बैलून या टॉफी देकर चुप कराने की व्यवस्था होनी चाहिए।

➤ दृश्य-श्रव्य सामग्री को चलाने के लिए काफी कुशल प्रशिक्षक को ही श्रोता के सामने आना चाहिए।

➤ प्रशिक्षक इस प्रकार दक्ष होना चाहिए कि सुनने या दिखाये जाने के अतिरिक्त श्रोता के प्रश्नोत्तर देकर संतुष्ट कर सके।

दृश्य-श्रव्य सामग्री के प्रकार

दृश्य-श्रव्य सामग्री निम्नलिखित तीन प्रकार की हैं—

- **(a) श्रव्य सामग्री**—श्रव्य सामग्री वह शिक्षण साधन है जो केवल सुनाई देता है, दिखाई नहीं देता है। जैसे— (1) रेडियो (2) टेलीफोन (3) लाउडस्पीकर।
- **(b) दृश्य सामग्री**—दृश्य-सामग्री वह शिक्षण-साधन है जो केवल दिखाई देता है, सुनाई नहीं देता है। जैसे—(1) पोस्टर, (2) फोटोग्राफ, (3) चार्ट, (4) कैलेन्डर, (5) कठपुतली, (6) श्यामपट।
- **(c) दृश्य-श्रव्य सामग्री**—वह शिक्षण साधन है जो दिखाई देता है और सुनाई भी देता है। जैसे—(1) टेलीविजन (2) फिल्म (3) ड्रामा। जब कोई नया व्यंजन बनाने का प्रदर्शन करना होता है तो उस कार्य को करके दिखाया जाता है तथा बोला भी जाता है कि कौन कार्य किस प्रकार किया जाता है? जिसमें दृश्य-श्रव्य सामग्री, जैसे— टेलीविजन और वीडियो कैसेट का व्यवहार किया जाता है।

दृश्य-श्रव्य सामग्री से लाभ

- ➤ दृश्य-श्रव्य सामग्री से दर्शक ज्यादा, शीघ्र, एक साथ तथा अधिक समय तक के लिए सिखाता है।
- ➤ विषय वस्तु को व्यवस्थित तथा पद्धतिबद्ध ढंग से प्रस्तुत किया जाता है।
- ➤ वक्ता पहले विषय वस्तु के बारे में स्पष्ट करता है जिससे श्रोता को समझने में काफी आसानी होती है।
- ➤ यह मस्तिष्क पर काफी गहरा छाप डालता है।
- ➤ वक्तव्य को काफी सार्थक तथा उद्देश्यपूर्ण बनाता है।
- ➤ इससे उत्सुकता का प्रादुर्भव होता है।
- ➤ निरर्थक शब्दों और भाषाओं की आवश्यकता नहीं पड़ती है। जिससे समय की बचत होती है।
- ➤ भाषा का कोई बन्धन नहीं रहता है।
- ➤ श्रोता आकर्षित और ध्यानस्थ रहते हैं।
- ➤ विचारों को गतिशील बनाता है तथा इसके क्रियान्वयन पर जोर पड़ता है।

➤ पुरानी विचारधारा को बदल कर नई विचारधारा का सृजन करता है।

➤ सीखने का काम काफी आसानी तथा जल्दी होता है इसलिए श्रोता एवं वक्ता दोनों के समय की बचत होती है।

यंत्र और तकनीकी का मूल्यांकन

परिचय

कार्यक्रम के नतीजों के मूल्यांकन हेतु वांछित सूचनाएँ एकत्र करने के लिए वृहत सर्वेक्षण यंत्र तकनीकें आवश्यक हो जाती हैं। यह सूचना निम्नलिखित तीन दृष्टिकोण से एकत्र की जाती हैं—

1. **बैचमार्क अवस्था**—यह प्रसार कार्यक्रम लागू होने की पहली अवस्था है। यह वह बिन्दु है जहाँ से लोगों के व्यवहार में परिवर्तन प्रारम्भ होता है।
2. **अन्तरिम अवस्था**—उद्देश्यों की ओर जनता की प्रगति की कोई अवस्था।
3. **अन्तिम अवस्था**—अन्तिम रूप से कार्यक्रम समाप्ति के बाद उद्देश्य की सफलता मापन में मूल्यांकन किया जाता है।

सूचना एकत्रीकरण की मुख्य विधियाँ

(1) संगणना विधि तथा (2) निदर्शन तकनीक

जनगणना में एक-एक करके सभी लोगों से सूचनाएँ ली जाती हैं, किन्तु बड़े संगठन में जनगणना समय, श्रम तथा धन की दृष्टि से व्यावहारिक नहीं हो पाता, इसलिए उपयुक्त नमूना तकनीक का ही चुनाव करते हैं। इस तकनीक से पूरे समूह या समग्र जनसंख्या से कुछ लोगों का इस प्रकार चुनाव करते हैं जो सम्पूर्ण लोगों के लिए प्रतिनिधि प्रमाणित हो सके। यह तकनीक समय, श्रम तथा धन के दृष्टिकोण से व्यावहारिक भी है।

निदर्शन तकनीक के मुख्य प्रकार

(1) देव निदर्शन (2) क्षेत्र निदर्शन (3) स्तरीय निदर्शन (4) कोटा निदर्शन और (5) सविचार निदर्शन।

विभिन्न निदर्शन तकनीकें अपनाकर न्यायदर्श की प्रतिनिधित्वता की जाँच कर लेना श्रेयष्कर होता है।

विधियों तथा तरीकों का माप

सामान्य रूप से प्रसार कार्यक्रमों की प्रकृति शैक्षिक होती है। कार्यक्रम में भौतिक उपलब्धियों के अतिरिक्त शैक्षिक उद्देश्यों की प्रगति माप हेतु कुछ तकनीकें निम्नवत अपनाई जाती हैं—

1. **मूल्य माप**—इसका प्रयोग लोगों की मान्यताओं तथा लोग क्या सोचते हैं—पर किया जाता है, जैसे—धार्मिक मान्यता, आर्थिक मान्यता, वैज्ञानिक मान्यता आदि।

2. **दृष्टिकोण माप**—यह प्रदर्शित करता है किसी चीज के प्रति लोगों की भावनाएँ। ये भावनाएँ किसी समस्या के बारे में धनात्मक या ऋणात्मक हो सकती हैं। जैसे—बाल-विवाह, परिवार-नियोजन आदि।

3. **विचार मत**—इसका उपयोग निश्चित मामलों पर लोगों के विचार जानने के लिए करते हैं, यह साधारणतया हाँ या नहीं रूप में अथवा प्रश्नोत्तरी रूप में, जैसे चुनाव में लोगों के मतदान व्यवहार को जानने के लिए सर्वेक्षण करता है।

4. **ज्ञान तथा समय परीक्षण**—इसका प्रयोग यह जानने के लिए कि व्यक्ति क्या समझता है या किस दिशा में प्राप्त ज्ञान का प्रयोग कर सकता है, जैसे—धान की खेती के सम्बन्ध में ज्ञान।

5. **अभिरुचि जाँच**—इसका प्रयोग विभिन्न क्रियाकलापों या कार्यक्रमों में लोगों की अभिरुचि का पता लगाने के लिए किया जाता है। जैसे—परिवार नियोजन में अभिरुचि।

6. **कौशल या सम्पादन परीक्षण**—लोगों की कार्य कुशलता या कार्य सम्पादन की क्षमता निर्धारित करने के लिए इस परीक्षण का प्रयोग करते हैं। जैसे—ट्रैक्टर चलाने में दक्षता।

7. **नई विधियों का अंगीकरण**—इसमें लोगों द्वारा नई विधियाँ जिस हद तक अपनाई जा रही हैं, को पता लगाते हैं। जैसे—धान की खेती में कई नई विधियों का अंगीकरण अध्ययन।

8. **वैयक्तिक इतिहास**—इस तकनीकी का प्रयोग समग्र की एक इकाई का सविस्तार अध्ययन करने के लिए किया जाता है। जैसे—एक प्रगतिशील कृषक का अध्ययन या एक युवक क्लब का अध्ययन।

इन सबका प्रयोग प्रश्नों द्वारा सूचनाएँ एकत्र करने हेतु किया जाता है। प्रश्नावली की यांत्रिक रचना एवं आकृति महत्वपूर्ण है। प्रश्न छोटा, स्पष्ट तथा संक्षिप्त हो। वे क्रम में रखे जाएं तथा उनके उत्तर लिखने के लिए पर्याप्त जगह हो?

आँकड़े एकत्रीकरण के बाद योजना की रूपरेखा देने के लिए इसको संक्षिप्त करना आवश्यक हो जाता है। आँकड़ों का उचित ढंग से सारणीयन तथा प्रस्तुतीकरण आवश्यक हो जाता है। सन्दर्भित लोगों के उपयोग के लिए आँकड़े लिखित रूप में तैयार होने चाहिए। यह हमेशा ध्यान देना चाहिए कि आँकड़े या सूचनाएँ ऐसी एकत्रित की जायें कि वे प्रश्नों का उत्तर दे सकें। आँकड़े इन उत्तरों का सारांश होने चाहिए—

1. **स्वयं मूल्यांकन**—प्रसारकर्त्ता अथवा संस्था द्वारा।

2. **राजकीय संस्थाओं द्वारा मूल्यांकन**—कार्यक्रम मूल्यांकन संगठन।

3. **तदर्थ समिति द्वारा मूल्यांकन**

4. **विश्वविद्यालय द्वारा मूल्यांकन**

5. **व्यक्तिगत अध्ययन द्वारा मूल्यांकन**

आँकड़े तैयार करना—आँकड़े तैयार करने के लिए निम्नलिखित चरण हैं—

(1) आँकड़े के शीर्षक (2) अन्वेषणकर्त्ता का नाम, पद एवं संस्था (3) भूमिका (4) उद्देश्य (5) अन्वेषण विधियाँ (6) पता लगे हुए कारण (7) निष्कर्ष, अनुमोदन तथा पूर्व विचार।

गृह विज्ञान में कक्षा संचार के तरीके

परिचय

गृह विज्ञान समुदाय एवं राष्ट्र के प्रत्येक पक्ष से सम्बन्धित है। यह मानवीय वातावरण, पारिवारिक पोषण, संसाधनों का व्यवस्थापन, बाल विकास एवं उपभोक्ताओं की कुशलता में सुधार लाने से सम्बद्ध ज्ञान को संश्लिष्ट एवं समेकित करने का कार्य करता है।

प्राथमिक विद्यालयों में शरीर विज्ञान एवं स्वास्थ्य विज्ञान की सैद्धान्तिक शिक्षा एवं पाक कला, सिलाई-बुनाई, कढ़ाई कला की शिक्षा व्यवहारिक रूप में गृहविज्ञान के अन्तर्गत दी जा रही है, साथ ही मध्य एवं माध्यमिक विद्यालयों से लेकर महाविद्यालय एवं विश्वविद्यालय स्तर पर गृह विज्ञान द्वारा कल्याण एवं विकास हेतु कार्यक्रम प्रस्तुत हैं।

विकास के विभिन्न क्षेत्रों में गृह विज्ञान का योगदान

विकास के विभिन्न क्षेत्रों में गृह विज्ञान का योगदान निम्नलिखित है—

(1) पारिवारिक स्तर के उत्थान में, (2) स्वास्थ्य के क्षेत्र में, (3) पोषण के क्षेत्र में तथा (4) रोजगार के क्षेत्र में।

गृह विज्ञान शिक्षण-क्षेत्र के रोजगार

गृह विज्ञान शिक्षण-क्षेत्र के अन्तर्गत निम्नलिखित रोजगार हैं—

➤ शिक्षिका, व्याख्याता, रीडर तथा प्रोफेसर के रूप में,

➤ अनुसंधान सहायिका के रूप में अनुसंधान संस्थानों में,

➤ डायटिशियन के रूप में भी कैंटीन अथवा होस्टल के मेस में,

➤ नर्सरी स्कूल संचालिका के रूप में

गृहविज्ञान शिक्षण क्षेत्र के बाहर के रोजगार निम्नलिखित हैं—

➤ गृह विज्ञान प्रसार कार्यकर्मी—ग्राम सेविका के रूप में,

➤ प्रशिक्षण महाविद्यालय में शिक्षिका के रूप में,

➤ परिधान डिजाइनर के रूप में अपना बुटीक या सिलाई स्कूल खोलकर,

➤ आन्तरिक सज्जाकार, पत्रकार या लेखिका, टी.वी. या रेडियो कलाकार के रूप में,

➤ परिवार कल्याण एवं जनसंख्या नियन्त्रण के क्षेत्र में

➤ बाल-शिक्षा के क्षेत्र में तथा स्त्री-शिक्षा के क्षेत्र में

स्नातक सम्मान, स्नातकोत्तर एवं शोध करती हुई छात्राएँ निम्नलिखित विषय-क्षेत्र का अध्ययन करती हैं—

(1) आहार एवं पोषण विज्ञान, (2) पारिवारिक संसाधनों का व्यवस्थापन, (3) वस्त्र विज्ञान एवं परिधान, (4) मानव विकास एवं (5) गृह विज्ञान प्रसार शिक्षा।

आहार एवं पोषण विज्ञान का ज्ञान प्राप्तकर छात्राएँ अपने परिवार में सदस्यों हेतु उत्तम, पौष्टिक आहार का आयोजन कर सकती हैं। उन्नत पाक-विधियों से भोजन पकाकर आकर्षक ढंग से परोसती है। साथ ही भोज्य पदार्थों को जैम, जैली, अचार, मुरब्बे, पापड़ बड़ी आदि के रूप में संरक्षित करना भी सीखती है। विशेष अवसरों हेतु औपचारिक तथा अनौपचारिक पार्टियों का आयोजन करना, विभिन्न शैलियों से भोजन-मेज की सज्जा, भोजन सम्बन्धी शिष्टाचार आदि का भी ज्ञान प्राप्त करती हैं।

गृह कला एवं गृह प्रबन्ध की शिक्षा लेकर अपने घर की भावी गृहिणी के रूप में व्यवस्था सुचारू रूप से करके परिवार को सुख शान्ति प्रदान कर सकती है। सीमित आय में बजट बनाना, समय, शक्ति, धन के अनुरूप गृह प्रबन्ध करना, उपलब्ध साधनों द्वारा इच्छित लक्ष्य की प्राप्ति करना सीखती है। अपने परिवार के सदस्यों के लिए वस्त्रों का चयन, खरीददारी करती है। आधुनिक फैशन के अनुरूप वस्त्र स्वयं सीतीं हैं तथा सिलवाती हैं, वस्त्रों के प्राकृतिक एवं कृत्रिम रेशे, वस्त्र निर्माण प्रक्रिया, बुनावट, परिसज्जाएँ एवं रेशे की विशेषताओं का ज्ञान प्राप्त करती है और वस्त्रों की धुलाई, दाग-धब्बे छुड़ाना, वस्त्रों की देख-रेख, संरक्षण एवं संचयन करने की विधियों की शिक्षा भी ग्रहण करती है। परम्परागत वस्त्रों का इतिहास, वस्त्रों का सामाजिक, मनोवैज्ञानिक महत्व, परिधानों का अवसरोचित चयन एवं परिधान सम्बन्धी शिष्टाचार का ज्ञान अर्जित करती है। मानव विकास में भी भरपूर शिक्षा ग्रहण कर बाल विकास करने में सहायक होती हैं। शिशु जन्म प्रक्रिया, प्रसव पूर्व एवं प्रसवोपरान्त स्त्री की देखभाल, शिशु का आहार, वस्त्र, पालन-पोषण शारीरिक, मानसिक एवं संवेगात्मक विकास का अध्ययन करती है।

मृदुला सेठ द्वारा गृह विज्ञान प्रसार शिक्षा के तीन आवश्यक अंग बताए गए हैं, जो निम्नलिखित हैं—

(1) प्रसार शिक्षा, (2) प्रसार सेवा तथा (3) प्रसार कार्य।

प्रसार शिक्षा, शोध एवं प्रसार कार्य से सम्बन्धित है जो प्रायः बड़े शिक्षा संस्थानों तथा विश्वविद्यालयों में होते हैं। प्रसार सेवा शोध संस्थानों तथा गृहिणियों के बीच की दूरी कम करने का कार्य करती है।

गृह विज्ञान प्रसार-शिक्षा के प्रमुख उद्देश्य

➤ गृहिणियों के सर्वोन्मुखी विकास में सहायता देना,

➤ उपलब्ध संसाधनों के उपयोग में गृहिणियों की सहायता करना, तथा

➤ सरकारी कार्यक्रमों, गृहिणियों के सार्वभौमिक विकास को बढ़ावा देने वाली स्वैच्छिक संस्थानों के कार्यों को सुदृढ़ करना।

गृह विज्ञान प्रसार शिक्षा के कार्यक्रम

(1) माँ एवं शिशु की देखभाल, (2) स्वास्थ्य एवं स्वच्छता, (3) आर्थिक विकास कार्यक्रम, (4) बच्चों एवं महिलाओं हेतु सामुदायिक संगठनों का निर्माण, (5) शिक्षा एवं वयस्क शिक्षा, (6) गृह व्यवस्था, जिसमें पारिवारिक बजट बनाना एवं घर की सजावट करना, (7) महिलाओं एवं बच्चों के लिए मनोरंजक सांस्कृतिक कार्यक्रम प्रस्तुत करना तथा (8) रसोई वाटिका, मुर्गीपालन, मधुमक्खी पालन को प्रोत्साहन देना।

8 शरीर विज्ञान

कोशिका की संरचना

कोई भी जीव या तो एक कोशिकीय होता है अर्थात् इसका शरीर केवल एक कोशिका का बना होता है अथवा वह बहुकोशिकीय होता है अर्थात् उसके शरीर में असंख्य कोशिकायें होती हैं। बहुकोशिकीय जीवों की कोशिकाओं की संख्या उनके आकार पर निर्भर करती है। जन्तु कोशिका के मुख्य भागों का संक्षिप्त विवरण इस प्रकार है—

जीवद्रव्य—हक्सले (Huxley) ने बताया कि जीवद्रव्य 'जीवन का भौतिक आधार' (Physical Basis of Life) है। सन् 1940 में पुरकिंजे ने सर्वप्रथम प्रोटोप्लाज्म (Protoplasm) शब्द का प्रयोग किया। सन् 1861 में मैक्स शुल्ज (Max Shultze) ने जीवद्रव्य सिद्धान्त (Protoplasm Theory) प्रस्तुत किया। इसके अनुसार—"सभी जीवधारियों का शरीर जीवद्रव्य से बनी इकाइयों का समूह है तथा सभी पेड़-पौधों व जन्तुओं का शरीर मूल रूप से समरूपी जीवद्रव्य का बना होता है।" जीवद्रव्य की रसायनिक, भौतिक एवं जैविक विशेषताओं के कारण ही कोशिका सजीव कहलाती है। ये विशेषताएं निम्न प्रकार से है—

A. औसत रसायनिक संगठन

रसायनिक दृष्टि से जीवद्रव्य कार्बनिक एवं अकार्बनिक पदार्थों का एक जटिल मिश्रण है। जीवद्रव्य में जल सबसे अधिक मात्रा में उपस्थित होता है। जलीय पौधों में 95 प्रतिशत तक जल होता है। बीज व स्पोर में जल 10-15% होता है। कार्बोहाइड्रेट्स जीवद्रव्य का आवश्यक भाग हैं—ये सभी जीवों द्वारा ईंधन के रूप में उपयोग में लाये जाते हैं। ये कार्बन, हाइड्रोजन एवं ऑक्सीजन के यौगिक हैं, जिनमें कार्बन, हाइड्रोजन तथा ऑक्सीजन 1:2:1 के अनुपात में पाये जाते हैं। प्रोटीन जीवद्रव्य के अत्यधिक जटिल एवं सर्वाधिक महत्त्वपूर्ण कार्बनिक यौगिक हैं, जो जीवद्रव्य के भार का लगभग 10-20% होते हैं। ये कोशिकाओं के विभिन्न अंग बनाते हैं और केन्द्रक में न्यूक्लियो-प्रोटीन के रूप में पाये जाते हैं। इन प्रोटीनों को एन्जाइम भी कहते हैं। प्रोटीन, कार्बन (C), हाइड्रोजन (H), नाइट्रोजन (N), तथा ऑक्सीजन (O) के यौगिक हैं, जिनमें फॉस्फोरस (P), सल्फर (S), मैग्नीशियम (Mg) तथा लोहा (Fe) भी विभिन्न संयोग में पाये जाते हैं। इनके अलावा लिपिड्स (2-3%), राइबोन्यूक्लीक अम्ल (0-7%), डिऑक्सीराइबोन्यूक्लिक अम्ल (0.4%) तथा अकार्बनिक पदार्थ (1%) भी जीवद्रव्य में पाये जाते हैं।

B. भौतिक गुण

(i) जीवद्रव्य रंगहीन पारभासी (Translucent) चमकदार, जैली की तरह अर्ध तरल (Semi Liquid) है। जल में अविलेय है, परन्तु जल की अधिकांश मात्रा को अवशोषित कर सकता है।

(ii) जीवद्रव्य अत्यधिक प्रत्यास्थ (सामान्य स्वरूप से लगभग 25 गुना अधिक फैल सकता है) होता है।

(iii) यह सॉल (Sol) से जैल (Gel) अवस्था या इसके विपरीत बदलता रहता है।

(iv) जीवद्रव्य ब्राउनिअन गति (Brownion Movement) प्रदर्शित करता है, क्योंकि यह एक कोलॉइडल विलयन (Colloidal Solution) है।

(v) जीवद्रव्य 0-60° C तक जीवित रह सकता है। अधिक तापक्रम पर यह विघटित हो जाता है तथा जैविक लक्षणविहिन (मृत) हो जाता है।

(vi) कोशिका के विभिन्न स्थानों पर जीवद्रव्य की श्यानता भिन्न-भिन्न होती है।

(vii) जीवद्रव्य कोशिका में प्रवाही गति (Cyclosis) प्रदर्शित करता है।

C. जैविक गुण

यद्यपि जीवद्रव्य कार्बनिक तथा अकार्बनिक यौगिकों का मिश्रण है, तथापि इसकी कुछ अपनी विशेषताएं हैं। इन विशेषताओं को जीवद्रव्य का जैविक गुण (Biological Properties) कहते हैं। जीवधारियों में गति या चलन (Movement or Locomotion), पोषण (Nutrition), उपापचय (Metabolism), श्वसन (Respiration), उत्सर्जन (Excretion), सचेतनता या उत्तेजनशीलता (Irritability), वृद्धि (Growth) तथा प्रजनन (Reproduction) आदि जीवद्रव्य के जैविक लक्षणों के कारण ही होता है।

जीवद्रव्य के दो मुख्य भाग होते हैं—

कोशिकाद्रव्य (Cytoplasm) तथा केन्द्रक (Nucleus)।

1. **कोशिकाद्रव्य** (Cytoplasm)—कोशिकाद्रव्य, जीवद्रव्य का वह भाग है, जो केन्द्रक को चारों ओर से घेरे रहता है। पादप कोशिकाओं में कोशिकाद्रव्य के बाहर चारों ओर एक निर्जीव कोशिका-भित्ति (Cell Wall) होती है। अतः कोशिकाद्रव्य को मुख्यतः तीन भागों में विभाजित कर सकते हैं—

   (i) **कोशिका कला या जीवद्रव्य कला** (Cell Membrane or Plasma Membrane)—समस्त कोशिकाओं के चारों ओर एक पतली, लचीली एवं अर्धपारगम्य (Semipermeable) झिल्ली होती है। इसे कोशिका कला (Cell Membrane) या जीवद्रव्य कला (Plasma Membrane) कहते हैं। पादप कोशिकाओं में यह कोशिका-भित्ति के अंदर की ओर स्थित होती है, जबकि प्राणी कोशिकाओं में यह बाहरी आवरण बनाती है। सरल सूक्ष्मदर्शी द्वारा प्लाज्मा झिल्ली को नहीं देखा जा सकता है।

   (ii) **टोनोप्लास्ट** (Tonoplast)—टोनोप्लास्ट कोशिका कला की तरह एक कला है। यह कोशिकाद्रव्य तथा रिक्तिका के बीच होती है।

   (iii) **कोशिका कला तथा टोनोप्लास्ट के बीच का कोशिकाद्रव्य**—कोशिका कला तथा टोनोप्लास्ट के बीच कोशिकाद्रव्य का वह भाग, जो कोशिका कला के पास होता है और अधिक ठोस रहता है, एक्टोप्लाज्म (Ectoplasm) कहलाता है। अंदर की ओर स्थित अधिक तरल एवं दानेदार भाग एण्डोप्लाज्म (Endoplasm) कहलाता है। इसमें कोशिकांग (Cell Organelles) स्थित होते हैं।

महत्त्वपूर्ण तथ्य

➤ 'प्लैस्टिड' शब्द का प्रयोग सर्वप्रथम 'शिम्पर' (Schimper, 1885) ने किया था।

➤ प्रत्येक हरित लवक में 40-60 ग्रेना हो सकते हैं।

➤ पार्क तथा बिगिन्स (Park and Biggins, 1964) के अनुसार थाइलेकॉइड की आन्तरिक भित्तियों पर उपस्थित लघु कणों को 'क्वाण्टासोम' (Quantasome) कहते हैं। ये प्रकाश संश्लेषण की आधारभूत इकाई है, परन्तु कार्यात्मक (Functional) इकाई नहीं है।

➤ प्रकाश संश्लेषण की कार्यात्मक इकाई हरितलवक है।

➤ हरितवर्णक (क्लोरोफिल) अणु की संरचना में जटिल पोरफायरिन चक्र (Complex Porfyrin Ring) होता है, जिससे एक लम्बी जल विरोधी फायटोल श्रृंखला (Hydrophobic Phytol Chain; $C_{28}H_{39}$) जुड़ी रहती है।

➤ क्लोरोफिल निम्न प्रकार के होते हैं।

   (i) क्लोरोफिल 'a' $[C_{55}H_{72}O_5N_4Mg]$—इसमें मिथाइल $(-CH_3)$ समूह होता है। यह सभी प्रकाशसंश्लेषी जीवों में पाया जाता है, परन्तु प्रकाशसंश्लेषी जीवाणु में अनुपस्थित होता है।

   (ii) क्लोरोफिल 'b' $[C_{55}H_{70}O_6N_4Mg]$—इसमें एल्डिहाइड $(-CHO)$ समूह होता है। सभी उच्चवर्गीय पादपों तथा हरित शैवालो में पाया जाता है, किन्तु अन्य शैवालों में अनुपस्थित होता है।

   (iii) क्लोरोफिल 'c' $[C_{35}H_{32}O_5N_4Mg]$—भूरी शैवालों (Phaeophyceae के सदस्यों) में उपस्थित होता है।

   (iv) क्लोरोफिल 'd' $[C_{54}H_{70}O_6N_4Mg]$—लाल शैवालों (Rhodophyceae के सदस्यों) में उपस्थित होता है।

तारककाय (Centrosomes)—सेन्ट्रोसोम (तारककाय) की खोज सन् 1888 में T. Boveri ने की थी। प्रत्येक सेन्ट्रोसोम दो सेन्ट्रिओल्स (Centrioles) का बना होता है। इसी कारण इसे डिप्लोसोम (Diplosome) भी कहते हैं। यह केन्द्रक के निकट पाया जाता है तथा कोशिका-विभाजन से सम्बन्धित होता है। सेन्ट्रोसोम जन्तु-कोशिकाओं तथा शैवाल, कवक, मौस व फर्न आदि पौधों में केन्द्रक के समीप पाया जाता है।

अन्तर्द्रव्यी जालिका (Endoplasmic Reticulum, ER)—अन्तर्द्रव्यी जालिका (Endoplasmic Reticulum,) केवल यूकैरियोटिक कोशिकाओं (Eukaryotic Cells) में ही पायी जाती है। अन्तर्द्रव्यी जालिका कोशिकाद्रव्य में फैली होती है। इन नलिकाओं की झिल्लियां कोशिकाकला के समान यूनिट मेम्ब्रेन (Unit Membrane) की बनी होती हैं। कुछ स्थानों पर ये प्लाज्मा झिल्ली से लेकर केन्द्रक कला तक फैली होती हैं। कुछ स्थानों पर ये प्लाज्मा झिल्ली के छिद्रों द्वारा केन्द्रक से सबंधित होती हैं। इसके द्वारा घुलित पदार्थों का अभिगमन होता है। अन्तर्द्रव्यी जालिका (Endoplamic Reticulum) की झिल्लियां प्रोटीन व फॉस्फोलिपिड की बनी होती हैं। इसकी बाह्य सतह पर असंख्य लघु कण होते हैं, जिन्हें राइबोसोम्स (Ribosomes) कहते हैं। ये प्रोटीन संश्लेषण केन्द्र हैं।

राइबोसोम्स (Ribosomes)—राइबोसोम्स सूक्ष्म कण हैं, जो एण्डोप्लैज्मिक रेटिकुलम की झिल्लियों से लगे हुए अथवा फिर कोशिकाद्रव्य में छितरे हुए मिलते हैं। ये सूक्ष्म कण घने तथा गोलाकार कण के रूप में होते हैं। इन्हें केवल इलेक्ट्रॉन सूक्ष्मदर्शी से देखा जा सकता है। राइबोसोम्स के चारों ओर कोई कला नहीं होती। इनमें केवल RNA पाया जाता है। ये कोशिका में प्रोटीन्स का संश्लेषण करते हैं।

राइबोसोम्स दो प्रकार के होते हैं—

(i) 70S राइबोसोम्स, छोटी संरचनाएं होती हैं, जो जीवाणु तथा हरित लवकों में पायी जाती हैं।

(ii) 80S राइबोसोम्स, प्रायः उच्च पादपों व जन्तुओं में पाये जाते हैं।

राइबोसोम्स के बन्धन के लिए मैग्नीशियम (Mg) आवश्यक होता है। प्रत्येक कोशिका में हजारों राइबोसोम्स होते हैं, जो मूलतः प्रोटीन संश्लेषक होते हैं।

माइक्रोबॉडीज (Microbodies)—ये इकाई झिल्ली युक्त छोटे कोशिकांग हैं, जो (श्वसन के अतिरिक्त अन्य) ऑक्सीकरण क्रियाओं में भाग लेते हैं। इनमें क्रिस्टलीय कोर (Crystalline core) तथा कणीय मैट्रिक्स (Granular Matrix) होता है।

माइटोकॉन्ड्रिया (Mitochondria)—माइटोकॉन्ड्रिया, दोहरी दीवारों वाली खोखली थैलेनुमा (फ्लास्कनुमा) रचनाएं हैं। इसमें दो झिल्लियां व दो कक्ष होते हैं। माइटोकॉन्ड्रिया की झिल्लियां मोटी होती हैं। बाह्य माइटोकॉन्ड्रियल झिल्ली ER से जुड़ी होती है। इसकी बाहरी सतह पर राइबोसोम्स भी लगे होते हैं। भीतरी माइटोकॉन्ड्रियल झिल्ली भीतर की ओर अंगुली सदृश उभारों के रूप में निकलकर माइटोकॉन्ड्रिया की गुहा को अविरत कक्षों में बांटती हैं, इन उभारों को क्रिस्टी (Cristae) या माइटोकॉन्ड्रियल क्रैस्ट (Mitochondrial Crest) कहते हैं। भीतरी झिल्ली तथा क्रैस्ट्स (Crests) पर 80-100 Å आकार के अनेक कण लगे रहते हैं। इन कणों को F_1 कण (F_1 Particles) या ऑक्सीसोम (Oxysomes) कहते हैं। प्रत्येक माइटोकॉन्ड्रिया में उनकी संख्या 10^4-10^5 तक होती है। ये कण भीतरी झिल्ली की मोटाई में स्थित होते हैं। प्रत्येक F_1 कण में तीन भाग होते हैं—आधार भाग (Fo), वृंत तथा शीर्ष भाग F_1। आधार भाग (Fo) में इलेक्ट्रॉन ट्रांसफर चेन के एन्जाइम होते हैं तथा शीर्ष भाग (F_1) में AT Pase या ATP सिन्थेटेज एन्जाइम होता है। यहां ADP के फॉस्फोरिलीकरण से ATP बनते हैं। इसीलिए माइटोकॉन्ड्रिया, को कोशिका का 'शक्ति गृह' (Power House of Cell) कहते हैं। माइटोकॉन्ड्रिया जीवाणु और नील-हरित शैवालों को छोड़कर पौधों एवं प्राणियों की सभी सजीव कोशिकाओं में पाये जाते हैं।

गॉल्जी उपकरण तथा डिक्टियोसोम (Golgi Apparatus and Dictyosomes)—गॉल्जीकाय को गॉल्जी पदार्थ, गॉल्जी मेम्ब्रेन, गॉल्जीसोम, गॉल्जी उपकरण आदि नाम दिए गये हैं। सभी यूकैरियोटिक कोशिकाओं में गॉल्जीकाय पायी जाती हैं, किन्तु ब्रायोफाइटा तथा टेरिडोफाइटा के नर युग्मक, परिपक्व चालनी कोशिकाएं तथा प्राणियों के लाल रुधिराणु व परिपक्व शुक्राणु इसके अपवाद हैं। निम्न अकशेरूकी प्राणियों तथा पादपों में इसको डिक्टियोसोम (Dictyosome) कहते हैं। प्रोकैरियोटिक कोशिकाओं में गॉल्जी उपकरण नहीं होता। गॉल्जीकाय में झिल्ली की कई समान्तर तह होती हैं। ये चट्टों के रूप में विन्यासित रहती हैं। ये झिल्लियां प्लाज्मा मेम्ब्रेन या एंडोप्लैज्मिक रेटिकुलम की मेम्ब्रेन के समान त्रिस्तरीय संरचना (Trilaminar Structure) वाली होती हैं। ये प्रायः केन्द्रक के सम्मुख स्थित होती हैं। गॉल्जीकाय ध्रुवीकृत रचनाएं हैं। इसमें सिस्टर्नी एक निश्चित क्रम में चट्टों में विन्यासित होते हैं। उत्तल सतह की ओर ये छोटे होते हैं। यह सतह अभिरूपण तल (Forming Face) कहलाती है। स्थानांतरीय वेसीकल्स तथा नलिकायें ER से पृथक होकर नये सिस्टर्नी बनाती हैं। सिस्टर्नल चट्टे का दूसरा अवतल तल परिपक्वन तल (Maturing Face) होता है। इसका संबंध स्रावी वेसीकल्स एवं रिक्तिकाओं के निर्माण से होता है। ये

वेसीकल्स परस्पर मिलकर लाइसोसोम या जाइमोजन कणिकाएं (Zymogen Granules) बनाते हैं।

लाइसोसोम्स (Lysosomes)—सभी यूकैरियोटिक कोशिकाओं में लाइसोसोम्स स्थित होते हैं, किन्तु प्राणि-कोशिकाओं में ये अधिक संख्या में मिलते हैं। ये मैक्रोफैग (Macrophages) प्रोकैरियोटिक कोशिकाओं, पौधों की मैरिस्टेमैटिक कोशिकाओं में भी होते हैं। प्रत्येक लाइसोसोम के द्रव में कई प्रकार के अपघटक या हाइड्रोलाइटिक एन्जाइम होते हैं जो वसा, कार्बोहाइड्रेट व प्रोटीन इत्यादि के अपघटन एवं पाचन में भाग लेते हैं।

पक्ष्माभ एवं कशाभी (Cilia and Flagella)— पक्ष्माभ तथा कशाभ धागे के समान रचनायें हैं, जो अनेक प्रकार की कोशिकाओं, युग्माणुओं तथा चल बीजाणुओं में पाये जाते हैं। इसके मुख्य कार्य गति, खाद्य-पदार्थों को पकड़ना एवं जल की धाराओं को बनाना हैं। प्रत्येक पक्ष्माभ या कशाभ में कुल 11 माइक्रोफाइबर या तन्तुक (Microfibres) होते हैं। इनमें से 9 तन्तुक बाहर की ओर तथा दो तन्तुक मध्य अक्ष पर होते हैं। प्रत्येक तन्तुक दो उपतन्तुकों (Doublets) का बना होता है। प्रत्येक दो उपतन्तुकों में से एक में दो बहिर्वेशन (Projections) होते हैं। दो उपतंतुक (Microfibrils) एक सामान्य भित्ति से घिरे रहते हैं। प्रत्येक मध्य तन्तुक केवल एक नलिका का बना होता है। ऐसे दो एकक तंतुकों के चारों ओर एक आच्छद (Sheath) होता है। जीवाणुओं के कशाभी में केवल एक तन्तुक होता है। इसमें मुख्य रूप से फ्लैजेलीन (Flagellin) प्रोटीन होता है।

केन्द्रक (Nucleus)—केन्द्रक कोशिका की समस्त जैव क्रियाओं का नियमन करता है। सभी यूकैरियोटिक कोशिकाओं में सामान्यतः एक केन्द्रक होता है। कुछ प्रोटोजोआ प्राणियों तथा शैवाल व कवकों की कुछ जातियों में एक से अधिक केन्द्रक होते हैं। इस प्रकार की वनस्पति कोशिकाओं को संकोशिकी (Coenocytic) तथा प्राणि-कोशिकाओं को बहुकेन्द्रकी (Syncytial) कहते हैं। केन्द्रक गोलाकार, अण्डाकार, चपटे आदि विभिन्न आकृति के होते हैं। कुछ कीटों व लाल रुधिर कणिकाओं में यह अनियमित आकार का होता है। केन्द्रक का आकार कोशिका के प्रकार एवं केन्द्रक के कार्य पर निर्भर करता है। शुष्क भार के आधार पर केन्द्रक में प्रोटीन (Protein) 70%, फॉस्फोलिपिड (Phospholipid) 3.5%, DNA (Deoxyribonucleic Acid) 10% तथा RNA (Ribonucleic Acid) 2.3% पाये जाते हैं। केन्द्रक में निम्नलिखित चार भाग होते हैं—

1. **केन्द्रक कला (Nuclear Membrane)**—केन्द्रक के चारों ओर एक महीन कला होती है, जिसे केन्द्रक कला (Nuclear Membrane) कहते हैं। केन्द्रक कला दो परतों या झिल्लियों की बनी होती है। प्रत्येक झिल्ली एक यूनिट मेम्ब्रेन (एकक कला) को प्रदर्शित करती है और 75 Å मोटी होती है। दोनों यूनिट मेम्ब्रेन के बीच 150Å चौड़ा परिकेन्द्रकीय स्थान (Perinuclear Space) होता है। केन्द्रक की बाह्य कला एण्डोप्लैज्मिक रेटिकुलम से जुड़ी होती है तथा इसके साथ राइबोसोम भी लगे पाये जाते हैं। केन्द्रक कला में स्थान-स्थान पर 100-300Å व्यास वाले केन्द्रक छिद्र (Nuuclear Pores) पाये जाते हैं। केन्द्रक छिद्र, केन्द्रक तथा कोशिकाद्रव्य के बीच संपर्क बनाये रखते हैं।

2. **केन्द्रकद्रव्य (Nucleoplasm)**—केन्द्रक कला के अंदर केन्द्रक में एक पारदर्शी, अर्ध तरल व कणिकीय मैट्रिक्स होता है, जिसे केन्द्रकद्रव्य (Nucleoplasm) या केन्द्रक रस (Nuclear Sap) या कैरियोलिम्फ (Karyolymph) कहते हैं। इसमें RNA, DNA, प्रोटीन, एंजाइम, लिपिड व खनिज लवण आदि पाये जाते हैं।

3. **केन्द्रिक (Nucleolus)**—केन्द्रिक की खोज सन् 1781 में फोन्टाना (Fontana) ने की थी। केन्द्रिक एक छोटी व गोल रचना के रूप में होता है। कभी-कभी एक केन्द्रक में दो या इससे भी अधिक केन्द्रिकाएं होती हैं, जैसे—प्याज के केन्द्रक में प्रायः चार केन्द्रिकाएं होती हैं। प्रत्येक केन्द्रिक एक विशेष गुणसूत्र—केन्द्रिक संगठन गुणसूत्र (Nuclear Organising Chromosome) के विशिष्ट स्थान पर लगा होता है, जिसे केन्द्रिक संगठन क्षेत्र (Nuclear Organising Region) कहते हैं।

4. **क्रोमेटिन (Chromatin)**—क्रोमेटिन केन्द्रक का सबसे महत्त्वपूर्ण भाग है। यह धागों के रूप में एक-दूसरे के ऊपर फैलकर एक जाल-सा बनाता है, इसे क्रोमेटिन रेटिकुलम (Chromatin Reticulum) कहते हैं। कोशिका विभाजन के समय ये धागे सिकुड़कर छोटे व मोटे हो जाते हैं, अब इन्हें गुणसूत्र (Chromosomes) कहते हैं (Waldeyer, 1988)। रसायनिक रूप से क्रोमेटिन न्यूक्लिओप्रोटीन (Nucleoproteins), कुछ एन्जाइम

व कैल्शियम (Ca) तथा मैग्नीशियम (Mg) के अकार्बनिक यौगिकों से मिलकर बनता है। न्यूक्लिओप्रोटीन, न्यूक्लीक अम्ल (Nucleic Acid) और क्षारीय प्रोटीन (Basic Protein) के मिलने से बनता है। क्षारीय प्रोटीन मुख्य रूप से हिस्टोन है, जो क्षारीय एमीनों अम्ल से बनता है। कुछ स्थानों पर क्रोमोसोम में अभिरंजक (Stains) रंग नहीं दे पाते। इन स्थानों पर न्यूक्लिक अम्लों का अभाव होता है या इन स्थानों पर कुछ अन्य प्रकार के पॉलीजीन्स (Polygenes) पाये जाते हैं। इन स्थानों को हिटेरोक्रोमेटिक क्षेत्र कहते हैं। ये स्थान सैन्ट्रोमीअर के आस-पास होते हैं तथा प्रायः बन्ध्य (Innert) स्थान होते हैं।

गुणसूत्रों का औसत आकार 0.5 से 30μm लम्बाई व 0.2 से 3μm व्यास तक होता है तथा इसके निम्न प्रमुख भाग होते हैं—

(i) **पैलिकल तथा मैट्रिक्स** (Pellicle and Matrix)—गुणसूत्र एक आवरण से ढका रहता है, जिसे पैलिकल (Pellicle) कहते हैं। इसमें एक जैली सदृश्य पदार्थ भरा रहता है, जो मैट्रिक्स (Matrix) कहलाता है।

(ii) **क्रोमेटिड्स या क्रोमोनिमेटा** (Chromatids or Chromonemeta)—मैट्रिक्स में विद्यमान दो सर्पिल अवस्था में लिपटे सूत्रों को क्रोमेटिड्स कहते हैं। इन्हीं पर जीन्स (genes) उपस्थित होते हैं।

(iii) **क्रोमोमीयर्स** (Chromomeres)—क्रोमेटिड्स पर अनेक कणिकाकार उभार होते हैं, जिन्हें क्रोमोमीयर्स कहते हैं। ये जीन्स के लिए विशिष्ट स्थान (loci) है। क्रोमोमीयर्स की संख्या प्रत्येक क्रोमेटिड् पर कई हजार तक हो सकती है।

(iv) **सैन्ट्रोमीयर** (Centromere)—प्रत्येक गुणसूत्र में एक संकीर्ण (Constricted) स्थान होता है, जो अभिरंजित (Stained) नहीं होने के कारण अलग दिखाई देता है। इस स्थान को प्राथमिक संकीर्णन (Primary Constriction) कहते हैं। यह सैन्ट्रोमीयर या काइनेटोकोर (Kinetochore) में स्थित होता है। दोनों क्रोमोनिमा इसी स्थान पर एक-दूसरे से जुड़े रहते हैं तथा इसी भाग पर तर्कु (Spindle) बनता है। प्रत्येक सैन्ट्रोमीयर पर गहरा

रंग (Stain) लेने वाले एक या एक से अधिक कण होते है, जिन्हें काइनोसोम (Kinosome) कहते हैं। सैन्ट्रोमीयर की स्थिति के आधार पर विभिन्न आकार के गुणसूत्र होते हैं।

(क) **एसैन्ट्रिक** (Acentric)—जब किसी गुणसूत्र में सैन्ट्रोमीयर अनुपस्थित होता है। ऐसा गुणसूत्र निष्क्रिय होता है, इसे एसैन्ट्रिक कहते हैं।

(ख) **एक्रो सै न्ट्रि क** (Acrocentric)—जब सैन्ट्रोमीयर गुण सूत्र के एक सिरे पर स्थित हो, इस अवस्था में गुणसूत्र सीधा दिखाई देता है।

(ग) **मैटासैन्ट्रिक** (Matacentric)—जब सैन्ट्रोमीयर गुणसूत्र के मध्य (Middle) भाग में स्थित होता है। इस अवस्था में गुणसूत्र 'V' आकार का दिखाई देता है।

(घ) **टीलोसैन्ट्रिक** (Telocentric)—जब सैन्ट्रोमीयर गुणसूत्र पर सिरे से हटकर केन्द्र की ओर (Subterminal) हो। इस अवस्था में गुणसूत्र 'J' आकार का दिखाई देता है।

(ड) **सब-एक्रोसैन्ट्रिक** (Sub-Acrocentric)—सैन्ट्रोमीयर गुणसूत्र पर अत्यधिक सिरे की ओर स्थित होता है।

(च) **सब-मेटासैन्ट्रिक** (Sub-Metacentric)—सैन्ट्रोमीयर की स्थिति गुणसूत्र पर मध्य से थोड़ा एक ओर हो।

(छ) **डाइसैन्ट्रिक** (Dicentric)—एक गुणसूत्र पर दो सैन्ट्रोमीयर उपस्थित हों।

(ज) **पॉलीसैन्ट्रिक** (Polycentric)—एक गुणसूत्र पर दो-से-अधिक सैन्ट्रोमीयर उपस्थित हों।

(v) **सैटेलाइट बॉडीज** (Satellite Bodies)—कुछ गुणसूत्रों में द्वितीयक संकीर्णन (Secondary Constriction) पाये जाते हैं, इन गुणसूत्रों को सैटेलाइट बॉडी (Satellite Body) कहते हैं। ये गुणसूत्र, कोशिका विभाजन के पश्चात् केन्द्रिक (Nucleolus) के पुनर्व्यवस्था (Reorgnization) का कार्य करते हैं।

लैंगिक लक्षणों के आधार पर यूकैरियोट प्राणियों में दो प्रकार के गुणसूत्र होते हैं—

(i) **कायिक गुणसूत्र** (Autosomes)—ये गुणसूत्र लिंग-निर्धारण में भाग नहीं लेते तथा इनकी संख्या लिंग-गुणसूत्रों की संख्या से अधिक होती है।

(ii) **लिंग-गुणसूत्र** (Sex-Chromosomes or Heterosomes)—ये गुणसूत्र संतति के लिंग-निर्धारण का कार्य करते हैं। ये दो प्रकार के 'X' तथा 'Y' होते हैं।

गुणसूत्रों के विशेष प्रकार

(i) **लैम्पब्रश गुणसूत्र** (Lampbrush Chromosome)—कशेरुकियों के परिवर्धनशील अण्डाणु (Oocytes) के कुछ गुणसूत्रों की लम्बाई में वृद्धि (800-1000 μm तक) हो जाती है तथा उन पर लूप (Loop) बन जाते हैं। इन लूपों पर त्रिज्ययी दिशा में कई रोम बन जाते हैं, जिससे इन गुणसूत्रों का आकार लैम्प साफ करने वाले ब्रश (lampbrush) जैसा हो जाता है। इन गुणसूत्रों का मुख्य केन्द्रीय अक्ष DNA का तथा लूप DNA व RNA के बने होते हैं।

(ii) **पॉलीटीन गुणसूत्र** (Polytene Chromosome)—डिप्टेरॉन की लसिका ग्रंथियों में बालबिआनी (1881) द्वारा वृहत् (Giant) गुणसूत्रों की खोज की गई। *ड्रोसोफिला मेलेनोगैस्टर* (*Drosophila Melanogaster*) में इनकी आमाप 2000 μm होती है। इन गुणसूत्रों में गहरी व हल्की अनुप्रस्थ पट्टियों का विशिष्ट अनुक्रम होता है। गहरी पट्टियां युक्रोमेटिन (Euchromatin) तथा हल्की पट्टियां हेटेरोक्रोमेटिन (Heterochromatin) कहलाती है। इन गुणसूत्रों में गहरी पट्टियों पर लूपनुमा पफ (Puff) बन जाते हैं। इन विशिष्ट लूपों को बालबिआनी लूप कहते हैं। इन लूपों में m-RNA का संश्लेषण होता है।

5. **जीन्स (Genes)**—लघुत्तम इकाई, जो किसी लक्षण की आनुवंशिकी को नियन्त्रित करती है, 'जीन' (gene) कहलाती है। जीन शब्द को जोहन्सन (Johannson) ने दिया था। आधुनिक शोधों के अनुसार, एक जीन,

डी. एन. ए. के अणु का एक ऐसा खण्ड है, जो किसी एक विशिष्ट प्रकार की प्रोटीन (एन्जाइम) के संश्लेषण का नियमन करता है। इस भाग को सिस्ट्रॉन (Cistron) कहते हैं।

कोशिका-विभाजन

समस्त जीवों में कोशिका-विभाजन की क्रिया में एक निश्चित समानता होती है तथा इस क्रिया में होने वाली मुख्य घटनाएं केवल केन्द्रक में ही सीमित रहती है। कोशिका-विभाजन के पश्चात् मातृ कोशिका से सन्तति कोशिकाओं का निर्माण होता है।

कोशिका चक्र (Cell Cycle)—समसूत्री विभाजन के फलस्वरूप केन्द्रक दो केन्द्रकों में बंट जाता है, जिससे एक मातृ कोशिका से दो संतति कोशिकाएं बनती हैं। सन्तति कोशिका का केन्द्रक कोशिका विभाजन से पूर्व उपापचय (Metabolically) की दृष्टि से सक्रिय रहता है। इस अवस्था को अन्तरावस्था (Interphase) कहते हैं। अन्तरावस्था और सूत्री विभाजन को मिलाकर कोशिका चक्र (Cell Cycle) कहते हैं। कोशिका चक्र निम्न चार चरणों में पूर्ण होती है—पहला चरण G_1-अवस्था या प्रारम्भिक वृद्धि काल (G_1 Substage or Post-Mitotic Phase) कहलाता है। इस अवस्था में कोशिका-विभाजन चक्र के पूर्ण समय का 30-40% समय लगता है। इस अवस्था में कोशिका वृद्धि करती है और DNA के संश्लेषण के लिए आवश्यक प्रोटीन्स एवं RNA का संश्लेषण होता है। इस अवस्था में गुणसूत्र लंबे व पतले होते हैं और एक-दूसरे के ऊपर लिपटे रहते हैं। दूसरे चरण, S-अवस्था या DNA संश्लेषण की अवधि (S- Phase or Period of DNA Synthesis) कहलाता है। इस अवस्था में कोशिका-चक्र के कुल समय का 10-20% समय लगता है। इसमें DNA एवं हिस्टोन्स के संश्लेषण के फलस्वरूप DNA की पुनरावृत्ति होती है। इस समय DNA के दोनों रज्जुक एक-दूसरे के इतने समीप होते हैं कि उन्हें अलग-अलग पहचानना संभव नहीं होता। तीसरा चरण, G_2- अवस्था या द्वितीय वर्धन काल (G_2- Phase or Pre mitotic phase) कहलाता है। इस अवस्था में कोशिका-चक्र की कुल अवधि का 10-20% समय लगता है। इस अवस्था में सूत्री कोशिका विभाजन की तैयारी होती है तथा विभाजन के लिए आवश्यक प्रोटीन्स का संश्लेषण होता है। DNA की मात्रा भी कायिक कोशिकाओं की तुलना में दुगनी हो जाती है। चौथा चरण, M- अवस्था या समसूत्री अवस्था (M- Phase or Mitotic Phase) कहलाता है। यह

G_2- अवस्था के बाद की अवस्था है, जिसमें कोशिका चक्र के कुल समय का 5-10% समय लगता है। इस अवस्था में समसूत्री विभाजन की विभिन्न क्रियाएं पूरी होती हैं।

कोशिका निर्माण अर्थात् कोशिका विभाजन के निम्न प्रकार हैं—

    I. सूत्री कोशिका-विभाजन या माइटोसिस

    II. अर्धसूत्री विभाजन या मिओसिस

    III. स्वतंत्र कोशिका निर्माण

    IV. मुकुलन

    V. एमाइटोसिस या असूत्री विभाजन

कोशिका-विभाजन के विभिन्न प्रकार के विभाजनों में से दो मुख्य रूप से महत्त्वपूर्ण हैं—सूत्री कोशिका विभाजन तथा अर्धसूत्री विभाजन।

I. सूत्री कोशिका-विभाजन या माइटोसिस (Mitotic Cell Division or Mitosis)—सूत्री कोशिका-विभाजन जनन कोशिकाओं को छोड़कर अन्य सभी प्रकार की कायिक कोशिकाओं (Somatic Cells) में होता है। इस प्रकार का विभाजन सामान्य रूप से विभाज्योतक (Meristematic) कोशिकाओं में होता है। समसूत्री विभाजन या माइटोसिस में होने वाली घटनाओं को निम्न अवस्थाओं में बांटा गया है।

(अ) अंतरावस्था (Interphase)—अंतरावस्था दो कोशिका विभाजनों के बीच की वह अवधि है, जब कोशिका स्वयं को विभाजन के लिए तैयार करती है। इस प्रावस्था में केन्द्रक व कोशिका द्रव्य दोनों में संश्लेषी व उपापचय क्रियाएं चरम सीमा पर होती हैं और कोशिकाएं उन सभी आवश्यक पदार्थों का संश्लेषण एवं संग्रह करती हैं, जिनकी कोशिका-विभाजन के समय आवश्यकता होती है।

(ब) केन्द्रक-विभाजन (Karyokinesis)—केन्द्रक-विभाजन को प्रमुख चार अवस्थाओं में बांटा जा सकता है—

1. पूर्वावस्था (Prophase)—यह विभाजन की प्रथम अवस्था है। क्रोमेटिन जाल छोटे व मोटे धागों का रूप ले लेता है। इन धागों को गुणसूत्र (Chromosomes) कहते हैं। प्रत्येक गुणसूत्र में दो क्रोमेटिड (Chormatids) दिखाई देने लगते हैं। दोनों क्रोमेटिड सेन्ट्रोमीयर द्वारा एक-दूसरे से जुड़े रहते हैं। पूर्वावस्था के अंत तक केन्द्रक कला व केन्द्रिक विलोपित हो जाते हैं तथा गुणसूत्र मध्य रेखा की ओर बढ़ना शुरू कर देते हैं।

2. मध्यावस्था (Mataphase)—इस अवस्था में गुणसूत्र मध्य रेखा (Equatorial Plate) पर आ जाते हैं। इस प्रकार तर्कु (Spindle) के रूप में आकृति बन जाती है। तर्कु के दोनों सिरों को ध्रुव (Poles) तथा मध्य तल को इक्वेटर (Equator) कहते हैं। प्रत्येक अर्धगुणसूत्र (Chromatid) के सेन्ट्रीमीयर या गुण सूत्र बिन्दु (Centromere) से कुछ तन्तु तर्कु के सिरे पर स्थिर ध्रुवों (Poles) से जुड़े रहते हैं। इन तन्तुओं को Tractile Fibres कहते हैं। प्रत्येक सेन्ट्रोमीयर मध्य रेखा की ओर तथा गुणसूत्र की भुजाएं ध्रुवों की ओर रहती हैं। कुछ तन्तु एक ध्रुव से दूसरे ध्रुव तक फैले रहते हैं, इन्हें आलम्बी तन्तु (Supporting Fibres) कहते हैं। कुछ समय पश्चात् प्रत्येक सेन्ट्रोमीअर या गुणसूत्र बिन्दु दो भागों में बंट जाता है और प्रत्येक गुणसूत्र के दोनों क्रोमेटिड एक-दूसरे से अलग हो जाते हैं। प्राणि-कोशिकाओं में एक सेन्ट्रोसोम या तारककाय (Centrosome) होता है, जो दो सेन्ट्रिओल्स में विभक्त हो जाता है। सेन्ट्रिओल्स विपरीत ध्रुव पर पहुंचते हैं। इनसे तारक किरणें (Astral Rays) निकलती हैं। ये तर्कु (Spindle) तन्तु बनाती हैं। पौधों में तारककाय या सेन्ट्रोसोम अनुपस्थित होता है।

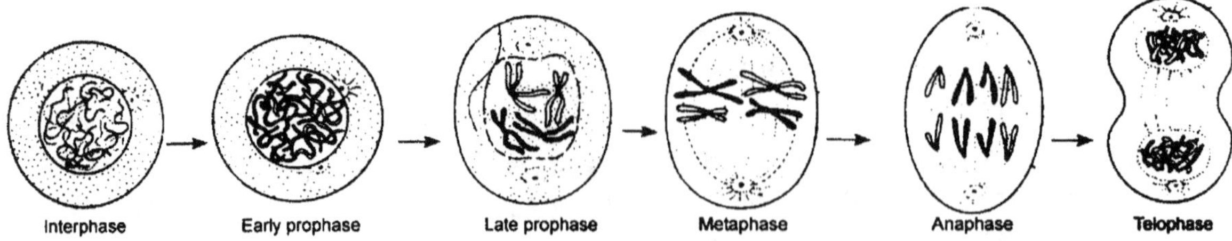

चित्रः समसूत्री विभाजन की अवस्थाएं

3. **पश्चावस्था (Anaphase)**—पश्चावस्था में क्रोमेटिड U, V या L की आकृति ले लेते हैं और तर्कु (Spindle) के विपरीत ध्रुवों की ओर खिंचने लगते हैं। तर्कु तन्तुओं के आकुंचन के फलस्वरूप आधे क्रोमोटिड तर्कु के आधे तन्तु एक ध्रुव की ओर तथा शेष आधे दूसरे ध्रुव की ओर चले जाते हैं। विपरीत ध्रुवों पर पहुंचे क्रोमेटिड्स को अब गुणसूत्र कहते हैं। प्रत्येक गुणसूत्र के साथ एक सेन्ट्रोमीयर लगा होता है।

4. **अन्त्यावस्था (Telophase)**—संतति गुणसूत्र विपरीत ध्रुवों पर एकत्रित हो जाते हैं। केन्द्रक कला (Nuclear Membrane) बन जाती है तथा केन्द्रिक (Nucleolus) फिर से प्रकट हो जाता है। तर्कु व तन्तु लुप्त होने लगते हैं और गुणसूत्र क्रोमेटिन के जाल का रूप ले लेते है। इस प्रकार से दो संतति केन्द्रक बन जाते हैं।

(स) कोशिकाद्रव्य विभाजन (Cytokinesis)— कोशिकाद्रव्य का विभाजन केन्द्रक के विभाजन के बाद होता है। पादप कोशिकाओं में मध्यरेखीय प्रदेश में गॉल्जी वेसीकल्स (Golgi Vesicles) तथा सूक्ष्म नलिकाएं (Microtubules) एकत्रित होकर एक-दूसरे से जुड़ जाते हैं। जिसमें गॉल्जी वेसीकल्स एकत्रित होते हैं, उसे फ्रेग्मोप्लास्ट (Phragmoplasts) कहते हैं। शुरू में ये कण तर्कु के मध्य में बनते हैं और धीरे-धीरे बाहर की ओर बढ़कर मध्य पटलिका (Middle Lamella) बनाते हैं। मध्य पटलिका के ऊपर सेल्यूलोस की भित्ति बन जाती है और दो संतति कोशिकाएं बन जाती है।

प्राणि-कोशिकाओं में केन्द्रक के दो संतति केन्द्रकों में विभाजन के पश्चात् कोशिकाद्रव्य में बाहर से अंदर की ओर कुछ अन्तर्वलन (infoldings) बनते हैं जो धीरे-धीरे गहरे होते जाते हैं और बीच में मिल जाते हैं। इस प्रकार एक खाई-सी (Cleavage) बन जाती है जो अंत में कोशिकाद्रव्य को दो भागों में बांट देती है।

समसूत्री विभाजन की महत्ता (Importance of Mitosis): समसूत्री विभाजन कोशिकाओं की वृद्धि व गुणन हेतु अतिआवश्यक है। इसके फलस्वरूप उत्पन्न दोनों पुत्री-कोशिकाओं में समान संख्या में गुणसूत्र (जनक कोशिकाओं के समान) होते हैं, जिससे इन पुत्री कोशिकाओं के लक्षण अपने जनकों के समान होते हैं। जनक कोशिकाएं समसूत्री विभाजन द्वारा पुत्री कोशिकाओं में स्वयं के सदृश्य आनुवंशिकी सूचना (DNA) स्थानान्तरित करती हैं, जिससे जीवों की कार्यिकी व उपापचय में निरन्तरता बनी रहती है। घावों के भरने, पुनरुद्भवन (छिपकली की पूंछ में)

समसूत्री व अर्धसूत्री विभाजन में अन्तर

समसूत्री	अर्धसूत्री
1. यह कायिक कोशिकाओं (Somatic Cells) में होता है।	यह केवल जनन कोशिकाओं (Germ Cells) में होता है।
2. यह विभाजन एक चरण में सम्पूर्ण हो जाता है।	यह विभाजन दो चरणों (Meiosis I तथा Meiosis II) में पूर्ण होता है।
3. इस विभाजन में पूर्वावस्था (Prophase) अपेक्षाकृत छोटी होती है।	इस विभाजन में पूर्वावस्था अपेक्षाकृत बड़ी होती है, जिसे पांच उप-अवस्थाओं में विभाजित किया जाता है।
4. इसमें गुणसूत्र के जोड़े (Pairing) नहीं बनते तथा क्रासिंग ओवर भी नहीं होता।	इनमें समजात गुणसूत्रों के जोड़े बनते हैं, जिन्हें युग्मित गुणसूत्र (Bivalent) कहते हैं। इनके अर्ध गुणसूत्रों (Chromatids) के मध्य क्रासिंग ओवर होता है।
5. इसमें अर्ध गुणसूत्र लम्बे व पतले होते हैं।	इसमें अर्ध गुणसूत्र छोटे व मोटे होते हैं।
6. इस विभाजन में संतति कोशिकाओं में गुणसूत्र संख्या मातृ कोशिकाओं में गुणसूत्र संख्या के बराबर होती है।	इसमें संतति कोशाओं में गुणसूत्र संख्या मातृ कोशिकाओं में गुणसूत्र संख्या की आधी होती है।
7. इस विभाजन के फलस्वरूप दो संतति कोशिकाओं का निर्माण होता है।	इस विभाजन के फलस्वरूप चार संतति कोशिकाओं का निर्माण होता है।
8. समसूत्री विभाजन के फलस्वरूप जीवों में वृद्धि एवं टूटे-फूटे भागों की मरम्मत (Repair) होती है।	अर्धसूत्री विभाजन द्वारा एक पीढ़ी से दूसरी पीढ़ी में गुणसूत्र संख्या का नियमन तथा क्रासिंग ओवर द्वारा आनुवंशिकी पदार्थों का स्थानान्तरण होता है।

तथा त्वचा की मृत कोशिकाओं की पुनर्स्थापना (Replacement) आदि कार्यो में समसूत्री विभाजन का अति महत्त्वपूर्ण योगदान है।

II. अर्धसूत्री या न्यूनकारी विभाजन (Meiosis or Reduction Division)—अर्धसूत्री विभाजन केवल द्विगुणित जनन-कोशिकाओं में युग्मक कोशिकाओं के बनने के समय होता है, जिसके फलस्वरूप युग्मक (गैमीट) बनते हैं। अतः अर्धसूत्री विभाजन द्वारा गुणसूत्रों की संख्या कम होकर मूल संख्या से आधी रह जाती है। नर एवम् मादा युग्मकों का युग्मन लैंगिक रूप से जनन करने वाले समस्त जीवों के जीवन-चक्र में होने वाली एक महत्त्वपूर्ण घटना है। संयुग्मन की इस क्रिया को निषेचन (Fertilization) कहते हैं। इस प्रकार से बने निषेचित अण्डे को जाइगोट (Zygote) या युग्मनज कहते हैं। इससे दोनों लैंगिक कोशिकाओं या युग्मकों (गैमीट) के गुणसूत्रों में समूहों के युगल में आने से गुणसूत्रों की संख्या द्विगुणित हो जाती है। सूत्री विभाजन द्वारा द्विगुणित युग्मनज (जाइगोट) बारम्बार विभाजित होकर प्रौढ़ जीव बनाता है।

अर्धसूत्री विभाजन को भी समसूत्री विभाजन की भांति अनेक पदों में बांटा गया है, किन्तु इसमें ये अवस्थाएं दो बार होती हैं। प्रथम अर्धसूत्री विभाजन में गुणसूत्रों की संख्या आधी रह जाती है। दूसरा अर्धसूत्री विभाजन समविभाजन (Homotypic) कहलाता है। यह सूत्री विभाजन के समान होता है, जिसमें संतति कोशिकाएं गुणसूत्रों की संख्या में बगैर किसी परिवर्तन के विभाजन करती है। उपर्युक्त दोनों विभाजनों के फलस्वरूप चार संतति कोशिकाएं बनती हैं, जिनमें से प्रत्येक में गुणसूत्रों की संख्या जनकों की गुणसूत्र संख्या से आधी होती है।

अर्धसूत्री विभाजन की महत्ता (Importance of meiosis): प्रौढ़ जीव की सभी कोशिकाओं में उपस्थित गुणसूत्रों की संख्या द्विगुणित होती है। यदि पेड़-पौधों व जन्तुओं के युग्मकों में भी गुणसूत्रों की संख्या वही होती तो लैंगिक जनन के फलस्वरूप बने संतति जीवों में गुणसूत्रों की संख्या मूल-संख्या से दुगुनी हो जाती, इनमें कुछ और ही लक्षण दिखाई देने लगते। इसके विपरीत हम जानते हैं कि एक जाति के समस्त जीवों में पीढ़ी-दर-पीढ़ी गुणसूत्रों की संख्या सदैव स्थिर रहती है तथा विशिष्ट गुणसूत्र संख्या जाति की विशेषता है, जिसे अर्धसूत्री विभाजन द्वारा पीढ़ी दर पीढ़ी (Constant) स्थिर रखा जा सकता है।

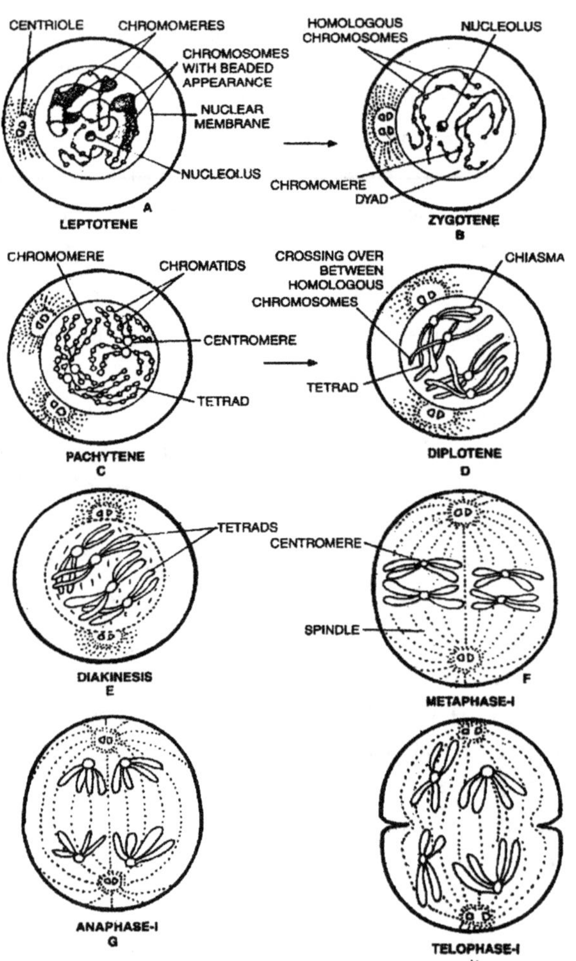

चित्रः अर्धसूत्री I विभाजन की अवस्थाएं

जन्तुओं में संगठन

बहुकोशिकीय जन्तुओं (मानव सहित) की कोशिकाओं में विभेदन तथा कार्य क्षमता का विभाजन (Division of Labour) होता है, जिससे विभिन्न विशिष्ट कोशिका समूहों का निर्माण होता है, जो विशिष्ट कार्यों यथा-पोषण, उपापचय, संवेदन, संचरण आदि कार्यों हेतु उत्तरदायी होते हैं। इन्हें ऊतक कहते हैं। विभिन्न ऊतक मिलकर ऊतक तन्त्र का निर्माण करते हैं। इन्हीं से अंगों तथा अंग तन्त्रों का निर्माण होता है।

जन्तु ऊतक

जन्तु ऊतकों को उनके कार्य व संरचना के आधार पर मुख्यतः चार वर्गों में विभाजित किया जाता है—

<pre>
                जन्तु ऊत्तक
      ┌──────────┬──────────┬──────────┐
उपकला ऊत्तक संयोजी ऊत्तक पेशी ऊत्तक तंत्रिका ऊत्तक
</pre>

1. उपकला या एपीथीलियमी ऊत्तक (Epithelial Tissues)—ये ऊत्तक शरीर तथा अंतरांगों की बाहरी तथा भीतरी अनावर्त (Exposed) सतहों पर, रक्षात्मक चादर या छीलन (Peeling) की भांति रहते हैं, अतः ठोस अन्तरांगों (जीभ, गुर्दे, जिगर, तिल्ली आदि) पर बाहर तथा त्वचा एवं खोखले अन्तरांगों (श्वास-नालें, आहारनाल, रुधिरवाहिनियां आदि) पर भीतर व बाहर इसी ऊत्तक की एक या एक-से-अधिक पर्तें आच्छादित होती हैं। उपकला कोशिकाएं एक-दूसरे से सटी (Closely-Packed) होती हैं। इनके मध्य अन्तरकोशिकीय स्थान (Intercellular Spaces) नहीं होता है। उपकला का मुख्य कार्य अंगों की रक्षा करना है, लेकिन ये संवेदी या अवशोषक या स्त्रावी या जननिक भी हो सकती हैं। उपकला (Epithelial) ऊत्तक, भ्रूणीय परिवर्द्धन में एक्टोडर्म, मीसोडर्म एवं एन्डोडर्म तीन प्राथमिक रोहिस्तरों (Primary Germinal Layers) से बनती है।

भ्रूण में एक्टोडर्म और एन्डोडर्म स्तरों के बीच में कोशिकाओं का एक ढीला-सा तीसरा स्तर मीसोडर्म होता है। इस स्तर से बनने वाले वयस्क के सारे ऊत्तकों को हर्टविग (1883) ने 'मीसेनकाइमा' का नाम दिया। भ्रूणीय परिवर्द्धन के दौरान इस स्तर के कुछ भाग तो सघन होकर वयस्क के कंकालीय तथा पेशी ऊत्तक (Muscular Tissue) बनाते हैं और शेष ढीले (loose) रहकर संवहनीय (Circulatory) और संयोजी ऊत्तक (Connective Tissue) बनाते हैं। पेशी ऊत्तकों (Muscular Tissue) के अतिरिक्त अन्य सभी मीसोडर्मी ऊत्तकों को वयस्क के संयोजी ऊत्तकों की श्रेणी में रखा जाता है।

कोशिकाओं के आकार तथा व्यवस्था (Arrangement) के आधार पर उपकला ऊत्तक के निम्न प्रकार होते हैं—

(i) स्क्वैमस उपकला (Squamus Epithelium)—ये एक केन्द्रकी, चपटी कोशिकाओं की एकक पर्त के रूप में होती है। इनकी तुलना फर्श की टाइलों से कर सकते हैं। गाल की आंतरिक पर्त तथा शरीर गुहा की आन्तरिक झिल्लियां इसका उदाहरण हैं।

(ii) घनाकार उपकला (Cuboidal Epithelium)— इसकी कोशिकाएं घनाकार होती हैं।

उदाहरणार्थ : नलिकाओं (Ducts) तथा ग्रन्थियों (Glands) की भित्तियां।

(iii) स्तम्भाकार उपकला (Columnar Epithelium)— ये लम्बी तथा बेलनाकार कोशिकाओं से बनती हैं। इनके केन्द्रक अण्डाकार तथा कोशिका के आधारीय (Basal) भाग में स्थित होते हैं।

उदाहरणार्थ : आंत (Intestine) की आन्तरिक तह।

(iv) पक्ष्माभिकीय उपकला (Ciliated Epithelium)— इन कोशिकाओं के मुक्त सिरों पर अनेक महीन जीवद्रव्यक अतिवृद्धियां (Protoplasmic Projections) 'पक्ष्माभिकाएं' होती हैं। ये मुख्यतः वायु नलिका (Windpipe or Trachea) की आन्तरिक परत का निर्माण करते हैं, जहां इन पक्ष्माभिकाओं की गति से धूल कणों को हटाया जाता है।

(v) रेखित उपकला (Stratified Epithelium)—त्वचा की उपकला इसका उदाहरण है। जहां कोशिकाएं एक के ऊपर एक स्तरों में व्यवस्थित (Stratified) रहती हैं।

(vi) संवेदी उपकला (Sensory Epithelium)—ये उपकला कोशिकाएं उद्धेरण ग्रहण करने तथा संवेदना प्रेषित करने हेतु रूपान्तरित होती हैं।

उदाहरणार्थ : नासा गुहिका (Nasal Cavity) की ऑलफैक्टरी उपकला (Olfactory Epithelium) गंध हेतु संवेदनशील होती है।

(vii) ग्रंथीय उपकला (Glandular Epithelium)—कुछ उपकला कोशिकाएं स्त्रावी होकर लाभदायक पदार्थों का निर्माण तथा स्त्रावण करती हैं। ये ग्रंथियां एक कोशिकीय, नलिकाकार या थैली नुमा (Sac-Like) हो सकती हैं।

उदाहरणार्थ : आमाशय की गैस्ट्रिक ग्रन्थियां तथा लार ग्रन्थियां।

(viii) जननिक उपकला (Germinal Epithelium)—जातिय उद्भव तथा जनन हेतु कुछ उपकला कोशिकाएं जनन कोशिकाओं (शुक्राणु तथा अण्डाणु) का निर्माण करती है, इन्हें जननिक उपकला कहते हैं। अण्डाशय की भित्ति तथा टेस्टिस की महीन नलिकाओं का आन्तरिक स्तर जननिक उपकला द्वारा निर्मित होता है।

2. संयोजी ऊत्तक (Connective Tissue)—यह ऊत्तक अन्य ऊत्तकों को एक साथ बांधकर उन्हें मजबूती एवं सहारा देने का कार्य करता है। इस ऊत्तक की कोशिकाएं एक निर्जीव माध्यम में बिखरी होती हैं, जिसे आधात्री (Matrix) कहते हैं। यह ऊत्तक चोट से नष्ट होने वाले ऊत्तकों की स्थानपूर्ति करता है तथा शरीर में प्रवेश करने वाले रोगाणुओं की भी रोकथाम करता है।

संयोजी ऊत्तक मुख्यः पाँच प्रकार के होते हैं—

(i) एरिओलर ऊत्तक (Areolar Tissue)—ये अनियमित कोशिकाओं का जो एक मुलायम मैट्रिक्स में बिखरी रहती है, बना होता है। मैट्रिक्स में कई प्रत्यास्थ पीले तन्तुओं तथा श्वेत सख्त (Tough) तन्तुओं के समूह (Bundles) भी होते हैं। उपत्वचीय संयोजी ऊत्तक एक एरिओलर ऊत्तक है। यह त्वचा को अन्य अंगों से जोड़ता है।

(ii) एडिपोज ऊत्तक (Adipose Tissue)—यह अनेक दीर्घाकार, वृतीय या अण्डाकार सुस्पष्ट रिक्तिका युक्त, कोशिकाओं का बना होता है। इनमें केन्द्रक की स्थिति परिधीय होती है। रिक्तिकाओं में वसा का संग्रहण (Storage) होता है। वसीय ऊत्तक आन्तरिक अंगों के मध्य में तथा त्वचा के नीचे स्थित होता है।

(iii) कार्टिलेज (Cartilage)—यह एक सहायक (Supporting) ऊत्तक हैं। इसकी गोलाकार कोशिकाएं विशिष्ट रिक्त स्थानों 'लैक्युनी' (Lacunae) में स्थित होती हैं। इसका मैट्रिक्स कैल्शियम के जमाव के कारण सख्त हो जाता है तथा उसमें पीले प्रत्यास्थ तन्तु तथा श्वेत तन्तु उपस्थित होते हैं। नाक का जोड़ (Bridge of Nose) तथा बाह्य कर्ण कार्टिलेज के बने होते हैं।

(iv) हड्डी (Bone)—यह भी एक सहायक ऊत्तक है, जिसका मैट्रिक्स कैल्शियम तथा फॉस्फोरस के अकार्बनिक लवणों के जमाव के कारण अधिक सख्त होता है। लम्बी हड्डियों में एक केन्द्रीय गुहा होती है, जिसमें पीला पदार्थ (Marrow) होता है, जो वसा का संग्रहण करता है। इन हड्डियों के सिरों पर लाल पदार्थ (Red Bone Marrow) होता है। जहां लाल रक्त कणिकाओं का निर्माण होता है। हड्डियां एक सख्त तन्तुमय पैरियोस्टीयम (Periosteum) से ढकी रहती हैं, जो इन्हें पेशी तथा टेन्डन (Tendon) से जोड़ती है।

(v) रुधिर (Blood)—यह एक द्रवीय (Liquid) मैट्रिक्स वाला संयोजी ऊत्तक है, जो पोषक पदार्थों, श्वसनीय गैसों, उत्सर्जी पदार्थों तथा विभिन्न अन्य पदार्थों का शरीर के एक भाग से दूसरे भाग तक परिवहन करता है। इसमें 55% प्लाज्मा तथा 45% रुधिर कोशिकाएं होती हैं। प्लाज्मा एक हल्के पीले रंग (Straw Coloured) का द्रव पदार्थ है, जो 90% जल तथा शेष घुलनशील लवणों व प्रोटीन का बना होता है। फाइब्रिनोजन एक प्लाज्मा प्रोटीन है, जो फाइब्रिन तन्तुओं में परिवर्तित होकर रुधिर का थक्का बनाता है। रुधिर कोशिकाएं तीन प्रकार की होती हैं—लाल रक्त कोशिकाएं, श्वेत रक्त कोशिकाएं तथा रुधिर प्लेटलेट्स।

लाल रक्त कोशिकाएं (Erythrocytes) सबसे अधिक मात्रा (5 मिलियन/मिमी³) में होती हैं। ये गोलाकार, बाइकोनकेव (Biconcave), डिस्क सदृश्य तथा केन्द्रक विहीन होती हैं। इनमें श्वसनीय वर्णक (Pigment) हीमोग्लोबिन पाया जाता है। जो ऑक्सीजन को फेफड़ों से अन्य अंगों तक वहन (Carry) करता है। श्वेत रक्त कोशिकाएं (Leucocytes) आकारहीन, वर्णकरहित, केन्द्रकयुक्त होती हैं। इन्हें शरीर की पुलिस सेना (Police force) भी कहा जाता है, क्योंकि ये रोग कारक जीवों से शरीर की रक्षा करती हैं तथा शरीर की प्रतिरक्षा प्रणाली (Immune System) हेतु उत्तरदायी होती हैं। रुधिर प्लेटलेट्स (Thrombocytes) सबसे छोटी रुधिर कोशिकाएं हैं, जो चोट लगने पर रुधिर के थक्का (Blood Clot) जमने का कार्य करती है।

आयुकरण (Aging)—संयोजी ऊत्तकों के मैट्रिक्स का आयुकरण के साथ मुख्य संबंध होता है। बच्चों में यह अधिकतर लसदार अवस्था में पाये जाते हैं, क्योंकि बच्चों में तन्तुओं की संख्या कम होती है। जैस-जैसे आयु में वृद्धि होती है, वैसे-वैसे तन्तुओं की मोटाई और संख्या में वृद्धि होती है। कुछ स्थानों पर जैसे—रक्तवाहिनियों की दीवारों में, तन्तुओं के निकट कैल्शियम लवणों का भी जमाव होने लगता है। इसी कारण इनकी भित्ति का लचीलापन कम होता जाता है और ऊत्तकों में रक्त की आपूर्ति (Supply) कम होती जाती है। इस प्रकार धीरे-धीरे सभी ऊत्तकों की क्रिया क्षमता और दक्षता में गिरावट आती जाती है। इसी क्रिया को आयुकरण (Aging) कहते हैं।

कशेरूकियों (Vertebrates) में पूरे शरीर को नापने और इसकी आकृति बनाए रखने के लिए दृढ़ अंतः कंकालीय ढांचा (Endoskeletal Frame Work) होता है। यह एक विशेष प्रकार के सघन संयोजी ऊत्तक (Dense Connective Tissue) का बना होता है, जिसे कंकाल ऊत्तक (Skeletal Tissue) कहते हैं। रुधिर (Blood) एवं लसीका विशेष प्रकार के तरल संयोजी ऊत्तक (Connective Tissue) होते हैं, जिनका सारे शरीर में संचरण होता है। भ्रूण (Embryo) की मीसोडर्म से रुधिर की उत्पत्ति होती है।

3. **पेशीय ऊत्तक (Muscular Tissue)**—पेशीय ऊत्तक जन्तुओं के शरीर की मांस पेशियों का निर्माण करते हैं, जो जन्तुओं में गति के लिए उत्तरदायी होती हैं। अतः अधिकांश बहुकोशीय जन्तुओं में गमन और अंगो की गति के लिए विशेष प्रकार की कोशिकाओं के ऊत्तक (Tissue) होते हैं, इन्हें पेशीय ऊत्तक या पेशियां (Muscles) कहते हैं और इनकी कोशिकाओं को पेशीय कोशिकाएं कहते हैं। ये ऊत्तक भ्रूण (Embryo) की मीसोडर्म से बनते हैं (केवल आंखों की आइरिस और सिलियरीकाय की पेशियां ऐक्टोडर्म से बनते हैं)। पेशीय ऊत्तक (Muscular Tissue) शरीर के भार के लगभग आधे अंश का निर्माण करते हैं। ये कोशिकाएं लंबी व संकरी होती हैं, इसीलिए इन्हें पेशी तन्तु (Muscle Fibres) भी कहते हैं। पेशीय कोशिकाओं का मुख्य लक्षण आकुंचनशीलता (Contractility) होता है। पेशियां मुख्यतः तीन प्रकार की होती हैं—

(i) **रेखित पेशियां (Striated or Striped Muscles)**—शरीर में उपस्थित अधिकांश पेशियां रेखित पेशियां होती हैं। ये पेशियां शरीर के भार का 40% बनाती हैं। ये पेशियां परिधीय और केन्द्रीय तंत्रिका तंत्रों के नियंत्रण में जन्तु की इच्छानुसार कार्य करती हैं। अतः इन्हें ऐच्छिक पेशियां (Voluntary Muscles) भी कहते हैं। अधिकांश रेखित पेशियां अपने दोनों सिरों पर हड्डियों से जुड़ी होती हैं। अतः इन्हें कंकालीय पेशिया (Skeletal Muscles) कहते हैं। हाथ-पैर की गति तथा शरीर की गतियां एवं गमन इन्हीं पेशियों द्वारा होता है। रेखित पेशियों की प्रत्येक कोशिका लम्बी एवं बेलनाकार संरचना होती है, जिसमें लम्बवत् व क्रासनुमा पट्टियां (Striations) होते हैं तथा इनमें कई केन्द्रक परिधी के साथ लगे रहते हैं। ये कोशिकाएं संयोजी ऊत्तक द्वारा बण्डलों में व्यवस्थित रहती हैं।

ऑक्सीजन-ऋण (Oxygen-Debt)—सक्रिय शारीरिक कार्य या व्यायाम के समय पेशियों में ऊर्जा का व्यय अधिक मात्रा में होता है और अधिकांश ए.टी.पी. (ATP), ए. डी. पी. (ADP) में बदल जाती हैं, जिसके पश्चात् ग्लूकोस का जारण (Oxidation) तेजी से होने लगता है, परंतु फेफड़े (Lungs) इसके लिए आवश्यक ऑक्सीजन (O_2) की पूर्ति नहीं कर पाते, जिससे सांस फूलने लगती है। इस क्रिया को शरीर का ऑक्सीजन-ऋण (Oxygen-Debt) कहते हैं। व्यायाम क्रिया के काफी समय पश्चात् तक हम जल्दी-जल्दी सांस लेकर इस ऑक्सीजन-ऋण को समाप्त कर देते हैं अर्थात् हम हवा में उपस्थित ऑक्सीजन की अधिक-से-अधिक मात्रा लेकर पेशियों के जारण (Oxidation) द्वारा उत्पन्न ए. टी. पी के असाधारण व्यय की पूर्ति करते हैं। इसी कारण जिन व्यक्तियों की पेशियों में ग्लूकोस की कमी होती है, वे अधिक मेहनत का काम नहीं कर सकते हैं।

कंपकपी (Shivering)—कंपकपी क्रिया का उद्देश्य शरीर के ताप को बढ़ाना है। जाड़े में कभी-कभी क्षणभर के लिए हमें अपने आप कंपकपी आ जाती है। यह कंकाल पेशियों की एक अनैच्छिक क्रिया होती है।

थकावट (Fatigue)—यदि पेशियों को कुछ समय तक निरन्तर आकुंचन (Contraction) क्रिया करनी पड़े तो इनमें आकुंचन क्रिया की क्षमता लगातार कम होती जाती है और पेशियों में लैक्टिक अम्ल (Lactic Acid) के जमा हो जाने के कारण इनमें आकुंचन क्रिया बिल्कुल बंद हो जाती है। इसी को

थकावट (Fatigue) कहते हैं। कुछ समय पश्चात् लैक्टिक अम्ल धीरे-धीरे ग्लूकोस में बदल जाता है और थकावट की दशा समाप्त हो जाती है।

(ii) अरेखित या अनैच्छिक पेशियां (Unstriped, Smooth Or Involuntary Muscles)—ये पेशियां शरीर की उन गतियों को नियंत्रित करती हैं, जिनका संचालन हमारी इच्छा के अधीन नहीं होता है। इसी कारण इन पेशियों को अनैच्छिक पेशी (Involuntary Muses) भी कहते हैं। ये पेशियां आहारनाल, मूत्राशय, पित्ताशय, श्वसन नालों, प्लीहा, नेत्रों, त्वचा, गर्भाशय, योनि, जननांगों एवं रुधिरवाहिनियों आदि में होती हैं, इसीलिए इन्हें अंतरागीय पेशियां (Visceral Muscles) भी कहते हैं। अस्थियों से इनका कोई संबंध नहीं होता है। अरेखित पेशियों की कोशिकाएं तर्कु-नुमा होती हैं तथा प्रत्येक कोशिका के मध्य में एक लम्बवत् केन्द्रक होता है। त्वचा में बालों से संबंधित ऐरेक्टर पिलाई (Arrector Pilli) पेशियां तथा शिशन का स्पंजी पेशी जाल भी अरेखित पेशी ऊत्तक होती हैं।

इन पेशियों का आकुंचन स्वायत्ततंत्र (Autonomous Nervous System) के नियंत्रण में धीरे-धीरे प्रायः एक निश्चित क्रम या लय (Rhythm) में स्वतः यंत्रवत् होता रहता है, इस पर जन्तु इच्छा शक्ति का नियंत्रण नहीं होता है। अतः अंतरांगों का संकुचन, नालवत् अंतरागों की गुहा का फैलना या सिकुड़ना, आहारनाल की तरंग-गति (Peristalsis) आदि क्रियाएं इन्हीं के संकुचन पर निर्भर करती हैं।

(iii) हृदय पेशियां (Cardiac Muscles)—केशरूकियों (Vertebrates) के हृदय की भित्ति का अधिकांश भाग हृदय-पेशियों का बना होता है, जिसे मायोकार्डियम (Myocardium) कहते हैं। इन पेशियों के कुछ लक्षण रेखित और कुछ अरेखित पेशियों के होते हैं। इन पेशियों में छोटे, लेकिन मोटे व बेलनाकार पेशी तन्तु (रेखित) होते हैं और इनमें केवल एक या कभी-कभी दो केन्द्रक होते हैं। ये तन्तु कुछ शाखान्वित (Branched) होकर

परस्पर जुड़े होते हैं। केवल इन्हीं पेशियों में पेशी तन्तु सिरों पर अगुंली-जैसे प्रबंधों (Interdigilations) द्वारा परस्पर गुंथे रहते हैं। इन्हीं स्थानों को अंतर्विष्ट पट्टियां (Intercalated Discs) कहते हैं। हृदय पेशियों की प्रकृति अन्य पेशियों से भिन्न होती है और ये स्वायत्त-तंत्रिका तंतुओं से संबंधित होती हैं। इन पेशियों का सबसे विशिष्ट लक्षण यह होता है कि यह जन्तु की इच्छा से स्वतंत्र अपने आप (Automatically) बिना थके बिना रूके एक लय से (Rhythmically) (मनुष्य में लगभग 72 बार प्रति मिनट की दर से) जीवन भर आकुंचन करती रहती है। हृदय की क्रिया को धड़कन (Heart-Beat) कहते हैं। स्पष्ट है कि इनमें ए.टी.पी (ATP) का सबसे अधिक व्यय होता है। इसीलिए पूरे शरीर में इन्हीं कोशिकाओं में माइटोकॉण्ड्रिया सबसे अधिक व जटिल होते हैं। इन पेशियों का संकुचन तंत्रिजनक (Neurogenic) नहीं होता अर्थात् यह तंत्रिका प्रेरणा के कारण नहीं होता, क्योंकि ये अंतर्भूत (Inherent) और पेशिजनक (Myogenic) होता है।

पेशियों में वृद्धि एंव क्षय—यदि पेशियों को बहुत अधिक कार्य करना पड़े तो धीरे-धीरे इन पेशियों के तन्तु मोटे हो जाते हैं। इसे पेशी की अतिवृद्धि (Hypertrophy) कहते हैं। गर्भवती स्त्रियों के गर्भाशय की पेशियों में हॉर्मोन्स के प्रभाव से अतिवृद्धि हो जाती है। इससे गर्भाशय कई गुना बड़ा हो जाता है। यदि किसी पेशी को काफी समय तक कार्य न करना पड़े तो उसके तन्तु पतले हो जाते हैं। इसे पेशी का क्षय (Atrophy) कहते हैं।

तंत्रिकीय ऊत्तक (Nervous Tissue)—यह अति विशिष्ट कोशिकाओं न्यूरॉन (neuron) से बने होते हैं। प्रत्येक न्यूरॉन में एक कोशिका काय होती है, जिसमें एक केन्द्रक तथा दो तन्तु समुच्चय होते हैं, जिन्हें डेन्ड्राइट्स कहते हैं। ये डेन्ड्राइट्स कोशिका काय (Cell body) की तरफ संवेदनाएं (Message) ले जाते हैं। न्यूरॉन में एक एक्सॉन (Axon) भी होता है, जो कोशिका काय से संवेदनाएं शरीर के अंगों की ओर ले जाता है। यह ऊत्तक जन्तु शरीर के भीतर होने वाली विभिन्न जैविक क्रियाओं पर नियंत्रण रखता है। बाह्य वातावरण के उद्दीपनों में संवेदनों को ग्रहण करता है तथा शरीर के सभी अंगों के कार्यों में

सामंजस्य स्थापित करता है। भ्रूणीय परिवर्धन में एक बार बंध जाने के बाद तंत्रिका कोशिकाएं कभी विभाजित नहीं होती वरन् जीवन भर अंतरावस्था (Interphase) में रहती हैं और शरीर में वृद्धि होने के साथ-साथ ये भी बड़ी हो जाती हैं। मस्तिष्क की कुछ तंत्रिका कोशिकाओं में मेलेनिन (Melanin) होता है। मादा की तंत्रिका कोशिकाओं के केन्द्रक में केन्द्रिका के निकट प्राय: एक "बार काय" (Bar Body) होता है, जो एक्स (X) गुणसूत्र के रूपान्तरण से बनता हैं। तंत्रिका कोशिकाओं के कोशापिण्ड, अधिकांश केन्द्रीय तंत्रिका तंत्र (Central Nervous System) मुख्यतः मस्तिष्क के धूसर द्रव्य (Grey Matter) से निर्मित होते हैं। अतः केन्द्रीय तंत्र के बाहर थोड़े में गैंग्लिया (Ganglia) रहते हैं। मस्तिष्क के अनुमस्तिष्क (Cerebellum) में फ्लास्क की आकृति के कोशिका-पिण्ड होते हैं। इन्हें पुरकिन्जे की कोशिकाएं (Purkinje Cells) कहते हैं।

पाचन तन्त्र

पाचन एक रासायनिक एवं यांत्रिक प्रक्रिया है, जिसके अंतर्गत भोजन अत्यंत सूक्ष्म कणों में विभक्त होता है तथा उसके पश्चात् विभिन्न पाचक रसों की क्रिया द्वारा उसका उस रूप में परिवर्तन होता है, जिससे उसके घटक रक्त के द्वारा अवशोषित हो सकें। वे मिली-जुली विभिन्न भौतिक एवं रासायनिक प्रक्रियाएं जिनके द्वारा अविलेय भोजन को विलेय या घुलनशील बनाकर स्वांगीकरण (Assimilation) के लिए सुचारु रूप से तैयार किया जाता है, पाचन कहलाती हैं पाचन का यह प्रक्रम प्रमुख रूप से पाचक अंगों से स्रावित रसों की क्रिया से संपन्न होता है। इस क्रिया में कार्बोहाइड्रेट, ग्लूकोस, फ्रक्टोस, सुक्रोस, लैक्टोस, माल्टोस आदि सरल शर्कराओं में परिवर्तित हो अवशोष्य बनते हैं। प्रोटीन अमीनों अम्ल में; वसा वसीय अम्ल तथा ग्लिसरीन में परिवर्तित हो जाता है। कार्बोहाइड्रेट, वसा तथा प्रोटीन पाचनतंत्र द्वारा खंडित कर ऐसे सरलतम द्रव्यों में परिवर्तित हो जाते हैं, ताकि वे आसानी से दैहिक तरलों में अवशोषित हो सकें। जिस रूप में खनिज लवण, विटामिन तथा जल खाया जाता है, वह उसी रूप में अवशोषित हो जाता है और शरीर की कोशिकाएं उनका उपयोग कर लेती हैं। पाचन क्रिया का उद्देश्य अविलेय भोजन को विलेय रूप में परिवर्तित कर देना हैं। जो पदार्थ आंतों में खंडित नहीं होते तथा पच नहीं पाते। वे उसी अवस्था में गुदा-द्वार से बाहर मल के रूप में निकल जाते हैं।

मानव में पाचन

पाचन-क्रिया आहार नाल में होती है। आहार नाल का अगला भाग पाचन से संबंधित होता है तथा पिछले भाग में पचे भोजन का अवशोषण होता है। क्षुदांत्र में भोजन का पाचन लगभग पूर्ण हो जाता है। अतः इसमें उपस्थित खाद्य-पदार्थ अब इस रूप में आ जाते हैं कि वे आंत की अर्धपारगम्य म्यूकस झिल्ली में से विसरित होकर रुधिर एवं लसिका कोशिकाओं में पहुंच जाते हैं। इस प्रकार पाचन-क्रिया मुंह से प्रारम्भ होती है और उसका अंत बड़ी आंत में होता है। यह क्रिया एक बड़ी नाल के अंतर्गत होती हैं, जो मुंह रो लेकर गुदाद्वार तक फैली हुई रहती है।

मुखगुहा (Mouth Cavity)—मुंह पाचन-प्रणाली का मुख्य द्वार है। मुंह से ग्रसनी के आरम्भ तक के भाग को मुखगुहा कहते हैं। मुखगुहा में आया हुआ खाद्य कृतंक एवं चर्वणक दांतों (Incisors and Premolars) के बीच के खाली स्थान—दंतावकाश (Diastema) में एकत्रित हो जाता है और फिर चर्वणक दांतों द्वारा धीरे-धीरे चबाया जाता है। जिह्वा मुखगुहा में आये खाद्य का स्वाद चखती है और खाद्य को उलट-पुलट कर उसमें लार रस को अच्छी तरह मिला देती हैं। इसके अतिरिक्त यह खाद्य को चर्वणक दांतों की ओर धकेलती हैं।

आमाशय (Stomach)—आमाशय एक मांसल थैला होता है, जिसमें भोजन अस्थायी रूप से जमा होता है। यहां से भोजन छोटी आंत को चला जाता है। आमाशय में भोजन का पाचन जठर रस (Gastric Juice) के द्वारा होता है। आमाशय का आकार एवं आकृति इसके अंदर की वस्तुओं और इसकी भित्ति की पेशीय सक्रियता के अनुसार होती है। इसका आकार मशक के समान होता है। यह मांसल तथा प्रत्यास्थ होता है, जिससे यह फैलकर बड़ी मात्रा में भोज्य पदार्थ को जमा कर सकता है। आमाशय की दीवार में उपस्थित जठर ग्रंथियां, जठर रस (Gastric Juice) बनाती हैं। यह अम्लीय होती है। इसमें 97-99% पानी, 4%-5% हाइड्रोक्लोरिक अम्ल, पेप्सिन, रेनिन तथा गैस्ट्रिक लाइपेस एन्जाइम होते हैं।

छोटी आंत (Small Intestine)—यह मुख्य पाचन अंग है। छोटी आंत आमाशय के दाहिने छोर से अर्थात् पक्वाशयिक द्वार से बड़ी आंत के प्रारम्भिक भाग तक विस्तृत है। छोटी आंत के प्रथम लगभग 25 सेमी. लम्बे अर्धचन्द्र (C) के समान भाग को पक्वाशय या ग्रहणी (Duodenum) कहते हैं। पित्त नली और अग्नाशय नली दोनों वाटर की कलशिका (Ampulla of Vater) पर खुलती हैं, जो पायलोरस से 10 cm की दूरी पर

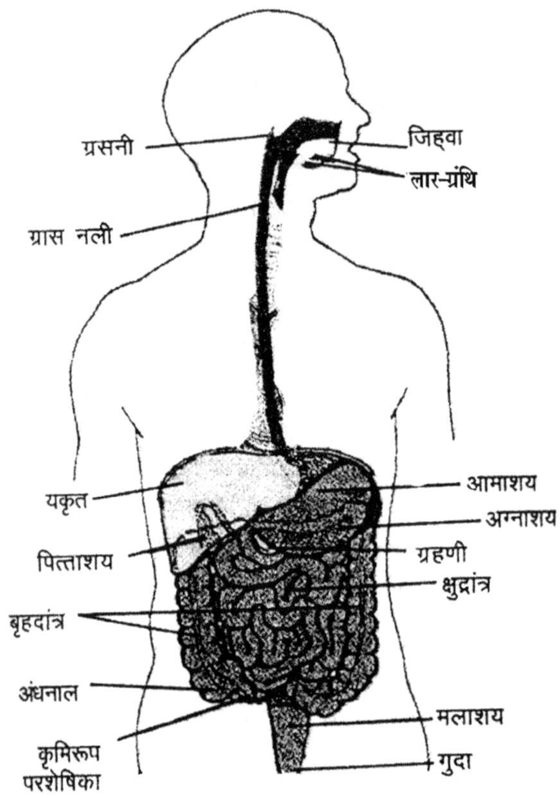

चित्रः मनुष्य की आहार नाल

स्थित होती हैं। छोटी आंत का ऊपरी भाग जेजूनम या मध्यान्त्र (Jejunum) तथा शेष भाग इलियम या शेषान्त्र (Ileum) कहलाता है। आमाशय से आने वाले काइम (Chyme) अथवा तरल भोजन का पाचन छोटी आंत में होता है। ग्रहणी का तरल क्षारीय होता है। भोजन छोटी आंत में लगातार होने वाली पुरःसरण गति के अतिरिक्त दो अन्य प्रकार की गतियां भी होती हैं। इन्हें प्रथम खण्डीय गति (Segmental Movement) कहते हैं। इस गति के फलस्वरूप आंत्र की वलय पेशी के संकुचन से आंत्र का एक भाग शेष भाग से एक खण्ड के रूप में पृथक् हो जाता है। इस खण्ड में विद्यमान भोजन इस प्रकार आंत्र के संपर्क में आ सकता है तथा उसका उचित पाचन और शोषण हो सकता है। दूसरी गति पैंडुलम गति अथवा दोलन गति (Pendular or Swaying Movement) कहलाती है। इसके फलस्वरूप आंत्र में विद्यमान तरल अच्छी तरह मिल जाता है। ग्रहणी में दो मुख्य पाचक रस आकर मिलते हैं, जो क्रमशः पित्त तथा अग्नाशय रस हैं।

बड़ी आंत (Large Intestine or Colon)—बड़ी आंत पाचन-प्रणाली का अंतिम भाग है। यह क्षुदांत्र के नीचे वाले छोर से मलाशय तक विस्तृत है और छोटी आंत को चारों ओर से घेरे रहती है। यह उदर के दाहिने श्रोणिखोल (Illiac Fossa) से प्रारम्भ होती है। बड़ी आंत भोजन के पाचन तथा अवशोषण में भाग नहीं लेती। छोटी आंत को पार करते-करते पोषक पदार्थों का अवशोषण पूर्ण हो चुका होता है। सीकम में केवल अवशिष्ट पदार्थ ही प्रविष्ट होता है, जो तरल रूप में होता है। जैसे—जैसे यह पदार्थ बड़ी आंत में अग्रसर होता है, इसका जल अंश अवशोषित होता रहता है तथा मलाशय में पहुंचने तक यह अर्धठोस हो जाता है। बड़ी आंत में परिस्टेल्सिस की गति बहुत मंद होती है। बड़ी आंत के कार्यों का संक्षिप्त विवरण निम्न प्रकार है : जल, लवण तथा ग्लूकोस का अवशोषण, भीतरी स्तर में स्थित ग्रंथियों द्वारा म्यूसिन स्राव, सेल्यूलोज तथा अपचित प्रोटीन को बैक्टीरिया की क्रिया द्वारा उत्सर्जन योग्य बनाना और मल विसर्जन।

यकृत (Liver)—यकृत या जिगर शरीर की सबसे बड़ी ग्रंथि है। यह उदर गुहा में दायीं ओर सबसे ऊपर के भाग में डायफ्राम के नीचे स्थित होती है। इसका अधिकांश भाग पसलियों द्वारा सुरक्षित रहता है। यकृत के दो मुख्य खण्ड अथवा लोब होते हैं जो दायां और बायां खण्ड कहलाते हैं। यकृत के दो मुख्य खण्ड अथवा लोब होते हैं जो दायां और बायां खण्ड कहलाते हैं। यकृत का ऊपरी पृष्ठ उत्तल होता है तथा डायफ्राम के नीचे स्थित होता है। इसका निम्न पृष्ठ अनियमित होता है। मुख्य वाहिकाओं का प्रवेश तथा निकास यकृत के निम्न पृष्ठ पर ही होता है। ये वाहिकाएं इस पृष्ठ पर अनुप्रस्थ विदर (Transverse Fissure) में स्थिर रहती हैं। निम्न पृष्ठ पर एक अनुदैर्घ्य (Longitudinal) विदर या फिशर होता है, जो दाएं और बाएं खण्डों को पृथक् करता है। ऊपरी पृष्ठ पर दात्र स्नायु (Falciform Ligament) होता है, जो अनुदैर्घ्य फिशर के समक्ष होता है तथा दाएं और बाएं खण्डों को पृथक् करता है। यकृत के दो खण्ड और होते हैं, जो क्रमशः कौडेट (Caudate, पृच्छक) तथा क्वाड्रेट (Quadrate, चतुरस) खण्ड कहलाते हैं।

यकृत का शरीर के मैटाबोलिज्म में बहुत महत्त्वपूर्ण भाग होता है। इसकी क्रिया विशेषतः रक्त तथा अवशोषित भोजन पर होती है। इस प्रकार से यकृत शरीर का सबसे विशाल रसायन फैक्ट्री है। शरीर का अधिकांश माध्यमिक मैटाबोलिज्म (Intermediate Metabolism) इसी में होता है अर्थात् आंतों

से अवशोषित तथा अन्य अंगों में एकत्रित किए गए भोजन को यकृत अन्य ऊत्तकों के प्रयोग के लिए उचित रूप प्रदान करता है। व्यर्थ अथवा उच्छिष्ट उत्पादों (Waste Products) तथा विषैले पदार्थों को भी यकृत रूपान्तरित करके पित्त अथवा मूत्र में उत्सर्जन योग्य बना देता है।

अवशोषण (Absorption)—अधिकांश अवशोषण छोटी आंत में होता है। छोटी आंत में भोजन का पाचन लगभग पूर्ण हो जाता है। अतः इसमें उपस्थित खाद्य-पदार्थ अब इस रूप में आ जाते हैं कि वे आंत की अर्धपारगम्य म्यूकस झिल्ली में से विचरित होकर रुधिर एवं लसिका कोशिकाओं में पहुंच जाते हैं। खाद्य-पदार्थों के विसरित होकर रुधिर में पहुंचने की क्रिया को ही **अवशोषण** (Absorption) कहते हैं। भोजन करने के पांच से आठ घंटे उपरांत अधिकतर अर्धप्रकवात्र (Chyme) छोटी आंत से बड़ी आंत में जाते समय अवशोषित हो जाते हैं। केवल जल का अवशेष रह जाता है, जिसका अवशोषण बड़ी आंत में हो जाता है। छोटी आंत के विभिन्न भागों में विभिन्न रूप से अवशोषण होता है तथा अवशोषण-क्षमता भी विभिन्न होती है। जैसे—छोटी आंत के ऊपरी भाग में शर्करा का अवशोषण जल से अधिक तेजी से होता है तथा निचले भाग में जल का अवशोषण शर्करा की अपेक्षा तेजी से होती है।

एन्जाइम

पाचन-क्रिया केवल एन्जाइम की उपस्थिति में ही संभव होती है। इनके अतिरिक्त बैक्टीरिया एवं कुछ सूक्ष्मजीव (Micro-organisms) भी पाचन क्रिया में सहायक होते हैं। एन्जाइम जीवधारियों में पाये जाने वाले जैव-उत्प्रेरक (Bio-Catalyst) कहलाते हैं, क्योंकि इनकी उपस्थिति मात्र से रासायनिक क्रियाएं सामान्य तौर पर भी सरलता एवं आवश्यक गति से पूर्ण होती हैं।

एन्जाइमों की विशेषताएं

(i) एन्जाइम सरल गोलाकार प्रोटीन (Simple Globular) एकक हैं।

(ii) एन्जाइम की उपस्थिति से शरीर में होने वाली रासायनिक क्रियाओं की गति तीव्र हो जाती है। इनकी अनुपस्थिति से कुछ क्रियाएं तो धीमी गति से होती रहती हैं, किन्तु कुछ बिल्कुल रुक जाती है।

(iii) अधिकांश एन्जाइम जल या नमक के घोल में घुलनशील होते हैं।

(iv) एन्जाइम की थोड़ी-सी मात्रा प्रक्रिया में भाग लेती है। प्रक्रियाओं में एन्जाइम्स स्वयं प्रयुक्त नहीं होते, वरन् अपनी उत्प्रेरक क्रिया को दोहराते रहते हैं। यहां एन्जाइम का एक अणु 10000 से 1000000 क्रियाओं को नियंत्रित कर सकता है।

(v) एन्जाइम कोलॉइडल स्वभाव (Colloidal Nature) के होते हैं। अतः निश्चित रासायनिक प्रक्रिया को पूर्ण करने के पश्चात् ये नष्ट हो जाते हैं।

(vi) प्रत्येक एन्जाइम एक विशेष अम्लता पर पूर्ण सक्रिय होता है। यही कारण है कि कुछ एन्जाइम अम्लीय माध्यम में तथा दूसरे क्षारीय माध्यम में कार्य कर सकते हैं। ट्रिप्सिन क्षारीय माध्यम में, पेप्सिन अम्लीय में तथा लाइपेस उदासीन माध्यम में कार्य करते हैं।

(vii) सामान्यतः एन्जाइम्स जीवों के शारीरिक ताप (26-45°) पर सर्वाधिक क्रियाशील होते हैं। इससे कम ताप पर इनकी सक्रियता कम हो जाती है और 60°C से अधिक होने पर प्रायः नष्ट हो जाते हैं।

(viii) पाचक एन्जाइम्स सदैव जल-अपघटन (Hydrolysis) विधि द्वारा कार्य करते हैं। ये प्रायः निष्क्रिय अवस्था में स्रावित किये जाते हैं। निष्क्रिय अवस्था में एन्जाइम को प्रोएन्जाइम कहते हैं। अमाशय की जठर ग्रंथियों (Gastric Glands) से स्रावित जठर रस से पेप्सिन नामक एन्जाइम होता है, जो स्राव के साथ पेप्सिनोजन (Pepsinogen) कहलाता है। अम्लीय माध्यम में पहुंचने के पश्चात् ही यह सक्रिय होता है।

(ix) एन्जाइम द्वारा नियंत्रित क्रियाएं प्रतिवर्ती (Reversible) होती हैं। अतः ये संश्लेषण एवं विखंडन (Synthesis and Disintegration) दोनों प्रकार की क्रियाओं में भाग लेते हैं।

(x) एक एन्जाइम केवल एक ही प्रकार के पदार्थों पर अपना प्रभाव डाल सकता है, जैसे—पेप्सिन एन्जाइम केवल प्रोटीन को पचाता है।

(xi) एन्जाइम कोलॉयडी पदार्थ है, जो विसरण द्वारा एक स्थान से दूसरे स्थान पर पहुंच सकते हैं।

(xii) एन्जाइम अस्थायी एवं सुग्राही होते हैं। ये तनु ग्लिसरोल, नमक के घोल तथा तनु एल्कोहल में घुल जाते हैं, किन्तु सान्द्र एल्कोहल व अमोनियम सल्फेट के संतृप्त घोल द्वारा अवक्षेपित हो जाते हैं।

पाचन क्रियाओं का संक्षेप में वर्णन

आहार नाल का भाग	ग्रंथि	पाचन रस	माध्यम	एन्जाइम	खाद्य पदार्थ जिन पर क्रिया होती है	प्रतिक्रिया के फलस्वरूप बने अंतिम उत्पाद
मुखगुहा	लार ग्रंथि	लार रस	उदासीन या हल्का क्षारीय $pH-7$	टायलिन या एमाइलेस	स्टार्च	माल्टोस एवं डैक्सट्रीन (जटिल शर्करा)
आमाशय	जठर ग्रंथियां 1. कार्डियक 2. पंडिक 3. पाइलोरिक	जठर रस	अम्लीय (HCl) $pH-2$	1. पेप्सिन 2. रेनिन 3. गैस्ट्रिक लाइपेस	1. प्रोटीन 2. दूध का प्रोटीनकेसनी 3. वसा	1. पेप्टोन्स एवं प्रोटीओसेस 2. पैराकेसीन 3. वसा का इमल्सीकरण
ड्यूओडिनम	अग्न्याशय	अग्न्याशय रस	क्षारीय $pH-8$ क्षारीय $pH-7.6-7.7$	1. ट्रिप्सिन व काइमीट्रिप्सिन 2. एमीलोप्सिन 3. कार्बोक्सिपेप्टिडेस 4. स्टिएप्सिन या लाइपेस —	1. प्रोटीन 2. मांड एवं जटिल शर्करा अणु 3. प्रोटीन के पोलीपेप्टाइड अणुओं पर 4. वसा —	1. पोलीपेप्टाइड अणु 2. डाइसैकेराइड्स 3. एमीनों अम्ल 4. वसा, अम्ल व ग्लिसरोल —
यकृतपित्त रस क्षुदांत्र	आंत्रीय ग्रन्थियां	आंत्र रस	क्षारीय $pH-8.3$	1. ऐंटेरोकाइनेस 2. इरोप्सिन 3. माल्टोस 4. सुक्रोस 5. लाइपेस 6. लैक्टोस 7. न्यूक्लियेस, न्यूक्लियोसाइड्स	1. ट्रिप्सिनोजन 2. पोली, ट्राइपेप्टाइड्स 3. ग्लूकोस (मोनोसैकेराइड) 4. डाइसैकराइड सुक्रोस 5. बची हुई वसा 6. लैक्टोस 7. न्यूक्लीक अम्ल, न्यूक्लिओटाइड्स	1. ट्रिप्सिन 2. एमीनो अम्ल 3. ग्लूकोस (मोनोसैकेराइड) 4. ग्लूकोस 5. वसा, अम्ल एवं ग्लिसरोल 6. ग्लूकोस व गैलेक्टोस 7. न्यूक्लिओसाइड्स
सीकम	–	–	–	–	सेल्यूलोज	शर्करा

(xiii) उचित क्रिया के लिए कुछ एन्जाइम्स को सहएन्जाइम (Coenzyme) की आवश्यकता होती है। सहएन्जाइम्स अकार्बनिक आयन (Inorganic Ions) होते हैं। पेंक्रियेटिक एमाइलेज (Pancreatic Amylase) की फॉस्फेट, आयनों एवं रेनिन को (Ca^{++}) आयनों की आवश्यकता होती है।

आहारीय अपूर्णता एवं रोग

I. कुपोषण (Malnutritions): अनुपयुक्त भोजन ग्रहण करने से स्वास्थ्य की हानि को कुपोषण कहते हैं। कुपोषण के अन्तर्गत पोषणहीनता (न्यूनतम पोषण का अभाव) तथा पोषण आधिक्य (अतिरिक्त पोषक युक्त पौष्टिक भोजन का अन्तर्ग्रहण) दोनों ही अवस्थाएं हो सकती हैं।

1. पोषण आधिक्य

(i) **अतिकॉलेस्टेरोलेमिया (Hypercholesterolemia):** वसा (मक्खन, घी, वनस्पति तेल, लाल मांस, अंडे आदि) के अधिक अंतर्ग्रहण से अति कॉलेस्टेरोलेमिया (Hypercholesterolemia) हो जाता है। इस रोग में रक्त में कॉलेस्टेरॉल का स्तर असामान्य रूप से बढ़ जाता है। रक्त वाहिनियों की भित्तियों में कॉलेस्टेरॉल का जमाव होने से वे कठोर हो जाती हैं, जिससे उनमें रक्त का दबाव बढ़ जाता है। इसके कारण हृदय संबंधी रोग हो जाते हैं।

(ii) **मोटापा (Obesity):** अधिक कैलोरी (शर्करा, घी, शहद आदि) के अंतर्ग्रहण से वजन बढ़ जाता है। ऊत्तकों में वसा का अत्यधिक संग्रह होने से मोटापा हो जाता है। यह पोषण आधिक्य का सबसे सामान्य उदाहरण है।

(iii) **अविषालुता (Toxicity):** वसा तथा खनिजों में विलेय विटामिनों का अत्यधिक अन्तर्ग्रहण अविषालु हो सकता है। भोजन में उपस्थित विटामिनों की सामान्य मात्रा के अतिरिक्त विटामिन ग्रहण करने से इनका शरीर में संग्रह हो जाता है, जिससे विषाक्तता हो सकती है। सामान्य स्वस्थ व्यक्ति को आहारीय संपूरकों (Nutritional Supplements) की आवश्यकता नहीं होती है।

पोषण हीनता

(i) **प्रोटीन कैलोरी कुपोषण (Protein Calorei Malnutrition or PCM):** प्रोटीन की कमी के कारण निम्न प्रकार के पी. सी. एम. रोग हो जाते हैं—

(क) **मेरस्मस (Marasmus):** एक राल से कम आयु के शिशुओं (infants) को यदि माता के दूध के स्थान पर अन्य कम पोषक व कम कैलोरीयुक्त खाद्य पदार्थ दिया जाए तो उनमें मरस्मस रोग हो जाता है। वृद्धि दर में कमी, पतले पैर, महीन उदर भित्ती, झुर्रियों युक्त त्वचा, धंसी हुई आंखें, पसलियों का अधिक उभरना, डायरिया, दिमाग व शरीर के भार में कमी आना आदि। इस रोग के लक्षण हैं।

(ख) **क्वाशियोरकर (Kwashiorkor):** यह अधिकांशतया पाँच साल की आयु तक के शिशुओं में होता है। यदि इन शिशुओं को माता के दूध या प्रोटीनयुक्त पोषण के स्थान पर केवल कार्बोहाइड्रेटयुक्त पोषण दिया जाए तो उनमें क्वाशियोरकर रोग हो जाता है। इस रोग के लक्षण हैं—रंगहीन बाल तथा त्वचा, द्रव असंतुलन के कारण उभरा हुआ पेट, पतली टांगे, वृद्धि दर में अत्यधिक ह्रास, वजन गिरावट, चिड़चिड़ापन, मानसिक विकास तथा क्षमताओं में कमी, यकृत तथा अंततः मृत्यु।

(ii) **विटामिन हीनता रोग (Vitamin Deficiency Diseases):** इनका वर्णन इसी अध्याय में विटामिन शीर्षक के अन्तर्गत किया गया है।

(iii) **खनिज हीनता रोग (Mineral Deficiency Diseases):** रक्ताल्पता (एनीमिया) आहार में लोहे की कमी के कारण हो जाता है। इस रोग में लाल रक्त कोशिकाओं में हीमोग्लोबिन की कमी हो जाती है। क्योंकि हीमोग्लोबिन की ऑक्सीजन परिवहन में जैविक भूमिका है, अतः इसकी कमी के कारण उपापचयी आवश्यकताओं हेतु ऑक्सीजन की कमी हो जाती है। हीमोग्लोबिन की कमी, थकावट, कमजोरी, संक्रमण की अधिक संभावना, रोगी व्यक्ति की पीली त्वचा, पाचन शक्ति का ह्रास, बच्चे के जन्म के समय मृत्यु दर में वृद्धि आदि इस रोग के लक्षण हैं।

(iv) **हाइपोकेलेमिया (Hypokaelemia):** यह शरीर में पोटेशियम की कमी के कारण होता है। यह कमी एड्रीनल कॉर्टेक्स से हार्मोन के अत्यधिक स्रावरण के कारण होती है। इसके अन्य कारणों में अत्यधिक मतली (Vomit) व डायरिया हैं। हृदय स्पंदन दर में वृद्धि, वृक्क क्षय (Damage), पॉलीयूरिया, कमजोरी तथा पेशियों का लकवाग्रस्त होना आदि इस रोग के लक्षण हैं।

(v) **हाइपोनेट्रीमिया (Hyponatremia):** यह अत्यधिक मतली व डायरिया के कारण शरीर में सोडियम की हानि के कारण होता है, जिसके फलस्वरूप शरीर में जल हानि (Dehydration), रक्त दाब मे कमी तथा शरीर भार में कमी हो जाती है।

(vi) **साधारण गलगंड (Simple Goitre):** थायरॉयड ग्रन्थि के द्वारा थॉयरॉक्सिन हार्मोन के असामान्य स्रावण के कारण शरीर में आयोडीन की कमी के कारण गलगंड रोग हो जाता है। थॉयरॉक्सिन हार्मोन की कमी के कारण अग्र पिट्यूटरी ग्रन्थि से थायरॉइड उत्प्रेरक हार्मोन (Thyroid Stimulating Hormone) का स्रावण प्रारम्भ हो जाता है। इस हार्मोन की अधिकता के कारण थॉयराइड में वृद्धि (Enlargement) हो जाती है, जिसे गॉयटर या गलगंड कहते है।

मानव श्वसन तंत्र

श्वसन-क्रिया वस्तुतः दो पूर्णतः भिन्न-भिन्न क्रियाओं का सम्मिलित रूप है। जिस क्रिया के द्वारा वातावरणीय वायु को अंदर लिया जाता है, उसे प्रश्वसन (Inspiration) कहते हैं और जिस क्रिया से वर्ज्य गैसों को बाहर छोड़ा जाता है, उसे 'उच्छ्वसन' या 'निःश्वसन' (Expiration) कहते हैं। इस प्रकार प्रश्वसन, तथा निःश्वसन की सम्मिलित क्रिया को ही 'श्वसन-क्रिया' कहते हैं। 'श्वसन' की एक प्रक्रिया में एक बार सांस लेना अर्थात् वायु

को भीतर खींच कर वायुकोष्ठिका-कोषों (Alveoli) तक पहुंचाना है, जिससे शुद्ध वायु जो ऑक्सीजन से परिपूर्ण है, रक्त कोशिकाओं तक पहुंच सके। इस संपूर्ण क्रिया को कई अंग तथा उपांग मिलकर संपादित करते हैं। वायु जिन प्रमुख अंगों से होकर गमन करती है, वे क्रमानुसार इस प्रकार हैं—नासा-गुहाएं (The Nasal Cavities), ग्रसनी (The Pharynx), स्वरयंत्र (The Larynx), श्वासनली (The Trachea), श्वसनी (The Bronchi), श्वसनिक (The Bronchioles) तथा वायु-कोष्ठिका-कोष (Alveoli)। फुप्फुस वक्ष गुहा में स्थित होते हैं। श्वास की क्रिया के समय डायाफ्राम तथा अन्तरकोस्टल पेशियां फुप्फुस के सिकुड़ने व फैलने में मदद करती हैं।

फुप्फुसी श्वसन अथवा बाह्य श्वसन (Pulmonary or External Respiration): ऑक्सीजन (O_2) श्वसन अथवा सांस लेने से नाक तथा मुख द्वारा शरीर के अंदर जाती है। ऑक्सीजन श्वास प्रणाली तथा श्वसनी नलिकाओं से होती हुई वायु कोशों तक पहुंचती है, जहां यह फुप्फुस कोशिकाओं में विद्यमान रक्त के संपर्क में आती है। ऑक्सीजन तथा रक्त केवल एक कला की परत द्वारा पृथक् रहते हैं, जिसे वायुकोश केशिकीय कला (Alveolar Capillary Membrane) कहते हैं। ऑक्सीजन इस कला में से होती हुई रक्त में पहुंच जाती है। लाल रक्त कोशिकाओं का हीमोग्लोबिन इस ऑक्सीजन को ग्रहण कर लेता है तथा इस प्रकार ऑक्सीजनयुक्त रक्त-हृदय तक पहुंचता है, जहां से यह धमनियों द्वारा शरीर के सभी भागों में पहुंच जाता है। फुप्फुस से बाहर निकलते समय रक्त में ऑक्सीजन दाब 100mm Hg होता है तथा हीमोग्लोबिन की ऑक्सीजन संतृप्ति 95 प्रतिशत होती है।

उपापचय (Metabolism) के फलस्वरूप उत्पन्न हुई कार्बन डाइऑक्साइड का निकास बहुत आवश्यक है। यह निकास मुख्यतः फेफड़ों से होता है। रक्त में कार्बन-डाइ-ऑक्साइड घुली हुई अवस्था में होती है। वायुकोश केशिका कला में होती हुई यह कोशिकाओं से वायु कोशों में पहुंचती है तथा श्वसनी नलिकाओं और श्वास प्रणाली में से होती हुई नाक तथा मुंह के द्वारा बाहर निकल जाती है। फुप्फुस श्वसन अथवा बाह्य श्वसन निम्नलिखित क्रियाओं पर आधारित है :

1. फुप्फुस संवातन (Pulmonary Ventilation) अथवा सांस लेने की क्रिया-इसके द्वारा वायुकोशों की वायु का स्थान वातावरण की वायु ले लेती है।

2. फुप्फुसों में रक्त प्रवाह।

3. वायु तथा रक्त प्रवाह का इस प्रकार वितरण कि फुप्फुस के सभी भागों को प्रत्येक की उचित मात्रा मिल सके।

4. वायुकोश केशिका कला में गुजरने वाली गैसों का विनिमय, जो विसरण द्वारा होता है। ऑक्सीजन की तुलना में कार्बन डाइऑक्साइड अधिक गति से विसरित होती है।

ये विधियां इस प्रकार संतुलित रहती हैं कि फुप्फुस से निकलने वाले रक्त में CO_2 तथा O_2 की उचित मात्रा होती है। व्यायाम के समय फुप्फुस में आने वाले रक्त की मात्रा बढ़ जाती है। इसमें CO_2 की मात्रा अधिक तथा O_2 की मात्रा कम होती है। इस स्थिति में CO_2 का पूर्ण निष्कासन संभव नहीं होता है, अतः धमनी रक्त में इसकी सांद्रता बढ़ जाती है। इसके फलस्वरूप मस्तिष्क में स्थित श्वसन केन्द्र (Respiratory Centre) का उद्दीपन होने से सांस की गति (Rate) तथा गहराई (Depth) बढ़ जाती है। इस प्रकार संवातन (Ventilation) बढ़ जाता है, जिससे CO_2 की मात्रा का अधिक निष्कासन संभव होता है और अधिक ऑक्सीजन शरीर में आती है।

ऊत्तकीय अथवा अंतः श्वसन (Tissue or Internal Respiration)– ऑक्सीजनयुक्त रक्त का अर्थात् जिस रक्त का हीमोग्लोबिन ऑक्सीजन से संतृप्त होता है, सारे शरीर में परिसंचरण होता है। यह रक्त अंत में केशिकाओं में पहुंचता है जहां इसकी गति अत्यंत मंद होती है। ऊत्तक कोशिकाएं इस रक्त से ऑक्सीजन ग्रहण कर लेती हैं तथा कार्बन डाइऑक्साइड कोशिकाओं से रक्त में आ जाती हैं। बाह्य तथा अंतः श्वसन के फलस्वरूप वायुकोशों की वायु में जो परिवर्तन आते हैं वे निम्नलिखित हैं :

अभिश्वसित वायु (वातावरण की वायु)

नाइट्रोजन	79%
ऑक्सीजन	20%
कार्बन डाइऑक्साइड	0.04%

अभिश्वसित वायु का तापमान तथा आर्द्रता वातावरण से समान होती है—

निःश्वसित वायु

नाइट्रोजन	79%
ऑक्सीजन	16%
कार्बन डाइऑक्साइड	4.04%

निःश्वसित वायु जल वाष्प से संतृप्त होती है तथा इसका तापमान शरीर के तापमान के समान होता है (शरीर से निकलने

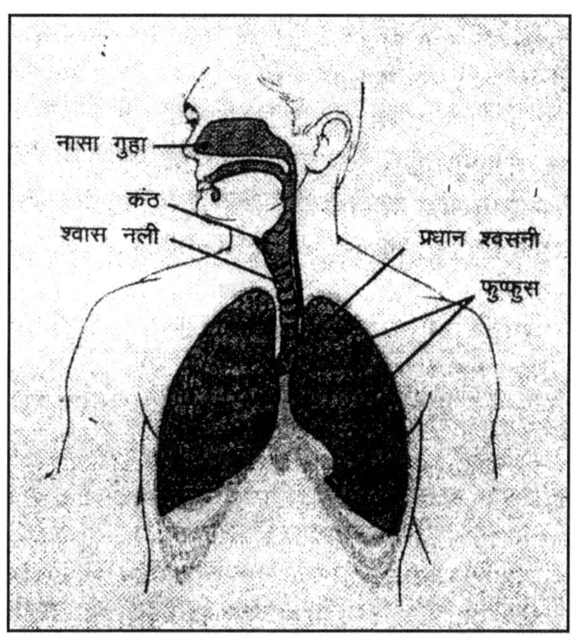

चित्रः मनुष्य में श्वसन क्रिया

वाली गर्मी का 20% भाग अभिश्वसित वायु को निःश्वसन से पूर्व गर्म करने में व्यय होता है)।

फुप्फुसों की वायु धारिता (Air Capacity of Lungs)— फुप्फुसों की कुल वायु क्षमता (Air Capacity) लगभग 4,500 से 5000ml अथवा 4.5 से 5.0 लीटर के समान होती है।

प्राण-वायु (Vital Air)—प्रत्येक साधारण श्वास में एक व्यक्ति जो वायु भीतर लेता है और छोड़ता है, उसे 'प्राण-वायु' कहते हैं और इसकी मात्रा लगभग 500 घन सेंटीमीटर रहती है।

श्वसनवायु धारिता (Vital Capacity)—यह वायु का वह आयतन है जो प्रणोदित अभिश्वसन (Forcible Expiration) के पश्चात् प्रणोदित निःश्वसन (Forcible Expiration) करने पर फुप्फुसों से बाहर निकलता है। श्वसनवायु धारिता स्पाइरोमीटर (Spirometer) की सहायता से मापी जा सकती है। सामान्य पुरुष में यह 4-5 लीटर होती है तथा स्त्रियों में यह 3-4 लीटर होती है।

अवशिष्ट वायु (Residual Air)—अवशिष्ट वायु, वायु का वह अंश है जो अधिकतम उच्छ्वास के बाद भी फुप्फुसों में रह जाता है।

श्वसन संबंधी रोग

1. **श्वसनीशोथ (Bronchitis) :** श्वसनी या ब्रोंकाई के सूजन को श्वसनी शोथ करते हैं। श्वसनी के आंतरिक स्तर में उपस्थित सेरोम्युकस ग्रंथि तथा गॉब्लेट कोशिकाओं में अतिवृद्धि के कारण यह रोग होता है। यह प्रारम्भिक संक्रमण है, जिसमें श्लेष्मा का अत्यधिक स्राव होता है। गाढ़े हरे-पीले रंग के थूक के साथ लगातार खांसी आती है। यह वायु-प्रदूषण या धूम्रपान से भी हो सकता है।

   रोकथाम व उपचार : वायु प्रदूषण से बचाव। उचित प्रति जैविकों का उपयोग। श्वसनी-विस्फारक (Broncho-dialator) औषधियों का उपयोग।

2. **श्वसनी दमा (Bronchial asthma) :** इसे श्वसनिका (Bronchiole) की भित्ती में उपस्थित चिकनी पेशीयों के अत्यधिक संकुचन के द्वारा पहचाना जा सकता है। इसका मुख्य कारण विभिन्न बाह्य पदार्थों से एलर्जी (अतिसंवेदना) होना है। इसके प्रमुख कारण खांसी तथा निःश्वसन में कठिनाई हैं। श्वसनी दमा में भी वायु मार्ग के श्लेष्मा झिल्ली द्वारा श्लेष्मा का अति स्राव होता है, जिससे श्वसनी व श्वसनिका दोनों का मार्ग अवरुद्ध हो जाता है।

   रोकथाम व उपचार : प्रत्युर्जता (Allergy) उत्पन्न करने वाले पदार्थों से बचाव। अल्पसंवेदनीकरण (विशिष्ट प्रत्युर्जकों के अल्पमात्रा का संपर्क) द्वारा रोकथाम। संक्रमण उन्मूलन हेतु प्रतिजैविकों का उपयोग। श्वसनी विस्फारक औषधियों तथा श्वास यंत्र का उपयोग।

3. **न्युमोनिया (Pneumonia) :** फुप्फुस की कूपिकाओं (Alveoli) में संक्रमण के फलस्वरूप होने वाली जलन को न्यूमोनिया कहते हैं। संक्रमण का कारक स्ट्रेप्टोकोकस न्युमोनी (*Streptococcus pneumoniae*) है। कभी-कभी अन्य रोग कारक (जैसे—जीवाणु, विषाणु, माइकोप्लाज्मा, प्रोटोजोआ) भी इस रोग के लिये उत्तरदायी होते हैं। शिशु, वृद्ध एवं प्रतिरक्षा स्वीकार्य (Immuno Compromised) व्यक्ति इस रोग के प्रति संवेदनशील होते हैं। न्युमोनिया के रोगी के फुप्फुस की कूपिका कोष के अधिकतर स्थान एक तरल पदार्थ से भरे रहते हैं, जिसमें कई श्वेत रक्त कणिकाएं होती हैं। ये शोथयुक्त कूपिकाऐं ऑक्सीजन का पूर्ण अन्तर्ग्रहण नहीं कर पाती हैं, परिणामतः रक्त में ऑक्सीजन का स्तर कम हो जाता है।

रोकथाम एवं उपचार : यह एक संक्रामक रोग है। इसे प्रतिजैविकों के उपयोग द्वारा उपचारित किया जाता है। श्वसनी विस्फारक औषधियों का भी उपयोग रोग के लाक्षणिक उपचार हेतु कर सकते हैं। प्रतिरक्षा स्वीकार्य व्यक्तियों में उचित टीकाकरण द्वारा न्युमोनिया की रोकथाम की जाती है।

4. **एंफाइसिमा (Emphysema) :** श्वसनी व कूपिका का असामान्य फैलाव, जिसके कारण उनमें लचीलापन समाप्त हो जाता है, को एंफाइसिमा कहते हैं। इस रोग में कूपिका सदैव (निःश्वसन के पश्चात् भी) वायुपूरित रहती है। अंततः फुप्फुस के आकार में वृद्धि हो जाती है। इस अवस्था का मुख्य कारण दीर्घकालीन श्वसनी शोथ तथा धूम्रपान है।

रोकथाम एवं उपचार : इसका कोई स्थायी उपचार नहीं है। इसके लाक्षणिक उपचार हेतु श्वसनी-विस्फारकों, प्रतिजैविकों एवं ऑक्सीजन यंत्र का उपयोग किया जाता है। इस रोग को प्रदूषण एवं धूएं (धूम्रपान आदि) के दीर्घकालीन संपर्क से बचकर रोका जा सकता है।

5. **व्यावसायिक फुप्फुस रोग (Occupational Lung Disease) :** किसी व्यक्ति के अपने कार्य स्थल पर्यावरण में विभिन्न हानिकारक पदार्थों (गैस, धूल, धूम्र, अन्य विषैले रासायनिक पदार्थ आदि) के निरन्तर सपंर्क के कारण यह रोग हो सकता है। इसके सामान्य उदाहरण, खनन उद्योग में सिलिका व एस्बेस्टॉस धूल कणों के निरन्तर (दीर्घकालीन) प्रभाव के कारण होने वाले क्रमशः सिलिकोसिस तथा एस्बेस्टॉसिस हैं। इसकी पहचान फुप्फुस के तन्तुमय (Fibrosis) से की जा सकती है। इसमें तन्तुमय संयोजी ऊतक का प्रचुरोद्भवन होने के कारण शोथ हो जाता है।

रोकथाम एवं उपचार : रोग कारकों के दीर्घकालीन (10-15 वर्ष या अधिक) प्रभाव के कारण होने वाले अधिकांश व्यावसायिक फुप्फुस रोगों का उपचार नहीं हो सकता। श्वसनी-विस्फारक एवं प्रतिजैविकों द्वारा लाक्षणिक उपचार किया जा सकता है। इसके अतिरिक्त, इस रोग के प्रकोप से बचाव हेतु निम्न निवारक साधनों का प्रयोग करना चाहिए—

(i) श्रमिकों को इन रोग कारकों तथा उनसे बचाव की समुचित जानकारी दी जानी चाहिए।

(ii) कार्यस्थल पर रक्षात्मक सामान तथा वस्त्रों के उपयोग की आवश्यकता।

(iii) श्रमिकों के स्वास्थ्य की नियमित जांच।

(iv) स्वास्थ्य रक्षा हेतु श्रमिकों को कम अंतराल में अवकाश लेने की सुविधा।

परिसंचरण तन्त्र

पोषक पदार्थों, श्वसनीय गैसों तथा उपापचयी उत्पादों के सम्पूर्ण जन्तु शरीर में परिवहन को परिसंचरण कहते हैं। एक कोशिकीय तथा निम्न बहुकोशिकीय प्राणियों में विभिन्न गैसों का आदान-प्रदान तथा परिसंचरण कोशिका झिल्लियों में विसरण द्वारा तथा वृहत् अणुओं जैसे शर्करा, वसा तथा प्रोटीन आदि का परिवहन कोशिका द्रव्य गति (Cyclosis) द्वारा होता है। उच्च श्रेणी जन्तुओं में इन पदार्थों के परिसंचरण हेतु विशिष्ट तन्त्र होते हैं जिन्हें परिसंचरण तन्त्र कहते हैं।

बहुकोशिकीय जन्तुओं (निम्न व उच्च श्रेणी) में श्वसनीय गैसों के आदान-प्रदान भोजन के परिवहन, अपशिष्ट पदार्थों के निष्कासन हेतु विभिन्न क्रियाविधियां होती हैं जो उनकी विशिष्ट शारीरिक संरचना तथा उनके बाह्य वातावरण के अनुरूप होती हैं।

सभी कशेरूकी प्राणियों की भ्रौणिक अवस्थायें समान प्रकार का परिसंचरण तन्त्र प्रदर्शित करती हैं। व्यस्कावस्था में आधारभूत परिसंचरण तन्त्र में श्वसनीय आवश्यकताओं के अनुरूप प्रगामी रूपान्तरण (Progressive Modifications) हो जाते हैं।

परिसंचरण तन्त्र के प्रकार (Types of Circulatory System)—जन्तुओं में दो प्रकार का परिसंचरण तन्त्र उपस्थित होता है—

(i) **खुला तन्त्र (Open System)**—इसमें केशिका तन्त्र नहीं पाया जाता। हृदय द्वारा पंप किया गया रूधिर, वाहिकाओं द्वारा सीधे रक्त-स्थान या कोटर या देह गुहा या रक्त गुहा (Haemocoel) में पहुंचता है। इसमें रक्त का दबाव व बहाव बहुत कम होता है। अंतरंग अंग व ऊतक सीधे रुधिर के साथ पोषकों, श्वसनीय गैसों व अपशिष्ट पदार्थों का आदान-प्रदान करते हैं।

उदाहरण—पेरिप्लेनेटा, पेलिओमॉन, हिरूड़िनेरिया, मॉलस्क, आर्थ्रोपोड।

(ii) **बंद तन्त्र (Closed System)**—इसमें रक्त वाहिकायें केशिकाओं में शाखित रहती हैं, जिनसे कोशिका तन्त्र

बनता है। हृदय द्वारा पंप किया गया रुधिर विशिष्ट वाहिकाओं द्वारा शरीर के समस्त ऊतकों व अंतरंग अंगों तक पहुंचता है। इस तन्त्र में रक्त वाहिकाओं के अन्दर होने के कारण, रक्त का दबाव व बहाव अधिक होता है।

उदाहरण—उच्च अकशेरुकी, कॉर्डेट्स तथा सभी कशेरूकियों में।

मानव रुधिर परिसंचरण तन्त्र (Human Blood Circulatory System)— मानव रुधिर परिसंचरण तन्त्र के अन्तर्गत रुधिर, रुधिर वाहिकायें तथा हृदय आते हैं।

1. **रुधिर (Blood)**—रक्त एक ऐसा जीवन-द्रव (Vital Fluid) है, जिस पर प्राणियों का जीवन निर्भर करता है। शरीर के सभी कार्य इसी जीवित माध्यम पर ही आधारित हैं। रक्त शरीर में नलिकाओं द्वारा एक स्थान से दूसरे स्थान तक धारा–प्रवाह बहता रहता है।

शरीर में रक्त का कुल परिमाण लगभग 5 लीटर अथवा शारीरिक भार का बारहवां भाग होता है। रक्त का आधे से कुछ अधिक भाग (55 प्रतिशत) तरल या प्लाज्मा होता है तथा शेष भाग (45 प्रतिशत) रक्त कोशिकाओं का बना होता है।

रक्त जीवन का एक विशिष्ट तत्व है, जो निम्नलिखित कार्यों को सम्पन्न करता है—

(i) यह शरीर के विभिन्न अंगों को आवश्यक पोषण तत्त्व, रासायनिक पदार्थ तथा ऑक्सीजन पहुंचाता है तथा उनसे कार्बन डाइऑक्साइड और अन्य अपशिष्ट उत्पादन ले जाता है। इस प्रकार शरीर अपनी सामान्य क्रियाएं करने में समर्थ होता है।

(ii) रक्त फुप्फुस (Lungs) में पहुंचकर लाल-रक्त-कणों के हीमोग्लोबिन की सहायता से श्वास से ऑक्सीजन प्राप्त करके उसका संवाहन करता है और उसे ऊतकों में वितरित करता है।

(iii) पचा हुआ भोजन रुधिर के प्लाज्मा में मिल जाता है और शरीर के भिन्न-भिन्न भागों में पहुंचा दिया जाता है।

(iv) रक्त ऊतकों में उत्पन्न विभिन्न प्रकार के विकारों को उत्सर्जन—अंगों (Excretory Organs) तक ले जाकर उनका निष्कासन करवाता है। वृक्क के द्वारा यूरिया; वृक्क, फुप्फुस तथा त्वचा के द्वारा अनावश्यक जल; फुप्फुस के द्वारा कार्बन-डाइऑक्साइड आदि वर्ज्य रक्त की सहायता से ही बाहर निकलते हैं।

(v) रूधिर द्वारा हार्मोन्स, एण्टीटॉक्सिन्स तथा एण्टीबॉडीज को शरीर के एक भाग से दूसरे भाग तक ले जाया जाता है।

(vi) रक्त-जल-संवहन के द्वारा शरीर के ऊतकों को सूखने से बचाता है और उन्हें नम एवं मुलायम रखता है। रक्त शरीर के तरलों (Fluids) को तथा ऊतकों के रसाकर्षण अर्थात् परिसारक-दाब (Osmotic Pressure) को संधारित और अनुरक्षित रखता है।

(vii) रक्त अपने आतच्चन के गुण (Clotting) के द्वारा रक्त-स्त्राव (Haemorrhage) को रोक कर जीवन की रक्षा करता है।

(viii) रक्त अपने आयतन (Volume) तथा श्यानता (Viscosity) में परिवर्तन लाकर रक्त-दाब (Blood Pressure) पर नियंत्रण रखता है।

रक्त का संघटन (Composition of Blood)—रक्त एक लाल ऊतक है जो दो भागों का बना होता है। एक तरल अंश होता है जिसे रक्त-प्लाज्मा (Blood Plasma) कहते हैं तथा दूसरा भाग ठोस अंश जो रक्त कोशिकाओं के रूप में होता हैं। रक्त के 45 प्रतिशत भाग में कण रहते हैं और शेष भाग में रक्त-प्लाज्मा रहती है। रक्त-कण तीन प्रकार के होते हैं—लाल रूधिराणु (Red Blood Corpuscles, RBC), श्वेत रूधिराणु (White Blood Corpuscles, WBC) तथा रक्त बिम्बाणु (Blood Platelets) ।

रक्त के संघटन का आरेखीय निरूपण

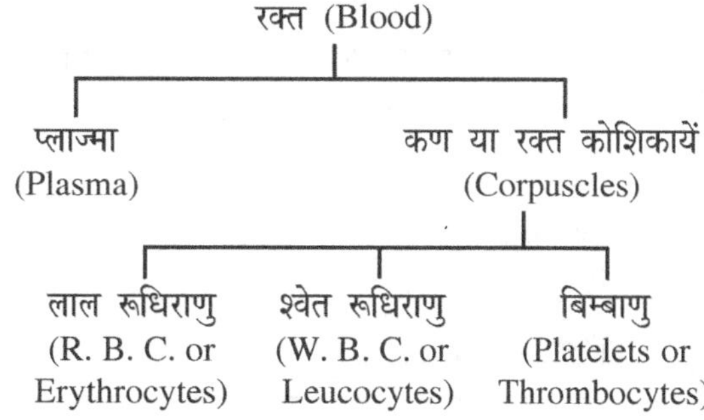

प्लाज्मा (Plasma)—प्लाज्मा द्रव है, जो हल्के पीले रंग का द्रव है। यह रूधिर का लगभग 50-55% भाग बनाता है। इसकी रचना शरीर के विभिन्न भागों में तथा भिन्न-भिन्न समय पर अलग-अलग होती है। सामान्य रूप से इसमें 90% मात्रा पानी, 6-9% प्रोटीन, शर्करा, वसा तथा 1% अकार्बनिक लवणों की होती हैं। रक्त जब क्षतिग्रस्त ऊतक के संपर्क में आता है तो रक्त-प्लाज्मा में स्थित फाइब्रिनोजन (प्रोटीन) ही जम कर रक्त का थक्का (Clot) बनाने में मदद करता है।

रूधिर प्लाजमा का रासायनिक संगठन तालिका में दर्शाया गया है।

लाल रूधिराणु (Red Blood Corpuscles, RBC)—रूधिर में एरिश्रोसाइट्स की संख्या बहुत अधिक होती हैं। स्तनधारीय नर में ये लगभग 5,500,000 प्रति घन मिमी. तथा मादा में 5,00,000 प्रति घन मिमी. होते हैं। मनुष्य में इनका व्यास लगभग 7.5μ तथा मोटाई 1-2μ होती है। लाल रक्त-कण नन्हीं-नन्हीं गोल, चपटी टिकियों के समान होते हैं, दोनों ओर से कुछ दबे-से अर्थात् उभयावतल (Biconcave) होते हैं। लाल रूधिराणु केन्द्रक विहीन होते हैं इनमें चिपकने की क्षमता होती है। लाल रूधिराणुओं के कोशिकाद्रव्य में लाल रंग का हीमोग्लोबिन

तालिका मानव रूधिर प्लाज्मा का रासायनिक संगठन

संघटक	मात्रा
जल	90-92%
प्रोटीन (एल्बुमिन, ग्लोबुलिन, प्रोथ्रोम्बिन, फाइब्रिनोजन)	6-8%
अकार्बनिक लवण (Na, K, Mg, Ca, Fe, Mn के धनायन तथा Cl, HCO_3 व PO_4 के ऋणायन)	1-2%
अन्य (i) भोज्य पदार्थ (शर्करा, अमीनो अम्ल, वसीय अम्ल आदि)	1-2%
(ii) अपशिष्ट पदार्थ (यूरिया, यूरिक अम्ल व क्रिएटिनिन)	
(iii) नियन्त्रक पदार्थ (हार्मोन्स, विटामिन्स, विकर)	
(iv) एन्टीकोएम्गुलेन्ट्स (हिपेरिन)	
(v) कॉलेस्टेरॉल	
(vi) एन्टीबॉडी	
(vii) विलेयशील गैसें (O_2, CO_2, N_2)	

नामक आयरन यौगिक होता है। हीमोग्लोबिन में लोहयुक्त प्रोटीन तथा आयरन यौगिक हीमेटिन पाया जाता है। हीमोग्लोबिन में आयरन फेरस (Ferrous) अवस्था में होता है। अतः इसमें ऑक्सीजन से संयोग करने की क्षमता होती है। किन्तु यह संयोग अस्थायी होता है। इस प्रकार बना यौगिक ऑक्सीहीमोग्लोबिन (Oxyhaemoglobin) कहलाता है। यह कम ऑक्सीजन वाले भागों में पहुंचकर विघटित होकर ऑक्सीजन को स्वतंत्र कर देता है। हीमोग्लोबिन ऑक्सीजन-वाहन (Oxygen-Carrier) का कार्य करता है तथा श्वसन क्रिया में महत्त्वपूर्ण योगदान करता है। लाल रक्त कोशिका की औसत आयु 110 से 120 दिन होती है। इस अवधि के पश्चात् कोशिकाएं घिस-पिट जाती हैं। इन नष्ट प्रायः कोशिकाओं का प्लीहा (Spleen) द्वारा पाचन कर लिया जाता है।

श्वेत रूधिराणु (White Blood Corpuscles, WBC)—श्वेत रूधिराणु या ल्यूकोसाइट्स, लाल रूधिराणुओं की अपेक्षा बड़े किन्तु संख्या में अपेक्षाकृत बहुत कम होते हैं। मनुष्य में इनकी संख्या 5000—9000 प्रति घन मिमी. होती है किन्तु रोगजनक (Pathogenic) अवस्था में इनकी संख्या बढ़ जाती है। इनके कोशिकाद्रव्य में हीमोग्लोबिन नहीं होता है। श्वेत रूधिराणुओं का जीवन काल लगभग दो सप्ताह होता है तथा इनका निर्माण रक्त मज्जा (Bone Morrow) में होता है। इनके अधिक उत्पादन व रूधिर में इनकी संख्या में वृद्धि होने से 'ल्यूकीमिया' नामक रोग हो जाता है। इनके जीवद्रव्य में कणिकाओं के उपस्थित या अनुपस्थित होने के आधार पर श्वेत रूधिराणुओं को दो समूहों में रखा गया है—

(क) कणिकामय श्वेत रूधिराणु या ग्रेन्युलोसाइट्स (Granulocytes)

(ख) कणिकारहित श्वेत रूधिराणु या अग्रेन्यूलोसाइट्स (Agranulocytes)

(क) **ग्रेन्यूलोसाइट्स (Granulocytes)**—ग्रेन्यूलोसाइट्स के कोशिकाद्रव्य में विभिन्न आकृति के कण निलम्बित रहते हैं इनका केन्द्रक पालियम (Lobed) होता है। इसमें 2-5 पिंडक होते हैं। इसी कारण इनके केन्द्रक को पॉलिमोर्फिक (Polymorphic) कहते हैं। ग्रेन्यूलोसाइट्स तीन प्रकार के होते हैं—एसिडोफिल्स या इओसिनोफिल्स (Acidophils or Eosinophils), बेसोफिल्स (Basophils) तथा हेटिरोफिल्स या न्यूट्रोफिल्स (Heterophils or Neutrophils)।

(ख) **अग्रेन्युलोसाइट्स (Agranulocytes)**—ये कणिकाविहीन कोशिकायें हैं जिनके कोशिकाद्रव्य में कणिकायें नहीं होती या फिर अज्रोफिलिक (Azyrophils) कण पाये जाते हैं । ये दो प्रकार के होते हैं—लिम्फोसाइट्स (Lymphocytes) तथा मोनोसाइट्स (Monocytes) ।

उदासीनरागी (Neutrophils) एवं मोनोसाइट्स (Monocytes) वर्ग के श्वेत-रक्त-कण (W.B.C.) बैक्टीरिया के आक्रमण से शरीर की रक्षा करते हैं । इनमें भक्षण-क्षमता (Phagocytosis) होती है जिसके द्वारा ये बैक्टीरिया तथा अन्य बाह्य पदार्थों (Foreign Bodies) का भक्षण कर लेते हैं । इस कारण इन्हें 'फैगोसाइट्स' (Phagoctyes) भी कहते हैं । ये क्षतिग्रस्त ऊतकों को भी इसी प्रक्रिया के द्वारा निष्कासित करते हैं ।

प्लेटलेट्स या थ्रोम्बोसाइट्स (Platelets or Throm-bocytes)—थ्रोम्बोसाइट्स केवल स्तनधारियों के रूधिर में पाये जाते हैं तथा इनका कार्य रूधिर का थक्का बनाने में मदद करना है लाल रूधिराणुओं के समान ही ये बहुत बड़ी संख्या में पाये जाते हैं । हमारे शरीर में इनकी संख्या लगभग 300,000 प्रति घन मिमी. होती है । इनमें भी केन्द्रक अनुपस्थित होता है । ये शरीर से बाहर निकलते ही टूट जाते हैं । इसी कारण इनकी रचना का अध्ययन नहीं हो पाया है । लाल रूधिराणुओं के साथ ही इनका भी विकास लाल अस्थि-मज्जा (Red Bone Marrow) में होता है । ये कुछ विशेष महाकोशिकाओं (Giant Cells) के विघटन से बनते हैं । ये बड़ी महाकोशिकायें मैगाकेरिओसाइट्स (Megakaryocytes) कहलाती है । ये कुछ घण्टे ही जीवित रहती हैं ।

रूधिर का जमना (Clotting of Blood)—रूधिर वाहिनियों के फटने पर रूधिर को बहने से रोकने के लिए रूधिर जम जाता है । इस क्रिया में थ्रोम्बासाइट्स सहायता पहुंचाते हैं । शरीर से बाहर निकलने पर रक्त में कुछ रासायनिक एवं भौतिक परिवर्तन आते हैं जिनके कारण रक्त जम जाता है । रक्त जमने की घटना गूढ़ एवं जटिल रासायनिक प्रक्रियाओं की श्रृंखला (A Chain of Complicated Chemical Processes) है । जम कर ठोस रूप धारण करते समय तरल रक्त दो भागों में बंट जाता है—(i) रक्त-कण और फाइब्रिन के मिलने से रक्त का थक्का (Clot) बन जाता है, तथा (ii) सीरम (Serum) नामक पीले रंग का तरल पृथक् हो जाता है, जिसके सूखने के साथ-साथ थक्का कड़ा होता जाता है । संपूर्ण तरल अंश के रिस जाने पर थक्का पूर्णतः कड़ा (Hard) हो जाता है ।

चोट लगने पर, क्षतिग्रस्त ऊतक के रूधिर में उपस्थित प्लेटलेट्स द्वारा एक पदार्थ थ्रोम्बोप्लास्टिन का स्त्रावण होता है तथा प्लेटलेट्स का वायु के सम्पर्क में आने पर ह्रास (Degeneration) हो जाता है । कैल्सियम आयनों (Ca^{++}) की उपस्थिति में थ्रोम्बोप्लास्टिन प्लाज्मा में उपस्थित निष्क्रिय विकर प्रोथ्रोम्बिन को सक्रिय थ्रोम्बिन में बदल देता है । अन्ततः, थ्रोम्बिन प्लाज्मा में उपस्थित घुलनशील फाइब्रिनोजन को फाइब्रिन नामक अघुलनशील तन्तुओं में परिवर्तित कर देता है । फार्बिन की रचना धागों के जाल के समान होती है । फाइब्रिन के इस जाल (Network) में रक्त कण तथा अन्य रोगाणु फंस कर उलझ जाते हैं । जैसे-जैसे यह जाल सूख कर संकुचित होता जाता है, वैसे-वैसे थक्का (Clot) दृढ़ होता जाता है तथा सीरम रिस (Leak) कर पृथक होता जाता है ।

मानव शरीर क्षतिग्रस्त ऊतक से बहने वाले रूधिर लगभग 3 या 4 मिनिटों में थक्का बन जाता है । रूधिर वाहिनियों में रूधिर थक्का नहीं बनता क्योंकि वहां एक प्रतिथ्रोम्बिन (Antithrombin) विकर, हिपेरिन (Heparin) होता है ।

रूधिर वर्ग (Blood Groups)—सन् 1900 में कार्ल लैंडस्टीनर ने यह पता लगाया कि सभी मनुष्यों का रूधिर समान नहीं होता तथा रूधिर आधान (Blood Transfusion) तभी सफल होता है जबकि दाता (रूधिर देने वाले: Donor) का रूधिर ग्राही (रूधिर ग्रहण करने वाले: Recipient) के रूधिर के समान होता है । रूधिराणुओं के अंदर तथा रूधिर प्लाज्मा में कुछ ऐसे प्रोटिन होते हैं जिनकी पारस्परिक प्रक्रिया से रूधिर का आश्लेषण (Agglutination) हो जाता है । रूधिराणुओं में उपस्थित प्रोटीन्स को प्रतिजन या एंटीजन (Antigen) तथा प्लाज्मा में उपस्थित प्रोटीन्स को प्रतिरक्षी या एण्टीबॉडी (Antibody) कहते हैं । एंटीजन दो प्रकार होते हैं, इनको एंटीजन A तथा एंटीजन B द्वारा प्रदर्शित किया जाता है । कुछ मनुष्यों के रूधिर में A तथा B में से केवल एक ही एंटीजन होता है, तो कुछ में दोनों में से एक भी नहीं । मनुष्यों में चार रूधिर वर्ग पहचाने गये हैं—

(i) A रूधिर वर्ग—ये वर्ग ऐसे मनुष्यों में पाया जाता है जिनमें लाल रूधिर कणिकाओं में एंटीजन A होता है । अतः उनके रूधिर सीरम में एन्टीबॉडी b या α पायी जाती हैं जो B रूधिर वर्ग के रूधिर को आश्लेषित कर देती हैं । A रूधिर वर्ग के मनुष्यों की रूधिर कणिकाओं में एंटीजन B नहीं पाया जाता है ।

(ii) B रुधिर वर्ग—B रुधिर वर्ग ऐसे मनुष्यों में पाया जाता है जिनमें लाल रूधिर कणिकाओं में एंटीजन B होता है। इनके सीरम में एन्टीबॉडी-a या β होती हैं। ये A रूधिर वर्ग के रुधिर को आश्लेषित कर देती हैं। B रूधिर वर्ग के मनुष्यों की रूधिर कणिकाओं में एन्टीजन A नहीं होता है।

(iii) AB रूधिर वर्ग—वे मनुष्य जिनमें लाल रूधिर कणिकाओं में A तथा B दोनों एंटीजन होते हैं, परंतु उनके सीरम में कोई भी एन्टीबॉडी नहीं होती है।

(iv) O रूधिर वर्ग—वे मनुष्य जिनकी लाल रूधिर कणिकाओं में कोई भी एंटीजन नहीं होता है। अतः यह रूधिर किसी भी वर्ग के रूधिर को गुच्छित नहीं करता और O वर्ग के रूधिर में दोनों की प्रकार की एन्टीबॉडी anti-a तथा anit-b होते हैं।

रूधिर आधान (Blood Transfusion)—रूधिर देने से पहले रूधिर देने वाले एवं रूधिर ग्राहक, दोनों के रूधिर का सुमेल (Matching) किया जाना आवश्यक है। O रूधिर वर्ग के रूधिर में एन्टीजन्स नहीं होते, अतः इसे किसी भी रूधिर वर्ग के व्यक्ति को दिया जा सकता है। इसीलिए O रूधिर वर्ग के मनुष्यों को सार्वत्रिक रूधिरदाता (Universal Donor) कहते हैं। AB रूधिर वर्ग के व्यक्तियों में A तथा B दोनों ही एन्टीजन होते हैं, परन्तु एन्टीबॉडी नहीं होती, अतः यह चारों वर्गों के रूधिर को ग्रहण कर सकता है। AB रूधिर वर्ग के मनुष्यों को सार्वत्रिक ग्राहक (Universal Recipient) कहते हैं (रेखाचित्र)। A तथा B रूधिर वर्ग के मनुष्यों में केवल एक ही प्रकार का एन्टीजन होता है। अतः इनमें केवल इन्हीं के वर्ग वाले व्यक्ति का रूधिर दिया जा सकता है। इसके अतिरिक्त इनमें O वर्ग का रूधिर भी दिया जा सकता है, किन्तु यह (O वर्ग) केवल अपने ही वर्ग का रूधिर ग्रहण कर सकता है। तालिका में विभिन्न वर्गों के पारस्परिक रूधिर आधार के संभावित प्रभावों का निरूपण किया गया है।

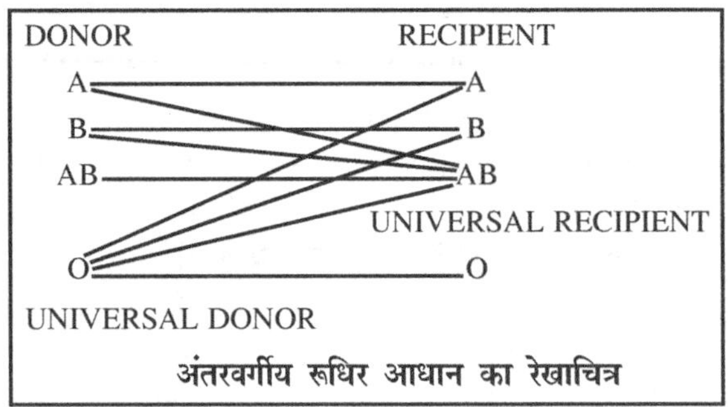

अंतरवर्गीय रूधिर आधान का रेखाचित्र

रीसस कारक (Rhesus Factor)—सन् 1940 में लैंडस्टीनर तथा वीनर (Landsteiner and Wenier) ने रीसस बंदर (Rhesus Monkey) के रूधिर में एक विशेष प्रकार के एन्टीजन की खोज की और उसे Rh एंटीजन या Rh फैक्टर कहा है। एन्टीबॉडीज युक्त Rh सीरम को मनुष्य में अंतः क्षिप्त (Inject) करने पर 5% मनुष्यों के रूधिर में गुच्छन बनते देखा गया है। इस प्रकार के मनुष्य जिनका रूधिर Rh सीरम के फलस्वरूप गुच्छित हो जाता है, Rh^+ धनात्मक तथा अन्य मनुष्य जिनका रूधिर गुच्छित नहीं होता, Rh^- ऋणात्मक कहलाते हैं। सामान्यतः Rh मनुष्यों के रूधिर में Rh^+ के प्रति प्राकृतिक एन्टीबॉडीज का अभाव होता है। अगर Rh^- व्यक्ति में किसी कारणवश Rh^+ रूधिर पहुंचा दिया जाये तो रूधिर का थक्का नहीं बनता किन्तु उसके प्लाज्मा में एन्टीबॉडीज (Antibodies) बन जाती है। अगर दूसरी बार फिर से Rh^+ रूधिर दिया जाये तो थक्का बनने के कारण ग्राहक (Receptor) की मृत्यु हो जाती है। इसका सर्वश्रेष्ठ उदाहरण है एरिथ्रोब्लास्टोसिस फीटेलिस (Erythroblastosis Foetelis)। अगर Rh^+ पुरुष की Rh^-

तालिकाः पारस्परिक रुधिर आधान के संभावित प्रभाव

रुधिर वर्ग	आश्लेषित करता है (Agglutinates the Blood of)				रुधिर दिया जा सकता है	रुधिर ग्रहण किया जा सकता है	टिप्पणी
	O	**A**	**B**	**AB**			
O	नहीं	नहीं	नहीं	नहीं	O, A, B, AB	O	सार्वत्रिक दाता
A	हाँ	नहीं	हाँ	नहीं	A तथा AB	O, A	
B	हाँ	हाँ	नहीं	नहीं	B तथा	AB	O, B
AB	हाँ	हाँ	हाँ	नहीं	AB	O, A, B, AB	सार्वत्रिक ग्राहक

स्त्री से शादी हो जाये तो उनकी प्रथम संतान चाहे वह लड़का हो अथवा लड़की सामान्य होती है। किन्तु एक के पश्चात् अन्य सभी संतानों की भ्रूणीय अवस्था में माता के गर्भाशय के अंदर ही लाल रूधिर कणिकाओं के नष्ट होने के कारण मृत्यु हो जाती है।

Rh+ प्रभावी जीन द्वारा नियंत्रित रहता है। अतः Rh+ पिता एवं Rh− माता की संतानें Rh+ भ्रूण होंगी। जब Rh+ भ्रूण Rh− माता के शरीर के अंदर स्थित होता है तो दोनों के रूधिर परिवहन तंत्र में सीधा संपर्क होने के कारण रूधिर में एन्टीबॉडीज बन जाती हैं जिनकी सांद्रता प्रत्येक गर्भ के साथ बढ़ती जाती है और प्रथम एक अथवा दो संतानों के पश्चात् सभी की मृत्यु गर्भाशय में ही हो जाती है।

एरिथ्रोब्लास्टोसिस फीटेलिस से बचने के लिए Rh− माता को प्रथम Rh+ बच्चे के जन्म के बाद anti-Rh एन्टीबाडी (Antibody) का घोल अन्तःक्षिप्त (Inject) किया जाता है।

2. **रक्तवाहिनियां (Blood Vessels)**—शरीर की सभी रूधिर वाहिनियों को दो श्रेणियों में बांट सकते हैं। धमनियां (Arteries), हृदय से रूधिर को शरीर के विभिन्न अंगों में पहुंचाती है, और शिरायें (Veins) रूधिर को एकत्रित कर हृदय की ओर लाती हैं। वाहिनियों की प्रारूपी संरचना में निम्न तीन प्रकार स्पष्ट होते हैं—

(i) **धमनियां (Arteries)**—धमनियां हृदय द्वारा पंप किये गये रूधिर को शरीर के विभिन्न अंगों व ऊतकों तक पहुंचाने का कार्य करती हैं। हृदय की प्रत्येक धड़कन या स्पन्दन के साथ बहुत-सा रूधिर पंप होकर धमनियों में आ जाता है। हृदय के क्रमिक स्पन्दन के फलस्वरूप रूधिर रूक-रूककर तथा अत्यधिक दाब के साथ धमनियों में से होकर बहता है।

(ii) **शिरायें (Veins)**—शिराओं द्वारा रूधिर शरीर के विभिन्न भागों से हृदय की ओर भेजा जाता है। इसमें रूधिर का दाब बहुत कम होता है और यह एक अविरल धारा के रूप में धीमी गति से बहता रहता है रूधिर का दाब कम होने के कारण इन शिराओं में स्थान-स्थान पर अर्धचन्द्राकार कपाट होते हैं जो रूधिर को वापस उल्टी दिशा में बहने से रोकते हैं।

(iii) **केशिकाएं (Capillaries)**—रूधिर केशिकाएं समस्त कशेरूकियों के परिसंचरण तंत्र का वह आवश्यक भाग है जिनके द्वारा रूधिर एवं ऊतकों के बीच विभिन्न पदार्थों का आदान-प्रदान होता है।

3. **हृदय (Heart)**—हृदय एक पेशी का बना शंकु (Cone) के आकार का खोखला अंग है जिसका आधार ऊपर होता है और शिखर (Apex) नीचे। शिखर का झुकाव थोड़ा बायीं ओर होता है। हृदय का वजन लगभग 300 ग्राम होता है।

स्तनधारियों में हृदय वक्ष-गुहा (Thoracic Cavity) के अग्रिम भाग में अधर तल की ओर दोनों फेफड़ों के बीच स्थित होता है। यह दोहरी झिल्ली से बनी एक पारदर्शी थैली में बंद रहता है जिसे हृदयावरण या पेरिकोर्डियम (Pericardium) कहते हैं। इसकी भीतरी झिल्ली जो कि हृदय से चिपकी रहती है। एपिकोर्डियल झिल्ली (Epicardial Membrane) तथा बाह्य झिल्ली को पेरिकार्डियल झिल्ली (Pericardial Membrane) कहते हैं। दोनों झिल्लियों के बीच की संकरी पेरिकार्डियल गुहा में एक लसदार पेरिकार्डियल द्रव (Pericardial Fluid) भरा रहता है यह बाह्य आघातों से हृदय की रक्षा करता है और दोनों झिल्लियों को परस्पर चिपकने से रोकता है।

हृदय बाहर से देखने पर तीन भागों का बना होता है परंतु साइनस वैनोसस (Sinus Venosus) तथा ट्रंकस आर्टीरिओसस (Truncus Arteriosus) को मिलाकर पांच भागों का बना होता है। इसमें दो आलिन्दा या आरिकिल (Auricles) तथा साइनस वैनीसस (Sinus Venosus) होते हैं। दोनों आलिन्द हृदय के अगले चौड़े भाग को बनाते हैं जिनमें दायां बड़ा तथा बायां छोटा होता हैं। ये इन्टर आरिकुलर दरार (Inter Auricular Fissure) द्वारा विभक्त होते है। पीछे की ओर वाला निलय या वैंट्रिकिल होता है जो आगे से चौड़ा और पीछे की ओर पलता होता है। ट्रंकस आर्टीरियोसस, वैंट्रिकिल के अगले भाग से उदर तल से निकलती है जो उद्गम स्थल पर चौड़ी होती है तथा आगे की ओर पतली तथा दो भागों में बंट जाती है और तिरछी चलती है। इन दोनों को एओर्टिक आर्च (Aortic Arch) कहते हैं। प्रत्येक आर्च कैरोटिक आर्च (Carotic Arch), सिस्टैमिक आर्च (Systemic Arch) तथा पल्मोक्यूटेनस आर्च (Pulmocutaneous Arch) में बंट जाती है। साइनस वैनोसस त्रिकोणाकार रचना होती है जो हृदय के पृष्ठ तल पर स्थित होता है और आगे से चौड़ा और पीछे से पतला होता है। इसमें

तीन महाशिरायें अपना रक्त लाकर डालती हैं। इन्हें दायी और बायीं शिरायें या (Right & Left Precavals) तथा पीछे की ओर पश्च महाशिरा (Post Caval) कहते हैं।

दायां और बायां दोनों भाग पुनः एक अनुप्रस्थ-विभाजक-भित्ति (Transverse Septum) के द्वारा बंटकर, एक ऊपर और एक नीचे का कक्ष बनाते हैं। इस प्रकार हृदय का संपूर्ण भीतरी भाग चार कक्षों (Four Chambers) में बंट जाता है। दांयी तरफ का ऊपर वाला कक्ष, दायां अलिन्द (Right Atrium) तथा निचला कक्ष दायां निलय (Right Ventricle) कहलाता है। इसी तरह बायीं तरफ का ऊपर वाला कक्ष बायां अलिंद (Left Atrium) तथा नीचे वाला कक्ष बायां निलय (Left Ventricle) कहलाता है।

निलयों (Ventricles) की अपेक्षा अलिंदों की भित्तियां पतली (Thin Walled) होती हैं। दोनों निलय, वितरण-पंप (Distributing Pump) की तरह काम करते हैं तथा रक्त को बाहर भेजते हैं। बायीं तरफ के दोनों कक्ष अर्थात् निलय और अलिंद एक छिद्र के द्वारा आपस में संबंधित रहते हैं तथा दायीं तरफ के भी दोनों कक्ष एक छिद्र के द्वारा आपस में संबंधित रहते हैं। इन छिद्रों पर कपाट लगे रहते हैं जिसके द्वारा रक्त केवल अलिंद से निलय में ही जा सकता है, परंतु वापस लौट नहीं सकता है। इसी कारण हृदय में रक्त केवल एक ही दिशा में प्रवाहित होता है। इन कपाटों का ऑरिकुलोवेन्ट्रिकुलर कपाट (Auriculoventricular Valve या AV Valve) कहते हैं। दांये कपाट पर तीन पट्टिकायें (Flaps) उपस्थित होती हैं, अतः इसे ट्राइकस्पिड (Tricuspid) कपाट भी कहते हैं। इसी प्रकार बांये कपाट पर दो पट्टिकायें होती हैं, अतः इसे बाइकस्पिड (Bicuspid) कपाट कहते हैं। बाइकस्पिड कपाट को मिट्रल (Mittral) कपाट भी कहा जाता है। बांये तथा दांये निलयों द्वारा रुधिर क्रमशः महाधमनी (aorta) तथा पल्मोनरी धमनी में पम्प होता है। इन दोनों में भी कपाट होते हैं, जो अर्ध चन्द्राकार (Semilunar) होते हैं। महाधमनी (Aorta) द्वारा ऑक्सीजन युक्त शुद्ध रुधिर शरीर अंगों तक ले जाया जाता है तथा पल्मोनरी या फुप्फुसीय धमनी द्वारा ऑक्सीजन रहित अशुद्ध रुधिर शरीर के विभिन्न अंगों से फुप्फुस तक पंहुचाया जाता है। हृदय के सभी कक्षों से संबंधित रक्त को लाने वाली तथा ले जाने वाली नलिकाओं के मुखद्वार (Openings) भी उनसे संबंधित कक्ष में ही खुलते हैं।

दायां अलिंद (Right Atrium) हृदयगार का वह भाग है, जिसमें समस्त शरीर का भ्रमण करके लौटा हुआ अशुद्ध रक्त आकर एक स्थान पर संग्रहित होता है। शरीर के ऊपरी अंगों से आनेवाली शिराएं मिलकर ऊर्ध्वमहाशिरा (Superior Vena Cava) बनाती हैं, तथा निचले अंगों से आने वाली शिराएं निम्नमहाशिरा (Coronary Veins) भी कक्ष में प्रवेश के पूर्व ही वृहद् शिरा में मिल जाती है। दाएं अलिंद (Right Ventricle) से अशुद्ध रक्त, मध्य कपाट से होकर दाएं निलय में आकर गिरता है। निलय में आने पर रक्त वापस नहीं लौट सकता है, क्योंकि मध्य का द्वार इसी बीच बंद हो जाता है। दूसरे ही क्षण दायां निलय भी संकुचित होता है, फलस्वरूप रक्त को बाहर निकल जाने के लिए धक्का मिलता हैं दाएं निलय का रक्त वहां स्थित एकमात्र नलिका फुप्फुसीय धमनी (Pulmonary Artery) के अतिरिक्त कहीं और से निकल नहीं सकता है। दाएं अलिंद की अपेक्षा निलय की भित्तियां अधिक मजबूत होती हैं, क्योंकि इसे दाएं अलिंद की अपेक्षा कुछ अधिक श्रम करके रक्त को पम्प करना पड़ता है, जिससे वह फुप्फुसों तक, शुद्ध होने से निमित्त, पहुंच सके।

हृदयी चक्र (Cardiac Cycle)—प्रत्येक हृदस्पंद के फलस्वरूप हृदय में होने वाली विभिन्न घटनाओं को क्रम हृदयी या कार्डियक चक्र कहते हैं। अलिंदों के संकुचन को एट्रियल सिस्टोल या अलिंद संकुचन (Atrial Systole) तथा प्रसारण को अलिंद-शिथिलन (Atrial Diastole) कहते हैं। इस प्रकार निलयों के संकुचन एवं प्रसारण को क्रमशः निलय-संकुचन (Ventricular Systole) तथा निलय शिथिलन (Ventricular Diastole) कहते हैं। हृदयी चक्र का समय हृदय की स्पन्दन दर के उल्टे अनुपात में होता है। अलिंद-संकुचन प्रावस्था से ठीक पहले अलिंद व निलय शिथिलन अवस्था में होते हैं। इस अवस्था में चापों के कपाट तो बंद रहते हैं किन्तु अलिंद व निलय के कपाट खुले रहते हैं। साथ ही रूधिर शिराओं से अलिंदों में और अलिंदों से निलयों में रिसता रहता है। अलिंद-निलय नोड में पहुंच कर संकुचन आवेग हिज के बंडल द्वारा दोनों निलयों में प्रसारित हो जाता है अतः दोनों निलय एक साथ संकुचित होते हैं, इसके फलस्वरूप अलिन्द-निलय कपाट बंद हो जाते हैं और निलयों में दाब बढ़ता चला जाता है। दाहिने व बायें निलयों का दाब महाधमनियों के दाब से अधिक हो जाता है तो रूधिर इनके अर्धचन्द्राकार कपाटों को धकेलकर पल्मोनरी महाधमनी व कैरोटिको—सिस्टेमिक चाप में चला जाता है। संकुचन के पश्चात्

निलयों में शिथिलन होता है जिसके कारण इनके अंदर का दाब धमनियों के दाब से कम हो जाता है और अर्धचन्द्राकार कपाट बंद हो जाते हैं। अर्धचन्द्राकार कपाटों के बंद होने के कारण निलयों में शिथिलन जारी रहता है और इस कारण अंदर का दाब लगातार कम होता जाता है। ज्यौंही अंतःनियल दाब अलिंदों के अंदर के दाब से कम होता है अलिन्द—निलय कपाट खुल जाते हैं और रूधिर अलिंदों से निलयों में रिसने लगता है। इसके तुरंत बाद ही शिरा-अलिंद नोड से नये स्पंदन का आवेग अगले हदयी चक्र को प्रारम्भ कर देता है।

रूधिर परिसंचरण का मार्ग (Course of Blood Circulation)—मनुष्यों के शरीर में शुद्ध व अशुद्ध रूधिर अलग-अलग रहते हैं और एक दूसरे से मिलने नहीं पाते। अग्र तथा पश्च महाशिराओं द्वारा संपूर्ण शरीर से लाया हुआ अशुद्ध रूधिर दाहिने अलिन्द में आता है। संकुचन से यह दाहिने निलय में और फिर वहां से पल्मोनरी महाधमनी द्वारा फेफड़ों में पहुंचता है। फेफड़ों में रूधिर का ऑक्सीजनीकरण (Oxygenation) होता है। ऑक्सीजनित या शुद्ध रूधिर अब पल्मोनरी शिराओं द्वारा बांये अलिंद में आता है। बांये अलिन्द के संकुचन से शुद्ध रूधिर बांये निलय में पहुंचता है। बांये निलय के संकुचन के पश्चात् शुद्ध रूधिर कैरोटिकों—सिस्टोमिक चाप द्वारा हदय से बाहर आता है और विभिन्न धमनियों द्वारा शरीर के विभिन्न अंगों एवं ऊतकों में पहुंचता है। विभिन्न ऊतकों एवं अंगों से अशुद्ध रूधिर शिराओं में एकत्रित होकर अग्र एवं पश्च महाशिराओं द्वारा पुनः दाहिने अलिंद में आता है। पूर्ण परिसंचरण में रूधिर दो बार हदय में आता है। एक बार अशुद्ध रूधिर हदय के दाहिने भाग में आता है और दूसरी बार शुद्ध रूधिर हदय के बायें भाग में आकर संपूर्ण शरीर को पम्प हो जाता है।

मानव हदय की पंप क्रियाविधि (Pumping Mechanism of Human Heart)—हदय की कार्डियक पेशियों (Cardiac Muscles) के स्पन्दलय संकुचन को हद्स्पंद (Heart Beat) कहते हैं। इनके फलस्वरूप रूधिर हदय से विभिन्न धमनियों में पंप होता है। प्रत्येक हद्स्पंद (Heart Beat) में कार्डियक पेशियां एक बार प्रकुंचन या सिस्टोल (Systole) तथा एक बार शिथिलन या डायस्टोल (Diastole) करती है। हद्स्पंद स्वतः चलित होता है और इस पर बाह्य आवेगों का कोई प्रभाव नहीं पड़ता। यह दाहिने अलिन्द के ऊपरी भाग में स्थित ऊतकों के समूह में प्रारम्भ होता है, जिसे साइनोएट्रियल नोड (S. A. Sinoatrial Node) या शिरा-आलिन्द नोड (Sinoauricular Node) कहते

हैं। ऐसा मत है कि यह विशेष नोड शिरा कोटर (Sinus Venosus) की दीवार पर स्थिर होता है। मनुष्य में शिरा कोटर के दाहिने अलिन्द से समेकित हो जोने के कारण S. A. Node दाहिने अलिन्द में पश्च महाशिरा के छिद्र के निकट स्थित होता है। शिरा-अलिन्द नोड या S. A. Node को हदय का गति निर्धारक (Pace Maker) कहते हैं। इसमें उत्पन्न हद-आवेग (Heart Impulses) तरंग के रूप में हदय में प्रसारित होते हैं और ये उस तंतु को संकुचित कर देते हैं जिसमें से गुजरते हैं। उसी तरह का एक नोड अंतरा-अलिंद पट (Interventricular Septum) पर भी स्थित होता है। इसको अलिंद निलय नोड (A. V. Auriculo-Ventrucular Node) कहते हैं। अलिंद नोड के ऊतक के समान ही इसकी संरचना होती है। अलिंद-निलय नोड से तंतुओं का एक बंडल विकसित होता है जिसे हिस का बंडल (Bundle of His) या पर्किंज तंतु (Purkinje fibres) कहते हैं। अंतरा-अलिंद पट में से होकर यह बंडल निलय-भाग के शीर्ष पर दो शाखाओं में विभाजित होकर दोनों निलयों की पार्श्व दीवारों में प्रवेश करता है। शिरा-अलिंद नोड एक-एक करके आवेग उत्पन्न करता है। प्रत्येक आवेग एक संकुचन तरंग उत्पन्न करता है जो अलिंदों में जाकर उनको संकुचन के लिए उत्प्रेरित करती है। तरंग आवेगों के साथ जब अलिंद-निलय नोड पर पहुंचती है तो यह भी उत्प्रेरित हो जाता है। इस प्रकार निलयों में संकुचन होता है। यह अनुक्रम अविरत रूप से बार-बार होता रहता है।

हृद्ध्वनि (Heart beat) : हदय चक्र के समय हदय के कपाटों के लयबद्ध रूप से बंद होने व खुलने से उत्पन्न ध्वनि को हद् ध्वनि कहते हैं। निलय प्रकुंचन के प्रारम्भ होते ही अलिंद निलयी वाल्व (A.V. Valve) के बंद होने की ध्वनि 'लप' प्रथम हृद्ध्वनि जो लम्बे समय (0.16-0.90 सेकेंड) तक रहती है एवं ऊंची होती है। निलयी प्रकुंचन के अंत में अर्धचन्द्राकार कपाटों के बंद होने की ध्वनि 'डप' द्वितीय हदध्वनि है जो अपेक्षाकृत कम समय तक (0.01 सेकेंड) तक रहती है। दोनों ध्वनियों (प्रथम व द्वितीय) के बीच में एक अंतराल होता है। इसी प्रकार द्वितीयक ध्वनि तथा अगले हद चक्र के प्रथम ध्वनि के मध्य भी एक अंतराल होता है। यह अंतराल एक चक्र के प्रथम व द्वितीय ध्वनि के मध्य अंतराल से दुगुना होता है।

नाड़ी की धड़कन, आयु, लिंग, उत्तेजना, तत्परता, मानसिक अवस्था, परिश्रम, अन्य शारीरिक मुद्राओं तथा अन्य कारणों पर निर्भर करती है। बच्चों में यह अधिक होता है, आयु बढ़ने पर

और वृद्धावस्था में घटती है। परिश्रम करने पर नाड़ी-दर बढ़ जाती है। जीवन में कुछ आरंभिक वर्षों अर्थात् बाल्यावस्था और शैशवकाल में गति तीव्र होती है और प्रतिमिनट 150 तक होती है। वयस्कों में यह धड़कन प्रतिमिनट 72 बार होती है। ज्वर अवस्था में यह धड़कन बढ़ जाती है। प्रत्येक एक डिग्री ताप से नाड़ी के 10 स्पंदन बढ़ते हैं।

रक्तदाब (Blood Pressure)—रक्त परिसंचरण क्रिया के लिए आवश्यक दाब का होना अनिवार्य है। वास्तव में इसी दाब के फलस्वरूप रक्त बहता रहता है और स्थिर नहीं होने पाता है। निलय प्रकुंचन के समय जब बायां निलय रक्त को एओर्टा में बल पूर्वक प्रवाहित करता है तो रक्तदाब सर्वाधिक होता है तथा सिस्टोलिक दाब (Systolic Pressure) कहलाता है। अनुशिथिलन अथवा डायस्टोल (Diastole) के समय रक्तदाब घट जाता है तथा इस समय में पाये जाने वाले निम्नतम दाब को डायस्टोलिक दाब (Diastolic Pressure) कहते हैं।

एक वयस्क व्यक्ति में प्रकुंचन-दाब, सामान्यतः 110 से 130 मिलीमीटर पारे के बीच तथा अनुशिथिलन दाब 70 से 80 मिलीमीटर पारे के बीच रहता है। इन दाबों में से किसी का बढ़ जाना या घट जाना अच्छा नहीं होता है रक्त दाब का बढ़ना 'अति रक्तदाब' (Hypertension) कहलाता है। हायस्टोलिक 95 या उससे अधिक हो जाता है। रक्तदाब का घट जाना 'अल्प-रक्तदाब' (Hypotension) कहलाता है।

लसीका तंत्र

मनुष्यों में लसीका का परिसंचरण लसीका तंत्र द्वारा होता है। यह लसीका केशिकाओं (Lymph Capillaries), लसीका वाहिनियों (Lymph Vessels), लसीका गांठों (Lymph Node) व अन्य लसीका अंगों (Lymphoid Organs) का बना होता है।

शरीर के अंगों व ऊतकों में रूधिर केशिकायें प्रत्येक कोशिका तक नहीं जा सकती। श्वेत रूधिर व प्लाज्मा कणिकायें केशिकाओं की दीवार में से छनकर ऊतक कोशिकाओं के बीच के स्थान में पहुंचती है, इस छने हुए द्रव को लसीका (Lymph) कहते हैं।

लसीका तंत्र सूक्ष्म आकार की लसीका केशिकाओं से प्रारम्भ होता है, जो उपास्थि, मस्तिष्क एवं स्पाइनल कॉर्ड को छोड़कर शरीर से अन्य भागों में एक जाल सा बनाये रहती है। इनकी अंतिक शाखायें दूरस्थ सिरों पर बंद होती हैं। आंत्र के विलाई में उपस्थित अंतिम शाखाओं को आक्षीर वाहिनियां (lacteals) कहते हैं। आंत्र से अवशोषित इमल्सीफाइड वसाओं के कारण इनका लसीका दूधिया रंग का हो जाता है और इसे काइल (Chyle) कहते हैं।

लसीका केशिकाओं से लिम्फ लसीका वाहिनियों (Lymph Vessels) में प्रवेश करता है। लसीका वाहिनियां संरचना में तो शिराओं के समान प्रतीत होती हैं, परंतु इनकी दीवारें शिराओं से अपेक्षाकृत कुछ पतली होती हैं। वाहिनियां परस्पर संयुक्त होकर दो बड़ी लसीका वाहिनियां-बायीं वक्षीय लसीका वाहिनी (Left Thoracic Lymph Duct) तथा दाहिनी सबक्लेवियन लसीका वाहिनी (Right Subclavian Lymph Duct) बनाती हैं। वक्षीय लसीका वाहिनी अपेक्षाकृत कुछ छोटी होती है और इसमें सिर, ग्रीवा व वक्ष के दाहिने भाग तथा दाहिने हाथ की लसीका वाहिनियां खुलती हैं। बांयी वक्षीय लसीका वाहिनी में सिर, ग्रीवा व वक्ष के बांये भागों, बांये अग्रपाद तथा दोनों पश्चपादों, आहारनाल तथा वक्ष व उदर गुहा के कुछ भागों की लसीका वाहिनियां खुलती हैं। यह वाहिनी डायाफ्राम के सिस्टर्ना चाईल (Cisterna Chyle) से जुड़ी रहती है और आगे की तरफ बांयी सबक्लेवियन व जुगुलर शिरा के मिलन-स्थल पर खुलती है।

लसीका गांठे (Lymph Nodes) लसीका ऊतक की बनी गोल या अण्डाकार रचना है जिसके चारों ओर संयोयी ऊतक का बना कोष होता है। यह लसीका गांठे शरीर में मुख्यतः ग्रॉइन, बगल (Armpit), कंठ (Neck), वक्ष (Chest), में तथा कर्ण के सामने तथा निचले भाग में स्थित होती हैं। शरीर के इन हिस्सों में कभी-कभी दर्द की अनुभूति, इन गांठों के संक्रमण के कारण सूज जाने पर होती है। टॉन्सिल तथा एड़िनॉइड्स भी संक्रमित गांठों के सूजने से फूल जाते हैं। ये लसीका गांठें लिम्फोसाइट्स का निर्माण कर उन्हें लसीका में मुक्त करती हैं, लसीका को छानकर साफ करती हैं, प्लाज्मा के ग्लोबुलिन से एंटीबॉडीज संश्लेषित करती हैं तथा बैक्टीरिया व अन्य हानिकारक पदार्थों का भक्षण करके उन्हें नष्ट करती हैं। लसीका पुटक (Lymph Follicles) आंत्र की श्लेष्मा या उप-श्लेष्मा झिल्ली (Mucous Membrane) पर छोटे व गोल अण्डाकार पुटकों के रूप में होता है। लसीका का अत्यधिक संवहित ग्रंथि, प्लीहा (Spleen) होती है जो लसीका गांठों की भांति लसीका प्रवाह में स्थित न होकर रूधिर प्रवाह में स्थित होता है।

लसीका का मुख्य कार्य, लिम्फोसाइटस का निर्माण करना, टूटी-फूटी लाल रुधिर कणिकाओं तथा रुधिर प्लेट्लेट्स (Blood Platelets) को नष्ट करके रूधिर की सफाई करना, एंटीबॉडीज का संश्लेषण करना, रूधिर की अतिरिक्त मात्रा को संग्रह करने का कार्य करना तथा भ्रूण में प्लीहा लाल रुधिर कणिकाओं का निर्माण करना है। लसीका तन्त्र शरीर में कैन्सर के फैलाने का महत्त्वपूर्ण कार्य करता है। यह कैन्सर युक्त ऊतक को कैन्सर गांठ से लेकर शरीर के विभिन्न भागों में संचारित करता है। इसी कारण, कैन्सर की शल्य चिकित्सा के दौरान कैन्सर युक्त अतिवृद्धि के समीप स्थित लसिका गांठों को भी हटा (Remove) दिया जाता है।

परिसंचरण तन्त्र संबंधित रोग

(i) **अतितनाव (Hypertension):**—किसी व्यक्ति के रक्त दबाव में वृद्धि की अतितनाव कहते हैं। स्वस्थ व्यक्ति का सामान्य प्रकुंचन तथा अनुशिथिलन दबाव क्रमशः 120 मिमी. पारा एवं 80 मिमी. पारा होता है। प्रकुंचन रक्त दबाव का 140 मिमी. पारा एवं अनुशिथिलन रक्त दबाव का 90 मिमी. पारा से अधिक होने को उच्च रक्त दबाव (High Blood Pressure या Hypertension) कहते हैं। यह हृदय, मस्तिष्क एवं गुर्दें को प्रभावित करता है, जिसके कारण हृदय में रक्ताधिक्य की स्थिति व मस्तिष्क एवं गुर्दें की धमनी फटने से रक्तस्राव की स्थिति उत्पन्न हो सकती है फलस्वरूप, मस्तिष्क ऊतक का क्षय या गुर्दा खराब हो सकता है।

(ii) **एथिरोकाठिन्य (Atherosclerosis):**—धमनियों में लिपिड (मुख्यतः कालेस्ट्रॉल) के निक्षेपण के कारण धमनी गुहा का आकार संकरा (Narrow) हो जाता है, परिणामतः उनमें रक्तप्रवाह कम हो जाता है। चरम अवस्था में निक्षेपण के फलस्वरूप धमनी पूर्णरूपेण अवरोधित (Block) हो जाती है। इस निक्षेपण को एथिरोमेट्स या एथिरोकाठिन्य प्लाक कहते हैं। इनके कारण हृदधमनी में रक्त की आपूर्ति के बाधित होने के फलस्वरूप हृदयाघात हो सकता है।

(iii) **धमनीकाठिन्य (Arteriosclerosis)**—इस रोग में कॉलेस्ट्रॉल के साथ-साथ कैल्सियम का भी निक्षेपण धमनियों में होता है, जो धमनियों को कठोर बना देता है, इसे धमनियों का कड़ा होना (Hardening of Artery)

कहते हैं। इस कारण धमनियों की प्रत्यास्थता में कमी आ जाती है तथा इनकी भित्ती फट सकती है, जिससे रिसने वाले रूधिर के स्कंदित होने के कारण रूधिर प्रवाह बाधित हो सकता है। इस कारण हृद्याघात अथवा मृत्यु भी हो सकती है।

मनुष्य में उत्सर्जन तंत्र

मूत्र तंत्र की संरचना में वृक्क, गवीनी या यूरेटर, मूत्राशय तथा मूत्रमार्ग चार प्रमुख अंग हैं। वृक्क (Kindneys), जो मूत्र का निर्माण करते हैं, गवीनी अथवा यूरेटर (Ureter), ये मूत्र को वृक्क से मूत्राशय में ले जाते हैं, मूत्राशय (Bladder), यह एक आगार (Reservoir) के रूप में कार्य करता है और मूत्र मार्ग (Urethra) इसके द्वारा मूत्राशय से मूत्र बाहर निकलता है।

वृक्क शरीर की सर्वाधिक सक्रिय ग्रंथि है। ये दो होते हैं तथा पश्च उदर भित्ति पर, कशेरूकदण्ड के दोनों ओर स्थित होते हैं। वृक्क पर्युदर्या (Peritorieum) के पीछे वसा में गहरे धंसे होते हैं तथा इस प्रकार से पर्युदर्या गुहा के बाहर रहते हैं। वृक्क की अग्र (Anterior) तथा पश्च (Posterior) सतहें होती हैं। इनका पार्श्व किनारा उत्तल (Convex) अर्थात् उभरा हुआ रहता है तथा भीतरी अभिमध्य किनारा (Medical Border) अवतल (Concave) अर्थात् नतोदर रहता है। नतोदर भाग ही 'वृक्क का मुंह' कहलाता है। दोनों वृक्कों के मुंह रीढ़ की ओर रहते हैं। वृक्क का ऊपरी छोर ऊर्ध्व ध्रुव (Superior Pole) कहलाता है तथा नीचे वाले छोर को निम्न ध्रुव (Inferior Pole) कहते हैं। दोनों वृक्कों के ऊर्ध्व ध्रुव पर अधिवृक्क-ग्रंथि (Adrenal Gland) अवस्थित रहती है। वृक्क के मुख के पास का अभिमध्य अवतल किनारा (Medical Concave Border) महत्त्वपूर्ण है, क्योंकि इसमें एक खांच (Notch) रहती है, जिसे 'वृक्क नाभि' या 'वृन्तक' (Hilum) कहते हैं। वृक्क-धमनी (Renal Artery) जो सीधे महाधमनी से निकल कर वृक्क में प्रवेश करती हैं वृक्क-शिरा (Renal Vein) वृक्क से बाहर निकल कर निम्न महाशिरा (Inferior Vena Cava) में मिल जाती है तथा दोनों गवीनी (Ureter) इसी वृक्क नाभि पर वृक्क से जुड़ी रहती हैं। वृक्क की अनुप्रस्थ काट में दो प्रमुख भाग दिखाई देते हैं—बाह्य कॉर्टेक्स तथा अन्तः मैड्यूला। मैड्युला में कई पिरामिडनुमा उभार भी दिखाई देते हैं।

प्रत्येक वृक्क का निर्माण अनेक नेफ्रोन (Nephrons) से होता है, जिन्हें वृक्कों का क्रियात्मक एकक (Functional Unit)

कहा जा सकता है। प्रत्येक वृक्क में लगभग 1,000,000 नेफ्रोन पाये जाते हैं या नेफ्रोन का आरम्भ ग्लौमरूलस (Glomerulus) केशिकास्तवक के रूप में होता है, जिसको मालपीजी का पिण्ड (Malphigian Body) भी कहते हैं। केशिकास्वतक में केशिकायें गुच्छे के रूप में होता है, जो मूत्रजन नलिका (Uriniferouus Tubule) के ऊपरी फैले हुए भाग में कसकर बंद रहता है। मूत्रजन नलिका का प्रथम भाग संवलित होता है, जिससे प्रथम संवलित नलिका (Convoluted Tubule) अथवा समीपस्थ नलिका (Proximal Tubule) कहते हैं। इसके बाद लूप या पाश होता है, जो हेनले का लूप (Henle's Loop) कहलाता है। नलिका पुनः संवलित हो जाती है तथा यह भाग द्वितीय संवलित नलिका अथवा दूरस्थ नलिका (Distal Tubule) कहलाती है। द्वितीय संवलित नलिका एक संग्राही नलिका (Collecting Tubule) में खुलती हैं, जो कार्टेक्स और मैडुला में होती हुई किसी पिरामिड के शिखर पर समाप्त हो जाती है।

वृक्क धमनी, महाधमनी (Aorta) से शुद्ध रक्त वृक्क में लाती हैं। ये धमनी वृक्क में पुनः कई शाखाओं में विभाजित हो जाती हैं और ये शाखाएं अभिवाही धमनिकाएं (Afferent Arterioles) बनाती हैं। प्रत्येक अभिवाही धमनिका से मालपीजी पिण्ड में केशिकाओं का गुच्छा बनता है, जो केशिकास्तवक अथवा ग्लोमेरुलस कहलाता है। इन केशिकाओं के माध्यम से रक्त एक अपवाही धमनिका (Efferent Arteriol) द्वारा बाहर निकलता है। यह अपवाही धमनिका एक बार फिर केशिकाओं में विभाजित हो जाती है। ये केशिकाएं मूत्रजन नलिका के चारों तरफ निर्मित होती हैं। अंततः इन केशिकाओं से वृक्क शिरा निकलती है, जो अधः वीना कावा में (Vena Cava) खुलती हैं। इस प्रकार वृक्क में रक्त का प्रवाह दो केशिका जालों में से होता है।

वृक्क-परिसंचरण की प्रथम विशेषता यह है कि इसमें वृक्क-धमनी दो बार केशिकाओं (Double set of Capillary Network) की जालिका में विभाजित होने के बाद ही शिरा में परिणित होती है। रक्त को स्तवक-केशिकागुच्छा छानता है। ग्लोमेरुलर टफ्ट फिल्टर (The Glomerular Tuft Filters) तथा नलिका-कोशिकागुच्छ में पुनरावशोषण (Re-absorbtion) होता है। इसकी दूसरी विशेषता है कि वृक्कीय धमनी सीधे महाधमनी से आती है, अतः इसमें रक्त का दाब सभी स्थानों की अपेक्षा अधिक होता है। केशिकास्तवक का उच्च-दाब (High-Glomerular Pressure) निस्पंदन क्रिया (Filtration) के सर्वथा अनुकूल होता है। हृदय से वितरित किए गये समस्त रक्त का लगभग एक चौथाई भाग (One Quarter of Cardiac Output) वृक्क में जाता है।

निस्पंदन-क्रिया तथा पुनरावशोषण-क्रिया के पश्चात् अवशिष्ट वर्ज्य द्रव्य, वृक्क-नलिकाओं में होते हुए गवीनी-गोणिका में गिरते हैं। गवीनी-गोणिका (Pelvis of the Ureters) में से मूत्र को लाकर, मूत्राशय में पहुंचाने का काम दो नलियों (Ducts) के द्वारा होता है। एक नली दाहिने वृक्क से निकलती है और दूसरी बाएं वृक्क से। इन दोनों नलिकाओं को 'गवीनी' (Ureter) कहते हैं। गवीनी मांसपेशियों से निर्मित रहती है। इनका एकमात्र काम मूत्र का वृक्क से मूत्राशय तक वहन करना है। गवीनी एक ट्यूब है, जो लगभग 26 सेंटी मीटर (10 इंच) लंबी है। इसकी भित्तियों का निर्माण तीन स्तरों, बाहरी सौत्रिक आवरण (Outer Fibrous Coat), मध्य पेशी-स्तर (Middle Muscular Layer) और परिवर्ती उपकला से निर्मित अंतः स्तर (Inner Lining of Transitional Epithelium) से होता है। गवीनी का ऊपरी भाग पश्च-उदर-भित्ति (Posterior Abdominal Wall) के सहारे उतर कर सामान्य-श्रेणिधमनी (Common Iliac Artery) को पार करता हुआ मूत्राशय में प्रवेश करता है। इसका निचला भाग स्त्रियों में गर्भाशय-ग्रीवा (Cervix of Uterus) से सटा रहता है। गवीनी की भित्तियों में लयबद्ध क्रमाकुंचन की गति (Peristaltic Contraction) होती रहती है, जिससे मूत्र अविरल रूप से इन मूत्रवाहिनियों के द्वारा मूत्राशय में पहुंचता रहता है।

मूत्राशय, मूत्र का संग्रहालय है। यह नाशपाती के आकार का (Pear Shaped) तथा मांसपेशियों से निर्मित होता है। यह थैला (Sac) भीतर की ओर श्लेष्मिक झिल्ली (Mucous Membrane) द्वारा आच्छादित है। मूत्राशय वास्तविक श्रोणि (True Pelvis) में अन्य अंगों के सामने तथा जघन संधानक के पीछे स्थित होता है। मूत्राशय का निचला भाग स्थिर होता है तथा यह आधार कहलाता है। ऊपर का भाग फण्डस होता हैं। मूत्राशय का शिखर सामने की तरफ झुका हुआ तथा जघन संधानक के पीछे तथा नीचे स्थित होता है। मूत्राशय से तीन वाहिकाएं जुड़ती हैं। आधार पर दो यूरेटर तिरछी दिशा में खुलते हैं। इनकी दिशा तिरछी होने के कारण मूत्र का वापस यूरेटर में जाना संभव नहीं होता है। मूत्राशय के नीचे मूत्रमार्ग होता है। मूत्र मार्ग तथा यूरेटर के बीच का तिकोना स्थान मूत्राशय का त्रिकोण (Trigone) कहलाता है। स्त्रियों में मूत्राशय गर्भाशय

तथा जघन संधानक एवं योनि के मध्य स्थित होता है। यह गर्भाशय से पर्युदर्या के एक फोल्ड द्वारा पृथक रहता है।

वृक्कों का सबसे प्रमुख कार्य (Primary Function) रक्त के संगठन (Composition of Blood) को स्थिरांक (Constant) पर स्थिर रखना। इस कार्य को पूरा करने के लिए वृक्क की जो क्रियाएं होती हैं, उनके द्वारा असामान्य अवयवों (Abnormal Constitutents) का निष्कासन होता है तथा साथ ही उन पदार्थों को भी निकाल दिया जाता है जो सामान्य अवस्था में हानिकारक नहीं होते, परंतु उनकी मात्रा नियतांक से कुछ अधिक (Excess Substance) होने से वे हानिकारक हो जाते हैं। असामान्य अवयव अन्य वर्ज्य-पदार्थों के अतिरिक्त नाइट्रोजनीय तथा गंधकयुक्त प्रोटीन के चयापचय के अंतोप्पत्ति (Nitrogenous and Sulphur Containing End Products of Protein) भी होते हैं। यूरिया की उत्पत्ति यकृत में होने वाली डीनाइट्रीकरण (Denitrification) की क्रिया के द्वारा, एमीनो-एसिड के नाइट्रोजनयुक्त अंशों के निष्कासन से होती है। इसके अतिरिक्त वृक्क, अमोनिया (Ammonia) उत्पन्न कर शरीर में रक्त का हाइड्रोजन-आयन-सांद्रण स्थिर रखते हैं।

उत्सर्जन तन्त्र से सम्बन्धित रोग

उत्सर्जी तन्त्र की कार्य क्षमता में कमी के फलस्वरूप अनेक रोग हो सकते हैं। ये वृक्क रोग निम्न प्रकार से हैं—

(i) **वृक्कपात (Renal Failure)**—वृक्कों में वृक्कपात निम्न तीन कारणों से हो सकता है—तीव्र वृक्क शोथ, विष (Toxins) तथा अल्प रक्तदाब (अल्प रक्तदाब की अवस्था में वृक्क का रक्त परिसंचरण बहुत घट जाता है)। वृक्कपात के रोगी में अल्पमूत्रता या अमूत्रता की दशा उत्पन्न हो जाती है। अमूत्रता (Oligouria) अवस्था में मूत्र की मात्रा लगभग 100 मि.ली. तक घट जाती है। अमूत्रता की दशा में रोगी बिल्कुल मूत्र विसर्जित नहीं करता।

(ii) **चिरकालीन वृक्क शोथ (Persistent Nephritis)**—यह रोग गोणिका वृक्क शोथ (Pyelonephirtis) के कारण हो सकता है, जो संक्रमण के पश्चात् होता है। इस दशा में प्रोटीन मूत्रता (Proteinuria) अर्थात् मूत्र में प्रोटीन पायी जाती है, जिसके फलस्वरूप रोगी में अस्वस्थता, सामान्य निर्बलता तथा अरक्कतता आदि लक्षण पाये जाते हैं। रोगी को उच्चरक्तदाब भी हो सकता है तथा

प्रमस्तिष्क रक्त स्त्राव और संकुचित हृदयपात होने की संभावना रहती है।

(iii) **तीव्र वृक्क शोथ (Severe Nephritis)**—इस रोग के मुख्य लक्षण हैं: अतिज्वर, तीव्र नाड़ी, अल्प तथा गहरे रंग का मूत्र, एल्बुमिन मेह तथा रक्तमेह। मूत्र में एल्बुमिन की उपस्थिति एल्बुमिन मेह (Albuminuria) तथा रक्त की उपस्थिति रक्तमेह (Haematuria) कहलाती है।

(iv) **अपवृक्कीय संलक्षण (Nephrotic Syndrome)**—इस अवस्था में वृक्क से प्रोटीन (विशेषतः एल्बुमिन) की अत्यधिक मात्रा में हानि होती है। अत्यधिक एल्बुमिनमेह के कारण प्लाज्मा में प्रोटीन की सांद्रता घट जाती है तथा इसके कारण शोथ (Oedema) उत्पन्न होता है।

(v) **गोणिका-वृक्कशोथ (Pyelonephritis)**—इस अवस्था में वृक्क के तथा वृक्क पैल्विस के ऊत्तकों का शोथ पाया जाता है। कायाचिकित्सीय, शल्य चिकित्सीय अथवा जननांग संबंधी अनेक रोगों में यह शोथ उपस्थित रहते हैं तथा प्रायः मूत्राशय शोथ से संबंधित होता है।

(vi) **मूत्राशय शोथ (Cystitis)**—मूत्राशय शोथ में रोगी को थोड़ी-थोड़ी मात्रा में कई बार मूत्र त्याग करना पड़ता है।

(vii) **वृक्क पथरी (Renal Stone)**—यह वृक्क की सबसे अधिक सामान्य शल्य दशा है। यूरेटर में पथरी की उपस्थिति वृक्क से मूत्र के प्रवाह को अवरुद्ध करती है, जिसके फलस्वरूप वृक्क श्रोणि (Renal Pelvis) विस्फरित हो जाती है। यह दशा जल वृक्कता (Hydronephrosis) कहलाती है। जिस समय पथरी युरेटर में नीचे की ओर आती है, उस समय असहय पीड़ा होती है। इस दशा को वृक्क शूल (Renal Colic) कहते हैं।

(viii) **मूत्र विसर्जन विकार (Disorders of Micturition)**—मूत्र विसर्जन विकार निम्न हो सकते हैं—आवृत्ति (Frequency), असंयति (Incontinence), नैश असंयति (Nocturnal Incontinence, Enuresis) तथा मूत्र कृच्छ (Dysuria)। मूत्रकृच्छ की दशा में मूत्र विसर्जन की क्रिया पीड़ामय होती है। मूत्र अवधारणा (Detention of Urine) की दशा तीव्र अथवा चिरकारी हो सकती है। तीव्र दशा पीड़ामय तथा चिरकारी दशा पीड़ा रहित

होती है। यह अवस्था सामान्यतः मूत्रपथ में अवरोध के कारण होती है। मूत्रपथ में अवरोध निम्न कारणों से हो सकता है—मूत्र मार्ग का निकोचन (Urethral Stricture), प्रोस्टेट ग्रन्थि का सुदम्य अभिवर्द्धन (Benign Enlargement) तथा पथरी या कैल्कुलस।

(ix) यूरीमिया (Uraemia)—यूरीमिया की स्थिति एक विषाक्तता की स्थिति है, जो शरीर में यूरिया आदि उच्छिष्ट उत्पादों के एकत्रित होने के कारण होती है। इस स्थिति का अनुमान रक्त यूरिया (Blood Urea) के अमापन से लगाया जाता है।

(x) तीव्र वृक्क पात (Severe Renal Failure)—यह दशा उत्क्रमणीय (Reversible) तथा अनुत्क्रमणीय (Ireversible) हो सकती है। तीव्र वृक्कपात प्रायः चिरकारी वृक्कशोथ, गोणिका वृक्कशोथ अथवा दुर्दभ रक्तदाब (Malignant Hypertension) के फलस्वरूप होती है। इस अवस्था में मूत्र की मात्रा बढ़ जाती है अर्थात् अतिमूत्रता और यूरिया रक्तता की दशा उत्पन्न होती है।

रक्त अपोहन

सभी वृक्क रोगों में रक्त अपोहन की आवश्यकता हो सकती है। पर्युदर्या अपोहन (Peritoneal Dialysis) तथा कृत्रिम वृक्क द्वारा शरीर-बाह्य (Extra-Corporeal) अपोहन की दो विधियां हैं। कृत्रिम वृक्क अपोहन विधि में रोगी का रक्त एक सेलोफेन कला (Cellophane Membrane) में से पंप किया जाता है। सेलोफेन कला डायलिसिस के द्रव में घूमती रहती है, जिससे रक्त में से उच्छिष्ट पदार्थ निकल जाते हैं तथा शुद्ध रक्त को रोगी के परिसंचरण में पंप कर दिया जाता है।

कंकाल तंत्र

कंकाल तंत्र में अस्थियां तथा उनसे सम्बद्ध संरचनाएं सम्मिलित हैं, जो शरीर का ढांचा बनाती हैं और उसे निश्चित आकार प्रदान करती हैं। अस्थियों को कंकाल तंत्र के अंग (Organs) कहा जाता है। कंकाल तंत्र के द्वारा शरीर को अनुलम्बन प्रदान करने के लिए ढांचा बनाना, शरीर को निश्चित आकार प्रदान करना, कोमल अंगों जैसे-मस्तिष्क, स्पाइनल कॉर्ड, हृदय तथा फेफड़ों की रक्षा करना, पेशियों के जुड़ने के लिए सतह प्रदान करना, कुछ अस्थियों के संचलन के समय निश्चिय लीवर (Levers) बनना तथा कुछ अस्थियों की मज्जा गुहा (Marrow Cavity) में रुधिर कणिकाओं का निर्माण करने तक का कार्य सम्मिलित है। कंकाल तंत्र का अध्ययन दो भागों में करते हैं—*बाह्य कंकाल* (Exoskeleton) में शल्क या स्केल (Scales), पर (Feather), या बाल आते हैं तथा *अंतः कंकाल* (Endoskeleton) जो कॉर्डेंट समुदाय के सभी जन्तुओं में पाया जाता है व मांस-पेशियों से घिरा और जकड़ा रहता है। हड्डी मीजनकाइम कोशिकाओं (Mesenchyme Cells) से बनी होती हैं तथा मीसोडर्म (Mesoderm) से विकसित होती हैं। ये कोशिकाएं मिलकर ऊतक बनाती हैं तथा इनसे ओसीन (Ossein) नामक पदार्थ निकलकर आस्टियोब्लास्ट (Osteoblast) की रचना करता है। इसमें कैल्शियम की मात्रा बढ़ती जाती है और बड़ा होकर हड्डी की रचना करता है। इसी प्रकार अस्थि का भी निर्माण होता है, परंतु उपास्थि में आस्टियोब्लास्ट और कैल्शियम की मात्रा कम होती है तथा बीच में मीजनकाइम सैल्स की उपस्थिति के कारण यह उतनी सख्त नहीं हो पाती। काइटिन एक दृढ़ पॉलीसेकराइड है, जिससे कीटों का बाह्य कंकाल बनता है। अतःकंकाल (Endoskeleton) को दो मुख्य भागों में बांटा जा सकता है—प्रथम अक्षीय कंकाल (Axial Skeleton), जिसके अंतर्गत शरीर का अक्ष आता है जो सिर से लेकर पुच्छ तक फैला रहता है इसमें करोटि (Skull) कशेरूक दंड (Vertebral Column), स्टरनम (Sternum) तथा पसलियां (Ribs) सम्मिलित हैं तथा द्वितीय, अनुबंधी कंकाल (Appendicular Skeleton) जिसके अन्तर्गत अन्य अस्थियां आती हैं। इसमें मेखलाएं (Girdles) तथा अगली व पिछली टांगों की अस्थियां सम्मिलित हैं।

कशेरूक दंड (Vertebral Column)—कशेरूक–दंड, कंकाल का मध्य आधार (Central Part of the Skeleton) बनाती हैं। यह करोटि से लेकर पूंछ के अंतिम छोर तक एक सुदृढ़ एंव लचीली छड़ के रूप में फैला होता है और छल्लों के समान अस्थियों की एक श्रृंखला के रूप में होता है, जिन्हें कशेरूकाएं (Vertebrae) कहते हैं। दो कशेरूकाओं के बीच का भाग तंतुपस्थि (Fibro-Cartilage) के पैड द्वारा भरा होता है। वयस्क मनुष्य में मेरूदण्ड 60-70 सेंटीमीटर लंबा होता है। इसमें 33 कशेरूकाएं होती हैं, जिसमें से 24 अलग-अलग होती हैं तथा शेष नौ आपस में जुड़कर दो अस्थियां बनाती हैं। ग्रीवा से लेकर कटि तक की लम्बाई में ये कशेरूकाएं एक-दूसरे पर इस प्रकार से व्यस्थित रहती हैं कि प्रत्येक के छिद्रों के मिलान से एक लंबी नालिका बन जाती है। इनसे निर्मित मध्य-तांत्रिकी-नलिका (Neural Canal) में सुषुम्ना (Spinal Cord) रहती है। कशेरूक

दंड की रचना इस प्रकार होती है कि इससे समस्त कंकाल को सहारा मिलता है। अपनी इस विशिष्ट रचना के कारण ही इसमें अत्यधिक दृढ़ता है और इसमें थोड़ी-बहुत गति क्षमता (Mobility) भी है। कशेरूक दंड को रीढ़ खम्ब अथवा मेरूदंड भी कहते हैं। दृढ़ स्नायु (Ligament) के द्वारा कशेरूक एक-दूसरे से बंधे रहते हैं। गद्दियां नम्यता तथा गति में सहायक होती हैं तथा प्रबल शारीरिक गतियों के समय धक्के से भी रक्षा करती (Shock Absorber) हैं। कशेरूक-दण्ड की नन्ही अस्थियों से अनेक पेशियां भी उद्गमित होती हैं।

शरीर के विभिन्न भागों की मुख्य अस्थियों के नाम

खोपड़ी (Skull): शंखास्थि (Temporal Bone)—2, फ्रोन्टल (Frontal)—1, जन्तुकास्थि (Sphenoid Bone)—1, झझरास्थि (Ethmoid Bone)—1, पार्श्विकास्थि (Perietal Bone)—2।

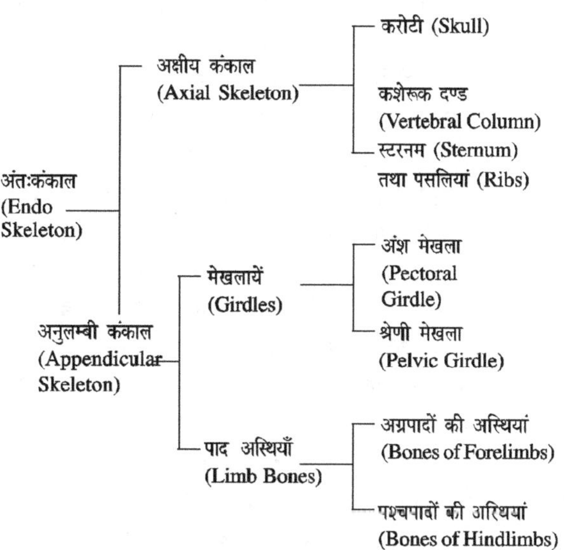

चेहरे की अस्थियां (Bones of the Face): नेजल—2, कपोल अस्थियां—2, लेक्रीमल्स अस्थियां—2, बोमर—1, पेलेट—2, मैक्सीलरी—2, मेंडिबल—1, स्पंजी अस्थियां—2।

धड़ की अस्थियां (Bones of the Trunk): कशेरूक दंड—33 वक्षास्थि—1, पसलियां—24।

हाथ की अस्थियां (Bones of the Hand): अंगुल्यास्थियां (Phalanges), ह्यूमरस, रेडियस, अल्ला, कार्पल्स, मेटाकार्पल्स।

पैरो की अस्थियां (Bones of the Legs): पटेला, टार्सस, मेटाटार्सस, फीमर, टिबियो फिबुला।

शरीर की संपूर्ण अस्थियों का योग

नाम	संख्या
मस्तिष्क-कोष्ठ	8
उरोस्थि	1
कशेरूक दंड	33
आनन	14
जानुका	2
पर्शुकाएं	24
कंठिका	1
प्रगंड	2
अंशफलक	2
जत्रुका	2
रेडियस	2
करभास्थियां	10
मणिबद्ध	16
अंगुल्यास्थियां (हाथ)	28
नितंवस्थि	1
उर्वस्थि	2
अंतर्णधिया	2
बहिर्जंधिका	2
गुल्फिका	14
अनुगुल्फिकास्थियां	10
अनुगुल्यास्थियां (पैर)	28
कुल	206

तंत्रिका-तंत्र

तंत्रिका-तंत्र तथा उनके भिन्न-भिन्न भागों में जो कार्य होते हैं, वे वास्तव में वहां तंत्रिका कोशिकाओं के द्वारा होते हैं। जिस प्रकार यकृत-सरीखा अंग असंख्य छोटी-छोटी इकाईयों या यकृत कोशिकाओं का बना होता है, उसी प्रकार तंत्रिका-तंत्र भी तंत्रिका कोशिका (Neuron) नामक इकाईयों का बना होता है। अतः तंत्रिका मंडल या तंत्र के समुचित ज्ञान के लिए तंत्रिका कोशिकाओं की बनावट तथा कार्य एवं उनके प्रकार का ज्ञान होना आवश्यक है।

बहुकोशिय जीवों का शरीर अनेक जीवित कोशिकाओं का संग्रह है, परंतु सभी कोशिकाओं की संरचना व आकृति एक

समान नहीं होती तथा उनकी क्रिया विधि भी भिन्न-भिन्न होती है। तंत्रिका कोशिका अन्य प्रकार की कोशिकाओं से कुछ-कुछ अलग होती हैं, परंतु मौलिक रचना एकसमान ही होती है, अन्य कोशिकाओं की भांति इसमें भी जीवद्रव्य तथा उसके बीच में एक केन्द्रक स्थित होता है। मस्तिष्क के भिन्न-भिन्न भागों में विभिन्न आकार की कोशिकाएं रहती हैं। समस्त तंत्रिका कोशिका के दो भाग होते हैं—कोशिका (Soma) और तंत्रिका तंतु (Nerve Fibre)।

केन्द्रीय तंत्रिका-तंत्र में तंत्रिका तंतु और तंत्रिका कोशिका दोनों रहते हैं। तंत्रिका तंतु इन्हीं तंत्रिका कोशिकाओं से निकलते हैं। सामान्यतः तंत्रिकाएं मामूली धागे के समान दिखाई देने वाले तंतुओं के पूल हैं, जो बंधनकारी ऊतक द्वारा एक साथ बंधे होते हैं। तंत्रिका तंत्र की कोशिकाओं के दोनों तरफ तंतु निकलते हैं। इनको 'द्विध्रुवीय तंत्रिका कोशिका' (Bipolar Nerve Cell) कहते है। कुछ कोशिकाओं में दो-से-अधिक तंतु निकलते हैं, इनको बहुध्रुवीय तंत्रिका या बहुकोणीय तंत्रिका (Multipolar or Multiangular Nerve Cell) कहते हैं। प्रमस्तिष्क के प्रांतस्था की कोशिकाएं त्रिकोणीय तथा शंकु (Pyramid) के समान होती हैं, जिनसे तंतु निकलते हैं। इन तंतुओं से फिर शाखाएं निकलती हैं। कोशिका से निकली हुई शाखाएं पुनः अनेक उपशाखाओं में विभक्त हो जाती हैं। इन शाखाओं में कुछ शाखाएं बहुत लम्बी और कुछ बहुत छोटी होती हैं। लम्बी शाखा को 'अक्षतंतु' (Axon) तथा छोटी शाखा को 'पार्श्व तंतु' (Dendrite) कहते हैं। इस प्रकार अक्षतंतु, कोशिका और पार्श्वतंतु मिलकर तंत्रिका मंडल की इकाई बनाते हैं, जिसको 'तन्त्रिका-कोशिका' (Neuron) कहते हैं।

तंत्रिका तन्तुओं द्वारा उत्तेजनाएं मस्तिष्क तथा सुषुम्ना (Spinal Cord) को पहुंचती हैं और वहां से शरीर के अन्य भागों में जाती हैं। उत्तेजनाओं से उत्पन्न संवेदनाओं को शरीर के भिन्न-भिन्न भागों से ग्रहण करने तथा केन्द्रीय तंत्रिका-तंत्र में ले जाने का कार्य जिन तंत्रिकाएं द्वारा होता है उन्हें 'अभिवाही तंत्रिका' कहते हैं। कुछ ऐसी भी तंत्रिकाएं होती हैं, जो उत्तेजनाओं को केन्द्रीय तंत्रिका तंत्र से पेशियों, ग्रंथियों आदि में वितरित करती है। ऐसी तंत्रिकाओं को 'अपवाही तंत्रिका' कहते हैं। कार्य के अनुरूप कुछ अपवाही तंत्रिकाओं को भिन्न-भिन्न नामों से संबोधित करते हैं। प्रेरक तंत्रिकाएं (Motor Nerves), ये तंत्रिकाएं पेशियों को उत्तेजित करती हैं और फलस्वरूप उनमें संकुचन होता है। स्रावी तंत्रिकाएं (Secretory Nerves), इनमें ग्रंथियों का स्राव बढ़ता है। वाहिका-प्रेरक (Vasomotor), इनके द्वारा रक्त नलिकाओं के छिद्र बढ़ते तथा घटते हैं। संवेदी तंत्रिका (Sensory Nerves), ये संवेदना शरीर के अन्य भाग से ग्रहण कर केन्द्रीय तंत्रिका तंत्र में पहुंचाती हैं।

तंत्रिका-तंत्र में मस्तिष्क, मेरू-रज्जु और समस्त शरीर में फैली तंत्रिकाओं का जाल सम्मिलित है। इस तंत्र को तीन भागों में बांटा गया है—(1) केन्द्रीय तंत्रिका तंत्र (Central Nervous System), (2) परिधीय तंत्रिका तंत्र (Peripheral Nervous System) तथा (3) अनुकम्पी तंत्रिका तंत्र (Autonomic Nervous System)।

1. केन्द्रीय तंत्रिका तंत्र

(i) मस्तिष्क (Brain)—यह विकासानुसार एक्टोडर्म (Ectoderm) की न्यूरल कैनाल (Neural Canal) के भाग से बनता है तथा खोपड़ी में क्रेनियम (Cranium) में स्थित रहता है। ये चारों तरफ से तीन सिहनियों की पर्तों से घिरी रहती हैं, जिनको मैनिन्जेज (Meninges) कहते हैं। बाहर वाली परत इयूरामीटर (Duramater) कड़ी तथा मोटी होती है, जो क्रेनियम को अंदर से मढ़ती है। क्रेनियम की हड्डियों और इनके बीच के स्थान को एपीड्यूरल स्पेस (Epidural Space) कहते हैं। अन्दर की ओर स्थित दूसरी पर्त पायामीटर (Piamater) कहलाती है। यह पतली होती है और ब्रेन से चिपकी हुई रहती है। इन दोनों पर्तों के बीच बहुत ही पतली जाली की तरह एरेक्नाइड (Arachnoid) पर्त होती हैं। इसकी स्थिति पायामीटर के बहुत ही पास होती है। इसमें रक्त कोशिकाओं का जाल-सा बिछा रहता है। कुछ स्थानों पर पायामीटर ब्रेन के अंदर तक घुस जाती है तथा बीच वाली पर्त एरेक्नाइड से मिलकर दो स्थानों पर कोराइड प्लैक्सस (Choroid Plexus) की रचना करती है। ऐरेक्नाइड तथा इयूरामीटर के बीच के स्थान को सबड्यूरल स्पेस (Subdural Space) कहते हैं। इसमें सैरिब्रो-स्पाइनल फ्लुइड (Cerebrospinal Fluid) भरा रहता है, जो ब्रेन की बाहरी आघातों से रक्षा करता है। आकार, स्थिति तथा कार्यों के आधार पर मस्तिष्क को अग्रलिखित भागों में बांटा गया है। *डायनसैफैनॉल* : सेन्सरी वेव्ज (Sensory Waves) को रिले (Relay) करता है। इस कारण यहां से देखने, सूघने, स्वाद तथा पाचन का नियमन होता है। **हाइपोथेलेमस** : ताप, जल,

प्रजनन, नींद, भूख, पाचन तथा रक्त दबाव का नियंत्रण तथा नियमन करता है और पिट्यूटरी हार्मोन्स के स्रावण को नियन्त्रित करता है। **ऑप्टिक लोब :** दृष्टि ज्ञान का नियन्त्रण करते हैं। **सैरिबेलम :** ऐच्छिक क्रियाओं का नियन्त्रण, जोड़ों की गति व उनका नियमन तथा शारीरिक सन्तुलन (Balance) का नियन्त्रण करता है। **मैडूला ऑबलोंगेटा :** अनैच्छिक क्रियाओं का नियन्त्रण यथा, हृदय की धड़कन, श्वसन दर आदि। यह हृदियक (Cardiac) तथा वैसोमीटर (Vasometer) क्रियाओं को भी नियन्त्रित करता है। इनसे भोजन निगलना, उल्टी करना, खांसना, छींकना आदि नियंत्रित होता है। **आलफैक्ट्री लोब :** गंध का ज्ञान। **सैरीब्रल हैमिस्फीयर्स :** चेतना (Conscious), वृद्धि (Intelligence), विचार (Ideas), स्मृति (Memory) एवं इच्छाशक्ति (Will Power) का केन्द्र है। इसके कार्टेक्स (Cortex) में इन सबके लिए अलग-अलग क्षेत्र निश्चित होते हैं।

(ii) स्पाइनल कार्ड या मेरु-रज्जु (Spinal Cord)—यह मस्तिष्क का पिछला भाग होता है, जो स्कल (Skull) के फोरमेन मैग्नम (Foramen Magnum) से निकलकर एक खोखली रस्सी के रूप में वर्टीब्रल कॉलम (Vertebral Column) में न्यूरल कैनाल (Neural Canal) से होकर अंत तक कॉक्सल वर्टीब्रा में जाता है। वहां पहुंचकर यह एक पतले रेशे के रूप में रह जाता है, जिसे फाइलम टर्मिनल (Phylum Terminals) कहते हैं। अगली तथा पिछली टांगों के स्तर (Level) पर यह फूल जाती है और क्रमशः ब्रेकियल स्वैलिंग (Brachial Swelling) और लम्बर स्वैलिंग (Lumber Swelling) बनाती है। मस्तिष्क की तरह मेरु-रज्जु भी तीन पर्तों से ढकी रहती है। ऊपर की तरफ इसमें बीच में हल्का गड्ढा होता है। जिसे डॉर्सल सल्कस (Dorsal Sulcus) कहते हैं। वैन्ट्रल साइड (Ventral Side) इसमें एक गहरी वैन्ट्रल फिशर (Ventral Fissure) होती है। स्पाइनल कॉर्ड के बीचों-बीच ब्रेन के अंदर की स्पेस या कैविटीज (Space or Cavities) एक पतली सैन्ट्रल कैनाल (Central Canal) के रूप में उपस्थित होती हैं। डार्सल सल्कस इस सैन्ट्रल कैनाल से एक पतली पट्टी द्वारा जुड़े रहते हैं, जिसे डार्सल सैप्टम (Dorsal Septum) कहते हैं।

इनकी रचना बाहर की तरफ व्हाइट मैटर (White Matter) से होती है तथा इसके अंदर की तरफ ग्रे मैटर (Grey Matter) तितली के परों के आकार का होता है। इन दोनों ओर के परों में ऊपर की तरफ निकले हुए भाग को डार्सल हार्न (Dorsal Horn) तथा नीचे वाले वैन्ट्रल हार्न (Ventral Horn) कहलाते हैं। स्पाइनल कॉर्ड के दो प्रमुख कार्य-शरीर के अन्य भागों के साथ तंत्रिकाओं द्वारा मस्तिष्क का संबंध स्थापित रखना और प्रतिवर्ती क्रिया (Reflex Action) में भाग लेना।

2. परिधीय तंत्रिका तंत्र

(i) स्पाइनल तंत्रिकायें (Spinal Nerves)—सभी स्पाइनल तंत्रिकाओं की संख्या कशेरुकदण्ड में उपस्थित कशेरुकाओं की संख्या के बराबर होती हैं। अतः मनुष्य में 37 जोड़ी स्पाइनल तंत्रिकायें (रीढ़ तंत्रिकायें) पायी जाती हैं। प्रत्येक स्पाइनल तंत्रिका स्पाइनल कॉर्ड से दो मूलों (Roots) द्वारा निकलती है। पृष्ठ मूल में केवल अभिवाही (Afferent) अथवा संवेदी (Sensory) तंतु होते हैं और अधर मूल में अपवाही या प्रेरक (Efferent or Motor) तंतु पाये जाते हैं। अतः स्तनधारियों में पाये जाने वाली 37 जोड़ी स्पाइनल तंत्रिकाओं को निम्नलिखित समूहों में बांटा जा सकता है—

(a) सर्विकल तंत्रिकायें (Cervical Nerves) : प्रथम 8 जोड़ी।

(b) वक्ष तंत्रिकायें (Thoracic Nerves) : 9-20, कुल 12 जोड़ी।

(c) कटि तंत्रिकायें (Lumbar Nerves) : 21-27, कुल 7 जोड़ी।

(d) त्रिक तंत्रिकायें (Sacral Nerves) : 28-31, कुल 4 जोड़ी।

(e) पुच्छ तंत्रिकायें (Caudal Nerves) : 32-37, कुल 6 जोड़ी।

(ii) कपाल तंत्रिकायें (Cranial Nerves) : मस्तिष्क से निकलकर क्रेनियम को छेद कर निकलने वाली सारी तंत्रिका कपाल तंत्रिकायें कहलाती हैं। मनुष्य में ये 12 जोड़ी होती हैं, जो निम्न हैं—

(i) ऑलफैक्ट्री नर्व (Olfactory Nerves)

(ii) ऑप्टिक नर्व (Optic Nerves)

(iii) ऑक्यूलो मोटर नर्व (Oculo-motor Nerves)

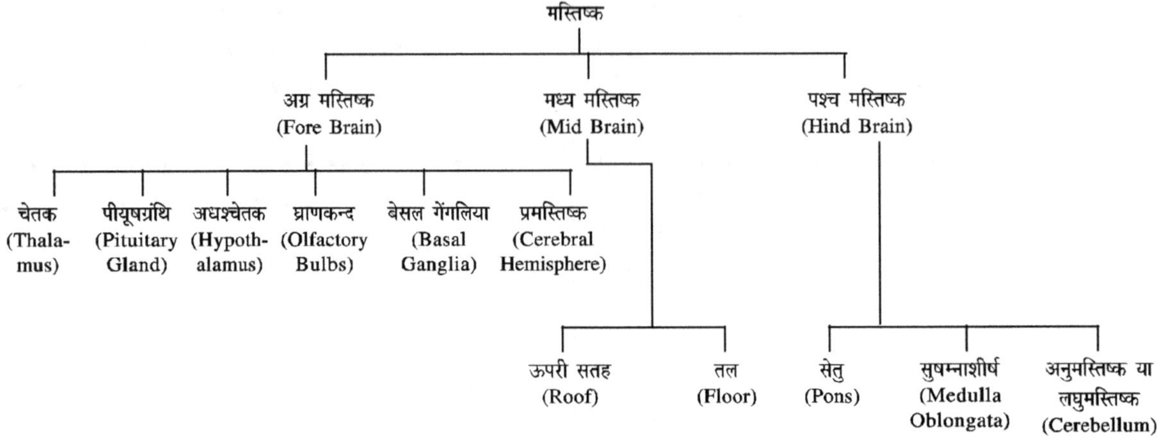

(iv) ट्रॉक्लियर नर्व (Trochlear Nerves)

(v) ट्राइजेमिनल नर्व (Trigeminal Nerves)

(vi) एब्ड्यूसैंस नर्व (Abducens Nerves)

(vii) फेशियल नर्व (Facial Nerves)

(viii) ऑडिटरी नर्व (Auditory Nerves)

(ix) ग्लासोफैरिजियल नर्व (Glosso-Pharyngeal Nerves)

(x) वेगस नर्व (Vagus Nerves)

(xi) स्पाइनल नर्व (Spinal Accessory Nerves)

(xii) हाइपोग्लौसल नर्व (Hypoglossal Nerves)

3. ऑटोनॉमिक नर्वस सिस्टम

तंत्रिका-तंत्र का यह भाग, शरीर की विभिन्न क्रियाओं तथा केन्द्रीय और परिधीय तंत्रिका तंत्रों के बीच सामन्जस्य तथा आंतरिक अंगों एवं उनके कार्यों का नियमन तथा नियंत्रण करता है। यह तंत्र स्वयं में पूर्ण होता है और अपने आप कार्य करता है। यह केवल आंशिक रूप से केन्द्रीय तंत्रिका तंत्र द्वारा नियंत्रित होता है। यह विसरल सैंसरी (Virsceral Sensory) तथा विसरल मोटर (Visceral Motor) तन्त्रिकाओं से बना होता है तथा इसमें एसोसिएशन न्यूरोन (Association Neurones) नहीं होते। विसरल–सैंसरी–न्यूरॉन्स (Visceral Sensory Neurones) के डेंड्राइट्स, विसरल अंगों (Visceral Organs) में और इनकी सैल्स डार्सल रूट गैंग्लिया तथा एक्सॉन, ब्रेन या स्पाइनल कार्ड के ग्रेमैटर में स्थित होती हैं। कार्य प्रणाली तथा रचना के अनुसार ऑटोनॉमिक नर्वस सिस्टम (Autonomic Nervous System) को दो भागों में विभाजित किया गया हैं–अनुकंपी तंत्रिका तंत्र (Sympathetic Nervous System) तथा परानुकंपी तंत्रिका तंत्र (Parasympathetic Nervous System)। अनुकंपी तंत्रिकातंत्र का मुख्य कार्य इमरजैन्सी (Emergency) में डिफैन्सिव क्रिया का नियंत्रण (Control) करना है। इस क्रिया के द्वारा खतरे के समय आंखों का बड़ा हो जाना और बाहर निकलना, तेज सांस लेना, बालों का सीधा खड़ा हो जाना, आंतों के पैरिस्टैल्टिक मूवमैंट (Peristaltic Movements) का रुक जाना तथा हृदय का तेजी से धड़कना आदि सम्मिलित होता है। इनके अतिरिक्त यह शरीर में होने वाली क्रियाओं का नियंत्रण तथा अनुकंपी तंत्रिका-तंत्र द्वारा उत्पन्न प्रभावों को समाप्त करके सामान्य स्थिति में लाने में सहायक होता है।

प्रतिवर्ती क्रियाएं (Reflex Action)—ये क्रियाएं ऐच्छिक क्रियाओं की अपेक्षा कहीं अधिक तेजी से सम्पन्न होती हैं। उदाहरणतः रेत गिरने पर आंखों का बंद होना, किसी गर्म वस्तु को छू लेने पर हाथ का हटाना आदि। सपष्ट है कि ऐसी क्रियाओं का शरीर की सुरक्षा के लिए बहुत महत्त्व होता है। ऐच्छिक नियंत्रण द्वारा इन क्रियाओं को दबाया भी जा सकता है, उदाहरणतः—मोटर तंत्रिका पथ। उच्च मोटर न्यूरोन का आरम्भ मस्तिष्क में तथा निम्न मोटर न्यूरोन का आरम्भ मेरु रज्जू के अग्र अंग में (अग्र तंत्रिका मूल के रूप में) होता है। हम यदि चाहें तों अप्रिय अथवा कष्टप्रद अनुभूति होने पर भी किसी गर्म वस्तु को पकड़े रह सकते हैं। इस क्रिया के निम्नलिखित अंग होते हैं, जिन्हें सम्मिलित रूप में प्रतिवर्ती चाप (Reflex Arc) नाम दिया जाता है—(i) संवेदी अंग (Sensory

Organ)—यहां संवेदी आवेग ग्रहण होते हैं। उदाहरणतः—त्वचा (ii) संवेदी तंत्रिका तंतु (Sensory Nerve Fibre)—यह आवेग को पश्च मूल गैंगलियन (Posterior Root Ganglion) में स्थित कोशिकाओं तक ले जाता है। इन कोशिकाओं के एक्सोन आवेग को मेरु रज्जू के पश्च अंग में स्थित ग्रे मैटर में ले जाते हैं। (iii) स्पाइनल कार्ड (Spinal Cord)—यहां पर संयोजक तंतुओं (Connection Fibres) के द्वारा यह आवेग अंग में पहुंचता है। (iv) मोटर अथवा प्रेरक तंत्रिका कोशिका (Motor Nerve Cells)—अंग श्रृंग में स्थित ये कोशिकाएं आने वाले आवेग से उत्तेजित होकर प्रेरक आवेग उत्पन्न करती हैं। (v) प्रेरक अंग (Motor Organs)—प्रेरक आवेग के यहां पहुंचने पर इस अंग में आवश्यक क्रिया उत्पन्न होती है।

ज्ञानेन्द्रियां

बाह्य संवेदनाओं (Stimulus) को ग्रहण करने के लिए प्रत्येक जीवधारी में कुछ विशेष अंग होते हैं, जैसे—आंख, नाक, कान आदि। ये सब अंग ज्ञानेन्द्रियां (Sense Organs) या ग्राही अंग (Receptor Organs) कहलाते हैं। ग्राही अंग (Receptors) दो प्रकार के होते हैं।—

1. बाह्य ग्राही अथवा बाह्य संवेदी अंग (Exteroceptors), बाह्य वातावरण में होने वाले परिवर्तनों से उद्दीपन ग्रहण करते हैं। जीभ (Tongue), आंख (Eye), कान (Ear), नाक (Nose) व त्वचा (Skin) स्तनधारियों के सामान्य बाह्य संवेदी अंग हैं।

2. अंतर ग्राही अंग (Interoceptors) शरीर के आंतरिक अंगों में होने वाले परिवर्तनों से उद्दीपन ग्रहण करते हैं।

1. **आंख (The Eye)**—आंख सभी ज्ञानेन्द्रियों में एक विशिष्ट स्थान रखती है। आंखों के द्वारा हमें वस्तु का 'दृष्टि ज्ञान' होता है। आंखे बड़ी जटिल ज्ञानेन्द्रियां हैं, परंतु उनके कार्यों को देखते हुए इनकी जटिल रचना तथा विशिष्ट कार्य विधि का होना स्वाभाविक ही है। दृष्टि एक जटिल प्रक्रिया है, जिसमें प्रकाश किरणों के प्रति संवेदिता, स्वरूप, दूरी, रंग, गहनता आदि का ज्ञान संभव है। समस्त आंख की रचना गोलिका आकार की है, इसलिए इन्हें 'अक्षिगोलक' (Eye Ball) कहा जाता है। इसका व्यास लगभग एक इंच होता है। आंख का लगभग 4/5 भाग नेत्रकोटर में धंसा रहता है और

केवल 1/5 भाग बाहर उभरा रहता है। नेत्रगोलक के इस उभरे हुए भाग को कॉर्निया (Cornea) कहते हैं। कॉर्निया आंखों के कोमल अवयवों की सुरक्षा करता है तथा नेत्र गोलक की आकृति को बनाए रखने में सहयोग देता है। रंजित पटल (Choroid) मध्य वाहिकामय स्तर है। इसकी रक्त वाहिकाएं अंत : कैरोटिड धमनी से निकलने वाली नेत्र धमनी (Ophthalmic Artery) की शाखाएं होती हैं। यह वाहिकामय स्तर आइरिस (Iris, परितारिका) का निर्माण करता है। इसके केन्द्र में एक छिद्र स्थित होता है, जिसे नेत्र-तारा (pupil) कहते हैं। आइरिस के पीछे एक वर्णक स्तर (Pigmented Layer) स्थित होता है, जो आइरिस को रंग प्रदान करता है। आइरिस द्वारा लैन्स को स्थिर रखा जाता है जो इसके पीछे स्थित होता है। दृष्टि पटल (Retina) नेत्र का भीतरी तंत्रिका स्तर है, जिसकी रचना तंतुओं, तंत्रिका कोशिकाओं तथा शलाकाओं (Rods) और शंकुओं (Cones) से होती हैं। रेटिना के कोमल तंत्रिका ऊतक से आवेग अक्षिबिम्ब (Optic disc) तक पहुंचते हैं। जहां से दृष्टि तंत्रिका नेत्रगोलक से बाहर निकलती हैं, इस स्थल पर रेटिना अनुपस्थित होता है, अतः यह स्थान अंध बिन्दु (Blind Spot) कहलाता है।

आंख दृष्टि की ज्ञानेन्द्रिय है। प्रकाश किरणों द्वारा उद्दीप्त होने पर रेटिना में जो आवेग उत्पन्न होते हैं, वे दृष्टि तंत्रिका तथा अन्य रिले स्थलों (Relay Stations) में होते हुए मस्तिष्क के दृष्टि केन्द्र पर पहुंचते हैं, जहां उनकी प्रतीति तथा अनुभूति होती है।

2. **कान (The Ear)**—कान की संरचना स्तनधारियों में सबसे अधिक जटिल होती है। ध्वनि-तरंगों को ग्रहण करने के अतिरिक्त ये शरीर का संतुलन भी बनाये रखते हैं। स्तनधारी के कान में तीन भाग होते हैं—बाह्य कान, मध्य कान तथा आंतरिक कान।

बाह्य कान केवल स्तनधारियों में पाया जाता है और कान का सबसे बाहरी भाग है। इसके भी दो भाग होते हैं—कर्णपल्लव (Pinna) तथा बाह्य कर्ण मीटस (External Auditory Meatus)। कर्णपल्लव लचीली कार्टिलेज के बने होते हैं और सम्मिलित त्वचा से ढके रहते हैं। इनसे ऐच्छिक पेशी तंतु जुड़े होते हैं, जिनके

द्वारा कर्णपल्लव को इच्छानुसार इधर-उधर घुमाया जा सकता है। ध्वनि तरंगों को ग्रहण करने के लिए कर्णपल्लव ध्वनि की दिशा में तनकर खड़े हो जाते हैं और ध्वनि तरंगों को इकट्ठा करके बाह्य मीटस में भेजते हैं। बाह्य कर्ण मीटस (External Auditory Meatus) टिम्पैनिक अस्थि के द्वारा टिम्पैनिक झिल्ली (Tympanic Membrane) या कर्णड्रम (Ear Drum) से जुड़ा रहता है। मध्य कर्ण में तीन लघु अस्थियां होती हैं, जिन्हें कर्ण ऑसिकल्स (Ear Ossicles) कहते हैं। अन्तः कर्ण में एक द्रव पदार्थ पेरिलिम्फ (Perilymph) भरा रहता है। इसमें ग्राही अंगक होते हैं। अन्तःकर्ण में कॉक्लिया (Cochlea) एक अत्यन्त कुण्डलाकार नलिका होती है, जो ध्वनि तरंगों के प्रति संवेदनशील होती है। इसी तरह अन्य दो अर्ध-वलयाकार नलिकाएं-युट्रिकुलस तथा सैकुलस (Utriculus and sacculus) होती हैं, जो शरीर की स्थिति (Position of body) के प्रति संवेदी होती हैं।

कर्ण सम्बन्धित रोगः

(i) ऑटोलैजिया (Otolagia) :–कर्ण दर्द।

(ii) मेनियर रोग (Meniere's Disease) : कॉक्लिया में उत्पन्न दोष के फलस्वरूप श्रवण शक्ति का ह्रास।

(iii) मिरिन्जाइटिस या टिम्पैनिटिस (Myringitis or Tympanitis) : टिम्पैनिक झिल्ली (Ear Drum) में जलन (Inflammation) ।

(iv) ऑटिटिस (Otitis) : कर्ण में जलन।

(v) यूस्टेकाइटिस (Eustachitis) : यूस्टेकियन नलिका में जलन ।

3. **नाक (Nose)**–ये घ्राण इन्द्रियां (Olfactory Receptors) हैं तथा वायु में उपस्थित विभिन्न रसायनों के प्रति संवेदी होते हैं। ये रसायन, नमीय पदार्थ जो घ्राण अंगों पर आच्छादित होता है, में घुलनशील होने चाहिए। इनमें तीन प्रमुख संवेदी कोशिकाएं होती हैं—

(i) द्विध्रुवीय घ्राण तन्त्रिका कोशिका

(ii) श्लेष्मा झिल्ली की स्तम्भकार उपकला कोशिकाएं

(iii) वोमन ग्रन्थियां (Bowman's Glands)

4. **जिह्वा (Tongue)**–ये स्वाद इन्द्रियां है, जो स्वाद कलिकाओं के रूप में जीभ पर उपस्थित होती हैं। ये स्वाद कलिकायें मुख्य रूप से चार प्रकार की होती हैं जो क्रमशः नमकीन, मीठे, खट्टे तथा कड़वे पदार्थों के प्रति संवेदी होती हैं। विभिन्न स्वादों के प्रति संवेदी स्वाद कलिकाओं का समूह जीभ के विभिन्न भागों पर होता है।

5. **त्वचा (Skin)**–त्वचा में कम-से-कम पांच प्रकार की संवेदी तन्त्रिकाओं के सिरे होते हैं। ये सभी विभिन्न प्रकार के संवेदों के प्रति ग्राही होते हैं।

(i) **स्पर्श (touch)**–ये ग्राही कोशिकाएं उपत्वचा (Epidermis) के ठीक नीचे होते हैं। जीभ की ऊपरी सतह तथा उंगलियों के पोरों (Finger Tips) में ये बहुतायत से होते हैं।

(ii) **दबाव (pressure)**–ये ग्राही भाग डर्मिस से ठीक नीचे होते हैं तथा किसी भी प्रकार के दाब के प्रति संवेदी होते हैं।

(iii) **दर्द (Pain)**–इन ग्राही भागों में उपत्वचा तथा डर्मिस (Epidermis and Dermis) के नीचे शाखित तन्त्रिकाओं के सिरे (Endings) होते हैं।

(iv) **ताप (Temperature)**–ये ग्राही भाग उच्च तथा निम्न ताप के लिए संवेदी होते हैं।

अंतःस्रावी तन्त्र

अन्तः स्रावी या एन्डोक्राइन (Endocrine) शब्द ग्रीक भाषा के शब्दों से बना है। एन्डो (endo) अर्थात् आन्तरिक तथा क्राइनिन (Krinein) अर्थात् स्रवण करना (To Secrete) । अंतः स्रावी ग्रान्थियां नलिकाविहीन (Duct less) होती हैं, जो हार्मोन्स नामक रसायनों का रुधिर में स्रवण करती हैं। रुधिर इन हार्मोन्स का स्राव स्थल से दूर स्थित लक्ष्य अंगो तक परिवहन करता है।

मानव अन्तः स्रावी तन्त्र अर्थात् अन्तः स्रावी ग्रान्थियों, उनके स्रवण, विभिन्न हार्मोन्स तथा उनके कार्यों का संक्षिप्त लेखा-तालिकाओं में दिया गया है।

सारणी : अंतः स्रावी ग्रंथियां, उनके मुख्य हारमोन्स तथा कार्य

ग्रंथियां (Glands)	स्रावण हार्मोन्स तथा उनका कार्य (Hormone (s) Secreted and Their Function)	व्याख्या (Note)
पिट्यूटरी (Pituitory)—इसके तीन भाग होते हैं : अग्रपालि (Anterior Lobe), मध्य–पिंडक (Intermediate Lobe) और पश्चपालि (Posterior Lobe)।	अग्रपालि से सात हार्मोन्स स्रावित होते हैं: (i) थाइरॉइड प्रेरक हार्मोन्स (Thyroid Stimulating Hormone-TSH); (i) थाइरोट्रॉफिन थाइरॉइड ग्रंथि की क्रिया को प्रेरित एंव नियमित करता है। (ii) सोमेटोट्रॉफिक हार्मोन (Somatotrophic Hormone-STH) अथवा वृद्धि हार्मोन्स (Growth Hormone-GH) : यह शरीर की वृद्धि को प्रभावित करता है। (iii) एड्रिनोकार्टिकोट्रोफिक हार्मोन (Adrenocorticotrophic Hormone-ACTH) या कॉर्टिकोट्रोफिनः यह एडरीनल ग्रंथि के कॉर्टिकल भाग से हार्मोन के स्राव को प्रभावित करता है। इसकी कमी के कारण एडरीनल ग्रंथियां विनष्ट हो जाती हैं तथा इसकी अधिकता से रीनल कॉर्टेक्स की वृद्धि अधिक हो जाती है। (iv) फॉलिकिल उत्तेजक हार्मोन (Follicle Stimulating Hormone, FSH) : यह मादा में अंडाशय के फॉलिकिल्स की वृद्धि तथा अण्डों के निर्माण को प्रोत्साहित करता है एवं मादा हार्मोन एस्ट्रोजन (Esterogens) के स्राव को प्रेरित करता है। नर में शुक्राणुओं का निर्माण इन्हीं के द्वारा नियंत्रित होता है। (v) ल्यूटिन प्रेरक हार्मोन (Leutinizing Hormome-LH) अथवा अंतराल-कोशिका प्रेरक हार्मोन (Interstitial Cells Stimulating Hormone-ICSH): स्त्रियों में यह हार्मोन थीका इण्टरना कोशिकाओं को एस्ट्रोजन (Esterogen) तथा प्रोजेस्ट्रोन (Progesteron) नामक हार्मोन्स के स्राव के लिए प्रेरित करता है। (vi) लैक्टोजेनिक हार्मोन (Lactogenic Hormone) या ल्यूटोट्रोपिक हार्मोन (Leutotrophic Hormone-LTH) अथवा प्रोलैक्टिन (Prolactin) : यह हार्मोन गर्भित मादा में दुग्ध-निर्माण एवं स्राव को प्रेरित करता है। यह कार्पस ल्यूटियम से प्रोगेस्ट्रॉन नामक हार्मोन के स्राव को प्रेरित करता है। इसकी कमी से मादा में दुग्ध-निर्माण नहीं होता। (vii) मेलैनोसाइट प्रेरक हार्मोन (Melano-phore-Stimulating Hormone-MSH): इसका स्राव मध्य पिंड से होता है, किन्तु मनुष्य में मध्य पिंड के अल्पविकिरत होने के कारण इसका स्राव अग्र पिट्यूटरी से ही होता है। **मध्यपालि (Pars Intermedia):** मध्यपालि अल्पविकसित होती है। **पश्चपालि (Posterior Lobe):** (i) वेसोप्रेसिन (Vasopressin) अथवा एंटिडाइयूरेटिक हार्मोन (Antidiuretic Hormone-ADH) अथवा पिट्रेसिन (Pitressin): ADH वृक्क की वाहिनियों एंव कोशिकाओं में जल के अवशोषण को नियंत्रित करता है और जल-अवशोषण को बढ़ाकर मूत्र के आयतन को कम करता है। (ii) ऑक्सीटोसिन (Oxytocin) या पिटोसिन (Pitocin): यह गर्भावस्था के अंतिम काल में गर्भाशय के दीवार की अनैच्छिक पेशियों के संकुचन को प्रेरित करता है अर्थात् प्रसव के समय गर्भाशय के फैलने तथा प्रसव के पश्चात् गर्भाशय के सिकुड़ने को प्रेरित करता है।	पिट्यूटरी की सभी पालियों से कुल मिलाकर 13 अथवा उससे भी अधिक हार्मोन स्रावित होते हैं। जो सीधे ही शारीरिक क्रियाओं का नियंत्रक करने के अतिरिक्त शरीर में पायी जाने वाली अन्य अंतः स्रावी ग्रंथियों की सक्रियता को भी नियंत्रित करते हैं।

ग्रंथियां (Glands)	स्रावण हार्मोन्स तथा उनका कार्य (Hormone (s) Secreted and Their Function)	व्याख्या (Note)
थाइरॉइड (Thyroid)	थाइरॉक्सिन (Thyroxine): अग्र पिट्यूटरी ग्रंथि द्वारा स्रावित थाइरॉइड-प्रेरक हार्मोन थाइरॉइड ग्रंथि के स्राव दर का नियंत्रण करता है।	
पैराथाइरॉइड–(Para-thyroid) इनकी ग्रन्थियों की संख्या चार है।	पैराथॉरमोन (Parathormone): इसका मुख्य कार्य शरीर में कैल्शियम व फॉस्फोरस के उपापचय का नियमन करना है।	
एडरीनल (Adrenal): प्रत्येक वृक्क के शीर्ष पर टोपी के समान एडरीनल ग्रंथि लगी होती है। इसका बाहरी भाग कॉर्टेक्स (Cortex) तथा केन्द्रीय भाग मेड्यूला (Medulla) कहलाता है।	एडरीनल कॉर्टेक्स (Andrenal Cortex): एडरीनल कॉर्टेक्स की कोशिकाएं लगभग 50 हार्मोन स्रावित करती हैं। इनकों सामूहिक रूप से कार्टिकोस्टिरॉइड्स (Corticosteroids) कहते है। इनकों तीन विशिष्ट समूहों में बांटा गया है: (i) नर लिंग-हार्मोन्स या एन्ड्रोजन (Male Sex-Hormones): सामान्यतः ये पेशीय एवं कंकालीन वर्धन (Muscular and Skeletal Development) की क्रियाओं का नियंत्रण करते हैं (ii) ग्लूकोस नियंत्रण हार्मोन्स (Glucocorticosteroids) : ये हार्मोन्स, ग्लूकोस, वसा एवं प्रोटीन के उपापचय को नियंत्रित करते हैं। (iii) खनिज नियंत्रण हार्मोन्स (Mineralocotricosteroids): यह रुधिर में खनिज आयनों (Mineral Ions) की सांद्रता को नियंत्रित रखते हैं। एडरीनल मेड्यूला (Adrenal Medulla) द्वारा स्रावित हार्मोन: (i) एडरीनेलिन या एपिनेफ्रीन (Adrenaline or Epinephrine): यहां हार्मोन अनुकम्पी तंत्रिका-तंत्र से नियंत्रित होने वाली क्रियाओं को नियमित करता है। (ii) नॉर-एडरीनेलिन या नॉरएपिनेफ्रीन (Noradrenaline or Norepinephrine): इसका प्रभाव भी कुछ-कुछ एडरीनेलिन के समान होता है।	
अग्न्याशय (Pan-creas)–अग्न्याशय मुख्यतः एक पाचन ग्रंथि है। जो अग्न्याशय का अंत स्रावी भाग प्रदर्शित करती हैं। इसमें दो प्रकार की कोशिकाएं होती हैं। (i) α–कोशिकाएं तथा (ii) β–कोशिकाएं इंसुलिन बनाती हैं।	α–कोशिकाएं ग्लूकेगोन हार्मोन (Glucagon Hormones) स्रावित करती हैं। β–कोशिकाएं स्रावी इंसुलिन हार्मोन्स (Insulin Hormones): एडरीनल ग्रंथ के ग्लूकोकॉर्टिकाइड हार्मोन्स (Glucocorticoid Hormones) के सहयोग से शरीर में ग्लूकोस के उपचय (Anabolism) को बढ़ा देता है।	
वृषण (Testes)	नर लिंग–हार्मोन्स, टेस्टोस्टेरॉन (Testosterone): यह नर के द्वितीयक या गौण लैंगिक लक्षणों के लिए उत्तरदायी है। इसी हार्मोन के कारण लड़कों में पुरूष की विशेषताएं प्रकट होती हैं।	
अण्डाशय (Ovaries)	अण्डाशयों से दो प्रकार के हार्मोन निकलते हैं। ये स्टेरॉइड्स (Steroid) हैं–एस्ट्रोजन (Oestrogen) तथा प्रोजेस्टेरोन (Progesterone) : मादा सहायक जननांगों तथा अतिरिक्त लैंगिक लक्षणों के विकास के प्रेरक, गर्भधारण के लिए आवश्यक दशाओं के विकास के प्रेरक।	

सारणी : हार्मोन्स एवं इनके प्रभाव

हार्मोन्स (Hormones)	हार्मोन्स का प्रभाव (Effects of Hormones)	अल्पस्रावण का प्रभाव (Effect of Hyposecretion)	अतिस्रावण का प्रभाव (Effect of Hypersecretion)
(1) थाइरॉइड ग्रंथि **(Thyroid Gland)**			
(i) थाइरॉक्सिन या टेट्र आयोडोथाइरोनीन (Thyroxine or Tetraiodio thyronine)	ऑक्सीजन मैटाबोलिज्म की दर बढ़ाकर जीवन की रफ्तार (Tempo of Life) को बनाए रखना। ग्लूकोस के आन्त्रीय अवशोषण, इसकी व O_2 की खपत, BMR, हृदय–स्पंदन दर, शरीर ताप। ग्लूकोनिओजेनेसिस के प्रेरक।	(i) बच्चों में जड़मानवता (Cretinism)। शरीर बौना व अप्रजायी, मस्तिष्क कमजोर। (ii) वयस्कों में मिक्सीडिमा (Myxoedema)। शरीर भारी, कमजोर एवं वृद्धवस्था के लक्षण।	ऑक्सीजन मेटाबोलिज्म की दर, BMR, रक्त दाब में वृद्धि
(ii) ट्राइआयडोथाइरोनीन (Triiodothyronine)	उभयचरों में कायान्तरण के प्रेरक (ii) शीत रुधिर कशेरूकियों में परासरण एवं त्वक्–निर्मोचन नियंत्रक।	(i) सामान्य गलगण्ड (Simple Goitre)–ग्रंथि एवं गले का फूलना। (ii) हासीमोटों का रोग (Hashimoto's Disease)– एंटीबॉडीज द्वारा ग्रंथि का विनाश।	नेत्रोत्सेंथी गलगण्ड (Exophthalmic Goitre) गोलकों के बाहर की ओर उभर आने से डरावनी दृष्टि।
(iii) थाइरोकैल्सिटोनिन	ECF में Ca^{++} की मात्रा को घटाना।	—	
(2) पैराथाइरॉइड ग्रन्थियां पैराथॉरमोन या कोलिप का हार्मोन (Parathormone of Collip's Hormone)	ECF में Ca^{++} व फॉस्फेट आयनों की संख्या का नियंत्रण करके होम्योस्टैसिस पेशी–संकुचन, प्रेरणा संवाहन रक्त–स्कंदन, अस्थिनिर्माण आदि में महत्त्वपूर्ण।	पेशियों और तंत्रिकाओं में आवश्यक उत्तेजना। कभी–कभी लंबे समय तक कंकाल पेशियों में स्थायी संकुचन (Tetany) में मृत्यु। बच्चों में शरीर, दातों एवं मस्तिष्क की अधूरी वृद्धि।	हड्डियों का गलकर कमजोर होना (Osteoporosis), पेशियां क्षीण, बहुमूत्रण, प्यास, सिरदर्द, भूख कम, वृक्कों में पथरी की संभावनाएं।
(3) अधिवृक्क ग्रन्थियां **(A) मेड्यूला**			
(i) ऐड्रीनैलीन या एपीनेफ्रीन (Adrenaline or Epinephrine)	संकटावस्था में इन हार्मोनों के प्रभाव से रक्त–दाब, हृदय स्पंदन दर, BMR, ग्लूकोस स्तर, महत्त्वपूर्ण अंगों में रक्त संचार आदि बढ़ जाते हैं। इस प्रकार शरीर संकट में एक उग्र प्रतिक्रिया के लिए तैयार हो जाता है।	रक्त–दाब कम; खिन्नमन अवस्था। उत्तेजनात्मक दवाइयां देते हैं।	उच्च रक्त-दाब एवं तनाव। प्रशान्तक दवाइयां देते हैं।
(ii) नॉरऐड्रीनैलीन या नॉरएपीनेफ्रीन (Noradrenaline of Norepinephrine) **(B) कॉर्टेक्स**			
(i) मिनरैलोकारटिकॉइड्स- ऐल्डोस्टीरोन	EFC में सोडियम व क्लोराइड की मात्रा का नियमन करके रक्त–दाब	ऐडीसन का रोग (Addison's Disease) सोडियम व जल के	हाइपरग्लाइसीमिया में मधुमेह, जल की मात्रा बढ़ने से जगह–जगह

हार्मोन्स (Hormones)	हार्मोन्स का प्रभाव (Effects of Hormones)	अल्पस्रावण का प्रभाव (Effect of Hyposecretion)	अतिस्रावण का प्रभाव (Effect of Hypersecretion)
(Aldosterone)	व परासरणी दाब का नियंत्रण।	अधिक उत्सर्जन से शरीर का निर्जलीकरण, रक्त–दाब व शरीर का ताप कम, हाइपोग्लाइसीमिया के कारण पेशियां कमजोर, कास्यवर्ण त्वचा, मृत्यु।	शरीर का फूलना (Edema), जगह–जगह वसा का जमाव (Cushing's Disease), हड्डियों का गलना (Osteoporosis)।
(ii) ग्लूको को रटिकाइड्स-कॉर्टिसोल (Cortisol) एवं कॉर्टीकोस्टीरॉन	परिधीय ऊतकों की कोशाओं में रक्त की ग्लूकोस तथा वसीय एमीनों अम्लों की मुक्ति का प्रेरक। यकृत में ग्लाइकोजेनेसिस का प्रेरक। शरीर को सामान्य प्रतिरक्षी एवं प्रवाह क्रियाओं को रोकना।	—	
(iii) लिंग हार्मोन्स ऐन्ड्रोजन्स (Androgens) एवं एस्ट्रोजन्स (Estrogens)	पेशियों और जननांगों के विकास के प्रेरक।		लड़कियों में पुरुषोचित लक्षण, लड़कों में लैंगिक परिपक्वता जल्दी।
(4) पीयूष ग्रन्थि **(A) न्यूरोहाइपोफाइसिस** (i) वैसोप्रेसिन (Vasopressin)	वृक्क नलिकाओं में जल के पुनरवशोषण को बढ़ाना। परिधीय ऊतकों की रुधिर वाहिनियों को सिकोड़कर रक्तदाब बढ़ाना।	मूत्र पतला व रक्त गाढ़ा हो जाता है। मूत्र की मात्रा बढ़ जाती है।	मूत्र गाढ़ा व रक्त पतला।
(ii) ऑक्सीटोसीन (Oxytocin)	गर्भाशय की दीवार को सिकोड़कर प्रसव पीड़ा का प्रेरक। शिशु जन्म के बाद गर्भाशय को सामान्य दशा में लाना। स्तनों की पेशियों को सिकोड़ना।	—	—
(B) ऐडिनोहाइपोफाइसिस- (i) सोमैटोट्रोफिक (STH) या वृद्धि हार्मोन्स (GH)	शरीर–कोशाओं में DNA, RNA व प्रोटीन्स के तथा यकृत में अमीनों अम्लों से ग्लूकोस के संश्लेषण का प्रेरक। ऊतक क्षय को रोकना।	बचपन में वृद्धि का रुकना (Dwarfism; Midgets); वृद्धिकाल के बाद पीयूष मिक्सीडिमा (Pituitary Myxoedema)।	बचपन में आनुपातिक भीमकाय शरीर (Proportionate Gigantism); व्यस्क में बेडोल व कुरूप भीमकाय शरीर (Acromegaly)।
(ii) प्रोलैक्टिन (PRL) या LTH या MTH	हल्की वृद्धि हार्मोन, गर्भकाल में स्तनों की वृद्धि और दूध के स्रावण के प्रेरक।		
(iii) पुटिका-प्रेरक हार्मोन (FSH)	जनदों के विकास एवं युग्मक–जनन का प्रेरक गोनैडोट्रोपिन।	—	—
(iv) लूटिनाइजिंग हार्मोन (LH or ICSH)	जनदों द्वारा लिंग हार्मोन्स के स्रावण का प्रेरक तथा स्त्रियों में अण्ड–निर्माण व अण्डोत्सर्ग आदि का प्रेरक गोनेडोट्रोपिन।		

हार्मोन्स (Hormones)	हार्मोन्स का प्रभाव (Effects of Hormones)	अल्पस्रावण का प्रभाव (Effect of Hyposecretion)	अतिस्रावण का प्रभाव (Effect of Hypersecretion)
(v) ऐड्रिनोकॉरटिकोटिकोट्रोपिक हार्मोन (ACTH)	ऐड्रीनल कॉर्टेक्स का प्रेरक।	—	—
(vi) थाइरोट्रोपिक हार्मोन (TSH)	थाइरॉड ग्रन्थि का प्रेरक	—	—
(vii) मिलैनोसाइट प्रेरक हार्मोन (MSH)	त्वचा के कांस्यवसर्ण तथा तिलों व चकतों के निर्माण का प्रेरक	—	
(5) **पीनियलकाय** (Melatonin)	निम्न कशेरुकियों में त्वचा के रंग को हल्का करना। चूहों और मानव में संभवतः जननांगों के विकास में विलम्ब प्रेरिक करना।	—	—
(6) **थाइमस ग्रन्थि थाइमोसीन** (Thymosine)	लिम्फोसाइट्स का उत्पादन करके इन्हें प्रतिरक्षी पदार्थों के संश्लेषण की प्रेरणा देना।	—	
(7) **अग्नाशय के अंतः स्रावी अंग लैंगरहैन्स की द्विपिकाएं**			
(i) इन्सुलिन (Insulin)	शरीर कोशाओं में ग्लूकोज की खपत बढ़ाकर Basal Metabolic Rate 'BMR' को बढ़ाना, प्रोटीन संश्लेषण (ऐनाबोलिज्म) का तथा यकृत ग्लाइकोजेनीसिस का प्रेरक।	रुधिर में ग्लूकोज की मात्रा का बढ़ाना (Hyperglycemia); मधुमेह शरीर का निर्जलीकरण, प्यास, अधूरे वसा विखंडन से कीटोन कार्यों का बनना। बेहोश—मृत्यु।	ग्लूकोज की कमी से मस्तिष्क में उत्तेजना, थकावट, मूर्छा, ऐंठन, मृत्यु।
(ii) ग्लूकेगान (Glucagon)	रुधिर में ग्लूकोज की घटी हुई मात्रा को समान्य करने हेतु ग्लाइकोजन एवं वसा के विखण्डन का प्रेरक।	—	—
(8) **आमाशय आंत्रीय श्लेष्मा**			
(i) गैस्ट्रिन (Gastrin)	जठर ग्रंथियों द्वारा पेप्सिन, HCl के स्रावण का प्रेरक।	—	—
(ii) सेक्रिटिन (Secretin)	अग्न्याशय एवं यकृत द्वारा जल और बाइकार्बोनेट का तथा जठर ग्रन्थियों द्वारा पेप्सिन के स्रावण का अवरोधक।	—	—
(iii) कोलोसिसओकाइनिन-पेन्क्रियोजाइमिन (CCK—PZ)	अग्न्याशय को पाचक एन्जाइमों के स्रावण और पित्ताशय को संकुचन हेतु प्रेरित करना।	—	—
(9) **त्वचा व वृक्क**			
(क) त्वचा विटामिन 'डी' अर्गोकैल्सिफरॉल तथा कोलीकैल्सिफरॉल	अस्थि-निर्माण के प्रेरक।	सूखा रोग (Rickets) हड्डियां पतली, कमजोर व टेढ़ी—मेढ़ी।	—

हार्मोन्स (Hormones)	हार्मोन्स का प्रभाव (Effects of Hormones)	अल्पसावण का प्रभाव (Effect of Hyposecretion)	अतिसावण का प्रभाव (Effect of Hypersecretion)
(ख) वृक्क (i) रेनिन (Renin)	ऐन्जिओटेन्सिनोजन के विखण्डन से ऐन्टिओटेन्सिन-II का बनना, जो (BP) बढ़ाता है और ऐल्डोस्टीरॉन हार्मोन के स्रावण को प्रेरित करता है।	—	—
(ii) रोनोमेड्यूलरी प्रोस्टॉग्लैडिन्स	आरेखित पेशियों और रुधिर वाहिनियों का शिथिलन, सोडियम का उत्सर्जन	—	—
(iii) एरिथ्रोजेनिन एरिथ्रोपोइटिन	अस्थिमज्जा में लाल रुधिराणुओं के निर्माण का प्रेरक।	—	—
(10) जनन (क) वृषणों की लेडिग की कोशाएं		नपुसंकता	—
(i) एन्ड्रोजेंस (नर हार्मोन्स) मुख्यतः टेस्टोस्टीरॉन	नर सहायक जननांगों के तथा अतिरिक्त लैंगिक लक्षणों के विकास के प्रेरक।	—	—
(ख) अण्डाशयों की पुटिका कोशिकाएं — एस्ट्रोजेन्स (मादा) हारमोन्स, मुख्यतः	मादा सहायक जननांगों तथा अतिरिक्त लैंगिक लक्षणों के विकास के प्रेरक	—	—
(ग) अण्डाशयों की कॉरपस ल्यूटियम (i) प्रोजेस्ट्रॉन	गर्भधारण के लिए आवश्यक दशाओं के विकास के प्रेरक	—	—
(ii) रिलेक्सिन	शिशु-जन्म को सुगम बनाने हेतु प्यूविक सिम्फाइसिस को लाना।	—	—
(11) अपरा या ऑवला (Placenta) (i) एसट्रेडिऑल	गर्भाशय की पेशियों के संकुचन को रोकना कॉरपस लूटियम को सक्रिय बनाये रखना दुध-ग्रन्थियों के विकास के प्रेरक।	—	—
(ii) प्रोजेसट्रेडिऑल		—	—
(iii) कोरिओनल गोनैडोट्रोपिन		—	—
(iv) ऑवलीय लैक्टोजन		—	—

मनुष्यों में प्रजनन

पुरुष प्रजनन-तंत्र (Male Reproductive System)– पुरुष के प्रजनन अंगों में वृषण (Testes), अधिवृषण (Epididymis), शुक्रवाहिका (Seminal Vesicle), पुरःस्थ (Prostate), शिशन (Penis) आदि प्रमुख अंग है। इन अंगों में वृषण मुख्य अंग तथा अन्य अंग सहायग अंग है। वृषण पुरुष का जनन अंग है। इसमें शुक्राणुओं का निर्माण होता है। गर्भावस्था में वृषणों का विकास उदर गुहा में होता है। इसके बाद यह दायीं तथा बायीं ईगायनल कैनाल से होते हुए गर्भावस्था के अंत तक वृषण कोष (Scrotum) में पहुंच जाते हैं। जहां पर ये वृषण रज्जु (Spermatic Cords) द्वारा कुछ तिरछे लटके रहते हैं। वृषणों की आंतरिक बनावट अत्यंत जटिल होती है यदि लंबाई से एक वृषण को काट दिया जाए तो इसमें नौ या दस तिकोनी कोठरियां-सी अलग-अलग दिखाई देंगी। प्रत्येक कोठरी सूक्ष्म नलिकाओं के गुच्छे के समान होती है जिसे 'शुक्रजनक नलिकाएं' (Seminiferous Tubules) कहते हैं। शुक्रजनक नलिकाओं के मध्य अवकाशों में टेस्टोस्टीरोन हारमोन्स स्थित रहती हैं जो अंतराली कोशिकाओं द्वारा बनता है। पिट्यूटरी ग्रंथि, अंतराली कोशिका प्रेरक हारमोन्स (ICSH) के स्राव को नियंत्रित करता है। यौवनारंभ के समय टेस्टोस्टीरोन का स्राव बढ़ जाता है तथा इसके फलस्वरूप गौण लैंगिक लक्षण प्रकट होते हैं। शुक्राशय (Seminal Vesicles), दो नलिका रूपी ग्रंथिया मूत्राशय ग्रीवा के पीछे स्थित होती है। इसकी वाहिनी शुक्रवाहिका (Vasa Deferentia) से जुड़कर शुक्रप्रसेचक वाहिनी (Ejaculatory Duct) बनाती है। शुक्र अथवा वीर्य का मुख्य भाग शुक्राशय के स्राव द्वारा बनता है। अधिवृषण (Epididymis) वृषण के पीछे स्थित तथा उससे जुड़ा हुआ एक छोटा अंग है। इसके द्वारा शुक्राणु वृषण से शुक्रवाहिका में आते हैं। शुक्रवाहिका (Vas Deferens) अधिवृषण के निचले भाग से निकलती है जो वृषण के पीछे ऊपर की ओर उठकर वृषण रज्जु (Spermatic Cord) में प्रवेश करती हैं। पुरस्थ ग्रन्थियां (Prostate Gland) मूत्राशय के यूरेथ्रा को घेरे हुए स्थित होती है। इसमें ग्रन्थि ऊतक, वाहिनियां और अनैच्छिक पेशी होती है। पुरस्थ ग्रंथि से एक तरल स्राव निकलता है जो वृषण के स्राव से मिल जाता है। इस ग्रंथि के अभिवर्धन से मूत्रमार्ग (यूरेथ्रा) अवरुद्ध हो सकता है तथा इस प्रकार मूत्र अवधारणा (Urinary Retention) की स्थिति उत्पन्न हो सकती है। शिशन (Penis) स्पंजी ऊतक का बना होता है। अग्र छोर पर इसका कुछ फूला हुआ भाग शिशनमुण्ड (Glans Penis) कहलाता है तथा यहां मूत्रमार्ग का द्वार स्थित होता है। इसे आच्छादित करने वाली त्वचा शिशन मुडंच्छद अथवा अग्रच्छद (Prepuce or Foreskin) कहलाती है।

स्त्री प्रजनन-तंत्र (Female Reproductive System)– स्त्री प्रजनन तंत्र को दो भागों में विभक्त किया जा सकता है–(1) बाह्य अंग (External Organs) तथा (2) आंतरिक अंग (Internal Organs)

1. **बाह्य अंग (External Organs)**–सभी बाह्य अंगों को राम्मिलित रूप रो 'भाग' (Valva) कट्टे हैं। इसमें निम्नलिखित अंग पाये जाते हैं–

   (i) **रति-शेल (Mons Veneris)**–यह एक गद्दी के समान तंतूपास्थि संधि (Symphysis) के सामने जघनास्थि के पास रहता है। यौवनारंभ के समय यह रोमों से आच्छादित हो जाता है।

   (ii) **वृहत्-भगोष्ठ (Labium Major)**–वल्वा के पार्श्व में स्थित दो स्थूल फोल्ड होते हैं। यह त्वचा तथा वसा से निर्मित रहते हैं। आरेखित पेशीय ऊतक, रक्तवाहिकाएं तथा तंत्रिका के बने होते हैं। समस्त भगोष्ठ की लंबाई 7cm या 3 इंच होती है।

   (iii) **लघु भगोष्ठ (Labia Minora or Nymphae)**–लघु भगोष्ठ दो छोटी त्वचा की तह के रूप में वृहत भगोष्ठ के ऊपरी भाग में रहता है। इनमें हर्षण ऊतक (Erectile Tissue) होते हैं।

   (iv) **भगशिशनिका (Clitoris)**–यह एक छोटा हर्षण (Erectile) अवयव है जो पुरुष के शिशन के समतुल्य होता है। यह प्रघाण (Vestibule) के अग्र भाग में स्थित होता है।

   (v) **प्रघाण (Vestibule)**–प्रघाण दोनों तरफ भगोष्ठ तक सीमित रहता है। मूत्र मार्ग प्रघाण में योनि के सामने भगशिशनिका (Clitoris) के ठीक पीछे होता है। वृहत् प्रघाण गंथियां (Greater Vestibular Glands) ठीक वृहत् भगोष्ठ के पीछे दोनों तरफ व्यवस्थित रहती हैं। इन ग्रन्थियों से उत्पन्न होने वाला म्यूकस एक नली द्वार हाइमन (Hymen) तथा लघु भगोष्ठों के मध्य पहुंचता है। हाइमन

एक पतला झिल्लीनुमा डायफ्राम है जो योनि द्वार पर स्थित रहता है तथा आभ्यान्तर एवं बाह्य जननांगों को पृथक करता है। ऋतुस्राव हाइमन के केन्द्र में स्थित एक छिद्र से होकर बाहर आता है।

(vi) योनि (Vagina)—योनि एक पेशी निर्मित नलिका है जो बाहरी तल से गर्भाशय तक रहती है। साधारणतः इसकी भित्तियां परस्पर सटी रहती हैं। गर्भाशय ग्रीवा (Uterine Cervix) का निम्न भाग योनि द्वारा घिरा रहता है। योनि का पश्च छोर अग्र छोर की तुलना में ऊंचा होता है। गर्भाशय ग्रीवा के आगे तथा पार्श्व में स्थित छोटे अवकाशों को अग्र तथा पार्श्व फोर्निक्स (Fornix) कहते हैं। ग्रीवा के पीछे वाला अवकाश पश्च फोर्निक्स कहलाता है। योनि का अग्र पृष्ठ मूत्राशय और मूत्रमार्ग के संपर्क में होता है।

2. आंतरिक अंग (Internal Organs)—आंतरिक जननांग निम्नलिखित हैं :

(i) अण्डाशय या डिम्ब-ग्रंथिया (Ovaries)—पुरुष के वृषण के समान स्त्री में दो डिम्ब-ग्रंथियां होती हैं। जो गर्भाशय के दोनों ओर गर्भाशय नलिका के नीचे चौड़े स्नायु के पश्च भाग से जुड़ी रहती है। डिम्ब-ग्रंथि के तीन कार्य होते हैं—डिम्ब का निर्माण, एस्ट्रोजन (Oestrogen) तथा प्रोजेस्टेरोन (Progesterone) नामक स्राव उत्पन्न करना।

(ii) डिम्बवाहिनी नली (Fallopian Tube)—डिम्बवाहिनी नली दो होती हैं, जो डिंब-ग्रंथि से गर्भाशय के ऊपरी भाग तक और दाएं दोनों तरफ एक-एक रहती हैं। इसी नली से डिम्ब गर्भाशय गुहा (Uterine Cavity) में जाता है। डिम्बवाहिनी का प्रमुख कार्य डिम्ब को डिम्ब-ग्रंथि से गर्भाशय में ले जाना है। अण्डाणु जैसे ही डिम्ब ग्रंथि से निकसित होता है, यह डिम्बवाहिनी इसे ग्रहण कर लेती है। धीरे-धीरे अण्डाणु वाहिनी में घुसता चला जाता है। वाहिनी संकुचन के दबाव से तथा इसके आंतरिक भागों में स्थित रोमों (Cilia) के समान उभारों की सहायता से अण्डाणु गर्भाशय में पहुंच जाता है।

(iii) गर्भाशय (Uterus)—गर्भाशय एक मोटी पेशी भित्ति का तुम्बाकार अंग है जो पीछे मलाशय तथा सामने मूत्राशय के मध्य स्थित होता है। यह पेशी मायोमीट्रियम (Myometrium) अथवा गर्भाशय पेशी कहलाती है। गर्भाशय को आच्छादित करने वाली श्लेष्मिक कला 'गर्भाशयातंतः स्तर' (Endometrium) कहलाती है। गर्भाशय में ही निषेचित डिम्ब का विकास होता है। मैथुन के समय शुक्राणु योनी में जाते हैं और धीरे-धीरे गर्भाशय में प्रविष्ट होकर ऊपर डिम्ब प्रणाली के मुख की ओर चले जाते हैं।

ऋतुचक्र (Menstrual Cycle)—ऋतुचक्र में डिम्ब ग्रंथि (Ovaries) तथा गर्भाशय (Uterus) में कुछ परिवर्तन होते हैं। इस अवस्था में प्रत्येक स्त्री को प्रजनन-काल में प्रति 26 से 28 दिनों की अवधि पर गर्भाशय से रक्त तथा श्लेष्मा का स्राव होता रहता है। इसे ऋतुस्राव, या मासिक धर्म (Menstruation) कहते हैं।

आर्तव काल (Menstrual Period)—ऋतुस्राव 3-5 दिन का होता है। इस काल में गर्भाशय की उपकला झड़ जाती है तथा रक्त स्राव होने लगता है।

आर्तवोत्तर काल (Post-Menstrual Period)—आर्तवोत्तर काल की अवधि लगभग नौ दिन की होती है। इस अवधि में विक्षत उपकला का प्रफलन (Proliferation) तथा विरोहण (Repair) होता है। यह क्रिया डिम्ब ग्रंथियों से उत्पन्न एस्ट्रोजन हारमोन्स के प्रभाव के कारण होती है। एस्ट्रोजनों का स्राव पिट्यूटरी के एफ.एस.एच. (Follicle Stimulating Hormone or F.S.H) द्वारा नियमित होता है। चौदहवें दिन डिम्बक्षरण होता है। इसके बाद चौदह दिनों का काल संचक अवस्था (Secretory Phase) कहलाता है। यह काल प्रोजेस्टेरॉन स्राव द्वारा नियंत्रित होता है। यह स्राव पीतपिंड से निकलता है।

ऋतुचक्र की औसत अवधि 28 दिन की होती है। 28 वें दिन श्लेष्मा टूट-फूट कर स्रावित होने लगती है और ऋतुस्राव आरंभ हो जाता है। प्रथम 14 दिन डिम्बक्षरण से पूर्व तथा अंतिम 14 दिन इसके बाद होते हैं। 21 वें दिन के आसपास गर्भाशय (यूटेरस) की कला निषेचित डिम्ब के आगमन के लिए तत्पर हो जाती है। यदि इस स्थान पर अनिषेचित डिम्ब (Unfertilized Ovum) आये तो अंतगर्भाशय कला खंडित हो जाती है और आर्तव शुरू हो जाता है। तत्पश्चात् पुनः नया चक्र आरम्भ हो जाता है।

गेमीटोजैनेसिस (Gametogenesis)–मनुष्यों के जनन अंगों (Reproductive Organs) की जनन ग्रंथियों (Reproductive Glands) में गैमीट्स (Gametes) बनने की क्रिया गैमीटोजैनेसिस कहलाती है। नर में स्पर्म (Sperms) बनते हैं जिसे स्पर्मेटोजैनेसिस (Spermatogenesis) कहते हैं तथा मादा में ओवम (Ovum) बनते हैं और इसे ऊजैनेसिस (Oogenesis) कहते हैं।

1. **स्पर्मेटोजैनेसिस (Spermatogenesis)**–नर में शुक्राणु (Sperms) बनने की क्रिया को स्पर्मेटोजैनेसिस (Spermatogenesis) कहते हैं। इस स्पर्म का जन्म प्राइमरी गोनोसाइट (Primary Gonocytes) द्वारा होता है जो टैस्टीज (Testes) में स्थित होती है। स्पर्मेटोजैनेसिस की क्रिया चार चरणों में पूर्ण होती है।

   (i) **मल्टीप्लिकेशन फेज (Multiplication Phase)**–इस चरण में सभी प्राइमरी गोनासाइट सेल (Primary Gonocyte Cells) बार-बार माइटोटिक डिवीजन (Mitotic Division) करती हैं। जिसके फलस्वरूप बहुत अधिक मात्रा में डिप्लॉइड (Diploid) स्पर्मेटोगोनिया (Spermatogonia) की रचना होती है।

   (ii) **ग्रोथ फेज़ (Growth Phase)**–इस चरण में भोजन संचित करके प्रत्येक स्पर्मेटोगोनिया आकार में बढ़कर गोनोसाइट कोशिका के आकार या इससे दो गुनी हो जाती है जिसे प्राइमरी स्पर्मेटोसाइट सेल (Primary Spermatocyte Cells) कहते हैं।

   (iii) **मैचूरेशन फेज़ (Maturation Phase)**–इस चरण में प्राइमरी स्पर्मेटोसाइट सेल (Primary Spermatocyte Cells) मियोटिक डिविजन (Meiotic Division) करती है तथा दो हैप्लॉइड सेल (Haploid Cells) की रचना करती हैं जिनकी सैकण्डरी स्पर्मेटोसाइट सेल (Secondary Spermatocyte Cells) कहते हैं। सेकेण्डरी स्पर्मेटोसाइट सेल माइटोटिक डिविजन (Mitotic Division) द्वारा दो कोशिकाओं में बंट जाती है जिन्हें स्पर्मेटिड्स (Spermatids) कहते हैं। अतः एक प्राइमरी स्पर्मेटोसाइट सेल से चार स्पर्मेटिड्स (Spermatids) का निर्माण होता है।

   (iv) **मैटामोरफोसिस (Metamorphosis)**–इस चरण में सभी स्पर्मेटिड (Spermatid) द्वारा स्पर्म का निर्माण होता है।

2. **ऊजैनेसिस (Oogenesis)**–मादा में ओवम (Ovum) बनने की क्रिया को ऊजैनेसिस (Oogenesis) कहते हैं। इसमें अण्डे (Egg) का निर्माण स्पर्म की भांति प्राइमरी गोनोसाइट (Primary Gonocyte) द्वारा होता है जो अण्डाशय (Ovaries) में स्थित होती हैं। ऊजैनेसिस की क्रिया तीन चरणों में पूर्ण होती है:

   (i) **मल्टीप्लिकेशन फेज (Multiplication Phase)**–इस चरण में, बार-बार माइटोसिस (Mitosis) विभाजन के द्वारा प्राइमरी गोनोसाइट बहुत-सी ऊगोनिया सेल (Oogenia Cells) का निर्माण करती है।

   (ii) **ग्रोथ फेज़ (Growth Phase)**–इस चरण में सभी ऊगोनिया सेल भोजन संचित करने के बाद आकार में 8-9 गुना बढ़ जाती है। जिसे प्राइमरी ऊसाइट (Primary Oocytes) कहते हैं।

   (iii) **मैचुरेशन फेज (Maturation Phase)**–सभी प्राइमरी ऊसाइट (Primary Oocyte) मीयोटिक विभाजन के द्वारा दो असमान कोशिकाओं का निर्माण करती हैं जिसे हैप्लाइड (Haploid) कहते हैं। बड़ी कोशिका सैकण्डरी ऊसाइट (Secondary Oocyte) तथा छोटी कोशिका पहली पोलर बॉडी (First Polar Body) कहलाती है। सेकण्डरी ऊसाइट तथा पहली पोलर बॉडी में फिर माइटोटिक डिविजन होती हैं जिससे ये दोनों कोशिकाएं अन्य दो-दो असमान कोशिकाओं में विभाजित होती हैं। सेकेण्डरी ऊसाइट से बनी दो असमान कोशिकाओं में बड़ी वाली कोशिका को ओवम (Ovum) या ऐग (Egg) कहते हैं तथा छोटी कोशिका को दूसरी पोलर बॉडी कहते हैं। पहली पोलर बॉडी दो असमान कोशिकाएं क्रमशः तीसरी तथा चौथी पोलर (Third & Fourth Polar Body) का निर्माण करते हैं। इसी प्रकार से क्रिया होती रहती हैं और अंत में प्रत्येक पोल बॉडी स्वतः नष्ट हो जाती है और ओवम निषेचन क्रिया के लिए परिपक्व हो जाता है।

निषेचन तथा भ्रूण विकास (Fertilization and Embryo Development)–स्पर्म (Sperm) और ओवम (Ovum) मिलकर युग्मनज (Zygote) की रचना करते हैं। इस मिलन में दो प्रक्रिया होती हैं पहली प्रक्रिया में स्पर्म ओवम से मिलता है, इसे सिनगैमी (Syngamy) कहते हैं तथा दूसरी प्रक्रिया में दोनों न्यूक्लियस मिल जाते हैं जिसे कैरियोगैमी (Karyogamy) कहते हैं। यह प्रक्रिया गर्भाशय के भीतर होती है। मादा का ओवम (Ovum) निष्क्रिय होता है जिसमें प्रोटोप्लाज्मा तथा संचित भोज्य पदार्थ अधिक होते हैं स्पर्म सक्रिय होता है और छोटा होता है तथा उसमें उपस्थित प्रोटोप्लाज्मा भी कम होता है। फ्लैजिलम (Flagellum) की सहायता से स्पर्म तैरकर ओवम के पास चला जाता है और उसकी दीवार से चिपक जाता है। ओवम में इस स्थान पर निषेचन आकृति (Fertilization Cone) का जन्म होता है। निषेचित ओवम गर्भाशय की ओर बढ़ता है और लगभग सात दिनों में यह गर्भाशय गुहा में पहुंच जाता है। इसके बाद निषेचित ओवम में सगर्भता आरंभ हो जाती है। गर्भाशय की दीवार में संषेचित ओवम के प्रतिष्ठापन को 'गर्भरोपण' (Implantation) कहते हैं। गर्भरोपण होने के पश्चात् निषेचित ओवम विभक्त होना आरम्भ कर देता है। यह सभी कोशिकाओं में एक से दो, दो से चार और इसी प्रकार असंख्य कोशिकाओं में विभक्त हो जाता है और इस प्रकार भ्रूण (Embryo) बन जाता है।

इसके बाद धीरे-धीरे भ्रूण का विकास होने लगता है। ये कोशिकाएं एक पिंड की भांति गुच्छे का रूप धारण कर लेती हैं जिसे 'मोरुला' (Morula) कहते हैं। मोरुला के विकसित होने पर कोशिकाओं की तीन परतें बन जाती हैं प्रथम बाहरी स्तर होती है, जिसे बहिर्जन स्तर (Ectoderm) तथा दूसरी मध्य स्तर होती है जिसे मध्यजन स्तर (Mesoderm) तथा तीसरी स्तर को अंतर्जन स्तर (Endoderm) कहते हैं। सभी जननिक स्तर भिन्न-भिन्न अंगों का निर्माण करते हैं।

समस्त तंत्रिका-तंत्र बहिर्जन-स्तर (Ectoderm) से ही विकसित होते हैं। रक्त-वाहिकाएं, पेशियां, मूत्रजननांग, अस्थियां इत्यादि मध्यजनस्तर (Mesoderm) से निकलते हैं। आंत तथा इससे संबंधित अंग यथा-यकृत तथा अग्न्याशय अंतर्जन-स्तर से बनते हैं। जननिक स्तरों से निकले हुए अंग बाद में अपनी घटक कोशिकाओं की वृद्धि के द्वारा बढ़कर सामान्य आकार के हो जाते हैं। अतः बाहर की कोशिकाएं अंदर के कोशिका-समूह से पृथक होने लगती हैं। जिसके ऊपर एक आवरण-सा बन जाता है। बाहरी स्तर पर अंकुर उठ जाते हैं जिन्हें 'जरायु' (Chorion) कहते हैं। इन्हीं अंकुरों के माध्यम से भ्रूण का गर्भाशय से संबंध रहता है। विकास के इस क्रम में भ्रूण और गर्भाशय की दीवार के बीच में अंकुर निकल जाते हैं। ये दोनों अंकुर मिलकर अपरा (Placenta) का निर्माण करते हैं। गर्भाशय की रक्तवाहिकाओं से पोषक तत्त्व इसी अपरा की रक्तवाहिकाओं के द्वारा भ्रूण प्राप्त करता है।

भ्रूण के विकास के साथ ही अपरा का भी विकास होता है तथा यह गर्भाशय के अंतःपृष्ठ के लगभग तिहाई भाग को ढक लेता है। अपरा के द्वारा ही माता के रक्त से भ्रूण का पोषण होता है। अपरा से उंगली जैसे उभार उत्पन्न होकर झिल्ली में फैले रहते हैं। गर्भाशय की दीवार की रक्त-कोशिकाओं के साथ ही अपरा का उभार होता है। परंतु गर्भाशय की दीवार से अपरा का मेल नहीं होता है अतः इनके बीच में अत्यंत बारीक कला रहती है, जिसके माध्यम से पोषक पदार्थ तथा ऑक्सीजन माता के रक्त से भ्रूण में प्रवेश करते हैं। गर्भ और अपरा के मध्य एक रज्जु-सदृश संरचना होती है, जिसे 'नाभिनाल' (Umbilical Cord) कहते हैं। नाभिनाल का एक सिरा अपरा के मध्य भाग से तथा दूसरा सिरा भ्रूण की नाभि से जुड़ा रहता है। सगर्भता का अवधिकाल लगभग 280 दिन (नौ माह और नौ दिन) का होता है। इस काल को गर्भकाल कहते हैं। गर्भाशय में भ्रूण एक पतली झिल्लीदार थैली में विकास करता है। इस झिल्लीदार थैली को 'गर्भोदयक थैली' (Amnion Sac) कहते हैं।

पार्थेनोजैनेसिस

पार्थेनोजैनेसिस वह क्रिया है जब अण्डे में कैरियोगैमी (Karyogamy) की अनुपस्थिति में भ्रूण का विकास सम्भव हो जाता है। पार्थेनोजैनेसिस क्रिया अधिकतर इनवर्टीब्रेट्स (Invertebrates), कीड़ों (Insects), रोटीफर (Rotifer) तथा कुछ निम्न क्रस्टेशिया (Lower Crustaceans) में पाई जाती हैं। कुछ जंतुओं में यह क्रिया अलैंगिक प्रजनन के रूप में भी पाई जाती है। यह क्रिया उन जंतुओं में भी देखी गयी जिनमें नर नहीं होते हैं। इस क्रिया के दौरान अण्डों में केवल एक ही पोलर बॉडी का निर्माण होता है तथा नर पैदा करने वाले अण्डों के अलावा किसी अन्य में मीयोटिक विभाजन नहीं होता। इस प्रकार की क्रिया को डिप्लॉयड पार्थेनोजैनेसिस (Diploid Parthenogenesis) कहते हैं। कीटों (Insects) में हैप्लॉयड पार्थेनोजैनेसिस (Haploid Parthenogenesis) द्वारा केवल नर तथा फर्टिलाइज्ड ऐग (Fertilized Egg) से केवल मादा उत्पन्न करते हैं। यह क्रिया ऐरेक्निड्स (Arachnids) में मिलती है। रोटीफर्स (Rotifers) में हैप्लायड तथा डिप्लॉयड दोनों प्रकार का पार्थेनोजैनेसिस पाया जाता है।

बहुविकल्पीय प्रश्नोत्तर

1. चांदी के बर्तन काले हो जाते हैं, क्योंकि—
   - (a) हाइड्रोजन सल्फाइड के कारण
   - (b) यह काला चांदी का सल्फाइड बनाती है
   - (c) हाइड्रोजन सल्फाइड हवा में होता है
   - (d) सभी ।

2. रोशनदान छत के पास बनाये जाते हैं, क्योंकि—
   - (a) अशुद्ध वायु हल्की होती है
   - (b) हल्की वायु ऊपर उठती है
   - (c) निकास का स्थान ऊपर होता है
   - (d) सभी ।

3. उष्णता से चमकने वाले बल्ब में एक महीन __________ की तार होती है ।
   - (a) लोहे
   - (b) स्टील,
   - (c) टंगस्टन
   - (d) ताँबा ।

4. __________ वाष्प, फ्लोरोसेन्ट लैम्प के अन्दर की फॉस्फोरस तह से क्रिया कर, फॉस्फोरस को जगमगा देती है ।
   - (a) ताँबा
   - (b) नाइट्रोजन
   - (c) पारा
   - (d) कोई नहीं ।

5. आमतौर पर ज्यादातर बल्ब दूधिया होते हैं—
   - (अ) अन्दर से
   - (ब) बाहर से ।
   - (a) केवल (अ)
   - (b) केवल (ब)
   - (c) दोनों (अ) और (ब)
   - (d) कोई नहीं ।

6. गलियों और चौराहों पर अब __________ लैम्प का उपयोग होता है ।
   - (a) ट्यूब लाइट
   - (b) दूधिया बल्ब
   - (c) एनर्जी बचाने वाले बल्ब
   - (d) कोई नहीं ।

7. "गृहव्यवस्था पारिवारिक लक्ष्यों की प्राप्ति के उद्देश्य से पारिवारिक साधनों के प्रयोग हेतु किया गया आयोजन, नियंत्रण एवं मूल्यांकन है ।" यह परिभाषा किसने दी है?
   - (a) नेशनल क्रांफ्रेंस ऑफ फैमिली लाइफ
   - (b) निकेल एवं डोर्से
   - (c) लेविस ममफोर्ड
   - (d) कोई नहीं ।

8. "गृह प्रबन्ध निर्णय करने सम्बन्धी क्रियाओं की वह श्रृंखला है जिसमें परिवार के लक्ष्यों को प्राप्त करने हेतु परिवार के स्रोतों का प्रयोग करने की क्रिया शामिल है" यह कहना है—
   - (a) नेशनल क्रांफ्रेंस ऑफ फैमिली लाइफ
   - (b) निकेल एवं डोर्से
   - (c) लेविस ममफोर्ड
   - (d) कोई नहीं ।

9. "मानव का मुख्य प्रयोजन मूल्यों का सृजन करना और उन्हें संरक्षित करना है । यही वस्तु सभ्यता को अर्थ प्रदान करती है" यह कहना है __________ का ।
   - (a) लेविस ममफोर्ड
   - (b) आर॰टी॰ प्लेवैलिंग
   - (c) लारेंस के॰ फ्रेंक
   - (d) कोई नहीं ।

10. "गृह-प्रबंध मनुष्य शक्ति और समय संरक्षण की दृष्टि से महत्त्वपूर्ण कुशलताओं एवं उपकरणों का प्रबंध मात्र ही नहीं है अपितु इससे भी ज्यादा वह जीवन का एक ढंग है जिसके लिए गृह-स्वामिनी को उद्देश्यों एवं प्रयोजनों,

आकांक्षाओं एवं मूल्यों के स्पष्टीकरण की आवश्यकता होती है" इस कथन के कारक हैं—
(a) लियोनार्ड डब्ल्यू मेयो
(b) लारेंस के॰ फ्रेंक
(c) आर॰टी॰ प्लेवैलिंग
(d) कोई नहीं।

11. ________ की धारणा है कि 'आध्यात्मिक मूल्यों के सम्बन्ध में परिवार मूल्यों का सर्वोत्तम वाहन है, न कि वह उनका निर्माणकर्ता है"।
(a) लियोनार्ड डब्ल्यू मेयो
(b) लेविस ममफोर्ड
(c) विलियम डब्ल्यू मैकी
(d) कोई नहीं।

12. विविध मूल्यों को विभाजित किया जा सकता है—
(अ) साधनात्मक
(ब) आन्तरिक
(स) यथार्थवादी
(द) आदर्शवादी।
कूट:
(a) अ ब स द
(b) अ ब स
(c) ब स द
(d) अ स द

13. विलियम डब्ल्यु मैकी के मूल्यों के वर्गीकरण में आते हैं—
(अ) आयोजन
(ब) कौशल
(स) क्रम
(द) प्रवीणता।
कूट:
(a) अ ब स द
(b) अ ब स
(c) ब स द
(d) अ स द

14. आन्तरिक मूल्य के उदाहरण में आते हैं—
(अ) कला
(ब) सौंदर्य
(स) रूचि
(द) समय
कूट:
(a) अ ब स द
(b) अ ब स
(c) ब स द
(d) अ स द।

15. प्रेम, स्वास्थ्य, विज्ञान, महत्त्वाकांक्षा। ज्ञान व बुद्धिमत्ता उदाहरण है—मूल्य के
(अ) साधनात्मक
(ब) आन्तरिक।
(a) केवल (अ)
(b) केवल ब
(c) दोनों (अ) व (ब)
(d) कोई नहीं।

16. ________ के कथनानुसार, "आन्तरिक मूल्य सिर्फ मूल्य के लिए ही महत्त्वपूर्ण एवं वांछनीय होता है।"
(a) एल॰के॰ फ्रेंक
(b) एल॰ डब्ल्यू॰ मेयो
(c) एच॰एन॰ वेमन
(d) कोई नहीं।

17. पी॰एस॰नायडू ने भारतीय संस्कृति के ________ मूल्यों का उनके क्रमागत महत्त्व की दृष्टि से वर्णन किया है।
(a) 6
(b) 5
(c) 4
(d) 3

18. पी॰एस॰ नायडू के मूल्यों में ________ साधनात्मक मूल्य है और ________ आन्तरिक मूल्य है।
(a) 3, 3
(b) 5, 1
(c) 4, 2
(d) कोई नहीं।

19. के॰ लेविन के अनुसार मूल्यांकन के प्रयोजन हैं—
(अ) यह जानना कि कितनी उपलब्धि हो चुकी है
(ब) अगली योजना के लिए आधार का कार्य करना
(स) पूर्ण योजना को संशोधित करने के लिए आधार का कार्य करना
(द) नई सूझ की प्राप्ति।
कूट:
(a) अ ब स द
(b) अ ब स
(c) ब स द
(d) अ स द।

20. ________ के विचार अनुसार, निर्णय करने में उन उद्देश्यों का अस्तित्व निहित है जिसके प्रति निर्णयों का प्रतिस्थापन किया गया है।"
(a) मेकाईवर एवं पेज
(b) डी॰ बुडस थॉमस
(c) के॰ लेविन
(d) कोई नहीं।

21. ________ के शब्दों में "निर्णय गृह प्रबंध की सबसे छोटी इकाई है, किन्तु यह भौतिक विज्ञान के परमाणु के समान है।
(a) एस्थर मयूब्रैटन
(b) डी॰ वुडस थॉमस
(c) निकिल एवं डोर्सी
(d) कोई नहीं।

22. एक अच्छे सुप्रबंधक की विशेषताएं हो सकती हैं—
(a) परिवार का हर एक सदस्य स्वस्थ, सुखी एवं संतुष्ट।
(b) घर का व्यय आय के अनुसार ही रहे
(c) घर के कार्य अधिकतम कुशलता से किए जाएं
(d) सभी।

23. "निरन्तर कार्य करने के परिणामस्वरूप कुशलता में कमी के रूप को कहते हैं   "—
(a) प्रतिरोधाभास   (b) थकान
(c) रूचि में कमी   (d) स्तर की कमी

24. शारीरिक थकान ________ लक्षणों से जानी जा सकती है।
(अ) गति कम   (ब) अंग शिथिल
(स) रूचि   (द) आसन तना हुआ।
कूट:
(a) अ ब स द   (b) अ ब स
(c) अ ब   (d) स द

25. मानसिक थकान का पता हमें ________ लक्षणों से लगता है।
(अ) सोचने समझने की शक्ति कम
(ब) अत्यधिक गलतियाँ
(स) ऊब का एहसास
(द) हँसने व मजाक करने की इच्छा।
कूट:
(a) अ ब स द   (b) द ब स
(c) अ ब स   (d) अ स द।

26. जो काम निश्चित समयावधि के लिए होता है जैसे कि दैनिक साप्ताहिक, मासिक और वार्षिक। इसे________ कहते हैं।
(a) वास्तविक आय   (b) मौद्रिक आय
(c) कुशलता   (d) मैनेजमेण्ट।

27. किसी एक खास समयावधि के लिए सेवाएँ या अन्य सामान का सुलभ होना ________ कहा जाता है, निकेल, पी॰ एन्डोरसे के अनुसार—
(a) वास्तविक आय

(b) मौद्रिक आय
(c) मनोवैज्ञानिक आय
(d) कोई नहीं।

28. ________ आय पूरी तरह चेतना सम्बन्धी आय है और इसे नापा नहीं जा सकता।
(a) वास्तविक   (b) मनोवैज्ञानिक
(c) मौद्रिक   (d) कोई नहीं।

29. व्यापार चक्र हो सकते हैं—
(अ) समृद्धि काल   (ब) मन्दी की अवधि
(स) न्यूनता की अवधि (द) पुनः प्राप्ति।
कूट:
(a) अ ब स द   (b) अ ब स
(c) ब स द   (d) अ स द।

30. दिल्ली विकास प्राधिकरण (DDA) द्वारा 1977 के बाद तय किए गए स्तर के अनुसार निम्न आय वर्ग, मध्य वर्ग, वह है जिनकी वार्षिक आय स्तर है—
(a) 5000-10,000, 10,000-11,000
(b) 4,000-9,000, 9,000-10,000
(c) 6,000-12,000, 12,000-24,000
(d) कोई नहीं।

31. मलेरिया रोग का कारण
(a) मादा क्यूलेक्स मच्छर
(b) नर ऐनोफिलीज मच्छर
(c) नर क्यूलेक्स मच्छर
(d) इनमें से कोई नहीं।

32. जब मलेरिया के कारणों का पता नहीं था तब इराके होने का कारण ________ बताया जाता था।
(a) गंदा पानी
(b) अशुद्ध हवा
(c) नर ऐनोफिलीज मच्छर
(d) मादा ऐनोफिलीज मच्छर।

33. रक्त की सफेद कोशिकाओं का मुख्य कार्य
(a) रोग से रक्षा
(b) ऑक्सीजन लेकर जाना
(c) भोजन लेकर जाना
(d) रक्त जमाना।

34. सांस लेते समय क्या सावधानियां रखनी चाहिए?
(अ) नाक से साँस लें
(ब) धूल व बदबूदार वायु में रूमाल का प्रयोग करें
(स) मुँह ढककर नहीं सोना चाहिए
(द) खुली हवा में सांस लें।
कूटः
(a) अ ब स द   (b) अ ब स
(c) अ ब   (d) अ द

35. धूम्रपान करने पर होने वाली प्रतिक्रिया—
(अ) गले में जलन   (ब) खाँसी
(स) रोग का भय   (द) दमा
कूटः
(a) अ ब स द   (b) अ ब स
(c) अ ब   (d) अ द

36. वह क्रिया जिसके द्वारा शरीर के आन्तरिक और बाहरी अंगों को क्रियाशील बनाया जाता है, वह है—
(a) विश्राम   (b) व्यायाम
(c) निंद्रा   (d) कोई नहीं।

37. कौन-से रोग संक्रामक हैं?
(अ) चेचक   (ब) हैजा
(स) पेचिश   (द) इन्फ्लूएंजा।
कूटः
(a) अ ब स द   (b) अ ब स
(c) अ ब   (d) अ द

38. संक्रामक रोग फैल सकते हैं—
(अ) वायु   (ब) जल
(स) भोजन   (द) शारीरिक सम्पर्क
कूटः
(a) अ ब स द   (b) अ ब स
(c) अ ब   (d) अ द

39. चेचक कई रूपों में होती है जैसे—
(a) बड़ी चेचक   (b) छोटी चेचक
(c) खसरा   (d) सभी

40. संक्रमण रोग वाले रोगी के ________ से दूर रहना चाहिए।
(अ) थूक   (ब) वमन
(स) मल-मूत्र   (द) खाँसी/छींक
कूटः
(a) अ ब स द   (b) अ ब स
(c) अ ब   (d) अ द

41. चेचक रोग के मुख्य लक्षण
(a) आँख नाक से पानी
(b) शरीर पर दाने
(c) हल्का ज्वर
(d) सभी

42. किन लक्षणों से मलेरिया रोग पहचाना जा सकता है?
(अ) कपकपी के साथ बुखार
(ब) नियमित रूप से बुखार
(स) नाक बहना
(द) छींक आना
कूटः
(a) अ ब स द   (b) अ ब स
(c) अ ब   (d) अ द

43. क्लोरोक्वीन, कैमोक्वीन किस रोग की दवाई है?
(a) हैजा   (b) मलेरिया
(c) चेचक   (d) कोई नहीं।

44. सुविधा के अनुसार घर की सफाई कितने समय बाद की जाती है।
(अ) दैनिक   (ब) साप्ताहिक
(स) मासिक   (द) वार्षिक
कूटः
(a) अ ब स द   (b) अ ब स
(c) अ ब   (d) अ द

45. जल हमें ________ स्रोत से प्राप्त होता है।
(अ) वर्षा   (ब) नदियाँ
(स) कुएँ, तालाब   (द) झरने
कूटः
(a) अ ब स द   (b) अ ब स
(c) अ ब   (d) अ द

46. एक भाग ऑक्सीजन व दो भाग हाइड्रोजन से बनता है—
- (a) वायु
- (b) आग
- (c) जल
- (d) कोई नहीं।

47. जल विभिन्न रूप में धरती पर पाया जाता है जैसे—
- (a) बर्फ
- (b) जल
- (c) वाष्प
- (d) सब

48. यदि जल व साबुन मिलकर अच्छी झाग उत्पन्न करते हैं तो उसे _________ जल कहते हैं।
- (अ) कोमल
- (ब) मृदु
- (स) कठोर
- (द) खारा

कूटः
- (a) अ ब स द
- (b) अ ब स
- (c) अ ब
- (d) अ द।

49. हैजा, पीलिया, मलेरिया के फैलने का कारण है अशुद्ध—
- (अ) वायु
- (ब) जल
- (a) केवल (अ)
- (b) केवल (ब)
- (c) दोनों (अ) व (ब)
- (d) कोई नहीं।

50. रासायनिक पदार्थों जिनका प्रयोग जल के शुद्धिकरण में किया जाता है।
- (a) पौटैशियम परमैंगनेट
- (b) क्लोरीन गैस
- (c) ब्लीचिंग पाउडर
- (d) सभी।

51. लाल रंग की दवाई का दूसरा नाम है—
- (a) पौटाशियम परमैंगनेट
- (b) क्लोरीन गैस
- (c) सोडियम क्लोराइड
- (d) कोई नहीं

52. मुँह व जीभ की सफाई करनी चाहिए—
- (a) भोजन के पश्चात्
- (b) रात्रि भोजन के बाद
- (c) सुबह
- (d) सभी

53. दाँतों को स्वस्थ रखने के लिए _________ पोषण अच्छा होता है।
- (a) कैल्शियम युक्त
- (b) विटामिन सी
- (c) विटामिन डी
- (d) सभी।

54. पसीना हमारे त्वचा से बाहर आता है _________ द्वारा
- (a) छिद्रों
- (b) बालों
- (b) रोएं
- (d) कोई नहीं।

55. हैजा रोग के फैलने का कारण—
- (a) जूँ
- (b) खटमल
- (c) मक्खी
- (d) पिस्सू।

56. क्षय रोग या टी०बी० फैलने का माध्यम है—
- (a) जल
- (b) वायु
- (c) कपड़े
- (d) जीव

57. टाइफाइड रोग और किस नाम से जाना जाता है?
- (अ) मियादी बुखार
- (ब) मोतीझरा
- (a) केवल (अ)
- (b) केवल (ब)
- (c) दोनों (अ) व (ब)
- (d) कोई नहीं।

58. सलमोनिला टाइफी नामक जीवाणु रोग फैलाते हैं—
- (a) टाइफाइड
- (b) चेचक
- (c) हैजा
- (d) कोई नहीं।

59. बेरियोला नामक जीवाणु से उत्पन्न होता है रोग
- (a) मलेरिया
- (b) चेचक
- (c) टी०बी०
- (d) कोई नहीं।

60. जल व भोज्य पदार्थों के माध्यम से फैलने वाला रोग पेचिश, के मुख्य लक्षण हैं—
- (a) मल के साथ रक्त
- (b) आँतों में मरोड़
- (c) आँतों में दर्द
- (d) सभी।

61. ट्रिप्सिन का उत्पादन होता है—
- (a) पेनक्रियास
- (b) अमाशय
- (c) यकृत
- (c) कोई नहीं।

62. यकृत इसे उत्पन्न करता है—
- (a) अमीलोपसिन
- (b) मालटोस
- (c) लाइपेस
- (d) कोई भी इन्जाइम नहीं।

63. ऑक्सीजन शरीर के हर कोशिका तक रक्त द्वारा पहुँचाया जाता है—
- (a) लाल कोशिकाएं
- (b) सफेद कोशिकाएं
- (c) प्लेटलेट
- (b) हारमोन्स

64. वह पदार्थ जो भोजन के अघुलनशील तत्त्व को घुलनशील तत्त्व में बदल देता है। उसे हम _________ कहते हैं।
   (a) एन्जाइम (b) हारमोन्स
   (c) जूस (d) विटामिन।

65. मनुष्य के शरीर में कुल हड्डियाँ—
   (a) 306 (b) 360
   (c) 206 (d) 260।

66. लिकरीमल ग्रन्थि के द्वारा उत्पन्न होता है—
   (a) आंसू (b) झिल्ली
   (c) पस (d) हारमोन्स।

67. शरीर के अन्दर का सब से बड़ा अंग—
   (a) मस्तिष्क (b) यकृत
   (c) गुर्दा (d) हृदय।

68. हड्डियों के सिरे पर एक लचीली रबर के समान पदार्थ लगा होता है। वह है—
   (a) झिल्ली (b) मांसपेशी
   (c) रक्त के कण (d) कोई नहीं।

69. हर कोशिका में एक न्युक्लियस (नाभिक) होता है इसका प्रमुख कार्य—
   (a) प्रजनन (b) भोजन का पाचन
   (c) श्वास लेना (d) मल-मूत्र निकास।

70. रक्त ले जाने वाली धमनियों को रक्त लेकर आने वाली धमनियों से अलग किया जा सकता है।
   (a) मोटी धमनी दीवार
   (b) ज्यादा लाल रक्त कण
   (c) चौड़ा द्वार
   (d) कोई नहीं।

71. एक व्यक्ति की श्वास गति
   (a) एक मिनट में 10 बार
   (b) एक मिनट में 40 बार
   (c) एक मिनट में 72 बार
   (d) एक मिनट में 20 बार

72. रक्त के लाल कण ऑक्सीजन अपने साथ लेकर चलते हैं क्योंकि—
   (a) उसमें न्युक्लियस है
   (b) उसमें हीमोग्लोबिन है
   (c) उसका रंग लाल है
   (d) कोई नहीं।

73. डक्टलैस ग्रंथि (Ductless) का स्राव—
   (a) जूस (b) हारमोन्स
   (c) मल-मूत्र (d) कोई नहीं।

74. एक मनुष्य में रीढ़ की हड्डियों की संख्या—
   (a) 30 (b) 31
   (c) 32 (d) 26

75. शरीर में रक्त की गति का मुख्य कारण—
   (a) हर कोशिका को ऑक्सीजन देना
   (b) कोशिकाओं को चिकना करना
   (c) शरीर को उर्जा देना
   (d) शरीर को शक्ति देना।

76. मनुष्य की आंत लगभग 28 फीट लम्बी है इसका मुख्य कारण—
   (a) भोजन अवशोषण में सहायक
   (b) भोजन इक्ट्ठा करने में सहायक
   (c) भोजन के बैक्टीरिया को मारने में सहायक
   (d) पूरी नली में पाचन रसों का उत्पादन।

77. शरीर का वह भाग जो भिन्न प्रकार के जूस उत्पन्न करते हैं—
   (a) अंग (b) उत्तक
   (c) ग्रंथि (d) कोशिका

78. मनुष्य के शरीर में पानी का अंश_________ है।
   (a) 20% (b) 35%
   (c) 45% (d) 65%

79. न्यूरोन (Neurons) वह कोशिकाएं हैं जो _________ बनाती है।
   (a) ज्ञान तन्तु (b) स्नायु
   (c) त्वचा (d) हड्डियाँ।

80. शरीर में रक्त के लाल कण _________ दिनों के बाद मर जाते हैं।
   (a) 120 दिन (b) 150 दिन
   (c) 157 दिन (d) 70 दिन

81. हृदय की चाप मनुष्य के बाईं ओर सुनाई देती है क्योंकि—
(a) बाईं वेन्ट्रीकल बाईं तरफ होती है
(b) दोनों वेन्ट्रीकल बाईं तरफ होती हैं
(c) पूरा हृदय बाएं तरफ होता है
(d) अरोटा बाईं तरफ होता है

82. टायलिन नामक इन्जाइम का कार्य—
(a) प्रोटीन को पेपटोन्स में परिवर्तित करना
(b) पेपटोन्स को अमीनो एसीड में बदलना
(c) स्टार्च को चीनी में बदलना
(d) वसा को एसीड में बदलना।

83. छोटी आँत में चार पर्तें होती हैं । मनुष्य में इसकी लम्बाई _________ है।
(a) 15 फीट (b) 6 फीट
(c) 23 फीट (d) 32 फीट

84. हमारे शरीर में पाई जाने वाली सन्धियाँ
(अ) गेंद गद्दा जोड़ (ब) कब्जेदार जोड़
(स) फिसलने वाला जोड़ (द) कीलदार जोड़।
कूटः
(a) अ ब स द (b) अ ब स
(c) अ ब (d) अ द।

85. शरीर में सभी प्रकार की गति अस्थियों एवं मांसपेशियों के सम्बन्ध से उत्पन्न होती है। पेशियों की गति का प्रकार है—
(अ) संकुचन (ब) फैलना
(स) मोटा होना (द) ऐंठना
कूटः
(a) अ ब स द (b) अ ब स
(c) अ ब (d) अ ड।

86. रक्त को शुद्ध करने का काम शरीर में _________ करता है।
(a) यकृत (b) हृदय
(c) फेफड़े (d) गुर्दे।

87. शरीर में अनेक प्रकार की गन्दगी रक्त में मिल जाती है यह रक्त _________ द्वारा साफ होने के लिए हृदय में पहुँचता है

(अ) धमनी (ब) शिरा
(a) केवल (अ) (b) केवल (ब)
(c) दोनों (अ) व (ब) (d) कोई नहीं।

88. तन्त्रिका तन्त्र का प्रमुख केन्द्र है—
(a) रीढ़ की हड्डी (b) नाड़ी
(c) मस्तिष्क (d) कोई नहीं।

89. मानव शरीर में छोटी तथा बड़ी कुल मिलाकर _________ पेशियां होती हैं—
(a) 600 (b) 1500
(c) 400 (d) 300।

90. स्वस्थ व्यक्ति के शरीर में रक्त की मात्रा _________ लीटर होती है।
(a) 1-2 (b) 2-3
(c) 3-4 (d) 4-5।

91. मनुष्यों में वंशानुगत चरित्र को विकसित करने वाली विज्ञान की शाखा को _________ कहते हैं।
(a) एपिजिनेसिस (b) जीनेटिक्स
(c) यूजेनिक्स (d) मेटाजिनेसिस।

92. घर में प्राथमिक चिकित्सा दी जा सकती है जब—
(अ) कट जाए (ब) जल जाए
(स) मोच आ जाए (द) हृदय गति रूक जाए।
कूटः
(a) अ ब स द (b) अ ब स
(c) अ ब (d) अ द।

93. गृह परिचारिका में कुछ गुण होने चाहिए जैसे—
(a) धैर्यवान (b) सहानुभूति
(c) कर्त्तव्य पालन (d) सभी।

94. गृह परिचारिका को उपकरणों का उपयोग करना आना चाहिए—
(अ) थर्मामीटर (ब) ब्लड प्रेशर
(स) ऑपरेशन करना (द) बेहोश करना
कूटः
(a) अ ब स द (b) अ ब स
(c) अ ब (d) अ द।

95. घर के प्राथमिक चिकित्सा किट में होना चाहिए
(अ) डेटॉल   (ब) एन्टीसैप्टिक क्रीम
(स) पट्टी   (द) थर्मामीटर।
कूटः
(a) अ ब स द   (b) अ ब स
(c) अ ब   (d) अ द।

96. अचानक चोट लग जाने पर त्वचा व उसके नीचे का मांस फट जाता है। इसे _________ कहते हैं।
(a) मोच   (b) घाव
(c) दर्द   (d) कोई नहीं।

97. जब कोई गर्म द्रव पदार्थ शरीर पर गिर जाता है तो उसे _________ कहते हैं।
(अ) जलना   (ब) झुलसना
(a) केवल (अ)   (b) केवल (ब)
(c) दोनों (अ) व (ब)   (d) कोई नहीं।

98. परिचारिका के कार्य में सम्मिलित है—
(अ) रोगी का बिस्तर बदलना
(ब) रोगी को मल-मूत्र कराना
(स) रोगी को भोजन कराना
(द) रोगी को तसल्ली देना।
कूटः
(a) अ ब स द   (b) अ ब स
(c) अ ब   (d) अ द।

99. चोट लगने से अथवा कट जाने से रक्त वाहिनियाँ फट जाती है या कट जाती हैं और रक्त बहने लगता है। इसे कहते हैं—
(a) मोच   (b) रक्त स्राव
(c) मरोड़   (d) कोई नहीं।

100 घुटने धोने की शुरू वाली स्थिति में लक्षण होते है _________।
(अ) चक्कर   (ब) हाँफना
(स) तेज नाड़ी   (द) अचेत होना
कूटः
(a) अ ब स द   (b) अ ब स
(c) ब स द   (d) अ स द

101. प्राथमिक चिकित्सा किसी व्यक्ति को दी जाती है—
(a) दर्द कम करने
(b) शीघ्र स्वास्थ्य लाभ के लिए
(c) जिन्दगी बचाने के लिए
(d) कोई नहीं।

102. रक्त-स्राव वाले अंग की हड्डी टूटने पर यदि रक्त बह रहा हो, उसे स्थिति में उस अंग का _________
(a) उपचार करेगें   (b) ऊँचा उठाएगें
(c) ऊँचा नहीं उठाएगें   (d) पहले खपच्ची बाँधेंगे।

103. जिस अंग की हड्डी टूटी है उसे बाँध सकते हैं।
(a) मैंगजीन मोड़ कर   (b) लकड़ी की पट्टी से
(c) छाते से   (d) सभी से।

104. मोच आना कहते हैं जब—
(a) सन्धिबन्धक क्षतिग्रस्त हो जाए
(b) हड्डी टूट जाए
(c) मांसपेश ी को क्षति पहुँचे
(d) कोई नहीं।

105. ठंडे पानी का उपयोग मोच के उपचार में किया जाता है । इसका कारण है—
(a) दर्द व सूजन से राहत
(b) पीड़ित रोगी राहत महसूस करता है
(c) शरीर का तापमान नियमित रहता है
(d) कोई नहीं।

106. जले हुए भाग पर प्राथमिक चिकित्सा देते समय उस पर ठंडक पहुँचाने के लिए _________ उत्तम है।
(a) नल का पानी   (b) मलहम
(c) बर्फ का पानी   (d) कोई नहीं।

107. जले स्थान पर _________ लगाएं।
(a) क्रीम   (b) घी
(c) तेल   (d) कुछ नहीं।

108. एक व्यक्ति जिसे सदमा लगा है उसके लिए उपयोगी रहेगा।
(a) गर्म पानी की बोतल
(b) गीली चादर
(c) कंबल
(d) कुछ नहीं।

109. एक व्यक्ति जिसे बिजली का झटका लगा है उसे बिजली से छुड़ाने के लिए किस वस्तु को उपयोग में लेगें?
(a) लोहे की छड़ (b) अपना हाथ
(c) लकड़ी की छड़ी (d) कोई नहीं।

110. कृत्रिम श्वास का महत्त्व है–
(a) पेट से पानी निकालना
(b) मुँह से श्वास लेना सरल होता है
(c) स्वयं सांस नहीं ले सकता
(d) धीमी नाड़ी।

111. प्राथमिक चिकित्सा द्वारा डुबने से बचे व्यक्ति को बचाया जा सकता है _________ विधि से
(a) फेफड़ों से पानी निकालना
(b) डॉक्टर बुलाना
(c) अस्पताल पहुँचाना
(d) कोई नहीं।

112. तापघात का अर्थ है शरीर में _________ की कमी।
(a) नमक (b) पानी
(c) चीनी (d) पानी और नमक

113. लू लगने का तात्पर्य है–
(a) गर्म हवा में झुलसना
(b) गर्मी का संचित होना
(c) नमक की कमी
(d) ताप कम होना

114. लू लगने का मौसम होता है–
(a) हवा रहित मौसम (b) उमस मौसम
(c) गर्म मौसम (d) सभी।

115. _________ निगलने पर उल्टी नहीं करवानी चाहिए।
(अ) नींद की गोली (ब) अम्ल
(स) मिट्टी का तेल (द) चूहें मारने की दवा।
कूट:
(a) अ ब स द (b) अ ब
(c) ब स (d) स द।

116. विष खाने वाले व्यक्ति को _________ नहीं देना चहिए।
(a) ठंडा पानी (b) पानी
(c) नमक व पानी (d) गुनगुना पानी।

117. एक क्लीनिकल थर्मामीटर में सबसे ऊँचा ताप कहाँ तक नापा जा सकता है?
(a) $90°F$ (b) $95°F$
(c) $100°F$ (d) $110°F$

118. थर्मामीटर में मरक्यूरी का प्रयोग होता है इसका कारण–
(अ) ग्लास से नहीं चिपकता
(ब) अपारदर्शक द्रव
(स) ताप का अच्छा संचालक
(द) इसका फैलाव एक समान।
कूट:
(a) अ ब स द (b) अ ब स
(c) अ ब द (d) ब स द

119. थर्मामीटर का अविष्कार हुआ था सन् _________ में।
(a) 1505 (b) 1563
(c) 1593 (d) 1600

120. थर्मामीटर का अविष्कार _________ ने किया।
(a) गैलिलियो गैलिली (b) वाट
(c) कुक (d) कोई नहीं।

121. कैलोरी के माध्यम से मापा जाता है–
(a) उष्मा की मात्रा (b) वाष्प बनाने की गति
(c) थर्मल उष्मा (d) कोई नहीं।

122. स्टार्च व चीनी दोनों जिस समूह में आते हैं–
(a) प्रोटीन (b) वसा
(c) ग्लूकोज (d) कार्बोहाइड्रेट

123. एक व्यक्ति का भूख से मरना (Starving) कहा जाता है जब उसे–
(a) पर्याप्त मात्रा में कार्बोहाइड्रेट प्राप्त नहीं होते
(b) भोजन जो वह खाता है उसकी ऊर्ज उपयोग की पूर्ति नहीं करता
(c) उसका वजन कम होने लगता है
(d) शरीर का ऐडिपोज (adipose) उत्तक उपयोग होने लगता है

124. मनुष्य के कुछ अंगों में भोजन बचा कर रखा होता है। इन अंगों के नाम हैं—

(अ) यकृत   (ब) ऐडीपोज उत्तक

(स) रक्त   (द) स्नायु

कूटः

(a) अ ब स द   (b) अ ब द

(c) अ ब स   (d) ब स द।

125. भोजन किस रूप में शरीर में इकट्ठा करके रखा जाता है?

(अ) ग्लाइकोजिन   (ब) वसा

(स) ग्लूकोज   (द) प्रोटीन

कूटः

(a) अ ब स द   (b) अ ब स

(c) अ ब   (d) अ द

126. जब कोई व्यक्ति भूख से मरने लगता है तब वह अपने शरीर का उपयोग भूख मिटाने के लिए करता है। वह सर्वप्रथम उपयोग करता है शरीर में उपस्थित—

(a) कार्बोहाइड्रेट्स

(b) कार्बोहाइड्रेट्स व वसा

(c) कार्बोहाइड्रेट्स, वसा, प्रोटीन

(d) प्रोटीन

127. डाइबीटीज वह रोग है जिसमें मूत्र में ________ होती है।

(a) नमक   (b) चीनी

(c) प्रोटीन   (d) वसा।

128. डाइबीटीज ________ इन्जेक्शन से नियन्त्रण में लाई जा सकती है।

(a) इन्सूलीन   (b) स्ट्रेप्टोमाईसीन

(c) पेनिसिलिन   (d) कोई नहीं।

129. भोजन का मुख्य कार्य—

(a) भूख समाप्त करना

(b) स्वाद का आनन्द लेना

(c) ऊर्जा प्रदान करना

(d) शरीर का विकास करना।

130. कार्बोहाइड्रेट्स की अधिक मात्रा प्राप्त करने के लिए मनुष्य को खाना चाहिए।

(a) मीट   (b) चावल

(c) मटर   (d) गाजर।

131. शरीर का अत्यधिक जरूरी भोजन है—

(a) प्रोटीन   (b) कार्बोहाइड्रेट्स

(c) विटामिन   (d) खनिज लवण

132. भोजन से ऊर्जा प्राप्त कराने का कार्य करता है—

(a) हारमोन्स   (b) शारीरिक ताप

(c) रक्त   (d) एन्जाइम्स।

133. अधिक समय तक सूर्य की पराबैंगनी किरणों को ग्रहण कर चुके दूध में ________ की अधिकता होगी।

(a) विटामिन ए   (b) विटामिन डी

(c) कैल्शियम   (d) वसा।

134. दूध, घी, मक्खन, हरी सब्जी मछली आदि से हमें यह विटामिन प्राप्त होता है—

(a) विटामिन बी   (b) विटामिन ए

(c) विटामिन सी   (d) विटामिन डी

135. विटामिन ए की कमी से ________ रोग हो जाता है

(a) बेरी-बेरी   (b) रतौंधी

(c) स्कर्वी   (d) कोई नहीं।

136. हड्डियों को मजबूत बनाने के लिए किस विटामिन की आवश्यकता होती है।

(a) विटामिन सी   (b) विटामिन डी

(c) विटामिन ई   (d) कोई नहीं।

137. कौन-सा विटामिन हमें सूर्य के प्रकाश से प्राप्त होता है?

(a) विटामिन डी   (b) विटामिन ई

(c) विटामिन सी   (d) कोई नहीं।

138. रिकेट्स रोग होने का कारण विटामिन________ की कमी है

(a) विटामिन ए   (b) विटामिन डी

(c) विटामिन सी   (d) कोई नहीं

139. कौन-सा विटामिन संतान उत्पन्न की शक्ति प्रदान करता है?

(a) विटामिन ई   (b) विटामिन के

(c) विटामिन डी   (d) विटामिन सी

140. विटामिन जो रक्त स्राव को रोकता है वह है।
(a) विटामिन ई
(b) विटामिन बी
(c) विटामिन डी
(d) विटामिन के

141. कौन-सा विटामिन खट्टे फल व सब्जियों में पाया जाता है—
(a) विटामिन ए
(b) विटामिन डी
(c) विटामिन सी
(d) कोई नहीं।

142. एक व्यस्क व्यक्ति की औसत प्रोटीन मात्रा जो ग्रहण करनी चाहिए का अनुमान_________ से लगाया जाता है।
(a) 0.2-0.3 ग्राम प्रोटीन/किलोग्राम शारीरिक भार प्रति दिन
(b) 0.4-0.5 ग्राम प्रोटीन/किलोग्राम शारीरिक भार प्रति दिन
(c) 0.4-0.7 ग्राम प्रोटीन/किलोग्राम शारीरिक भार प्रति दिन
(d) 0.5-0.7 ग्राम प्रोटीन/किलोग्राम शारीरिक भार प्रति दिन

143. विकसित देशों में एक आहार तालिका में_________ होता है।
(a) 12 प्रतिशत प्रोटिन
(b) 48 प्रतिशत कार्बोहाइड्रेट्स
(c) 40 प्रतिशत वसा
(d) सभी

144. अभी विकसित हो रहे देशों गें गुख्य भोजन अन्न होता है जो कि कार्बोहाइड्रेट है। इसका उपयोग तालिका में बढ़कर _________ हो सकता है।
(a) 50 प्रतिशत
(b) 70 प्रतिशत
(c) 80 प्रतिशत
(d) 90 प्रतिशत

145. एक कोयले के टुकड़े के समान भोजन की शक्ति प्रदान करने की क्षमता उसे _________ में जला कर उत्पन्न गर्मी को माप कर की जा सकती है।
(a) अँगीठी
(b) माइक्रोवेव
(c) कैलोरी-मीटर
(d) कोई नहीं।

146. शरीर में कैल्सियम की आवश्यकता होती है क्योंकि इसका उपयोग_________ में होता है
(a) विकास
(b) हड्डियों
(c) दाँत
(d) सभी

147. आँतों में उपस्थित बैक्टीरिया द्वारा विटामिन बनाना, है—
(अ) विटामिन बी 12
(ब) विटामिन सी
(स) विटामिन ए
(द) फोलिक एसिड
कूट:
(a) अ ब रा द
(b) अ ब स
(c) अ ब
(d) अ द

148. विटामिन बी 1 या थायमिन विटामिन किस में पाया जाता है?
(a) ईस्ट
(b) अन्न
(c) चावल
(d) घी

149. निकोटिनिक अम्ल मनुष्य शरीर में बना सकते हैं_________ से।
(a) सब अमिनो अम्ल
(b) ट्राईटोफेन
(c) विटामिन सी
(d) कोई नहीं

150. _________ एक डच व्यक्ति था जिसने सबसे महत्त्वपूर्ण खोज की विटामिन और उसकी कमी पर।
(a) फेराडे
(b) क्रिसटन इजिकमैन
(c) फरार्ड
(d) कोई नहीं

151. ठंड के मौसम में कपड़े हमें गर्म रखते हैं क्योंकि—
(a) उनसे गर्मी मिलती है
(b) वह उष्मा की किरणें नहीं पकड़ते
(c) शरीर के ताप को बाहर नहीं निकलने देते
(d) वायु को शरीर के संपर्क में नहीं आने देते

152. लाइट के नाप की ईकाई है _________
(a) फुट कैनडल
(b) लक्स
(c) कैन्डल पावर
(d) कोई नहीं

153. प्रकाश की किरणों का सात रंगो में बिखर जाने की क्रिया को कहते हैं _________
(a) प्रीज्म
(b) डिस्परशन
(c) डीफ्यून
(d) कोई नहीं

154. प्रेशर कुकर में खाना जल्दी बनता है क्योंकि ________
  (a) अन्दर भाप बनती है (b) दाब बढ़ता है
  (c) क्वथनांक बढ़ता है (d) सभी

155. बिजली का बल्ब फटाके की आवाज करके फूटता है। इसका कारण—
  (a) काँच
  (b) इसके अन्दर की वायर
  (c) अन्दर का शून्य स्थान
  (d) कोई नहीं

156. मिट्टी के घड़े में पानी का वाष्पीकरण होता है क्योंकि
  (a) घड़े पर छोटे छिद्र होते हैं
  (b) पानी वाष्प बनके उड़ता है
  (c) वाष्पीकरण के कारण गर्मी निकल जाती है
  (d) सभी

157. सफेद रंग वाला घर ज्यादा ठण्डा रहता है। इसका कारण है—
  (a) ताप बाहर फेंकता है (reflection)
  (b) ताप को नियंत्रित करता है
  (c) दोनों
  (d) कोई नहीं

158. एक मोटा कॉच का गिलास ज्यादातर तड़क जाता है जब उसमें गर्म द्रव डालते हैं। इसका कारण—
  (a) अन्दर व बाहर की पर्त का असमतल फैलाव
  (b) अन्दर व बाहर की पर्त का असमतल सुकड़ाव
  (c) पैंदे का फैलाव
  (d) कोई नहीं

159. गाँव में गृहणी हाँडी के पैंदा पर कालिख पोत लेती है—
  (a) काला रंग ताप को ज्यादा ग्रहण करता है
  (b) खाना जल्दी बनता है
  (c) एक जैसा सिकाव मिलता है
  (d) सभी

160. एक ही रंग का कपड़ा प्राकृतिक प्रकाश व कृत्रिम प्रकाश में अलग-अलग रंगों का दिखाई देता है, क्योंकि—
  (अ) प्राकृतिक प्रकाश कुछ रंगों की किरणों सतह से बाहर की ओर फेंकता है
  (ब) इस रंग की प्रतिबिम्ब किरणे प्राकृतिक प्रकाश की होती है
  (स) कृत्रिम प्रकाश में कुछ रंग कम व कुछ ज्यादा होते हैं
  (द) प्राकृतिक प्रकाश और कृत्रिम प्रकाश में सारे रंग अलग-अलग दिखते हैं

कूट:
  (a) अ ब स द   (b) अ ब स
  (c) अ स द   (d) ब स द

161. एक नीला कोट मोमबत्ती के प्रकाश में काला दिखाई पडता है क्योंकि—
  (a) मोमबत्ती के प्रकाश में नीला रंग कम होता है
  (b) मोमबती के प्रकाश में पीला रंग ज्यादा होता है
  (c) पीला प्रकाश नीले सूट पर पड़ता है, नीला रंग अवशोषित करता है
  (d) सभी

162. दो आँखे होने का लाभ है—
  (अ) एक आँख से 130° का क्षेत्रफल देखा जा सकता है
  (ब) दोनो आँखों से 180° का क्षेत्रफल देखा जा सकता है
  (स) बाएं आँख दाई तरफ का ज्यादा भाग देख सकती है और दाई बाई का
  (द) मस्तिष्क में दोनो आँखो से बनी तस्वीर गहराई वाली होती है

कूट:
  (a) अ ब स द   (b) अ ब स
  (c) ब स द   (d) अ स द

163. हमारी आँख किसी वस्तु की प्रतिबिम्ब ________ देखती रहती है— सैकेंड के लिये, जब वह वस्तु सामने से हट भी जाती है।
  (a) 1/5   (b) 1/10
  (c) 1/15   (d) 1/20

164. बिजली के उपकरण में लगाए गए फ्यूज (Fuse) का उपयोग है—

(अ) नीचे पिघलने का बिन्दु (low melting point)

(ब) सुरक्षा कवच के रुप में

(स) ज्याद/ऊँचे बिजली के प्रवाह पर रोक

(द) पिघल कर सरकिट तोड़ देता है

कूटः

(a) अ ब स द   (b) अ ब स

(c) ब स द   (d) अ स द

165. उष्णता से चमकने वाला लैम्प के कार्य करने का सिद्धान्त है—

(अ) बिजली का प्रवाह फिलामैन्ट से होता है

(ब) फिलामैन्ट गर्म होता है

(स) चमकता है और प्रकाश उत्पन्न करता है

(ड) अन्दर उपस्थित गैस नहीं चमकती

कूटः

(a) अ ब स ड   (b) अ ब स

(c) ब स ड   (d) अ स ड

166. मरक्यूरी वैपर लैम्प में _______ का फिलामैन्ट होता है।

(a) धातु   (b) अधातु

(c) यौगिक   (d) मिश्रण

167. मरक्यूरी लैम्प प्रकाश देता है जब

(a) बिजली प्रवाह पूरा हो जाता है

(b) मरक्ूरी वैपर का चमकना सिखर पर होता है

(c) नीले और हरा प्रकाश एक दूसरे को संतुलित करता है

(d) सभी

168. मरक्यूरी वैपर लैम्प को आधा वाट लैम्प कहते हैं—

(a) बिजली खपत 50% कम होती है

(b) बिजली खपत 75% कम होती है

(c) बिजली खपत 25% कम होती है

(d) कोई नहीं

169. बिजली के उपकरण को 'अर्थिंग' दी जाती है—

(a) बिजली के प्रवाह में लघु परिपथ रोकने के लिए

(b) बिजली प्रवाह धरती में प्रवेश करने के लिए

(c) व्यक्ति को नुकसान नहीं पहुँचने के लिए

(d) सभी

170. बिजली की तार या उपकरणों को नंगे पैर नहीं छूना चाहिये क्योंकि _______ है

(a) इंसान का शरीर बिजली का अच्छा संवाहक

(b) बिजली का शॉक लग सकता है

(c) मृत्य हो सकती है

(d) सभी

171. बिजली के बल्ब का फिलामैन्ट टंगस्टन का बना होता है। इसका कारण—

(a) पतली वायर के रूप में उपलब्ध होना

(b) गलनांक 3000^0C होना

(c) ऊँचे तापमान तक गर्म किया जा सकता है

(d) सभी

172. बिजली के बल्ब में से हवा निकाल दी जाती है क्योंकि _______

(अ) फिलामैन्ट 2700^0C पर चमकता है

(ब) हवा के सम्पर्क में जल जायेगा

(स) हीलियम या आरगन गैस का उपयोग

(द) ये गैसें गतिहीन होती हैं

कूटः

(a) अ ब स द   (b) अ ब स

(c) ब स द   (d) अ स द

173. वह उपकरण जिसके द्वारा छोटी वस्तु बड़ी दिखती है—

(a) थर्मामीटर   (b) माइक्रोस्कोप

(c) कम्प्यूटर   (d) कोई नहीं

174. वह उपकरण जो स्वयं ही स्थिर तापक्रम को नियमित करता है—

(a) थर्मोस्टेट   (b) गॉज

(c) एमीटर   (d) कोई नहीं

175. बिजली के लैम्प का अविष्कार हुआ था—

(a) 1825   (b) 1853

(c) 1879   (d) 1900

176. बिजली के लैम्प का अविष्कार अमेरिकी व्यक्ति ने किया जिसका नाम था–
(a) फैराडे
(b) थोमस अलवा एडीसन
(c) पासकल
(d) कोई नहीं

177. न्यौन लैम्प का अविष्कार सन्_______में हुआ।
(a) 1915   (b) 1920
(c) 1925   (d) 1930

178. न्यौन लैम्प के अविष्कार करने वाले फ्रांस के _______ थे।
(a) जी०सी०क्लौड   (b) फ्रैंक वाइटल
(c) मारकौनी   (d) कोई नहीं

179. फ्रिज का अविष्कार_______ में हुआ।
(a) 1828   (b) 1851
(c) 1888   (d) 1899

180. ऑस्ट्रेलिया के_______ ने फ्रिज का आविष्कार किया।
(a) जेम्स हरीसन बैनडीगो
(b) ओगले
(c) डनलप
(d) कोई नहीं

181. " एक परिवार विवाह, रक्त सम्बन्ध या गोद लेने के बन्धनों से सम्बद्ध व्यक्तियों का एक ऐसा समूह है जो एक गृहस्थी का निर्माण करते हैं और जो एक दूसरे के साथ अन्त-क्रिया और अन्तः सन्देश करते हुए पति-पत्नी, माता-पिता, लड़के-लड़की और भाई-बहन के रूप में अपने अपने सामाजिक कार्यों को करते हैं और एक सामान्य संस्कृति को बनाते व उसकी रक्षा करते हैं।" यह परिभाषा दी है–
(a) मैकाइवर और पेज
(b) डा० डी एन मजूमदार
(c) बर्गेस एवं लॉक
(d) आर्गबर्न और निमकॉफ

182. " परिवार ऐसे व्यक्तियों का समूह है जो एक मकान में रहते हैं, रक्त द्वारा सम्बन्धित हैं और स्थान, स्वार्थ तथा पारस्परिक कर्त्तव्य बोध के आधार पर समान होने की चेतना या भावना रखते हैं। "

(a) डा० डी एन मजूमदार
(b) मैकाइवर और पेज
(c) ऑगवर्न और निमकॉफ
(d) कोई नहीं

183. एक परिवार का निवास हो सकता है–
(a) पितृस्थानीय   (b) मातृस्थानीय
(c) नवस्थानीय   (d) कोई भी

184. एक परिवार का वंश नाम रखा जा सकता है–
(अ) पितृनामी   (ब) मातृनामी
(स) उभयवाही   (द) द्विनामी
कूट:
(a) अ ब स द   (b) अ ब स
(c) ब स द   (d) अ स द

185. वैवाहिक रचना और गठन का आधार हो सकता है–
(अ) एक-विवाही परिवार
(ब) बहु-विवाही परिवार
(स) मूल परिवार
(द) संयुक्त परिवार
कूट:
(a) अ ब स द   (b) अ ब स
(c) ब स द   (d) अ स द

186. पति-पत्नी और अधिक-से-अधिक उनके अविवाहित बच्चों से बने परिवार के सबसे छोटे और आधारभूत स्वरूप को _______ कहते हैं।
(a) संयुक्त परिवार
(b) मूल या केन्द्रीय परिवार
(c) विस्तारित परिवार
(d) कोई नहीं

187. यह परिवार संगठन के आधार पर निकट के नाते-रिश्तेदार की एक सहयोगी व्यवस्था है जिसमें सम्मिलित सम्पत्ति, सम्मिलित वास, अधिकारों तथा कर्त्तव्यों का समावेश होता है। यह है–
(a) संयुक्त परिवार
(b) केन्द्रीय परिवार
(c) विस्तारित परिवार
(d) कोई भी

188. संयुक्त परिवार की संरचना में कर्त्ता के कार्यक्षेत्र में आता है
(अ) निर्णय लेने का अधिकार
(ब) समस्त कार्यों में सर्वोच्च स्थान
(स) परिवार का प्रतिनिधित्व करना
(द) परिवार का सबसे बड़ा पुरुष
कूट:
(a) अ ब स द
(b) अ ब स
(c) ब स द
(d) अ स द

189. संयुक्त परिवार के होने से सामाजिक प्रकार्य और लाभ हो सकता है—
(अ) सामाजिक बीमा से
(ब) बूढ़े, विधवाओं, अनाथों के लिए आदर्श स्थान से
(स) व्यक्तिवादिता पर रोक लगाने से
(द) पारिवारिक परम्परा की रक्षा से
कूट:
(a) अ ब स द
(b) अ ब स
(c) ब स द
(d) अ स द

190. संयुक्त परिवार के विघटित होने वाले कारक हैं—
(अ) औद्योगीकरण
(ब) यातायात के साधनों में उन्नति
(स) जनसंख्या का बढ़ना
(द) नागरीकरण और मकानों की समस्या
कूट:
(a) अ ब स द
(b) अ ब स
(c) ब स द
(d) अ स द

191. आधुनिक भारत में परिवार में परिवर्तन देखने को मिलते हैं उनमें मुख्य हैं—
(अ) पति-पत्नी के सम्बन्ध में परिवर्तन
(ब) परिवार के आकार में परिवर्तन
(स) विवाह और यौन सम्बन्ध में परिवर्तन
(द) राज्य द्वारा परिवार के कार्य का होना
कूट:
(a) अ ब स द
(b) अ ब स
(c) ब स द
(d) अ स द

192. विवाह से सम्बद्ध आधुनिक परिवर्तन व प्रवृत्तियां हैं—
(अ) विलम्ब विवाह
(ब) विधवा-पुनर्विवाह
(स) विवाह के उद्देश्यों में परिवर्तन
(द) विवाह-विच्छेद के प्रति झुकाव
कूट:
(a) अ ब स द
(b) अ ब स
(c) ब स द
(d) अ स द

193. '' सह-शिक्षा युवक युवतियों को एक दूसरे के निकट लाने का और यौन-सम्बन्धी नैतिक पतन से उनकी रक्षा करने का सर्वोत्तम उपाय है '' ये शब्द हैं—
(a) आई० पी देसाई
(b) डा० घुरिये
(c) पाणिक्कर
(d) कोई नहीं

194. भारत में अन्तर्जातीय विवाह के पक्ष हैं— डा० घुरिए, उनके अनुसार इससे—
(अ) जातिवाद दूर होने में सहायक
(ब) सामाजिक और राष्ट्रीय एकता
(स) दहेज-प्रथा पर रोक
(द) उत्तम वंशानुक्रम
कूट:
(a) अ ब स द
(b) अ ब स
(c) ब स द
(d) अ स द

195. __________ तब कहा जाता है जब एक पुरूष केवल एक स्त्री से ही विवाह करता है और उस स्त्री के जीवनकाल में वह दूसरी स्त्री से विवाह नहीं करता है
(a) बहु-विवाह
(b) एक विवाह
(c) बहु-पत्नी विवाह
(d) कोई नहीं

196. एक पत्नी के साथ दो या अधिक पुरूषों का विवाह होता है तो वह __________ कहलाता हैं।
(a) बहु-पति विवाह
(b) बहु-पत्नी विवाह
(c) बहु-विवाह
(d) कोई नहीं

197. बहु-विवाह का प्रचलन __________ राज्यों में है।
(अ) सिक्किम
(ब) लद्दाख
(स) उत्तर भारत
(द) दक्षिण भारत

कूट:

(a) अ ब स द   (b) अ ब स

(c) ब स द   (d) अ स द

198. बहु-पति विवाह प्रचलित हुआ क्योंकि–

(a) स्त्रियों की संख्या कम

(b) निर्धनता

(c) जीवन कठोर व संघर्षपूर्ण

(d) ज्यादा की इच्छा

199. बहु-पत्नी विवाह का प्रचलन _________ कारणों से हुआ।

(a) सन्तान की कामना

(b) प्रतिष्ठा

(c) अधिक कामवासना

(d) विश्वस्त श्रमिक

200. कुछ धार्मिक संस्कारों के द्वारा समाज से मान्यता प्राप्त उन स्त्री-पुरुषों का विधिवत् मिलन ही हिन्दू विवाह है जिसका उद्देश्य है–

(a) धर्म-कार्य

(b) पुत्र प्राप्ति

(c) रति अनुसरण

(d) सभी

201. मुस्लिम विधि के अनुसार मेहर–

(a) वधु-शुल्क है, जो विवाह के समय दिया जाता है।

(b) शास्ति है जो पत्नी के साथ दुर्व्यवहार करने के कारण पति द्वारा दी जाती है

(c) स्वीकृत भुगतान है जो कि पति द्वारा विवाह-विच्छेद के समय किया जाता है

(d) धनराशि है जो कि विवाह के समय काजी को दी जाती है

202. _________ के विचारानुसार "हम उस गृहस्थी को संयुक्त परिवार कहते हैं जिसमें स्वतन्त्र परिवार की अपेक्षा अधिक पीढ़ियों के सदस्य और जिसके सदस्य आपस में सम्पत्ति, आय, पारस्परिक अधिकारों तथा उत्तरदायित्वो के माध्यम से सम्बन्धित हो"

(a) हर लॉक   (b) पीयर जे

(c) आई॰ पी॰ देसाई   (d) कोई नहीं

203. _________ के अनुसार "परिवार पति पत्नी तथा उनके बच्चों की एक जैविक सामाजिक इकाई है"।

(a) ईलियट और मैरिल

(b) पी॰ मुसैन

(c) हर लोक

(d) कोई नहीं

204. _________ के अनुसार, "बच्चों की कामना धार्मिक और नैतिक मन्तव्यों से तो होती ही है यह मानव जाति की अपने अस्तित्व को बचाए रखने की नैसर्गिक वृत्ति से भी होती है। सामान्यतः यह व्यक्तियों, जातियों तथा जनसमूहों की सर्वाधिक तीव्र इच्छाओं में से एक होती है"

(a) हर लॉक   (b) मकाईवर व पेज

(c) पियारजे   (d) प्लिस

205. _________ के शब्दों में "अपने लैंगिक अन्तर के कारण स्त्री और पुरुष एक अत्यन्त सक्षम सहयोगात्मक इकाई बनाते है"

(a) मैकाइवर एवं पेज

(b) मर्डाक

(c) एन्डरसन एवं पार्कर

(d) कोई नहीं

206. मैकाइवर एवं पेज द्वारा दी गई परिवार की परिभाषा के आधार पर कह सकते हैं–

(a) परिवार का आधार यौन सम्बन्ध

(b) सम्बन्ध स्थाई

(c) सन्तान के माध्यम से मानव जाति का अस्तित्व

(d) सभी

207. _________ की परिभाषा के अनुसार परिवार पर "इसमें" अन्य प्रकार के संबंध भी सम्मिलित है किन्तु फिर भी यह मूलतः पति-पत्नी के सम्बन्धों पर आधारित है जो अपनी संतान के साथ मिलकर एक विशिष्ट इकाई बनाते हैं।"

(a) एन्डरसन   (b) लेखकद्वय

(c) ली   (d) कोई नहीं

208. परिवार का वर्णन __________ ने इस प्रकार किया है "पति और पत्नी के अपेक्षाकृत कम या अधिक सहयोग से बनता है अथवा उसमें एक पुरुष या एक स्त्री तथा बच्चे भी हो सकते है"

(a) ऑगबर्न एवं निमकॉफ

(b) लेखकद्वय

(c) एन्डरसन एवं निमकॉफ

(d) कोई नहीं

209. ली ने व्यापक सन्दर्भों में परिवार की विशेषता का वर्णन किया है—

(अ) दो या अधिक लोगों का समूह

(ब) विवाह बंधन   (स) रक्त बंधन

(द) एक ही घर

कूट:

(a) अ ब स द   (b) अ ब स

(c) ब स द   (d) अ स द

210. __________ के अनुसार परिवार "समाज द्वारा स्वीकृत एक इकाई है जिसके सदस्य परस्पर रक्त सम्बन्ध, विवाह तथा वैधिक सम्बन्धों से जुड़े रहते हैं"

(a) एन्डरसन एवं पार्कर

(b) मैकाइवर एवं पेज

(c) लेखक द्वारा

(d) कोई नहीं

211. क्रूरता काल (savagery period) की समाजिक संस्था में __________

(a) शादी और परिवार स्थापित हो चुके थे

(b) परिवार की समाज में गहरी पकड़ थी

(c) शादी की समाज में गहरी पकड़ थी

(d) शादी व परिवार की गहरी पकड़ न थी।

212. ग्रामीण काल (pastoral period) में जानवरों को पालना—

(a) छोड़ दिया गया

(b) सहन किया गया

(c) आर्थिक सफलता की निशानी

(d) मजबूरी में करना

213. कृषि प्रधान काल में निम्न में से कौन सा कारक सामाजिक-आर्थिक विकास का कारण नहीं था?

(a) पहिया

(b) जानवरों को पालना

(c) मिट्टी के पात्र

(d) व्यापार

214. कुल (Race) लोगों का वह समूह है जिसमें—

(a) बोलने वाली भाषा समान है

(b) धर्म एक है

(c) मूर्ति पूजा एक है

(d) रहन सहन-एक जैसा है

215. कुल पक्षपात (Race Prejidice) के कारकों को कई प्रकार से दूर किया जा सकता है। निम्न कारकों में से वह कारक बताओ जो कुल पक्षपात बढ़ाने में सहायक नहीं होता—

(a) शिक्षा

(b) सूचना देने के विभिन्न साधन

(c) पर्यटन

(d) धारणाएं

216. मैकाइवर और पेज के शब्दों में "हमारे रहने तथा सोचने के तरीकों में, प्रतिदिन के आपसी समागमों में, कला में, साहित्य में, धर्म में, मनोरंजन तथा आमोद-प्रमोद में अभिव्यक्त हमारी प्रकृति ही __________ है।"

(a) समाज   (b)   मूल्य

(c) संस्कृति   (d)   कोई नहीं

217. मूल्यों की समाजशास्त्रीय परिभाषा निम्न में से किस प्रकार की जा सकती है?

(a) समाज में माल तथा सेवाओं की कीमत जो एक व्यक्ति द्वारा अदा की जाती है

(b) समाज में एक व्यक्ति की इच्छाएँ

(c) समाज में मान्य, प्राथमिकताएँ तथा वांछनीय दशाएँ

(d) विशिष्ट निर्धारण तथा मानक व्यवहारों का अभि निषेध

218. एक ऐसे लक्ष्य की प्राप्ति के लिए मिल-जुलकर कार्य करने में, जिसे सब लोग चाहते हैं, निम्न में से कौन-सी भावना निहित होती है—
(a) प्रतिस्पर्धा
(b) संघर्ष
(c) सहयोग
(d) समझौता

219. वह प्रक्रिया जिससे एक समूह का सामाजिक- सांस्कृतिक अस्तित्व दूसरे समूह में विलीन हो जाता है क्योंकि उसने दूसरे समूह की संस्कृति स्वीकार कर ली है, कही जाती है—
(a) सात्मीकरण
(b) समाकलन
(c) विसरण
(d) सांस्कृतिक सम्पर्क

220. भारतीय समाज का आधुनिकीकरण निम्न में से किससे सम्बद्ध है?
(a) समाज के संज्ञानात्मक-संरचनात्मक गुणों के परिवर्तन से
(b) पश्चिमी जीवन-शैली की स्वीकृति से
(c) सांस्कृतिक पुनर्जागरण
(d) विधिक बुद्धिवाद की स्वीकृति से

221. एक औधोगिक समाज की मूलभूत विशेषता है—
(a) पंजीकृत उत्पादन के साधन
(b) संयुक्त परिवार का टूटना
(c) निर्धनता
(d) धर्म की आस्था का अमात

222. व्यक्ति के वर्ग का निर्धारण होता है—
(a) उसके व्यवसाय द्वारा
(b) उसके जन्म द्वारा
(c) उसकी जाति द्वारा
(d) उसकी सामाजिक प्रस्थिति द्वारा

223. आदि मानव के मानसिक अनुमान का परिणाम ______ है।
(a) डर
(b) लड़ाई
(c) धर्म
(d) कोई नहीं

224. निम्नलिखित धर्मों में से कौन एक ईश्वराभिमुखी नहीं है?
(a) हिन्दू धर्म
(b) ईसाई धर्म
(c) बौद्ध धर्म
(d) इस्लाम धर्म

225. **रेशम उत्पादन आरम्भ हुआ—**
(a) 100 बी सी
(b) 50 बी सी
(c) 25 बी सी
(d) कोई नहीं

226. रेशम उत्पादन सर्वप्रथम आरम्भ हुआ—
(a) चीन
(b) जापान
(c) भारत
(d) नेपाल

227. कपड़े धोने की मशीन (बिजली) का अविष्कार अमेरिका में हुआ—
(a) 1850
(b) 1879
(c) 1907
(d) 1915

228. कपड़े धोने की मशीन का अविष्कार का श्रेय को दिया गया—
(a) बुशनेल्ल
(b) हरली मशीन कम्पनी
(c) लुइस
(d) कोई नहीं

229. कपड़े धोने की सर्वप्रथम मशीन ______ के नाम से बेची गई।
(a) सॉफिट
(b) थोर
(c) सेम
(d) कोई नहीं

230. जिप फास्टनर का ______ में अविष्कार हुआ
(a) 1891
(b) 1899
(c) 1900
(d) 1905

231. अमेरिका के______ ने सर्वप्रथम जिप फास्टनर बनाया।
(a) डबल्यू॰ एल॰ जडसन
(b) सी॰ कार्लसन
(c) जे॰ बरडन
(d) कोई नहीं

232. गन्दे कपड़े गर्म पानी में साफ हो जाते हैं क्योंकि—
(अ) वॉशिंग सोडा, पानी व ग्रीस के बीच के तनाव को कम करता है
(ब) तेल व पानी का घोल बन जाता है
(स) कपड़े को रगड़ने से गन्दगी निकल जाती है
(द) गर्म पानी से यह क्रिया आसान हो जाती है
कूट:
(a) अ ब स द
(b) अ ब स
(c) अ स द
(d) ब स द

233. एक मीटर में _________ सेंटीमीटर होते हैं।
   (a) 80　　　　　(b) 90
   (c) 100　　　　(d) 110

234. रेशम के प्रकार के आधार पर उसे _________ भागों में बाँटा जा सकता है।
   (अ) असली
   (ब) मलबेरी
   (स) कृत्रिम
   (द) मलबेरी रहित
   कूट:
   (a) अ स　　　　(b) अ ब स
   (c) अ स द　　　(d) ब स द

235. रेशम का उत्पादन एक _________ द्वारा होता है
   (a) कीड़े　　　　(b) औजार
   (c) मशीन　　　　(d) पेड़

236. रेशम का कीड़ा _________ अवस्थों से होकर गुजरता है।
   (a) सूक्ष्म अण्डा की　(b) लार्वा की
   (c) प्यूपा की　　　　(d) सभी

237. प्यूपा में कीड़ा अपना पूरा विकास कर चुका होता है। यह कीड़ा अपने मुँह से_________ कच्चे धागे के रूप में निकालता है।
   (अ) अत्यन्त बारीक
   (ब) बहुत लम्बा
   (स) चिपचिपा
   (द) मजबूत
   कूट:
   (a) अ ब स द　　　(b) अ ब स
   (c) ब स द　　　　(d) अ स द

238. प्यूपा जिसके उपर धागा लिपटा रहता है। उसे _________ कहते हैं।
   (a) लारवा　　　　(b) ककून
   (c) कीड़ा　　　　(d) कोई नहीं

239. _________ पर अधिकतर रेशमी वस्त्र बुने जाते हैं।
   (a) हाथ करघा　　(b) मशीन
   (c) बुनकर　　　　(d) होजरी

240. _________ स्थानों के रेशमी वस्त्र हाथ-करघों के बुने होते हैं।
   (अ) चन्देरी　　　(ब) मद्रास
   (स) बंगाल　　　　(द) भागलपुर
   कूट:
   (a) अ ब स द　　　(b) अ ब स
   (c) अ ब　　　　　(d) अ द

241. बनावटी ढंग से बनाया जाने वाला रेशम होता है _________ ।
   (a) मोटा　　　　(b) खुरदरा
   (c) कृत्रिम　　　　(d) मँहगा

242. रेशम अपने किन विशेषताओं के बारे में जाना जाता है?
   (a) सुन्दरता　　　(b) कोमलता
   (c) गर्मी के गुण　　(d) सभी

243. _________ के घोल से रेशम अधिक चमकदार हो जाता है।
   (a) हल्का क्षार　　(b) हल्का अम्ल
   (c) नील　　　　　(d) स्टार्च

244. रेशम वातावरण की _________ प्रतिशत नमी को बिना गीला प्रतीत हुए ही ग्रहण कर लेता है।
   (a) 10-50　　　　(b) 10-40
   (c) 10-30　　　　(d) 10-20

245. घर्षण के कारण रेशम तन्तु _________ होते हैं।
   (a) नष्ट　　　　　(b) साफ
   (c) चमकीले　　　(d) कोई नहीं

246. धूप में अधिक देर तक रखने से सफेद रेशम में _________ आ जाता है।
   (a) चमकीलापन　　(b) पीलापन
   (c) सिकुड़न　　　(d) कोई नहीं

247. रेशमी वस्त्र धोने के लिये_________ पानी का उपयोग होता है।
   (a) उबलते　　　　(b) गर्म
   (c) गुनगुने　　　　(d) ठण्डे

248. रेशमी व ऊनी वस्त्रों को धोने के लिए ऐसे साबुन का उपयोग होना चाहिए जिसमें __________ न मिला हो।
- (a) खुशबू
- (b) रंग
- (c) कास्टिक सोडा
- (d) कोई नहीं

249. __________ भी रेशमी वस्त्रों को स्वच्छ कर देता है।
- (a) नील
- (b) स्टार्च
- (c) गुनगुना पानी
- (d) रीठे का पाउडर

250. कूटने व कसकर निचोड़ने का तरीका रेशम के लिये __________ है।
- (a) अनुरुप
- (b) विपरीत
- (c) ठीक-ठीक
- (d) कोई नहीं

251. रेशम के तन्तु की दृढ़ता व सुन्दरता के लिये __________ का उपयोग करना चाहिए।
- (अ) नींबू की कुछ बूँदें
- (ब) एसिटिक अम्ल
- (स) खीरे का रस
- (द) आलू का रस

कूटः
- (a) अ ब स द
- (b) अ ब स
- (c) अ ब द
- (d) ब स द

252. रेशमी वस्त्र को धोने के उपरान्त __________ स्थान पर सुखाना चाहिए।
- (a) धूप वाले
- (b) छायादार
- (c) हेंगर में
- (d) कोई नहीं

253. धूप में रेशम के तन्तु __________ हो जाता है।
- (अ) रंगीन
- (ब) कमजोर
- (स) सिकुड़
- (द) चमकीला

कूटः
- (a) अ ब स द
- (b) अ ब स
- (c) अ ब
- (d) स द

254. प्रेस करने वाले रेशमी वस्त्र में __________ होना चाहिए।
- (a) कड़कपन
- (b) सूखापन
- (c) गीलापन
- (d) कोई नहीं

255. बैक्टीरिया के गुण हैं–
- (a) सूक्ष्म
- (b) वनस्पति जगत से ताल्लुक
- (c) सूक्ष्मदर्शी से देखे जाते हैं
- (d) सभी

256. वह बैक्टीरिया जो कोई रोग उत्पन्न नहीं करते व बाहरी आक्रमण, दूसरी बैक्टीरिया द्वारा, का प्रतिरोध करते हैं। इन्हें कहते हैं–
- (a) सैनिक
- (b) दोस्त
- (c) प्रजापति
- (d) कोई नहीं

257. दुश्मन बैक्टीरिया का दूसरा नाम है–
- (अ) कीटाणु
- (ब) जर्म्स
- (स) जीवाणु
- (द) सूक्ष्मजीव

कूटः
- (a) अ ब स द
- (b) अ ब स
- (c) ब स द
- (d) अ स द

258. ऐलगी (Algae)—
- (a) फूलरहित पौधा है
- (b) पानी में रहता है
- (c) क्लोरोफिल इसमें होता है
- (d) सभी

259. क्लोरोफिल (Chlorophyll)—
- (अ) हरे रंग के कण
- (ब) हरे पौधों में उपस्थित
- (स) सूर्य की किरणों का अवशोषण
- (द) पौधे को भोजन देना

कूटः
- (a) अ ब स द
- (b) अ ब स
- (c) ब स द
- (d) अ स द

260. परोपजीवी (Parasite)
- (a) पौधा या जीव
- (b) भोजन के लिये दूसरों पर निर्भर
- (c) दूसरे पौधों व जीव के सहारे जीवित
- (d) सभी

261. प्रकाश संश्लेषण (Photosynthesis)
- (अ) एक प्रकार की प्रक्रिया
- (ब) हरे पौधों द्वारा कार्बोड्रिडेट बनाने की
- (स) भोजन कार्बन-डाई-आक्साइड व पानी द्वारा बनाना
- (द) ऑक्सीजन वातावरण में छोड़ना

कूट:
(a) अ ब स द   (b) अ ब स
(c) ब स द   (d) अ स द

262. बैक्टीरिया की विशेषता है–
(a) एक कोशिकीय   (b) वनस्पति जीवाणु
(c) महीन   (d) सभी

263. नये बैक्टीरिया का जन्म होता है _________ प्रक्रिया द्वारा।
(a) प्रजनन   (b) अण्डा
(c) विभाजन   (d) कोई नहीं

264. बैक्टीरिया की वृद्धि के लिए उपयुक्त दशाएँ हैं
(अ) नमी
(ब) हल्की गर्मी
(स) पौष्टिक भोजन
(द) ऑक्सीजन
कूट:
(a) अ ब स द   (b) अ ब स
(c) ब स द   (d) अ स द

265. विपरीत परिस्थिति में बैक्टीरिया एक आवरण बना लेता है जिसे_________ कहते हैं।
(a) क्षल   (b) स्पोर
(c) झिल्ली   (d) कोई नहीं

266. स्पोर_________ में नष्ट नहीं होते।
(a) हवा   (b) प्रकाश
(c) तीव्र ताप   (d) कोई नहीं

267. स्टैफीलो कोकाई समूह भोजन को_________ करने में सफल रहता है।
(a) पौष्टिक   (b) खट्टा
(c) स्वादरहित   (d) विषैला

268. स्टैफोलोकोकाई_________ ऋतु में अनगिनत हो जाते हैं।
(a) वर्षा   (b) ग्रीष्म
(c) सर्दी   (d) कोई नहीं

269. जब स्टैफीलोकोकाई आँतों में पनपते हैं तो उनके शरीर से एक विषैला पदार्थ निकलता है जो _________ कहलाता है।
(a) द्रव   (b) रस
(c) एण्टोटॉक्सिन   (d) कोई नहीं

270. एण्ट्रोटॉक्सिन भोजन करने के_________ के अन्दर लक्षण प्रगट करता है।
(a) 1–2   (b) 1–3
(c) 1–4   (d) 1–5

271. स्टैफीलोकोकाई की वृद्धि संदूषित भोजन में तापक्रम _________ °F में 3-4 घंटे मे संभव है।
(a) $20°–30°F$ (b) $40–80°F$
(c) $50–100°F$ (d) $50–120°F$

272. स्टैफीलोकोकाई की उपस्थिति होती है _________ में।
(अ) वायु   (ब) फोड़े-फुंसी
(स) गले   (द) नारतून
कूट:
(a) अ ब स द   (b) अ ब स
(c) ब स द   (d) अ स द

273. भोजन में स्टैफीलोकोकाई होने का पता भोजन के _________ से लगता है।
(a) रंग   (b) स्वाद
(c) गंध   (d) कोई नहीं

274. ऊँचे तापक्रम पर स्टैफीलोकोकई _________ है।
(a) जीता   (b) मरता
(c) स्पोर   (d) कोई नहीं

275. स्टैफीलोकोकई की वृद्धि अर्द्ध-ठोस भोजन में अधिक होती है जैसे कि _________ में।
(अ) कस्ट्रड   (ब) क्रीम
(स) सलाद   (द) दूध
कूट:
(a) अ ब स द   (b) अ ब स
(c) ब स द   (d) अ स द

276. _________पर भोजन में स्टैफीलोकोकई का जहर नष्ट हो जाता है।
(a) उच्च तापक्रम   (b) नीचे तापक्रम
(c) सामान्य तापक्रम   (d) कोई नहीं

277. स्टैफीलोकोकई वाले भोजन को ग्रहण करने से लक्षण दिखाई देते हैं—

(अ) वमन   (ब) उपर में दर्द

(स) दस्त   (द) रोगी शिथिल

कूट:

(a) अ ब स द   (b) अ ब स

(c) अ ब   (d) स द

278. कच्चे दूध का प्रयोग नहीं करना चाहिये क्योंकि इसमें होते हैं—

(a) पशु के विकार

(b) पशु की दुर्गन्ध

(c) पशु से लिये जीवाणु

(d) कोई नहीं

279. क्लोस्ट्रीडियम बोट्यूलियम का निवास-स्थान है—

(a) द्रव   (b) हवा

(c) पानी   (d) मिट्टी

280. वायु रहित वातावरण में क्लोस्ट्रीडियम बोट्यूलियम ________ होते हैं।

(a) अंकुरित   (b) मरते

(c) विभाजित   (d) कोई नहीं

281. बोह्युलियम जीवाणुओं द्वारा निकाला गया विष ________ होता है।

(a) अत्यधिक जहरीला   (b) सामान्य

(c) कम जहरीला   (d) कोई नहीं

282. भोजन संरक्षणित ________ विधि में बोट्युलियम होनी की सम्भावना अधिक होती है।

(a) सूखाने   (b) उबालने

(c) कैनिंग   (d) कोई नहीं

283. बौट्यूलियम बैक्टीरिया का विष ________ में पकने पर नष्ट हो जाता है।

(a) तवा   (b) कढ़ाई

(c) प्रेशर कुकर   (d) कोई नहीं

284. भोजन में क्लोस्ट्रीडियम बोट्युलियम का पता ________ द्वारा चलता है।

(a) गैस   (b) रंग

(c) रचना   (d) सभी

285. विश्व जनसंख्या दिवस ________ माह में मनाया जाता है।

(a) जनवरी   (b) मई

(c) जुलाई   (d) दिसम्बर

286. भारत की औसत जनसंख्या बढ़ौतरी दर है ________ प्रतिशत हर साल।

(a) .5   (b) 1

(c) 1.6   (d) 2

287. तंत्रिका तंत्र की सूक्ष्मतम इकाई है—

(a) न्यूरोन

(b) न्यूरोट्रांसमीटर

(c) एकसॉन

(d) कोश शरीर

288. माँसपेशियाँ कंडरा, संधि आदि में ग्राहक पाया जाता है—

(a) अन्तग्राहक   (b) वाह्यग्राहक

(c) मध्यग्राहक   (d) नोसीग्राहक

289. आँख ग्राहक है ________ प्रकार का

(a) बाह्यग्राहक   (b) अन्तग्राहक

(c) मध्यग्राहक   (d) नोसीग्राहक

290. भाषा तथा भाषण के विकास का नियंत्रण करता है ________

(a) बायाँ गोलार्द्ध   (b) दायाँ गोलार्द्ध

(c) कौरपस कैलोजम   (d) रेटिकूलर फारमेसन

291. विभक्त मस्तिष्क शोधों में ________ तथ्य का पता चला है।

(a) मस्तिष्क के दोनों गोलार्द्धों का रंग हल्का पीला होता है

(b) मस्तिष्क के दोनो गोलार्द्धों के कार्यों की अलग-अलग विशेषता होती है

(c) मस्तिष्क का बायाँ गोलार्द्ध का वजन दायाँ गोलार्द्ध के वजन से अधिक होता है

(d) मस्तिष्क के दोनों गोलर्द्धों की संरचना बराबर होती है

292. कौरपास कैलोजन को काट देने पर __________ तरह की स्थिति उत्पन्न हो जाती है।

(a) हाइपोथैलमस का थैलमस संबंध विच्छेद हो जाता है

(b) बायाँ गोलार्द्ध का दायाँ गोलार्द्ध से संबंध विच्छेद हो जाता है

(c) मध्य मस्तिष्क का अग्रमस्तिष्क से संबंध विच्छेद हो जाता है

(d) पश्चमस्तिष्क का मध्यमस्तिष्क से संबंध विच्छेद हो जाता है

293. एडरेनोजेनाइटल संलक्षण है—

(a) एण्ड्रोजन्स की मात्रा सामन्य से कम हो जाती है।

(b) एण्ड्रोजन्स की मात्रा सामान्य से अधिक हो जाती है।

(c) एस्ट्रोजेन्स की गात्रा सामान्य से कम हो जाती है।

(d) एस्ट्रोजेन्स की मात्रा सामान्य से अधिक हो जाती है।

294. कम्प्यूटराइज़्ड एक्सिएल टोगोग्राफी है—

(a) मांसपेशियों द्वारा किये गए कार्यों को मापने का एक तरीका

(b) तंत्रिका आवेग को मापने का एक तरीका

(c) तंत्रिका तंत्र के कार्य का अध्ययन का एक तरीका

(d) ग्रंथियो से निकलने वाले स्राव को मापने का एक तरीका

295. हाइपोथापराडिडम का संबंध __________ से है।

(a) अश्रु ग्रन्थि   (b) कंठ ग्रन्थि
(c) एड्रीनल ग्रन्थि   (d) पीयूष ग्रन्थि

296. मानव शरीर का सबसे बडा ज्ञानेन्द्रिय __________ के प्रति सांवेदनशील होता है

(a) रसायनिक सांद्रता   (b) रपर्श
(c) आवाज   (d) रोशनी

297. __________ की, तंत्रिका बहरापन में सबसे बड़ी भूमिका होती है

(a) रोग   (b) जन्मदोष

(c) उम्र प्रभाव

(d) अत्यधिक आवाज से जिन्दगी भर अनावृत होने रहना

298. अनुबांधन प्रयोगों में अनुबाधिक अनुक्रियाओं का विलोपन __________ के कारण होता है।

(a) अन्तोर्द की कमी   (b) पुनर्बलन
(c) अवरोध   (d) प्रत्याशा

299. __________ को सीखना की श्रेणी में सम्मिलित किया जाएगा।

(a) सिर्फ अभ्यास के कारण व्यवहार में होने वाला परिवर्तन

(b) अभ्यास एवं अनुभूति दोनों के कारण व्यवहार में होने वाला परिवर्तन

(c) अभ्यास, अनुभूति एवं अन्तोर्द के कारण व्यवहार में होने वाला परिवर्तन

(d) उपर्युक्त में सभी तरह के परिवर्तन

300. शाब्दिक सीखना __________ विधि का उपयोग प्रपोडयो को प्रेरित करने में नहीं किया जा सकता है।

(a) दुंश्चिता

(b) भोजन एवं पानी से वंचन

(c) दंड

(d) पुरस्कार

उत्तरमाला

1	2	3	4	5	6	7	8	9	10
(d)	(d)	(c)	(c)	(a)	(b)	(b)	(a)	(a)	(b)
11	**12**	**13**	**14**	**15**	**16**	**17**	**18**	**19**	**20**
(a)	(a)	(a)	(b)	(c)	(c)	(a)	(c)	(a)	(b)
21	**22**	**23**	**24**	**25**	**26**	**27**	**28**	**29**	**30**
(a)	(d)	(b)	(c)	(c)	(b)	(a)	(b)	(a)	(c)
31	**32**	**33**	**34**	**35**	**36**	**37**	**38**	**39**	**40**
(d)	(a)	(a)	(a)	(a)	(b)	(a)	(a)	(d)	(a)

41	42	43	44	45	46	47	48	49	50
(d)	(c)	(b)	(a)	(a)	(c)	(d)	(c)	(b)	(d)

51	52	53	54	55	56	57	58	59	60
(a)	(d)	(d)	(a)	(c)	(b)	(c)	(a)	(b)	(d)

61	62	63	64	65	66	67	68	69	70
(a)	(d)	(a)	(a)	(c)	(a)	(b)	(a)	(a)	(a)

71	72	73	74	75	76	77	78	79	80
(d)	(b)	(b)	(d)	(a)	(a)	(c)	(d)	(a)	(a)

81	82	83	84	85	86	87	88	89	90
(a)	(c)	(d)	(a)	(c)	(c)	(b)	(c)	(a)	(d)

91	92	93	94	95	96	97	98	99	100
(c)	(b)	(d)	(c)	(a)	(b)	(b)	(a)	(b)	(b)

101	102	103	104	105	106	107	108	109	110
(b)	(a)	(d)	(c)	(a)	(a)	(d)	(c)	(c)	(b)

111	112	113	114	115	116	117	118	119	120
(a)	(d)	(b)	(d)	(c)	(c)	(d)	(a)	(c)	(a)

121	122	123	124	125	126	127	128	129	130
(a)	(d)	(b)	(b)	(c)	(b)	(b)	(a)	(c)	(b)

131	132	133	134	135	136	137	138	139	140
(a)	(d)	(b)	(b)	(b)	(b)	(a)	(b)	(a)	(d)

141	142	143	144	145	146	147	148	149	150
(c)	(d)	(d)	(c)	(c)	(d)	(d)	(a)	(b)	(b)

151	152	153	154	155	156	157	158	159	160
(c)	(c)	(b)	(d)	(c)	(d)	(b)	(a)	(d)	(a)

161	162	163	164	165	166	167	168	169	170
(d)	(a)	(b)	(a)	(a)	(b)	(d)	(a)	(d)	(d)

171	172	173	174	175	176	177	178	179	180
(d)	(a)	(b)	(a)	(c)	(b)	(a)	(a)	(b)	(a)

181	182	183	184	185	186	187	188	189	190
(c)	(a)	(d)	(a)	(c)	(b)	(a)	(a)	(a)	(a)

191	192	193	194	195	196	197	198	199	200
(a)	(a)	(b)	(a)	(b)	(a)	(a)	(b)	(a)	(d)

201	202	203	204	205	206	207	208	209	210
(c)	(c)	(a)	(d)	(b)	(d)	(b)	(a)	(a)	(a)

211	212	213	214	215	216	217	218	219	220
(d)	(c)	(d)	(a)	(d)	(c)	(c)	(c)	(a)	(b)

221	222	223	224	225	226	227	228	229	230
(a)	(a)	(c)	(c)	(b)	(a)	(c)	(c)	(c)	(a)

231	232	233	234	235	236	237	238	239	240
(a)	(c)	(c)	(a)	(a)	(d)	(a)	(c)	(a)	(a)
241	242	243	244	245	246	247	248	249	250
(c)	(d)	(b)	(c)	(c)	(b)	(c)	(c)	(d)	(d)
251	252	253	254	255	256	257	258	259	260
(c)	(b)	(c)	(a)	(c)	(b)	(a)	(d)	(a)	(d)
261	262	263	264	265	266	267	268	269	270
(a)	(d)	(c)	(a)	(b)	(c)	(d)	(b)	(c)	(d)
271	272	273	274	275	276	277	278	279	280
(d)	(a)	(d)	(b)	(b)	(a)	(c)	(d)	(a)	(c)
281	282	283	284	285	286	287	288	289	290
(c)	(c)	(d)	(b)	(c)	(c)	(a)	(c)	(a)	(a)
291	292	293	294	295	296	297	298	299	300
(b)	(b)	(b)	(b)	(b)	(b)	(d)	(b)	(b)	(b)